纯粹哲学丛书
黄裕生 主编

根本恶与自由意志的限度

GENBENE YU ZIYOUYIZHI DE XIANDU

一种基于文本的康德式诠释

吕 超 著

江苏人民出版社

图书在版编目(CIP)数据

根本恶与自由意志的限度：一种基于文本的康德式
诠释/ 吕超著. -- 南京：江苏人民出版社，2023.8
(纯粹哲学丛书)
ISBN 978 - 7 - 214 - 27045 - 0

Ⅰ. ①根… Ⅱ. ①吕… Ⅲ. ①康德(Kant,
Immanuel 1724 - 1804)-哲学思想-研究 Ⅳ. ①B561.31

中国版本图书馆 CIP 数据核字(2022)第 042559 号

书　　　名	根本恶与自由意志的限度——一种基于文本的康德式诠释	
著　　　者	吕　超	
责 任 编 辑	薛耀华	
装 帧 设 计	许文菲	
责 任 监 制	王　娟	
出 版 发 行	江苏人民出版社	
地　　　址	南京市湖南路 1 号 A 楼,邮编:210009	
照　　　排	江苏凤凰制版有限公司	
印　　　刷	江苏凤凰通达印刷有限公司	
开　　　本	652 毫米×960 毫米　1/16	
印　　　张	35　插页 3	
字　　　数	470 千字	
版　　　次	2023 年 8 月第 1 版	
印　　　次	2023 年 8 月第 1 次印刷	
标 准 书 号	ISBN 978 - 7 - 214 - 27045 - 0	
定　　　价	118.00 元	

(江苏人民出版社图书凡印装错误可向承印厂调换)

从纯粹的学问到真实的事物
——"纯粹哲学丛书"改版序

江苏人民出版社自 2002 年出版这套"纯粹哲学丛书"已有五年，共出书 12 本，如今归入凤凰出版传媒集团"凤凰文库"继续出版，趁改版机会，关于"纯粹哲学"还有一些话要说。

"纯粹哲学"的理念不只是从"纯粹的人"、"高尚的人"、"摆脱私利"、"摆脱低级趣味"这些意思引申出来的，而是将这个意思与专业的哲学问题，特别是与德国古典哲学的问题结合起来思考，提出"纯粹哲学"也是希望"哲学""把握住""自己"。

这个提法，也有人善意地提出质询，谓世上并无"纯粹"的东西，事物都是"复杂"的，"纯粹哲学"总给人以"脱离实际"的感觉。这种感觉以我们这个年龄段或更年长些的人为甚。当我的学生刚提出来的时候，我也有所疑虑，消除这个疑虑的理路，已经在 2002 年的"序"中说了，过了这几年，这个理路倒是还有一些推进。

"纯粹哲学"绝不是脱离实际的，也就是说，"哲学"本不脱离实际，也不该脱离实际，"哲学"乃是"时代精神"的体现；但是"哲学"也不是要"解决"实际的具体问题，"哲学"是对于"实际-现实-时代""转换"一个"视角"。"哲学"以"哲学"的眼光"看""世界","哲学"以"自己"的眼光"看"世界,也就是以"纯粹"的眼光"看"世界。

为什么说"哲学"的眼光是"纯粹"的眼光?

"纯粹"不是"抽象",只有"抽象"的眼光才有"脱离实际"的问题,因为它跟具体的实际不适合;"纯粹"不是"片面",只有"片面"的眼光才有"脱离实际"的问题,因为"片面"只"抓住-掌握""一面",而"哲学"要求"全面"。只有"全面-具体"才是"纯粹"的,也才是"真实的"。"片面-抽象"都"纯粹"不起来,因为有一个"另一面"、有一个"具体"在你"外面"跟你"对立"着,不断地从外面"干扰"你,"主动-能动"权不在你手里,你如何"纯粹"得起来?

所以"纯粹"应在"全面-具体"的意义上来理解,这样,"纯粹"的眼光就意味着"辩证"的眼光,"哲学"为"辩证法"。

人们不大谈"辩证法"了,就跟人们不大谈"纯粹"了一样,虽然可能从不同的角度来"回避"它们,或许以为它们是相互抵触的,其实它们是一致的。

"辩证法"如果按日常的理解,也就是按感性世界的经验属性或概念来理解,那可能是"抽象"的,但那不是哲学意义上的"辩证"。譬如冷热、明暗、左右、上下等等,作为抽象概念来说,"冷"、"热"各执一方,它们的"意义"是"单纯"的"抽象",它们不可以"转化",如果"转化"了,其"意义"就会发生混淆;但是在现实中,在实际上,"冷"和"热"等等是可以"转化"的,不必"变化"事物的温度,事物就可以由"热""转化"为"冷",在这个意义上,执著于抽象概念反倒会"脱离实际",而坚持"辩证法"的"转化",正是"深入""实际"的表现,因为实际上现实中的事物都是向"自己"的"对立面""转化"的。

哲学的辩证法正是以一种"对立面""转化"的眼光来"看-理解"世界的,不执著于事物的一面——一偏,而是"看到-理解到"事物的"全面"。

哲学上所谓"全面"，并非要"穷尽"事物的"一切""属性"，而是"看到-理解到-意识到"凡事都向"自己"的"相反"方面"转化"，"冷"必然要"转化"为"非冷"，换句话说，"冷"的"存在"，必定要"转化"为"冷"的"非存在"。

在这个意义上，哲学的辩证法将"冷-热"、"上-下"等等"抽象-片面"的"对立""纯粹化"为"存在-非存在"的根本问题，思考的就是这种"存在-非存在"的"生死存亡"的"大问题"。于是，"哲学化"就是"辩证化"，也就是"纯净化-纯粹化"。

这样，"纯粹化"也就是"哲学化"，用现在流行的话来说，就是"超越化"；"超越"不是"超越"到"抽象"方面去，不是从"具体"到"抽象"，好像越"抽象"就越"超越"，或者越"超越"就越"抽象"，最大的"抽象"就是最大的"超越"。事实上恰恰相反，"超越"是从"抽象"到"具体"，"具体"为"事物"之"存在"、事物之"深层次"的"存在"，而不是"表面"的"诸属性"之"集合"。所谓"深层"，乃是"事物"之"本质"，"本质"亦非"抽象"，而是"存在"。哲学将自己的视角集中在"事物"的"深层"，注视"事物""本质"之"存在"。"事物"之"本质"，"本质"之"存在"，乃是"纯粹"的"事物"。"事物"之"本质"，也是"事物"之"存在"，是"理性-理念"的世界，而非"驳杂"之"大千世界"-"感觉经验世界"。"本质-存在-理念"是"具体"的、"辩证"的，因而也是"变化-发展"的。并不是"现象""变"而"理念-本质""不变"，如果"变"作为"发展"来理解，而不是机械地来理解，则恰恰是"现象"是相对"僵化"的，而"本质-理念"则是"变化-发展"的。这正是我们所谓"时间（变化发展）"进入"本体-本质-存在"的意义。

于是，哲学辩证法也是一种"历史-时间"的视角。我们面对的世界，是一个历史的世界、时间的世界，而不仅是僵硬地与我们"对立"的"客观世界"。"客观世界"也是我们的"生活世界"，而"生活"是历史性的、时间性的,是变化发展的,世间万事万物无不打上"历史-时间"的"烙印","认出-意识到-识得"这个"烙印-轨迹",乃是哲学思考的当行,这个"烙印"乃是"事物-本质-存在""发展"的"历史轨迹",这个"轨迹"不是直线,而是曲线。"历史-时间"的进程是"曲折"的,其间充满了"矛盾-对立-斗争",也充满了"融合-和解-协调",充满了"存在-非存在"的"转化",充满了"对立面"的"转化"和"统一"。

以哲学-时间-历史的眼光看世界,世间万物都有相互"外在"的"关系"。"诸存在者"相互"不同",当然也处在相互"联系"的"关系网"中,其中也有"对立",譬如冷热、明暗、上下、左右之类。研究这种"外在"关系,把握这种"关系"当然是非常重要的,须得观察、研究以及实验事物的种种属性和他物的属性之间的各种"关系",亦即该事物作为"存在者"的"存在""条件"。"事物"处于"外在环境"的种种"条件""综合"之中,这样的"外在""关系"固不可谓"纯粹"的,它是"综合"的、"经验"的;然则,事物还有"自身"的"内在""关系"。

这里所谓的"内在""关系",并非事物的内部的"组成部分"的关系,这种把事物"无限分割"的关系,也还是把一事物分成许多事物,这种关系仍是"外在"的;这里所谓"内在"的,乃是"事物""自身"的"关系",不仅仅是这一事物与另一事物的关系。

那么,如何理解事物"自身"的"内在""关系"?"事物自身"的"内在""关系"乃是"事物自身""在""时间-历史"中"产生"出来的"非自身-他者"的"关系",乃是"是-非"、"存在-非存在"的"关系",而不是"白"的"变成""黑"的、"方"的"变成""圆"的等等这类关系。这种"是非-存亡"的关系,并不来自"外部",而是"事物自身"的"内部"本来就具备了的。这种"内在"的"关系"随着时间-历史的发展"开显"出来。

这样,事物的"变化发展",并非仅仅由"外部条件"的"改变"促使而成,而是由事物"内部自身"的"对立-矛盾"发展-开显出来的,在这个意义上，"内因"的确是"决定性"的。看到事物"变化"的"原因""在""事物自身"的"内部"，揭示"事物发展"的"内在原因"，揭示事物发展的"内在矛盾"，这种"眼光"，可以称得上是"纯粹"的（不是"驳杂"的），是"哲学"的，也是"超越"的，只是并不"超越"到"天上"，而是"深入"到事物的"内部"。

以这种眼光来看世界，世间万物"自身"无不"存在-有""内在矛盾"，一事物的"存在"必定"蕴涵"该事物的"非存在"，任何事物都向自身的"反面""转化"，这是事物自己就蕴涵着的"内在矛盾"。至于这个事物究竟"变成""何种-什么"事物，则要由"外部""诸种条件"来"决定"，但是哲学可以断言的，乃是该事物-世间任何事物都不是"永存"的，都是由"存在""走向-转化为""自己"的"反面"——"非存在"，"非存在"就"蕴涵""在"该事物"存在"之中。在这个意义上，我们对事物采取"辩证"的态度，也就是采取"纯粹"的态度，把握住"事物"的"内在矛盾"，也就是把握住了"事物自身"，把握住了"事物自身"，也就是把握住了"事物"的"内在""变化-发展"，而不"杂"有事物的种种"外部"的"关系"；从事物"外部"的种种"复杂关系"中"摆脱"出来，采取一种"自由"的、"纯粹"的态度，抓住"事物"的"内在关系"，也就是"抓住"了事物的"本质"。

抓住事物的"本质"，并非不要"现象"，"本质"是要通过"现象""开显"出来的，"本质"并非"抽象概念"，"本质"是"现实"，是"存在"，是"真实"，是"真理"；抓住事物的"本质"，就是要"透过现象看本质"。"哲学"的眼光，"纯粹"的眼光，"辩证"的眼光，"历史"的眼光，正是这种"透过现象""看""本质"的眼光。

"透过现象看本质"，"现象"是"本质"的，"本质"也是"现象"的，"本质""在""现象"中，"现象"也"在""本质"中。那么，从"本质"的眼光来"看""现象-世界"又复何如？

从"纯粹"的眼光来"看""世界",则世间万物固然品类万殊,但无不"在""内在"的"关系"中。"一事物"的"是-存在"就是"另一事物"的"非-非存在","存在""在""非存在"中,"非存在"也"在""存在"中;事物的"外在关系",原本是"内在关系"的"折射"和"显现"。世间很多事物,在现象上或无直接"关系",只是"不同"而已。譬如"风马牛不相及","认识到-意识到""马""牛"的这种"不同"大概并不困难,是一眼就可以断定的。对于古代战争来说,有牛无马,可能是一个大的问题。对于古代军事家来说,认识到这一点也不难,但是要"意识到-认识到""非存在"也"蕴涵着""存在",二者是一而二、二而一的,并不因为"有牛无马"而放弃战斗,就需要军事家有一点"大智慧"。如何使"非存在""转化"为"存在"? 中国古代将领田单的"火牛阵"是以"牛"更好地发挥"马"的战斗作用的一例,固然并非要将"牛""装扮"成"马",也不是用"牛"去"(交)换""马",所谓"存在-非存在"并非事物之物理获胜或生物的"属性"可以涵盖得了的。"存在-非存在"有"历史"的"意义"。

就我们哲学来说,费希特曾有"自我""设定""非我"之说,被批评为主观唯心论,批评当然是很对的,他那个"设定"会产生种种误解;不过他所论述的"自我"与"非我"的"关系"却是应该被重视的。我们不妨从一种"视角"的"转换"来理解费希特的意思:如"设定"——采取一种"视角"——"A-存在",则其他诸物皆可作"非 A-非存在"观。"非 A"不"=(等于)""A",但"非 A"却由"A""设定","非存在"由"存在""设定"。我们固不可说"桌子"是由"椅子""设定"的,这个"识见"是"常识"就可以判断的,没有任何哲学家会违反它,但是就"椅子"与"非椅子"的关系来说,"桌子"却是"在""非椅子"之内,而与"椅子"有一种"对立统一"的关系,"非椅子"是由于"设定"了"椅子"而来的。扩大开来说,"非存在"皆由"存在"的"设定"而来,既然"设定""存在",则必有与其"对立"的"反面"——"非存在""在","非存在"由"存在""设定",反之亦然。

"我"与"非我"的关系亦复如是。"意识-理性""设定"了"我",有了"自我意识",则与"我""对立"的"大千世界"皆为"非我",在这个意义上,"非我"乃由"(自)我"之"设定"而"设定",于是"自我""设定""非我"。我们看到,这种"设定"并不是在"经验"的意义上来理解的,而是在"纯粹"的意义上来理解的,"自我"与"非我"的"对立统一"关系乃是"纯粹"的、"本质"的、"哲学"的、"历史"的,因而也是"辩证"的。我们决不能说,在"经验"上大千世界全是"自我""设定"——或者叫"建立"也一样——的,那真成了狄德罗批评的,作如是观的脑袋成了一架"发疯的钢琴"。哲学是很理性的学问,它的这种"视角"的转换——从"经验"的"转换"成"超越"的,从"僵硬"的"转换"成"变化发展"的,从"外在"的"转换"成"内在"的——并非"发疯"式的胡思乱想,恰恰是很有"理路"的,而且还是很有"意义"的:这种"视角"的"转换",使得从"外在"关系看似乎是"风马牛不相及"的"事物"都有了"内在"的联系。"世界在普遍联系之中"。许多事物表面上"离"我们很"远",但作为"事物本身-自身-物自体"看,则"内在"着-"蕴涵"着"对立统一"的"矛盾"的"辩证关系",又是"离"我们很"近"的。海德格尔对此有深刻的阐述。

"日月星辰"就空间距离来说,离我们人类很远很远,但它们在种种方面影响人的生活,又是须臾不可或离的,于是在经验科学尚未深入研究之前,我们祖先就已经在自己的诗歌中吟诵着它们,也在他们的原始宗教仪式中膜拜着它们;尚有那人类未曾识得的角落,或者时间运行尚未到达的"未来",我们哲学已经给它们"预留"了"位置",那就是"非我"。哲学给出这个"纯粹"的"预言",以便一旦它们"出现",或者我们"发现"它们,则作出进一步的科学研究。"自我"随时"准备"

着"迎接""非我"的"挑战"。

"自我"与"非我"的这种"辩证"关系,使得"存在"与"非存在""同出一元",都是我们的"理性""可以把握-可以理解"的:在德国古典哲学,犹如黑格尔所谓的"使得""自在-自为之物""转化"为"为我之物";在海德格尔,乃是"存在"为"使存在",是"动词"意义上的"存在","存在"与"非存在"在"本体论-存在论"上"同一"。

就知识论来说,哲学这种"纯粹"的"视角"的"转换",也有相当重要的意义。知识论也"设定"一个不以人的意志为转移的"客体",这个"客体"乃是一切经验科学的"对象",也是"前提",但是哲学"揭示"着"客体"与"主体"也是"对立统一"的"辩证关系",一切"非主体"就是"客体",于是仍然在"存在-非存在"的关系之中,那一时"用不上"的"未知"世界,同样与"主体"构成"对立统一"关系,从而使"知识论"展现出广阔的天地,成为一门有"无限"前途的"科学",而不局限于"主体-人"的"眼前"的"物质需求"。哲学使人类知识"摆脱""急功近利"的"限制",使"知识"成为"自由"的。"摆脱""急功近利"的"限制",也就是使"知识-科学"有"哲学"的涵养,使"知识-科学"也"纯粹"起来,使"知识-科学"成为"自由"的。古代希腊人在"自由知识"方面给人类的贡献使后人受益匪浅,但这种"自由-纯粹"的"视角",当得益于他们的"哲学"。

从这个意义来看,我们所谓的"纯粹哲学",一方面当然是很"严格"的,从康德到黑格尔的德国古典哲学,哲学有了自己很专业的一面,再到胡塞尔,曾有"哲学"为"最为""严格"(strict-strenge)之称;另一方面,"纯粹哲学"就其题材范围来说,又是极其广阔的。"哲学"的"纯粹视角",原本就是对于那表面上似乎没有关系的、在时空上"最为遥远"的"事物",都能"发现"有一种"内在"的关系。"哲学"有自己的"远"、"近"观。"秦皇汉武"已是"过去"很多年的"事情",但就"纯粹"的"视角"看也并不"遥远",它仍是伽达默尔所谓的"有效应的历史",仍在"时间"的"绵延"之"中",它和"我们"有"内在"的关系。

于是,从"纯粹哲学"的"视角"来看,大千世界、古往今来,都"在""视野"之"中",上至"天文",下至"地理","至大无外"、"至小无内",无不可以"在""视野"之"中";具体到我们这套丛书,在选题方面也就不限于讨论康德、黑格尔、海德格尔等等专题,举凡社会文化、政治经济、自然环境、诗歌文学,甚至娱乐时尚,只要以"纯粹"的眼光,有"哲学"的"视角",都在欢迎之列。君不见,法国福柯探讨监狱、疯癫、医院、学校种种问题,倡导"穷尽细节"之历史"考古"观,以及论题不捐细小的"后现代"诸公,其深入程度,其"解构"之"辩证"运用,岂能以"不纯粹"目之?

"纯粹哲学丛书"改版在即,有以上的话想说,当否敬请读者批评指正。

叶秀山
2007 年 7 月 10 日于北京

序 "纯粹哲学丛书"

人们常说,做人要像张思德那样,做一个"纯粹的人",高尚的人,如今喝水也要喝"纯净水",这大概都没有什么问题;但是说到"纯粹哲学",似乎就会引起某些怀疑,说的人,为避免误解,好像也要做一番解释,这是什么原因? 我想,这个说法会引起质疑,是有很深的历史和理论的原因的。

那么,为什么还要提出"纯粹哲学"的问题?

现在来说"纯粹哲学"。说哲学的"纯粹性",乃是针对一种现状,即现在有些号称"哲学"的书或论文,已经脱离了"哲学"这门学科的基本问题和基本要求,或者可以说,已经没有什么"哲学味",但美其名曰"生活哲学"或者甚至"活的哲学",而对于那些真正探讨哲学问题的作品,反倒觉得"艰深难懂",甚至断为"脱离实际"。在这样的氛围下,几位年轻的有志于哲学研究的朋友提出"纯粹哲学"这个说法,以针砭时弊,我觉得对于哲学作为一门学科的发展是有好处的,所以也觉得是可以支持的。

人们对于"纯粹哲学"的疑虑也是由来已久。

在哲学里,什么叫"纯粹"? 按照西方哲学近代的传统,"纯粹"

（rein，pure）就是"不杂经验"、"跟经验无关"，或者"不由经验总结、概括出来"这类的意思，总之是和"经验"相对立的意思。把这层意思说得清楚彻底的是康德。

康德为什么要强调"纯粹"？原来西方哲学有个传统观念，认为感觉经验是变幻不居的，因而不可靠，"科学知识"如果建立在这个基础上，那么也是得不到"可靠性"，这样就动摇了"科学"这样一座巍峨的"殿堂"。这种担心，近代从法国的笛卡尔就表现得很明显，而到了英国的休谟，简直快给"科学知识""定了性"，原来人们信以为"真理"的"科学知识"竟只是一些"习惯"和"常识"，而这些"习俗"的"根据"仍然限于"经验"。

为了挽救这个似乎摇摇欲坠的"科学知识"大厦，康德指出，我们的知识虽然都来自感觉经验，但是感觉经验之所以能够成为"科学知识"，能够有普遍的可靠性，还要有"理性"的作用。康德说，"理性"并不是从"感觉经验"里"总结-概括"出来的，它不依赖于经验，如果说，感觉经验是"杂多-驳杂"的，理性就是"纯粹-纯一"的。杂多是要"变"的，而纯一就是"恒"，是"常"，是"不变"的；"不变"才是"必然的"、"可靠的"。

那么，这个纯一的、有必然性的"理性"是什么？或者说，康德要人们如何理解这个（些）"纯粹理性"？我们体味康德的哲学著作，渐渐觉得，他的"纯粹理性"说到最后乃是一种形式性的东西，他叫"先天的"——以"先天的"译拉丁文 a priori 不很确切，无非是强调"不从经验来"的意思，而拉丁文原是"由前件推出后件"，有很强的逻辑的意味，所以国外有的学者干脆就称它作"逻辑的"，意思是说，后面的命题是由前面的命题"推断"出来的，不是由经验的积累"概括"出来的，因而不是经验的共同性，而是逻辑的必然性。

其实，这个意思并不是康德的创造，康德不过是沿用旧说；康德的创造性在于他认为旧的哲学"止于"此,就把科学知识架空了,旧的逻辑只是"形式逻辑"——"止于"形式逻辑,而科学知识是要有内容的。康德觉得,光讲形式,就是那么几条,从亚里士多德创建形式逻辑体系以来,到康德那个时代,并没有多大的进步,而科学的知识,日新月异,"知识"是靠经验"积累"的,逻辑的推演,后件已经包含在前件里面,推了出来,也并没有"增加"什么。所以,康德哲学在"知识论"的范围里,主要的任务是要"改造"旧逻辑,使得"逻辑的形式"和"经验的内容"结合起来,也就是像有的学者说的,把"逻辑的"和"非逻辑的"东西结合起来。

从这里,我们看到,即使在康德那里,"纯粹"的问题,也不是真的完全"脱离实际"的;恰恰相反,康德的哲学工作,正是要把哲学做得既有"内容",而又是"纯粹"的。这是一件很困难的工作,康德做得很艰苦,的确也有"脱离实际"的毛病,后来受到很多的批评,但是就其初衷,倒并不是为了"钻进象牙之塔"的。

康德遇到了什么困难?

我们说过,如果"理性"的工作,只是把感觉经验得来的材料加工酿造,提炼出概括性的规律来,像早年英国的培根说的那样"归纳"出来的,那么,一来就不容易"保证""概括"出来的东西一定有普遍必然性,二来这时候,"理性"只是"围着经验转",也不大容易保持"自己",这样理解的"理性",就不会是"纯粹"的。康德说,他的哲学要来一个"哥白尼式的大革命",就是说,过去是"理性"围着"经验"转,到了我康德这里,就要让"经验"围着"理性"转,不是让"纯粹"的东西围着"不纯"的东西转受到"污染",而是让"不纯"的东西围着"纯粹"的东西转得到"净化"。这就是康德说的不让"主体"围着"客体"转,而让"客体"围着"主体"转的意义所在。

我们看到,不管谁围着谁转,感觉经验还是不可或缺的,康德主观上并不想当"脱离实际"的"形式主义者";康德的立意,还是要改造旧逻辑,克服它的"形式主义"的。当然,康德的工作也只是一种探索,有许多值得商讨的地方。

说实在的,在感觉经验和理性形式两个方面,要想叫谁围着谁转都不很容易,简单地说一句"让它们有机地结合起来"当然并不解决问题。

康德的办法是提出一个"先验的"概念来统摄感觉经验和先天理性这两个方面,并使经验围着理性转,以保证知识的"纯粹性"。

康德的"先验的"原文为 transcendental,和传统的 transcendent 不同,后者就是"超出经验之外"的意思,而前者为"虽然不依赖经验但还是在经验之内"的意思。

康德为什么要把问题弄得如此的复杂?

原来康德要坚持住哲学知识论的纯粹性而又具有经验的内容,要有两个方面的思想准备。一方面"理性"要妥善地引进经验的内容,另一方面要防止那本不是经验的东西"混进来"。按照近年的康德研究的说法,"理性"好像一个王国,对于它自己的王国拥有"立法权",凡进入这个王国的都要服从理性为它们制定的法律。康德认为,就科学知识来说,只有那些感觉经验的东西,应被允许进入这个知识的王国,成为它的臣民;而那些根本不是感觉经验的东西,亦即不能成为经验对象的东西,譬如"神-上帝",乃是一个"观念-理念",在感觉经验世界不存在相应的对象,所以它不能是知识王国的臣民,它要是进来了,就会不服从理性为知识制定的法律,在这个王国里,就会闹矛盾,而科学知识是要克服矛盾的,如果出现不可避免的矛盾,知识王国-科学的大厦,就要土崩瓦解了。所以康德在他的第一批判——《纯粹理性批判》里,一方面要仔细研究理性的立法作用;另一方面要仔细厘定理性的职权范围,防止越出经验的范围之外,越过了自己的权限——防止理性的僭越,管了那本不是它的臣民的事。所以康德的"批判",有"分析"、"辨析"、"划界限"的意思。

界限划在哪里?正是划在"感觉经验"与"非感觉经验-理性"上。对于那些不可能进入感觉经验领域的东西,理性在知识王国里,管不了它们,它们不是这个王国的臣民。

康德划这一界限还是很有意义的,这样一来,举凡宗教信仰以及想涵盖信仰问题的旧形而上学,都被拒绝在"科学知识"的大门以外了,因为它们所涉及的"神-上帝"、"无限"、"世界作为一个大全"等等,就只是一些"观念"(ideas),而并没有相应的感觉经验的"对象"。这样,康德就给"科学"和"宗教"划了一条严格的界限,而传统的旧形而上学,就被断定为"理性"的"僭越";而且理性在知识范围里一"僭越",就会产生不可克服的矛盾,这就是他的有名的"二律背反"。

在这个意义上,我们看到,在知识论方面,康德恰恰是十分重视感觉经验的,也是十分重视"形式"和"内容"的结合的。所以批评康德知识论是"形式主义",猜想他是不会服气的,他会说,他在《纯粹理性批判》里的主要工作就是论证"先天综合判断"如何可能,既然是"综合"的,就不是"形式"的,在这方面,他是有理由拒绝"形式主义"的帽子的;他的问题出在那些不能进入感觉经验的东西上。他说,既然我们所认知的是事物能够进入感觉经验的一面,那么,那不能进入感觉经验的另一面,就是我们科学知识不能达到的地方,我们在科学上则是一无所知;而通过我们的感官进得来的,只是一些印象(impression)、表象(appearance),我们的理性在知识上,只能对这些东西根据自己立的法律加以"管理",使之成为科学的、具有必然真理性的知识体系,所以我们的科学知识"止于""现象"(phenomena),而"物自身"(Dinge an sich)、"本体"(noumena)则是"不可知"的。

原来,在康德那里,这种既保持哲学的纯粹性,又融入经验世界的"知识论"是受到"限制"的,康德自己说,他"限制""知识",是为"信仰"留有余地。那么,就我们的论题来说,康德所理解的"信仰"是不是只是"形式"的? 应该说,也不完全是。

我们知道,康德通过"道德"引向"宗教-信仰"。"知识"是"必然"的,所以它是"科学";"道德"是"自由"的,所以它归根结蒂不能形成一门"必然"的"科学知识"。此话怎讲?

"道德"作为一门学科,讨论"意志"、"动机"、"效果"、"善恶"、"德性"、"幸福"等问题。如果作为科学知识来说,它们应有必然的关系,才是可以知道、可以预测的;但是,道德里的事,却没有那种科学的必然性,因而也没有那种"可预测性"。在道德领域里,一定的动机其结果却不是"一定"的;"德性"和"幸福"就更不是可以"推论"出来的。世上有德性的得不到幸福,比比皆是;而缺德的人往往是高官得做、骏马得骑。有那碰巧了,既有些德性,也有些幸福的,也就算是老天爷开恩了。于是,我们看到,在经验世界里,"德性"和"幸福"的统一,是偶尔有之,是偶然的,不是必然的。我们看到一个人很幸福,不能必然地推断他一定就有德性,反之亦然。在这个意义上,这种关系,是不可知的。

所谓"不可知",并不是说我们没有这方面的感觉经验的材料,对于人世的"不公",我们深有"所感";而是说,这些感觉材料,不受理性为知识提供的先天法则的管束,形不成必然的推理,"不可知"乃是指的这层意思。

"动机"和"效果"也是这种关系,我们不能从"动机"必然地"推论"出"效果",反之亦然。也就是说,我们没有足够的理由说一个人干了一件"好事",就"推断"他的"动机"就一定也是"好"的;也没有足够的理由说一个人既然动机是好的,就一定会做出好的事情来。

之所以会出现这种情况,乃是因为"道德"的问题概出于意志的

"自由",而"自由"和"必然"是相对立的。

要讲"纯粹",康德这个"自由"是最"纯粹"不过的了。"自由"不但不能受"感觉经验-感性欲求"一点点的影响,而且根本不能进入这个感觉经验的世界,就是说,"自由"不可能进入感性世界成为"必然"。这就是为什么康德把他的《实践理性批判》的主要任务定为防止"理性"在实践-道德领域的"降格":理性把原本是超越的事当做感觉经验的事来管理了。

那么,康德这个"自由"岂不是非常的"形式"了?的确如此。康德的"自由"是理性的"纯粹形式",它就问一个"应该",向有限的理智者发出一道"绝对命令",至于真的该做"什么",那是一个实际问题,是一个经验问题,实践理性并不给出"教导"。所以康德的伦理学,不是经验的道德规范学,而是道德哲学。

那么,康德的"纯粹理性"到了"实践-道德"领域,反倒更加"形式"了?如果康德学说止于"伦理学",止于"自由",则的确会产生这个问题;但是我们知道,康德的伦理道德乃是通向宗教信仰的桥梁,它不止于此。康德的哲学"止于至善"。

康德解释所谓"至善"有两层含义:一是指单纯意志方面的,是最高的道德的善;一是更进一层为"完满"的意思。这后一层的意义,就引向了宗教。

在"完满"意义上的"至善",就是我们人类最高的追求目标:"天国"。在这个意义上,我们人类要不断地修善,"超越""人自身"——已经孕育着尼采的"超人"(?),而争取进入"天国"。

在"天国"里,一切的分离对立都得到了"统一"。"天国"不仅仅是"理想"的,而且是"现实"的。在"天国"里,凡理性的,也就是经验的,反之亦然。在那里,"理性"能够"感觉"、"经验的",也就是"合理的",两者之间有一种"必然"的关系,而不像尘世那样,两者只是偶尔统一。这样,在那个世界,我们就很有把握地说,凡是幸福的,就一定是有德的,而绝不会像人间尘世那样,常常出现"荒诞"的局面,让那有德之人受苦,而缺德之人却得善终。于是,在康德的思想里,"天国"恰恰不是"虚无缥缈"的,而是实实在在的,它是一个"理想",但也是一个"现实";甚至我们可以说,唯有"天国"才是既理想又现实的,于是,我们可以说这是一种"完满"意义上的"至善"。

想象一个美好的"上天世界"并不难,凡是在世间受到委屈的人都会幻想一个美妙的"天堂",他的委屈就会得到平申;但是建立在想象和幻想上的"天堂",是很容易受到怀疑和质询的,中国古代屈原的"天问",直到近年描写莫扎特的电影 Amadeus,都向这种想象的产物发出了疑问,究其原因,乃是这个"天堂"光是"理想"的,缺乏"实在性";康德的"天国",在他自己看来,却是"不容置疑"的,因为它受到严格的"理路"的保证。在康德看来,对于这样一个完美无缺、既合理又实实在在的"国度"只有理智不健全的人才会提出质疑。笛卡尔有权怀疑一切,康德也批评过他的"我思故我在"的命题,因为那时康德的领域是"知识的王国";如果就"至善-完满"的"神的王国-天国"来说,那么"思"和"在"原本是"同一"的,"思想的",就是"存在的",同理,"存在"的,也必定是"思想"的,"思"和"在"之间,有了一种"必然"的"推理"关系。对于这种关系的质疑,也就像对于"自然律"提出质疑一样,本身"不合理",因而是"无权"这样做的。

这样,我们看到,康德的"知识王国"、"道德王国"和"神的王国-天国",都在不同的层面和不同的意义上具有现实的内容,不仅仅是形式的,但是没有人怀疑康德哲学的"纯粹性",而康德的"(纯粹)哲学"不是"形式哲学"则也就变得明显起来。

表现这种非形式的"纯粹性"特点的,还应该提到康德的第三批判:《判断力批判》。就我们的论题来说,《判断力批判》是相当明显地表现了形式和内容统一的一个领域。

通常我们说,《判断力批判》是《纯粹理性批判》和《实践理性批判》之间的桥梁,或者是它们的综合,这当然是正确的;这里我们想补充说的是:《判断力批判》所涉及的世界,在康德的思想中,也可以看做是康德的"神的王国-天国"的一个"象征"或"投影"。在这个世界里,现实的、经验的东西,并不仅仅像在《纯粹理性批判》里那样,只是提供感觉经验的材料(sense data),而是"美"的,"合目的"的;只是"审美的王国"和"目的王国"还是在"人间",它们并不是"天国"。在这个意义上,我们具有(有限)理性的人,如果努力提高"鉴赏力-判断力",提高"品位-趣味",成了"高尚的人","脱离了低级趣味的人",那么就有能力在大自然和艺术品里发现"理性"和"感性"、"形式"和"内容"、"合目的性"和"合规律性"等等之间的"和谐"。也就是说,我们就有能力在经验的世界里,看出一个超越世界的美好图景。康德说,"美"是"善"的"象征","善"通向"神的王国",所以,我们也可以说,"美"和"合目的"的世界,乃是"神城-天国"的"投影"。按基督教的说法,这个世界原本也是"神""创造"出来的。

"神城-天国"在康德固然言之凿凿,不可动摇对它的信念,但是毕竟太遥远了些。康德说,人要不断地"修善",在那绵绵的"永恒"过程中,人们有望达到"天国"。所以康德的实践理性的"公设"有一条必不可少的就是"灵魂不朽"。康德之所以要设定这个"灵魂不朽",并不完全是迷信,而是他觉得"天国"路遥,如果灵魂没有"永恒绵延",则人就没有"理由"在今生就去"修善",所以这个"灵魂不朽"是"永远修善"所必须要"设定"的。于是,我们看到,在康德哲学中,已经含有了"时间"绵延的观念,只是他强调的是这个绵延的"永恒性",而对于"有限"的绵延,即人的"会死性"(mortal)则未曾像当代诸家那么着重地加以探讨;但是他抓住的这个问题,却开启了后来黑格尔哲学的思路,即把哲学不仅仅作为一些抽象的概念的演绎,而是一个时间的、历史的发展过程,强调"真理"是一个"全""过程",进一步将"时间"、"历史"、"发展"的观念引进哲学,形成了一个庞大的哲学体系。

黑格尔哲学体系可以说是"包罗万象",是百科全书式的,却不是驳杂的,可以说是"庞"而不"杂"。人们通常说,黑格尔发展了谢林的"绝对哲学",把在谢林那里"绝对"的直接性,发展为一个有矛盾、有斗争的"过程",而作为真理的全过程的"绝对"却正是在那"相对"的事物之中,"无限"就在"有限"之中。

"无限"在"有限"之中,"有限""开显"着"无限",这是黑格尔强调的一个非常重要的思想。这个思路,奠定了哲学"现象学"的基础,所以,马克思说,《精神现象学》是理解黑格尔哲学的钥匙。

"现象学"出来,"无限"、"绝对"、"完满"等等,就不再是抽象孤立的,因而也是"遥远"的"神城-天国",而就在"有限"、"相对"之中,并不是离开"相对"、"有限"还有一个"绝对"、"无限"在,于是,哲学就不再专门着重去追问"理性"之"绝对"、"无限",而是追问:在"相对"、"有限"的世界,"如何""体现-开显"其"不受限制-无限"、"自身完满-绝对"的"意义"来。"现象学"乃是"显现学"、"开显学"。从这个角度来说,黑格尔的哲学显然也不是"形式主义"的。

实际上黑格尔是在哲学的意义上扩大了康德的"知识论",但是改变了康德"知识论"的来源和基础。康德认为,"知识"有两个来源:一个是感觉经验,一个是理性的纯粹形式。这就是说,康德仍然承认近代英国经验主义者的前提:知识最初依靠着感官提供的材料,如"印象"之类的,只是康德增加了另一个来源,即理性的先天形式;黑格尔的"知识"则不依赖单纯的感觉材料,因为人的心灵在得到感觉时,并不是"白板一块",心灵-精神原本是"能动"的,而不仅仅是"被动"地接受。"精神"原本是自身能动的,不需要外在的感觉的刺激和推动。精神的能动性使它向外扩展,进入感觉的世界,以自身的力量"征服"感性世界,使之"体现"精神自身的"意义"。因而,黑格尔的"知识",乃是"精神"对体现在世界中的"意义"的把握,归根结蒂,也就是精神对自身的把握。所以在这个意义上,黑格尔的"科学-知识"(Wissenschaft),并不是一般的经验科学知识理论,而是"哲学",是"纯粹的知识",即"精神"在历史发展的进程中、在时间的进程中对精神自身的把握。

精神(Geist)是一个生命,是一种力量,它在时间中经过艰苦的历程,征服"异己",化为"自己",以此"充实"自己,从一个抽象的"力"发展成有实在内容的"一个""自己",就精神自己来说,此时它是"一"也是"全"。精神的历史,犹如海纳百川,百川归海为"一",而海因容纳百川而成其"大-全"。因此,"历经沧桑"之后的"大海",真可谓是"一个"包罗万象、完满无缺的"大-太一"。

由此我们看到,黑格尔的《精神现象学》作为"现象学-显现学",乃是精神——通过艰苦卓绝的劳动——"开显""自己""全部内容"的"全过程"。黑格尔说,这才是"真理-真之所以为真(Wahrheit)"——一个真实的过程,而不是"假(现)象"(Anschein)。

于是,我们看到,在康德那里被划为"不可知"的"本体-自身",经过黑格尔的改造,反倒成了哲学的真正的"知识对象",而这个"对象"不是"死"的"物",而是"活"的"事",乃是"精神"的"创业史",一切物理的"表象",都在这部"精神创业史"中被赋予了"意义"。精神通过自己的"劳作",把它们接纳到自己的家园中来,不仅仅是一些物质的"材料"-"质料",而是一些体现了"精神"特性(自由-无限)的"具体共相-理念",它们向人们——同样具有"精神"的"自由者-无限者(无论什么具体的事物都限制不住)"——"开显"自己的"意义"。

就我们现在的论题来说,可以注意到黑格尔的"绝对哲学"有两方面的重点。

一方面，我们看到，黑格尔的"自由-无限-绝对"都是体现在"必然-有限-相对"之中的，"必然-有限-相对"因其"缺乏"而会"变"，当它们"变动"时，就体现了有一种"自由-无限-绝对"的东西在内，而不是说，另有一个叫"无限"的东西在那里。脱离了"有限"的"无限"，黑格尔叫做"恶的无限"，譬如"至大无外"、"至小无内"，一个数的无限增加，等等，真正的"无限"就在"有限"之中。黑格尔的这个思想，保证了他的哲学不会陷于一种抽象的概念的旧框框，使他的精神永远保持着能动的创造性，也保持着精神的历程是一个有具体内容的、非形式的过程。在这个意义上，黑格尔的"绝对"并不是一个普遍的概念，而是具体的个性。这个"个性"，在它开始"创世"时，还是很抽象的，而在它经过艰苦创业之后"回到自己的家园"时，它的"个性"就不再是抽象、空洞的了，而是有了充实的内容，成了"真""个性"了。

另一方面，相反的，那些康德花了很大精力论证的"经验科学"，反倒是"抽象"的了，因为这里强调的只是知识的"普遍性"，这种普遍性又是建立在"感觉的共同性"和理性的"先天性-形式性"基础之上的，因而它们是静止的，静观的，而缺少精神的创造性，也就缺少精神的具体个性，所以这些知识只能是"必然"的，而不是"自由"的。经验知识的共同性，在黑格尔看来，并不"纯粹"，因为它不是"自由"的知识；而"自由"的"知识"，在康德看来又是自相矛盾的，自由而又有内容，乃是"天国"的事，不是现实世界的事。而黑格尔认为，"自由"而又有内容，就在现实之中，这样，"自由"才是具体的，不是抽象的形式。这样，在黑格尔看来，把"形式"与"内容"割裂开来，反倒得不到"纯粹"的知识。

于是，我们看到，在黑格尔那里，"精神"的"个性"，乃是"自由"的"个性"，不是抽象的，也不是经验心理学所研究的"性格"——可以归到一定的"种""属"的类别概念之中。"个体"、"有限"而又具有"纯粹性",正是"哲学"所要追问的不同于经验科学的问题。

那么,为什么黑格尔哲学被批评为只讲"普遍性"、不讲"个体性"的,比经验科学还要抽象得多的学说?原来,黑格尔在《精神现象学》中许诺,他的精神在创业之后,又回到自己的"家园",这就是"哲学"。"哲学"是一个概念的逻辑系统,于是在《精神现象学》之后,尚有一整套的"逻辑学"作为他的"科学知识(Wissenschaften)体系"的栋梁。在这一部分里,黑格尔不再把"精神"作为一个历史的过程来处理,而是作为概念的推演来结构,构建一个概念的逻辑框架。尽管黑格尔把他的"思辨概念-总念"和"表象性"抽象概念作了严格的区别,但是把一个活生生的精神的时间、历史进程纳入到逻辑推演程序,不管如何努力使其"自圆其说",仍然留下了"抽象化"、"概念化"的痕迹,以待后人"解构"。

尽管如此,黑格尔哲学仍可以给我们以启示:黑格尔的"绝对精神"既是"先经验的-先天的",同样也是"后经验的-总念式的"。

"绝对精神"作为纯粹的"自由",起初只是"形式的"、没有内容的、空洞的、抽象的;当它"经历"了自己的过程——征服世界"之后",回到了"自身",这时,它已经是有内容、充实了的,而不是像当初那样是一个抽象概念了。但是,此时的"精神"仍然是"纯粹"的,或者说,这才是真正意义上的有了内容的"纯粹",不是一个空洞的"纯粹",因为,此时的经验内容被"统摄"在"精神-理念"之中。于是就"精神-理念"来说,并没有"另一个-在它之外"的"感觉经验世界"与其"对立-相对",所以,这时的"精神-理念"仍是"绝对"的,"精神-理念"仍是其"自身";不仅如此,此时的"精神-理念"已经不是一个"空"的"躯壳-形式",而是有血肉、有学识、有个性的活生生的"存在"。

这里我们尚可以注意一个问题:过去我们在讨论康德的"先验

性-先天性"时,常常区分"逻辑在先"和"时间在先",说康德的"先天条件"乃是"逻辑在先",而不是"时间在先",这当然是很好的一种理解;不过运思到了黑格尔,"时间"、"历史"的概念明确地进入了哲学,这种区分,在理解上也要作相应的调整。按黑格尔的意思,"逻辑在先-逻辑条件"只是解决"形式推理"问题,是不涉及内容的,这样的"纯粹"过于简单,也过于容易了些,还谈不上真正意义上的"纯粹";真正的"纯粹"并不排斥"时间",相反,它就在"时间"的"全过程"中,"真理"是一个"全"。这个"全-总体-总念"也是"超越","超越"了这个具体的"过程",有一个"飞跃","1"+"1"大于"2"。这就是"meta-physics"里"meta"的意思。在这个意思上,我们甚至可以说,真正的、有内容的"纯粹"是在"经验-经历"之"后",是"后-经验"。这里的"后",有"超越"、"高于"的意思,就像"后-现代"那样,指的是"超越"了"现代"(modern)进入一个"新"的"天地","新"的"境界",这里说的是"纯粹哲学"的"境界"。所以,按照黑格尔的意思,哲学犹如"老人格言",看来似乎是"老生常谈",甚至"陈词滥调",却包容了老人一生的经验体会,不只是空洞的几句话。

说到这里,我想已经把我为什么要支持"纯粹哲学"研究的理由和我对这个问题的基本想法说了出来。最后还有几句话涉及学术研究现状中的某些侧面,有一些感想,也跟"纯粹性"有关。

从理路上,我们已经说明了为什么"纯粹性"不但不排斥联系现实,而且还是在深层次上十分重视现实的;但是,在做学术研究、做哲学研究的实际工作中,有一些因素还是应该"排斥"的。

多年来,我有一个信念,就是哲学学术本身是有自己的吸引力的,因为它的问题本身就在一个更高的层面上涉及现实的深层问题,所以不是一种脱离实际的孤芳自赏或者闲情逸致;但它也需要"排斥"某些"急功近利"的想法和做法,譬如,把哲学学术当做仕途的敲门砖,"学而优则仕","仕"而未成就利用学术来"攻击",骂这骂那,愤世嫉俗,自标"清高",学术上不再精益求精;或者拥学术而"投入市场",炒作"学术新闻",标榜"创新"而诽谤读书,诸如此类,遂使哲学学术"驳杂"到自身难以存在。这些做法,以为除了鼻子底下、眼面前的,甚至肉体的欲求之外,别无"现实"、"感性"可言。如果不对这些有所"排斥",哲学学术则无以自存。

所幸尚有不少青年学者,有感于上述情况之危急,遂有"纯粹哲学"之论,有志于献身哲学学术事业,取得初步成果,并得到江苏人民出版社诸公的支持,得以"丛书"名义问世,嘱我写序,不敢怠慢,遂有上面这些议论,不当之处,尚望读者批评。

叶秀山

2001 年 12 月 23 日于北京

作者的话

在康德——这位人类自由最伟大的辩护者——的思想中,出现了一种对于人类自由黑暗面的深刻反思,而这一反思又揭示出了人类自由在道德上的限度。根据康德的观点,人类自由在道德上的限度,实际上是这种自由通过自行招致的趋恶倾向而加诸自己身上的。趋恶倾向败坏了整个人类族类(包括其中最好的成员)的行为准则的最高根据,康德本人则把这种深入自由意志"根部"(Radix)的恶称为一种"根本恶"(das radikale Böse),并针对人类的整体道德品格,做出了"人从本性上是恶的"(Der Mensch ist von Natur böse)这一严厉的论断。

以上就是康德在《纯然理性界限内的宗教》第一部分中所提出的核心观点。然而可惜的是,康德同时代的读者仅仅将这种观点斥为对于一种过时的原罪教义的重复,甚至怀疑康德希望借此引诱基督徒们来接受他的哲学。同时更糟糕的是,除了写作动机成疑之外,在许多专业研究者眼中,康德的根本恶理论不仅充斥着种种内部矛盾,更是与康德本人关于先验自由、善良意志、道德责任的思想完全不兼容。根据这些研究者的理解,恰恰是上述这些思想,而不是根本恶理论,才构成了康德实践哲学的核心,才为现代伦理意识奠定了基础——因为毕竟,如果没有人得以逃脱趋恶倾向对其行为准则的败坏,那么一个人将如何能够宣称自己确实是自由的,宣称自己确实有能力选择善而不是只能选择恶,从而可以为自身的道德品格和每一个行为承担起道德责任呢? 实际上,根本恶理论自身所蕴含的这一理论难题,部分地解释了一个多少令人有些惊异的现象,那就是,作为宗教哲学这门学科奠基之作的《纯然理性界限内的宗教》,竟在康德的读者眼中长期居于他最不受欢迎的作品之列。

针对以上这些围绕着康德的批评和质疑,本书的作者希望在这里给出两点回应。首先,任何一名研究者都不应当仅仅因为对作者的动机产生了怀疑,就预先判定他的某一理论不值得接受哲学反思。相反,即便该理论完全可能经过研究者的深入反思而被证明不具备任何"真"的价值,但是研究者依然必须在反思之前预设作者态度的"真诚性"。因为,对真诚性的预设是一切哲学反思的前提。假若研究者不再相信被研究的哲学家是真诚的,那么从一方的欺骗与隐瞒和另一方的猜疑与臆想中,是根本产生不出任何"真"的。简单地说,作为对象的"真",只有在主体的"真诚性"中才能被照亮和揭示。

其次,一种深层的哲学反思更像聆听一位自由的主体,而不是观察一个自然的客体。因此,研究者应当对哲学家本人怀有一种宽仁的态度,为了理解他的思想而对他抱有基本的信任,并且尽自己所能地把他的意思解释通畅。同时更重要的是,研究者不仅需要思考哲学家写下的"文字",更要追随着他的"精神",同他一道思考他所关心的问题。于是以这种方式,研究者将不再只是哲学家"思想成果"的"疏离的观察者",而将成为参与到他"思想过程"中的"怀有同情心的伙伴"。研究者将不仅仅解释哲学家实际上说出来的东西,还将进一步推测他可能会赞同、甚至是本应说出(却没有说出)的东西。

基于以上这一研究原则,呈现在读者面前的这部作品《根本恶与自由意志的限度:一种基于文本的康德式诠释》,将为康德的根本恶理论提供一种全新的解释和系统性的辩护。首先,就如本书的副标题所暗示的那样,本书的作者将仅仅从康德本人的文本中,为自己的论证寻找支持性的证据,而在她自己的知识背景中那些不可避免地塑造着她的"前理解"的其他哲学家的思想,将仅仅起到在合适的地方提示出某些特定的诠释方向的作用。这意味着,唯有当本书作者能够从康德的文本中,找到与这些诠释方向相对应的诠释可能性时,她才会去选择这些诠释方向。然而非常有趣的是,当本书作者在方法论上对自己进行了这一谨慎的限定,当她完全从康德的文本出发,同时追随着康德的精神,与这位大哲学家一道探寻恶的终极可能性条件时,她却发现自己逐渐超越了康德的文字,而这种超越,恰恰是因为她试图忠实地追随康德的精神。从这部关于根本恶的著作中最终揭示出来的东西,一方面类似于奥古斯丁用于刻画罪恶人性的"混沌的团块",另一方面则类似于谢林哲学中那种凌驾于个人之上的"绝对者"。换句话说,本项研究在康德哲学中发现了一种内在的逻辑,这一内在的逻辑将它同时导向了前-康德哲学与后-康德哲学的方向,而这两个方向最终又都揭示出了一头潜伏在"自律性的自由"(autonomous freedom)这一光辉结构下面的黑暗地下室之中的可怖怪兽。

任何仅仅把康德视为启蒙英雄的读者,必定会对上述这一论断惊诧不已,并疑惑于作者究竟是如何从康德哲学中,发展出对于人类自由如此黑暗的论断的。本书对于康德的诠释是否成立,是一个必须留待每位读者自行去判断的问题。然而,为了方便各位读者做出公允而准确的判断,他们需要在这里简单地了解一下本书的基本观点和论证结构。

首先,本书的基本观点是:与问世以来遭受的种种批评和质疑相反,康德的根本恶理论实际上拥有一个融贯的逻辑构架,这一理论不仅与康德关于人类自由的思想完全兼容,而且还将他的人类自由概念拓展到了一个更深的层次。为了证明这一基本观点,本书的整体论证将分为三大部分,这三大部分分别对应着根本恶理论的三个"构成性环节"(constitutive moments),并提供了切入这一理论的三个视角,其中每一个视角既区别于其他视角,又与其他视角有所重叠,由此共同建立起一幅关于根本恶理论的完整图景。

全书的第一卷"恶的单一本质"(the Single Essence of Evil)采取了

类似经院哲学的分析方式,试图确定康德笔下道德之恶的"其所是"(what-ness),或者说恶之为恶的"本质"(essence)究竟是什么。全书的第二卷"恶的多重表现"(The Manifold Expressions of Evil)和第三卷"恶的最终根据"(The Ultimate Ground of Evil)讨论的则是恶的"是"(that-ness)或者说恶的"存在"(existence)。同时,依照康德批判哲学中的基本划分,第二卷和第三卷将分别从经验的角度和先验的角度来考察恶的存在。具体地说,第二卷将从经验的角度出发,着重探讨恶如何后天地展现自身,第三卷将从先验的角度出发,着重探讨恶得以如此展现自身的先天可能性条件。

进一步地,除了全书的论证结构之外,读者还需要稍微了解一下全书三大部分各自的论证内容。首先,第一卷"恶的单一本质"(一到三章)将会论证,不同于感性偏好与理性命令之间的二元对立,康德实际上将恶定位在了人的"任意"(Willkür,亦即高级欲求能力的执行功能)里面,由此使得感性偏好得以免除了道德层面的谴责。康德将恶的"其所是"或者说恶的"本质"理解成了任意将自爱原则置于道德法则之上的自由行动。这一自由行动属于一个本体性的领域,它建立起了属于一个人的恶之"意念"(Gesinnung)。意念是一个人的最高准则,这一最高准则决定了他整体道德品格的善与恶。作为将自爱原则置于道德法则之上这一抽象行动的产物,恶的意念也就承担起了给主体所采取的所有恶的具体准则提供一种终极主观根据的功能。同时,所有恶的具体准则又通过引发可见的恶行,在现象世界中进一步地表达着自身。

其次,全书的第二卷"恶的多重表现"(四至七章)将会论证,因为自爱原则在先验层面的规定,仅仅是由一切自由主体所构成的关系网中属于每一主体的"纯粹特殊性",而自爱的这一先验规定,又并未给它在经验层面的规定预先设置任何限制,因此,当观察者的考察重点从先验层面转向经验层面时,自爱的内容也就应当被判定为是全然空洞、不定,同时趋向于一切变化的。而这又意味着,自爱原则可以攫取任何对象作为自身的内容,并将其吸纳进个人的经验自我概念。于是以这种方式,恶在先验层面的单一本质(亦即将自爱原则置于道德法则之上),便可以在经验层面产生出无穷多样的表达,而这完全是因为:一个人对于"我是谁"和"我的幸福居于何处"的理解,是完全可以随着自爱对于无穷对象的附着而不断变化的。

最后,全书的第三卷"恶的最终根据"(八至十二章)将会论证,人性之中的趋恶倾向,应当被理解为一种"朝向恶的潜能"(potential to evil),而这一向恶潜能所拥有的模态,亦可以被叫作"潜在性"(potentiality)。同时更重要的是,在形而上学的等级次序中,潜在性是低于完全意义上的"现实性"(actuality),但却高于空洞的"逻辑可能性"(logical possibility)的。因此,康德根本恶理论的核心命题"人从本性上是恶的",既不意味着"每个人都现实地是恶的",也不意味着"每个人都具有作恶的逻辑可能性"。相反,康德真正想传达的意思其实是:人类族类中的每一个成员都拥有一种朝向恶的潜能,这种潜能以"趋向"(tendency)或者说"冲动"(drive)的形态存在,从而不断地诱惑着每个人将自爱的诉求置于道德的命令之上。

根据本书对于康德文本的重构,"人从本性上是恶的"这一命题,或者说趋恶倾向所拥有的普遍性和必然性,又能够进一步地通过一种回溯性的推理得到证明。这一回溯性的推理包含着三个步骤。首先,现实经验中可以观察到的恶行,能够被反向追溯回某些给这些恶行奠基的、恶的具体准则。其次,这些恶的具体准则,又可以被追溯回一条恶的最高准则(亦即恶的意念)。最后,属于每个人类个体的恶的意念,最终可以被追溯回属于人类族类的向恶潜能。在这一回溯性的推理当中,读者需要特别注意的则是:趋恶倾向并不属于"人之为人的规范性概念"(the normative concept of human qua human),因而并不属于"客观地被考虑"(objectively-regarded,亦即按照客体的概念所"应当是")的自由的人性。相反,唯有当考虑到现实经验中关于恶之存在的广泛证据的时候,趋恶倾向才能作为一种决定了人类族类品格的潜能,而被观察者预设为以一种普遍而必然的方式存在于每个人类个体之中的。换言之,趋恶倾向仅仅属于一种"主观地被考虑"(subjectively-regarded,亦即按照主体的经验所"实际是")的自由的人性。

借助上述关于根本恶理论的新诠释,那些充斥于人类历史中的各种各样的恶的现象,便能够得到一种有效的说明,但同时,这一说明又能够确保每个人的自由意志和道德责任不会遭到动摇。每个人生之为人的原初本性(第一本性)仅仅包含了三种向善禀赋,因此趋恶倾向对这些禀赋所造成的影响,应当被比喻成将一根"坏的枝条"嫁接到了一株"好的树木"之上,从而以这种方式创造出了人的第二本性,导致了人在善恶之间选择的"不对称性"。然而需要强调的是,由于趋恶倾向只是一种潜能,却并不是现实的存在,因此这种倾向仅仅增加了每个人选择善的难度,却并未摧毁他选择善的能力——因为毕竟,原初向善禀赋作为潜藏在自由意志内部的一种永恒的向善种子,也让选择善的方向永远对每个人保持着一种敞开的状态。简而言之,康德的根本恶理论与他关于先验自由、善良意志和道德责任的思想实际上是完全兼容的。

进一步地,根本恶理论还将康德的自由概念拓展到了人类生存中一个更深的层次上。考虑到原初向善禀赋和趋恶倾向的存在,人类自由概念将不再仅仅局限于个体的层面,不再仅仅体现为或是朝向善或是朝向恶的实际选择。相反,在实际的善恶选择之前,人类自由概念将首先指向两种"超越于个体的"(trans-individual)分别朝向善与恶的潜能。这两种潜能位于人类族类层面,并为每个人在个体层面通过自身意志而实际做出的善恶选择建立起了一种最终的先验可能性条件。

按照同样的思路,康德实践哲学中的人类自由理论,亦可以被重新表述如下。一方面,康德的道德形而上学,连同作为其预备部分的实践理性批判,揭示出了每个人类个体"应当"(因而也就"能够")做什么。因此,康德的道德形而上学所考察的,实际上是人类自由(按照其概念规定的"应当是")的"客观方面",或者说是一种"自律的自由"(autonomous freedom)。这一自律的自由作为一种崇高的理想,需要每个人类个体在自己的生命中努力去实现。另一方面,康德的道德人类学,特别是这一道德人类学中关于原初向善禀赋和趋恶倾向的思想，则揭示出了当考虑到现实经验中关于恶之存在的广泛证据时，人类族类的整体品格必须被预设为是什么样子的。因此，康德的道德人类学所考察的，实际上是人类自由(按照其经验揭示的"实际是")的"主观方面"，或者说是一种"败坏的自由"(corrupted freedom)，这一败坏的自由将自己展现在现实的人类历史当中，并决定了观察者对于人类族类品格的整体判断究竟是什么。最后，自由的"客观方面"与"主观方面"之间的遥远距离，或者说"自律的自由"与"败坏的自由"之间的巨大鸿沟，又将一项异常艰巨却又义不容辞的任务交给了道德，那就是，道德必须让每个人类个体在自身之内消除这段遥远的距离，跨越这道巨大的鸿沟。然而，道德仅凭自身却无法完成这项艰巨的任务，而必须转向自身之外的他者以寻求帮助。这个位于道德自身之外的他者，正是宗教。因此，正如康德在《纯然理性界限之内的宗教》开篇处所言，道德依照其内部的逻辑，就必然地会走向宗教。

若根据现实的经验来判断的话，那么观察者将不得不承认，在属于人类族类的两种潜能之间，趋恶倾向要比向善禀赋来得强大得多。而对于善恶之间这种"不平衡性"的深刻揭示，则显示出康德本人关于人类自由的理解，既与在他之前的基督教哲学，又与在他之后的德国哲学具有一种深层的连续性。然而，康德并不像许多人所指责的那样，妄图复兴所谓的原罪教义。相反，就如本书将要展示的那样，康德在其批判哲学的概念框架之内，重新表述出了一种关于人性黑暗面的古老洞见。这一古老的洞见在人类历史之初就已诞生，却又必须被一代又一代的道德教育者，在不断变化的现实语境中重新表述出来，而这种不断重新表述的需要恰恰是因为——人类历史中的每一代人，无论他们成长在何种文化传统之中，都无一例外地受困于某种"人性的、太人性的"自我欺骗和自我美化的倾向，因而总是或是隐秘或是公开地选择对于自身真实的道德处境视而不见。

进一步说，正是位于人类自由本性之中的这种根本性的恶，而不仅

7

仅是每个人作为自然的-感性的存在者的种种有限性,才为他的自由意志划定了一个最终的限度。诚然,作为一名有限的理性存在者,一个人的感性偏好并不会自动契合道德法则。然而,若仅仅就其自身而言,一切感性偏好都是无罪的,它们对于道德法则的敌对,也完全是偶然发生的事件。至于这种偶然的敌对是否会在现实中发生,则仅仅取决于后天才出现的种种具体处境。但是与之形成鲜明对比的是,趋恶倾向虽然只是一种潜能,但这种潜能就其自身而言,已经必须在道德上被判定为是恶的了。同时,与感性偏好截然不同的是,趋恶倾向对于道德法则的这种敌对,完全是属于该倾向自身的一种必然的规定性。换句话说,早在任何后天的具体处境出现之前,趋恶倾向对于道德法则的敌对,就已经被先天地预定好了。最终,也正是这种趋恶倾向搅扰和激发了一个人原本无罪的感性偏好,并暗中驱使着这些感性偏好去抵抗道德法则。

趋恶倾向是人类自由内部的黑暗深渊,也是每个人自由意志的诞生之地。因此,所有真正负责任的道德教育,都必须首先考虑这一倾向对于人性的败坏作用。道德教育的核心任务,不仅包括个人的弃恶从善以及他在德性上的不断精进,同时必须包括每个人在面对着那种如同黑暗混沌一般的族类品格时,将自身的道德品格"个体化"(individualize)的英勇行动。然而,即使一个人已经完成了弃恶从善的道德转变,趋恶倾向将依然作为一种永恒的诱惑而潜伏在人性的至深之处。这意味着人类在道德上所能取得的最高成就,将永远不可能是一种"完全抵达圆满状态的神圣性",而最多只能是一种"永远处于生成过程之中的德性"。人类的德性将一方面朝向神圣性永无休止地前进,另一方面又时刻预备着与潜伏在人性深处的敌人(亦即趋恶倾向)进行艰苦卓绝的斗争。

最后仍需提醒读者注意的是,那种位于人性最深处的根本恶,虽然为自由意志朝向善的前进规定了一个无法绕开的起点和一个不可逾越的终点,但这种恶却并不会威胁到康德曾经提出的建立公正社会、培养良善国民——这些启蒙理想的正当性与有效性。相反,通过对于人性深处的根本恶的考察,康德实际上是把一切追求上述崇高理想的行动,重新安放在了一条更为现实主义的道路上。这条更为现实主义的道路,恰恰体现了作为启蒙时代最深刻的思想家的康德,为真实处境下的人类道德所能够设想出来的,一套最为坚实可靠的实践方案。

康德著作名称缩写与概念翻译

康德著作的德文原文参照德国科学院版的康德全集 *Kants gesammelte Schriften*，herausgegeben von der Deutschen Akademie der Wissenschaften（Berlin：Walter de Gruyter，1900ff），即 Akademie Ausgabe，简称 AA 版。其中《纯粹理性批判》仅以 A/B 版（即 1781 年和 1787 年出版的第一版和第二版）＋页码的方式简单标注，而其他著作均以"书名缩写＋科学院版卷号：页码"的形式标注。

A/B＝《纯粹理性批判》（*Kritik der reinen Vernunft*，*Auflage* A/B，1781，1787，*AA* 4，*AA* 3）

Anfang＝《人类历史揣测的开端》（*Mutmaßlicher Anfang der Menschengeschichte*，1786，*AA* 8）

APH＝《实用人类学》（*Anthropologie in pragmatischer Hinsicht*，1798，*AA* 7）

EF＝《论永久和平》（*Zum ewigen Frieden*，1795，*AA* 8）

GMS＝《道德形而上学的奠基》（*Grundlegung zur Metaphysik der Sitten*，1785，*AA* 4）

GTP＝《论俗语：这在理论上可能是正确的，但不适用于实践》（*Über den Gemeinspruch*：*Das mag in der Theorie richtig sein*，*taugt aber nicht für die Praxis*，1793，*AA* 8）

Idee＝《关于一种世界公民观点的普遍历史的观念》（*Idee zu einer allgemeinen Geschichte in weltbürgerlicher Absicht*，1784，*AA* 8）

KpV＝《实践理性批判》（*Kritik der praktischen Vernunft*，1788，*AA* 5）

KU＝《判断力批判》（*Kritik der Urteilskraft*，1790，*AA* 5）

MVT＝《论神义论中一切哲学尝试的失败》（*Über das Mißlingen aller philosophischen Versuche in der Theodicee*，1791，*AA* 8）

MS＝《道德形而上学》（*Die Metaphysik der Sitten*，1797，*AA* 6）

NG＝《将负值概念引入世俗智慧的尝试》（*Versuch den Begriff der negativen Größen in die Weltweisheit einzuführen*，1763，*AA* 2）

P＝《教育学》（*Pädagogik*，1803，*AA* 9）

Ref-Meta＝《形而上学反思》（*Reflexionen zur Metaphysik*，*AA* 17 – 18）

Ref-Mora＝《道德哲学反思》（*Reflexionen zur Moralphilosophie*，*AA* 19）

RGV＝《纯然理性界限内的宗教》（*Die Religion innerhalb der Grenzen der bloßen Vernunft*，1793，*AA* 6）

SF＝《学科之争》（*Der Streit der Fakultäten*，1798，*AA* 7）

VA-Collins＝《人类学讲座—柯林斯》（*Vorlesungen über Anthropologie-Collins*，*AA* 25）

VA-Friedländer＝《人类学讲座—弗里特兰德》（*Vorlesungen über Anthropologie-Friedländer*，*AA* 25）

VA-Mrongovius＝《人类学讲座—莫朗古维乌斯》（*Vorlesungen über Anthropologie-Mrongovius*，*AA* 25）

VA-Parow＝《人类学讲座—帕瑙》（*Vorlesungen über Anthropologie-Parow*，*AA* 25）

VM-Collins＝《道德哲学讲座—柯林斯》（*Vorlesungen über*

Moralphilosophie-Collins，*AA* 27)

VM-Vigilantius＝《道德哲学讲座—道德形而上学—维吉兰提乌斯》(*Vorlesungen über Moralphilosophie-Metaphysik der Sitten-Vigilantius*，*AA* 27)

VpR-Pölitz ＝《哲学式的宗教学说讲座》(*Vorlesungen über die philosophische Religionslehre*，即 *Philosophische Religionslehre nach Pölitz*，1817，*AA* 28)

除了引自康德生前未出版手稿的内容属于本书作者的翻译，其他所有译文均依照李秋零老师主编和主译的《康德著作全集》(已出版的1—9卷完全依照科学院版的顺序，并且均已标明对应的科学院版页码)，同时还参考了邓晓芒老师翻译的三大批判、韩水法老师翻译的《实践理性批判》、杨云飞老师翻译的《道德形而上学基础》、保罗·盖耶(Paul Guyer)教授和艾伦·伍德(Allen Wood)教授主编的剑桥英译本康德作品集以及维尔纳·普鲁哈(Werner Pluhar)教授为《纯然理性界限内的宗教》和三大批判提供的译本。

个别词句的译文根据本书作者对文本的理解有所微调，极少数调整涉及语序和语义，但绝大部分调整只是将德文中较为直白或含混的地方，在中文里尽可能地优化。在此特别需要说明的是几个关键术语的译名，以及它们在本书中被选择的理由。Willkür 在中文里的译名很多，比如任性、任意、决断等等，且每种译名都有自己的合理性。本书将Willkür 译为"任意"，一是为了展现它和"意志"(Wille)的同源性，二是为了强调选择的自由性。Gesinnung 依照李秋零老师的做法译为"意念"，主要是为了将其区别于两个相近的概念，即"意向"(Intension)和"意图"(Absicht)。另外据作者初步考察，在康德的实践哲学中，Handlung 常常指现象世界里可以被观察到的行动，而 Tat/Akt 既可以包括发生在现象世界的行动，也可以指超越现象世界的、本体层面的行动。因此为了便于读者的区分和理解，Handlung 将在下文中被统一译为"行为"，而 Tat/Akt 则将被统一译为"行动"。

此外，当康德谈及主体选择某条主观行为准则时，和当他谈及主体将某种动机纳入准则时，他所使用的并不是同一个动词。在前一种情况下，康德使用的是 annehmen（剑桥本译为 adopt），在后一种情况下，康德使用的是 aufnehmen（剑桥本译为 incorporate）。为此，annehmen 将在下文中被统一译为"采取"（即主体采取某条准则），而 aufnehmen 则依照李秋零老师的做法译为"采纳"（即主体将某个动机采纳进准则）。另一方面，相对于行为的主观原则，当康德论及行为的客观原则时，他还经常将一些相近的概念替换着使用，同时中英译本里对这些概念的译法也并不是完全一以贯之的。所以，为了照顾到这些概念的微妙差异以及它们在具体语境中的含义，下文中将把 Gesetz 统一译为"法则"，Prinzip 译为"原则"，Grundsatz 译为"原理"或者"原则"（当强调人的实践行动时），Gebot 译为"诫命"，而与 Gebot 紧密相关，但具有明确的禁止与否定含义的 Verbot 则译为"禁令"。

需要特别指出的是，《纯然理性界限内的宗教》和《实用人类学》中一个非常重要的概念 Gattung 将在下文中被译为"族类"而不是"种族"，这样做是基于本书整体上所采取的形而上学的诠释路径，主要目的是避免"种族"一词过于强烈的生物学暗示。另外，Charakter 是康德实践哲学中的一个非常关键的概念，而为了强调 Charakter 在观察者对一个人整体善恶品质的判断中的核心地位，本书将依从邓晓芒老师的做法选择"品格"这个译名。最后，康德在《实用人类学》中明确地区分了基于感受快乐和不快的能力的强烈情感 Affekt，以及基于欲求能力的强烈偏好 Leidenschaft。为了避免现代汉语的特定用法给读者带来不必要的误解，下文将暂时按照德—英—汉的翻译习惯，将 Affekt 译为"情绪"（即英文的 affect），将 Leidenschaft 译为"激情"（即英文的 passion）。但是读者需要注意的是，李秋零老师将 Affekt 译为"激情"（即激烈的情感）、Leidenschaft 译为"情欲"（即与情感相关联的欲望）的做法，从哲学的角度看才是更准确的。

此外，本书还对其他概念的翻译进行了微调。但由于这些微调几乎不会影响读者对文本含义的理解，此处便不再罗列，而仅在需要之处标出德文以供读者参考。

目　录

导　论　根本恶与人类自由概念的扩展

Ⅰ. 背景介绍

在《纯然理性界限内的宗教》①（后文简称《宗教》）一书中，康德提出

① 在英语学界，如何翻译 Die Religion innerhalb der Grenzen der bloßen Vernunft 这一标题中的 bloß 一词是个一直有争议的问题。西奥多·M. 格林（Theodore M. Greene）和胡特·H. 哈德森（Hoyt H. Hudson）将其译为 alone，乔治·迪-吉奥瓦尼（George di Giovanni）将其译为 mere，维尔纳·普鲁哈（Werner Pluhar）则选择了用 bare 来翻译 bloß。在为普鲁哈译本所撰写的导言中，斯蒂芬·帕姆奎斯特（Stephen Palmquist）诉诸康德曾在《宗教》一书的前言中谈到过并在书中反复提及的"穿衣的隐喻"（clothing metaphor），试图论证"rational religion is a 'bare'（bloß-）body that is inevitably clothed by some historic faith"这一观点。参见 Kant, I., *Religion within the Bounds of Bare Reason*, W. S. Pluhar（trans.）, Indianapolis, IN: Hackett Publishing Company, 2009, p. XV。

另外，本书作者的副导师马丁·莫尔斯（Martin Moors）教授对 bloß 的解释提出了一项重要补充。莫尔斯引用了康德在对形而上学的反思中关于 bloß 的解释："Das wort, 'lediglich, blos, allein, nur' gegen die Worte 'überhaupt, schlechthin, schlechterdings'. Jenes sind Wörter nicht der Schranken, sondern der actus der Einschränkung"（*AA* 18: 90, *Ref-Meta* 5107），声称如果考虑到 bloß 关乎的并不是"界限"（Schranken）本身，而是"限定的行动"（actus der Einschränkung）的话，那么《宗教》一书标题中的 bloß 所暗示的，其实是理性为了阻止自己突破合法界限而进行的"自我限定的行动"。或者更直白一点地说，并不是"理性限定了宗教"，而是"理性在讨论宗教问题时的自我限定"。同时，莫尔斯还进一步指出，在《宗教》第一部分结尾，关于"理性在讨论宗教问题时的自我限定"部分，康德本人其实给出了一处详细的说明："本书的每一篇都附有一个总附释，这里是四个总附释中的（转下页）

了著名的根本恶理论，该理论的核心观点如下所述：

> 我把倾向（Hange/propensio）理解为一种偏好（Neigung）（经常
> 性的欲望［concupiscentia］）的可能性的主观根据，就这种可能性①
> 对于一般人性（Menschheit überhaupt）是偶然的而言……但这里所
> 说的仅仅是那种趋向于本真的恶或者道德上的恶的倾向②……如果
> 这种倾向可以被设想为普遍地（allgemein）属于人的［因而被设想为

（接上页）第一个。四个总附释也许能够使用这样的标题：1. 论神恩的效果；2. 奇迹；3. 奥秘；4. 邀恩手段。——这些仿佛是纯粹理性界限内的宗教的补遗（Parerga）；它们并不属于纯粹理性的界限之内的宗教，但却与它接壤。理性意识到自己在满足自身道德需求上的无能，就将自己一直扩展到也许能弥补那种缺陷的夸张的理念，但它并不把这些理念当作扩展了的领土而据为己有。理性并不争辩这些理念的对象的可能性或者现实性，它只是不能把它们接纳入自己思维和行动的准则。理性甚至指望，如果在无法探究的超自然之物的领域还有什么东西，虽然超出了它能够说明的范围，但对于弥补道德上的无能却是必要的，那么这种东西即使并不被认识，对它的善良意志也是有益的。这样的指望带着一种信仰（Glauben），这种信仰可以被称为（对那种东西的可能性）反思性的（reflektierenden）信仰，因为对理性而言，那种宣称自己是一种知识的独断式的信仰，是不真诚的或者僭妄的，因为，要清除阻碍着（在实践上）自身确定［für sich selbst（praktische）fest steht］的东西的各种困难——当这些困难涉及超验的问题时——就只不过是一项附带的工作［补遗（parergon）］"（RGV 6:52n；《康德著作全集》第 6 卷，中国人民大学出版社 2007 年版，第 53 页）。康德在《判断力批判》一书中是这样解释 parergon/parerga 一词的："（它）并不作为组成部分内在地属于对象的整个表象，而只是作为附属品（Zutat）外在地属于它"（KU 5:226；《康德著作全集》第 5 卷，中国人民大学出版社 2007 年版，第 234 页）。

① 从语法和逻辑上看，"就它对于一般人性是偶然的而言（sofern sie für die Menschheit überhaupt zufällig ist）"中的"它（sie）"既可能指前文的"偏好"（Neigung，见李秋零译本），也可能指"偏好的可能性"（Möglichkeit einer Neigung，见剑桥和普鲁哈本）。本书基于对根本恶理论的一种新的整体解读而选择了后一种译法，但这两种译法并不是互不相容的。

② 康德在《论神义论中一切哲学尝试的失败》一文中，区分了三种可能存在的恶，或者说，三种"世界上可以与其创造者的智慧相对立的与目的相悖的东西"。其中第一种恶是一种"绝对地与目的相悖的东西（Das schlechthin Zweckwidrige），既不能作为目的也不能作为手段被一种智慧认可和追求"，而这其实就是"道德上与目的相悖的东西"（das moralisch Zweckwidrige），是一种"真正的恶（das eigentliche Böse）［罪（die Sünde）］"。其次，第二种恶是一种"有条件地与目的相悖的东西（Das bedingt Zweckwidrige），（它）虽然不是作为目的，但却是作为手段而与一个意志的智慧共存"，而这就是"自然的与目的相悖的东西（das physische Zweckwidrige）"，是一种"灾祸（das Übel）［痛苦（der Schmerz）］"。最后，第三种恶是一种"世界上的犯罪与惩罚的不相称（Mißverhältniß）"，而按照康德的文本来推断，这种恶应当是指"不正义"（Ungerechtigkeit）（MVT 8:256-257；《康德著作全集》第 8 卷，中国人民大学出版社 2010 年版，第 259—260 页）。

属于他的族类的品格(Charakter seiner Gattung)〕,那么它就将被称做人的一种趋恶的自然倾向(ein natürlicher Hang des Menschen zum Bösen)(*RGV* 6:28－29)①。

"人是恶的"这一命题无非是要说,人意识到了道德法则,但又把偶尔对这一法则的背离纳入了自己的准则〔die(gelegenheitliche) Abweichung von demselben in seine Maxime aufgenommen〕。"人从本性上(von Natur)是恶的"仅仅意味着,上述这点就人的族类而言是适用于他的……就如根据经验来认识人那样,人不能被判定为其他的样子,或者可以假定(voraussetzen)这一点在每个人身上,即便在最好的人身上,也都是主观必然的。由于这种倾向自身必须被看做在道德上是恶的,因而不是被看做自然禀赋,而是被看做某种可以归咎于人的东西,从而也就必须存在于任意(Willkür)的违背法则的准则之中;而由于这些准则出于自由的缘故,自身必须被看做是偶然的,倘若不是所有准则的主观最高根据与人性自身——无论以什么方式——交织(verwebt)在一起,仿佛是植根(gewurzelt)于人性之中的话,上述情况就会与这种恶的普遍性无法协调,因此,我们也就可以把这一根据称做是一种趋恶的自然倾向,并且由于它必然总是咎由自取的,我们也就可以把它甚至称做人的本性中一种根本的、生而具有的(但尽管如此,却是由我们自己给自己招致的)恶〔ein radikales, angeborenes(nichts destoweniger aber uns von uns selbst zugezogenes) *Böse*〕(ibid. , 6:32)②。

以上就是康德根本恶理论的核心观点,这一理论一经提出便引起了巨大震动,并在那些一直将康德视为启蒙英雄的读者之中激起了尖锐的批评。在给赫尔德的一封信中,歌德称康德"为了诱使基督徒也来亲吻

---

① 参见《康德著作全集》第6卷,中国人民大学出版社2007年版,第27—28页。
② 参见《康德著作全集》第6卷,中国人民大学出版社2007年版,第32页。

他作为哲学家的披风，在花费了漫长的一生才从它上面清除掉多种肮脏的偏见之后，又用根本恶这一耻辱的污迹罪恶地玷污了它"①。简单地说，对于和歌德怀有类似想法的读者来说，在根本恶理论的提出这件事上最无法原谅的一点就是：康德，这位启蒙精神最伟大的倡导者，竟在垂暮之际向宗教保守主义屈膝投降，甚至试图通过复兴陈旧的原罪教义来讨好基督徒②。实际上，由于启蒙时代之后哲学界内外日益世俗化的氛围，对康德的上述批评一直占据着统治性的地位，甚至极大地阻碍了后世读者对《宗教》一书采取更为同情式的理解态度③。于是，不仅是作为一个整体的《宗教》一书，而且也包括该书中的根本恶理论，总是被嘲讽为一种企图复兴过时的宗教思想的不合时宜且注定失败的尝试，由此被

① Barth, K., *Protestant Theology in the Nineteenth Century: Its Background and History*, B. Cozens (trans.), London: SCM Press, 1959, p. 294.

② 卡尔·巴特对此点评述："在这里，并不是哲学家竟然对恶进行思考这一事实，也不是哲学家严肃地和着重地思考恶这一事实，在过去和现在是令人吃惊的——毕竟，道德哲学家还能做些什么呢？——当然是哲学家思考恶的方式才是令人吃惊的，也就是说，他谈到一条恶的原则，并由此谈到恶在理性内部的来源，以及在这种意义上的一种恶的极端形式。我们或许可以再次追问说，无论康德有意与否，他在此是否招致了'落入基督教独断论教导的丑陋和愚昧'这一罪过？"［Barth, K., *Protestant Theology in the Nineteenth Century: Its Background and History*, B. Cozens (trans.), London: SCM Press, 1959, p. 294］

③ 根据斯蒂芬·帕姆奎斯特于2016年出版的关于《宗教》一书的评注，费希特极大地影响了后世读者对于康德宗教思想的接受和理解。由于费希特的误导，后世读者基本上把康德的宗教思想理解为是"还原主义"(reductionist)的，也就是说康德仅仅把宗教还原到了一个相对于道德的从属位置上，认为宗教仅仅具有服务于道德的辅助性功能。

然而，就如帕姆奎斯特指出的那样，康德同时代的读者高特洛普·克里斯汀·斯托(Gottlob Christian Storr)，其实已经提供了关于康德宗教思想的一种更为肯定性的解释进路，这一进路也在今天逐渐得到了越来越多的学者的接纳。根据斯托的观点，康德对宗教实际上采取了一种较为温和的立场。从《纯然理性界限内的宗教》这部文本的字面意思来看，康德的目标仅仅限定在改革基督教神学，而绝不是消灭这种神学。参见 Palmquist, S. R., *Comprehensive Commentary on Kant's Religion within the Boundaries of Bare Reason*, Chichester: Wiley Blackwell, 2016, p. X。

此外，在介绍和评述完《宗教》迄今为止所有的英译本(包括 J. Richardson 的 1799 年译本，J. W. Semple 的 1838 年译本，T. K. Abbott 的 1873 年译本，T. M. Greene 和 H. H. Hudson 的 1934 年译本，G. Giovanni 的 1996 年译本，W. S. Pluhar 的 2009 年译本)之后，帕姆奎斯特还特意指出，前三个译本都未能覆盖《宗教》的四大部分，而这一令人遗憾的事实，也加剧了英语读者对于《宗教》一书的严重误解：实际上，起码在很长一段时间内，许多读者仅仅把《宗教》当作对于康德伦理学的补充，自身却并不具有任何重要价值。

一代又一代的读者习惯性地忽略掉。

　　然而假若追根究底地反思一下,上述这一批评思路其实植根于一种轻视和反对所有宗教的负面态度。这种针对宗教的负面态度发端于启蒙时代,并在 20 世纪之后成为很多读者理所当然地选择的默认选项。但在此需要重点指出的是,如果没有经过批判性的反思,这种轻视和敌对所有宗教的态度,极有可能成为和旧的"宗教独断论"(religious dogmatism)方向相反但结构类似的一种新的"世俗独断论"(secular dogmatism)①。然而,这种世俗独断论的出现恰恰表明了,从真正严肃的哲学角度来评判,上述针对宗教的负面态度仅就自身而言并不具备任何资格,能够为无视一切宗教问题的做法提供有效的辩护。此外,支持对《宗教》一书采取负面态度的最重要的观点,亦即康德企图通过重新包装后的原罪教义来讨好基督徒——也是一个极其成问题的论断。首先,康德在《学科之争》这篇论文中坚定地捍卫了哲学家们在大学里拥有研究和讨论宗教教义,同时免于宗教权威干涉和裁决的权利。因此,在一部涉及《圣经》的著作里利用重新包装过的原罪教义来讨好基督徒——这种做法很难与康德维护哲学家们在讨论宗教问题时的权利和尊严的

---

① 毫无疑问,任何形态的独断论(无论是宗教独断论,还是世俗独断论)都直接违背了康德批判哲学的基本精神。

　　首先,从理论的视角来看,康德早在第一批判就论证了,上帝存在和灵魂不朽既不能通过理性推理或经验事实来证实,也不能通过这两种方式来证伪。其次,从实践的视角来看,康德在第二批判中清楚地展示了对上帝和灵魂的信仰如何作为实现至善的必要条件,从而被接受为实践理性的两条公设。第三,从反思判断的角度来看,上帝在第三批判中被康德预设为调和自由与自然的最终根据。此外,为了道德教育的目的,康德在《宗教》一书中还表明,上帝之子与普世教会的理念,分别对于个人层面的道德皈依和社会层面对恶的抗争是必不可少的。

　　总之,尽管康德对理性神学的摧毁,的确可以被视为对传统宗教的一种致命打击,甚至就历史事实来说,也极大地助长了无神论对后世的影响,但康德本人的计划却绝不包括"摧毁宗教"这个目标。相反,康德仅仅希望对宗教进行净化,使宗教摆脱夸张和无根据的论断,进而批判式地将宗教限定在它的恰当功能上,而这些功能中最重要的一项,就是巩固和促进人类的道德事业。

做法相协调①。其次,严格来说,任何有关作者心中隐藏动机的推断(特别是当作者本人并未明确承认怀有该动机时),对于哲学研究来说都是全然外在的。说得更直白一点,对动机的推断从本质上看并不属于哲学研究本身,而仅仅属于历史研究领域。而且,作为一种假设和猜测,这种对于动机的推断最多只能基于并不充分的经验证据而达到一定程度的或然性。但是对于哲学研究来说,这种关于动机的推断却完全是边缘性的,至多能提供一点材料支持或思考灵感而已。因此,对作者隐藏动机的猜测既不能取代哲学研究本身,也不能被当作预先否定某项哲学研究之意义与价值的借口。

然而,虽然对《宗教》一书之整体以及其中的根本恶理论的轻蔑处置,实际上源于一种由于缺乏充分的哲学反思因而极其成问题的态度,但同时不可否认的是,这种处置方式背后的某些具体论断依然具有哲学上的重要性,因而依然需要被严肃地对待。简单地说,鉴于普遍的趋恶倾向破坏了人性的根基,因此根本恶似乎直接威胁到了善良意志,甚至有威胁到先验自由的可能性。因为毕竟,如果一种生而具有的倾向已经彻底扭曲了自由任意的最高准则,那么人的意志如何可能拥有真正意义上的自发性,如何可能完全自由地选择善,从而真诚地遵守道德法则呢?这一从根本恶理论内部浮现出来的难题,又直接关系到康德自由理论整体上的融贯性,关系到根本恶概念在康德的概念体系中占据着一个什么样的位置(或者反过来说,根本恶概念或许完全不为这一概念体系所容,因此在其中并不占有任何位置)。如果像很多学者意欲宣称的那样,康德晚年在《宗教》一书中提出的根本恶思想,与他在前两大批判和《道德形而上学的奠基》(后文简称《奠基》)中展现的先验自由和善良意志的思想是根本无法协调的,那么康德似

---

① 参见《宗教》一书的前言(*RGV* 6:8—11;《康德著作全集》第 6 卷,中国人民大学出版社 2007 年版,第 9—12 页)。康德对于哲学式的圣经研究和宗教权威之间可能产生的冲突的系统讨论,参见《学科之争》(特别是 *SF* 7:36—48;《康德著作全集》第 7 卷,中国人民大学出版社 2008 年版,第 31—44 页)。

乎只能放弃前者以求保全后者，因为毕竟，根据迄今为止康德学界的主流观点，是先验自由和道德善的思想（而不是根本恶思想）构成了康德自由理论的基础与核心。

事实上，康德早晚期对人类自由的论述无法相互协调——这一论点常常未经充分论证就被理所当然地接受，从而成为限制读者思维方式的一种前-理解。这一根深蒂固的前-理解，再加上启蒙时代之后兴起的世俗主义思潮，可以很容易地解释为什么对《宗教》一书（尤其是其中的根本恶理论）的负面态度，一直在康德的读者中占据着统治地位。然而，随着哲学界在 20 世纪后半叶对康德实践哲学兴趣的复兴①，特别是由此展

---

① 在英美学界，康德实践哲学研究的复兴，很大程度上要归功于罗尔斯和他的追随者们。在此之前，刘易斯·W. 贝克（Lewis W. Beck）的《康德实践理性批判评注》（Beck，L. W.，*A Commentary on Kant's Critique of Practical Reason*，Chicago：University of Chicago Press，1963）和赫伯特·J. 帕顿（Herbert J. Paton）的《定言命令》（Paton，H. J.，*The Categorical Imperative：A Study in Kant's Moral Philosophy*，London：Hutchinson's University Press，1967）则是这一研究领域的两部经典著作。罗尔斯的《道德哲学演讲》[Rawls，J.，*Lectures on the History of Moral Philosophy*，Cambridge，MA：Harvard University Press，2000. 本书由罗尔斯的学生芭芭拉·赫尔曼（Barbara Herman）编订并于 2000 出版，但其中的一些章节先前已在哈佛课堂上讲授过]对后来英美康德学界的研究产生了巨大影响，这些研究包括康德学者们耳熟能详的奥诺拉·欧奈尔（Onora O'Neill）、芭芭拉·赫尔曼（Barbara Herman）、玛琪娅·拜伦（Marcia Baron）、克里斯汀·科斯嘉德（Christine Korsgaard）和其他人的著作。

可惜的是，在很长一段时间里，康德实践哲学的研究者们的目光，仅仅集中在康德最著名的伦理学著作，亦即《道德形而上学的奠基》之上，从而长期忽视了《宗教》中的根本恶理论。莎朗·安德森-葛尔特（Sharon Anderson-Gold）和帕布洛·穆希尼克（Pablo Muchnik）在《康德对恶的解剖》（*Kant's Anatomy of Evil*）这本论文集的导言中，以如下方式描述了上述这一令人遗憾的状况："由于《奠基》在英美对康德的接受中的过度影响所导致的结果，康德关于恶的反思在康德研究中一般都被忽略掉了。康德关于自由与道德的分析性（the analyticity of freedom and morality）的乐观主义命题——通过这一命题，自律的意志（*Wille*）被等同于实践理性——被错误地当成了康德关于人类自由的最终论断"[Anderson-Gold，S. and Muchnik，P.，"Introduction"，in S. Anderson-Gold and P. Muchnik（eds.），*Kant's Anatomy of Evil*，New York：Cambridge University Press，2010，p. 2]。

开的对康德自由概念的更深入的反思①，《宗教》一书和其中的根本恶理论在最近三十年中逐渐得到了更多的关注。特别地，在英美学界，越来越多的学者不再仅仅聚焦于《奠基》(1785)②——这部康德实践哲学的代

---

① 亨利·艾利森(Henry Allison)的《康德的自由理论》(Allison, H. E. , *Kant's Theory of Freedom*, New York：Cambridge University Press, 1990)无疑是这个领域的经典著作。其他讨论过康德自由理论的重要著作比如有：Hoffman, W. M. , *Kant's Theory of Freedom：A Metaphysical Inquiry*, Washington, D. C. ：University Press of America, 1979；Prauss, G. , *Kant über Freiheit als Autonomie*, Frankfurt am Main：Klostermann, 1983；Sullivan, R. J. , *An Introduction to Kant's Ethics*, New York：Cambridge University Press, 1994；Wood, A. W. , *Kant's Ethical Thought*, New York：Cambridge University Press, 1999；Guyer, P. , *Kant on Freedom, Law, and Happiness*, Cambridge：Cambridge University Press, 2000；Ameriks, K. , *Interpreting Kant's Critiques*, New York：Oxford University Press, 2003；Timmermann, J. , *Sittengesetz und Freiheit：Untersuchungen zu Immanuel Kants Theorie des freien Willens*, Berlin：de Gruyter, 2003；Banham, G. , *Kant's Practical Philosophy：From Critique to Doctrine*, New York：Palgrave Macmillan, 2003；Bencivenga, E. , *Ethics Vindicated：Kant's Transcendental Legitimation of Moral Discourse*, New York：Cambridge University Press, 2007；McCarty, R. , *Kant's Theory of Action*, New York：Oxford University Press, 2009；Hill, T. E. (ed.), *The Blackwell Guide to Kant's Ethics*, Malden：Wiley-Blackwell, 2009；Ameriks, K. and Höffe, O. (eds.), *Kant's Moral and Legal Philosophy*, New York：Cambridge University Press, 2009；Lipscomb, B. B. and Krueger, J. (eds.), *Kant's Moral Metaphysics：God, Freedom, and Immortality*, Berlin：de Gruyter, 2010；Guyer, P. , *The Virtues of Freedom：Selected Essays on Kant*, New York：Oxford University Press, 2016；Greenberg, R. , *The Bounds of Freedom：Kant's Causal Theory of Action*, Berlin：de Gruyter, 2016；等等。

② 关于《道德形而上学的奠基》的研究数量巨大，近期比较著名的比如有：Stratton-Lake, P. , *Kant, Duty, and Moral Worth*, London and New York：Routledge, 2002；Kerstein, S. J. , *Kant's Search for the Supreme Principle of Morality*, Cambridge：Cambridge University Press, 2002；Horn, C. and Schönecker, D. (eds.), *Groundwork of the Metaphysics of Morals*, Berlin：de Gruyter, 2006；Timmermann, J. , *Kant's Groundwork of the Metaphysics of Morals：A Commentary*, New York：Cambridge University Press, 2007；Timmermann, J. (ed.), *Kant's Groundwork of the Metaphysics of Morals：A Critical Guide*, New York：Cambridge University Press, 2009；Sedgwick, S. , *Kant's Groundwork of the Metaphysics of Morals：An Introduction*, New York：Cambridge University Press, 2008；Allison, H. , *Kant's Groundwork for the Metaphysics of Morals：A Commentary*, New York：Oxford University Press, 2011；等等。

表作，而是将目光投向了其他相关的作品，包括《实践理性批判》（1788）①、《宗教》（1793）②和《道德形而上学》（1797）③。事实上，如今康德学界已经广泛承认，由于《宗教》和《道德形而上学》分别贡献了"采纳

---

① 近期关于第二批判的研究文献中，较为重要的比如有 Höffe, O. （ed.）, *Kritik der praktischen Vernunft*: *Eine Philosophie der Freiheit*, Berlin: Akademie, 2002 和 Reath, A. and Timmermann, J. （eds.）, *Kant's Critique of Practical Reason*: *A Critical Guide*, New York: Cambridge University Press, 2010. 此外, Reath, A. , *Agency and Autonomy in Kant's Moral Theory*, Oxford: Clarendon Press, 2006 以对第二批判中道德心理学的分析而著称, 但也讨论了《奠基》中的重要章节。

② 然而, 根据帕姆奎斯特对《宗教》一书的诠释史的概述, 对待这本著作的传统立场在 20 世纪的大部分时间里依旧占据着统治地位, 直到一种更为肯定性的立场在近几十年出现, 后者针对先前学者笔下的种种所谓的"难题"（conundrums）, 试图通过尽可能融贯地解释康德的文本来为他进行辩护（参见 Palmquist, S. R. , *Comprehensive Commentary on Kant's Religion within the Boundaries of Bare Reason*, Chichester: Wiley Blackwell, 2016, pp. XIII - V）。对《宗教》一书最著名的德语注释之一（虽然它主要关注的是康德宗教思想的来源）是由约瑟夫·波哈泰克（Josef Bohatec）撰写的（参见 Bohatec, J. , *Die Religionsphilosophie Kants in der "Religion innerhalb der Grenzen der bloßen Vernunft"*, Hildesheim: Georg Olms, 1938）。在近几十年里, 英语和德语学界出现了许多对《宗教》的分析评注或论文集, 其中最重要的作品包括但不限于: Ricken, F. and Marty, F. （eds.）, *Kant über Religion*, Stuttgart: Kohlhammer, 1992; Palmquist, S. R. , *Kant's Critical Relgion*: *Volume Two of Kant's System of Perspectives*, Aldershot: Ashgate Publishing, 2000; Firestone, C. L. and Palmquist, S. R. （eds.）, *Kant and the New Philosophy of Religion*, Bloomington & Indianapolis, IN: Indiana University Press, 2006; Firestone, C. L. and Jacobs, N. （eds.）, *In Defense of Kant's Religion*, Bloomington & Indianapolis, IN: Indiana University Press, 2008; Fischer, N. and Forschner, M. （eds.）, *Die Gottesfrage in der Philosophie Immanuel Kants*, Freiburg im Breisgau: Herder, 2010; Dicenso, J. J. , *Kant's Religion within the Boundaries of Mere Reason*: *A Commentary*, Cambridge: Cambridge University Press, 2012; Hiltscher, R. and Klingner, S. （eds.）, *Kant und die Religion—Die Religionen und Kant*, Hildesheim: Georg Olms, 2012; Michalson, G. （ed.）, *Kant's Religion within the Boundaries of Mere Reason*: *A Critical Guide*, Cambridge: Cambridge University Press, 2014; Pasternack, L. R. , *Kant on Religion within the Boundaries of Mere Reason*, London and New York: Routledge, 2014; Miller, E. N. , *Kant's Religion within the Boundaries of Mere Reason*: *A Reader's Guide*. London: Bloomsbury, 2015; 等等。

③ 近期关于《道德形而上学》的研究著作例如有 Timmons, M. （ed.）, *Kant's Metaphysics of Morals*: *Interpretative Essays*, New York: Oxford University Press, 2002; Denis, L. （ed.）, *Kant's Metaphysics of Morals*: *A Critical Guide*, New York: Cambridge University Press, 2010; Betzler, M. （ed.）, *Kant's Ethics of Virtue*, Berlin: de Gruyter, 2008. Baxley, A. M. , *Kant's Theory of Virtue*: *The Value of Autocracy*, New York: Cambridge University Press, 2010; 等等。

的命题"(Incorporation Thesis)(*RGV* 6:23-24)①和"意志(Wille)/任意(Willkür)"的功能性区分(*MS* 6:213-214,226-227)②,这两本著作在康德为人类自由描绘的完整图景中均扮演着不可或缺的角色。

同时更重要的是,康德实践哲学的研究者们,也渐渐地趋近于达成如下共识:或者是康德的自由理论,在《论神义论中一切哲学尝试的失败》(1791)出版之前发生了激烈的转变,所以严格地讲唯有康德在神义论论文之后出版的作品,才能充分反映出他深思熟虑之后对于人类自由的最终立场;或者是康德的自由理论随着时间推进而逐步发展,因此他的晚期观点也就应当被视为对他早期观点的进一步确定与深化,却并不与早期观点存在任何实质性的矛盾③。然而,无论对于上述哪一种情况来说,《宗教》一书在康德构建关于人类自由的完整图景中所扮演的关键角色,已经在学界得到了广泛的承认。

同时,随着康德研究中发生的这些重大变化,学者们也自然而然地将注意力再次投向了根本恶——这个曾经被长期忽视的老问题上④。至少从表面上看,根本恶概念似乎与先验自由和善良意志的概念并不相容。因此,这一概念对所有试图从康德文本中建构出一种能够同时覆盖他早晚期思想的完全融贯的自由理论的尝试,也就构成了一项极为严峻的挑战。然而,为了确定根本恶概念在康德关于人类自由的概念体系中

---

① 《康德著作全集》第6卷,中国人民大学出版社2007年版,第22页。

② 《康德著作全集》第6卷,中国人民大学出版社2007年版,第220—221页、第233—234页。

③ 这两种关于康德思想之连续性的观点,将在全书第一卷得到进一步讨论。

④ 英美学界对根本恶问题的兴趣复兴的一个重要标志,就是《康德对恶的解剖》[S. Anderson-Gold, S. and Muchnik, P. (eds.), *Kant's Anatomy of Evil*, New York: Cambridge University Press, 2010]这本论文集的出版。该论文集在康德的概念框架下重新考察了根本恶理论中众多有争议的问题,针对经常出现的批评为康德进行了全面辩护,深入探讨了康德对恶的各种洞见,针对现代哲学中关于恶的热门议题给出了一些"康德式的回应",并且试图推动当今道德哲学基本方向的转变。根据《康德对恶的解剖》的导言,当今道德哲学的一大弱点,就是在很大程度上忽视了道德之恶这一紧迫的问题,同时在对恶的讨论中,习惯于过分乐观地将恶化约成道德以外的东西。参见 Anderson-Gold, S. and Muchnik, P. (eds.), *Kant's Anatomy of Evil*, New York: Cambridge University Press, 2010, pp. 1-2。

能否占据一席之地,以及如果能,它究竟又占据着什么样的位置,研究者首先需要对这一概念本身展开一番深入和彻底的考察。换句话说,唯有当研究者充分地回答了根本恶究竟意味着什么,以及康德关于它的复杂论述,在哲学上是否能站得住脚这一系列问题之后,他才能确定这一概念对于康德自由理论的真正意义是什么。

在如何解释根本恶的问题上,康德学界大致分为两个对立的阵营。其中一个阵营坚持对《宗教》一书采取传统的否定态度,严厉批评康德以根本恶概念为幌子,引入了陈旧的原罪教义①,甚至断言康德关于这个概念的论述不仅自身矛盾重重,而且无法与《奠基》与第二批判中关于人类自由的早期理论相调和②。总之,按照这一派学者的观点,若从纯粹的哲

① 高登・E. 麦克尔森的《堕落的自由》(Michalson, Jr., G. E., *Fallen Freedom: Kant on Radical Evil and Moral Regeneration*, Cambridge: Cambridge University Press, 1990)是这一传统解释路径的典型代表。麦克尔森认为,康德用"伦理理性主义"(ethical rationalism)的语言重塑了基督教原罪教义。然而可惜的是,无论康德如何努力将根本恶理论吸纳进自己的哲学体系,他总是会遇到一些巨大的困难,这一困难并不源于康德在哲学上的短视或者论证上的局限,而源于一个历史性的原因,亦即康德尚未彻底抛弃自己受到基督教文化塑造的思维习惯。但不幸的是,这些思维习惯却与他最深刻的哲学直觉是相互对立的。参见 Michalson, Jr., G. E., *Fallen Freedom: Kant on Radical Evil and Moral Regeneration*, Cambridge: Cambridge University Press, 1990, p. X, p. 5, p. 9. 而关于康德撰写《宗教》一书的动机的更为一般性的讨论,可以参见费尔斯通和雅各布对 Vincent McCarty、Stephen Palmquist、Keith Ward、Allen Wood 等人争论的总结。Firestone, C. L. and Jacobs, N. (eds.), *In Defense of Kant's Religion*, Bloomington & Indianapolis, IN: Indiana University Press, 2008, pp. 11 - 45.
② 麦克尔森以如下方式简明地指出了根本恶与人类自由(以及善良意志)之间的紧迫张力:"康德如此定义根本恶,以至于根本恶似乎迫使人性去面对一个它无法通过自己'此世的'(worldly)自律力量来解决的问题……换言之,根本恶以这样的方式被定义,以至于它对我们拯救自身的能力提出了质疑——而对于一个将人的自律作为自己哲学视野之核心的哲学家来说,这是一个古怪的结果"(Michalson, Jr., G. E., *Fallen Freedom: Kant on Radical Evil and Moral Regeneration*, Cambridge: Cambridge University Press, 1990, pp. 4 - 5)。而关于"康德是否拥有充足的哲学资源,使他能够在理性的范围之内为宗教信仰进行奠基"这一问题,参见费尔斯通和雅各布对 Philip Quinn、Nicholas Wolterstorff、Ronald Green、Adina Davidovich、Bernard Reardon、John Hare 等人的争论的概述。Firestone, C. L. and Jacobs, N. (eds.), *In Defense of Kant's Religion*, Bloomington & Indianapolis, IN: Indiana University Press, 2008, pp. 46 - 82.

学角度来评判的话,根本恶理论是完全无法得到辩护的①。然而,与这一派观点形成鲜明对照的是,另一个阵营的学者却对《宗教》一书采取了一种基本上是肯定的态度,愿意承认该书对于读者准确而全面地理解康德自由理论具有十分重要的意义。这第二个阵营的学者,或是从康德的文本中寻找关键的证据,或是代替康德本人重构出关键的论证,以这种方式尽可能同情地去理解根本恶理论,并为这一理论提供一种全面的辩护②。

在对《宗教》持有传统的否定态度的诠释著作里,高登·麦克尔森(Gordon Michalson)于 1990 年出版的《堕落的自由》(*Fallen Freedom*)一书,对康德提出了最为系统和严厉的指控。麦克尔森的这部著作不仅揭示了康德文本中各种所谓的矛盾,并且对《宗教》一书的基本论点在哲

---

① "对康德而言,道德之恶以这样的方式神秘地寓居在人的意志里面,以至于不可能仅仅通过人自己的努力而将它驱除:在这种情况下,将正统的基督教翻译成一个伦理的-理性主义的替代品的做法将解决不了任何问题,因为意志就是它自身的困难的源头"(Michalson, Jr., G. E., *Fallen Freedom: Kant on Radical Evil and Moral Regeneration*, Cambridge: Cambridge University Press, 1990, p. X)。

② 追随着费尔斯通和雅各布把对《宗教》的众多解释路径区分为两个对立阵营的做法,本书将这两个阵营分别称为"传统的"(traditional)和"肯定性的"(affirmative)。根据费尔斯通和雅各布的总结,属于第一个阵营的学者"坚定地贬低《宗教》之于康德的哲学作品集的重要性。通过聚焦于他的社会政治背景的不同方面,以及他早期的反-形而上学语调,这些学者通过诉诸康德的隐藏动机来否定这一文本:康德撰写《宗教》一书,或是仅仅为了取悦普鲁士的审查者,以便自己关于宗教的观点能够出版,或是仅仅为了安慰自己的男仆兰博的宗教敏感——《纯粹理性批判》的结论曾经严重地动摇了后者"。

与之相对,属于第二个阵营的学者则"在一种更为积极的意义上,聚焦于康德虔敬派-路德宗的家庭教育,论证说康德的主要意图,或是将基督教的某些精髓转移到纯然理性的安全限制之内,或是依据他的宗教信念和成熟的批判哲学,来建立一种理性的宗教信仰的轮廓。一言以蔽之,被标明为'传统式'的诠释者们,对于在康德式的范式之内为宗教和神学进行奠基这件事的前景,首先做出了消极的评价……而在神学上持肯定态度的康德诠释者的典型观点却是:康德哲学为关于上帝的言说和宗教信仰提供了一种依据"[Firestone, C. L. and Jacobs, N. (eds.), *In Defense of Kant's Religion*, Bloomington & Indianapolis, IN: Indiana University Press, 2008, pp. 1-2]。

属于前一个阵营的学者包括 Allen Wood、Denis Savage、Keith Ward、Don Cupitt、Matthew Alun Ray 和 Yirmiahu Yovel。而属于后一个阵营的学者则包括 Ronald Green、Ann Loades、Stephen Palmquist、Adina Davidovich、John Hare 和 Elizabeth Galbraith[参见 Firestone, C. L. and Jacobs, N. (eds.), *In Defense of Kant's Religion*, Bloomington & Indianapolis, IN: Indiana University Press, 2008, p. 2]这些学者的主要作品详见费尔斯通和雅各布提供的参考书目。

学上能否成立提出了彻底的质疑。根据克里斯·L.费尔斯通（Chris L. Firestone）和奈坦·雅克布（Nathan Jacob）的总结，麦克尔森一共列出了包含在《宗教》一书中的七大论证矛盾，这七大论证矛盾分别是"禀赋-趋向之冲突"（The Predisposition-Propensity Conflict）、"生而具有-自由选择之困境"（The Innate-but-Freely Chosen Predicament）、"普遍-偶然之谜团"（The Universal-Contingent Puzzle）、"斯多亚-圣徒之两难"（The Stoic-Saint Dilemma）①、"之前-之后的问题"（The Before-After Problem）②、"解释学循环之危机"（The Hermeneutic Circularity Crisis）③、"不必然的必然性之悖论"（The Unnecessary Necessity Paradox）④⑤。

---

① 根据费尔斯通和雅各布对麦克尔森观点的总结，康德的根本恶理论迫使他走上了奥古斯丁主义的方向，但康德遵从"应当暗示着能够（ought implies can）"这个一般性原则而提出的恩典学说和道德皈依学说，从本质上看却是佩拉纠主义的。很明显，这种对奥古斯丁主义和佩拉纠主义的综合，必然在康德关于人类自由的整体图景中引入一种紧迫的张力。参见 Firestone, C. L. and Jacobs, N. (eds.), *In Defense of Kant's Religion*, Bloomington & Indianapolis, IN: Indiana University Press, 2008, p. 94。

② "之前-之后的问题"源于导致了恶的意念的"非时间性的选择"（timeless choice）和产生了善的意念的"时间性的决定"（temporal decision）这两者之间的张力之中。考虑到康德未能给一劳永逸的道德皈依和逐渐发生的道德进步之间的关系提供任何令人信服的形而上学说明，他似乎最终将不得不承认——每一个自由行动都可以被视为是一次道德皈依，而这必将威胁到个人道德品格的统一性。参见 Firestone, C. L. and Jacobs, N. (eds.), *In Defense of Kant's Religion*, Bloomington & Indianapolis, IN: Indiana University Press, 2008, pp. 95–97。

③ "解释学循环之危机"关系到康德对于所有一般性的历史信仰，以及特殊的基督教信仰所持有的矛盾态度："我们在那里发现了一种同时发生的（两个方向相反的运动），一是为了寻求对康德道德哲学的支持而诉诸圣经叙事，一是当圣经叙事强加了批判哲学所不准备接受的教义时而远离这些叙事……当哲学概念被使用殆尽的时候，或者当圣经主题作为有用的载体而起到了服务性的作用的时候，康德就想要让圣经的主题和理念栖居于他的思想之中，然而，康德同样要想'道德地'诠释圣经，就好像——甚至当情况最为明显地并非如此的时候——这些道德理念（已经）存在于（圣经）文本之中似的"［Firestone, C. L. and Jacobs, N. (eds.), *In Defense of Kant's Religion*, Bloomington & Indianapolis, IN: Indiana University Press, 2008, p. 98］。

④ 参见 Firestone, C. L. and Jacobs, N. (eds.), *In Defense of Kant's Religion*, Bloomington & Indianapolis, IN: Indiana University Press, 2008, p. 84。

⑤ "不必然的必然性之悖论"涉及康德关于历史性的信仰在道德宗教的进步中所扮演的角色的论述。根据费尔斯通和雅各布的观察，"看起来康德在某种意义上（确实）认为，历史性的信仰对于人类的道德和宗教进步是必要的，然而，康德却又认为历史性的信仰对于理性宗教而言并不是必要的"［Firestone, C. L. and Jacobs, N. (eds.), *In Defense of Kant's Religion*, Bloomington & Indianapolis, IN: Indiana University Press, 2008, p. 99］。

在麦克尔森所找到的这七大论证矛盾里,前三个矛盾都与康德的根本恶理论具有直接的关联,所以在这里就需要简单地介绍一下它们。首先是"禀赋-趋向之冲突"。简单地说,麦克尔森在康德笔下的原初向善禀赋(die ursprüngliche Anlage zum Guten)里发现了一种"感性的累积"(calculus of sensuousness)和"渐变"(gradation),并由此试图论证人的感性在康德关于根本恶的论述中必须承担起一个解释性的角色。否则的话,假若趋恶倾向是一个完全自由的和自发的行动的产物,那么这一倾向亦将成为一种全然不可理解的东西。然而另一方面,如果感性被引入了恶的最终根据,那么人类自由的绝对自发性亦将受到损害。而这又意味着,恶最终会被归咎于自由以外的东西上(亦即归咎于感性),因此将不再是人自己自由地招致的,也不能在真正的意义上被称为是恶的了[1]。

其次,麦克尔森又在康德的文本中看到了一种"生而具有-自由选择之困境"。具体地说,麦克尔森认为,在趋恶倾向"是自由地招致的"和这一趋向"是生而具有的"这两种特质之间,存在着一种不可调和的矛盾。因为,"自由带有着一种自发性的品格,以及选择其他行为过程的可能性,相反,生而具有性却带有'不可避免'这一隐含的意义"[2]。

最后,麦克尔森还提到了"普遍-偶然之谜团"。趋恶倾向在人类族类中的普遍存在,似乎与它对于人性仅仅是偶然的这一点相矛盾。因为毕竟,所有人都无一例外地通过本质上仅仅是偶然的自由选择而产生出了同一种趋恶倾向——这种巧合虽然从纯数学的角度来看确实是有可能的,但在现实中却是一个极小概率的事件[3]。

总之,在麦克尔森和其他对《宗教》一书持有传统批判态度的诠释者

---

[1] 参见 Firestone, C. L. and Jacobs, N. (eds.), *In Defense of Kant's Religion*, Bloomington & Indianapolis, IN: Indiana University Press, 2008, pp. 85 - 88。

[2] 参见 Firestone, C. L. and Jacobs, N. (eds.), *In Defense of Kant's Religion*, Bloomington & Indianapolis, IN: Indiana University Press, 2008, p. 89。

[3] 参见 Firestone, C. L. and Jacobs, N. (eds.), *In Defense of Kant's Religion*, Bloomington & Indianapolis, IN: Indiana University Press, 2008, pp. 90 - 93。

看来,康德的根本恶理论不仅自身矛盾重重,而且与他关于人类自由的基本观点无法相容。本书将在相应的位置上再处理这些对根本恶理论的批评,而这篇导言仅仅想提醒读者注意,本书对康德的辩护,将建立在对诸如原初向善禀赋和趋恶倾向等一系列关键概念的全新解释之上。这意味着,当这些关键概念的含义在截然不同的"诠释背景"(hermeneutical context)下得到重新塑造时,麦克尔森等人的批评所拥有的力度和重要性也会随之发生巨大的改变,从而最终不再能够动摇根本恶理论的有效性。

现在,当简单地介绍完了传统诠释者对于根本恶理论的批判之后,再来看一看那些对根本恶理论持有肯定性态度的诠释者们的观点。在这后一个阵营里,大致存在着三种切入根本恶理论的进路。第一种进路在康德研究中一般被称为"人类学的进路"(anthropological approach),它以艾伦·伍德(Allen Wood)、大卫·苏斯曼(David Sussman)以及许多其他学者为代表。选择了这一人类学进路的学者们的共同观点则是:根本恶植根于人类生存的社会性维度之中,这种恶产生于向善禀赋的败坏,并在人类族类的历史和人类个体的成长史中拥有一个时间性的起源。很明显,人类学进路的最大优势就在于它充分地考虑了恶的社会性表达。相反,这一进路的缺陷则在于它基本忽略了那种位于个体自由任意之中的恶的先验根据。

而与上述人类学进路相对的,切入根本恶理论的第二条进路可以被称为"先验的进路"(transcendental approach),它以亨利·艾利森(Henry Allison)、赛瑞欧·摩根(Seiriol Morgan)、劳拉·帕比时(Laura Papish)为最著名的代表。这一先验的进路将根本恶置于个体任意在本体层面的自由行动之中,坚持"人从本性上是恶的"是一个需要先验论证的先天综合命题,因而初看起来既符合康德的字面意思,也与三大批判的思路相吻合。然而十分可惜的是,由这些支持先验进路的学者建构起来的所谓的"先验论证"(transcendental arguments),最终只是一些"概念分析"(conceptual analyses)而已。这些概念分析将"人从本性上是恶的"这一命题,变成了一个必然地构成人之为人的本性的分析性真理,从而以这种方式,最终破坏了恶在本质上所具有的偶然性。

最后,切入根本恶理论的第三条进路,选择了一个居于人类学进路和先验进路之间的中间立场。一方面,选择了这第三条进路的学者们全都承认,康德笔下那种普遍而必然的趋恶倾向,确实展现了一个关于人之本性的先天综合命题。另一方面,这些学者又坚持认为,相较于善在人性中所拥有的绝对和首要的地位,恶在人性中的最终根据,必须被判定为仅仅是相对的和第二位的。因此,对普遍而必然的趋恶倾向的证明,就不能仅仅以一种先天的方式来进行(比如仅仅通过分析人之为人的概念),而必须同时诉诸人类学中的经验观察。

简而言之,为了能够证明趋恶倾向之于所有人的普遍性和必然性,切入根本恶理论的第三条进路,试图重构出一种从包含着可见恶行的现实经验开始,一步步返回到恶在人性中的终极根据的"回溯性推理"。这一回溯性推理一方面的确包含着一个由"恶的现实性"回溯到"恶的可能性"的"先天推理结构",另一方面却需要一个经验起点的触发才能够被启动。而考虑到这一回溯性推理的"杂合特性"(hybrid characteristic),切入根本恶理论的这第三条进路,也就可以被称为一种"准-先验的进路"(quasi-transcendental approach)。在现有的康德研究作者中,斯蒂芬·帕姆奎斯特(Stephen Palmquist)和帕布洛·穆希尼克(Pablo Muchnik)可以说是上述准-先验进路的最著名的代表。而就如下文即将展示的那样,准-先验的进路不仅能够提供一种对于康德文本的最为恰当的重构,而且从纯哲学的角度来看,也代表着一种最值得辩护的立场。然而非常可惜的是,由于这样或者那样的问题,穆西尼克和帕姆奎斯特这两位学者尚未给准-先验路径提供一种最令人满意的版本,而这项工作,正是全书第三卷将要承担起的任务。

Ⅱ. 主要内容

本书将基于英语和德语康德学界迄今为止关于根本恶理论的最重

要的讨论,对这一理论重新展开更为系统和深入的考察,由此建立起一种对于趋恶倾向概念的新解释,同时从康德的文本出发,重新建构出一种对于该趋向之普遍性和必然性的新的准-先验论证。进一步地,通过这一对于根本恶理论的系统考察,本书还将揭示这一理论对于拓展和加深康德的人类自由概念所具有的重要意义。后文中将要分析的关键文本不仅包括《宗教》一书的第一部分,还包括诸如《奠基》、第一批判和第二批判、《道德形而上学》、《实用人类学》等康德的其他重要著作。全书的整体论证将分为三大部分,而根据作者对《宗教》一书的解读,这三大部分实际上对应着康德关于根本恶的论述的三个本质性的构成环节,这三个构成环节分别是:(1)"恶的单一本质"(the single essence of evil);(2)"恶的多重表现"(the manifold expressions of evil);(3)"恶的最终根据"(the ultimate ground of evil)。

具体地说,全书第一卷所要探讨的问题(亦即"恶的单一本质")是康德对道德之恶的含义究竟是什么的基本理解。第一章和第二章将会证明,在《奠基》和第二批判这两本较早的伦理学著作中,康德至少以一种未言明的方式,已经获得了与《宗教》中关于恶的成熟定义非常相似的、对恶究竟是什么的基本理解。通过考察自然辩证法、考察纯粹实践理性和以经验为条件的实践理性之间的竞争关系(实践理性的这两种运用之间的竞争关系,可以被进一步分解为——a. 幸福与德性,b. 自爱原则与道德法则,c. 他律与自律——这三对构成环节之间的竞争),以及考察自爱与自负等重要概念,本书的第一章和第二章将会证明,康德在早晚期作品中对于"恶是什么"的思考,实际上存在着一种基本的连续性。

随后的第三章将转向康德在《宗教》一书中关于恶的成熟定义。首先,第三章将区分出该定义里面的两个层次,亦即① 颠倒非-道德动机与道德动机在具体准则中的次序,和② 颠倒自爱原则和道德法则在最高准则中的次序,并且将论证是后一种在最高准则中对于两条原则的颠倒,而不是前一种在具体准则中对于两类动机的颠倒,才构成了道德之恶的终极含义。进一步地,第三章还将在先验层面对自爱原则和道德法则的含义进行重新描述,将它们分别解释为代表着自由存在者的"自我-自我关系"和"自我-他者关系"之中的"特殊质料"和"普遍形式"的两条基本原则。最后,本章还将考察人性中的两种自爱,亦即源于动物性禀赋的"机械性的自爱"和源于人性禀赋的"比较性的自爱"。对这两种自爱的讨论,亦将为本书第二卷的论证做好铺垫。

本书第二卷(题为"恶的多重表现")所要探讨的问题是:康德笔下恶的单一本质(亦即颠倒自爱与道德之间的次序),如何能够充分解释恶在人类现实经验中无穷多样的表现?作为对这一问题的总体回答,本书的第四章将论证自爱的经验规定本质上是空洞、不定和可变的。所以,被置于道德法则之上的"悖逆的自爱"便能够把自身附着于任何质料性的对象之上,由此将这一对象的特殊内容,纳入属于一个人的经验性的自我概念之中。

紧接着的第四章和第五章,将以康德在《实用人类学》中关于激情的讨论作为范例,来展示"悖逆的自爱"如何以多重方式表达自身。其中第五章将提供一种对于所有激情的"形式规定"和"质料规定"的结构性分析。同时,通过将"悖逆的自爱"解释为不仅败坏了个人的偏好,而且扭曲了自由存在者的"自我-自我关系"和"自我-他者关系",这两章的讨论还将回答一个在康德文本中经常出现的难题,而这个难题就是,康德究竟在何种意义上能够声称,一切激情不仅作为强烈的偏好而统统指向了某种质料性的对象,但与此同时又把自由的个人当成了自己的目标。

随后的第六章和第七章将对《实用人类学》中三种"由生而具有的偏好产生的激情"和三种"由获得性的偏好产生的激情"逐一展开个案分析。"由生而具有的偏好产生的激情"包括对性、对外在自由和对复仇的激情,而"由获得的偏好产生的激情"则包括对名誉、对金钱和对权力的激情。通过这一系列个案分析,这两章将在第五章的基础上进一步证明:随着"悖逆的自爱"所附着的质料性基底发生了变化,这种自爱所采取的表达形态,也会经历某种相应的转变。

最后,全书的第三卷(恶的最终根据)将着手完成一项最艰巨的任务，也就是建立一种对于康德在《宗教》一书中的大胆论断"人从本性上是恶的"的准-先验论证。作为这一准-先验论证的预备工作，根本恶理论中三个最重要的概念，也就是原初向善禀赋、趋恶倾向和意念，将分别在第八章、第九章和第十章得到重新考察。而以这种方式，一种关于这三个概念的新诠释也将被建立起来。根据这一新诠释，向善禀赋和趋恶倾向分别是人类本性中朝向善和朝向恶的先验潜能，而恶的意念则是趋恶倾向在人类个体之中的现实化。

随后，基于对向善禀赋、趋恶倾向和意念的新诠释，全书的最后两章将从康德的文本中重构出一种对于趋恶倾向的主观普遍性和必然性的准-先验论证。这一准-先验论证分为两大部分。首先，第十一章将建立起该论证的先天推理结构。这一先天推理结构从恶的"最高的现实性"（亦即可以在经验中观察到的恶行），经由恶的具体准则与恶的意念，最终回溯到恶的"最深的潜在性"（亦即趋恶倾向）。其次，第十二章将讨论上述准-先验论证中的人类学要素，也就是那些可以在经验中观察到的恶行。这一人类学要素是上述回溯性推理的起点，也是启动这一回溯性推理的经验性触发物。现实中全部三种可见的恶行——也就是分别出于人性之"脆弱"（fragilitas）、人心之"不纯正"（impuritas）和人心之"颠倒"（perversitas）的恶行——将在全书的最后一章得到系统和穷尽的考察（RGV 6:29-31）。脆弱、不纯正和颠倒这三种类型的恶，也将被证明是趋恶倾向在人类现实经验中彰显出自身的三种基本"模式"（modi）。

最后，全书附录所收录的文章将针对"康德关于恶的定义太过狭窄，无法解释人类现实经验中魔鬼式的恶行"这一批评，为康德提供一种温和的辩护。通过系统性地考察康德本人的概念体系所能容纳的全部六种魔鬼之恶和类-魔鬼之恶，这篇文章将解释为什么严格意义上的魔鬼之恶在人类处境下必须被判定为是不可能存在的。此外，这篇文章还将借助康德能够承认其存在的某种类-魔鬼式的恶，来解释宗教和文学作品中那些魔鬼式的角色所怀有的动机，从而为康德关于魔鬼之恶和类-魔鬼之恶的整体立场提供一种批判性的辩护。

简而言之,本书的三卷内容,亦即恶的单 本质、恶的多重表现和恶的最终根据,分别对应着康德在《宗教》中关于根本恶的论述的三个本质性构成环节,同时也代表了以一种系统化的方式切入根本恶问题的三大视角。这三大视角既相互补充,又相互完善,并最终共同构筑了某种关于根本恶问题的整体图景。同时值得读者注意的是,本书将要处理的某些较小的主题,比如向善禀赋、激情和具体准则等等,将在不同的章节中被反复地讨论。然而,由于对这些主题的讨论每次所采用的视角并不相同,所以它们每次呈现的重点和在论证中承担的功能也不尽相同。

本书的最终结论将是——康德的根本恶理论不仅在逻辑上是融贯的,在哲学上是可以得到辩护的,而且亦能够令人信服地解释人类现实经验中的各种恶行。进一步地,通过上述所有这些关于根本恶理论的系统性考察,康德自由概念的含义也将得到极大的拓展和加深。

首先,根据本书对于康德根本恶理论的系统性考察,他笔下的人类自由概念,将不再仅仅局限在人类个体的自由任意实际地选择善或恶的自由行动之中,而同时还将包括人类族类分别指向善和恶的两种潜能。换言之,康德哲学中的人类自由绝不是一种以无所谓的态度(indifferently)站在现实的善与现实的恶之间的自身空洞无内容的选择能力。相反,康德哲学中的人类自由,总是在自身之内就已经配备了分别朝向善与恶的两种相反的潜能。这两种相反的潜能,则为实际的善恶选择提供了最终的先验根据。同时与之相应地,人类族类和人类个体之间的关系,也应当以下述方式得到重新描述——人类族类给人类个体提供了"潜在的道德本质"(potential moral essences),而人类个体则构成了人类族类之"现实的存在"(actual existences)。

其次,本书关于根本恶理论的考察还将进一步向读者展示,甚至早在人类个体对理性的运用得到充分的培育和发展之前,在个体的自由任意能够有意识地做出选择行动之前,人类族类的向恶潜能,就已经在每一个个体内部搅扰起他的向恶冲动了。换言之,在人的感性与人的理性之间,实际上存在着一种原初连续性。而唯有在预设了这种原初连续性的大前提下,人类行为的观察者才能够解释,为什么早在个人的理性和意志能够为他关于恶的现实选择承担起完全的道德责任之前,他的感性本性似乎已经表达出一种朝向恶的冲动了①。

很明显,作为"潜在性"的人类族类和作为"现实性"的人类个体之

---

① 本书作者的博导威廉·戴斯蒙德(William Desmond)教授对康德的人类自由理论持有一种复杂而微妙的批判立场,本书作者对康德则怀有更多的同情与认可,但本书明确区分"人类自由本身"(human freedom as such)和"理性的—道德上是善的自由"(rational and morally good freedom)这一最初决定,却源自戴斯蒙德的启发。

　　一方面,戴斯蒙德对康德的批判十分尖锐。在他看来,康德式的自律仅仅是人类自由的表层,但在这一光辉的表层掩盖下的地下室里,却潜伏着一头时刻渴望着去征服和去统治的黑暗怪兽。基于这种洞见,戴斯蒙德在自由意志内部发现了一种"辩证性的自我败坏"(dialectic self-corruption)。这种败坏从康德式的自律之中发展出来,又以尼采式的权力意志作为其最终的逻辑结果。这一堕落过程的初始根据位于自律本身之中,因为自律隐秘地拒绝了"在其全部的他者性中接受他者"(accept the other in its full otherness)。同时戴斯蒙德还认为,"拒绝接受完整的他者"不仅是康德自律概念的特征,甚至也是由笛卡尔开启的整个现代思想的特征。然而另一方面,戴斯蒙德又谨慎地指出,康德式的自律依然是人类自由发展进程中的一个必经阶段,因此依然可以得到有限的承认和辩护。

　　根据本书作者的理解,戴斯蒙德做出上述论断主要基于以下原因:人类自由由于其自身本性,注定经由"他者的中介"(intermediation through others)而展开永无休止的"自我中介"(self-mediation)。这一"自我超越"(self-transcending)的永恒进程包含着各种不同形态的自由,一些形态的自由处于较为原始的阶段,而另一些形态的自由则处于较为成熟的阶段。简单地说,康德式的自律的确是自由的一个发展阶段,它属于人类自由自我超越的整体进程,因而确实能在一定程度上得到承认和辩护。然而,考虑到这种自律尚未达到自由的最高发展阶段[根据戴斯蒙德,这一最高发展阶段表现为"在圣爱中向着真正他者的释放"(agapeic release to the true others)],不仅顽固地持守于自我规定,而且还拒绝承认他者在其自我规定中所扮演的不可或缺的角色,所以在此必须得出的结论是,康德式的自律实际上已经变成了一种"将自我偶像化的自由"(self-idolizing freedom)。这意味着,这种自由必须受到严肃认真的批判,直到它能够谦卑地认识到自身的有限性,因为,有限的被造物的"自我超越",永远不应该被当作仅仅属于无限的造物主的"真正的超越性"(true transcendence)(关于戴斯蒙德对自由意志的自我超越进程的系统分析,参见 Desmond, W. , *Ethics and the Between*, Albany, NY: State University of New York Press, 2001, pp. 221 - 384)。

　　戴斯蒙德对康德思想的上述诠释和发展十分具有创造性,而本书在写作过程中也吸收了戴斯蒙德对康德的批评。然而,鉴于本书的主题仅限于对康德根本恶理论的考察,所以在此无法继续深入分析"绝对化的自律"(absolutized autonomy)所包含的内部张力和潜在危险,而只希望针对戴斯蒙德对康德的批评补充以下这一点:最起码在《宗教》一书中,康德本人已经隐隐意识到了深藏在人类自由内部的黑暗怪兽(这个怪兽就是他笔下的趋恶倾向),此外,康德通过引入恩典作为对抗根本恶的手段,实际上已经在一定程度上拒绝了"绝对化的自律概念"。然而同时必须承认的是,康德的恩典学说自身是否融贯,以及这一学说和康德自由理论之整体是否相容,依然是一个极为复杂的问题,远远超出了本书所能处理的范围。

间的关系,以及人类感性和理性之间的深层连续性,将为人类行为的观察者们打开一种新的人类学视域。根据康德的观点,人类学作为"一种系统地安排的关于人的知识的学说","按照人的类(seiner Species nach),把他作为赋有理性的地上存在者(mit Vernunft begabtes Erdwesen)来认识"。在康德看来存在着两种人类学,"要么是生理学(physiologischer)方面的,要么是实用(pragmatischer)方面的"的人类学——"生理学的人类知识关涉到大自然使人成为什么的研究(was die Natur aus dem Menschen macht),实用的人类知识则关涉到人作为自由行动的存在者使自己成为,或者能够并且应当使自己成为什么(was er als freihandelndes Wesen aus sich selber macht, oder machen kann und soll)的研究"(APH 7:119)①。因此根据康德的观点,实用人类学将人视为在本质上是自由的,将人的品格和行为模式看作是他自身自由的产物,并且根据他的"类"对上述品格和行为模式展开了一种系统性的考察。

　　康德的实用人类学有两个值得读者关注的特点。首先,作为实用的"人类学",它是一门关于人类的"描述性的科学"(descriptive science)。但同时,作为"实用的"人类学,它不仅描述了人的经验表象,而且还预设了人的自由是这些经验表象的先验根据。如果说人的经验表象展示出了人的"经验品格"(der empirische Charakter),那么人的先验自由则决定了构成这一经验品格之可能性条件的"理知品格"(der intelligibele Charakter)②。同时更重要的是,从可以被视为理知品格之现实表达的经验品格中,观察

① 《康德著作全集》第7卷,中国人民大学出版社2008年版,第114页。
② "每一个起作用的原因都有一种品格,亦即其因果性的一条法则……就一个感官世界的主体而言,首先,我们要有一种经验性的品格,通过这种品格,它的种种行为(Handlungen)就作为显象(Erscheinungen)彻底地与其他显象按照恒常的自然法则处于联系之中……其次,人们必须还要允许(感官世界的主体)有一种理知的品格,通过这种品格,它虽然是那些作为显象的行动的原因,但这种品格自身却不位于任何感性的条件之下,且自身并不是显象……这种理知的品格虽然永远不能被直接地认识到,因为我们不能知觉(wahrnehmen)任何东西,除非它显现出来;但是,这种(理知性的)品格毕竟必须根据经验性的品格来被思考,就像我们虽然对于一个先验对象就其自身而言是什么一无所知,但却必须在思想中把它当做显象的基础一样"(A539/B567 – A540/B568;《康德著作全集》第3卷,中国人民大学出版社2004年版,第356—357页)。

者亦能够逆向推导出隐藏在这种经验品格背后的理知品格是善是恶①。虽然康德仅仅在第一批判中初步地提到了这一从"后天效果"反推回它们"先天基础"的回溯性推理，但这些线索已经足以帮助康德研究者为《宗教》一书中"人从本性上是恶的"这一论断，重构出一种准-先验的证明了（详见本书第三卷）。

除了预设了人的自由本性之外，康德的实用人类学值得读者注意的第二个特点则是：作为一门"人类学"，它将整个人类族类，而不是某些特殊个体当成了自己的研究对象。换言之，康德的实用人类学确实是以对于特殊个体之经验行为的广泛观察作为自身之起点的，并且唯有基于这些观察，这门实用人类学才能进一步地在人类自由中为这些行为寻找先验的根据。然而，康德的实用人类学所要向读者揭示的，是属于整个人类族类，而不是仅仅属于某些人类个体的自由之特质（或者借用康德本人的话来说，这门学科是根据人所从属于的"类"来认识人的）。换句话说，处于实用人类学观察之下的每一个特殊的人类个体，都应当被看作是一个对于他们族类特质的"表达"（expression）或者"范例"（exemplar）②。很明显，这一从"对个体的广泛观察"（extensive observations of individuals）到"对族类的整体判断"（overall judgments upon the species）的回溯性推理，构成了一种从"一般性"（generalitas）到

---

① "（理知品格）仅仅通过作为它的感性标志（sinnliche Zeichen）的经验性品格而得到指示（angegeben）"（A546/B574）。"每一个人都有一种属于他的任意的经验性品格……经验性的品格又是在理知的品格［思维的方式（Denkungsart）］之中被规定的。但我们并不认识思维的方式，而是通过显象来标明（bezeichnen）它，而显象真正地说来仅仅给予了感官的方式（Sinnesart）（经验性的品格）以供我们直接地认识"（A549/B577－A551/B579）。"经验品格只是理知品格的感性图型（sinnliche Schema），而就理知品格而言，'在前'（Vorher）和'在后'（Nachher）均不适用"（A553/B581）（《康德著作全集》第 3 卷，中国人民大学出版社 2004 年版，第 361、362—364、365 页）。
② 实际上，康德已经将个人作为人类族类的范例并以此来考察人性的研究方法，运用了对文学人物的评价之中。按照康德的说法，虽然文学家在描述笔下人物时经常带有夸张的成分，但是"那些品格，诸如理查逊或者莫里哀这些人所构想的，却毕竟在其基本特点（Grundzügen）上必须取材于对人的现实活动的观察，因为它们虽然在程度（Grade）上有所夸张，但在质（Qualität）上却毕竟必须与人的本性相吻合"（*APH* 7：121；《康德著作全集》第 7 卷，中国人民大学出版社 2008 年版，第 116 页）。

"普遍性"(universalitas)的跳跃,亦即从"很多个人都是如此"的特称判断,到"所有个人,只因为他们是人类族类的成员,就都是如此"的全称判断的跳跃。本书的第三卷将证明,这种从一般性到普遍性的跳跃使得康德能够声称:趋恶倾向从主观上看就是"普遍地存在着"(亦即这种倾向无一例外地属于全部人类个体),而不仅仅是"一般地存在着"(亦即这种倾向仅仅属于人类族类中的大部分个体)。

　　事实上,康德在《宗教》一书中提出的根本恶理论,完全可以被看作是他的实用人类学的一个特殊分支。在《实用人类学》这部著作的结尾,康德将注意力投向了人类族类的道德品格①,讨论了"技术性的"(technische)、"实用性的"(pragmatische)和"道德性的"(moralische)禀

---

① 在接近《实用人类学》结尾的部分,康德讨论了"人格(Person)的品格"和"人类族类(Gattung)的品格"。

　　关于人格的品格,康德是这样说的:"在实用方面,一般的、自然的(不是民事的)符号学[semiotica universalis(一般符号学)]是在双重意义上使用品格这个词的:因为人们一方面说,某个人具有这种或者那种(物理性的)品格;另一方面又说,他尤其具有一种品格(一种道德性的品格),这种品格只能是一种唯一的品格,或者根本就不能是一种品格。前者是人作为一个感性的存在者或者自然的存在者的辨别标志;后者则是人作为一个理性的、赋有自由的存在者的辨别标志。有原则的人(Der Mann von Grundsätzen),人们有把握地知道绝不能从他的本能,而是要从他的意志来期待他,他就有一种品格。——因此,在品格特征(Charakteristik)中,无须在属于其欲求能力的东西(实践性的东西)上的同语反复,人们可以把有品格的东西(das Charakteristische)划分为:a. 天性或者自然禀赋(Naturell oder Naturanlage);b. 气质或者感觉方式(Temperament oder Sinnesart);c. 绝对的品格或者思维方式(Charakter schlechthin oder Denkungsart)。——前两种禀赋表明可以使人成为什么(was sich aus dem Menschen machen lässt);后一种(道德性的)禀赋表明他准备让自己成为什么(was er aus sich selbst zu machen bereit ist)"(APH 7:285;《康德著作全集》第7卷,中国人民大学出版社2008年版,第279页)。

　　"绝对地具有一种品格,这意味着意志的这样一种属性,按照它,主体把自己束缚在确定的实践原则之上,这些原则是他通过自己的理性不变地为自己规定的。现在,尽管这些原则有时候也会是错误的和有缺陷的,但意愿中一般而言形式上的东西(das Formelle des Wollens überhaupt),即按照既定的原则来行动(nach festen Grundsätzen zu handeln)(不是像在一群蚊蝇之中那样时而跳到这边,时而跳到那边),则自身具有某种珍贵的和值得惊赞的东西,就像它在这种情况下也是某种罕见的东西一样"(APH 7:292;《康德著作全集》第7卷,中国人民大学出版社2008年版,第285—286页)。对康德笔下品格概念的系统考察,参见 Munzel, G. F., *Kant's Conception of Moral Character: The "Critical" Link of Morality, Anthropology, and Reflective Judgment*, Chicago and London: The University of Chicago Press, 1999。"坚定地持守于自由选择的准则"这种极其稀少的成就,　(转下页)

赋，以及"一种积极地欲求不允许的东西的倾向"（ein Hang zur tätigen Begehrung des Unerlaubten）（*APH* 7:322 - 324）①。在《宗教》这部著作的第一部分中，康德又更为充分地发展了上述这些思想，提出了关于三种原初向善禀赋和趋恶倾向的学说。特别值得注意的是，无论是在《实用人类学》还是在《宗教》中，康德关于人类族类之道德品格的论述，都开始于由经验观察呈现出来的人类个体所做的恶行。在此之后，康德才从这些恶行反推回了属于人类族类的普遍的趋恶倾向，并把这一倾向理解

（接上页）在康德的二手研究文献中通常被称为"尊称含义的品格"（character in the honorific sense）。作为实用人类学中的一个重要概念，尊称意义的品格已经预设了、或者说已经在自身之中包含了理知品格的概念（这种理知品格或者是善的，或者是恶的），但与此同时，"尊称意义上的品格"又强调了"坚定而自由地选择的原则"这一独特的品质，因此还包含着比理知品格更多的东西。然而这里需要提醒读者注意的是，本书的论证并不需要依赖于尊称意义的品格。相反，当谈及个人的道德品格时，这指的仅仅是他/她所拥有的理知品格，这一理知品格根据个人的最高准则（亦即意念），或者在道德上是善的，或者在道德上是恶的。

讨论完人格的品格之后，关于人类族类的品格，康德则是这样说的："为了在有生命的自然的体系中给人指定他的类别，并这样来刻画他的品格，给我们剩下来的无非就是：人有一种他自己给自己创造的品格，因为他有能力按照他自己给自己选取的目的来使自己完善化；他由此就能够作为赋有理性能力的动物（mit Vernunftfähigkeit begabtes Tier/animal rationabile）把自己造就成为一个有理性的动物（ein vernünftiges Tier/animal rationale）；——在这种情况下，首先，他保存自己和他的种；其次，他训练（übt）和教诲（belehrt）这个种，为了一种家庭的团体（häusliche Gesellschaft）而教育（erzieht）它；第三，他把它作为一个系统化的（按照理性原则安排的）、对于社会来说合适的整体来治理"（*APH* 7:321 - 322；《康德著作全集》第7卷，中国人民大学出版社2008年版，第316—317页）。

为了进一步展开对于人类族类品格的讨论，康德还介绍了技术性的禀赋、实用性的禀赋和道德性的禀赋，随后又提到了一种趋恶倾向："毕竟经验也指出，在他里面有一种积极地欲求不允许的东西的倾向，尽管他知道这是不允许的，也就是说，一种对恶的倾向，这种倾向如此不可避免地、如此早地表现出来，只要人开始运用自己的自由，因此也可以被视为生而具有的（angeboren），所以，人按照他可感的品格也应当被评判为（从本性上）是恶的"（ibid. , 7:321 - 324；《康德著作全集》第7卷，中国人民大学出版社2008年版，第316—320页）。

读者将清楚地看到，康德在《宗教》一书中提出的道德人类学，非常类似于他在《实用人类学》结尾对人类族类品格的讨论，前者甚至可以看作是对后者的进一步发展。最重要的是，这两部分文本都预设了人的自由，都将可见的人类行为视为这一自由的产物。在《实用人类学》中（正如在《宗教》中一样），道德禀赋和趋恶倾向都与观察者对于人类族类道德品格的分析直接相关，这一道德品格只能被理解为一种理知性的品格，也就是人性深处的本体基础，从这一本体基础之中产生出了人在现象领域的诸种行为。

① 《康德著作全集》第7卷，中国人民大学出版社2008年版，第317—320页。

为上述恶行背后的先验根据。换言之,康德的论述不仅利用了人类自由的经验性品格来揭示属于这种自由的理知性品格,而且还包含着一种从"对人类个体的一般性观察"到"对人类族类的普遍性判断"的推理跳跃。于是,正是在这个意义上,康德关于三种向善禀赋和趋恶倾向的理论,可以被视为是他实用人类学的一个特殊分支,或者说构成了康德的"道德人类学"(moral anthropology)。

　　康德的道德形而上学,连同作为其基础和预备的实践理性批判,构成了康德自由理论中"客观的一面"(objective aspect)。康德自由理论中的客观一面试图告诉读者:在考虑到人的先验自由以及由纯粹实践理性订立的道德法则的情况下,人能够去做什么,所以人应当去做什么。与之相对地,康德的道德人类学则通过三种原初向善禀赋和趋恶倾向的学说,构成了康德自由理论中"主观的一面"(subjective aspect)。康德自由理论中的主观一面试图告诉读者:考虑到现实经验中人的实际行为,观察者必须将属于整个人类族类的自由的人性判定为是什么样子的①。在这里,"本性"(Natur)和"族类"(Gattung)这两个概念,并不意味着那种仅仅基于经验观察的"归纳的一般

---

① 康德的道德形而上学和他的道德人类学是相互补充的关系——本书作者对这一点的最初意识,来自马克西米利安·弗什奈尔对于一种常见解读的批判:"尤其是受到新柏拉图主义影响的康德诠释者们,构造了《奠基》和《实践理性批判》中规范性的自由概念与《宗教》文本中的自由概念的对立。对于这些诠释者来说,人类学意义上的,在道德上不合格的(moralische unqualifizierte)既朝向善也朝向恶的人类自由,是配不上(自由)这个名称的"[Forschner, M., "Immanuel Kants 'Hang zum Bösen' und Thomas von Aquins 'Gesetz des Zunders': Über säkulare Aufklärungsanthropologie und christliche Erbsündelehre," *Zeitschrift für philosopische Forschung* 63 (4): 519 - 542, 2009, p. 526]。

　　康德本人论及道德形而上学和道德人类学之间关系的重要文本则是:"因此,如果一个出自纯然概念的先天知识体系叫作形而上学,那么,一种不是以自然,而是以任意的自由(die Freiheit der Willkür)作为对象的实践哲学就将预设(voraussetzen)并且需要(bedürfen)一种道德形而上学,也就是说,拥有这样一种道德形而上学甚至是义务。每个人心中也都拥有这种形而上学,虽然通常只是以模糊的方式拥有;因为他怎么可能没有先天原则就相信自己心中有一种普遍的立法呢?可是,正如在自然形而上学中必然也存在着把那些关于一个一般自然的普遍的最高原理应用到经验对象上去的原则一样,也不能让一种道德形而上学缺少这样的原则,而且,我们将经常不得不以人的仅仅通过经验来认识的特殊本性为对象,以便在它上面指明从普遍的道德原则得出的结论,但这样做并没有使后者的纯洁性有所损失,同样并没有使其先天的起源受到怀疑。——这要说的恰恰是:一种道德形而上学不能建立在人类学之上,但却可以被应用于它。与道德形而上学相对的部分(Gegenstück),(转下页)

性"(inductive generality)。相反,"人的本性"(die menschliche Natur)这个概念实际上意味着——人,只要他作为人(qua human),为了一般地运用自身的自由,而为这种自由所选择的主观根据(*RGV* 6:21)①。同时,"族类"(Gattung)这个概念又意味着一种毫无例外地属于所有人的位于人类自由内部的潜在本性(而人类个体则是这种潜在本性的现实存在),因此与任何生物学中的术语完全无关。总之,本书将通过关于三种向善禀赋和趋恶倾向的全新解释(亦即将这两者解释为是属于整个人类族类的向善潜能与向恶潜能),来为康德的道德人类学提供一种全新的描述,并以这种方式,从"主观的角度"增进和加深研究者对于康德自由理论的整体理解。

Ⅲ. 术语说明

现在,在简单介绍完全书的主题和论证结构之后,此处将再稍微澄清一下本书中在描述康德关于恶的定义时所使用的"先验的"和"本质"这两个概念。在第一批判中,康德"把一切不研究对象,而是一般地研究我们关于对象的认识方式——就这种方式是先天地可能的(a priori möglich)而言——的知识称为先验的。这样一些概念的体系可以叫做先验哲学(Transzendental-Philosophie)"(B 25)②。换言之,在康德看来,"并非任何一种先天知识,而是唯有那种先天知识,通过它,我们认识到某些表象(直观或者概念)是以及如何是仅仅先天地被应用或者可能(daß und

---

（接上页）作为一般实践哲学的划分的另一个分支,将会是道德的人类学,但是,道德人类学将会只包含人的本性中贯彻道德形而上学法则的主观条件,既包含阻碍性的也包含促进性的条件(die subjektive, hindernde sowohl als begünstigende Bedingungen der Ausführung der Gesetze der ersteren in der menschlichen Natur),即道德原理的产生、传播、增强(在教育中、在学校教导和民众教学中)以及其他这类基于经验的学说和规定,而且道德人类学可能是不可缺少的,但绝对不必被置于道德形而上学之前或者与之混淆"(*MS* 6:216－217;《康德著作全集》第6卷,中国人民大学出版社2007年版,第224页)。

① 《康德著作全集》第6卷,中国人民大学出版社2007年版,第19页。
② 《康德著作全集》第3卷,中国人民大学出版社2004年版,第40页。

wie... lediglich a priori angewandt werden, oder möglich sein)的知识，才必须被称为先验的(即知识的先天可能性或者它的先天应用)"(A 56/B 80)①。实际上在第一批判中，康德本人将"先验哲学"这个表达仅仅限定在理论哲学领域里，对于实践哲学领域，康德则是这样说的：

> 一切实践的概念都指向愉悦(Wohlgefallens)或者反感(Mißfallens)的对象，也就是快乐(Lust)和不快(Unlust)的对象，因而至少间接地指向我们情感的对象。但是，既然情感不是对物的表象能力，而是处于全部认识能力之外，所以，我们的判断的要素，只要它们(sie)与快乐或者不快相关，从而也就是属于实践(判断)(der praktischen)的②，就不属于先验哲学的范围，先验哲学仅仅与纯粹的先天知识打交道(A 801/B 829n)③。

所以根据上述这段引文，从最严格的意义来说，"先验的"这个概念并不应该被用于对恶的讨论。这是因为恶的概念属于实践哲学，而实践哲学必然关系到快乐和不快的情感，但这些情感只能后天地被意识到。然而，与康德本人的上述观点不同，"先验的"这个概念，却在某种宽泛的意义上可以被用来描述恶的根据。一方面，可以观察到的恶行与给这些恶行奠基的恶的具体准则④(这些准则针对着特殊处境、蕴含着特殊动机、要求着特殊行为)无疑包含着诸多经验性的要素，所以"先验的"这个

---

① 《康德著作全集》第 3 卷，中国人民大学出版社 2004 年版，第 72 页。

② 本段引文中的 sie 与 der praktsichen 指代的对象比较含混。邓晓芒译本将 sie 理解为"判断的要素"，李秋零译本与普鲁哈译本将 sie 理解为"判断"，剑桥译本则将 sie 直接翻译成 they，从而保留了文中指代的含混性。另外，剑桥本将 der praktischen 补全为"实践哲学"，其他三种译本都将其补全为"实践判断"。

③ 《康德著作全集》第 3 卷，中国人民大学出版社 2004 年版，第 511 页。

④ 后文将使用"具体准则"(concrete maxims)和"最高准则"(supreme maxim)这两个术语，来分别指代可能被其他康德研究者称为"低阶准则"(lower-order maxims)和"最高阶准则"(highest-order maxim)的东西。一个人可以拥有数量众多的具体准则，所有这些具体准则都应用于具体的情景，包含着具体的动机，指向着具体的目的，规定着该具体情景下需要做出的具体行为等这些后天才能被决定的经验性要素。考虑到这些经验性要素的存在，具体准则确实应当被看作是任意的自由选择所面对的经验性对象。然而另一方面，(转下页)

概念并不能应用于它们。然而另一方面,就如后文即将展示的那样,这些可见行为与具体准则所包含的"恶的形式"(正是这一形式,决定了这些行为和准则具有"恶"这一道德属性),却是仅仅由人的自由任意对源于实践理性的自爱原则和道德法则的颠倒而建构出来的。这一颠倒了两条理性原则的自由"行动"(Tat),不仅在逻辑上先行于一切出现在经验中的具体准则和可见行为,因而可以被视为是纯粹先天的,而且通过对源于实践理性的两条原则的先天综合,这一行动也为所有在经验中后天给出的恶的具体准则和可见恶行提供了先天的可能性条件。总之,正因为任意的这一自由行动既是纯粹先天的,又以一种综合(两条原则)的方式,为所有关于恶的经验奠定了基础,所以这一行动本身就完全可以被称为恶的先验根据。

根据康德的文本,上述颠倒了自爱原则与道德法则的自由行动可以被称为一种趋恶倾向。而在本书之中,这一趋恶倾向又将被诠释为属于整个人类族类的普遍向恶潜能。进一步地,上述这一颠倒了两条原则的自由行动的产物,则是属于某些人类个体的恶的最高准则(或者说是属于他们的恶的意念),而恶的意念又进一步充当了这些人所拥有的恶的具体准则的"形式性部分"(RGV 6:31)。至于人类族类的趋恶倾向与人类个体的恶的意念之间的复杂关系,以及分别对应着这两个概念的在先验领域内部"潜在性"与"现实性"之间的概念分层,将留待本书第三卷再进行详细论述。现在在这里,为了进一步澄清恶的"先验"根据究竟意味着什么,读者只需要稍稍比较一下由实践理性给出的两条原则之间的"实践性综合"(practical synthesis)和由知性给出的纯粹范畴之间的"理论性综合"(theoretical synthesis),并且由此确定这两种综合之间的相似

(接上页)这些具体准则所拥有的形式,却是以一种先天的方式被规定的。因为,人的任意在引发所有实践性的经验之前,就已经以某种特定的方式对自爱原则和道德法则进行了排序。这一先天排序的结果,就是任意为自己确立的最高准则。最高准则只有唯一的一条,它作为所有具体准则的形式性部分而存在,决定了任意的道德属性究竟是善是恶(关于这个问题更系统的讨论,参见全书的第三章、第九章和第十章)。

与不同即可。

在理性的理论运用中,人类意识的制高点是先验统觉"我思"(ich denke)。这一普遍而空洞的"我思"伴随着"我"的全部表象,根据知性给出的十二个纯概念来对纯直观(即时间中的纯杂多)进行先天综合,并以这种方式为一般的理论认识建构起普遍的对象①。同样地,就如帕布洛·穆希尼克所言②,在理性的实践运用中,人类意识的至高点也可以依照一种类似的方式被称为实践统觉"我意愿"(ich will)。这一普遍而空洞的"我意愿"伴随着"我"的全部动机和欲望,并首先对由实践理性给出的两条基本原则进行着先天综合。因为仅仅存在着两条这样的基本原则(亦即由纯粹实践理性给出的道德法则,以及由受经验限定的实践理性给出的自爱原则),又因为这两条原则无法被"我意愿"放在一个完全

---

① 为了能够产生出理论认识的一般对象,先验统觉"我思"需要综合知性的纯概念和时间的纯杂多,也就是说"我思"必须进行一种"有图型的综合"。然而,一种仅仅综合了纯概念,但并不涉及纯杂多的"无图型的综合",至少从原则上看对于"我思"来说也是完全可能的。但这种无图型的综合仅仅产生思维的对象,却不产生知识的对象。根据第一批判的辨证论,纯粹理论理性所犯的最大错误,就是把仅仅可以被思维的对象当成了可以被认识的对象。

② 本节对于"我意愿"的分析的最初灵感,来自穆希尼克对实践统觉的讨论(Muchnik, P., *Kant's Theory of Evil*: *An Essay on the Dangers of Self-Love and the Aprioricity of History*, Totowa: Rowman & Littlefield, 2009, pp. 100 – 109)。然而,本节的分析和穆希尼克的论述之间存在着一个关键差异。穆希尼克认为在"我意愿"之下进行的先天综合(这一综合决定了一个人的意念在道德上究竟是善是恶),所结合的不仅有两条原则(道德法则和自爱原则),还有两类内杂多(道德动机和非-道德动机)。因此此在严格的意义上,这种综合十分类似于在"我思"之下进行的有图型的综合。相反,本节分析认为,在"我意愿"的原初综合下结合在一起的,仅仅是道德法则和自爱原则这两条原则,而并不涉及任何内杂多。因此,这种综合是纯理知的,类似于在"我思"之下进行的无图型的综合。

　　相比穆希尼克,本节所提供的诠释有以下三个优点。第一,在"我意愿"之下进行的纯理知的综合,与康德对"理论"和"实践"之基本差异的描述是完全契合的。因为被自由地选择的善与恶属于一个理知的领域,虽然它们作为先验的基础为可以感性地观察到的善恶行为提供了先天的可能性条件,但它们自身却并不包含任何感性的建构要素。第二,纯理知的综合确保了抽象的最高准则(这一最高准则仅仅由对自爱原则和道德法则的排序来决定)和其他具体准则(这些具体准则涉及各种具体动机)之间的明确区分。第三,借助于一种纯理知的综合,诠释者能够令人信服地将趋恶倾向的三个"层次"(Stufen),解释为三种按照对道德法则和自爱原则的排序来进一步安排道德动机和非-道德动机(亦即两类纯粹的内杂多)的基本"模式"(modi)。因此在这个意义上,趋恶倾向的三个层次其实相当于恶的概念所具有的三种感性"图型"(Schemata)(详见本书第十二章的讨论)。

平等的层面上来对待和处置,所以"我意愿"也就必然永远面临着以两种截然相反的方式来对这两条原则进行先天综合(或者说先天排列)的可能性。更具体地说,"我意愿"或者将自爱原则置于道德法则之下,使自爱原则以道德法则为最高限定条件(而这就是道德之善的含义),或者反过来,"我意愿"将道德法则置于自爱原则之下,使道德法则以自爱原则为最高限定条件(而这就是道德之恶的含义)。于是,从对于源自实践理性的两条基本原则进行综合的两种可能方式之中,"我意愿"便可以得到两个基本的实践对象。这两个基本的实践对象,就是康德在第二批判中讨论过的道德之善的概念和道德之恶的概念。

然而,除了可以按照两种截然相反的方式对不同的概念(这里是指对两条实践原则)进行综合之外,实践统觉"我意愿"和先验统觉"我思"还在其他方面存在着一些重要的差异。首先,先验统觉"我思"所指向的普遍对象,是一个利用纯概念来对纯直观进行先天综合的产物。也就是说,先验统觉"我思"所面对的普遍对象,其实是理知元素与可感元素的结合体。相反,实践统觉"我意愿"所面对的两个普遍对象(亦即道德之善与道德之恶的概念),却仅仅是对实践理性的两条基本原则进行先天综合的产物。换言之,"我意愿"的对象是仅仅由纯然理知的元素构成的东西,完全没有任何可感的元素掺杂在其中(无论这些可感的元素是先天地还是后天地被给予"我意愿"的)。

同时,还需要注意到的是,道德法则的表象可以唤醒道德的动机(亦即对法则的敬重),自爱原则则可以将所有非-道德的动机统辖到自身之下。尽管上面这两类动机就其包含的具体内容而言,都是以一种后天的方式被给予主体的,但这类动机就其抽象的类别(亦即"道德的"和"非-道德的")而言却可以被看作是先天地确定的。因此,"我意愿"在对两条基本原则(亦即两种"纯然理知的元素")进行第一重综合的基础之上,还可以进一步地建立起对于分别可以归于两条基本原则之下的两类动机(也就是两类可被归于"纯然理知的元素"之下的"可感的元素")的第二重综合。"我意愿"的第二重综合与它的第一重综合一样,也是完全先天地进行的。此外,在这第二重综合里面,又存在着根据两条原则来排列两类先天杂多(这两类先天杂多,就是按照"道德的"和"非道德的"这两个先天的"类"被区分的两类动机)的各样不同方式。因此,"我意愿"的第二重综合,实际上相当于属于"我思"的"有图型的综合"(schematic synthesis)①。然而这里必须同时强调的是,"我意愿"对两类动机的第二重综合,仅仅对于建构具体准则和经验中的可见行为才是不可或缺的。相反,对于建构实践理性的两个基本对象(亦即道德之善与道德之恶的概念)来说,"我意愿"的第一重综合就已经足够了。这第一重综合仅仅关涉对自爱原则和道德法则这两个纯然理知要素的排序,因此相当于属于"我思"的"无图型的综合"(non-schematic synthesis)。

现在,在讨论完实践统觉"我意愿"与先验统觉"我思"对先天原则和先天杂多进行综合的不同方式之后,再来看一看这两者之间的另一个重要差异。对于先验统觉"我思"来说,纯概念和纯杂多之间的综合,决定了一切认识对象所必须具有的普遍形式。这就是说,这一综合对一切理论认识所可能指向的普遍客体都进行了一种先天的形式规定。与此相对,实践统觉"我意愿"面对的情况却要比先验统觉"我思"复杂得多。一方面,如果道德法则和自爱原则之间的综合,仅仅停留为一种逻辑上的可能性的话,那么这一综合将仅仅为自由任意提供两个普遍的对象(也就是道德之善与道德之恶的概念),或者说,仅仅对一切实践行动所可能指向的普遍客体,进行了一种先天的形式规定。另一方面,如果道德法则和自爱原则之间的先天综合,从一种逻辑的可能性进一步地转化成了一种"现实性",那么这一"现实的综合"将会决定自由任意自身所实际拥

---

① 就如穆希尼克指出的那样,对动机的安排依旧属于自由任意对于自身的规定,因此必须与自由任意对于欲望对象的规定明确地区分开:"然而,并且这是重要的一点,(我们)必须区分开内部的杂多(the internal manifold)和欲望的杂多(the manifold of desires),意志用后者建构出'幸福'和'善'。这些是实践的对象,它们是将自爱的原则和义务的原则应用于欲望的杂多的结果,欲望的杂多的内容依赖于已经存在的经验对象的影响"(Muchnik, P., *Kant's Theory of Evil: An Essay on the Dangers of Self-Love and the Apriority of History*, Totowa: Rowman & Littlefield, 2009, p. 100)。很明显,穆希尼克在这里用"善"这个概念来统称多种多样的经验对象,并不指称仅仅由纯粹实践理性自身建构出来的那个理知对象。

有的道德品格,也就是说,这一综合将反过来对行动主体自身的道德属性进行一种先天的形式规定。更为重要的是,自由任意为了能够在善与恶——这两个逻辑上可能的行动客体之间做出任何现实的选择(或者说,自由任意为了能够现实地选择或善或恶的具体准则,并以此为基础,现实地展开或善或恶的可见行为),自由任意就必须首先在主体这一侧,已经以某种特定的方式对道德法则和自爱原则进行了综合,亦即它必须已经为自身建立起了某种或善或恶的最高准则。然而,如果在此继续深挖一下,读者又会很快发现,自由任意为了能够实现对道德法则和自爱原则的上述现实综合,并由此为自身建立起或善或恶的最高准则,它又必须在这一现实综合之前,就已经拥有了分别朝向善和恶的两种潜能以供自己选择,根据本书将要给出的诠释,朝向善和恶的这两种潜能,其实是康德笔下的人格性禀赋和趋恶倾向。总之,在深入探索实践统觉"我意愿"的内部结构时,读者会在"主体的自我规定(self-determination)"和"主体对客体的规定(determination of objects)"之间发现一种多层次的交互运动,以及一种被理解为自由"行动"(Actus)的"规定"(Bestimmung/determination)所具有的多重模态(亦即规定的"逻辑可能性"、规定的"现实性"和规定的"潜在性")。所有这些层次和模态,都造成了"我意愿"的内部结构,要比"我思"来得复杂得多①。

讨论至此,在充分论证了研究者完全有权使用"先验的"这一概念来讨论恶的根据之后,最后还需稍稍澄清一下本书所使用的"本质"概念的

---

① 需要注意的是,虽然研究者的确可以从康德文本的内在逻辑中,发展出一种对于实践统觉"我意愿"的论述,但康德本人却仅仅表达了关于这个概念的某种不甚清晰的初步设想。比如说在第二批判中康德是这样说的:"既然诸行为一方面虽然在一个并不是自然法则,而是自由法则的法则之下,因而属于理知存在者的行为,但另一方面却也作为感官世界中的事件而属于显象,所以一个实践理性的种种规定将惟有与后者相关才能够发生,因而虽然是符合知性范畴的,但却不是为了知性的一种理论的应用的意图,以便把(感性)直观的杂多先天地置于一个意识之下,而是仅仅为了使欲求的杂多(das Mannigfaltige der Begehrungen)先天地服从对一个在道德法则中颁布诫命的实践理性,或者一个纯粹意志的意识的统一性(der Einheit des Bewußtseins einer im moralischen Gesetze gebietenden praktischen Verunuft oder eines reinen Willens)"(*KpV* 5:65;《康德著作全集》第 5 卷,中国人民大学出版社 2007 年版,第 70 页)。除了第二批判,康德还在对道德哲学的反思中提到了实践统觉的概念: (转下页)

含义。简单地说,本书是在亚里士多德主义的意义上,或者说是在经院哲学的意义上,用"本质"概念来意指事物的"其所是"(what-ness)的,而这一"其所是"通常是由事物的定义来揭示的。因此,恶的本质就是由它的定义所揭示的把恶建构为恶的"恶之所是"(what constitutes evil as evil)。根据后文对康德的解读,恶应当最终被定义为自由任意将自爱原则置于道德法则之上的自由行动。至于这一自由行动是否已经在属于人类个体的恶之意念里得到了现实化,还是说它依然仅仅作为一种有待被现实化的向恶潜能而潜伏于人类族类的本性之中,以及,进一步地,上述颠倒自爱与道德的自由行动是否依然只是每个人对恶的经验的先验根据,还是说它已经被他经验性地表达在恶的具体准则和可见恶行之中了——所有这些衍生性的问题都将在后续论证中得到回答。而对于导言中有限的论述目的来说,此处仅仅需要强调:恶本质上是"自由地颠倒自爱与道德的次序,将自爱置于道德之上",这一颠倒的产物就是凌驾于道德之上的"悖逆的自爱"(perverse self-love)[2]。

此外,在康德的概念框架下,最初仅仅作为经院哲学的术语被使用的"恶的本质",也通过与先验自由的结合,同时获得了"恶的先验根据"这一地位。通过将恶的本质作为自身的属性,由此现实地将自爱原则置于了道德法则之上,人的自由任意也就将自己的最高准则确立为了一条

(接上页)"自身作为理知存在者(它是行动的)的统觉就是自由(Die apperception seiner selbst als eines intellectuellen Wesens, was thätig ist, ist freyheit)";"感觉的统觉是实体,自身行动性的统觉是人格(Die apperception der Empfindung ist Substanz, die der selbstthätigkeit ist die Person)"(AA 19:183, Ref-Mora 6860-6861)。

但是有趣的是,在上述这三处文本之中,康德似乎都将实践统觉归于了负责订立道德法则的纯粹意志,却没有将其归于在自爱与道德之间进行选择的自由任意。然而很明显的是,这会带来一个相当严峻的问题,亦即作恶者如何能被看作是一个自由而统一的,因而能够承担道德责任的行为主体,而不仅仅是一束被捆绑起来的诸欲望之集合?

② 就如全书第二章和第三章将要进一步解释的那样,仅仅就其自身而言,自爱原则在道德上完全是纯然无罪的,但当它被排在道德法则之上时,一种"恶的形式"便会被加在自爱原则上,将自爱原则变成道德上是恶的。因此,自由任意颠倒两条原则的行动之结果,实际上可以被看作是一个结合了"无罪的质料"(亦即自爱原则本身)和"恶的形式"(亦即对两条原则的颠倒)的整体。

恶的准则。同时,借助于恶的最高准则,人的自由任意又会进一步地采取恶的具体准则,并依据这些具体准则而展开各样可见的恶行。总之,在康德的概念框架下,恶的本质绝不仅仅停留在一种逻辑定义中。相反,通过与任意所拥有的先验自由相结合,恶的本质进一步成为一切关于恶的经验的终极先验根据①。

Ⅳ. 方法论

现在,在介绍完本书的背景、主题、各卷内容以及"先验的"和"本质"这两个关键术语之后,在本篇导言的结尾之处,还需澄清一下本书所采用的方法,并为这种方法提供一种简单的辩护。就如前文已经提到的那样,本书将通过讨论恶的单一本质、恶的多重表现和恶的最终根据来系统地考察康德的根本恶理论。进一步地,通过这种对根本恶理论的系统考察,本书还将提出一种关于康德的人类自由概念的更为深入和丰富的理解。因此粗略地看,本书似乎涉及两大主题,一是根本恶理论,二是康德的人类自由概念。于是读者们可能会自然而然地假设,本书的论证亦将首先讨论根本恶理论,然后再讨论康德的人类自由概念。

然而,与读者可能怀有的最初印象相反,根本恶理论与康德的人类自由概念并不是两个相互独立的主题。实际上,为了保持自身的完整含义而不遭到扭曲和变形,这两个主题是不可能被分开讨论的。这又是因为,根本恶理论构成了康德关于人类自由的复杂概念中的一个不可或缺

---

① 这里可能存在一个容易引起混淆的地方,那就是,虽然恶的本质通过与属于任意的先验自由相结合而能够充当恶的先验根据,但"先验的"和"本质"这两个术语却不应当被放在一起使用。康德在对形而上学的反思中提道:"某些东西被先验地看待,如果它在与(自身)本质的关系中被考虑为是结果"[transscendentaliter wird etwas betrachtet, wenn es beziehungsweise auf sein (eigen) Wesen als die Folge erwogen wird](AA 17: 389, *Ref-Meta* 4025)。简单地说,"某事物被先验地看待"是根据一条至高原则(亦即它的本质)而进行的建构性行动的结果。因此,在"先验的本质"这个说法中,"进行建构的原则"(constituting principle,也就是"本质")和"被建构出来的结果"(constituted consequence,也就是"先验的"),也就作为两个不同的层面而被错误地敉平在一起了。

的组成部分。换言之,康德的人类自由概念作为一个由众多环节组成的整体,已经将根本恶理论作为它的基本构成部分包含在自身之中了。"整体"和"整体中不可或缺的组成部分"在逻辑上是相互建构的关系。从"整体与部分"的这一逻辑关系中,又必然地会产生一种"解释学循环"(hermeneutic circle)。这一"解释学循环"意味着,对"整体"与"整体中不可或缺的组成部分"这两个关系项中任何一项的理解,总是已经预设了对另外一项的理解。与此同时,鉴于这一解释学循环的存在,无论是根本恶理论还是康德的人类自由概念,这两个主题中的任何一个,都无法在诠释中充当某种绝对的起点。相反,唯一恰当的诠释程序必须以如下方式进行:首先,诠释者需要在"前景"(foreground)中探索对于一个主题的理解,同时在"背景"(background)中暂时性地预设对于另一个主题的临时性理解;其次,诠释者需要通过不断地交换前景与背景,来不断地更换"被考察之物"和"被预设之物";最后,诠释者还需要在一种理想的情况下一直重复上述两个步骤,直至无限。于是,通过轮流地被置于前景和背景之中,诠释者对于根本恶理论和康德的人类自由概念的理解,也就将不断得到拓展和加深。

现在,正如本书的题目《根本恶与自由意志的限度》所暗示的那样,根本恶理论将是全书所要专注的主题,康德的人类自由概念只有在与根本恶理论发生明确的关联时,才会得到一种细致的考察。换言之,根本恶理论将在大部分篇幅里被置于研究的前景中,并得到一种直接的考察,而康德的人类自由概念则将在大部分篇幅里仅仅停留于背景之中,依照前面提到的解释学循环,仅仅作为考察根本恶理论的进程中的"临时预设"和"临时结论"而存在。这意味着,在真正开启对于根本恶理论的考察之前,研究者实际上已经(尽管只是以一种非常抽象和粗略的方式)预设了一种对于康德人类自由概念的新理解。通过对根本恶理论的考察,研究者对人类自由概念的最初理解,亦将在细节上得到不断的补充和丰富,从而逐步具体化。同时,借助对康德人类自由概念愈来愈具体的理解,研究者对于根本恶理论的理解也将一点点地改变。然而,由于篇幅的限制,本书对于这两个主题的考察无法真正地趋近于无限,就如这一考察在理想状态下所应当达到的那样。相反,本书将把自己的工作谨慎地限定在以下这一目标之内,亦即将趋恶倾向初步地刻画为一种普遍的向恶潜能,同时将康德的人类自由概念初步地展示为"不仅是理性的和属于个人的,而且也是超-理性的和超-个人的"。

或许本书的读者已经隐隐地感觉到,本书对于康德人类自由概念的诠释不但在诊断人性中的黑暗面时,体现出了某种前-康德的类似奥古斯丁思想的一面,而且在探索实践统觉"我意愿"和超-个人的潜能时,体现出了某种后-康德的类似费希特-谢林思想的一面。于是,一些读者便可能自然而然地产生如下质疑,亦即恰恰因为本书将奥古斯丁-费希特-谢林等人的思想框架预先加在了康德的文本之上,于是才能在随后的文本研究中发现康德与他们的相似之处。诚然,根本恶理论与人类自由概念之间的诠释学循环,确实是本书所采取的研究方法,同时书中对于人类自由概念的理解,也必然受到研究者自身哲学背景潜移默化的影响和塑造,这一背景中除了康德思想之外,也包括诸如奥古斯丁、费希特、谢林等其他哲学家的思想。然而,与读者可能产生的质疑恰恰相反,上述这些哲学家并没有预先规定本书对于康德的诠释将是什么样的。相反,他们仅仅通过给一些问题提示某些可能的诠释方向,而为研究者对于康德的理解提供了有用的引导而已。同时更重要的是,这些诠释方向的最终有效性,将依然取决于康德本人的哲学,取决于康德的文本是否提供了相应的诠释可能性,从而使研究者能够依照其他哲学家所提示的方向对其进行诠释。因此,这里并不存在"某一文本必须按照这样或那样的方式得到诠释"的武断预定,而仅仅存在"可能的诠释方向"与"被诠释的文本"之间的相互检验与相互确证。

此外,后文中的所有实际论证也将仅仅基于康德本人的文本,仅仅从康德的文本内部,为每一步论证寻求决定性的证据。然而有趣的是,本书的作者越是深入地探索康德的思想,越是努力与康德一道寻找恶的最终根据,她同时也就越是清楚地感到自己被潜藏在康德思想之中的某种内在逻辑驱使着，一步步地超越了康德本人的字面表达，一方面走向了康德之前的奥古斯丁主义，另一方面走向了康德之后的德国哲学。换言之，恰恰因为本书的作者并不仅仅在研究"康德的文字"（the letters of Kant），而是同时以追随"康德的精神"（the spirit of Kant）的方式来研究他本人所关注的主题，所以她才会在全心遵从康德精神的同时，逐渐超越了他的文字。这一既在意料之外又在情理之中的结果，也将向本书的读者清楚地表明：康德哲学已经在自身之内孕育着超越自身的可能性，而这些可能性既可以朝着奥古斯丁的方向得到一种"退行式的发展"（regressive development），也可以朝着费希特-谢林的方向得到一种"前行式的发展"（progressive development）。

以上就是一些对于本书所采取的研究方法的简单辩护。这一研究方法最终是否成功，将取决于它是否能够基于康德本人的文本，建立起一套关于根本恶理论和人类自由概念的更为融贯的论述。换句话说，相较于康德学界针对该主题已经做出的成果，本书对于康德根本恶理论和人类自由概念的新论述，必须在包含着较少的逻辑矛盾的同时，贡献出更为丰富、更为深刻和更具有启发性的洞见。至于本书是否成功地达到了这一目标——这个问题作者本人无权在导言中预先进行回答，而必须留给每一位读者自行判断。所以现在，就请读者和作者一道，回到问题本身，回到康德根本恶理论中的第一个关键环节——恶的单一本质，或者说，康德对于"恶究竟是什么"的基本理解。

第一卷
恶的单一本质

——被置于道德之上的"悖逆的自爱"

第一章 自然辩证法、幸福、他律
——重释康德对恶的早期观点（1）

引言 康德对恶的理解的前后连续性

就如学界普遍认为的那样，康德关于道德之恶的成熟理论，只有在他的晚期著作《纯然理性界限内的宗教》中才以一种最清晰的形式被提出。在这部著作中，康德明确地宣称，对于人类来说，道德之恶既不位于魔鬼式的理性之中，也不位于感性欲望之中，而位于一个人的自由任意（die freie Willkür）在即便意识到道德法则的情况下，却依然采取的偏离了道德法则的行为准则里。更确切地说，恶位于这些行为准则的形式之中，这一形式即为自由任意对道德法则（以及道德动机）与自爱原则（以及非-道德动机）之间次序的颠倒。同时，康德还将人采取所有恶的具体准则的最终主观根据，追溯到了自由任意的一条最高准则（die oberste Maxime）［亦即恶的意念（die böse Gesinnung）］之中。根据康德的文本叙述，这一恶的意念似乎可以被理解为一种普遍的趋恶倾向（Hang zum Bösen），该倾向败坏了人性的根部（Radix），因此可被称为某种根本性的恶（das radikale Böse）。

以上就是对于《宗教》中康德关于道德之恶的成熟理论的简单勾

勒。本书的第一卷将仅仅聚焦于该理论的第一个关键环节,亦即恶的本质,或者说对康德而言,恶的定义究竟意味着什么。就如下文将要展示的那样,康德对恶看似简单的定义实际上包含着两个层次,其中一个层次是对两条原则(道德法则和自爱原则)的颠倒,另一个层次则是对两类动机(道德动机和非-道德动机)的颠倒。这意味着对这一定义的讨论,也必须分为两层进行。然而,在深入考察康德在《宗教》中关于恶的成熟定义之前,此处还需要首先看一下他在《道德形而上学的奠基》(1785)和《实践理性批判》(1788)这两本批判时期最重要的伦理学著作中关于恶的观点,并由此回答某个在康德学界引起广泛争论的问题。这个问题就是,康德在这两本较早的著作中关于恶的基本理解,是否从根本上就不同于他在《宗教》一书中对于恶的理解?换句话说,康德对恶的基本立场,是否随着时间的推移而发生了重大转变?

针对上述问题,康德学界大致有两派观点。其中一派认为,《论神义论中一切哲学尝试的失败》(1791)标志着康德关于恶的基本理解的重大转变。在针对各种神义论展开这一系统性的批判之前,康德本人或多或少地对人性持有某种二元论的理解。一方面,他将自由意志等同于服从于纯粹实践理性订立的道德法则的善良意志。另一方面,他又将恶归咎于人的感性本性,认为正是源于一个人感性本性的各种需求和冲动,在促使着他违背道德法则。然而非常可惜的是,这种对恶过分简单和天真的理解,在逻辑上必将导致"恶的行为归根究底不是人自由地做出的,因此无法在严格意义上被称为是恶的"这一难题。从文本内容的变化看,康德本人似乎经过了一段时间才意识到上述难题。最终,作为对卡尔·克里斯汀·埃伯哈特·施密特(Carl Christian Eberhard Schmid)于1790年出版的《一种道德哲学的尝试》(*Versuch einer Moralphilosophie*)一书的回应(这本书展示了康德先前所持的道德理论可能导出的逻辑结果),康德在《宗教》一书的第一部分里面,明确地否认了一个人无辜的感性本性对恶负有任何根本性的道德责任,并且同时把恶归咎于他的自由任意颠倒自爱原则与道德法则之间次序的行动①。此外，在《宗教》一书出版之后，或许因为需要对其中的关键概念进行更为详细的说明，康德又在《道德形而上学》(1797)这本著作中，在人的高级欲求能力内部明确地区分出了负责选择对象和执行行动的"任意"(Willkür)和负责订立法则的"意志"(Wille)(亦即实践理性)这两种不同的实践功能②。

然而，与上述这一派学者的观点形成鲜明对照的是，康德学界的另

---

① 萨姆尔·杜肯(Samuel Duncan)的文章"Moral Evil，Freedom and the Goodness of God：Why Kant Abandoned Theodicy?"(发表于 *British Journal for the History of Philosophy* 20[5]：973 - 991，2012.)是这派观点的一个典型代表。杜肯系统地分析了康德在《哲学式的宗教学说讲座》[大约是康德在 1783—1784 和 1785—1786 年间的讲座，由卡尔·海因里希·路德维希·普里茨(Karl Heinrich Ludwig Pölitz)于 1817 年首次编订出版]、《关于一种世界公民观点的普遍历史的理念》(1784)、《人类历史揣测的开端》(1786)和《论神义论中一切哲学尝试的失败》(1791)中对恶的理解。根据杜肯的论述，康德在《神义论》一文中不仅放弃了自己原先所持有的神义论思想并坚决拒斥一切神义论的可能性的根本原因在于：康德意识到了所有神义论用有限性来解释恶的做法，最终会导致一种威胁到人对恶的道德责任的关于自由的错误理解。杜肯分析说，施密特的《一种道德哲学的尝试》(1790)展示了康德早期的自由理论可能导致的荒谬结果，从而触发了康德对恶的问题的反思。

与杜肯类似的解读参见格罗特·普劳斯(Gerold Prauss)以及罗伯特·格瑞西斯(Robert A. Gressis)。格瑞西斯分析了康德早期立场中的矛盾，并指出：一方面，康德把有限性视为恶的最终源头(准确地说，恶被归咎于人类野蛮的动物性，以及缺乏对道德禀赋的培养和发展)；另一方面，康德又坚持恶出于自由任意，因而在道德上是可以被归责的。特别地，格瑞西斯将《宗教》中的根本恶视为一个全新的概念，并试图论证说该概念在康德早期的伦理学著作中是缺席的。参见 Prauss，G.，*Kant über Freiheit als Autonomie*，Frankfurt am Main：Klostermann，1983，pp. 83 - 100，以及 Gressis，R. A.，*Kant's Theory of Evil：An Interpretation and Defense*，The University of Michigan (Unpublished Dissertation)，2007，pp. 121 - 129。

② "从概念上看，如果规定欲求能力去行动的根据是在它自身里面，而不是在客体里面被发现的，那么，这种欲求能力就叫作一种根据喜好而去做或不去做的能力。如果它与自己产生客体的行为能力的意识结合在一起，那么它就叫做任意……如果欲求能力的内在规定根据，因而喜好本身是在主体的理性中被发现的，那么，这种欲求能力就叫做意志。所以，意志就是这样的欲求能力，它并不那么(像任意一样)是在与行为(Handlung)的关系中被看待，而更多的是在与规定任意去行动的根据(Bestimmungsgrund der Willkür zur Handlung)的关系中被看待，并且意志本身在自身面前本质上并无规定根据，而就它(sie)能够规定任意而言，就是实践理性本身。

就理性能够规定一般欲求能力而言，在意志之下可以包含任意，但也可以包含纯然的愿望(Wunsch)。能够受到纯粹理性规定的任意叫做自由任意……人的任意是这样的任意：它虽然受到冲动的刺激(affiziert)，但不受它规定(bestimmt)，因此就自身来说[抛开一种已经获得的理性的熟巧 (Fertigkeit der Vernunft)]并不是纯粹的，但却能够被规定出于纯粹意志而行动"(MS 6：213；《康德著作全集》第 6 卷，中国人民大学出版社 2007 年版，第 220 页)。 （转下页）

一派学者则坚持认为他本人对恶的基本理解并未发生任何重大转变,只是仅仅经历了一个逐渐发展的过程。换言之,康德对恶的前后期思考之间,其实存在着一种深层的连续性。实际上,这种"发展而非断裂"的观点,也代表了本书作者的立场。然而,本书作者在此处既无意于证明前一派学者对康德的诠释是绝对错误的,也无意于证明后一派学者对康德的诠释是绝对正确的。事实上,鉴于康德文本中包含着各种复杂甚至矛盾的证据,此处基本不可能在这两派观点之间做出最终的裁断。所以,本书作者仅仅想要提出的是,康德在《奠基》和第二批判中关于恶的早期思考,能够允许他的读者采取某种比第一派观点更温和的解读。一方面,这种更温和的解读完全承认,《奠基》和第二批判中的某些文本,的确会给人以强烈的"感性-理性二元对立"的印象。同时,由于康德在这两部著作中尚未明确区分出高级欲求能力内部的"立法"和"执行"这两种功能,所以读者也很容易将自由意志过于简单地等同于善良意志,从而使恶的行为丧失自由的属性。然而另一方面,本书所采取的这种对康德更为温和的解读,同时也坚持《宗教》一书对于恶的成熟理解,并没有与《奠基》和第二批判形成任何尖锐的断裂,反倒是构成了对隐藏在这两部文本内部的某种更深层的可能性的进一步发展①。换句话说,若仅仅从字面上来考察,康德对恶的早期思考其实并不是完全确定的,反倒是向着不同的诠释方向开放的。根据这些并不完全确定的字面意思,康德的读者既有权将恶归咎于人的感性欲望,也有权将恶归咎于人的理性本

(接上页)"法则来自意志,准则来自任意。任意在人里面是一种自由的任意;仅仅与法则相关的意志,既不能被称为自由的,也不能被称为不自由的,因为它与行为无关,而是直接与行为准则立法(因而是实践理性本身)有关,因此也是绝对必然的,即便是不能够被强制的(auch schlechterdings notwendig, selbst keiner Nötigung fähig)。所以,只有任意才能够被称为自由的"(ibid., 6:226;《康德著作全集》第 6 卷,中国人民大学出版社 2007 年版,第 233 页)。

① 这派诠释最典型的代表之一当属亨利·艾利森。帕布洛·穆希尼克也持有类似的观点。参见 Allison, H. E., *Kant's Theory of Freedom*, New York: Cambridge University Press, 1990, pp. 146 - 161 和 Muchnik, P., *Kant's Theory of Evil: An Essay on the Dangers of Self-Love and the Apriority of History*, Totowa: Rowman & Littlefield, 2009.

性。然而,受到施密特的《一种道德哲学的尝试》一书的提醒和促动,康德本人后来反省并澄清了自己的立场,最终将恶定位在自由任意的行动之中。通过这种"自我反省"与"自我澄清",康德起初并不是完全确定的观点,也变得越来越确定起来,从而为他的读者排除了其中一种可能的诠释方向(亦即将恶归咎于人的感性本性的"柏拉图主义立场"),并肯定了另一种可能的诠释方向[亦即将恶归咎于人的 arbitrium liberum(自由任意)的"奥古斯丁主义立场"]。

现在,有了上面的分析作为预备,本书第一卷的首要任务,便是在《奠基》和第二批判中寻找那些包含着康德关于恶的观点的关键文本,从这些关键文本中重构出康德对于"恶是什么"的早期理解,并进一步证明康德并没有在《宗教》一书中彻底地更改立场,反而是更充分地发展了自己的早期思想,同时以更成熟的形式将其表达了出来。然而读者或许会惊奇地发现,本卷的论证并不会利用康德在第二批判中讨论实践理性之对象的文本(在这一文本中,康德明确地提到了恶与善并列为实践理性的两个必然对象)①,也不会涉及"关于善恶概念的自由范畴表"[在这个范畴表里,"允许的"(Erlaubt)和"禁止的"(Unerlaubt)这组概念,起码初

---

① "我把实践理性的对象的概念理解为一个作为因自由而有的可能结果的客体之表象。因此,是实践知识的一个对象本身,这只不过意味着意志与使这对象或者它的对立面成为现实所借助的那个行为的关系,而对某物是不是纯粹实践理性的一个对象的判断,则只不过是对愿意有这样一个行为的可能性和不可能性的辨别,借助这个行为,假如我们有这方面的能力(对此必须经由经验来判断),某个客体就会成为现实的……所以一个实践理性的唯一客体就是善和恶的客体。因为人们通过前者来理解欲求能力(Begehungsvermögens)的一个必然对象,通过后者来理解厌恶能力(Verabscheuungsvermögens)的一个必然对象"(KpV 5:57 - 58;《康德著作全集》第 5 卷,中国人民大学出版社 2007 年版,第 61—62 页)。

"善或者恶在任何时候都意味着与意志的一种关系,只要意志被理性法则规定,使得某种东西成为自己的客体;因为就像意志从不直接地被客体及其表象规定,而是一种使理性的规则(Regel)成为自己的一个行为的动因(Bewegursache)(通过它,一个客体就能够成为现实的)的能力一样。因此,善或者恶从本质上与行为相关,而不与个人的感觉状态(Empfindungszustand)相关,而且倘若某种东西绝对地(在一切意图中并且无须进一步的条件)是善的或者恶的,或者被认为是如此,那么,这样被称谓的就仅仅是行为的方式(Handlungsart),是意志的准则(Maxime des Willens),从而是作为善人或恶人的行动着的个人自己(die handelnde Person selbst),而不是一件事情(Sache)"(ibid., 5:60;《康德著作全集》第 5 卷,中国人民大学出版社 2007 年版,第 64—65 页)。"我们意愿(wollen)（转下页）

看上去是与恶直接相关的,详见 KpV 5:66 – 67]①。的确,上面提到的这两处文本完全契合《宗教》一书对恶的定义,然而可惜的是,由于它们并未直接触及该定义的核心要义[亦即在自由任意的两条基本"原则"之间进行选择,以确定它的"主观"根据,而不是在自由任意的两个"对象(客体)"之间进行选择],所以这两处文本也就并没有直接涉及康德早晚期对恶的思考的连续性②。实际上,就如读者即将看到的那样,本卷的分析所要选择的讨论对象,恰恰是那些初看上去仅仅隐秘地暗示了康德关于恶的观点,但经过一种新的诠释和重构之后,将证明自己和《宗教》中有关恶的讨论最为相关的文本,而这些文本包括:(1)普通人类理性的自然辩证法;(2)受经验限制的实践理性与纯粹实践理性之间的竞争关系——同时,这一竞争关系又可以被进一步分解为两者所包含的三对关键环节之间的冲突:亦即"幸福 VS 德性"(两种对象之争);"他律 VS 自律"(规定自由任意的两种作用机制之争);"自爱原则 VS 道德法则"(意志的两种最高规定根据之争)。此外,对于本卷分析来说最为关键的自爱概念,还将借助于(3)康德本人对于"自爱"和"自负"的区分而得到一种更为深入的考察。

鉴于对(1)(2)(3)这三大块文本的分析需要占用大量篇幅,所以第一章的讨论将仅仅处理自然辩证法、幸福与他律,整个第二章都将投入

(接上页)称为善的东西,必须在每一个理性的人的判断中都是欲求能力的一个对象,而恶则必须在每一个人的眼中都是厌恶的一个对象;因而要做出这种判断,除了感官之外还需要理性"(ibid. , 5:61)。

① 《康德著作全集》第 5 卷,中国人民大学出版社 2007 年版,第 70—72 页。

② 为了事先排除下述质疑,亦即本书忽视了康德在第二批判中对恶的直接讨论,作者需要提醒读者注意以下这一点:相较于康德创作第二批判的初衷,本书作者在写作这本拙作时具有和康德完全不同的目标,因此,哪怕是完全相同的文本也可能对她呈现出不同的意义和价值。的确,康德将善和恶当作纯粹实践理性的两个必然客体的讨论,在纯粹实践理性的分析论中扮演着极其重要的角色,然而对于本书的论证目的而言,这些讨论却无法为关于道德之恶的考察提供关键的线索,因此只具有某种边缘性的意义。这是因为,在康德关于道德恶的理论中,善与恶的差异最终存在于主体的最高准则之中,存在于自由任意对道德法则和自爱原则进行排序的行动之中,或者说存在于自由任意的终极主观规定根据之中——而相较于这个在主体一侧的首要区分,善与恶作为实践理性之客体的区分仅仅是第二位的。

对自爱和自负的概念,以及这两个概念与《宗教》中的自爱原则之深层关系的讨论。通过第一章和第二章的工作,康德在《奠基》和第二批判中关于恶的早期观点将被重构出来。在此基础上,第三章将转向《宗教》一书对恶的成熟理解,讨论康德在那里对恶的成熟定义(亦即颠倒自爱和道德的次序)的终极含义,以及康德对"机械性的自爱"和"比较性的自爱"这两种自爱形态的重要区分。现在,作为所有这些讨论的起点,就请读者随作者一道来看一看,《奠基》一书中关于位于普通人类理性之中的自然辩证法的分析。

第一节　自然辩证法

在《奠基》第一章的结尾,康德提到了一种自然的辩证法,这种辩证法是在"实践上的普通理性教化自己的时候,在它里面不知不觉地产生出来"的,从而迫使普通理性不得不"求助于哲学"(GMS 4:405)①:

> 人在自身中,感觉到一种强大的抵制力量,来反对理性向他表现得如此值得高度敬重的义务的所有诫命;这种感觉就在于其需要(Bedürfnissen)和偏好,他把这些需要和偏好的全部满足统统归摄在幸福的名下。如今,理性不对偏好有所许诺,毫不容情地,因而仿佛是以拒绝和无视那些激烈且显得如此合理的要求来颁布自己的规范(Vorschriften)。但由此就产生出一种自然的辩证法(natürliche Dialektik),也就是说,产生出一种倾向(Hang),即以玄想(vernünfteln)来反对义务的那些严格的法则,怀疑它们的有效性(Gültigkeit),至少是怀疑它们的纯粹性(Reinigkeit)和严格性(Strenge),并尽可能使它们更为顺应我们的愿望和偏好,亦即在根本上败坏它们,使其丧失一切尊严;这样的事情,甚至普通的实践理性归根结底也不可能称作好事。

---

① 《康德著作全集》第4卷,中国人民大学出版社2005年版,第412页。

因此,普通的人类理性(gemeine Menschenvernunft)并不是由于任何一种思辨的需要(它只要满足于仅仅是健康的理性,这种需要就不会触及它),而是甚至出自实践的根据,才被迫走出自己的范围,一步跨入一种实践哲学的领域,以便在那里为了它的原则的源泉,以及为了对这一原则(与基于需要和偏好的准则相对立)的正确规定获得说明(Erkundigung)和明晰的指示(Anweisung),以便使自己脱离由于这两方面的要求而陷入的困境,并不再冒(这样的)危险,即通过它很容易陷入的暧昧(Zweideutigkeit)而被剥夺一切真正的道德原理(GMS 4:405)[1]。

在这段引文中,源于义务的要求和源于需求和偏好的要求之间的竞争,很容易让读者想起理性与感性的二元对立。但是经过更仔细的考察读者必然会发现,引文中提到的对义务的强大抵制力量,严格地说并不来自需求或偏好自身,而是来自以幸福之名来满足它们的欲望。就如下文即将展现的那样,幸福在康德的理解中其实是一个经验性的理念。就其"质料"而言,幸福的确是以感性欲望为基础的。但就其"形式"而言,幸福却是由实践理性和想象力为了实用的目的而建构出来的。这意味着,幸福理念的建构必然包含着理性的运用,因而不可能被简单地还原成仅仅作为幸福之质料基底的感性需求和偏好自身。

更为重要的是,上述引文中的一些关键术语,例如"玄想"(vernünfteln)[2]、"怀疑"(in Zweifel ziehen)、"普通的实践理性"(die gemeine praktsiche Vernunft)、"基于需要和偏好的准则"(den Maximen, die sich auf Bedürfnis und Neigung fußen)、"两方面的要求"(beiderseitiger Ansprüche),都暗示着康德在这里所谈到的竞争,并非发

[1] 《康德著作全集》第4卷,中国人民大学出版社2005年版,第412页。
[2] 剑桥英译本选用的rationalize并不是对德文vernünfteln的准确翻译,后者的字面意思是(包含贬义的)"去推理(to reason)"[在此要感谢本书作者的博士答辩评委海宁·泰克特迈耶(Henning Tegtmeyer)教授的提醒]。

生在人的理性本性和感性本性之间,而是发生在实践理性的两种运用之间。实践理性的两种运用,在关于谁才应当给出意志的最高规定根据这一问题上爆发了激烈的竞争,这种竞争其实是一种发生在理性内部的理性与自身的冲突。更具体地说,康德在这里所谈到的自然辩证法,即一种以玄想来反对义务的严格法则的倾向,首先指的是纯粹实践理性和受经验限制的实践理性之间的竞争。一方面,纯粹实践理性订立了道德法则,并且命令人去遵循义务;另一方面,受经验限制的实践理性则照顾着人的需求和偏好,并且把幸福确立为人的终极目的。在这两者关于谁才应当给出意志的最高规定根据的激烈竞争中,受经验限定,仅仅遵循着"技术性-实用性运用"(technical-pragmatic use)的实践理性,又展现出了一种试图挣脱订立了道德法则的纯粹实践理性的限制的危险倾向。

若从康德的字面意思上看,《奠基》一书中的自然辩证法似乎与《宗教》一书中的趋恶倾向有着某些类似之处。首先,就两者在人性中所处的"位置"来看,自然辩证法潜藏在实践理性的两种运用可能爆发的冲突当中,而趋恶倾向则是由自由任意做出的一个"理知性的行动"(intelligibele Tat)(RGV 6:31)①。鉴于自由任意其实是高级欲求能力中的执行功能,因此它也可以被视为属于广义的实践理性(而与此相对地,狭义的实践理性则仅仅指负责立法的意志)。其次,就自然辩证法与趋恶倾向的"本质属性"来看,自然辩证法试图颠倒幸福和义务之间的次序,而趋恶倾向则试图颠倒自爱原则和道德法则之间的次序(ibid., 6:36)②。鉴于道德法则要求人去遵循义务,而自爱原则却将人引向对于幸福的追求,因此《宗教》中的趋恶倾向和《奠基》中的自然的辩证法,似乎

---

① 《康德著作全集》第 6 卷,中国人民大学出版社 2007 年版,第 30—31 页。
② 《康德著作全集》第 6 卷,中国人民大学出版社 2007 年版,第 35—36 页。

只是从两种不同的角度来描述同一个对象而已①。

　　然而,尽管自然辩证法与趋恶倾向的确具有上述两点相似,但它们两者却绝不能被轻易地等同起来。实际上,如果考虑到康德在《奠基》一书中所采用的方法论,那么上述这种等同其实是极其成问题的。就如《道德形而上学的奠基》(*Grundlegung zur Metaphysik der Sitten*)这本书的标题所暗示的那样,康德在全书三大部分的论证其实采取了一种回溯式的形态。首先,康德通过分析"道德"(*die Sitten*,即普通的道德理性知识)而抵达了"道德形而上学"(die Metaphysik der Sitten,即对道德原理的哲学反思)。其次,康德又通过规定"道德形而上学"的最终根据[*Grundlegung*(奠基),即对实践理性的批判]而给这种"道德形而上学"提供了一种辩护或者说"证成"(justification)。而在这种回溯式论证的每一步里面,意念的"形式"(亦即理性原则)都与意志的"质料"(亦即质料意义上的对象)被康德"批判性地区分开"来了(critically distinguished),直到道德的至高原则最终得到了确定和证成为止。总之,考虑到康德所采取的上述方法论,自然辩证法其实只能被归于他不断重复地区分"形式"和"质料"的这一回溯式论证的初始阶段。或者更确切地说,这种自然辩证法仅仅属于普通的道德理性知识,这种知识依旧需要接受进一步的哲学反思。

　　简言之,由于自然辩证法在《奠基》一书的整体论证中,仅仅处于一种初始性的位置,所以,尽管康德对自然辩证法的描述和他对趋恶倾向的描述之间,确实存在着相当程度的相似性,但相较于后者而言,前者所

---

① 此外,自然辩证法和趋恶倾向还具有第三个相似点,亦即它们各自都拥有三重表达。趋恶倾向在三个层次上展现了自身:(1)"脆弱"(Gebrechlichkeit/fragilitas),即遵循道德法则时力量的软弱;(2)"不纯正"(Unlauterkeit/impuritas),即在准则中混淆道德动机和非道德动机;(3)"恶劣"(Verkehrtheit/perversitas),即颠倒道德动机和非道德动机的次序(*RGV* 6:29 - 30;《康德著作全集》第 6 卷,中国人民大学出版社 2007 年版,第 28—29 页)。有趣的是,在自然的辩证里面同样存在着对道德法则的三重偏离:(1)对法则的"严格性"(Strenge)的偏离,即不愿在所有情况下普遍地遵循法则(类似于"脆弱");(2)对法则的"纯正性"(Reinigkeit)的放弃,即混淆不同的动机(类似于"不纯正");(3)对法则的"尊严"(Würde)的威胁,即令自爱原则取代道德法则的至高权威(类似于"恶劣")。

具有的论证效力依然是非常受局限的①。然而幸运的是,本章的讨论并不需要证明自然辩证法和趋恶倾向是完全相同的东西,而仅仅需要证明一个较弱的命题,亦即需要证明康德在《宗教》一书里对恶的成熟理解中的某些本质要素,已经出现在了《奠基》当中。很显然,康德本人对于自然辩证法的论述,完全有资格为这个较弱的命题提供充分的文本支持,而这是因为(就如上文已经展示过的那样)当康德在讨论自然的辩证法的时候,他其实已经窥见了实践理性内部的冲突,并且暗示了这一冲突可能败坏一个人的道德性思维,到了《宗教》一书中,这种冲突又被康德更为清楚地表达为自爱原则对于道德法则的抵抗。

第二节　幸福的经验理念

就如前文已经指出的那样,恶的本质存在于颠倒纯粹实践理性和受经验限制的实践理性之间的次序里面。在《宗教》一书对恶的成熟定义中,恶的这种本质被极为清楚地表述为自由任意对实践理性的上述两种运用所分别依据的两条基本原则的颠倒,亦即自由任意将自爱原则置于了道德法则之上。但在《奠基》所描述的自然辩证法中,恶的这种本质仅仅得到了某些简单的暗示,因而需要读者仔细地分辨。这一节将暂时放下对自然辩证法的讨论,转而从《奠基》和第二批判的其他关键文本中,将纯粹实践理性和受经验限制的实践理性之间的冲突重构出来。这种冲突可以被初步地分析为三对环节,亦即:(1)幸福 VS 德性;(2)他律 VS 自律;(3)自爱(自负)VS 道德法则。在这三对环节中,幸福和德性是受经验限制的实践理性和纯粹实践所分别指向的对象,他律和自律是实践理性的这两种运用所分别借以规定自由任意的方式,而自爱(自负)

---

① 趋恶倾向和自然辩证法之间的相似性绝对不应当被过分地高估。《奠基》的方法论赋予了自然辩证法以一种完全不同于《宗教》中的趋恶倾向的角色和地位,从而为关于两者的类比划定了严格的限度。本节仅仅想要论证的是,尽管这两个概念在不同语境下承担的功能不同,趋恶倾向包含的一些核心要素,已经出现在康德对自然辩证法的描述中了。

和道德法则是实践理性的这两种运用规定自由任意时所分别依据的原则。简单地说,受经验限制的实践理性和纯粹实践理性各自所拥有的核心环节之间的对应关系,可以用下图来表示:

	规定自由任意的方式	规定自由任意所依据的原则	自由任意所指向的对象
受经验限制的实践理性	他律	自爱原则	幸福
纯粹实践理性	自律	道德法则	德性

在这里必须注意的是,纯粹实践理性和受经验限制的实践理性之间并不是一种相互敌对的关系。因为毕竟,由于人仅仅是有限的理性存在者,人的实践理性天然地就肩负着一个不可推卸的责任,这个责任就是照顾好他的需求和偏好①。所以从这个意义上说,他律作为规定自由任意的一种方式,就必然地属于人性的一部分。事实上,由于人原初地就拥有动物性禀赋、人性禀赋和人格性禀赋,所以他也就自然而然地将自爱的诉求和道德的诉求一同纳入行为准则之中②。而这意味着,就像所有无法自给自足的有限理性存在者一样,幸福构成了一个人主观上必然会去追求的对象③。

---

① "就人属于感官世界而言,他是一个有需要的存在者,而且就此而言,即他的理性当然从来自感性方面就有了一个不可拒绝的使命,即照顾感性的利益,并为了此生的幸福(如果可能的话也为了来生的幸福)而给自己制定实践准则"(*KpV* 5:61;《康德著作全集》第 5 卷,中国人民大学出版社 2007 年版,第 66 页)。

② "无论以什么样的准则,人(即使是最邪恶的人)都不会以仿佛叛逆的方式(宣布不再服从)来放弃道德法则。毋宁说,道德法则是借助于人的道德禀赋,不可抗拒地强加给人的……不过,人由于同样无辜的自然禀赋,毕竟也依赖于感性的动机,并把它们(根据自爱的主观原则)也纳入自己的准则"(*RGV* 6:36;《康德著作全集》第 6 卷,中国人民大学出版社 2007 年版,第 35—36 页)。

③ "尽管如此,有一个目的,人们在一切理性存在者(就命令式适用于它们,亦即有依赖的存在者而言)那里都可以把它预设为现实的,因而有一个意图,理性存在者绝不是仅仅可能怀有它,而是人们能够有把握地预设,理性存在者全都按照一种自然必然性怀有它,这就是对幸福的意图"(*GMS* 4:415;《康德著作全集》第 4 卷,中国人民大学出版社 2005 年版,第 423 页)。

"成为幸福的,这必然是每一个有理性但却有限的存在者的要求,因而也是他的欲求能力的一个不可避免的规定根据。因为他对自己的整个存在的满意绝不是一种源始的财产(ursprünglicher Besitz),不是以他的独立自主性的意识为前提条件的永福(Seligkeit),而是一个由他的有限本性本身强加给他的问题,因而他有需要,而且这种需要涉及他的欲求能力的质料,亦即与一种主观上作为基础的愉快或者不快的情感相关的东西,通过它,他为了对自己的状态感到满意而需要的东西就得到了规定"(*KpV* 5:25;《康德著作全集》第 5 卷,中国人民大学出版社 2007 年版,第 26 页)。

换言之,若仅仅就其自身来说,以"明智性的-技术性的"(prudential-technical)方式来运作的、受到经验限制的实践理性,绝不应当被简单粗暴地判定为是恶的。因此,实践理性的两种运用之间,其实应当更准确地被表述为一种"被限制"(being limited)和"限制"(limiting)的关系。依照恰当的道德次序,指向道德目标的纯粹实践理性,应当无条件地限制指向明智性的-技术性的目标的、受到经验限制的实践理性。如果一个人对幸福的追求严格地遵循着道德法则给它设置的无条件限制,那么这种被自爱原则"他律地"规定着的追求,不仅将在道德上是完全可以被允许的,而且还应当被接纳进至善当中,而至善恰恰又是实践理性最为完满的终极目标(*KpV* 5:110 - 119;*GTP* 8:280n;*RGV* 6:3 - 6)①。然而就如下文将要展示的那样,如果一个人对幸福的追求拒绝接受来自道德法则的无条件限制,那么这种追求不仅按照与道德的"形式性关系"(formal relation)来看将会是恶的,而且幸福就其自身的"质料性内容"(material content)而言也必然会走向败坏。而现在,在上述这段简短的介绍之后,就请读者随作者一道,一起来看一看幸福、他律和自爱(自负),亦即受到经验限制的实践理性的这三重环节。

在《奠基》和第二批判里,康德本人至少给出了两种对于幸福(Glückseligkeit)的定义。第一种定义把幸福规定为一种长久地延续的状态,或者说是对于自己整个存在的持续的满意:

> 全部福祉以及对自己状况的满意(das ganze Wohlbefinden und Zufriedenheit mit seinem Zustande)(*GMS* 4:393)②。

一个有理性的存在者对于不断地伴随着他的整个存在的那种生活惬意的意识(das Bewußtsein eines vernünftigen Wesens von

---

① 《康德著作全集》第5卷,中国人民大学出版社2007年版,第117—127页;《康德著作全集》第8卷,中国人民大学出版社2010年版,第282—283页;《康德著作全集》第6卷,中国人民大学出版社2007年版,第4—8页。
② 《康德著作全集》第4卷,中国人民大学出版社2005年版,第400页。

der Annehmlichkeit des Lebens，die ununterbrochen sein ganzes Dasein begleitet)，就是幸福(KpV 5：22)①。

另一方面，根据康德对幸福的第二种定义，幸福又被描述为一种不确定的理念，这一理念表达了主体对于所有欲望之系统性整体的满足：

> 幸福是尘世中一个理性存在者的状态，对这个理性存在者来说，就他的实存的整体而言一切都按照愿望和意志进行(dem es，im Ganzen seiner Existenz，alles nach Wunsch und Willen geht)，因而(幸福)是基于自然与他的整个目的，此外与他的意志的本质性规定根据的协调一致(Übereinstimmung der Natur zu seinem ganzen Zwecke，imgleichen zum wesentlichen Bestimmungsgrunde seines Willens)(KpV 5：124)②。

> 即便在这里不考虑义务，一切人都已经出于自身而对幸福具有最强有力和最深切的偏好(die mächtigste und innigste Neigung)，因为正是在这个理念中，一切偏好都结合成为一个总和。只不过，幸福的规范(Vorschrift)大多是这样构成的，即它对一些偏好大有损害，而关于在幸福的名称下一切偏好的总和，人毕竟不能形成一个确定的和可靠的概念(GMS 4：399)③。

> 幸福的概念是一个如此不确定的概念，以至于每一个人尽管都期望得到幸福，却永远不能确定且一贯地说出，他所期望和意欲的究竟是什么。原因在于：属于幸福概念的一切要素都是经验性的，也就是说都必须借自经验，尽管如此幸福的理念(Idee)仍然需要一个绝对的整体，即在我当前的状况和每一个未来的状况中福祉(Wohlbefindens)的最大值。如今，最有洞察力同时最有能力(但毕

---

① 《康德著作全集》第5卷，中国人民大学出版社2007年版，第23页。
② 《康德著作全集》第5卷，中国人民大学出版社2007年版，第132页。
③ 《康德著作全集》第4卷，中国人民大学出版社2005年版，第406页。

竟有限)的存在者,不可能对他在这里真正说来所意欲的东西形成一个确定的概念……简而言之,他无法根据任何一条原理(Grundsatze)完全确定地规定,什么东西将使他真的幸福,因为要做到这一点,就要求无所不知(Allwissenheit)。因此,人们不能按照确定的诸原则行动来成为幸福的,而只能按照经验性的建议(empirischen Ratschlägen)行动……据经验的教导,它们通常最为促进福祉……因为幸福不是理性的理想(Ideal der Vernunft),而是想象力的理想,这个理想仅仅依据经验性的根据,人们徒劳地期待这些根据会规定一个行为,由此会达到一个事实上无限的结果序列的全体(GMS 4:418 – 419)①。

很明显,康德对幸福的第一种定义是比较初级的,主要涉及快乐的感觉,也仅仅指向一种持续的满足状态。相反,康德对幸福的第二定义则比较复杂,不仅涉及快乐的感觉,还涉及感性欲望、(再生性的)想象力,以及受经验限制的实践理性,并最终指向了一个对全部(或者更准确地说,对大部分)欲望所构成的系统性整体之满足的理念②。就如丹尼尔·奥康诺(Daniel O'Connor)指出的那样,这两种幸福之间的关系可以被概括如下:第一种仅仅被有限理性存在者"被动地感受到"的幸福,为第二种被他们"主动地建构出来"的幸福提供了判别的标准③,因为,唯有通过快乐的感觉,一个人才能察觉到自己的欲望是否得到了满足,进而

---

① 《康德著作全集》第 4 卷,中国人民大学出版社 2005 年版,第 425—426 页。

② 本节对两种幸福的区分,与赫伯特·J. 帕顿(Herbert. J. Paton)对"持续的快乐"(continuous pleasure)和"所有偏好的整体"(totality of all inclinations)的区分是大体一致的。参见 Paton, H. J., *The Categorical Imperative: A Study in Kant's Moral Philosophy*, London: Hutchinson's University Press, 1967, pp. 85 – 87.

③ "第二种观点是康德对幸福的'操作定义'(working definition),也是他最常用的定义。但另一方面,快乐的感觉是幸福的标准。如果我没有经历快适感的增加,我就无法相信在整合自己的目的(这件事)上有所前进"(O'Connor, D., "Kant's Conception of Happiness," *The Journal of Value Inquiry* 16:189, 1982)。

判定自己是否幸福①。然而严格地说，人仅仅能够"希望去获得"第一种意义上的幸福（亦即一种他被动地感受到满足的持续状态），却可以"努力去寻求"第二种意义上的幸福（亦即一种由他主动地去促成的、对自身大部分欲望的满足）②。所以，只有第二种意义上的幸福才能在真正的意义上，被称为是受经验限制的实践理性的恰当对象，而对这种幸福的建构，则是通过如下方式完成的③。

作为一个不确定的理念，第二种意义上的幸福是感觉、欲望、再生性

① 然而，就如劳拉·帕比什的分析所显示的那样，除了获得和增进感性的快乐之外，避免和减少感性的痛苦对于幸福也同样可以是构成性的。因此受幸福这一目标驱使的人，完全能够以一种消极懦弱、明哲保身的姿态出现，例如阿伦特笔下兢兢业业地执行元首命令的艾希曼。参见 Papish, L., *Kant on Evil, Self-Deception, and Moral Reform*, New York: Oxford University Press, 2018, pp. 29 - 33。

此外，关于快乐和痛苦在规定人的欲望上所起的作用，亦即康德的观点是否可以被归于"享乐主义"(hedonism)的大范畴下，这个更为一般性的问题，也一直是学界争论的热点。根据安德鲁斯·瑞斯(Andrews Reath)的经典解读，对他律的意志而言，快乐仅仅参与了欲望的最初形成，却未必是欲望指向的目标，也未必在意志的后续规定中发挥作用。然而，这一经典解读渐渐受到了更忠实于康德文本的研究者们的挑战。萨姆尔·科尔斯坦(Samuel Kerstein)、安德鲁·强森(Andrew Johnson)、芭芭拉·赫尔曼(Barbara Herman)指出，快乐在康德笔下扮演着一个更为关键的角色，因为不仅快乐的产生和欲望的唤起始终是同一回事，而且他律的意志也唯有通过对未来快乐的预期才能够被规定。参见 Reath, A., "Hedonism, Heteronomy, and Kant's Principle of Happiness," *Pacific Philosophical Quarterly* 70(1): 42 - 72, 1989; Kerstein, S. J., *Kant's Search for the Supreme Principle of Morality*, Cambridge: Cambridge University Press, 2002, pp. 26 - 29; Johnson, A., "Kant's Empirical Hedonism", *Pacific Philosophical Quarterly* 86: 50 - 63, 2005; Herman, B., *Moral Literacy*, Cambridge, MA: Harvard University Press, 2008. 此外，对这一论战的新近总结，可以参见 Papish, L., *Kant on Evil, Self-Deception, and Moral Reform*, New York: Oxford University Press, 2018, pp. 11 - 14。

② 奥康诺还区分了康德式的幸福中"被动"和"主动"的方面："因此尽管康德只有一个关于幸福的定义（对被体验为快乐的主观目标之和谐的整合），但康德也常常区分出'从自然的慷慨中而被动地获得'的享受，和'通过我们双手的劳动而主动地获得'的享受。我们可以把这两种享受分别称为'运气的幸福'(happiness of fortune)和'成就的幸福'(happiness of achievement)"(O'Connor, D., "Kant's Conception of Happiness," *The Journal of Value Inquiry* 16: 189 - 190, 1982)。

③ 艾伦·伍德称幸福最好"作为属于明智的理性的一种特别的先天原则、规范性地(normatively)来被理解……理性存在者必然形成它的幸福理念，并使幸福成为一个目的——这件事属于理性的本质"(Wood, A. W., *Kant's Ethical Thought*, New York: Cambridge University Press, 1999, p. 66)。尽管在用词和描述方式上有所不同，但本节对自爱原则的解读与伍德对幸福的解读基本上是相同的。

的想象力，以及受到经验限制的实践理性的共同产物。在这些心灵功能的相互协作之中，感觉快乐和不快的能力和低级欲求能力，首先向人提示了各种可能的欲求对象，获得这些对象可以带来感性偏好的满足，因此这些对象可以被看成是建构幸福这一经验理念所需要依靠的质料基底。在这些质料基底之上，再生性的想象力又将这些对象所拥有的"时间性"（temporality），进一步地从"当下"扩展到了"过去"和"未来"：一方面，再生性的想象力唤醒了对过去的快乐和不快的经验（这些经验不仅可以源于主体自己，也可以从他人借鉴而来），从而为主体提示出了合适的欲求对象；另一方面，再生性的想象力也让心灵的目光投向未来，由此向主体提示出根据先前的经验而在未来可能引起快乐的其他对象。

另外，除了感觉、欲望和再生性的想象力，幸福理念的建构也同样离不开知性以及受经验限制的实践理性。受经验限制的实践理性所依赖的手段-目的之间的"技术性关系"，实际上预设了由知性所确立的原因-结果之间的"认知性关系"。从逻辑顺序上看，这种原因-结果关系必须首先由知性给出，然后才能在受经验限制的实践理性这里被转化为手段-目的关系。此外，在人类社会中，对无论什么目的最为有用的手段，无疑是我们自己的人类同胞，因此，正如理性的"明智性运用"可以被视为理性的"技术性运用"的一个特殊分支那样，"明智"（Klugheit）作为"熟巧"（Geschicklichkeit，即技巧性、技术性）的一个变种，其首要含义就是"一个人影响他人、为自己的意图而利用他人的熟巧（die Geschicklichkeit eines Menschen, auf andere Einfluß zu haben, um sie zu seinen Absichten zu gebrauchen)"（GMS 4:416n)①。

然而除了上述这第一重含义，"明智"这个词还有第二重含义，而那就是"为了自己的持久利益而把所有这些意图统一起来的洞见"（Die Einsicht, alle diese Absichten zu einem eigenen daurenden Vorteil zu

---

① 《康德著作全集》第 4 卷，中国人民大学出版社 2005 年版，第 423 页。

vereinigen)(ibid.，4:416n)[1]。很明显，明智的这第二重含义指的是将人一生中的各种欲望统合成一个系统性的整体，而对这个整体的满足，恰恰就是幸福的经验性理念所指向的目标。因此，为了追求幸福，受经验限制的实践理性就必须在其明智性的运用之中，根据一个整体性的理念来评估不同的欲望，寻找满足这些欲望的手段，并且在必要的时候，放弃或者压制某些可能对这一系统性整体造成危害的欲望。显然，上述这个复杂的任务，并不能被简单地还原为对于目的-手段关系的算计，所以明智的第二重含义，也就不能被简单地还原为一种单纯的熟巧——因为毕竟，明智除了需要算计目的-手段的关系之外，还需要进行一种更为复杂的谋划，包括对欲望的评估、排序、系统化，甚至是放弃和压制。然而在这里非常不幸的是，就像康德本人所直白地表明的那样，当涉及个人幸福问题时，任何人都"无法根据任何一条原理完全确定地规定，什么东西将使他真的幸福，因为要做到这一点，就要求无所不知。因此，人们不能按照确定的诸原则行动来成为幸福的，而只能按照经验性的建议行动"(ibid.，4:418)[2]。

在本节的最后还需要补充说明的是，尽管康德本人并未在《奠基》和第二批判中明确地表达出下述观点，但他提出的幸福的理念不仅包含着某个人对他一生之中绝大部分欲望的系统性满足，同时也包含着一个与其他人相互比较的维度。换言之，康德意义上的个人幸福，绝不是仅仅由一个封闭的主体独立地规定的，而总是同时在一个主体间的维度里，通过一个人与他人的关系而得到规定的。实际上，在《宗教》一书对人性禀赋的讨论中，康德这样告诉他的读者们："只有(nur)与其他人相比较，(我们)才断定自己是幸福的还是不幸的"。幸福的这一比较性维度，与一个人"在其他人的看法中获得一种价值"的偏好自然地联系在一起，从这种偏好里，可以产生出"为自己谋求对他人的优势"的"不正当的欲求"

---

① 《康德著作全集》第4卷，中国人民大学出版社2005年版，第423页。
② 《康德著作全集》第4卷，中国人民大学出版社2005年版，第426页。

(ungerechte Begierde)，以及妒忌（Eifersucht）、竞争（Nebenbuhlerei）这些现象。而在妒忌与竞争的现象之上，各种文化性的恶习（Laster der Kultur）又可以被进一步地嫁接上来（RGV 6：27）①。然而同样需要注意的是，尽管康德在《宗教》一书中明确地强调了幸福中的比较性维度所具有的危险，但读者依旧应该记住以下这点——若仅仅就其自身而言，幸福只是一切有限理性存在者主观上必然追求的目标，因此在道德意义上绝对不是恶的。而读者即将在下一节看到，同样的道德判断也适用于他律，亦即适用于与幸福这一目标相匹配的某种规定自由任意的方式。现在，在完成对于幸福概念的考察之后，下一节的讨论将转向他律概念，也就是受到经验限制的实践理性的第二个核心环节。

第三节　他律②

在《奠基》和第二批判这两本著作中，康德以如下方式描述了与自律相对的他律：

---

① 《康德著作全集》第 6 卷，中国人民大学出版社 2007 年版，第 26 页。
② 从希腊文词源上看，auto -意味着"自己"（在康德的文本中指一个人的理性自我，或者更简单地说，指一个人的纯粹实践理性），hetero -意味着"他者"（在康德的文本中指外在于理性的东西，或者更准确地说，指一个人的感性以及那种受到感性影响，因而被经验限制的实践理性），而- nomy 是从希腊词 nomos（规则或习俗）演化而来的。

　　自律和他律在这里可以按照两种方式来理解。首先，从自由任意所欲求的"对象"来看，他律意味着对象是从一个人的纯粹实践理性之外被给予他的（换言之，这些对象都是由经验给出的，因而仅仅是一些质料性的对象），而自律则意味着对象是由一个人的纯粹实践理性自身来给予的（这样的对象就是善和恶，亦即源于纯粹意志自身的两个形式性的对象）。其次，从自由任意的"规定原则"来看，自律意味着该规定原则由一个人的纯粹实践理性自身给出（这条原则也就是道德法则），而他律则意味着该规定原则由人受到感性影响、被经验限制的不纯粹的实践理性给出（这条原则也就是自爱原则）。

　　然而，对自律和他律的第一种解释，与对两者的第二种解释之间，存在着一种内在的联系。这是因为：一方面，作为意志之形式性对象的善与恶，都是先天地由道德法则来规定的；另一方面，自爱原则是借助于由经验后天给予的、质料性的对象来规定意志的。就如下文马上要展示的那样，在康德对他律的描述中，同时包含着以上两种对他律的理解。此外为了避免不必要的误解，读者可以在阅读康德的文本时，将自律和他律理解为一对副词，亦即"自律地"（autonomous-ly）或者"他律地"（heteronomous-ly）（来规定自由任意）。

如果意志在它的准则与它自己的普遍立法的适宜性之外的某个地方,从而如果意志——由于它走出自身——在它的某个客体的性状中寻找应当规定它的法则时,那么在任何时候都将出现他律(Heteronomie)。在这种情况下,就不是意志为它自己立法,而是客体通过其与意志的关系为意志立法。这种关系无论是基于偏好,还是基于理性的表象(Vorstellungen der Vernunft),都只能使假言命令(hypothetische Imperative)成为可能:我之所以应当做某事,乃是因为我想要(will)某种别的东西(GMS 4:441)①。

很明显,与自律相反,他律将意志的规定根据置于了意志的"质料",而不是意志的普遍立法"形式"之中。换言之,意志的规定根据被置于了那些后天被给定的就质料而言的对象里面。然而,鉴于意志会欲求这个或者那个对象仅仅是一件偶然的事,完全依赖于某一个主体或者某一类主体的主观条件,因此他律也就完全无法从自身之中给出适用于一切理性存在者的普遍法则,从而根本没有资格为道德进行奠基②。实际上,在大多数情况下,他律作为规定意志的一种方式,仅仅指向了个人幸福这一目的,亦即指向了一切有限理性存在者主观上必然会去追求的目标。然而,他律概念的"所指",其实要远远地大于个人幸福概念(亦即所有偏好的系统性满足)的"所指"。就如康德在上述引文中所指出的那样,他律不仅能够通过偏好发生,而且也能够通过理性的表象发生。于是这里的问题就是:后一种看似违反我们直觉的情况(亦即他律通过理性表象而发生),究竟应当如何被理解,又究竟是如何可能的呢?

为了回答这个问题,此处首先需要深入地考察一下,他律作为一种给行为立法的方式,其本质特征究竟是什么。首先,在他律里面,意志得

---

① 《康德著作全集》第 4 卷,中国人民大学出版社 2005 年版,第 449 页。

② "实践规则的一切质料所依据的永远是主观的条件,这些条件使实践规则获得的不是对有理性的存在者的普遍性(Allgemeinheit für vernünftige Wesen),而仅仅是有条件的(bedingte)普遍性(在我欲求这个或那个事物的情况下,我必须做些什么,以使它成为现实),而且它们全都围绕着自身幸福的原则转"(KpV 5:34;《康德著作全集》第 5 卷,中国人民大学出版社 2007 年版,第 37 页)。

以被某种原则所推动,或者更确切地说,某种原则对意志具有约束力这件事,完全是以"主体欲求某个对象"为前提的,同时这一前提的成立又完全是偶然的。进一步地,"主体欲求某一对象"这一前提所具有的偶然性,又深深植根于各种各样的主观条件之中,这些主观条件既可能包括主体之外的诸因素(比如他所身处的环境和习俗传统,他所接受的教育等等),也可能包括主体之内的诸因素(比如他所拥有的感觉、认知、欲望等等)。最后,根据康德的以下文本"一个因我们的力量而可能的客体的表象,所应当根据主体的自然性状(nach der Naturbeschaffenheit des Subjekts)施加给它的意志的推动",可以说上述所有那些或是外在于主体、或是内在于主体的因素,为了能够对主体的行为起到现实的推动作用,都必须借助于主体的自然性状。换言之,它们对主体产生的推动力量,都必须最终能够被追溯回"属于这个主体的本性(Natur des Subjekts),不管是属于(他的)感性(Sinnlichkeit)[偏好和趣味(Geschmacks)]的本性,还是属于(他的)知性(Verstandes)和理性的本性,它们按照自己的本性的特殊结构(besonderen Einrichtung ihrer Natur),都是伴随着满意(Wohlgefallen)而施加于一个客体的"(GMS 4:444)①。

上文提到的主体所拥有的特殊自然性状,究竟是属于他的感性本性,还是属于他的理性本性(后者包括狭义的知性和狭义的理性)——这一区别其实并不重要。因为,这两种本性都可能通过同一种方式(亦即通过唤起感性快乐或不快的方式)而导致他律。换句话说,尽管他律所基于的"质料根据"(也就是主体所欲求的对象)可能在不同的情况下存在着巨大的差异,但他律所遵循的"作用机制"却在各种情况下都保持着同一。也就是说,在他律这里,总是欲求的客体通过快乐或不快的情感来影响一个人的低级欲求能力,由此规定着他的意志去遵从某条实践原则。以这种方式,读者也就可以很容易地理解,为什么他律既能够通过

---

① 《康德著作全集》第 4 卷,中国人民大学出版社 2005 年版,第 452—453 页。

偏好而发生,也能够通过理性的表象而发生。

然而,上述对他律的阐释其实依然过于简单,依旧不够完整。这是因为,如果他律仅仅是通过快乐或不快的情感经由人的低级欲求能力而发生的,那么他律的主体亦将完全被降低到动物的层次,从而彻底丧失自身的自由,以及以那种自由为前提的道德责任。事实上,他律和自律一样,也必然涉及主体自由采取的准则,因而同样涉及主体按照理性表象来行动的高级欲求能力。就如康德对"动物性的任意"(arbitrium brutum)和"自由的任意"(arbitrium liberum)的区分所显示的那样,他律的主体绝不是被感性冲动直接地强制着(nötigt)(A534/B562)[1]去行动的。相反,他律的主体是自愿使自己屈服于感性冲动的影响,从而使感性冲动所指向的对象成为自由任意的规定根据的。更具体地说,在他律这里,高级欲求能力借助于一条由它自己自由地采取的、要求自己屈服于感性欲望的行为准则,自由地使自己被低级欲求能力所决定。因此,正是由于行为的"准则"(Maxime)——这一被主体自由地建立起来的"中介"(mediation),或者更准确地说,是"自我中介"(self-mediation)——的存在,尽管他律的主体在现实之中的确感受到了情感和偏好的捆绑作用,他的先验自由和道德责任也得以被完好无损地保存下来。

综上所述,他律的本质并不在于"欲求客体的多样性",而在于影响自由任意的某种"单一的作用机制"。通过这种单一的作用机制,从质料上看多种多样的客体也就全都通过快乐或不快的情感——这唯一的一种方式来推动意志去行动。因此从这个意义上说,他律概念的"所指"固然可以包括作为全部欲望之系统性满足的个人幸福,但这一"所指"却并不仅仅局限在个人幸福的概念当中。实际上,在《奠基》和第二批判里,康德曾经两次将四类初看起来截然不同的原则,统统归在了他律这一大

---

[1] 《康德著作全集》第3卷,中国人民大学出版社2004年版,第354页。

标题之下(参见 *GMS* 4:442－444 和 *KpV* 5:39－41)①。一方面,尽管由于康德的归类标准发生了微妙的变化,这两次归类在细节上也稍有不同,但个人幸福原则始终作为他律的某种特定可能性而被康德反复提及。然而另一方面,除了个人幸福[或者按照康德的话说,自然感情(das physische Gefühl)]之外,读者还会发现,根据康德本人的观点,"道德情感"(das moralische Gefühl)、"完善性"(die Vollkommenheit)、"上帝的意志"(der Wille Gottes)、"教育"(die Erziehung),甚至是"公民宪法"(die bürgerliche Verfassung)(*GMS* 4:442；*KpV* 5:40)②也可能成为他律的原则,而这恰恰是由于它们都能通过"影响自由任意的某种单一作用机制"来起作用。然而,虽然他律概念的"所指",要远远大于严格意义上的个人幸福概念的"所指",但是由于上述一切他律原则全都基于某种单一的作用机制,因此这些原则在一层更深的意义上,依然可以被归于某种广义的幸福概念之下。而这又是因为,在他律这里,自由任意仅仅通过感性的快乐或不快来被规定,这种快乐既是个人判断自己是否幸福的基本标准,又是他在追求幸福时希望自己能够达到的状态。快乐作为"判断的标准"和"欲求的状态"的双重特性,又可以进一步解释为什么在《奠基》和第二批判中,康德经常将他律概念和幸福概念交替着使用,就好像它们两者在论证中所具有的含义和所承担的功能完全相同、因而无须进行更细致的区分似的。

　　最后还需强调的是,从上述分析中读者似乎很容易得出如下印象,亦即他律绝对地对立于自律,因而应当在道德上被判定为是恶的。然而,正如幸福与德性之间所谓的绝对对立仅仅是表面上的那样,他律与自律的绝对对立也仅仅是表面上的。在这里,上述两种对立可以更多地被视为是"方法论层面的",而并不是"实质层面的"。因为毕竟,康德在

---

① 《康德著作全集》第 4 卷,中国人民大学出版社 2005 年版,第 450—453 页。《康德著作全集》第 5 卷,中国人民大学出版社 2007 年版,第 43—45 页。

② 《康德著作全集》第 4 卷,中国人民大学出版社 2005 年版,第 450—451 页。《康德著作全集》第 5 卷,中国人民大学出版社 2007 年版,第 44—45 页。

《奠基》和第二批判中的主要任务,仅仅是寻求道德的最高原则。为了实现这一目标,康德必须根据"普遍性"和"必然性"这两个形式化的标准来排除一切无法满足它们的质料性原则。但是,鉴于这种排除仅仅是基于某种论证目标而采用的特定方法,因此"被形式化的标准所排除的,并不适于给道德奠基的质料性原则",就绝不应当被简单粗暴地等同于"恶的原则"本身。诚然,如果质料性原则被错误地赋予了给道德奠基的至高地位,那么这些原则毫无疑问地会败坏道德的最终根基,从而导致道德意义上的恶的出现。然而仅就自身而言,质料性原则与道德之间的关系绝非简单的对立。相反,考虑到幸福与德性之间的真正关系,其实是一种"被限制"(being limited)与"进行限制"(limiting)的关系,所以他律与自律之间的真正关系,也应当是一种"被限制"与"进行限制"的关系。

作为有限理性存在者的人绝非自给自足的存在,而总是拥有无数的需求和偏好。在人的日常生活中,也并非所有的行为都属于义务规定的范围,或者说,属于需要被自律地规定的行为。相反,从人类的本性来看,一个人的绝大多数行为归根结底都是他律的。这些通常以个人幸福为目标的行为,是由他有限的人类处境决定的,因此绝不应当遭受道德上的谴责。实际上,康德在《奠基》和第二批判中并没有将他律判定为恶,而只是拒绝给予他律原则以"为道德奠基"这一至高的地位。然而,如果他律得到了来自自律的恰当限制,那么它将不仅在道德上是无罪的,是应当视为被允许的,而且还能促进至善的实现——因为毕竟,幸福是至善(亦即实践理性完满的终极目标)所包含的第二个要素。

诚然,上述讨论中他律和自律之间"被限制"和"限制"的关系,或许初看起来还是过于抽象,所以下文将通过区分两种类型的自律行为,来对这种关系展开一些补充性的说明。从康德的文本中可以分辨出两类自律行为。第一类自律行为是"直接地自律的"(directly autonomous),第二类自律行为则是"间接地自律的"(indirectly autonomous)。很明显,所有"直接地自律的"行为,都可以被归在义务的范围之内。在展开这一类行为的时候,人绝对不应当采纳除了义务之外的其他动机,而仅仅应当将遵从义务当作唯一的动机。相反,在覆盖了一个人日常生活中绝大多数活动的第二类"间接地自律的"行为里面,自律仅仅把道德法则作为一种"高阶规定根据"(higher-order determining ground)加在了"低阶规定根据"(lower-order determining ground)之上,这种低阶规定根据却是"直接地他律的"(directly heteronomous),或者说可以被归于或狭义、或广义的幸福概念之下的诸动机。这里的"加诸于"(imposing on)实际上是一种"赋予形式"(formatting,后文简称"赋形")的行动,亦即把某种特定的形式给予尚未定型的质料,从而使得该质料获得源于这种形式的全新属性。在这里所讨论的赋形行动中,自律其实为他律添加了一条不可逾越的"道德边界"。因此,当他律的行为接受了由自律所添加的"道德边界"时,或者说,当他律的行为以自律作为自身的最高"调节性原则"(regulative principle)时,他律的行为也就在道德上成为应当得到接受和肯定的。反之,当他律的行为拒不接受由自律添加上来的"道德边界",拒绝以自律作为自身的最高"调节性原则"时,他律的行为也就在道德上成了应当遭到批评和否定的。于是,以这种方式,某类既是"直接地他律的"(directly heteronomous),同时又是"间接地自律的"(indirectly autonomous)行为,便能够得到一种强有力的道德辩护。进一步地,由于上述这类行为覆盖了人类日常生活中的绝大多数活动,所以对它们的道德辩护,亦将承担起一种捍卫人类日常生活之尊严、抵制极端的道德狂热对人类日常生活的破坏这一重要功能。总之,与康德的文本给读者造成的最初印象相反,康德笔下他律和自律之间的真正关系,实际上应当被确切地理解为是"被限制"与"限制",而绝不是"相互排斥"或者"相互敌对"。他律仅就其自身而言绝不是恶的。作为规定自由任意的一种方式,他律深深植根于人的本性之中,当他律得到了自律的限制时,它在道德上就是应当被接受和肯定的,而唯有当它打破了自律的限制时,才会在道德上成为恶的。

第二章 自爱与自负
——重释康德对恶的早期观点（2）

引言 第二批判中的自爱与自负概念

就如上一章结尾所述，无论是幸福与德性之间，还是他律与自律之间，都应当被描述为一种"被限制与限制"的关系，这种关系，也同样适用于自爱原则和道德法则之间。在《宗教》一书中，康德声称作为有限理性存在者的人，会自然而然地将自爱原则以及从属于它的非道德动机，连同道德法则以及从属于它的道德动机一起纳入他的行为准则。然而，恶并不存在于准则的"质料"中（亦即两种法则或两种动机本身之中），而存在于准则的"形式"之中（亦即颠倒两种法则与两种动机的次序，使道德法则和道德动机屈从于自爱原则和非道德的动机的自由行动）（*RGV* 6：36）①。

作为统辖一切非道德动机的基本原则，"自爱"（Selbstliebe）就其本身而言并不是恶的，唯有当自爱被自由任意置于了道德法则之上时，它才会在道德上变成恶的。很明显，在康德的文本中，自爱正是理解"何为

---

① 《康德著作全集》第 5 卷，中国人民大学出版社 2007 年版，第 78 页。

道德之恶"的关键概念。事实上,康德在《宗教》一书中对恶的成熟定义里的自爱概念,已经在他的早期著作中以略微不同的方式被提及了。而这又意味着,康德早期著作中关于自爱的讨论,可以帮助研究者充实和完善对恶的理解。因此,在考察《宗教》一书关于恶的成熟定义之前,本章将先行考察一下康德在他早期最重要的伦理学著作中对于自爱的讨论。然而,鉴于本章的目标并非对自爱概念展开详尽的文本考据,所以所有的讨论亦将仅仅聚焦于《奠基》和第二批判这两部最重要的文本,而只有当确实需要的时候,才会引用康德在《道德形而上学》和道德哲学讲座中的相关段落作为补充性的材料。

第一节 自爱与自负——"前-道德的"与"在道德上是恶的"

在《宗教》一书出版之前,康德在批判哲学时期对自爱概念最重要的讨论位于第二批判中的"论纯粹实践理性的动机"一章。康德在那里使用了一个一般性的名称"自私(唯我主义)"(Selbstsucht/Solipsismus)来称呼被他在其他地方叫作"一般性的自爱"的东西:"所有的偏好(Neigungen)一起(它们当然也可以被归入一个尚可忍受的体系,而它们的满足在这种情况下就叫作自己的幸福)构成了自私(Selbstsucht)[solipsismus(唯我主义)]"。进一步地,康德又将自私更细致地区分为:(1)"自爱的自私,对自己本身的一种超出一切的善意①的自私"[die der Selbstliebe, eines über alles gehenden Wohlwollens gegen sich selbst (Philautia)],(2)"对自己感到满意的自私"[die des Wohlgefallens an

---

① 应当注意这里的"爱"(Liebe)不应当被仅仅理解为一种情感,而应当被理解为自由任意的原则。参见康德在《道德形而上学》的德性论中对于"作为一种义务的爱"的论述:"但爱在这里并不是被理解为情感(感性的)[Gefühl (ästhetisch)],即理解为对他人的完善性的愉快,不是被理解为满意的爱(Liebe des Wohlgefallens)(因为对于拥有情感这件事,不可能存在通过他人而来的义务),而是必须被设想为善意(作为实践性的爱)的准则[Maxime des Wohlwollens (als praktisch)],它以善行(Wohltun)为结果"(MS 6:449;《康德著作全集》第6卷,中国人民大学出版社 2007 年版,第 460 页)。

sich selbst（Arrogantia）]"①。

根据康德的观点：

> 前者特别地叫做自爱（Eigenliebe），后者特别地叫做自负
> （Eigendünkel）。纯粹实践理性对自爱所做的仅仅是损害
> （Abbruch），因为它把这样一种自然的、且在道德法则之前就在我们
> 心中活跃的自爱仅仅限制在与这个法则相一致的条件之上；然后这
> 自爱就被称为有理性的自爱（vernünftige Selbstliebe）。但纯粹实践
> 理性却干脆击倒（schlägt... nieder）自负，因为在与道德法则相一
> 致之前发生的自重（Selbstschätzung）的一切要求都是无效的
> （nichtig）和没有任何权利的（ohne alle Befugnis），因为恰恰与这个
> 法则相一致的一个意念的确定性（die Gewißheit einer Gesinnung,
> die mit diesem Gesetze übereinstimmt）乃是人格的一切价值的第一
> 条件（就如我们马上将要使这一点变得更清楚那样），一切先于这个
> 条件的妄求都是错误的和违背法则的。现在，就自重仅仅基于感性
> 而言，自重的倾向（Hang）也属于道德法则所损害的偏好之列。所

---

① 康德在《道德形而上学》中给出了一个相似的定义："一般而言在要求上的节制，亦即一个人
的自爱自愿地通过他人的自爱而受到限制，叫做谦虚（Bescheidenheit）；在值得被他人所爱
这方面缺乏这种节制[不谦虚（Unbescheidenheit）]，叫做自爱（Eigenliebe [philautia]）。但
是，要求被他人敬重的不谦虚，就叫自负[Eigendünkel（arrogantia）]"（*MS* 6：462；《康德著作
全集》第 6 卷，中国人民大学出版社 2007 年版，第 473 页）。

　　尽管《道德形而上学》中的这个定义与第二批判非常相似，但两者之间的关系却可用两
种不同的方式来理解。首先，读者可以将第二批判和《道德形而上学》中的这两个定义视为
是完全相同的。这将导致一个重要的结论，那就是所谓"自然的自爱"已经缺少了节制，因此
一个人"以感性接受的方式可被规定的自我"（pathologically determinable self）已经倾向于
僭越道德法则所划定的界限了。

　　其次，第二批判和《道德形而上学》中的两个定义也可以被理解为是稍有不同的。这就
是说，《道德形而上学》中所讨论的自爱只是一种被败坏了的自爱，而不是原初意义上的自爱
本身。后者属于人的原初本性，它的活动甚至要先于一个人对于道德法则的意识（就如第二
批判中所描述的那样）。

　　本章的立场倾向于第二种解读，但也不否认第一种解读的有效性。实际上，就如本章稍
后将要展示的那样，自然的和无罪的自爱本身，已经潜在地就包含着朝向恶发展的种子了，
而这意味着，上述两种解释其实都能说得通。

以道德法则击倒自负（KpV 5:73）①。

当仔细比较第二批判中的这段引文与《宗教》一书中对恶的成熟定义时，读者可以发现第二批判中作为所有偏好之系统性整体的"自私"（Selbstsucht/Solipsismus）②概念，似乎对应着《宗教》一书中一般性的自爱原则（Prinzip der Selbstliebe überhaupt），也就是对应着所有非道德的动机都可以被归于其下的最高原则。此外，自私概念之下的两个子概念，亦即"自爱"（Eigenliebe）与"自负"（Eigendünkel）概念，似乎又分别对应着"无罪的自爱原则本身"和"被置于道德法则之上的、悖逆的自爱原则"。然而，上述这种关于自爱与自负各自拥有的道德属性的对比，并不能准确地描述出两者关系的全貌。因为，在研究者可以对自爱和自负做出"道德上是无罪的（is morally innocent）"和"道德上是恶的（is morally evil）"的区分之前，这两者之间实际上已经存在着一种更为基本的区分了。而这种更为基本的区分，就是"先于道德意识（prior to moral consciousness）"和"后于道德意识（under the wake of moral consciousness）"。很明显，这种对"前-道德的（pre-moral）"和"道德的（moral）"的区分，在逻辑上要优先于对"在道德上是无罪的"和"在道德上是恶的"的区分。因此，在开始分析自私、自爱、自负这些概念之间所具有的"在道德上是无罪的"和"在道德上是恶的"这第二重区分之前，本节将首先考察的是位于自私的两个子概念（亦即自爱与自负）之间的第一重区分，也就是"前-道德"和"道德的"的区分。

就如康德明确指出的那样，自爱的存在对于每个人来说都是自然

① 《康德著作全集》第5卷，中国人民大学出版社2007年版，第78—79页。
② 德文词尾-sucht可能在康德的读者中引起某些误解，因为Sucht通常指的是对于某个人或某件事物的狂热喜爱甚至是上瘾。在康德的《实用人类学》一书当中，-sucht这个词尾被用于表示各种激情，例如求名欲（Ehr-sucht，即对声誉上瘾），占有欲［Hab-sucht，即对（占有）财富上瘾］，还有统治欲（Herrsch-sucht，即对统治他人的权力上瘾）。简单地说，第二批判用Selbstsucht来表示"自私/自我中心"的意思似乎过于强烈了一些，甚至还暗示了一种突破了一切限制，因而在道德上应当受到谴责的自爱。然而，根据康德对这个词的后续描述读者可以清楚地看到，康德绝不是简单地把自私或者自我中心判定为是恶的。

的,它在道德法则之前就已经开始在一个人心中活跃。实际上,自爱仅仅意味着一个人的所思所感总是围着自己转而不考虑其他人。在这个意义上,自爱的确是"前-道德的"(pre-moral)。如果仅仅就其自身而言,自爱"在道德上也是无罪的"(morally innocent)。因此,它可以在恰当的意义上被叫做"非-道德的"(non-moral)。根据康德的论述,自爱似乎源于有限的人类本性,可以在每个人心中被先天地预设。此外,自爱亦能够被道德法则限制和约束,从而成为一种有理性的自爱,以推动那些不仅在道德上是被允许的,并且构成了每个人对自己的义务的行为①。

在道德哲学讲座中一处文本里,康德是如此阐明自爱的特征的:

> 一般地说,爱对立于意志向着严格义务的规定,它存在于促进他人目的的偏好或意志中……现在当这种爱指向自己,它或者是善意的爱(amor benevolentiae),被设想为排他性的就是唯我主义或自

---

① 在《道德形而上学》第二部分的德性论中,康德讨论了对于自己的"限制性的"(einschränkend)义务[或者说"消极的义务"(negative Pflichten)]。"就人的本性的目的而言",这些义务"禁止人违背这种目的而行动,因此只关涉道德性的自保(moralische Selbsterhaltung)",它们属于"既作为其外感官的对象,又作为其内感官的对象的人的道德健康[ad esse(为了存在)],为的是在其本性的完善中[作为接受性(als Rezeptivität)]保存他的本性",其原理"在于如下格言:按照自然生活(naturae convenienter vive),也就是说,在你本性的完善中保存你自己"(MS 6:419)。上述对自己的限制性的义务具体包括禁止自杀(ibid., 6:422),禁止以淫乐玷污自己(ibid., 6:424),以及禁止通过在使用饮品和食物中的无节制来麻醉自己(ibid., 6:427)。很明显,这些对于自己的消极义务所拥有的质料基底,全都是由动物性的禀赋提供的,而这种禀赋所依从的原则,则是机械性的自爱(《康德著作全集》第6卷,中国人民大学出版社2007年版,第428—429页、第431—432页、第433—435页、第436—437页;更详细的讨论参见本书第三章)。

此外,如果读者转而关注比动物性更高一级的、人的社会本性,亦即人性的禀赋(该禀赋可以被归于比较性的自爱名下),那么他很快就会发现,每个人主观上必然会去追求的目标(亦即他的个人幸福)也可以被看作是人对自身的一种间接义务。因为正如康德指出的那样,"在诸多忧虑的挤迫中和在未得到满足的需要中对自己的状况缺乏满意,这很容易成为一种重大的诱惑去逾越义务"(GMS 4:399;《康德著作全集》第4卷,中国人民大学出版社2005年版,第405—406页)。除此之外,培养自己的自然禀赋(这些禀赋植根于人性自身之中,而适用于无论什么样的目的),也是人对于自身的"扩展性的"(erweiternd)义务[亦即"积极的义务"(positive Pflichten)](MS 6:419;《康德著作全集》第6卷,中国人民大学出版社2007年版,第428页),也就是"发展和增强自己的自然完善性"(ibid., 6:444;《康德著作全集》第6卷,中国人民大学出版社2007年版,第455页)。

私(Eigennutz)……或者是对自己的满意的爱[amor complacentiae (Wohlgefallen) erga se ipsum]……在所有人中都完全无界限地存在一种对自己的善意的爱(Liebe des Wohlwollens gegen sich selbst),如此只有当这种爱将他人排除出我们对他们的爱或偏好时,它才会成为一个错误(VM - Vigilantius 27:620)。

而很明显,与自爱截然相反的是,自负作为"在和道德法则相一致之前发生的自重",是与一种傲慢的自我评价紧密地联系在一起的。更准确地说,自负甚至在一个人检查自己是否确实拥有道德法则所要求的道德意念之前,就要求他把一种过度的功绩和完善性归于他自己,并企图为了他自己而从他人那里索要一种过度的尊重了。然而,自负与道德法则之间的这种鲜明对立,也揭示出了自负至少以一种未言明的方式预设了对于道德法则的意识①。换句话说,唯有在初步具备了对于道德法则的意识这一前提下,自负才能够被唤醒,从而将自己确立为自负。而这又意味着,与仅仅源于人性之有限性,因而能够在每个人身上先天地被预设的自爱不同,自负的现实存在,只能通过与道德意识相伴的经验性证据来确认。

第二节　自负的逻辑结构

在道德哲学讲座中的另一处文本中,康德是这样分析自负的:

> 对自己的满意的爱(die Liebe des Wohlgefallens gegen sich

---

① 斯蒂芬·恩斯特洛姆(Stephen Engstrom)指出:"康德把自爱想成是自私的初级形式或等级,而自负以某种方式从中产生。因此,自负并不像自爱那样直接地系于我们的本性。康德说自爱是'自然的,且先于(prior to)道德法则就在我们心中活跃'(KpV 5:73),但他从未这样说过自负。确实,用立法和无条件的实践原则来描述自负,似乎暗示着自负预设了对道德法则的意识……康德设定我们起码以未言明的方式知道这个……自负必然是……人为的(artificial),而不是自然的,并且仅仅后于(posterior to)道德法则才在我们心中活跃……只有通过经验,我们才能知晓自负属于我们的本性"[Engstrom, S., "The *Triebfeder* of Pure Practical Reason", in A. Reath and J. Timmermann (eds.), *Kant's Critique of Practical Reason：A Critical Guide*, New York：Cambridge University Press, 2010, pp. 103 - 104]。

selbst），这个也是自爱（Philautie），但如果它排他式地指向自己，也可以变为违背理性的。因为仅仅喜爱自己的人，就将自己置于这样的危险中，即他无法检查和修正他的错误，且在与他人的关系中，将首先必须为自己获得的一种特定的道德价值（直接地）归于自己（sich... andichten）。自负不能无界限地在所有人里面，不能无限制地被假设；因为，当一个人根据为此所需要的条件检查自己时，（我们）不能强行推导出（erzwingen）他应当对自己满意。在与他人的对比中，这种对自己满意的爱将自身区分出来，并将自身转化为对自己的自重（Selbstschätzung）。如果这种自重基于先前对自身的准确考察，那么它不仅和自爱（Selbstliebe）［亦即善意（Wohlwollen）］相区别，而且也证明了自身即有正当性。然而，如果这种自重未经考察地基于一个对自己的判断——通过这一判断，人使自己成为从他人那里所寻求的敬重的对象，并且通过这种判断，人毫无根据地将自己的价值抬高到他人的价值之上，那么，这种自重就是自负（Arroganz），是错误（VM-Vigilantius 27：621）。

在这里，为了更深入地分析自负对于道德法则的依赖，本节需要首先考察一下自负的逻辑结构。正如上述引文所示，这一逻辑结构包含着对自我价值的评估，以及由此而来的敬重等等这些复杂的概念层次。就如康德明确指出的那样，自负之中包含着某种傲慢的自重，而这种自重又是由一种无根据的自我评估来支撑的。从逻辑的层面看，所有对自我价值的评估都首先需要一种评估的尺度，而评估的尺度则或者是相对的，或者是绝对的。特别地，当在康德的实践哲学中谈到道德上的自我评估时，相对的评估尺度便只能被理解为由他人言行构成的后天实例，而绝对的评估尺度无疑就是先天的道德法则。很明显，前一种由他人言行构成的后天尺度是主观的和可变的，而后一种由道德法则构成的先天尺度则是客观的和不变的。在这里，某个人的道德功绩和完善性，既可以用前一种相对的尺度来评估，也可以用后一种绝对的尺度来评估，这两种评估所得出的结果完全可能出现巨大的差异。

当与他人的言行进行比较时,一个人的道德功绩可能被判定为大,也可能被判定为小。这种相对的大小,完全取决于哪个人或者哪群人被选定为评估的标准。但是,这种选择本身又是一个完全偶然的决定。更糟糕的是,任何基于相对尺度的道德上的自我评估,必然或是导致对自我的抬高(这种自我抬高通常伴随着对他人的蔑视),或是导致对自我的贬低(这种自我贬低通常伴随着对他人的嫉恨与阿谀奉承)——而这两者都构成了对道德极其有害的态度①。与之形成鲜明对比的是,当任何人将自己的道德功绩与道德法则进行比较时,他必定会意识到自己根本达不到法则所要求的最高理想,因此也就没有任何人能够合法地宣称自己在严格的意义上拥有道德上的优越地位。这又意味着,基于绝对尺度所做出的道德上的自我评估必然会导致一种自我的谦卑②。然而,除了感到被道德法则所降卑之外,人必然还能同时感到被道德法则所提升。这是因为,这个人借助于道德法则亦将会意识到,恰恰由于他拥有纯粹实践理性,他也就同时是神圣的道德法则的订立者,肩负着一种超越了

---

① "在与他人的比较中的谦卑(Demut)(甚至一般地与任何一个有限存在者相比较,且哪怕它是一个撒拉弗[Seraph])根本不是义务;毋宁说,在这种关系中与其他人平起平坐的或者超过他们的努力,伴随着还能由此为自己获得一种更大的内在价值的臆信(Überredung),就是傲慢(Hochmut [ambitio]),而它恰恰是与对他人的义务相悖的。但是,仅仅作为获取一个他人(无论是谁)的恩惠的手段而想出的对他自己道德价值的降低[虚伪(Heuchelei)和谄媚(Schmeichelei)],则是假的(说谎的)谦卑[falsche (erlogene) Demut],而且作为对他人格性的贬低,而与对自己的义务相对立"(MS 6:435-436;《康德著作全集》第6卷,中国人民大学出版社2007年版,第436页)。
② "人在与法则的比较中对他道德价值之微不足道性(Geringfügigkeit)的意识和情感就是谦卑(Demut)[humilitas moralis(道德上的谦卑)]。对于他的这种价值之大的臆信,只是出于缺乏与法则的比较,可以被称为德性的骄傲(Tugendstolz)[arrogantia moralis(道德上的骄傲)]。——放弃对自己的任何道德价值的一切要求,臆信由此而为自己获得一种借来的价值,这就是道德上错误的阿谀奉承(sittlich-falsche Kriecherei)[humilitas spuria(不诚实的谦卑)]……从我们与道德法则(它的神圣性和严格性)的真诚而又精确的比较中,必然不可避免地得出真正的谦卑(wahre Demut)"(MS 6:435-436;《康德著作全集》第6卷,中国人民大学出版社2007年版,第445—446页)。

满足感性自我之欲求的、更为崇高的道德使命①。对此处的分析尤为关键的是：这种通过对理知自我及其崇高使命的意识而被唤起的"自我提升感"，恰恰揭示了每一位理性存在者的绝对尊严。这种尊严作为一种最基本的道德价值，已经被毫无差别、完全平等地分配给了包括全体人类在内的每一位理性存在者，而无论他们各自实际获得的道德功绩是大是小，实际达到的道德完善性是高是低。

从根本上看，康德道德哲学所要求的道德上的自我评估，必须主要基于由道德法则设定的绝对尺度来展开，而不应当（或者说，主要不应当）基于由他人提供的相对尺度来展开。前一种基于绝对尺度的自我评估，又将一方面产生出对于自身功绩和完善性的谦卑态度，另一方面唤醒对于所有人（包括自己和他人）全都平等地拥有的绝对尊严的敬重感。谦卑与敬重相结合，才能构成一种健康的道德态度。与之形成鲜明对比的是，任何基于相对尺度的自我评估，或者会带来对于自身功绩和完善性的自负（这种自负通常伴随着对于他人的蔑视），或者会带来对于自身功绩和完善性的自卑（这种自卑通常伴随着对于他人隐秘的嫉恨和表面

---

① 对自己的适当的敬重被称为自尊，自尊最终基于人"作为人格来看，亦即作为道德地实践性的理性(moralisch-praktischen Vernunft) 的主体"的身份："因为作为这样一种人［homo noumenon（作为本体的人）］，他不可以仅仅被评价为达成其他人的目的，甚至是他自己的目的的手段，而是作为目的本身被评价，也就是说，他拥有一种尊严(Würde)（一种绝对的内在价值），借此他迫使所有其他有理性的世间存在者敬重他，他能够以这一类的每一个其他存在者衡量自己，并在平等的基础上评价自己"(MS 4：434－435；《康德著作全集》第 6 卷，中国人民大学出版社 2007 年版，第 445 页)。

此外，康德还论述说："从我们能够作出这样一种内在的立法，以及（自然的）人(der physische Mensch)感到自己被迫去尊崇自身人格之中的（道德性的）人［den (moralischen) Menschen］，同时得出了升华和作为对他内在价值(valor)之感觉的最高的自重，据此他不有待出卖给任何价格(pretium)，并且拥有一种不可失去的尊严［dignitas interna（内在的尊严）］，这种尊严向他注入了对自己的敬重(reverentia)"(ibid.，4：436；《康德著作全集》第 6 卷，中国人民大学出版社 2007 年版，第 446 页)。

实际上，与上述这种恰当的自重相匹配的是适当的自尊，它被康德称为"对名誉的爱"(Ehrliebe)［animus elatus（高扬的精神）］，也就是"在与别人的对比中，不放弃对他作为人的尊严的任何东西的那种谨慎（因此，它通常也被配上'高贵的'这个形容词)"(ibid.，6：465；《康德著作全集》第 6 卷，中国人民大学出版社 2007 年版，第 476—477 页)。根据康德的观点，恰当的自尊一方面与傲慢相对立，另一方面又与虚假的谦卑相对立。

上的阿谀奉承)。因此根据本节截至目前的分析,自负中存在的错误,似乎主要在于给道德上的自我评估选择了一种错误的尺度。更具体地说,自负抛弃了由道德法则提供的绝对标准(相较于法则要求的最高道德理想,任何人都没有资格吹嘘自己的道德功绩,而只能获得一种绝对平等的尊严),而采用了由他人提供的相对标准(相较于由他人提供的或高或低的实例,一个人将注定拥有和他人并不平等的道德地位)①。

　　上述对于自负的分析似乎已经足够清楚明白了,然而经过更为细密的思考,读者将会发现这个看似清楚明白的分析,在如下这一点上依旧是不够准确的——除了一种"现实的"(actual)错误的自我评估,和以此为基础的"现实的"(actual)的自重之外,也就是说,除了发生在心理层面的现实现象之外,自负的逻辑结构里,似乎还包含着一个更深的层次。正如康德的用词"自重的倾向(Hang)"(KpV 5:73)所暗示的那样,自负除了是一种现实的现象之外,还可以被理解为是一种更深层的冲动和趋向,或者说,被理解为是一种指向现实的"潜能"(potential)。如果根据自负的逻辑结构中这个更深的层次来判断的话,那么早在一个人现实地抛弃掉由道德法则提供的绝对标准,转而将自己的功绩与他人提供的实例进行比较,由此从他人那里寻求过度的敬重之前,这个人就已经"趋向于"(tends to)傲慢地高估自己,就已经趋向于将自己的价值置于他人的价值之上了。因此,在任何作为心理层面的现象而仅仅后天地出现,并且能够被敬重感削弱的"现实"的自负之下,其实还存在着一种"潜在"的自负。这种潜在的自负是现实的自负的先天基础,能够在经验之中被现

---

① 罗宾·迪隆(Robin Dillon)认为:"位于傲慢之核心的自我评估,比单纯的测量错误(measurement error)更严重的是错;它展现了一种关于人格价值的扭曲的观点。回想一下,他所理解和珍视的唯一价值就是标量(scalar)——(一种)比较性的和竞争性的(量)……而这一更深层的问题则是,他无法将任何存在者视为目的本身,视为无条件地便配得敬重的,甚至包括他自己"[Dillon, R. S., "Kant on Arrogance and Self-Respect," in C. Calhoun (ed.), *Setting the Moral Compass: Essays by Women Philosophers*, New York: Oxford University Press, 2004, p. 201][本书作者注:"标量"(scalar)是没有方向、仅由数值大小决定的纯量,与具有方向性的"矢量"或者说"向量"(vector)相对]。

实化,由此成为上述那种可以在心理层面上被体验到的现实的自负①。

　　以类似的方式,一种对"现实性"和"潜在性"之间关系的分析,也同样适用于自爱,以及更为一般性的自私或者说自我中心。除了作为现实的偏好、动机、感觉的系统性总体而存在,或者说,除了作为在心理层面才后天发生的现象之总体而存在,自爱和一般意义上的自私首先是指向这些后天现象的先天倾向和先天潜能。诚然,对于自爱、自负和自私来说,上述这种先天和后天、潜能与现实之间的区分,除了在康德的几处用语里存在一些暗示之外,在他的文本中其实并不十分明显。然而,如果康德的人性理论——特别是当这种人性理论涉及一个人朝向幸福和善恶的基本倾向之时——并不仅仅局限在经验描述的层面,而是指向超越于经验的先验层面,那么上述对于先天与后天、潜能与现实的区分,也就并没有偏离康德本人的思考逻辑。同时更重要的是,上述这一区分能够与康德在《宗教》一书中提出的道德人类学完美地契合在一起。这是因为,第一,无论是生而具有的偏好和获得的偏好,还是对于道德法则的敬重,都在逻辑层次上区别于分别对应着它们的三种原初向善禀赋。第二,作为一种"本源性的罪"的趋恶倾向,也明显地区别于包含着各种具体内容的现实的作恶动机、恶的具体准则,以及经验中可以观察到的恶行。第三,根据康德对恶的成熟定义,自爱原则应当被置于先验层面,被理解为一条统摄着所有非-道德动机的基本原则,而不是这些动机当中的某一个动机。

---

① 恩斯特洛姆亦持有类似的观点:"在这里,领会到下述这一点是非常重要的:作为人性中的一种倾向,自负并不是通过经验性地比较一个人自己实际的实践判断和其他人的判断,而从自爱那里发展而来的……相反,它是做出实践判断的一种倾向,体现为早在仔细考察任何对于自己的或者他人的判断之实际记录之前,就(已经)准备去预设:当自己的判断和他人的判断发生冲突时,是后者需要被纠正……就好像一个依照自身的权利的先天判断那样,它(自负)是(这样)一个原初行动,也就是就这一能力的方面而言,将自己置于一种超出于其他每个人之上的、在想象之中的优势地位里面"[Engstrom, S., "The *Triebfeder* of Pure Practical Reason," in A. Reath and J. Timmermann (eds.), *Kant's Critique of Practical Reason: A Critical Guide*, New York: Cambridge University Press, 2010, pp. 109 - 110]。

第三节　自负——"指向自我"还是"指向他者"?

如前所述,就像先天根据与其后天表达之间的关系一样,自负作为一种潜在的倾向,也为实际发生的"傲慢的自重"奠定了基础。至此,自负的逻辑结构似乎已经足够清晰了,然而在康德的文本中,尚有一处应当澄清,那就是:从逻辑上看,自负首先是对他人的侵犯(亦即将自己置于高于他人的优越地位上),还是对道德法则的侵犯(亦即让自己对抗道德法则的权威)? 如果答案是前者,那么自负在逻辑上首先应当被理解为一种"指向他人的恶"(other-directed evil),或者说,是一种存在于"自我-他者关系"(reltation to others)之中的恶。但如果答案是后者,那么自负在逻辑上首先应当被理解为一种"指向自我的恶"(self-directed evil),或者说,是一种存在于"自我-自我关系"(self-relation)之中的,抵抗着由自身理性订立的道德法则之权威的恶。很明显,"自我-他者关系中的恶"与"自我-自我关系中的恶"并不是互相排斥的关系,而统统属于自负内部的建构性要素。所以此处的问题还应当被更准确地表达为——上述这两个方面中的哪一个方面,在逻辑上是居于优先地位的?

不同的学者为这一问题提供了不同的答案。一方面,大多数康德研究者,包括安德鲁·瑞斯(Andrew Reath)、斯蒂芬·达沃(Stephen Darwall)和斯蒂芬·恩斯特洛姆(Stephen Engstrom)等人都认为,自负在逻辑上首先位于主体间的关系之中,或者说,自负首先是一种存在于"自我-他者关系"中的恶。比如,瑞斯曾经这样论述道:

> 自负的对象最好被描述为是一种个人的价值或尊重(esteem),或者在他人意见中的重要性。它是一种想要被(他人)高度地看待(highly regarded)的欲望,或者说一种尊重自己胜过他人的倾向……由于这个原因,它成了价值的比较性形式,一个人唯有以(贬低)他人为代价,才能获得这种价值①。

---

① Reath, A., *Agency and Autonomy in Kant's Moral Theory*, Oxford: Clarendon Press, 2006, p. 15.

类似地，另一位康德学者达沃则声称："自负是一种关于第二人称地位（second-person status）的幻想。它是这样一种傲慢：一个人仅仅因为他是谁或他是什么，就拥有他人所不具备的颁布诸理由的规范性地位（normative standing…to dictate reasons）"①。此外，根据恩斯特洛姆的观点，自负涉及"质的判断"（qualitative judgments），这种判断的建立必然需要不同人之间的竞争，所以，一个人唯有通过贬低他人的价值，才能去高度地评价自己的价值②。

但是，少数康德学者，比如罗宾·S.迪隆（Robin S. Dillon）和凯特·莫兰（Kate Moran）却试图论证：自负现象里面首先涉及的环节，仅仅是一个人对于由自身理性订立的道德法则的对抗，因此自负首先涉及的，仅仅是主体的意志与自身的关系，也就是一种"自我-自我关系"，与此相反，自负对于他人地位的侵犯，仅仅是前述这一敌对关系的逻辑结果而已。同时，这一逻辑结果也并不必然地会在经验中被实现出来。进一步地，迪隆又区分出了"首要的傲慢（primary arrogance）"（这种傲慢与适度的自我敬重相冲突）与"人际间的傲慢（interpersonal arrogance）"（这种傲慢与对他人的敬重相冲突），并指出"首要的傲慢"把某种仅仅具有主观意义的"我想要（I want）"，扭曲成了仿佛具有客观意义的"我有权（I am entitled）"，从而在逻辑上为现实中发生的"人际间的傲慢"奠定了基础，却并不必然地会在现实中产生出后一种傲慢③。与迪隆类似地，莫兰深入地分析了康德在道德哲学讲座中关于自负的重要文本。以这一文本分析为基础，莫兰虽然也承认以瑞斯为首的康德学者"正确地观

① Darwall, S., *The Second-Person Standpoint*: *Morality*, *Respect*, *and Accountability*, Cambridge, MA: Harvard University Press, 2006, p. 135.
② 参见 Engstrom, S., "The *Triebfeder* of Pure Practical Reason," in A. Reath and J. Timmermann(eds.), *Kant's Critique of Practical Reason*: *A Critical Guide*, New York: Cambridge University Press, 2010, pp. 108 - 110。
③ 参见 Dillon, R. S., "Kant on Arrogance and Self-Respect," in C. Calhoun (ed.), *Setting the Moral Compass*: *Essays by Women Philosophers*, New York: Oxford University Press, 2004, pp, 192 - 209。

察到自负涉及一种专横（imperiousness）或者傲慢（arrogance）"①，但她同时又指出"关于自负，并不存在本质地或者必然地就指向他者的东西"，而且"自负的基本错误，是主体在道德性地评估自己的方式上所犯的错误"，这就是说，"自负在（以下）这种意义上使得自爱成了无条件的实践原则，亦即它（自负）围绕着自爱与他律，重新建构起了主体在道德意义上的自我概念（moral self-conception），甚至还包括她进行道德意义上的自我评估的能力"②。

事实上，对于"自负从本质上看首先指向自我，是位于自我-自我关系中的恶，还是首先指向他人，是位于自我-他者关系中的恶？"这个有争议的问题，本书作者比较赞同莫兰和迪隆的立场。然而，本节讨论并不打算重复这两位学者从文本层面看已经相当充分的分析。相反，这里仅仅补充提供一种逻辑层面的分析，这种逻辑分析将以不同的方式达到和上述两位学者相同的结论。现在就请读者与作者一道，以自负对他人地位的侵犯为起点，考察一下这种侵犯中所包含的逻辑层次。首先必须指出的是，自负对他人地位的侵犯涉及从他人那里寻求某种敬重，同时这种敬重又超出了一个人所应当得到的份额③。诚然，康德的道德哲学中蕴含的一个基本命题，就是每一位理性存在者都可以正当地从他人那里寻求一种基本的敬重。这种基本的敬重植根于每一位理性存在者所拥有的平等的尊严，而这种尊严最终又植根于他们身为道德法则之订立者所共享的尊贵身份。因此，当一个人从他人那里寻求敬重时，他所寻求的敬重应当既不多，也不少，而恰好就是那种被每个人的平等尊严所规

---

① Moran，K.，"Delusions of Virtue：Kant on Self-Conceit，" *Kantian Review* 19（3）：422，2014.

② Moran，K.，"Delusions of Virtue：Kant on Self-Conceit，" *Kantian Review* 19（3）：438 - 439，2014.

③ 在《道德形而上学》中，康德将其称之为："傲慢（Hochmut）（superbia，并且正如这个词所表述的那样，一种总是居于上位的偏好）是一种野心［Ehrbegierde（ambitio）］，按照这种野心，我们要求其他人在与我们的比较中贬低自己，因而是一种与每个人都可以合法地要求的敬重相违背的恶习"（*MS* 6：465；《康德著作全集》第 6 卷，中国人民大学出版社 2007 年版，第 476 页）。

定的、每个人都应当得到的平等份额。相反,无论是向他人寻求过多的敬重,还是向他人寻求过少的敬重,都会导致对理性存在者之平等尊严的侵犯。其中,向他人寻求过多的敬重,是对他人所拥有的与我完全平等的尊严的侵犯;向他人寻求过少的敬重,则是对我自己所拥有的与他人完全平等的尊严的侵犯。更重要的是,由于这种平等的尊严源于每个人作为道德法则之订立者所共享的平等地位,所以上述这两种(对于自我和他人之平等尊严的)侵犯,最终应当被理解为对于道德法则之权威地位的敌视。具体到自负的情况里面,当自负从他人那里寻求过度的敬重时,这种傲慢的行为,其实最终植根于自负对于赋予了每个人平等尊严的道德法则之权威性的否定。换言之,这种对道德法则之权威地位的否定,在逻辑上构成了上述这一傲慢举动的可能性条件。于是从这个意义上说,当涉及每个人平等的道德价值(或者说平等的尊严)的时候,自负对于道德法则的敌对,也就在逻辑上要先于自负对于他人地位的侵犯,并为自负对于他人地位的侵犯奠定了可能性条件。

进一步地说,鉴于每个人的平等尊严,绝不容许某个人从他人那里获得过度的敬重,于是,以获取他人对自己的过度敬重为目标的自负,也就无法以这种平等的尊严作为自己无理诉求的依据,而必须在其他地方给这一诉求寻求新的依据。就如前文已经暗示过的那样,道德上的自我评价可以针对两种道德价值。一种道德价值是由道德法则的订立者身份赋予每位理性存在者的,那种绝对平等的尊严;另一种道德价值则是由每个人的言行和品格决定的,某种并不平等的道德功绩和完善性。很明显,如果自负无法把寻求过度敬重的傲慢诉求建立在前一种道德价值之上,那么它便只能把这种诉求建立在后一种道德价值之上。进一步地,就如前文已经指明的那样,对于自身功绩和完善性的自我评估,既能够根据那种由道德法则所提供的绝对尺度来进行,也能够根据那种由他人言行所提供的相对尺度来进行。鉴于由道德法则给出的最高道德理想,是任何人在短暂的一生之中都注定无法达到的,因此,若用这一绝对的尺度来评价自身的功绩和完善性,那么便必然只能带来对于自我的贬损,从而完全排除提出任何傲慢诉求的可能性。所以,自负之中所蕴含的对于自我的过分高估,只有在一个人以他人提供的相对尺度来衡量自身功绩和完善性的情况下才是可能的。因为,唯有在使用相对的尺度来衡量自己的时候,一个人才能为自己建立起高于其他人的优越地位。此外,依照前文对于"后天的欲望"和"先天的倾向"所做的区分,自负对过度的敬重的傲慢诉求,也并不是真的需要一个人对自身的功绩和完善性做出任何现实的评估。相反,自负首先是一种给所有发生在现实中的、对于自我的过分高估来奠定基础的潜能。这又意味着,早在一个人现实地以某个他人为尺度来衡量自身功绩和完善性之前,他就已经潜在地"倾向于"判定自己的价值是高于他人的,因此并不真的需要借助于任何现实的比较来验证这种判定是否正确。

确实,就如康德在道德哲学讲座中的一处文本中所言,在以他人为尺度来衡量自身功绩和完善性之前,就试图从他人那里寻求更多的敬重——这毫无疑问是一件绝对错误的事(VM-Vigilantius 27:621)。然而,读者在这里或许可以提出一个与康德本人稍有不同的推论:那就是,哪怕向他人寻求更多敬重的举动,发生在一个人以一种诚实和正确的方式确认了自己相对于他人的优越性之后,这同样将会是一件绝对错误的事①,因为毕竟,自负中隐藏的最深的错误,并不是一个人由于在和其他人的关系中过度地高估了自己而产生的傲慢,首先是这个人选择了其他人,而不是道德法则来作为自我评估的尺度。实际上,唯有通过抛弃后一种绝对的评判尺度(这种绝对的评判尺度,必然会打碎任何人对于自身优越性的一切妄想),自负才能够根据前一种相对的评判尺度来建立起自我相对于他人的某种优越性。后面这种优越性的建立,或是可以通过"后天地"确认自我相较于他人的确拥有更多的功绩和更高的完善性来实现,或是可以通过"先天地"就

---

① "一个人可能出于自己以某种重要的方式而做得很好的信念,要求(获得)我们先前称之为'尊称意义的敬重'(honorific respect)(的东西),并且一些人或许认为这将使他有权要求(获得)优待……然而(实际上)你并不能要求它,这(个信念)并不使你有权要求特殊对待"(Reath, A., *Agency and Autonomy in Kant's Moral Theory*, Oxford: Clarendon Press, 2006, p. 17)。

预设自我本来就高于他人,因而不必进行任何现实的比较来实现。因此,无论是"现实地"高估自己,还是仅仅"潜在地"高估自己,这两者其实都只是包含在自负之中的"衍生性的错误"(derivative mistake)而已,这种衍生性的错误,唯有通过一个"首要的错误"(primary mistake)才得以可能,这种"首要的错误",就是用他人提供的相对评判标准,取代了由道德法则提供的绝对评判标准。于是,当涉及人与人之间并不平等的道德功绩和完善性时,自负对于道德法则的敌对态度,同样在逻辑上要先于自负对于他人地位的侵犯,并且为后面这种侵犯建立起了存在的可能性条件。

综上所述,本节所采取的逻辑分析,从自负向他人索要过度的敬重这一傲慢的诉求开始,一步步展示了包含在这一诉求中的两个错误。其中第一个错误涉及自负对于每个人作为道德法则立法者而拥有的绝对尊严(亦即一种绝对平等的道德价值)的漠视,而第二个错误则涉及自负对于自身的道德功绩和完善性(亦即一种并不平等的道德价值)的高估。根据本节截至目前的分析,虽然这两个错误初看起来都位于主体间的关系之中,或者说它们都是位于"自我-他者关系之中"的恶,但这两者其实最终都植根于自负与道德法则的敌对之中,从而可以回溯到某种更深层次的位于"自我-自我关系"里的恶当中。换言之,恰恰是自负与道德法则的敌对,才首先使得上述两种初看起来仅仅位于主体间关系中的错误成了可能。于是以这种方式,本节的讨论便能成功地为迪隆和莫兰这两位学者关于康德文本的分析提供一种相应的逻辑分析,也就是最终从逻辑上证明了,自负对于道德法则的敌对,要比自负对于他人的侵犯更为根本。

然而,在本节讨论的结尾之处,还有两个十分微妙的要点需要强调。第一,由于"自负对于道德法则的敌对"和"自负对于他人的敌对"在逻辑上是"奠基"(grounding)和"被奠基"(grounded)的关系,而不是经验之中的因果关系,因此在某些特殊情况下,"自负对于道德法则的敌对"完全能够独立地存在,并不会连带着引起"自负对于他人的敌对"。比如说,某个人可能整日幻想着自己在道德上的优越性,但由于他一个人生活在孤岛上,因此身边并不存在其他人可以供他进行现实的冒犯和贬低,使他可以从他们那里现实地索要过多的敬重。第二,尽管康德本人在第二批判中仅仅关注了自负对于道德法则的敌对,但自负概念就其自身而言,并不仅仅局限于道德上的自我高估和傲慢,而同样能够存在于理论判断上的过度自信之中——只要这种理论判断,没有以客观的认识法则作为标尺即可①。因此,从宽泛的意义上说,自负其实是一个人对于自身在道德上、认识上,或者任何其他方面的优越性的某种傲慢诉求,这种傲慢的诉求与客观的法则以及他人的立场相敌对。或者这里还可以用更简单的话说:自负就是用纯然主观的立场来对抗客观原则以及主体间的立场。

第四节　自爱与自负——质料与形式

现在简单地总结一下截至目前对自爱和自负的讨论:与既是"前-道德性的"(pre-moral)又是"非-道德的"(non-moral)的自爱不同,自负的存在必须以道德意识为前提,因而也就是一种使自身敌对于道德法则之召唤的"恰当意义上的恶"(evil in the proper sense)。根据之前的结论,自爱和自负之间的不同,首先涉及它们各自与道德意识的关系。因此两者之间的第一重区分,其实是"前-道德性的"(pre-moral)和"道德性的"(moral)之间的区分。第一重区分又在逻辑上优先于两者在道德属性上的区分,亦即优先于"非-道德的"(non-moral)和"道德上是的恶的"(morally evil)这第二重区分。现在,在充分讨论了自爱与自负的上述两重区分之后,本节还将尝试性地分析一下这两者之间可能存在的第三重区分,而那就是"形式"和"质料"之间的区分。尽管自爱和自负共同构成了"自私"之下的两个子类别,但两者实际上并不位于同一个逻辑层面上。具体地说,自爱可以被比作某种"质料性的基础"(material basis),这一质料性基础存在于一切有限理性存在者之中,是一种先于他们的道

---

① 更详细的讨论参见康德在《实用人类学》中对 der logische Egoist 的分析(*APH* 7:128 - 129),以及 Moran, K., "Delusions of Virtue: Kant on Self-Conceit," *Kantian Review* 19 (3):423 - 429, 2014。

德意识而出现的对于自己超出一切的善意。相反,作为一种被道德意识所唤醒的傲慢的自重,自负可以被比作某种"恶的形式"(evil form),而这一恶的形式又通过一种"赋形"(formatting)行动而被加在了上面提到的无罪的"质料性基础"之上。最终,当"恶的形式"与"无罪的质料"结合在一起时,一种"恶的整体"(evil whole)便作为这种"赋形"行动的结果被产生了出来,这就是自负和自爱在"自私"之中的综合。

根据自爱和自负之间的这第三重区分(亦即质料 VS 形式),这两者首先只是包含在名为"自私"的综合性整体里面的两个抽象环节。由于人类本性的有限性,自爱对于每个人的现实生存都是一种必然性的建构要素,这是一个关乎人类现实生存的先天事实。同时,又由于趋恶倾向的普遍性(这一点将在本书第三卷得到更为详细的讨论),至少从经验证据上看,自负可以在所有人身上被无一例外地预设——尽管它并不像自爱那样,对于人的生存是自然的和原初的,因而也就无法从人的原初构成中被先天地分析出来①。简而言之,在对于现实人类生存的观察中,最常出现的②并不是自爱和自负这两个抽象环节中的任何一个,而是自爱与自负结合而成的整体,也就是自私:一方面,通过无罪的自爱,自私"在质料方面获得了躯体"(materially em-bodied);而另一方面,通过邪恶的

---

① "一个人将每件好东西都献给自己,这当然是很自然的;但他对自己怀有一种良好的意见,这并不是自然的"(*VM-Collins* 27:358)。

② 然而康德在道德哲学讲座中也确实提到过,自负似乎能够摆脱利己式的自爱而独立地存在:"只要人对他人怀有一种很大程度的善意(Wohlwollens),这种类型的自爱就能够不带任何自私(Eigennutz)地发生。只是以下这点同样是真的:错误的自满(Wohlgefallens an sich selbst)的源头通常会通过它(上述自爱)而产生,因为通过无私地促进他人的福利,人会产生一种对自己的满意(Selbstzufriedenheit mit sich selbst),并且尚未评估自己真正的道德价值就自爱地敬重(eigenliebig achtet)自己"(*VM-Vigilantius* 27:621-622)。

然而需要注意的是,读者不应该仅从字面意思上来理解康德的这段话,进而将自负和自爱绝对地分开。这是因为:首先,当自负的人拒绝屈从于道德法则时,他也就断然地使自己对立于自律的思考方式,所以他也就必然地会选择他律的思考方式,而后者恰恰是通过感性的快乐或不快来规定自由任意的。因此,在以感性的快乐或不快(而并非对道德法则的敬重)来规定自由任意这件事上,一个受到自负驱使的人和一个受到利己式的自爱驱使的人之间,并不存在任何本质性的区别——而无论推动他们的感性快乐或不快,究竟是来自于傲慢的自我评价,还是来自对个人欲望的满足。其次,傲慢的自我评价必然会产生出(转下页)

自负,自私则"在形式方面被注入了灵魂"(formally en-souled)。

　　上述所有这些分析都为研究者理解《宗教》中的自爱原则与第二批判中"自爱-自负"之间的关系,提供了一些有益的线索。在《宗教》一书对于恶的成熟定义中,Selbstliebe 这个一般性的概念可以具有两重含义。首先,仅仅就其自身而言,Selbstliebe 是统摄所有非道德动机的主观原则,这条主观原则和客观的道德法则一样,都是一切具体准则的本质建构要素,而无论这些具体准则的道德属性究竟是善还是恶。从逻辑顺序上看,Selbstliebe 在自由任意对于两种原则的颠倒之前就已经存在,并给这种道德次序的颠倒(亦即一种"赋形"行动)充当了一部分的先天质料(另一部分的先天质料,则由道德法则来充当)。因此仅就自身而言,Selbstliebe 实际上对应于第二批判中的自爱(Eigenliebe)。这就是说,Selbstliebe 作为一种对自己超出一切的善意,在一切有限理性存在者那里都是自然地存在的,因此 Selbstliebe 便可以以一种完全先天的方式被预设,它的活动甚至要先于这些理性存在者对于道德法则的意识而发生,并且仅就自身而言在道德上亦是完全无罪的[1]。

(接上页)一种由对自身形象的认可而来的快乐。就如本书的第二部分将要阐明的那样,一个人的自我概念、幸福概念,以及属于他个人的善的概念里面所包含的经验性内容,全都能在具体的环境下得到改变,因此这些概念所指向的对象,也就绝不仅仅限于对于感性欲望和个人利益的满足,而同样可以在一个更为崇高的领域里得到重新定义,比如说一个人的道德功绩、完善性,以及美好的自我形象等等。总之,无论是就自由任意被规定的方式而言,还是就自由任意所指向的目标而言,自负都无法与自爱绝对地分离开,两者反倒是紧密地缠绕在一起的。

[1] 瑞斯同样注意到了第二批判中的自爱(Eigenliebe)概念和《宗教》中的自爱原则(Prinzip der Selbstliebe)之间的对应关系:"自爱是对福祉的关切,只有当一个偏好与一个人的整体幸福相冲突时,自爱才会调节该偏好。自爱与道德意念的对立并不是由于所涉及的偏好,而是由于自爱不承认任何道德约束。偏好可以在这一点上是好的,亦即当它们被恰当地限制时,(它们)能够为道德上可被允许的目标奠基。但不承认任何道德约束的自爱,却使道德法则成为一条从属性的原则。用《宗教》一书的语言来说,通过颠倒对动机的道德排序,它就是一种趋恶的倾向。由此(我们可以)推出:当被道德关切所约束时,自爱的坏是可以被纠正的。在这种情况下,许多原初偏好可以被保留,它们的目的可以被采纳,尽管现在是基于不同的根据。正是在这个意义上,道德法则仅仅需要限制自爱,并且'一并排除自爱对于最高实践原则的影响'。当它这样做时,自爱就可以成为好的"(Reath, A., *Agency and Autonomy in Kant's Moral Theory*, Oxford: Clarendon Press, 2006, p. 16)。

　　然而,当作为统辖着所有非道德动机的主观原则的 Selbstliebe,与被它所统辖的非道德的动机一道,被自由任意置于了道德法则和道德动机之上的时候,Selbstliebe 也就同时被确立为一条给一切恶的具体准则奠基的最高原则。以这种扭曲的方式被建立起来的 Selbstliebe,实际上是从自由任意颠倒两条原则的行动之中产生出来的逻辑结果。于是,先于这种颠倒而存在的那种原初的 Selbstliebe 本身,可以被比作尚未接受"恶的形式"的"质料性基底",而自由任意发起的"赋形"(formatting)行动,则把一种"恶的形式"加了这一原本无罪的"质料性基底"之上。若稍稍对照一下第二批判,那么读者可以看到——这种颠倒了两条原则之间恰当次序的"赋形行动",正好对应着第二批判中的自负(Eigendünkel)。这是因为,正是自负建立起了傲慢的自重,将一个人的自我价值,错误地放在了道德法则的权威和他人的价值之上,把一个人行动的主观根据,错误地当作了约束所有人行动的客观根据。所以,作为这一次序颠倒之逻辑结果的 Selbstliebe,也就是从上述"赋形行动"中产生出来的一个包含着形式和质料的综合性整体,这一综合性整体对应着自爱和自负两者结合而成的"自私"(Selbstsucht)。

　　第二批判和《宗教》之间的这种对应关系,可以通过下图得到展示:

《实践理性批判》	《纯然理性界限内的宗教》
1. 自爱(Eigenliebe)	1. 一般性的自爱原则(Prinzip der Selbstliebe überhaupt)
2. 自负(Eigendünkel)	2. 自由任意使道德法则屈从于(unterordnen)自爱原则的行动
3. 自爱与自负结合而成的自私(Selbstsucht)	3. 由上述行动产生的"恶的自爱"(die böse Selbstliebe)

注:1. =无罪的质料性基底;2. ="赋形行动"或者"恶的形式";3. =恶的整体,即恶的形式与质料性基底的综合。

　　在此必须提醒读者注意的是,上述对于第二批判和《宗教》一书中自爱概念的对比仅仅是尝试性的。在进行这种尝试性的对比的时候,读者必须小心地避免以下错误印象,亦即自爱和自负是彻底分离的,或者说恶的形式完全源于自爱之外,因此是完全从外部添加给本质上无罪的自爱的。实际上,与这种错误印象形成鲜明对照的是,康德本人曾经清楚地指出了自爱和自负之间存在着一种内在的连续性:

> 但我们现在发现,我们作为感性存在者的本性是这样构成的,即欲求能力的质料(偏好的对象,无论是希望的还是恐惧的)首先将自己强加上来,而我们的以感性接受的方式(pathologisch)可规定的自我,虽然通过自己的准则是完全不适于普遍立法的,但仍然致力于预先提出自己的要求,并把它们作为最先的和源始有效(ersten und ursprünglichen geltend)的要求而提出,就好像这自我构成了我们的整个自我一样。人们可以把这种按照其任意的主观规定根据使自己成为一般意志的客观规定根据的倾向(Hang)称为自爱,这种自爱如果使自己成为立法的,并且成为无条件的实践原则,就可以叫做自负(KpV 5:74)①。

尽管康德在这里使用了不同的术语,但此处的 Selbstliebe 和刚刚分

---

① 《康德著作全集》第 5 卷,中国人民大学出版社 2007 年版,第 79 页。对自爱与自负的关系存在着两种看似相反的解释。一方面,伍德将自负等同于根本恶,亦即以自己的偏好去立法的倾向。因此正是自负败坏了原本无罪的自爱,使自爱冲破了道德的界限。在这个意义上,伍德的解读更接近本章对于自负的第一种理解,亦即自负其实是一种"恶的形式",而这种形式又被加在了自爱这个"无罪的质料"之上[参见 Wood, A. W., "Self-Love, Self-Benevolence, and Self-Conceit," in S. Engstrom and J. Whiting (eds.), *Aristotle*, *Kant*, *and the Stoics*, Cambridge: Cambridge University Press, 1996, p. 154]。而同时莫兰也持有类似的观点,比如她曾经论证说:"值得注意的是,康德在第二批判中提到了自负,将其作为意志的一条原则,自爱则被描述为意志的规定根据。因此,自负并不直接地起到推动作用。相反,它通过把被欲求能力所建议的选择,重新塑造为基于原则的行为(principled actions),来加强(fortifies)这些选择并将它们合法化(legitimizes)"[Moran, K., "Delusions of Virtue: Kant on Self-Conceit," *Kantian Review* 19(3): 429, 2014]。另一方面,与伍德和莫兰不同,恩斯特洛姆却声称自负起源于自爱。换言之,在两者之间存在着一种内在的连续性,自负是从自爱中发展出来的[参见 Engstrom, S., "The *Triebfeder* of Pure Practical Reason," in A. Reath and J. Timmermann (eds.), *Kant's Critique of Practical Reason*: *A Critical Guide*, New York: Cambridge University Press, 2010, p. 109]。在这个意义上,恩斯特洛姆的解读更接近本章对于自负的第二种理解,亦即自负是结合了"无罪的质料"与"恶的形式"的"恶之整体"。实际上,上述几位学者的理解都是有道理的,因(转下页)

析过的 Eigenliebe 其实是同一个意思。就如康德明确指出的那样，自爱本身已经倾向于使任意的主观规定根据成为意志的客观规定根据，同时，一个人以感性接受的方式可被规定的自我（这种自我仅仅依靠受经验限制的实践理性来服务于自身的感性欲望），已经倾向于成为他的整个自我了，就好像他基于纯粹理性的自我（这种自我可以被道德法则规定）根本不存在似的。这种以感性接受的方式可被规定的自我，将偏好的对象呈现于一个人的意识之中，并宣称这些偏好的诉求是原初地就有效的①。在此必须承认的是，以上所有这些关于自爱的描述，几乎和《奠基》一书中的自然辩证法以及《宗教》一书中的趋恶倾向一模一样。但是读者仍然需要注意的是，正因为一个人在自爱原则统治之下的以感性接受的方式可被规定的自我，最终依旧仅仅植根于他有限的人性之中，并且先于他对道德法则的意识就已经觉醒，因此这样的"源始自我"就并不应当在道德上被判定为是恶的。

严格地说，自爱并不与道德法则相对立。相反，自爱仅仅是没有意识到道德法则而已，就如伊甸园中的亚当最初并未听闻上帝的诫命一样。同样地，个人的自爱也并不敌对于其他人类个体，就如亚当最初独自生活在伊甸园中，尚未和其他人建立起任何联系一样。自爱的这种原

（接上页）为康德的术语常常没有单一和固定的含义，因而可以允许不同的诠释。在这里，为了更为完整地保留好康德文本中各样丰富的可能性，本书作者倾向于将自负首先理解为一种恶的形式，但这种恶的形式与无罪的质料并不是截然分离的，而是已经潜在地存在于后者之中。随着道德意识的觉醒，这种恶的形式便从无罪的质料中生长出来，并且反过来将自身加诸原先的质料之上，最终产生出结合了形式与质料的"恶之整体"，而这一"恶之整体"又可以被称为"一种在现实形态下存在的自负"。

① 恩斯特洛姆试图通过对比人的感性自我与动物的经验性欲望，来强调人的感性自我所拥有的特殊之处："因此自爱和自负并不被和那些我们一般地归之于动物（包括那些缺乏理性的动物）的感性欲望置于同一地位：（比如）对于食物、饮水和性的强烈欲望，以及对于极端温度的躲避，诸如此类。自爱和自负与偏好紧密地连接在一起，但它们（和偏好相比）又并不相同，因为它们在自身的准则之中涉及特定的诉求，而这些诉求则包含着一种对于它们自身合法性的本质性的假定与关切"[Engstrom, S., "The *Triebfeder* of Pure Practical Reason", in A. Reath and J. Timmermann (eds.), *Kant's Critique of Practical Reason: A Critical Guide*, New York: Cambridge University Press, 2010, pp. 101 - 102]。

初无罪性,亦可以用以下方式更为清楚地说明:(1) 在道德法则首次在一个人的道德意识中被揭示出来,并为他规定了何为善、何为恶之前,这个人并不拥有任何关于善与恶的先在知识,因此旁观者也就不可能对于这个人的道德品格之善恶做出任何判定;(2) 此外,作为限定着不同主体之间一切关系的最终原则,道德法则同时也构成了由"道德性的视角"所揭示出来的一种真正意义上的"主体间视域"。在这里,"道德性的视角"绝对无条件地将自己区别于"技术性的-实用性的视角"。"技术性的-实用性的视角"总是围着某些主观规则和主观目的打转,这些主观规则和主观目的,仅仅对于某些特殊的主体才是有效的。相反,"道德性的视角"则基于真正意义上的客观规则和客观目的,这些客观规则和客观目的对于所有主体都是普遍有效的。因此,假若一个人原初地就缺失了由道德法则所开启的上述主体间视域,那么这个仅仅受到自爱驱使的人,最多能被比作一个困守于自己世界之中的孩子。旁观者最多只能谴责这个孩子的自我封闭,但对于他企图将自己的主观准则当做客观法则、将自己的"感性自我"当做"全部自我"的举动,却不应当在道德的意义上将其判定为是恶的。

然而,与仅仅以感性接受的方式被规定,因而永远受困于自身之内而无法走出自身的动物不同,人的自我虽然也能够以感性接受的方式而被影响,却并不因此就会被感性完全地决定。相反,人的自我注定趋向于超越自身,总是试图打破自我的封闭性。人的这种"自我超越"同时又具有某种双重面向,既表现在他的感性本身之中,又表现在他受到经验规定的实践理性之中。首先,人的感性就其自身而言(这一感性既包括纯然被动性的感觉,也包括主动性的欲望及偏好),原初地就能够接受理性的影响,并且在理性的影响下发生改变。第二,人的理性由于其自身本性,天生地就趋向于追求无限。哪怕只是那种以满足感性偏好为己任,受到经验重重限制的实践理性,也在不断试图给某种由一切有条件的目的组成的链条,寻求一个无条件的目的作为它的终点,并同时试图让它自己仅仅是主观的诉求,在一种主体间的领域里成为客观有效的。

所以,当纯粹的感性与受经验限制的实践理性结合在一起时,由这两者综合而成的以感性接受的方式而被规定的自我,也就具有了一种"自我超越"的倾向。

借助康德本人的表达此处或许可以这样说:人以感性接受的方式而可以被规定的自我,企图让自由任意的主观规定根据成为意志的客观规定根据。自由任意的主观规定根据最初仅仅是特殊的,而意志的客观规定根据却应当是普遍的。在这个意义上,以自爱为其原则的人之自我所具有的有限性,可以以矛盾的方式被描述为"一种追求无限的有限性":一方面,自爱植根于特殊性和主观性之中;另一方面,自爱又要寻求普遍性和客观性。然而,若没有以一种适当的方式被"赋予形式",那么任何特殊性和主观性就其本质而言,都并不具备获得普遍性和客观性的资格。如果这种包含在人类有限性内部的对于无限性的追求(这种追求原本是无罪的),拒绝接受由真正的普遍性和客观性(亦即道德法则)所赋予的形式,那么这种对于无限性的追求必然会发生一种悲剧性的转变,产生出与它最初所追求的目标背道而驰的结果。

上述这种悲剧性的转变是通过以下方式实现的:自由任意将唯有真正的普遍性和特殊性才配获得的至高地位,随意而武断地给予了某种特殊性和有限性。在此处的语境下,这意味着自由任意将道德法则的权威地位直接给予了自爱原则。同时,鉴于每个人都能拥有对于道德法则的意识,上述这种悲剧性的转变并不是盲目发生的,而是源于自由任意的一项自愿抉择的结果,从而在道德上也就必须被判定为是恶的。同样地,由于道德意识打破了每个人原本封闭的自我,使得每个人都能够向着他人敞开自己,于是每个人也就首次被置于了一种真正意义上的主体间关系之中。在这种真正意义上的主体间关系中,一个人与道德法则的敌对,也就必然地会导致他与其他所有人的敌对。在前面引用的文本中,康德把这种遭到了扭曲的自爱称为自负,根据前文的分析,自负又最终是从自爱里面生长出来的。所以,除了被看做是"恶的形式"或"赋形行动"之外,自负实际上还可以被看做是由上述赋形行动所产生的、形式和质料结合而成的"恶的整体"①。

　　总之,上述这种关于自爱和自负之间关系的更为细致的描述,不仅揭示出了自爱是"无罪的质料性基底",自负是"恶的形式"或者"恶的整体",而且也揭示出了恶的形式(或者说恶的整体)从无罪的质料里面产生出来的过程。具体地说,恶的形式或者恶的整体(亦即自负)已经潜在地存在于无罪的质料(亦即自爱)当中了,所以无罪的质料其实同时具有两种可能的发展方向——或是遵从道德法则,从而成为一种理性的自爱,或是敌对于道德法则,从而成为一种自负。

　　换言之,恶已经潜在地存在于人的有限性当中了。人的有限性由于自身本质的缘故而永远试图超越自身,在这种对于自身的超越行动中,

---

① 瑞斯和恩斯特洛姆对自爱与自负之间的连续性提出了不同的解释。根据瑞斯的观点,"我们可以暂时将自爱当作一种倾向,亦即将自身的偏好作为关于一个人的行为的客观上是善的理由(objectively good reasons),这些理由足以在(这个人)面对他人时给这些行动提供辩护。而在使自爱成为'立法的'(legislative)之时,自负则又向前迈进了一步,成为这样的一种倾向,也就是将自己和自己的偏好当作(同样也是)给其他人的行动提供理由的,或者说,将自己的欲望当作其他人(也同样)应当听从的价值之源泉……自爱趋向于一种一般性的自我中心(general egoism)的形态:我将自己的偏好当作我(自己的)行动的充分理由,但也可以将他人的偏好当作他们(自己的)行动的充分理由,由此一来,所有人都将被允许如他们自己视为适合的那样去追求他们自己的利益。而与此相反,自负则是一种产生第一人称的自我中心(first person egoism)的形态,在这种第一人称的自我中心中,我这样地去行动,就好像我的偏好能够为他人的行为提供法则似的;(由此可见,自负)表达了一种想要他人服务于,或者服从于我的利益的欲望"(Reath, A., *Agency and Autonomy in Kant's Moral Theory*, Oxford: Clarendon Press, 2006, p. 15)。

　　而与瑞斯不同的是,恩斯特洛姆这样论证道:"在单纯的自爱之中,人将自己设想为以感性接受的方式可被规定的主体,也就是说,一个被动的、经验着的(passive, experiencing)主体,他易于感受到快乐和痛苦;但在自负之中,人却将自己设想为一个主动的、认知着的(active, cognizing)主体,他能够知道和规定什么才算是善,才算是要保存和追求的目的。于是以这种方式,宣称自己拥有'作为值得任何人的善意关切的目的'这一地位的活动,就产生出了对于一个关于自身的概念,亦即自己由于认知能力值得敬重,所以可以决定一个目的,从而提出对其他人也一般地有效的(他们)应该做什么的诉求"[Engstrom, S., "The *Triebfeder* of Pure Practical Reason," in A. Reath and J. Timmermann (eds.), *Kant's Critique of Practical Reason: A Critical Guide*, New York: Cambridge University Press, 2010, p. 108]。

　　本章基本同意瑞斯和恩斯特洛姆对于"善意"(benevolence)和"尊重"(esteem)的区分,但同时依然坚持自爱和自负都首先与道德法则相关,因此它们与他人的关系都只是第二位的和衍生性的。

原本仅仅作为潜在性而存在于有限性内部的恶,通过一种悲剧性的转变而得到了现实化。然而最有趣的是,上述这一从"有限性"朝着"真正意义上的恶"的悲剧性转变,却是被人对于善的意识所"触发"(triggered)[但并不是被这一意识所"强制"(necessitated)]的。因此,这里最具讽刺意味的其实是:恶实际上是被善所"唤醒"的,就如唯有在亚当接受了来自上帝的诫命之后,他才会被蛇欺骗,落入后者设下的陷阱。从逻辑的角度看,善的本质绝对地优先于恶的本质,因此恶只能在与善的关系中才能得到间接的定义,而无法像善那样被直接地定义。从形而上学的角度看,朝向善的潜能(亦即本书第三卷将要详细讨论的人格性禀赋)也绝对地优先于朝向恶的潜能(亦即趋恶的倾向)。然而,从人类现实经验的角度来看,无论观察者考察的是个人的成长史还是人类族类的历史,他都会发现恶的现实存在总是先于善的现实存在。换句话说,恶总是先于善而率先在时间中出现。但与此相反的是,从认识论的角度来看,恶在时间中的出现总是已经预设了对于善的意识,因此从这个意义上讲,恶的"现实存在"仍旧依赖于善的"可能存在"。换言之,倘若被剥夺了这种对于"可能之善"的意识,那么恶也将重新跌落回那种"前-道德的有限性"(pre-moral finity)之中,而在这种前 道德的有限性里面,恶只能说是潜在地存在着,却并不在任何严格的意义上具备"恶之为恶"的道德属性。

小结 受经验限制的实践理性的三个环节

本章已经用大量篇幅讨论了自爱,亦即受经验限制的实践理性的第三个环节。然而,除了作为其基本原则的自爱之外,受经验限制的实践理性实际上还拥有幸福和他律这两个环节,而它们又分别是属于该理性的(作为其系统化之整体的)对象,以及这种理性用以规定自由任意的特定作用机制。若仅仅就其自身而言,受经验限制的实践理性中的这三个环节,从道德的角度来看都是无罪的,或者说,这三个环节在道德上都是中性的。然而在人这里,实践理性不仅能够在受到经验限制的条件下得到运用,也能够脱离经验的限制而得到一种纯粹的运用。进一步地说,纯粹实践理性也可以被划分为三个环节,这三个环节分别是作为其基本原则的道德法则、作为其对象的德性(或义务)和作为其规定自由任意的特定作用机制的自律。总而言之,受经验限制的实践理性和纯粹实践理性所各自拥有的三个环节之间的对应关系,可以用下面这张表格来表示:

	基本原则	对象	规定自由任意的作用机制
受经验限制的实践理性	自爱原则	幸福	他律
纯粹实践理性	道德法则	德性(义务)	自律

在此有必要再次强调一下本书第一章和第二章的核心观点,那就是:受经验限制的实践理性和纯粹实践理性之间,本质上并不是一种简单粗暴的敌对关系,而是一种"被限制"和"限制"的关系。更具体地说,道德法则应当被自由任意置于自爱原则之上,德性(或义务)应当给追求幸福的行为提供它们必须遵从的秩序,自律则应当成为他律绝对不能逾越的最后界限。然而,如果这一"被限制"和"限制"的关系遭到了颠倒,那么受到经验限制的实践理性便会篡夺纯粹实践理性的权威地位,并且在自身的三个构成环节中产生相应的败坏。

首先,当自爱原则被自由任意置于了道德法则之上、成为遵循后者的最高限定条件时,自爱便会在道德上成为恶的。就如前文已经展示过的那样,道德之恶并不存在于"被颠倒的质料"(亦即自爱原则)自身当中,而存在于自由任意"颠倒两种质料"(亦即将自爱原则置于道德法则之上)的行动当中。自由任意对于这两种先天质料的错误排序,可以被看作是一种"道德上的赋形"(morally formatting),也就是将某种特定的"道德形式"(在这里指的是"恶的形式")赋予原本无罪的质料。而这一"道德赋形"的结果,就是一个"恶的整体"的诞生。在这一整体里面,"恶的形式"(亦即排序的行动)与"无罪的质料"(亦即自爱原则自身)被结合到了一起,而这个恶的整体可以获得一个新的名字,那就是"悖逆的自爱"(perverse self-love)。这一"悖逆的自爱"与道德法则正相反对,是隐藏在主体内部的,是道德法则的真正敌人。然而,刨除这种与道德法则的敌对关系,"悖逆的自爱"究竟意味着什么却是完全不确定的,其经验内容也是完全空洞的。也就是说,"悖逆的自爱"并不会预先规定哪些质料应当属于一个人的经验自我。这又进一步意味着,自我的经验内容唯有在偶然的处境下,通过后天给予的质料才能被填充进来。当然,这些后天的质料里面,有很多都源于感性的偏好(本书第二卷将深入讨论这一问题)。

第二,当一个人对于幸福的追求(就其自身而言,这种对于幸福的追求不仅在道德上是无罪的,甚至应当被理解为至善的第二个本质性构成环节)突破了由与德性和义务所设置的边界时,这种追求就会变得疯狂和无法无天,让一个人的行为仅仅以自身的利益为导向,并且最终让他完全沦为一头自私自利的动物。很明显,这就是发生在与德性和义务的关系当中的幸福在"形式"方面的败坏。然而,除了这种形式方面的败坏以外,幸福还可能产生一种更深层次的败坏,而后一种败坏则发生在幸福的"内容"当中。

就如《宗教》一书中关于牲畜般的恶习和魔鬼式的恶习的讨论所展示给读者的那样,动物性禀赋和人性禀赋所指向的那些自然目的,完全可以被扭曲到一个违反自然目的的方向上(RGV 6:26 - 27)①。比如说,在一种竞争性的社会关系里面,受到一种败坏的人性的驱使,无数扭曲的偏好便可以通过想象力和理性而被源源不断地创造出来②。因此,那

---

① 《康德著作全集》第 6 卷,中国人民大学出版社 2007 年版,第 24—26 页。

② "只要没有经验的人听从大自然的这种召唤,他就在这方面感觉良好。然而,理性很快就开始躁动起来,并且试图通过把所享用的东西与另一个不与本能相结合的感观,例如视觉感观,向他出示的与通常所享用之物类似的东西作比较,而把他对食物的知识扩展到本能的界限之外……理性的一种特性就是,它能够凭借想象力的协助来装出(erkünsteln)欲望,不仅无须一种指向这种欲望的自然冲动,而且甚至违背自然冲动。这些欲望起初被称为贪婪(Lüsternheit),但由此逐渐地炮制出一大堆不必要的,甚至违背自然的偏好,可以称之为淫逸(Üppigkeit)"(Anfang 8:111 - 112;《康德著作全集》第 8 卷,中国人民大学出版社 2010 年版,第 114 页)。

种作为所有主观目的之系统性整体的、指向所有感性欲望之满足的幸福理念，完全可以被扭曲到一种如此荒谬的地步，以至于这种所谓的幸福，最终会给追求它的人带来不幸与毁灭。从表面上看，上述这一分析似乎过于夸大其实，甚至有违反日常生活中的直觉的嫌疑。然而，上述这一分析的有效性其实很容易得到证实，只要读者考虑到"当关系（relation）的性质被改变时，关系项（relata）所包含的内容也会随之改变"这一基本道理。更确切地说，当幸福的恰当"形式"（亦即幸福与德性之间的恰当关系）遭到了败坏时，幸福所包含的"质料"（这种质料最初是被一种恰当的形式所限制的）也就很容易随之遭到败坏了。

最后，当他律不再服从自律为其设定的边界，反而处于一种与自律相敌对的位置时，他律也就必然会试图篡夺自律所拥有的至高无上的权威地位，试图让自己成为规定自由任意的唯一机制。很明显，上述这种改变首先会败坏他律的"形式方面"（formal aspect），也就是败坏他律和自律之间的关系。值得注意的是，他律在形式方面的败坏，并不会直接使人沦为动物。因为这里所讨论的他律，归根结底依然是一种"自由地选择的自我放纵"（freely chosen self-abandonment），人通过这种自我放纵而为自己招致的被感性欲望所奴役这一悲惨的结果，也依然只是一种"自由地招致的自我奴役"（freely incurred self-enslavement）而已。进一步地说，从他律在其"形式方面"（亦即在他律与自律的关系当中）的败坏里面，还可以进一步地演化出他律在其"质料方面"的败坏：一方面，人的感性快乐和不快在心理层面的强度（也就是他律影响自由任意的感性力量）将会大大地增强，以至于陷入他律的人几乎无法抵抗这种快乐或不快的驱使。在这种极端情况下，人对感性偏好的沉溺将会非常接近（但绝不会完全地等同于）人对于毒品或者酒精的上瘾，这意味着，他将很难从这种上瘾状态中脱身。另一方面，与感性快乐或不快相竞争的对于道德法则的敬重感，亦将一步步地变得非常之微弱，以至于最终沦落到很难被人真切地感受到的地步。

总之，与某些认为《奠基》和第二批判完全把道德之恶归咎于人的感性本性的传统解读不同,本章通过重构康德的关键文本试图证明——即使在《奠基》和第二批判这两本早期的伦理学著作里,康德也可以被理解为将道德之恶定位在了人对于理性的运用之中,或者说,定位在了受经验限制的实践理性与纯粹实践理性的次序颠倒之中。读者同时也应当注意到,虽然恶的本质仅仅是通过两种实践理性的颠倒而得到定义的,但是人的感性本性却同时以三重方式参与了恶的具体表达。第一,感性可以为自爱原则的经验性内容提供所需的质料,或者更准确地说,感性可以为人的经验自我概念的构成提供所需的质料(本书第二卷将深入讨论这个问题)。第二,感性能够影响构建欲望的对象,而所有这些欲望对象都可以被系统性地归于幸福概念之下。第三,感性能够影响构建快乐和不快的强度,唯有借助于一定强度的情感,自由任意才能通过他律的作用机制来得到规定。然而,在感性对于恶之具体表达的上述三重参与里面,感性都只是为恶提供了经验性的质料而已,但自身却并不参与构成恶的先天形式,因为就如前文所述,恶的先天形式只能通过理性而得到规定。在康德笔下,由理性所规定的恶的先天本质只有唯一的一个,那就是被置于道德之上的"悖逆的自爱",与此相反,由感性参与建构的恶的后天表达,却可以在人类的现实经验中达到无穷无尽之多。本书的第二卷致力于深入探讨恶的后天表达问题,接下来的一章仍将继续展开对于恶的本质的考察:讨论完康德在《奠基》和第二批判中的早期观点之后,第三章将正式进入康德在《宗教》一书中所提出的关于道德之恶的成熟定义。

第三章 悖逆的自爱
——康德在《宗教》中对恶的成熟定义

第一节 恶位于自由任意的准则之中

本章将考察康德对道德之恶究竟意味着什么的成熟思考,也就是《纯然理性界限内的宗教》一书中对恶的定义。本章的论证将分为如下几步。首先,第一节将考察恶在主体之中所处的位置——恶存在于自由任意所选择的准则中,而不是纯粹意志或者感性偏好中。这一节将简要地讨论如何从经验中可以观察到的违法行为反向推导回恶的具体准则,再从这些具体准则推导回恶的最高准则的回溯性推理,讨论关于准则和动机之间关系的"采纳的命题"(Incorporation Thesis),以及康德对于魔鬼之恶的可能性的否定。

其次,第二节将集中考察《宗教》一书对恶的成熟定义,通过分析恶在个体的自由任意里所具有的双层结构(也就是具体准则和最高准则这两个层次),证明恶的终极本质应该被定位于自由任意的最高准则当中,这一最高准则使自爱原则优先于道德法则而得到遵循。这一"使……优先于"(prioritize... over)的排序,又是人的任意在本体层面做出的一个自由行动,这一自由行动给恶在现象世界的表达提供了先验的可能性条件。

再次,第三节将探讨康德在《宗教》一书中关于源于动物性禀赋的"机械性的自爱"和源于人性禀赋的"比较性的自爱"的讨论。这两种自爱可以被归于一般性的自爱原则名下,康德对这两个概念的论述亦构成了他的自爱概念的重要发展。通过分析两种自爱分别遭受败坏的情形,本章的最后一节也将在全书的第一卷("恶的单一本质")和第二卷("恶的多重表达")之间建立起一个中介,让全书的整体论证得以顺利地从前者过渡到后者。

现在就先来看一看恶在人类个体之中所处的位置。在《宗教》的第一部分中,康德是这样说的:

> 人们之所以称一个人是恶的,并不是因为他所作出的行为(Handlungen)是恶的[违背法则的(gesetzwidrig)],而是因为这些行为的性质使人推论出此人心中恶的准则。现在人们虽然可以通过经验觉察到违背法则的行为,乃至(最起码在自己身上)觉察到它们是有意识地(mit Bewußtsein)违背法则的,但是,人们却不能观察到准则,甚至在自己心中也并不总是能够观察到。因此,"行动者(Täter)是一个恶的人",这一判断并不能可靠地建立在经验之上。所以,为了称一个人是恶的,就必须能够从一些,甚至从唯一的一个有意为恶的行为出发,以先天的方式推论出一个作为基础的恶的准则(eine böse zum Grunde liegende Maxime),并从这个恶的准则出发,推论出所有特殊的道德上是恶的准则的一个普遍地存在于主体之中的根据(einen in dem Subjekt allgemein liegenden Grund aller besonderen moralischen-bösen Maximen),而这个根据自身又是一个准则(RGV 6:20)①。

从上述引文可以看出,恶是人可能具有的一种属性,或者说,是一种可能被归于"人"这个主词的谓词。一方面,一个人在道德上的恶并不存

————————————

① 《康德著作全集》第 6 卷,中国人民大学出版社 2007 年版,第 18 页。

在于他可以从经验中被观察到的"外部表现"里,也就是说恶并不直接地
展现在一个人的违法行为里——如若这些行为仅仅就其自身而被考察
的话。相反,恶存在于这个人无法从经验中被直接地观察到的"内在动
机"里。总之,为了能够准确地定位恶在主体中所处的位置,康德首先在
一个人的"外部表现"和他的"内部动机"之间划出了一条明确的界线,随
后又把恶置于了后者之中。

　　然而,尽管一个人的"外部表现"和他的"内部动机"之间的确存在着
一条明确的分界线,但观察者同时能够建立起一条由人的"外部表现"通
达他的"内部动机"的推理。根据康德的论述,这一推理从某些(甚至是
唯一的一个)有意为之的违法行为开始,进而追溯了一条在背后建构起
这些违法行为(或者说给这些违法行为奠基)的恶的准则,随后又从这一
恶的准则出发,最终追溯了位于一切恶的特殊准则背后的共同根据,这
个共同的根据自身也是一条恶的准则。在此处的讨论中,那些给可观察
的行为奠基的准则,可以被称为"具体的准则"(concrete maxims),因为
这些准则为了能够建构出可观察的行为,就必须包含诸种特殊的内容。
相反,由于采取这些具体准则的共同根据本身也是一条准则,而且还是
一条位于一切特殊准则之上的普遍原则,于是后者就可以被相应地称为
"最高准则"(die oberste Maxime/the supreme maxim)。总之,康德在这
里想要告诉读者的是,尽管恶作为人的"内在属性"而非"外在表达",并
不能够被"直接地"从经验里观察到,但它却仍然可以被"间接地"以经验
为起点推理出来。

　　现在,再来继续看一看上述回溯性推理的三个构成部分:一是有意
为之的违法行为,二是恶的具体准则,三是恶的最高准则。

　　首先,如果一个"一般性的"违法行为仅仅从外部被观察的话,那么
该行为并不能必然地被判定为是恶的。这是因为,尽管该行为从"外部
表现"看的确触犯了道德法则,但从"内部动机"看却有可能并非源于人
的自由任意,或者是并不伴有对道德法则的清醒意识。与此相反,康德
文中所强调的一个"有意为之的"违法行为,不仅是完全出于自由任意的

选择的行为,而且同时伴有对于道德法则的清醒意识。这意味着,尽管人清楚地知晓道德法则要求或者禁止他做什么,他却依然以一种完全自由的方式选择了明知故犯地违背法则(英文常用 knowingly and willingly 来描述人的这种状态)。根据康德有意强调的来看,实际上只有这种"有意为之的"违法行为,而不仅仅是"一般性的"违法行为,才能被恰当地判定为是恶的。很明显,起码就我们自身的行为而言,我们是完全能够确信自己的某些违法行为是有意地做出的,因此也是应当被判定为恶的。然而,在对他人行为的判断上,我们却无法获得同等程度的确信。这种存在于"对自我的判断"和"对他人的判断"之间的不对称性,也是观察者在做出道德评价时所特别应当注意的。

进一步地,康德又指出,一个有意为之的行为之所以被判定为是恶的,并不是因为它自身的缘故,而是因为给它奠基的具体准则是恶的。因此,有意为之的违法行为其实仅仅在一种"衍生的意义"(derivative sense)上是恶的,而为其奠基的恶的具体准则却在一种"首要的意义"(primary sense)上是恶的。根据康德的观点,准则是人的任意自由选择的主观原则。作为指导行为的一般性规则,准则在"推动行为的动机"和"被动机所推动的行为"之间肩负着一种中介性的作用,就如被亨利·艾利森(Henry Allison)称为"采纳的命题"(Incorporation Thesis)的著名段落所言:

> 任意的自由具有一种极其独特的属性,它能够不为任何导致一种行为的动机(Triebfeder)所规定,除非人把这种动机采纳(aufgenommen)入自己的准则[使它成为自己愿意遵循的普遍规则(allgemeinen Regel)](*RGV* 6:23 - 24)①。

换句话说,任何动机(无论它来自哪里,是源于主体的感性还是理性)都无法直接地规定自由任意去行动。为了规定自由任意去行动,动机还必须借助于准则的中介作用,也就是说,动机必须首先被采纳进一

---

① 《康德著作全集》第 6 卷,中国人民大学出版社 2007 年版,第 22 页。

条准则。然而,无论是"将这一个而非那一个动机采纳进某条准则"这件事,还是"采取这一条而非那一条准则作为自身的行为原则"这件事——两者归根究底都是人的任意所做出的自由行动。因此,对于"是否让自己被某一特定的动机规定着去行动"这件事的最终决定权,依旧属于任意所拥有的先验自由。任意通过一条自己自由地采取的准则,让某个在同等程度上是自由地被采纳进该准则的动机来推动自己去行动。在这个意义上,准则实际上是在动机和行为之间打开了一个"逻辑空间",使得任意所拥有的先验自由得以进入这个逻辑空间并在其中运作。于是以这种方式,准则便在行为的建构过程中扮演了一个关键的中介角色,而这就如康德本人所说的那样:"只有这样,一种动机,不管它是什么样的动机,才能与任意的绝对自发性(即自由)共存"(ibid.,6:24)①。

然而,如果观察者对恶的探寻仅仅止步于上述这种给违法行为奠基的恶的具体准则,那么他必然会面临这样一个难题,即如何解释恶的具体准则本身的可能性这一难题。上述难题之所以会出现,又是因为人的自由任意仅仅配备了三种向善的原初禀赋[亦即动物性禀赋(die Anlage für die Tierheit)、人性禀赋(die Anlage für die Menschheit)和人格性禀赋(die Anlage für die Persönlichkeit)](ibid.,6:26 - 28)②。与此同时,这三种禀赋又只提供了两类动机供自由任意来采纳,其中一类动机是基于人格性禀赋的道德动机,另一类动机则是基于动物性禀赋和人性禀赋的非道德动机。然而这里最致命的困难是:道德动机和非道德动机中的任何一类,若仅仅就其自身而言都并不是恶的,所以,若仅仅依靠这些"原本无罪的质料",恶的具体准则究竟是如何被建构起来的呢?

本书的第三卷将系统地考察上述三种原初向善禀赋,而为了完成本章的论述目标,这里仅仅需要预先考虑一下一个重要的观点,亦即上述

---

① 《康德著作全集》第 6 卷,中国人民大学出版社 2007 年版,第 22 页。
② 《康德著作全集》第 6 卷,中国人民大学出版社 2007 年版,第 24—27 页。

三种原初向善禀赋可以被视为自由任意接受各样动机的先天根据,通过这三种禀赋被接受的各样具体动机(无论这些具体动机是非道德的动机,还是道德的动机),都可以被视为是经由经验后天地给予自由任意的。因此,包含了非道德动机和道德动机的具体准则,其内容也必然只能是经验性的。就如刚刚分析过的那样,恶的具体准则中所包含的恶,既不可能源于非道德的动机,也不可能源于道德的动机——如果这两类动机仅仅就其自身而被考察的话,或者说,如果它们仅仅以一种彼此分离、各自孤立的方式来被看待的话。因此根据上述分析,恶在具体准则中唯一可能占据的位置,似乎便只能是在上述两类动机之间的一种特定"关系"里面了。于是现在的讨论面临的问题就是——道德动机和非道德动机之间需要形成一种什么样的关系,才能使包含着它们的具体准则成为一条恶的准则?

然而,为了回答这个问题,现在需要再来仔细地考察一下恶的最高准则,也就是康德关于恶的回溯性推理中的第三个构成要素。根据康德的文本,恶的最高准则具有如下几个值得注意的特质。

第一,恶的最高准则和其他一切具体准则一样,也是任意为了对"(自身)自由的运用"(Gebrauch ihrer Freiheit)(ibid., 6:21)①而被选择的。

第二,恶的最高准则在如下意义上是一条终极的准则,亦即"关于这个准则必然不能再继续追问,在人之中采取它而不是采取相反的准则的主观根据是什么"(ibid., 6:21)②,正如康德本人所言:

> 由于这种采取是自由的,因而必须不是在自然的一种动机(Triebfeder der Natur)中,而总是又要在一个准则中寻找这种采取的根据[例如,我为什么采取了(angenommen)一个恶的准则,而不是采取一个善的准则];又由于就连这个准则本身也必须有它的根

---

① 《康德著作全集》第 6 卷,中国人民大学出版社 2007 年版,第 19 页。
② 《康德著作全集》第 6 卷,中国人民大学出版社 2007 年版,第 19 页。

据,但在准则之外却不应该(soll)也不能够(kann)提出自由任意的任何规定根据,因而人们就会在主观的规定根据的系列中越来越远地一直追溯到无限(ins Unendliche immer weiter zurück gewiesen),不能达到原初的根据(den ersten Grund)(ibid.,6：21n)[1]。

第三,最高准则只能有唯一的一条,它或者是一条善的准则,或者是一条恶的准则。这条唯一的最高准则决定了一个人整体的道德品格究竟是善是恶,而这个人所有的具体准则和可见行为,又都可以被统一在这一整体品格之下。

第四,最高准则作为"一般地运用人的自由的……主观根据(der subjektive Grund des Gebrauchs seiner Freiheit überhaupt)"(ibid.,6：21)[2],应当被视为一条普遍的规则,从而将自身和体现了种种特殊性的具体准则区分开来。鉴于具体准则包含着种种后天给定的动机(这些动机属于具体准则的经验性内容),最高准则为了能够成为一条为采取各样特殊(具体)准则进行奠基的普遍规则,就必须从后者所拥有的经验内容中完全地抽离出来。这就是说,最高准则必须只能作为具体准则的"先天形式"起作用——就如下文将要展示的那样,这一点对于确定具体准则和最高准则之间的关系非常重要。

第五,最高准则在逻辑上要先于任何在经验中可以观察到的行为。用康德本人的话来说,最高准则"先行于一切落于感观中的行动(vor aller in die Sinne fallenden Tat)"(ibid.,6：21)[3],并且它"不可能是可以在经验中给定的事实(kein Faktum... das in der Erfahrung gegeben werden könnte)"(ibid.,6：22)[4]。考虑到前文已经论证过的观点(亦即最高准则是为采取一切特殊的具体准则来奠基的,被个人的任意所自由

---

[1] 《康德著作全集》第 6 卷,中国人民大学出版社 2007 年版,第 19—20 页。
[2] 《康德著作全集》第 6 卷,中国人民大学出版社 2007 年版,第 19 页。
[3] 《康德著作全集》第 6 卷,中国人民大学出版社 2007 年版,第 19 页。
[4] 《康德著作全集》第 6 卷,中国人民大学出版社 2007 年版,第 20 页。

地采取的唯一的、终极的、普遍的主观根据），那么在这里完全可以说，最高准则实际上应当被理解为具体准则的"先天根据"或者说它们的"先天可能性条件"，具体准则反过来可以被理解为最高准则的"经验表达"。简单地说，最高准则的作用其实是充当具体准则的"先天形式"。于是，接下来出现的问题自然就是——具体准则之中的这个先天形式，究竟应当是什么样子的？

对此处的讨论非常有利的是，除了上面提到的非道德动机和道德动机之外（它们被后天地给予了自由任意，给自由任意所采取的具体准则提供了经验性的内容），康德还提出了分别统辖上述两类动机的两条基本原则，这就是自爱原则和道德法则。一方面，道德法则是纯粹实践理性所订立的基本原则，对道德法则的敬重恰恰就是基于人格性禀赋的道德动机。另一方面，自爱原则完全可以被视为受经验限制的实践理性所遵循的基本原则。然而，《宗教》一书中的自爱概念必须有所扩展，以便不仅可以涵盖由人性禀赋（这种禀赋涉及理性的明智性运用和技术性运用）所提供的非道德动机，而且可以涵盖由动物性禀赋（这种禀赋并不涉及理性的运用）所提供的非道德动机。根据康德的观点，现实中实际上存在着两种类型的自爱，亦即机械性的自爱和比较性的自爱，这两种自爱都可以被归于一般性的自爱原则之下，同时又分别对应着动物性的禀赋和人性的禀赋。

本章的第三节将通过区分康德论述中"理性的"（vernünftig）这个概念的双重含义，来阐明原本属于受经验限制的实践理性的一般意义上的自爱原则，如何在自身之下涵盖源于一个人的动物性本性（这种本性是非理性的）的非道德动机。对于本节的论述目标来说，仅仅强调道德法则和自爱原则是属于人类自由之一般运用的两条最基本的原则就足够了。这两条基本的原则是普遍的和先天的，它们完全独立于任何经验性的因素，能够为经验中的具体准则和可见行为提供某种先验的根据。结合前文对最高准则之诸特性的讨论，读者又将很容易地发现：道德法则和自爱原则其实可以被看成是最高准则中的两个建构性的要素。就如方才已经论证过的那样,恶的具体准则中所包含的恶,只能存在于道德动机和非道德动机之间的某种关系里面。如果想要将具体准则中的恶追溯回它们的先验根据,也就是追溯回给它们奠基的最高准则的话,那么这种恶最终必然会被定位在道德法则与自爱原则之间的某种特定关系里面——因为毕竟,这两条原则是分别统辖着道德动机和非道德动机的基本原则。

总之,通过将具体准则中的恶追溯回为它们奠基的最高准则,具体准则中所包含的所有后天被给定的内容,亦将被彻底地刨除掉,而只有具体准则的先天形式才能被保留下来。在这一从具体准则到最高准则的回溯性推理中,虽然从经验中产生的非道德动机和道德动机被完全抽象掉了(或者说被彻底还原掉了),但这两类动机之间的关系却得到了原封不动的保存,并且在先验的层面上,被重新把握为自爱原则和道德法则之间的关系。很明显,自爱原则与道德法则之间的关系,与被它们两所分别统辖的两类动机的关系正好完全对应。因此根据截至目前的分析,虽然可以说恶的具体准则在一种"首要的意义"(primary sense)上是恶的,但恶的最高准则却在一种为具体准则奠基的"终极的意义"(ultimate sense)上应当被称为是恶的。

至此本节的讨论已经充分展示了康德关于恶的回溯性推理中"恶"所具有的三个层次,这三个层次分别是:(1) 有意为之的违法行为中的恶;(2) 恶的具体准则中的恶;(3) 恶的最高准则中的恶。其中(2)"具体准则中的恶"代表了在康德的叙述中恶的"首要意义"(primary sense),(1)"违法行为中的恶"展示了恶的"衍生意义"(derivative sense),而(3)"最高准则中的恶"则体现了恶的"终极意义"(ultimate sense)。然而此处必须强调的是,恶在这里所呈现的三个层次,都仅仅属于一种"现实的恶"。因为,无论是恶的最高准则或者恶的具体准则,还是有意为之的违法行为,都已经作为人的任意之自由选择的实际产物,被现实地建构出来了,尽管这三者在"经验-先验"的分层上,的确处于三个不同的层次(其中,恶的最高准则,为恶的具体准则和有意为之的违法行为提供了先验的根据;恶的具体准则和有意为之的违法行为,则是恶的最高准则的经验表达)。

借助以上三个概念(即恶的最高准则、恶的具体准则和有意为之的违法行为),某种关于道德之恶的"个人主义的"(individualistic)理论便能够在此被进一步建构出来。这一关于道德之恶的理论之所以是"个人主义的",是因为它将恶在主体之中所处的位置,最终追溯回了个人的自由任意所实际采取的最高准则里面。然而,从《宗教》一书的整体论述结构来看,康德本人却并不满足于这种关于道德之恶的个人主义式解读。实际上,康德对恶的探索并未仅仅停留在个体层面,而是深入到了人类族类层面,试图寻找一种属于人类族类之整体品格的向恶潜能,这种潜能在《宗教》一书中被康德称为"趋恶倾向"。如果考虑到趋恶倾向可以被解读为给个人所采取的恶的最高准则奠基的一个更深的根据,那么恶的最高准则所具有的恶,似乎只能在"现实之恶"的有限范围内被称为是"终极的"(亦即它仅仅是恶在"相对意义上"的终极根据),但恶在"绝对意义上"的终极根据却超越了个人自由任意的层面,应当被定位于属于人类族类的向恶潜能之中。

属于人类族类的向恶潜能,将被留到本书的第三卷丙讨论,在本节关于在个人之内如何定位"恶"的讨论即将结束之际,读者还需注意以下一点,那就是康德通过将恶定位在人的自由任意所采取的准则里面,而不是(提供了非道德动机的)感性偏好,或者(提供了道德动机的)纯粹实践理性里面,康德实际上明确否认了感性偏好和纯粹意志有可能成为恶的源头。

一方面,关于人的感性本性为什么不应当被视为恶的源头,康德本人是这样解释的:

> 这种恶的根据不能像人们通常所说明的那样,被放在人的感性以及由此产生的自然偏好之中。因为不仅这些偏好与恶没有直接的关系[毋宁说,它们为能够证明道德意念的力量的东西,即为德性

(Tugend)提供了机会],我们不应为它们的存在承担责任[我们也不能够这样做;因为它们作为(与我们共同)被创造的(anerschaffen)东西,并不以我们为创造者(Urhebern)](ibid.，6:34-35①)。

从上面这段引文来看,康德拒绝承认人的感性本性应当为恶承担责任的理由是非常充分的。然而,就如本书第二卷将要展示的那样,人的感性本性反过来也可以被恶所败坏,在某种"悖逆的自爱"的搅扰和激荡之下,朝着违反其原初自然目的的方向发展。同时对这里的讨论最为重要的是,这种感性本性的败坏,不但可能发生在个人开始使用理性之后(亦即通过理性来败坏他的感性),甚至还可能发生在理性的运用被唤醒之前。换句话说,尽管在最确切的意义上,唯有属于人的高级欲求能力的自由任意,才能够在恰当的意义上被视为恶在个人之中的所居之地(也就是"现实之恶"所处的位置,这种"现实之恶"从自由任意颠倒纯粹实践理性和受经验限制的实践理性之间次序的自由行动中产生了出来),然而,在一个较为宽泛的意义上,"恶的潜在形式"(亦即一种纯然的倾向或者说冲动)早在个人真正地开始运用他的理性之前,就已经在搅扰和激荡着他的感性本性了。

另一方面,对于为什么除了人的感性本性之外,他的纯粹实践理性也同样不能被视为恶的源头,康德是这样解释的:

> 其次,这种恶的根据也不能被放在道德地立法的理性的败坏(Verderbnis der moralisch-gesetzgebenden Vernunft)之中;就好像这种理性能在自身中清除(vertilgen)法则本身的威望,并且否定出自法则的责任似的;因为这是绝对不可能的。设想自己是一个自由行动的存在者,同时却摆脱适合于这样一种存在者的法则(道德法则),这无非是设想出一个没有任何法则的作用因(因为依据自然法则作出的规定由于自由的缘故而被取消);而这是自相矛盾的。——所以,为了说明人身上的道德上的恶的根据,感性所包含

---

① 《康德著作全集》第6卷,中国人民大学出版社2007年版,第34页。

的东西太少了；因为它通过取消可能从自由中产生的动机，而把人变成了一种纯然动物性的东西；与此相反，摆脱了道德法则的仿佛是恶意的理性（一种绝对恶的意志）[eine vom moralischen Gesetze aber freisprechende, gleichsam boshafte Vernunft（ein schlechthin böser Wille）]所包含的东西又太多了，因为这样一来，与法则的冲突自身（der Widerstreit gegen das Gesetz seblst）就会被提高为动机（因为倘若没有任何动机，任意就不能被规定），并且主体也会被变成为一种魔鬼般的存在者（teuflischen Wesen）(ibid., 6:35)①。

根据康德，纯粹实践理性（或者说纯粹意志）不仅能够给自由任意颁布道德法则，而且也能够从自由任意那里唤起对于道德法则的敬重，而这种敬重感就是一种原初的向善动机（KpV 5:72-89; MS 6:399-403)②。于是，以这种方式，纯粹意志便将自由任意置于了道德法则的绝对权威之下，约束在了行善避恶的绝对义务之下，并由此建立起了人的道德主体性，以及人在善恶之间进行选择的道德责任。然而，若像这段引文所假设的那样，纯粹意志本身是有可能遭到败坏的，那么在这种假设的情况下，纯粹意志将不仅无法向自由任意颁布道德法则，却反倒会以一种原初的方式唤起自由任意对于道德法则的抵抗，亦即唤起一种原初的向恶动机。鉴于被纯粹意志所唤起的原初动机，在上述假设的情况下从向善变为了向恶，因此与之相应地，自由任意亦将会使自己摆脱道

---

① 《康德著作全集》第6卷，中国人民大学出版社2007年版，第35页。

② 参见《康德著作全集》第5卷，中国人民大学出版社2007年版，第76—95页；《康德著作全集》第6卷，中国人民大学出版社2007年版，第411—415页。在此需要特别注意的是，"意志"和"任意"之间的区分，并不是两种"实体"之间的"形而上学区分"，而是高级欲求能力内部两种"功能"之间的"实践性区分"。作为高级欲求能力里面的立法功能，意志就是实践理性，纯粹意志也就是纯粹实践理性："法则来自意志，准则来自任意。任意在人里面是一种自由的任意；仅仅与法则相关的意志，既不能被称为自由的，也不能被称为不自由的，因为它与行为无关，而是直接与为行为准则立法（因而是实践理性本身）有关，因此也是绝对必然的（schlechterdings notwendig），即便是不能够被强制的（keiner Nötigung fähig）。所以，只有任意才能够被称为自由的"(MS 6:226；《康德著作全集》第6卷，中国人民大学出版社2007年版，第233页）。

德法则的权威和行善避恶的义务,这将最终导致人类道德主体性的瓦解,以及在善恶之间进行选择的道德责任的消失。然而更糟糕的是,在自由任意拥有了原初的向恶动机(而非原初的向善动机)的情况下,人还会被彻底地扭曲成魔鬼式的存在者。这种魔鬼式的存在者原初地就被设定成了只能出于"反抗道德法则"这个唯一的动机而去作恶(因此它们的行为模式便可被简称为"为恶而恶")。所以,为了避免人类道德主体性的瓦解和道德责任的消失,为了避免人被扭曲为一种非人的存在者,康德确实拥有充分的理由去否认纯粹意志有可能成为恶的承载者,亦即成为一种魔鬼式的理性这种假设的情况(对魔鬼之恶更为详尽的讨论,参见本书附录收录的单篇文章)。

第二节 恶的本质——将自爱置于道德之上

上一节一方面讨论了康德关于恶存在于自由任意的行动之中这一论断,另一方面又解释了康德为什么坚决否认恶可能存在于纯粹意志或感性本性之中。现在,本节将进一步探讨康德在《宗教》一书中关于"恶究竟是什么"或者说"恶的本质"的成熟理解。上一节的分析已经表明,在具体准则中道德动机和非道德动机之间的某种特定关系,或者说,在最高准则中道德法则和自爱原则之间一种与之相应的关系,规定了恶之为恶的最终本质。康德在《宗教》一书中对恶的清晰定义,似乎也肯定了以上的这些分析:

> 人(即使是最邪恶的人)都不会以仿佛叛逆的方式(宣布不再服从)来放弃道德法则。毋宁说,道德法则是借助于人的道德禀赋(moralischen Anlage),不可抗拒地强加给人的(dringt sich ihm... unwiderstehlich auf)。而且,如果没有别的相反的动机起作用,人就也会把它当做任意的充分规定根据,纳入自己的最高准则,也就是说,人就会在道德上是善的。不过,人由于其同样无辜的自然禀赋(Naturanlage),毕竟也依赖于感性的动机,并把它们(根据自爱的

主观原则)也纳入自己的准则。但是,如果他把感性的动机作为本身独立自主地规定任意(für sich allein hinreichend zur Bestimmung der Willkür)的东西纳入自己的准则,而不把道德法则(这是在他自身之中就拥有的)放在心上,那么,他就会在道德上是恶的。现在,由于他自然而然地(natürlicherweise)把两者都纳入自己的准则,由于他也把每一个(动机)自身,假若它是独立的,都看做是足以规定意志的,所以,如果准则的区别仅仅在于动机[准则的质料(Materie)]的区别,也就是说,仅仅取决于是法则还是感官冲动提供了这样一种动机,那么,他在道德上就会同时是既善又恶的;而这(根据本书序言)又是自相矛盾的。因此,人是善的还是恶的,其区别必然不在于他纳入自己准则的动机的区别(不在于准则的这些质料),而是在于主从关系(Unterordnung)[准则的形式(Form)],即他把二者之中的哪一个作为另一个的条件。因此,人(即使是最好的人)仅仅因为这个是恶的:他虽然除了自爱的法则之外,还把道德法则纳入自己的准则,但在把各种动机纳入自己的准则时,却颠倒了(umkehrt)它们的道德次序(sittliche Ordnung);他意识到一个并不能与另一个并列存在,而是必须一个把另一个当做最高的条件(oberste Bedingung)来服从,从而把自爱的动机及其偏好当做遵循道德法则的条件;而事实上,后者作为满足前者的最高条件,应该被纳入任意的普遍准则(die allgemeine Maxime),来作为独一无二的动机(ibid., 6:36)①。

根据上述引文,康德首先再次重复了人的自由任意不可能以魔鬼的方式对抗道德法则。随后康德又指出,由于人的自由任意一方面拥有人格性禀赋,另一方面又拥有包括动物性禀赋和人性禀赋在内的自然禀赋,因此它总是同时将道德法则(以及它所统摄的道德动机)和自爱原则(以及它所统摄的非道德动机)一起纳入自己的准则。所以准则的善恶

---

① 《康德著作全集》第6卷,中国人民大学出版社2007年版,第35—36页。

并不取决于它所包含的"质料性内容"(亦即被纳入准则的原则或动机),而是取决于它所具有的"形式性结构"(亦即两种原则以及与其相应的两类动机之间的次序)。如果自爱原则与非道德动机被自由任意置于了道德法则和道德动机之下,那么这个自由任意就拥有了善的品格;反之,如果道德法则和道德动机被自由任意置于了自爱原则和非道德动机之下,那么这个自由任意就拥有了恶的品格。换言之,道德上的善意味着,自由任意将道德法则以及道德动机当成了满足自爱原则和非道德动机的最高限定条件;道德上的恶则意味着,自由任意将后者当成了满足前者的最高限定条件。

总之,《宗教》一书对恶的成熟定义,似乎完全确认了本章第一节的分析,亦即恶仅仅存在于道德法则和自爱原则之间的某种特定关系中,或者说存在于由这两种原则所分别统辖的道德动机和非道德动机之间,以及与之相应的关系中。然而经过更细致的考察,读者又会发现康德并未对"两条基本原则之间的次序"和"两类动机之间的次序"做出进一步的区分。康德似乎认为,"把一条原则置于另一条原则之下",在各个方面都完全地等同于"将前者所统辖的动机,置于后者所统辖的动机之下"。

但根据本章第一节的分析,康德对上述这两个排序行动的"等同"或者说"混淆"很可能让读者产生一种误解。因为就如前文已经论证过的那样,最高准则应当被看作是具体准则的先验基础,而具体准则则应当被看作是最高准则的经验表达。换言之,最高准则中对两条基本原则的排序行动,给具体准则中对两类动机的排序行动提供了一种"先天的建构形式"(a priori constitutive form),而具体准则中对两类动机的排序行动只能是以一种后天的方式发生的,因为其中被排序的动机就其内容而言,只能由经验来给予自由任意。借用康德本人描述本体-现象这两个世界的术语,在最高准则中对两条基本原则的排序,是一个超越了时间和空间的本体世界的行动,而在具体准则中所发生的对于两类动机的排序,则是一个落入了时空之中的现象世界的行动①。将自爱原则置于道德法则之上的本体性行动,可以说在一种终极的意义上是恶的,这一本体性的行动又为那些将非道德动机置于道德动机之上的现象性行动,奠定了一种最终的先验基础。

根据康德对恶的回溯性推理,如果能够在经验中找到某些恶的具体准则,那么便肯定可以由此追溯到一条为它们奠定先验基础的恶的最高准则。换句话说,一旦在经验之中发现了"将非道德的动机置于道德动机之上"的现象,那么也就肯定可以在一个比经验更深的层面上,确定一种作为该现象之先验基础的"将自爱原则置于道德法则之上"的行动。可是,如果反过来看,如果将康德对恶的回溯性推理颠倒过来,如果以颠倒了自爱原则和道德法则的最高准则作为起点,那么观察者是否还能够确切无疑地推导出那些颠倒了非道德动机和道德动机的具体准则呢?

对上述这个问题的回答毫无疑问应当是否定的。首先,虽然从恶的最高准则的确能够产生出恶的具体准则,但这并不意味着,当一个人的最高准则是恶的,他就只能选择恶的具体准则,而完全无法选择善的具体准则。实际上,鉴于人格性禀赋的永恒存在,哪怕最邪恶的人也能够选择善的具体准则,并且(至少是偶然地)做出善的行为。其次,即使在恶的最高准则已经实际地产生出了恶的具体准则的情况下,这些具体准则所拥有的基本结构,也并不必然地以"将非道德的动机置于道德动机之上"作为其标志。实际上,以"将非道德的动机置于道德动机之上"为其基本结构标志的恶的具体准则,仅仅构成了所有恶的具体准则之中的某一类别而已,这就是本书第三卷将要讨论的"(出于)恶劣的准则"(maxims of Bösartigkeit)。然而与此同时,人类经验还揭示了另外两类恶的具体准则,而那就是"(出于)脆弱的准则"(maxims of Gebrechlichkeit)和"(出于)不纯

---

① 本书第三卷将会阐明,此处所说的"属于现象界的行动"实际上是"指向现象世界的行动"(an act directed at the phenomenal world)。这个行动建构起了具体准则以及就质料而言的行为,它属于自由任意在现象界的自我表达,因而清楚地区别于自由任意在本体界的自我规定(亦即对自身最高准则的决定)。然而若仅仅就其自身而言,上述"指向现象世界的行动"无疑依旧是自由的,因此更准确地说,只有该行动的产物(亦即具体准则以及就质料而言的行为)才真正地处于现象界之中。

正的准则"（maxims of Unlauterkeit）。简单地说，脆弱、不纯正、和恶劣［亦即趋恶倾向里的三个"层次"（Stufen）］其实可以被看作是恶的最高准则在具体准则里表达自身的三种不同"模式"（modi）。

只有在本书的第三卷充分地讨论了趋恶倾向的概念以及两种不同的"行动"［一种是理知的行动（intelligibele Tat），另一种是可感的行动（sensibele Tat）］之后，读者才能够清楚地看到：为什么此处无法从对于两条原则的排序，直接地推导出对于两类动机的排序。为了此处的论证目标，现在只需强调：恶的终极本质应当被定义为自由任意在最高准则层面将自爱原则置于道德法则之上，而不是在具体准则层面将非道德动机置于道德动机之上——其中前者是一个本体界的行动，是所有发生在现象界的行动的先验基础，并且充当了后者的先天建构形式。

在本节的最后还需继续探讨一下，"将自爱原则置于道德法则之上"这件事，究竟意味着什么。

就如前文已经论证过的那样，道德法则和自爱原则是人类自由的两条基本原则。更准确地说，它们是属于自由存在者的"自我-自我关系"和"自我-他者关系"的两条建构性原则。其中道德法则代表了这些关系必须服从的"普遍形式"，亦即在"自我-自我关系"和"自我-他者关系"中，每个行为和每条准则都应当遵循的最高限定条件。反之，自爱原则则代表了每个自我所拥有或追求的"特殊内容"。很明显，这些特殊内容应当被上述普遍形式所规范。

由此可见，通过分别代表"普遍形式"和"特殊质料"，道德法则和自爱原则也就成了自由存在者的关系网之中的两个"基本构成成分"。其中，道德法则作为代表着"纯粹普遍性"的原则，可以被称为这个关系网的"形式性原则"；自爱原则作为代表着"纯粹特殊性"的原则，可以被称为这个关系网的"质料性原则"。但对于由"自我-自我关系"和"自我-他者关系"所组成的网络体系而言，上述两条原则都是必不可少的。无论是"拒斥普遍性的特殊性"（即极端多元主义）还是"拒斥特殊性的普遍性"（即极端律法主义），都会给自由存在者的关系网带来灭顶之灾。更重要的是,这两种基本原则之间的排序,或者说"纯粹普遍性"和"纯粹特殊性"之间的次序,亦将规定道德意义上的善与恶的终极含义。其中,恶就是将特殊内容置于普遍形式之上,善则是将特殊内容置于相对于普遍形式的从属地位。或者更简单地说,恶就是将特殊性放在普遍性之上,而善则是将普遍性放在特殊性之上①。

需要注意的是,这里所讨论的道德法则和自爱原则的深层意义,以及由它们之间的排序来定义的善与恶的深层意义,仅仅是从先验的层面上来说的。所以,若从经验的层面来看,那么上述所有概念都依然只是抽象的和空洞的。如若没有关于人类的经验性知识被补充进来,那么在先验的层面上被简单地定义为"纯粹普遍性"的道德法则,还根本无法揭示出任何具体的职责或权利究竟包含什么内容。类似地,如若没有经验性的要素被进一步填充进来,那么在先验的层面上被简单

---

① 本书对自爱原则和道德法则在先验层面所具有的含义的新阐释,开显出了一个"先验的主体间性"(transcendental inter-subjectivity)的全新领域。简单地说,"他者""共同体""你-我关系"都并不仅仅是经验的产物,而首先需要被实践理性先验地建构起来。唯有在这种"先验的主体间性"的基础之上,一切经验中的主体间关系才是可能的。因此,与康德理论哲学的制高点"先验自我"不同,康德实践哲学的制高点实际上是"先验的自我-他者"(transcendental self-other)。这一"先验的自我-他者"以一种先天综合的方式,建构起了自由存在者之间的"自我-自我"关系与"自我-他者"关系,由此也就以一种先天综合的方式,为所有经验中的共同体提供了一个作为它们共同基础的"先验共同体"。在康德本人的论述中,这一先验共同体实际上已经被道德法则(特别是该法则的"目的王国"公式)暗中揭示出来了。因此从某种意义上说,目的王国对于所有的人类共同体而言并不仅仅具有"调节性的"功能,而是在调节性的功能之前还具有"建构性的"功能。然而这又将引出一个非常宏大的主题,由于本书的篇幅限制无法详细地展开。

上述分析的最初灵感,来自笔者的博导威廉·戴斯蒙德教授关于康德的一段评述:"康德提示说,目的王国是一个'理想'(ideal)。当康德使用'理想'这个词时,他试图在意指一个调节性的理想。是什么样的调节呢? 当然是一个甚至为了成为调节性的理想,就必须现在就在起作用的理想。(换言之,)这个王国不能仅仅是一个'虔诚的'愿望(a 'pious wish')。尽管它设置了一个任务或目标,它却依旧必须在此时此刻就是有效的,而并不仅仅呈现为某种正在来临的形态。这一理想必须在是调节性的同时也是建构性的;确实,它为了是调节性的,就必须是建构性的"(Desmond, W. , *Ethics and the Between*, Albany, NY: State University of New York Press, 2001, p. 140)(事实上,从康德意义上的实践视角来看,道德法则对于自由意志来说已经是"客观地建构性"的了。然而,戴斯蒙德教授此处是在更为形而上学的意义上,而并非是在康德实践哲学的意义上来使用"建构性的"这个词的。)

地定义为"纯粹特殊性"的自爱原则,也根本无法描述出一个人所拥有的具体的自我概念包含哪些内容,更不用提在每个具体的处境中,哪些要素构成了他的个人幸福和切身利益了。就如读者将在本书第二卷看到的那样,自爱原则的先验规定(也就是"纯粹特殊性")并没有预先决定这一自爱在经验层面应当拥有何种确定的内容。这恰恰意味着,自爱的经验内容归根究底是不确定的,因此也是向着所有变化敞开的。更为关键的是,自爱的这一经验规定性(亦即空洞性、不定性和可变性)亦将为恶在现实中无穷多样的表达形态,提供一种最终的先验可能性条件。

第三节　机械性的自爱与比较性的自爱

就如本书第二章已经分析过的那样,当原本无罪的自爱原则被自由任意置于道德法则之上时,前者便会通过自由任意的这一排序行动而获得一种"恶的形式",从而成为一种"悖逆的自爱"。在《奠基》和第二批判这两本较早的著作中,当康德在自爱与幸福、自爱与他律的关系中来讨论自爱时,这种自爱应当主要被理解为一条属于受到经验限制的实践理性的基本原则,这种实践理性与纯粹实践理性不同,指向的是理性的明智性的—技术性的运用。因此,似乎根据《奠基》和第二批判的文本,恶仅仅意味着一个人对于自身实践理性的不恰当运用,或者说他颠倒了实践理性的明智性的—技术性的运用和它的道德性运用之间的恰当次序。

读者需要注意的是,康德在《宗教》一书中可以说扩展了"悖逆的自爱"的含义,让这种自爱能够覆盖人的动物性本性(也就是一种非理性的本性)的败坏。就如下文即将指出的那样,从动物性的败坏之中会产生出本性粗野的恶习(Laster der Rohigkeit der Natur)[而当发展到极端时,这些恶习则可以被称为牲畜般的恶习(viehische Laster)],比如暴食(Völlerei)、荒淫(Wollust)和野蛮的无法无天(wilde Gesetzlosigkeit)

（*RGV* 6：27）[1]。值得注意的是，上述这些恶习在野蛮人和小孩子身上就能够被发现，这两类人群对于理性的运用尚未得到充分的发展。所以，为了能够更好地解释本性粗野的恶习，《宗教》一书中提出的一般性的自爱原则，就不应当仅仅被理解为一条属于受到经验限制的实践理性的基本原则，而是应当在一个更为宽泛的意义上，被理解为是和道德法则相并列的，属于人类自由之一般运用的两条基本原则中的一条。这条属于人类自由之一般运用的自爱原则，将所有非-道德的动机——无论这些非道德的动机来自人的理性本性（这里指人性的禀赋）还是来自人的非理性本性（这里指动物性的禀赋）——统统归于自身之下。就如下文将要展示的那样，康德对于机械性的自爱和比较性的自爱的区分（这两种自爱分别对应着动物性的禀赋和人性的禀赋），能够给关于一般性的自爱原则的上述理解，提供一种更为充分的文本证据。因此，下文将更深入地考察这两种自爱的形态，以便展现康德是如何在《宗教》一书中扩展自爱原则的基本含义，又是如何以这种方式来深化关于道德之恶的理解的。

根据康德，"自然的、纯然机械性的自爱（der physischen und bloß mechanischen Selbstliebe）"植根于我们每个人原初的动物性禀赋（die Anlage für die Tierheit）里面，同时这种自爱并不涉及对于理性的运用。相反，"自然的，但却是比较性的自爱"（der zwar physischen，aber noch vergleichenden Selbstliebe）则植根于我们每个人原初的人性禀赋（die Anlage für die Menschheit）里面，由于这种自爱唯有在和他人的比较之中才能确定一个人自身的幸福和不幸，而比较的行动又需要理性的参与，所以这种自爱也就必然要求一个人对于理性的运用（*RGV* 6：26 – 27）[2]。

就如许多康德研究者已经指出的那样，康德对机械性的自爱和比较性的自爱的区分，明显地延续了卢梭在《爱弥儿》中对 amour de soi 和

---

① 《康德著作全集》第 6 卷，中国人民大学出版社 2007 年版，第 26 页。
② 《康德著作全集》第 6 卷，中国人民大学出版社 2007 年版，第 25—26 页。

amour-propre 的区分。根据卢梭的论述，"仅仅关注我们自身的那种自
爱（即 amour de soi），当我们真正的需要得到满足时也就知足了。但进
行比较的 amour-propre 却永远不会知足，也永远无法知足，因为这种情
感（亦即相较于他人更喜欢自己）也要求他人相较于他们自己更喜欢我
们——而这件事则是不可能的"①。实际上，很多康德研究者都十分强调
卢梭在关于恶的理解上对于康德的深刻影响。根据这些研究者的观点，
康德笔下的道德之恶就如卢梭所言的那样，诞生于人性在社会条件下的
发展过程当中，同时，也正是比较性的自爱败坏了原本无罪的动物性禀
赋和基于动物性禀赋的机械性的自爱②。在这些学者的解读中，康德将
"非社会的社会性"（ungesellige Geselligkeit）③视为人类之恶的主要表
现，认为人与人之间的共处与相遇，是恶得以诞生的必要条件。

---

① Rousseau, J. J., *Emile, or On Education*, A. Bloom (trans.), New York: Basic Books, 1979, pp. 213 - 214.

② 莎朗·安德森-葛尔特（Sharon Anderson-Gold）属于英语世界里第一批强调康德关于恶的理解包含着社会维度的学者（参见她颇有影响力的代表作 Anderson-Gold, S., *Unnecessary Evil: History and Moral Progress in the Philosophy of Immanuel Kant*, Albany, NY: State University of New York Press, 2001）。艾伦·伍德则继续发展了安德森-葛尔特对于恶的社会性解读，当比较康德的"人具有内在的趋恶倾向"和卢梭的"人性本善"这两种看似对立的观点时，伍德甚至这样论断道："这两条学说不仅是兼容的，而且实际上是同一条学说"。为此伍德还给出了如下论证："对(这)两位哲学家来说，只有在社会之中人才成为他们自己的作品，因为只有和他人在一起的时候人们才完善了自身，并且设计出属于他们自己的生活模式。因此，人只有通过他们的社会关系，才成为对自身负责的[这就是那种不仅在卢梭，而且也在康德关于恶的理论中存在着的基本的反-个人主义（anti-individualism）]"（Wood, A. W., *Kant's Ethical Thought*, New York: Cambridge University Press, 1999, pp. 291 - 292）。
　　与此相对，珍妮·格林伯格（Jeanine Grenberg）则尖锐地批评了伍德认为社会在恶的起源中扮演着一个关键角色的做法。根据格林伯格的分析，伍德忽视了包含在康德的趋恶倾向概念里面的先验维度，并且错误地将"非社会的社会性"与"趋恶倾向"混淆了起来。根据格林伯格对康德的解读，"非社会的社会性"实际上只是趋恶倾向的一种后天表达而已[Grenberg, J., "Social Dimension of Kant's Conception of Radical Evil," in S. Anderson-Gold and P. Muchnik (eds.) *Kant's Anatomy of Evil*, New York: Cambridge University Press, 2010, pp. 173 - 194]。尽管在分析细节上与格林伯格有着诸多不同，但本书作者和她一样，也并不赞同过分强调恶的社会维度。

③ "在这里，我把这种对立（*Antagonism*）理解为人们的非社会的社会性，也就是说，人们进入社会的倾向，但这种倾向却与不断威胁要分裂这个社会的一种彻底的对抗（durchgängigen Widerstande）结合在一起"（*Idee* 8:20;《康德著作全集》第 8 卷，中国人民大学出版社 2010 年版，第 27 页）。

的确,康德在《宗教》第三部分开头处的文本,似乎完全支持上述这种解读:

> 如果他寻找为他召来这种危险,并使他处于这种危险之中的原因和情境(Ursachen und Umständen),那么,他很容易使自己确信,这些原因和情境并不来自他自己粗野的本性——只要他是离群索居的,而来自他与之处于关系或者联系之中的人们。无须通过粗野本性的刺激(Anreize),那本来就应该如此称谓的激情在他心中就活跃起来了,这些激情在他原初善的禀赋中造成了如此大的破坏。他的需求仅仅是很小的,他在为这些需求操心时的心态,是有节制的和平静的。只有当他担心其他人可能会认为他可怜,并且在这方面蔑视他时,他才是可怜的(或者自认为可怜)。当他处在人们中间时,妒忌(Neid)、统治欲(Herrschsucht)、占有欲(Habsucht)以及与此相联系的怀有敌意的偏好,马上冲击着他那自身知足的本性(an sich genügsame Natur)。甚至没有必要假定这些人已经堕入恶,假定他们为教唆的榜样。他们在这里(da sind),他们包围着他(ihn umgeben),他们都是人(Menschen sind)——这就足以在他们的道德禀赋中彼此败坏,并且使彼此变为恶的了(um einander wechselseitig in ihrer moralischen Anlage zu verderben, und sich einander böse zu machen)(*RGV* 6:93 – 94)①②。

---

① 《康德著作全集》第 6 卷,中国人民大学出版社 2007 年版,第 93 页。

② 伍德试图用这段文本来支持他对于康德根本恶理论的诠释(参见 Wood, A. W., *Kant's Ethical Thought*, New York: Cambridge University Press, 1999, p. 289),伍德的这一诠释与卢梭对于恶的理解基本上是一致的。格林伯格指出,伍德混淆了先于每一个体在时间中的一切恶行就已经存在的趋恶倾向和这种倾向以"非社会的社会性"为名的后天表达。尽管基本同意格林伯格对于伍德的批判,但本书作者并不像她那样,认为"道德主体的思维过程"(包括焦虑、恐惧、寻求超出他人的优越地位的欲望)"欺骗了主体,使主体相信他自己并不是自身危险的恶的处境的原因"[Grenberg, J., "Social Dimension of Kant's Conception of Radical Evil," in S. Anderson-Gold and P. Muchnik (eds.), *Kant's Anatomy of Evil*, New York: Cambridge University Press, 2010, pp. 177 – 182, p. 178]。实际上,与格林伯格所想的恰好相反,如果社会性的条件仅仅被理解为恶在经验中的触发物的话,那么道德主体的上述思维过程,就并不需要仅仅被当成是一场自我欺骗,因为这一思维过程其实如实地反映了当道德主体在朝着恶堕落时,他在心理层面所实际经历的东西。

　　然而可惜的是,将恶的起源主要追溯到社会环境和比较性的自爱当中(亦即对道德之恶采用一种卢梭式的解读)的做法,却同时包含着两个十分严重的问题。首先,第一个问题存在于文本方面。简单地说,将恶主要定位在处于社会环境下的一种败坏的比较性的自爱之中的做法,似乎并不符合康德本人使用的术语。因为毕竟,康德把机械性的自爱和比较性的自爱,共同视为位于一般性的自爱原则之下的两个子类。所以,当康德将道德之恶定义为"将自爱原则置于道德法则"之上时,按照一种最自然的解读方式,这个定义中的自爱概念应当被看作是一条一般性的自爱原则,而不是被归于该原则之下的比较性的自爱或者机械性的自爱。这意味着,不仅让道德法则屈从于比较性的自爱的举动,在道德上将会是恶的,而且让道德法则屈从于机械性的自爱的举动,在道德上也将是恶的。上述这种对恶的定义的最为自然的解读方式,完全符合康德本人对于"本性粗野的恶习"(Laster der Rohigkeit der Natur)和"文化的恶习"(Laster der Kultur)的区分。其中本性粗野的恶习源于动物性禀赋的败坏,而鉴于动物性的禀赋是以机械性的自爱为其基本原则的,所以本性粗野的恶习似乎也就源于机械性的自爱的败坏。与之相对,文化的恶习则源于人性禀赋的败坏,鉴于人性禀赋是以比较性的自爱为其基本原则的,所以文化的恶习似乎也就源于比较性的自爱的败坏(RGV 6:27)①。

　　针对上述这些论述,某些倾向于对于恶的卢梭式解读的学者,或许依旧可以这样反驳说——尽管被败坏的机械性的自爱和被败坏的比较性的自爱,的确是属于"悖逆的自爱"之下的两个子类别,但前一个子类唯有通过后一个子类才能够产生出来。换句话说,机械性的自爱自身并没有能力在自然条件下直接败坏自身,而唯有在社会性的条件下,才能以一种间接的方式被比较性的自爱败坏。本书作者在这里暂时不会回应这一反驳,因为这一反驳究竟正确与否,将取决于本性粗野的恶习究

———————
① 《康德著作全集》第6卷,中国人民大学出版社2007年版,第25—26页。

竟应当如何被理解。然而,上述这种对于道德之恶的卢梭式解读(亦即把恶仅仅归罪于社会性的环境和比较性的自爱的做法)不仅包含着一个刚刚已经分析过的文本困难,而且还牵扯到一个更深层次的义理难题。

就如本书第二卷将要论证的那样,《宗教》一书的文本中源于动物性禀赋之败坏的本性粗野的恶习,大致可以对应于《实用人类学》中从生而具有的偏好中产生的激情(包括对性的激情、对外在自由的激情以及对复仇的激情)(APH 7:268-271)①。根据康德的论述,对外在自由的激情和对复仇的激情,不仅可能出现在生活于自然状态之中,因而尚未进入社会状态的野蛮人身上;而且也可能出现在年龄非常幼小,因而对理性的使用尚未充分发展的幼儿身上(ibid.,7:268)②。这两个例子似乎隐隐地暗示了,早在人类个体充分地发展起对自身理性的运用之前,或者说早在人类族类进入社会状态之前,机械性的自爱就已经可能遭到败坏,并由此产生出本性粗野的恶习了。

现在,受到以上线索启发,再来回头考察一下社会状态对于恶的诞生来说是否绝对必要的。在上一处长段引文(亦即 RGV 6:93-94)③中,康德的确使用了妒忌、统治欲和贪婪这三个例子,这些恶习作为人性之恶最典型的例子,通常也确实是在社会状态下才出现的。然而,上述这一事实,并不等于说唯有在社会状态下恶才有可能出现。因为,尽管康德声称诱使恶爆发的"原因和情境"(Ursachen und Umständen)确实包括"他人的在场",但鉴于恶的"根据"(Grund)最终依然位于每个个体的自由任意在先验层面的自由选择当中,所以康德在这里谈到的"他人之在场",也就最多能被理解为恶在经验中为了表达出自身而需要的那种主体间维度而已。或者说,他人的在场仅仅为恶在时间中的"起源"

---

① 《康德著作全集》第 7 卷,中国人民大学出版社 2008 年版,第 262—266 页。
② 《康德著作全集》第 7 卷,中国人民大学出版社 2008 年版,第 263 页。
③ 《康德著作全集》第 6 卷,中国人民大学出版社 2007 年版,第 93 页。

(Ursprung),提供了一种经验层面的"触发物"(trigger)①而已。

然而,对此处的讨论最为重要的是:第一,恶为了在经验中表达出自身需要的主体间维度,完全可以在一个远低于严格意义上的社会状态的层面上得到满足,换言之,即使在野蛮人所栖居的自然状态中,或者说当每个新生儿第一次遇到他人时,这种诱使恶爆发的最低限度的主体间维度就已经被打开了②;第二,在这种尚未达到严格意义上的社会状态的主体间维度中爆发出来的恶,也完全能够借助一种远比文化的恶习更为粗糙、更为原始的形态来表达自身,这就是《宗教》一书中所提到的各种本性粗野的恶习。通过上面两个分析,研究者们便可以在康德和卢梭之间划出一条清晰的界线。与卢梭对自然状态的美好描绘不同,康德将恶追溯回了人类历史和个人成长的最初阶段,并在这一阶段中发现了各种各样野蛮而粗粝的恶习。实际上,当讨论野蛮人和幼儿身上的恶时,康德

---

① 康德区分了恶的理性根据与恶的经验起源:"所谓(最初的)起源(Ursprung),是指一个结果从其最初的,亦即这样一个原因的产生(Abstammung),该原因不再是另一个同类的原因的结果。它可以要么作为理性上的起源(Vernunft-ursprung),要么作为时间上的起源(Zeit-ursprung)而被考察。在第一种意义上,所考察的只不过是结果的存在(Dasein);在第二种意义上,所考察的是结果的发生(Geschehen),从而也就是把它当作事件(Begebenheit)与其在时间中的原因联系起来"(RGV 6:39;《康德著作全集》第6卷,中国人民大学出版社2007年版,第39页)。

② 格林伯格同样质疑了社会状态是否对于恶之起源构成了一种必要条件。在 Kant and the Ethics of Humility 一书中她试图论证说,一切有所依赖的存在者在追求自身幸福时所身处的脆弱处境,以及他们对于完美幸福之梦的丧失,都会使得他们受困于一种更为一般性的焦虑,这种焦虑不仅先于社会处境就已经存在,而且当他们进入社会的时候,又会驱使着他们倾向于不惜以损害道德为代价来过分地强调自爱的诉求(参见 Grenberg, J., Kant and the Ethics of Humility, Cambridge: Cambridge University Press, 2005, pp. 36 – 39)。

此外,格林伯格又区分出了两种不同类型的"行为的必要条件":"第一种(必要条件)给行为提供了质料性的手段(material means),第二种(条件)则作为行为的原因性力量(causal forces)在起作用"[Grenberg, J., "Social Dimension of Kant's Conception of Radical Evil," in S. Anderson-Gold and P. Muchnik (eds.), Kant's Anatomy of Evil, New York: Cambridge University Press, 2010, p. 175]。显然,为了将道德责任归于每一个人类个体,人类社会就只能被视为是第一类"行为的必要条件"。这同时也是本书作者所持有的观点:人类社会为已经存在于每个个体之中的趋恶倾向,提供了一种经验性的触发物,诱惑着(但并不迫使)个人将内在于自己的趋恶倾向进一步地表达在外部行动当中。然而,这里同时需要强调的是,单纯的主体间性(哪怕它还远远达不到严格意义上的人类社会的层次)已经足以充当恶在现实经验中的触发物了。

的立场更接近奥古斯丁,而不是卢梭。换言之,相比卢梭的乐观主义,康德对人类的原初道德处境持有一种更为黑暗,也更为悲观的看法。

这里同样值得读者注意的是,唯有当人类处于社会状态之下(因为每个人唯有通过进入社会,才能与他人建立起频繁而深入的联系),并且达到足够的年龄之后,人类对自身理性的运用才能在个体身上得到充分的发展。然而,上述这一事实并不表明理性在野蛮人和幼儿身上是绝对缺席的,而仅仅表明他们的理性即使已经开始运作,也依然处于一种极不成熟的状态。更重要的是,野蛮人和幼儿的理性依旧与一种尚未被驯服,因而极为狂暴的感性紧密地纠缠在一起。实际上,就如本书第二卷将要阐明的那样,在人类历史和个人成长的开端之处,狂暴的感性和尚未成熟的理性之间的界限是极为模糊的。诚然,在由生而具有的偏好演化出来的激情里面(比如对外在自由和对复仇的激情——这两者在《宗教》一书中被统称为"野蛮的无法无天"),似乎可以发现某种类似于对自由和正义的认识的东西,而这种认识通常来说应当包含着一个人对于自身理性的运用。然而,康德本人却明确地指出,这种所谓的"认识的类似物"仅仅包含着一种感性的表象,还远远达不到概念的层次,因此并不应当在严格的意义上被称为是"理性的"①。简单地说,野蛮人和幼儿的各种举止更像是"对于刺激的冲动性回应"(impulsive responses to

① "纯然的狩猎民族(比如鄂伦春—通古斯人)甚至通过这种自由感(Freiheitsgefühl)(与其他和他们有亲缘关系的部落相分离)而确实使自己高贵起来了。于是,并不仅仅是自由概念在道德法则之下唤起一种被称为热忱的情绪,而是外在自由的纯然感性的表象(die bloß sinnliche Vorstellung der äußeren Freiheit),通过与法权概念的类比,把坚持或者扩展这种自由的偏好一直提升到强烈的激情"(APH 7:269;《康德著作全集》第7卷,中国人民大学出版社2008年版,第264页)。

"所以,由于遭遇到不公正而产生的恨,亦即复仇欲(Rachbegierde),就是不可遏制地产生自人的本性的一种激情,而且哪怕它是恶意的,却毕竟是理性的准则凭借着所允许的法权欲(复仇欲是它的类似物)而与偏好交织在一起……由于这种偏好(迫害和毁灭的偏好)是以一个理念为基础的,尽管这个理念当然是被自私地利用的,就把针对伤害者的法权欲(Rechtsbegierde gegen den Beleidiger)转化为以牙还牙的激情(Leidenschaft der Wiedervergeltung)"(APH 7:270-271;《康德著作全集》第7卷,中国人民大学出版社2008年版,第265页)。

stimulants），尚不能被称为"经过思虑的行为"（deliberative actions）。然而，作为一种属于人类族类的本能，这种对于刺激的冲动性回应本身，似乎又植根于一种更为深层的"思虑"（deliberation）当中——尽管这种更为深层的思虑，还无法通过清晰的概念而在个体身上得到把握和表达。

由于野蛮人和幼儿尚不具备对于理性的成熟运用，因此至少根据康德本人的文本，读者很难通过一种依赖于理性运用的比较性的自爱，来解释这两个群体对外在自由的激情和对复仇的激情。诚然，一些和本书作者持有相反观点的学者或许依旧会说，野蛮人和幼儿对于理性极不成熟的运用（在这种运用中，理性依然和狂暴的感性纠缠在一起）已经具备了"在和他人的比较中判断自身处境究竟是幸福还是不幸"的初级功能，因此，野蛮人和幼儿已经能够感受到来自他人的威胁，并在这种威胁的促发下萌生出对于外在自由的激情和对于复仇的激情了。可惜的是，尽管这些学者的反驳听起来似乎很有道理，但是"在和他人的比较中判断自身处境究竟是幸福还是不幸"只能被视为比较性的自爱之运作的"不成熟的种子"，而绝非这种运作"充分发展后的成熟形态"，因为毕竟，比较性的自爱不仅预设了，而且还依赖于人在社会处境下对于理性运用的充分发展。

本书第二卷将深入考察不成熟的理性与狂暴的感性之间的那种纠缠关系。对于此刻有限的论证目标来说，本章的最后将仅仅继续讨论一下另外两种本性粗野的恶习，那就是暴食（Völlerei）和荒淫（Wollust）[其中荒淫对应于《实用人类学》的性激情（*APH* 7：268）①和《道德形而上学》中的淫乐（*MS* 6：424－426）②]，这两种恶习之所以对此处的论证目标最为重要，是因为很难用比较性的自爱的败坏作用来解释它们的产生。暴食和荒淫首先意味着一个人直接将自己投入感性欲望当中，甚至暂时地丧失了理性的自我意识而彻底地陷入了动物式的感观愉悦里面。

---

① 《康德著作全集》第 7 卷，中国人民大学出版社 2008 年版，第 262 页。
② 《康德著作全集》第 6 卷，中国人民大学出版社 2007 年版，第 433—435 页。

一方面,在处于社会状态下的成年人那里,很容易看到暴食和荒淫的现象。另一方面,在野蛮人和少年人身上,同样也可以发现这两种恶习。暴食和荒淫的现象揭示了两个对于当下的讨论非常重要的点:第一,在这两种恶习当中似乎并不存在对于理性的任何运用;第二,在这两种恶习当中似乎也并不存在人与人之间的比较或竞争来作为恶的触发物。简单地说,预设了理性之运用,并且在竞争性的社会条件下才能够运作的比较性的自爱,似乎根本无法解释暴食和荒淫最初为什么会出现。实际上,在《道德形而上学》一书中,康德本人将这两种恶习当作了一个人对于自身的侵犯,而不是一个人对于他人的侵犯。

诚然,很难想象一个离群索居的人会自行陷入暴食和荒淫。因此,似乎确实需要存在一种现实的主体间维度来充当经验性的触发物,如此方能诱使一个人堕入暴食和荒淫的恶习。这种经验性的触发物可以包括由他人提供的糟糕的榜样,以及渗透在一个人所处的周遭环境之中的某种愚昧的文化传统。然而,这种经验性的触发物所起到的作用,并不是驱使这个人将他自己与其他人进行比较,并由此来判断他自己的处境究竟是幸福还是不幸。相反,这种经验性的触发物仅仅向他传递了一条极具诱惑力的信息,亦即他能够通过一种悖逆的,或者说通过一种违反自然目的的方式来沉溺于感性欲望之中。讨论至此,可以稍稍总结一下以上对于暴食和荒淫的分析:如果(1)这两种恶习的确在道德的意义上是恶的,并且(2)它们无法借助于"比较性的自爱在竞争性的社会环境中所起的作用"来得到充分解释,那么,由此便可以得到两条结论,而那就是:(a)比较性的自爱并不是道德之恶(或者说一般意义上的"悖逆的自爱")借以表达自身的唯一形态;并且(b)社会状态也不是道德之恶可以在其中爆发的唯一环境。进一步地讲,鉴于比较性的自爱预设了并且依赖于一个人对于自身理性的运用,而社会状态恰恰是每个个体培养起对于自身理性之运用所需要的条件,所以,若将(a)和(b)这两条结论结合起来,那么便能够从中得出一条更为重要的推论,那就是:恶的爆发并不必然地需要预设一个人对于自身理性的成熟运用,而同样可以直接地通过感性的欲望而显现出来,就如暴食和荒淫这两种恶习所揭示出来的那样。

因此,植根于动物性的禀赋的机械性自爱(所有属于动物性禀赋的非道德动机,都可以被归于这种自爱之下),便能够以一种非常直接的方式自行败坏,并不必然需要借助比较性的自爱这一中介。诚然,一种已经败坏了的机械性的自爱所包含的恶,最终是由某个人的自由任意对于道德法则和一般性的自爱原则的颠倒行动而确立起来的。与此同时,由于自由任意和纯粹意志一样属于人的高级欲求能力,所以恶的最终根据也就依然必须被看作位于人的理性本性之中。然而,鉴于自由任意颠倒两条原则的行动位于一个本体性的领域里,所以这个行动也就完全不同于比较性的自爱在现象领域里的所有运作。换言之,虽然每桩恶行的"先验根据"(transcendental ground)毫无疑问地位于人的理性本性当中,但这同一桩恶行"在经验当中的起源"(empirical origin)却并不需要依赖一种包含着清晰的理性运用的比较性的自爱,因而也并不必然只会发生在那种促成了个人对自身理性之成熟运用的社会状态当中。

现在,在本节对于比较性的自爱和机械性的自爱的讨论的结尾,还需要简单地反思一下康德所使用的术语。根据康德的论述,机械性的自爱与比较性的自爱是"一般性的自爱"(Selbstliebe überhaupt)概念之下的两个子类别。依照康德在《宗教》一书中关于道德之恶的成熟定义,那种将所有非道德的动机都归于自身之下的一般性的自爱,最好被理解成是服务于先验自由之运用的两条基本原则当中的一条。一般性的自爱原则给自由任意在本体层面的"赋形行动"提供了一种先验的质料,这种"赋形行动"所涉及的另一种先验质料则是道德法则。自由任意颠倒了自爱原则和道德法则这两种先验质料之间的次序,将一种恶的形式赋予了原本无罪的自爱原则,把这种自爱原则转化成了一种"悖逆的自爱",这种"悖逆的自爱"可以在这里被看成是一个结合了"无罪的质料"与"恶的形式"的"恶之整体"。

与之相对,康德对动物性禀赋和人性禀赋的讨论又进一步地向读者指明了,机械性的自爱与比较性的自爱实际上是一般性的自爱原则的两种表现形态。诚然,被败坏了的比较性的自爱,的确是"悖逆的自爱"最为重要的表现形态,亦即恶在现实经验中最为广泛和突出的表现形态。因为正如卢梭所揭示的那样,唯有当个人的理性在社会状态下得到了充分的发展时,道德之恶才得以充分地彰显出自身的全部黑暗与恐怖。同样地,基于动物性禀赋的机械性的自爱,也完全能够在社会状态下通过比较性的自爱这道中介而遭到败坏。所以在这里的讨论中,本书作者完全无意于否认康德关于恶的理论具有一种明显的社会维度和理性维度,而只是并不赞成过分地强调比较性的自爱在恶的产生中所拥有的独一地位,特别是将比较性的自爱夸大其实地看作是"悖逆的自爱"的唯一表现形态而已。就如前文对暴食和荒淫的讨论已经暗示过的那样,"理性的"(vernünftig)这个词在被用来描述恶的先验根据和恶的经验起源时,其实意味着并不完全相同的两样东西。尽管恶的"先验根据"的确位于自由任意颠倒道德法则和一般性的自爱原则的行动当中,因而也可以被说成是位于人的理性本性之中,但是恶的经验起源却可以直接地从一种机械性的自爱的自我败坏开始,而并不必然需要借助任何清晰和成熟的理性运用,以及与此相关的比较性自爱的运作。

总之,康德的读者需要对"透过卢梭的滤镜来阅读康德的文本"这种做法保持足够的谨慎,因为,这种诠释方式很有可能让人陷入以下这两种错误的倾向当中。

首先,康德的读者可能会对他笔下恶的先验维度缺乏足够的关注,而这一先验维度恰恰与卢梭对恶的"社会的—历史的"切入方式形成了鲜明的对比。更糟糕的是,康德的读者还可能用恶的经验层次完全取代恶的先验层次,同时将具有败坏作用的比较性的自爱,夸大其词地当成是恶借以呈现自身的唯一形态。

其次,康德的读者还可能以一种过于狭隘的方式来理解他笔下为恶的爆发提供了经验性触发物的主体间维度,也就是将这种主体间维度仅仅理解为一种社会状态——唯有在这种社会状态下,个人对于自身理性的运用才能够得到充分的发展。然而,根据康德本人的叙述,恶的经验性触发物完全可以在一个更为原始和粗糙的层面上得到实现,亦即在自然状态下人与人偶然相遇的时候,或者在刚出生的幼儿第一次面对他人的时候。但是很明显,无论是上面提到的野蛮人还是幼儿,这两者对于自身理性的运用还远远未被培养起来。

在本章讨论的最后读者仍需意识到:众多康德研究者对于比较性的自爱和社会条件的强调,从某种意义上说仍然是合理的。因为唯有通过进入社会状态,唯有借助于比较性的自爱的作用,每个人对于自身理性的运用才能得到充分的发展。只有通过每个人对于自身理性运用的充分发展,恶才能以各种各样的方式,在现实经验中充分地彰显出自身。综上所述,自爱原则可以在一种双重的意义上被理解为是"理性的"。首先,当涉及恶的"先验根据"的时候,自爱原则作为一条统摄着所有非道德动机的基本原则,被自由任意置于了道德法则之上。在这里,自爱原则之所以被理解为是理性的,是因为它为属于高级欲求能力的自由任意在本体层面的"赋形行动",提供了一种先天的质料。就如本章对于本性粗野的恶习的讨论所展示的那样,上述这种属于本体层面的自由行动,并不依赖"思虑"与"比较"这两种属于明智性的—技术性的实践理性的运用过程。换句话说,从本体层面来看,自爱原则应当仅仅被理解为服务于人的先验自由的两条基本原则当中的一条,还没有成为在经验领域里服务于明智性地—技术性地来运用实践理性的原则。然而,当涉及恶的"经验起源"的时候,尽管那种被置于道德法则之上的"悖逆的自爱原则",的确可以通过机械性的自爱这一特定的形态来展现自身,但是,恶在经验世界里最为充分和彻底的现实化,依然必须在比较性的自爱这一形态下展开,而比较性的自爱运作过程,又必然会涉及个人在"思虑"和"比较"这两种活动中对于自身理性的运用。于是在这里,自爱原则之所以可以被看作是理性的,则是因为它是服务于被经验限制的实践理性的明智性—技术性运用的一条基本原则,这种受到经验限制的理性的基本任务,就是满足一个人的感性欲望,以及在一个人与他人的比较和竞争中实现他的个人幸福与个人价值。

第二卷
恶的多重表现

——"悖逆的自爱"对任何对象的自由附着

第四章 "悖逆的自爱"对任何对象的自由附着

引言 如何架通"一"与"多"之间的鸿沟

本书的第一部分通过考察康德早期的伦理学著作(也就是《奠基》与第二批判)以及《宗教》一书中的关键文本,系统地讨论了康德笔下道德之恶的含义,并通过这个讨论证明了:第一,康德早晚期对恶的理解之间存在着一种深层连续性;第二,在上述所有著作中,恶的本质都可以被把握为单一的一个;第三,恶的这个单一本质,在先验层面可以被定义为人的自由任意颠倒道德法则和自爱原则之间次序的自由行动,亦即给予自爱原则以高于道德法则的优越地位,由此使自爱原则成了一个人遵循道德法则的最高限定条件。

在《奠基》与第二批判中,人的自由任意颠倒两种原则之间次序的行动,首先被理解为实践理性的两种运用(即受到经验限制的运用以及纯粹的运用)所依赖的两条基本原则的颠倒。这一颠倒导致了理性在其运用中的败坏。进一步地,在《宗教》一书中,颠倒两条原则之次序的这一行动,又被揭示为甚至可以发生在每个人类个体对理性的运用得到充分发展之前,或者说,这一颠倒甚至可以通过人类族类的感性本性(即机械性的自爱的败坏,以及由此产生的木性粗野的恶习)表现出来。所以,根据康德在《宗教》一书中对恶的成熟定义,恶应当在一个相较于《奠基》和第二批判的更深的层次上被把握,即恶是属于人类自由(不仅仅是服务于实践理性之运用)的两条基本原则的颠倒,这种颠倒既可以通过理性的败坏、也可以通过感性的败坏来展现自身(本卷第六章将更深入地探索后面这一点)。

同时读者也可以看到,恶的这一单一本质(亦即让道德法则屈居于自爱原则之下)可以在先验层面被进一步描述为:在一个由自由存在者所构成的"自我-自我"和"自我-他者"的关系网中,赋予"特殊内容"以高出"普遍形式"的优越地位。然而,就如许多康德研究者指出的那样,恶的这个单一本质(也就是把"特殊性"置于"普遍性"之上)似乎太过温和也太过简单,以至于它无法充分解释恶在现实世界中无穷多样的表现。正如许多批评者敏锐地提出的那样,现实中的某些恶行不仅对作恶者本人是极其有害的,甚至会给他带来灭顶之灾。起码从表面上看,这些一点也不明智,甚至带有自毁性质的恶行,根本无法被归于康德所说的自爱原则之下①。更严重的是,还有许多学者严厉地批评康德否认人类可能具有"为恶而恶"的魔鬼性的动机的做法。这些学者声称,魔鬼性的动机实际上是关乎人类现实处境的一个悲剧性的真相,但可惜的是,这一真相却无法被涵盖到康德对人类之恶过于狭窄的定义里面,或者说,无

---

① 作为这一批判的主要代表,理查德·伯恩斯坦(Richard Bernstein)声称:很难看出应当如何用自爱来解释那些甘愿牺牲自己的狂热分子和恐怖主义者的动机。同时,伯恩斯坦还建议,不应该把所有恶行的动机都简化为康德所提出的那两类(Bernstein, R. J., *Radical Evil: A Philosophical Interrogation*, Cornwall: Polity Press, 2002, p. 42)。

克劳蒂亚·卡尔德(Claudia Card)将康德对恶的定义解读为"使道德处于相对于明智的从属地位",并且指出许多恶的原则(比如虐待狂和极端民族主义者所尊奉的原则)根本无法通过这种"从属"关系来得到恰当的解释,因为这些原则既不是道德的又不是明智的。此外,卡尔德还批评了康德仅仅将恶置于"给予偏好以太多的重要性"的自由行动中,却未曾注意到恶也可能存在于偏好自身里面,而根据卡尔德的论述,确实存在着本身即是恶的偏好,比如施虐癖(sadism)(Card, C., *The Atrocity Paradigm: A Theory of Evil*, New York: Cambridge University Press, 2002, pp. 83 - 84)。

法被归于这一定义中的"悖逆的自爱"名下①。

简而言之,当研究者对恶的考察的焦点,从先验层面转移到经验层面时,一个对康德而言最为严峻的挑战也就随之出现了,亦即如何用康德笔下的恶的单一本质,来有效地解释人类现实中恶的多重表现。显然,这是对"如何架通一与多之间的鸿沟"这一经典的柏拉图主义难题在康德哲学中的重新表述(在多篇对话录中,柏拉图曾试图通过"分有说"来解答这个难题)。本书附录收录的单篇论文将详细地分析康德关于魔鬼之恶的观点这一具体问题,而本卷的主要目标,则是为"如何架通恶的单一本质与恶的多重表现之间的鸿沟"这个更为一般性的问题,提供一种康德式的解答方案。

本卷的论证将包含以下几个步骤。第四章的第一节将简单地介绍一下康德研究者莎朗·安德森-葛尔特(Sharon Anderson-Gold)对康德自爱概念所做出的拓展性诠释。根据安德森-葛尔特的观点,置身于社会环境中的个人能够通过对共同体所具有的意识形态的认同来改变自己的经验自我的概念,由此将原先的"个体之我"扩写为一个大写的"我们"。第二节将基于安德森-葛尔特已经完成的工作,尝试性地提出一种关于康德的自爱概念及恶的经验表达的更为激进的新解释。根据这一新解释,由于自爱的先验规定仅仅是"纯粹的特殊性",亦即这一先验规定并未给自爱的经验规定预先设定任何要求,所以自爱的经验内容归根究底应当被看作是空洞、不定和可变的。这意味着,当面对实际经验时,自爱原则能够自由地将自己附着于任何对象之上,将该对象吸纳为自我概念的特殊内容。借助自爱原则对任何对象的这种"自由附着",恶在经验层面的表达便可以获得无穷无尽的多样性,与此同时,恶在先验层面

---

① 安德森-葛尔特指出:"评论者们反对说,康德依照自爱来定义恶的做法太过肤浅。他们反对说,利己主义很难说是最糟糕的罪行。在试图解释毁灭性的自我否定行为以及为种族冲突奠基的极其严酷的仇恨时,自爱显得太过驯顺、太过享乐主义、也太过有限了"[Anderson-Gold, S., "Kant, Radical Evil, and Crimes against Humanity," in S. Anderson-Gold and P. Muchnik (eds.), *Kant's Anatomy of Evil*, New York: Cambridge University Press, 2010, p. 198]。

的本质却永远保持为单一的 个。紧接着,本章的第三节将引入康德在
《实用人类学》中对激情(*Leidenschaften*)现象的分析,并初步提出如何
通过对激情的"个案研究"来验证上述对自爱和恶的激进解释的有效性。
全书第二卷的后续章节又将通过进一步分析一切激情所共同拥有的"形
式规定"和"质料规定"(第五章)以及每一种激情的特殊属性(第六章和
第七章),以一种更为具体的方式来证明,上述关于康德的自爱原则以及
恶的经验表达的新解释是可以成立的。

第一节　安德森-葛尔特对康德自爱概念的发展

在众多康德研究文献中,对架通康德笔下恶的单一本质与现实中恶
的多重表现所做出的最为有效的尝试,应当归功于安德森-葛尔特①。根
据安德森-葛尔特的论述,尽管康德经常把自爱概念与自然偏好、个人幸
福或者个体的利益紧密地联系在一起,但康德笔下的自爱绝不应当被局
限在一种仅仅是利己主义的理解里面(哪怕康德本人的确给出了诸多误
导性的暗示)。实际上,在社会环境下,康德自爱概念的内容可以扩大到
足以涵盖一种对于集体性的"我们"的利益的追求,康德对恶的定义,也
可以由此扩大到足以涵盖"将共同体的利益置于道德诉求之上"。通过
分析比较性的自爱在社会环境下的运作方式,安德森-葛尔特成功地发
展出了一种对于人类历史上大量不明智,甚至具有自毁性质的恶行的康

---

① 莎朗·安德森-葛尔特和艾伦·伍德是强调康德关于恶的理论之社会性维度的两位最著名
的代表。安德森-葛尔特除了极具影响力的早期作品之外,在"Kant, Radical Evil, and
Crimes against Humanity"[in S. Anderson-Gold and P. Muchnik (eds.), *Kant's Anatomy
of Evil*, New York: Cambridge University Press, 2010, pp. 195-214]这篇论文中,集中发
展了一种对康德自爱概念的拓展性解释,而本章的讨论也主要基于这篇文章。同时,安德森
-葛尔特多年前发表的文章"Kant's Rejection of Devilishness: The Limits of Human
Volition"[*Idealistic Studies* 14(1): 35-48, 1984],亦提出了对恶的社会性解释所包含的
一些有用细节,本章的论述在需要时也会引用这篇较早的文章。

德式解读,这些恶行全都很难被归于传统理解中利己主义的自爱概念之下①。

根据本书作者对安德森-葛尔特的理解,她对康德自爱概念的扩展性解释得以成功的关键,在于一项对于人类生存的深刻洞见,亦即人的经验自我概念并不会被单一个体所拥有的直觉、情感和欲望体系一劳永逸地固定,相反,在社会语境下,人的经验自我概念总是趋向于不断变化②。通过接受超越于个体层面的民族共同体、政治共同体、宗教共同体的基本信念、教条或者意识形态,个体能够完全地认同这些共同体③。通过这种认同机制,共同体成员个人的经验自我概念便能够超出单一的个

---

① "与将自爱视为'孤立个体之欲望的利己主义展现'的传统解释相反,我坚持康德并未将自爱限定在一个自然的自我(a physical self)(所拥有)的利益之中。个人身份出现在社会语境中,在这里,自爱根据那些我们所认同的人的利益来塑造自身。群体身份也出现在一个比较性的、经常是竞争性的社会环境中,在这里,诸群体为了各样的权利、地位或者特权而相互竞争"[Anderson-Gold, S., "Kant, Radical Evil, and Crimes against Humanity," in S. Anderson-Gold and P. Muchnik (eds.), *Kant's Anatomy of Evil*, New York: Cambridge University Press, 2010, p. 196]。

　　"康德的恶的观念局限于自私或'利己主义',因而无法容纳更为广泛的或者'超常的'(extraordinary)激情——这是一个很常见的(对康德的)误解"[Anderson-Gold, S., "Kant, Radical Evil, and Crimes against Humanity," in S. Anderson-Gold and P. Muchnik (eds.), *Kant's Anatomy of Evil*, New York: Cambridge University Press, 2010, pp. 200 - 201]。

② "自爱并不把自然地被建构起来的自我当作唯一的对象。人的身份是一个在与他人联系中(不断)演化的复杂过程。我们关于(属于)我们的善的观念,向来包含着我们所爱和所依赖之人的善……我们关于幸福的观念(这些观念为自爱提供了内容)具有一个比较性的维度,它使我们在他人的善似乎大于我们的善时(感到)不安全和不幸福"[Anderson-Gold, S., "Kant, Radical Evil, and Crimes against Humanity," in S. Anderson-Gold and P. Muchnik (eds.), *Kant's Anatomy of Evil*, New York: Cambridge University Press, 2010, pp. 200 - 201]。

③ "意识形态式的主张……必须首先被接受为有效的,这经常需要我们违背对自身之启蒙的职责,采纳一种对权威的不加批判的态度……通过对那些自视脆弱者们产生某种形式的生存威胁,这些信念能够激发对群体身份的高估。在这个语境中,正常情况下被评估为善的对象(即一个人的文化身份)被呈现为受到了威胁,个人被邀请将这个价值作为她的终极目的。(同时)在这个过程中,竞争性群体的成员……仅仅在他们作为'对手'的角色中被评估。(这些人的)个人身份由此被削减到他们的群体地位,不仅是(他们)个人的人性,而且是他们群体的人性都被否定了,(他们的人性)仅仅作为一件为促进被重视的群体所怀有的目标的工具,而被提供来使用"[Anderson-Gold, S., "Kant, Radical Evil, and Crimes against Humanity," in S. Anderson-Gold and P. Muchnik (eds.), *Kant's Anatomy of Evil*, New York: Cambridge University Press, 2010, p. 210]。

体。由此,安德森-葛尔特就可以成功地解释,为什么人类历史中成千上万的个人,会甘愿犯下从他们个人利益的角度来看极不明智、甚至可能给自己带来灭顶之灾的恶行。这种现象的出现其实是因为:同样的罪行,对于他们所全心认同的共同体来说是实用的和有益的。

诚然,安德森-葛尔特关于康德的自爱概念以及恶的经验表达的拓展性诠释,体现了一种对于人性非常深刻的洞见。然而读者在这里仍需意识到的是,上述这一诠释依旧留下了两个尚未解决的问题,而这两个问题又使得安德森-葛尔特无法为康德关于恶的理论提供一种更为彻底的辩护。安德森-葛尔特留下的第一个问题存在于逻辑层面,亦即她未能充分挖掘出她自己对于经验自我概念的可变性这一深刻洞见所蕴含的全部可能性。更具体地说,安德森-葛尔特对康德自爱概念的拓展性诠释,仅仅局限在康德对比较性的自爱所具有的社会属性的字面肯定之上,仅仅将败坏的人性(Menschheit)视为恶的主要表达形态,声称"个人是在运用人性禀赋时才构造出'自我'的基本方向的"①。上述这一局限所造成的一个重要后果,就是安德森-葛尔特仅仅将人的经验自我概念向着一个方向做出了延伸,仅仅将经验自我概念扩展到超越个人层面的"我们"上面。可是,就如下文即将展示的那样,假若"可变性"是一种属于人的经验自我概念的本质属性,那么这一概念向着相反的方向变化也是完全可能的。更确切地说,人的经验自我概念完全可能被压缩到一个低于个人的层面,可以仅仅被等同于个人的某一部分②。比如说,某些人可能对某个坏习惯极度上瘾,以至于为了满足这个坏习惯而甘愿打破一

① Anderson-Gold, S., "Kant, Radical Evil, and Crimes against Humanity," in S. Anderson-Gold and P. Muchnik (eds.), *Kant's Anatomy of Evil*, New York: Cambridge University Press, 2010, p. 201.

② 在关于激情的描述中,康德详细讨论了这种"自我的特殊化"[详见 *APH* 7:265—274(即《康德著作全集》第7卷,中国人民大学出版社2008年版,第260—269页)以及人类学讲座中的相关部分]。可惜的是,由于安德森-葛尔特认为自爱需要一种"欲望体系的整合"(the integration of a system of desires),她似乎仅仅承认自我概念在社会语境下通过群体认同来扩展自身的方式,但并未清楚地解释为什么作为对单一欲望之追求而导致了"自我的特殊化"的激情,能够在严格的意义上被视为是恶的。安德森-葛尔特似乎认为,(转下页)

切道德禁令。显然,与"自我的扩展"(self-expansion)正好相反,恶在这个例子中表现为一种"自我的特殊化"(self-particularization),亦即经验自我概念被压缩成了自我的某一特殊部分。可惜的是,由于安德森-葛尔特未能充分解释这种"自我的特殊化"现象,她对于康德的自爱原则以及恶的经验表达的阐释,在逻辑上是不彻底的。

　　除了逻辑层面的问题,安德森-葛尔特的诠释所留下的第二个问题存在于文本层面。一方面,她引用了康德讨论自爱之比较性维度的文本,并试图从中发展出一种拓展性的自爱概念。另一方面,她并未提供更多的文本证据,由此进一步证明康德本人(哪怕只是以某种未言明的方式)确实是暗中依靠这种拓展性的自爱概念来解释现实中多种多样的恶行的。换句话说,安德森-葛尔特未能证明,自己的阐释不仅能从康德的文本中获得字面上的支持,而且被康德本人运用于对于现实恶行的分析上。很明显,后面这条要求,给所有研究者对于康德关于恶的理论的诠释,树立了一个更高的标准。如果从这个更高的标准出发来判断,那

(接上页)在"最戏剧化的例子中","激情在自我毁灭中字面意思地取消了自身",激情"依照其定义排除(理性的)控制",能够造成"作为所有原则之源头(即理性自我)的毁灭"。安德森-葛尔特甚至这样追问道:"这样一个(被激情驱使着)个人,能够被描述为表达了一个'意志'吗?这样的个人,到底能被继续称为'道德性'的主体吗?"[Anderson-Gold, S., "Kant's Rejection of Devilishness: The Limits of Human Volition," *Idealistic Studies* 14(1): 42, 1984]诚然,安德森-葛尔特后期对于自爱更为成熟的理解[参见 Anderson-Gold, S., "Kant, Radical Evil, and Crimes against Humanity," in S. Anderson-Gold and P. Muchnik (eds.), *Kant's Anatomy of Evil*, New York: Cambridge University Press, 2010, pp. 195-214],并不必然会让她陷入"难以在严格意义上将激情判定为恶"的困境。另一方面,她后期对于激情问题的沉默,似乎暗示了她并未改变"自爱需要欲望体系的整合"这一基本理解模式。实际上,安德森-葛尔特认为激情对人的道德主体性构成了严重威胁的这一立场,恰恰揭示了她所提出的解释的局限性。相反,本章对自爱更为激进的新解释,却能够成功地回应康德的激情理论所带来的这一挑战。

　　这里特别值得一提的是,大卫·苏斯曼(David Sussman)同样提出了一种足以解释激情现象的关于自爱概念的新理解:"诸激情并不是在'我们对自身幸福的理性关切'(至少当幸福被理解为对我们偏好之总体的系统性满足时)这种意义上的自爱的形态。相反,激情仅仅被归于更广义的自爱之下——亦即'按照其任意的主观根据使自己成为一般意志的客观根据的倾向'(*KpV* 5:74)——也就是,我们将自己的动机(偏好、冲动、习惯、'行为的诸意念')当作行动的有效理由的倾向"(Sussman, D. G., *The Idea of Humanity: Anthropology and Anthroponomy in Kant's Ethics*, London: Routledge, 2001, p. 197)。

么安德森-葛尔特的诠释在文本证据上,依旧存在着一些可以改进的空间。

第二节　从自爱的先验规定到自爱的经验规定

现在,在安德森-葛尔特的工作的启发下,本节将对恶的单一本质如何统摄恶的多重表现,提供另一种可能的康德式诠释。这一新的诠释将解决安德森-葛尔特留下的两大问题,因此不仅在逻辑上将是更为彻底的,而且在文本证据上也将是更为牢固的。首先,为了使这一新诠释满足逻辑上的彻底性,就必须先行给出一种对于康德的自爱概念更为激进的新解释,这种对自爱概念的新解释,必须能充分揭示出人的经验自我概念本质上的空洞性和可变性。

就如本书第一卷所示,这种对康德的自爱概念更为激进的新解释,将首先从先验层面开始。在那里,自爱原则应当被理解为与道德法则并列的,属于人类自由的两条基本原则中的一条。从先验的视角看,道德法则为一切自由存在者的"自我-自我关系"和"自我-他者关系"确立了应当遵守的"普遍形式",自爱原则则代表着在所有这些关系之中,每一个自我所具有的"特殊质料"。就如第三章已经论证过的那样,恶的单一本质(即自由任意将自爱原则置于道德法则之上)可以在先验层面被进一步描述为"自由任意将自由存在者关系网中的特殊质料,置于了普遍形式之上"。因此,作为自由任意这一行动之结果的"悖逆的自爱"(perverse self-love),实际上就是一种打破了普遍性限制的"悖逆的特殊性"(perverse particularity)。

现在,当观察者的关注点从先验层面转向经验层面时,上述在先验层面对于自爱原则和恶之本质的新理解,也将在经验层面产生出对自爱的内容以及恶的表达的同样全新的理解。简单地说,在先验层面,自爱原则仅仅是代表着"纯粹特殊性"的基本原则。但刨除了这种"纯粹特殊性",自爱原则并不进一步规定每个人的自我应当具有何种特殊内容。

简单地说,自爱的先验规定并不对它的经验规定预先设定任何要求。这意味着,从先验的视角来看,当抽离掉所有具体境况和一切偶然因素之后,自爱的经验内容应当被理解为是全然空洞的和不定的。然而,尽管在经验层面上是空洞和不定的,或者更准确地说,正因为经验层面的空洞性和不定性,自爱才对所有质料都是完全敞开的。自爱能够自由地附着于任何质料之上,吸纳这些质料以填充自身,并把它们作为在经验层面建构自我概念的诸要素。由于自爱在经验层面的这一双重属性(一方面是空洞不定的,另一方面又能自由地附着于任何对象),人在经验层面的自我概念(例如"自我"包含哪些内容、什么才能算作"我的善"和"我的幸福"等等)归根究底也都是可变的[①]。

为了避免给读者带来不必要的困惑,在这里有两点需要强调。

首先,上文对"自爱自由地附着于任何对象"和"自我概念的可变性"的论证,并不是要否定许多经验质料可以被视为"自然的给予物"(natural given-ness),比如那些从出生起就伴随着一个人,因而可以被称为是"天生的"的情感和本能。人通常会感到和这些"自然的给予物"拉开距离是一件极其困难的事,尤其当他对理性的运用尚未得到充分培育、尚未能够进行反思和抽象活动之时。甚至于某些人可能由于一直缺乏对理性的培养,终其一生都受困于这一"不成熟"的阶段当中。

其次,上文对"自爱自由地附着于任何对象"和"自我概念的可变性"

---

① 伯恩斯坦同样注意到了自爱的这一抽象方面:"某些时候,康德似乎在用一个高度抽象的形式原则来进行操作。如果一个动机并不是一个真正的道德动机(即对道德法则的敬重),那么它就必须[通过约定的训谕(stipulative fiat)]被归为自爱的动机"。伯恩斯坦在做出这一点评之后,很快就转向了针对康德"有限的道德心理学"的批判,指出这种道德心理学仅仅接受"一个狭窄范围内的动机种类",并尖锐地质疑康德"是否提供了解释和阐明(各类恶的动机之差异性的)概念资源"(Bernstein, R. J., *Radical Evil: A Philosophical Interrogation*, Cornwall: Polity Press, 2002, p. 42)。

于是在这个意义上,本卷的论证可以被理解为是对伯恩斯坦的一种直接回应。本卷提出的基本观点是:首先,自爱原则的确立当被理解为一条高度抽象的原则;其次,这一高度抽象的原则完全能够解释和覆盖各式各样的邪恶动机;最后,如果考虑到康德在《实用人类学》中关于激情的理论,那么研究者们甚至可以认为,康德本人已经为建构上述对于自爱原则的全新解释提供了足够的概念资源。

的论证,也不是要否定下述事实,亦即如果一个人长期被封闭在相对静止和保守的社会环境中(就如在很多不发达地区,依旧每天都在发生的那样),那么许多传统观念可能从未经过他的清醒意识(更不用提经过他的自主选择了)就浸润到他的头脑中,并以这种方式牢固地塑造了他对"我是谁""什么才能算作我的善和我的幸福"的思考。和上文提到的"自然的给予物"一样,这里所讨论的"社会的沉积物"(social sediments)也能使得一个人自我概念的经验内容在他的一生中保持僵化状态,尤其当他缺乏来自当前社会之外的观念可供选择时。

无论是自然的给予物,还是社会的沉积物,它们都属于有限的人类处境,都为人运用他的先验自由设置了巨大的限制。因此,当上文提出"自爱自由地附着于任何对象"和"自我概念的可变性"时,其实并不是要否定上述限制,而只是想提出以下观点:尽管"自爱自由地附着于任何对象"和"自我概念的可变性"的现实化进程,的确会受到自然的给予物和社会的沉积物的巨大限制,但它们先验的可能性,却绝不会被这两种属于有限人类处境的限制所否定。这是因为,"自爱自由地附着于任何对象"和"自我概念的可变性"是关乎人类自我之经验内容的一条先验的事实,这条先验的事实早在超越所有经验的永恒之中被一劳永逸地确立,因此绝不可能被任何经验证据证明或证伪。这条先验的事实向读者揭示了:从先验的角度看,没有任何经验质料必然地属于自爱原则,也没有任何经验质料必然地构成人的自我概念,由此预先就能规定"我们是谁""什么才算我们的善""我们的幸福居于何处"等等。简言之,先验自由为人保留了下述永远不可能被取消的可能性,亦即通过"自爱自由地附着于任何对象"让自我概念掏空某种特定的经验内容,并填充进另一种经验内容的可能性。

可以充当自我概念之经验内容的材料(同时也是自爱原则所附着和吸纳的材料)覆盖了一个极为广阔的领域。从数量上看,这个领域包含了无限多的成员。从性质上看,这个领域的无限成员之间又拥有一个清晰的等级次序。这个等级次序从人类生存的最低层次一路延伸到它的最高层次,其中的成员涵盖了:分别源于动物性禀赋和人性禀赋的自然本能和社会偏好,个人的幸福和利益,超越个人的(亦即民族的、政治的和宗教的)共同体,以及位于这一等级次序最高层次的抽象观念——比如意识形态主张、宗教教义,甚至道德法则本身(道德法则竟然能被自爱原则附着和利用,这的确是一件非常令人难以理解的事,第二卷结尾将讨论这种极端情况是如何可能的)。根据这个从人类生存的最低层面一路延伸到其最高层面的等级次序,读者可以得知两件事。首先,通常按照利己主义来被理解的康德的自爱原则,实际上既可以自由地附着于自我所渴求的具体物质对象上面(比如美食和酒精),也可以附着在共同体或他人用来规训自我的抽象精神对象上面(比如思想或观念)。其次,通常按照个人主义来被理解的康德的自我概念,实际上既可以被扩展为一个大写的"我们"(比如民族、政治和宗教共同体),也可以被压缩为"个体的某一部分"(比如个体所具有的某种自然本能,或者他在社会中形成的某种偏好)。

总而言之,与传统研究者对康德自爱概念利己主义式-个人主义式的解释相反,康德的自爱概念实际上无论在先验层面还是经验层面,都完全可以允许一种更为激进的新解释。首先,在先验层面,自爱是和道德法则相并列的,属于人类自由的两条基本原则之一。自爱代表了在自由存在者的关系网中每个自我所拥有的"特殊内容",但却并未预先规定这个"特殊内容"究竟应当包括何种质料。进一步地,在经验层面,自爱又是完全空洞、不定和可变的。自爱永远向着所有种类的质料敞开自身,能够自由地附着于任何一种质料之上,并吸纳这种质料作为自我概念的经验内容。与此同时,自爱还能够通过"自由地附着于任何对象"这一进程,随时随地地改变自我概念的经验内容①。

---

① 根据第二批判中"纯粹实践判断力的范型"一节(*KpV* 5:67-71;《康德著作全集》第5卷,中国人民大学出版社2007年版,第72—76页),自然法则可以充当道德法则的范型(Typik)。一方面,就如知性范畴的图型(Schemata)一样,道德法则的范型也必须在纯粹概念(这里是指道德法则)与感性实例(这里是指可以在经验中被观察到的行为)之间扮演一个中介的角色,将感性实例归于纯粹概念之下。另一方面,与作为"想象力的一种普遍程序(ein allgemeines Verfahren der Einbildungskraft)"(ibid. ,5:69;《康德著作全集》第5卷,中国人民大学出版社2007年版,第74页)统一先天直观杂多,由此服务于纯粹知性的图型不同,服务于纯粹实践理性的范型必须自身就是一条法则。毕竟,道德法则是一个无条件的理念,(转下页)

现在,借助对康德自爱概念的这一新诠释,研究者便能够很容易地填平恶的单一本质和恶的经验表达之间的鸿沟,由此为柏拉图"如何连接一与多"的经典问题在康德哲学中的复现,提供一种康德式的解答方案。从先验的视角看,恶的本质存在于自由任意将自爱原则置于道德法则之上的行动中。换句话说,恶的本质就是:在自由存在者的"自我-自我"和"自我-他者"的关系网中,颠倒"特殊内容"和"普遍形式"之间应有的次序。这种次序的颠倒将产生出一种被置于道德之上的"悖逆的自爱",或者说一种被置于普遍性之上的"悖逆的特殊性"。然而,"悖逆的特殊性"究竟包含或指向哪些具体要素——这一点在先验层面并未得到预先的规定,而是留到了经验层面再来解决。通过自由地附着于任何对象,本质上空洞、不定、可变的自爱原则,能够攫取任何质料作为自我概念的经验内容,并通过从一个对象转换到另一个对象,来不断地更换上述经验内容。总之,虽然在先验层面,恶的本质永远保持为单一的一个(亦即将自爱置于道德之上,或者说将特殊性置于普遍性之上),但是在经验层面,恶的表达却可以呈现出无穷无尽之多。恶的多样表达甚至可以涵盖那些极不明智,甚至具有自毁性质的恶行——只要自爱附着在相应的欲望上,并且将这些欲望吸纳为自我概念的经验内容即可。

(接上页)任何感性直观由于自身的有限性,都无法与这个无条件的理念相匹配。相反,唯有源于知性的自然法则,才能充当道德法则的范型。自然法则之所以能够承担起这个任务,又是因为:首先,自然法则和道德法则一样,都拥有一切法则所包含的"普遍性形式";其次,自然法则"能够在感官对象上具体地得到展示(in concreto dargestellt)"。总之,借助于这种双重特质,自然法则便可以被用于检测行为准则是否在道德上是能够被允许的,或者说人类主体可以这样询问自己:"你打算采取的行为,如果将按照你自己也是其一部分的自然的一条法则发生的话,你是否能够把它视为通过你的意志而可能的"(ibid., 5:69;《康德著作全集》第 5 卷,中国人民大学出版社 2007 年版,第 74 页)。

最后需要指出的是,由于道德法则是代表"纯粹普遍性"的基本原则,自然法则便可以被称为"纯粹普遍性的范型"。与此相对,由于自爱原则是代表"纯粹特殊性"的基本原则,读者完全可以按照一种对称的方式,将"自爱对任何对象的自由附着"称为"纯粹特殊性的图型"。值得注意的是,后一种情况之所以选择"图型"而非"范型"这个术语,是因为将多种特殊对象归于"纯粹特殊性"这个单一理念之下的行动,仅仅是一种属于再生性的想象力的运作过程,它顶多在并不严格的意义上能被叫作图型,却绝对不是一个范型。

第三节 对激情的个案研究作为考察新诠释的试验

截至目前的讨论,已经初步发展出了一种对于康德自爱概念的更为激进的新诠释,并且分析了人的经验自我概念在本质上所具有的可变性。于是以这种方式,上一节的讨论便超出了安德森-葛尔特已经完成的工作,建立起了一种不仅完全是康德式的,而且从逻辑上看也更为彻底的对于"恶的单一本质如何覆盖恶的多重表达"这一问题的解答方案。当前的讨论将进一步揭示这种新诠释的另一个优点,亦即证明它拥有来自康德本人的强大文本证据作为支撑。换句话说,本节将证明这种新诠释不仅从逻辑上看是更为彻底的,而且从文本证据上看也是更为牢靠的。

一方面,就如康德的批评者指出的那样,康德对自爱概念的直接描述(尤其是在《奠基》和第二批判这两本著作中)很多时候都具有一种强烈的利己主义色彩。因此严格地说,"康德对恶的理解太过狭窄,这种理解无法解释现实中各种极端的恶行"这一印象,其实是由康德本人的疏忽所造成的。另一方面,在《宗教》一书中,康德又确实将所有非道德的动机都归于自爱原则(这条属于人类自由的基本原则)的统摄之下,并且提到了由野蛮人所犯下的各种具有自毁性质的恶行①。这条重要的文本事实意味着:至少在《宗教》一书中,康德本人已经以某种未言明的方式,对自爱概念持有一种超出利己主义的更为宽泛的理解。本书第三章已经展示了,如何以《宗教》的文本为基础确立起自爱原则的先验规定(亦即属于人类自由的"特殊性原则"),以及道德之恶在先验层面的单一本质应当如何被理解(亦即将"特殊性"置于"普遍性"之上)。因此,现在需

---

① "倘若有人想从这种状态中举例——许多哲学家曾特别希望从这种状态中发现人的本性的自然的善良(die natürliche Gutartigkeit)——亦即从所谓的自然状态中举例,那么,他只需要把在托富阿岛、新西兰岛和纳维加股群岛上发生的谋杀场景中无缘无故的残忍(ungereizter Grausamkeit),以及在美洲西北部的广阔荒原上所发生的永无休止的,甚至没有一个人从中得到丝毫好处的残忍(希尼船长曾引述了它们),与那一假说加以比较就行了"(RGV 6:33;《康德著作全集》第6卷,中国人民大学出版社2007年版,第32—33页)。

要解决的难题便是尽量寻找充足的证据，以此证明由自爱的先验规定推导出来的自爱的经验规定（空洞、不定，以及对任意对象的自由附着）同样也是完全符合康德文本的。

　　然而或许有些令人惊讶的是，此处所需的关键文本证据并不来自《宗教》一书的第一部分，亦即来自康德明确给出他关于恶的成熟观点的段落，却来自康德在《实用人类学》中讨论"激情"的章节。一方面，康德断定所有激情都无一例外地在道德上是恶的。另一方面，利己主义式的自爱概念却无法令人信服地解释激情的出现，因为根据康德的断言，激情对个人的幸福和利益是非常有害的，某些激情会直接挫败它们自己指向的目标，另一些激情甚至会为主体带来灭顶之灾。在这个意义上，康德本人对于激情的讨论，实际在强烈地召唤着一种关于他的自爱概念和恶之经验表达的全新诠释，这种全新的诠释必须彻底地超越对上述两个概念的个人主义式-利己主义式的狭隘理解。现在对本章的论证目标尤为重要的一点是：康德讨论激情的文本也同时提供了足够多的信息，能够揭示出它所需要的对自爱概念和恶之经验表达的全新诠释应当满足哪些标准。所以，本卷的后续章节将把前文初步提出的对这两个概念的全新诠释应用到康德论述激情的文本上，并以这种方法来测试这一诠释是否能够成立。

　　接下来几章要进行的测试将遵循一种非常简单的方法。首先，前面提出的对自爱原则和恶之经验表达的新诠释，将仅仅被视为一个有待被检验的假说。随后，第五章将深入地考察一下，借助这个假说，我们是否能够成功地确定一切激情都拥有的某些共同特征，通过这些共同特征，所有这些激情得以被无一例外地归于"恶的经验表达"这一范畴之下。进一步地，第六章和第七章将通过对康德笔下每一种激情展开个案研究，来继续测试他的文本是否能够为上述假说提供更为丰富的细节，使这个原本有些抽象和空泛的解释一步步具体和充实起来。如果整个测试是成功的，那么读者便可以确信——本章对自爱原则和恶之经验表达的新阐释，不仅完全符合康德文本的字面意思，甚至在某种意义上已被康德本人所暗中采纳。

第五章 一切激情的形式规定和质料规定

第一节 一切激情的形式规定

为了证明上一章提出的关于康德的自爱原则与恶之经验表达的新诠释是成立的,本章将把这一诠释应用于康德关于激情的讨论。这一新诠释一开始将仅仅被视为一项可能的假说,用以帮助读者找出使得各式各样的激情能够被统一到"恶的经验表达"这个总名目之下的某些共同特征。就如本章即将展示的那样,这些为不同激情所拥有的共同特征包括"形式性的"和"质料性的"两个方面。一方面,所有激情就它们所共同基于的"基本原则"而言,都分享着一种完全相同的"形式规定"(formal determination)。也就是说,所有激情都无一例外地以"悖逆的自爱"为它们各自依从的准则的"统一性形式"(unifying form)。另一方面,所有激情就它们所指向的"对象"而言,又都享有一种完全相同的"质料规定"(material determination),亦即它们指向的对象都是(1)"由偏好提供的无罪的质料基底(the innocent material ground)"和(2)"由悖逆的自爱加诸该质料基底之上的恶的自由的无限形式(the infinite form of evil freedom)"这两部分结合而成的复合体。本章的第一节将讨论一切激情的形式规定,第二节将转向对于一切激情的质料规定的讨论。

康德在生前正式出版的《实用人类学》(1798)一书中初次引入激情(Leidenschaft)概念时,是通过对激情与情绪(Affekt)的对比来定义激情的:

> 很难或者根本不能用主体的理性来征服的偏好(Neigung)就是激情。与此相反,在当前状态中的愉快或者不快的情感(Gefühl),它在主体中不让反思(Überlegung)[关于人们应当将自己交付于(überlassen),还是拒斥(weigern)这种情感的理性表象]得以产生,那就是情绪(*APH* 7:251)①。

进一步地,康德又对激情与情绪的差异做出了更为细致的描述:

> 情绪是由于使心灵的自制(animus sui compos)被中止的那种感觉而惊异(Überraschung)。因此,它是仓促行事的,也就是说,它迅速增长到一种使得反思不可能的情感程度[是不思考的(unbesonnen)]……愤怒的情绪没有马上做出的事情,它就根本不再去做了,而且很容易忘掉……与此相反,激情(作为属于欲求能力的心境)却从容不迫、深思熟虑——哪怕它是多么强烈——以达到自己的目的。情绪就像冲破堤坝的洪水那样作用,激情则像将自己越来越深地刻入河床的河流……情绪是诚实和坦率的,与此相反,激情则是阴险(hinterlistig)和隐匿(versteckt)的(ibid., 7:252 - 253)②。

> 激情由于能让自己与最冷静的反思相配合,因而不会像情绪那样不思考,也不会是暴风雨般的并且转瞬即逝,而是将自己扎根的,甚至能够与玄思(Vernünfteln)共存(ibid., 7:265)③。

现在,根据康德对激情和情绪的上述描述,两者的差异可以被总结

---

① 《康德著作全集》第7卷,中国人民大学出版社2008年版,第246页。
② 《康德著作全集》第7卷,中国人民大学出版社2008年版,第246—247页。
③ 《康德著作全集》第7卷,中国人民大学出版社2008年版,第260页。

为如下三点。首先,从激情和情绪所分别从属的"心灵官能"来看,情绪是通过愉快和不快的感觉能力而感受到的强烈情感,激情则是产生于欲求能力的强烈偏好。其次,从激情和情绪各自"与理性的关系"来看,情绪会暂时性地中断理性的运作,但激情却能与最冷静的反思共存,甚至在自身之中就涉及对理性的运用。再次,从激情和情绪各自具有的"时间特质"来看,情绪是暴烈的和冲动的,虽然来得快,但去得也快,相反,激情则是根深蒂固的,并且能长期地持续下去。最重要的是,从上面列举的情绪与激情的三点不同之中,又能进一步得出激情和情绪"在道德属性上的差异"。这种差异就是:情绪应当仅仅被视为一种"不幸的弱点"而得到他人的惋惜和怜悯,因为,它们就像那些暂时阻碍一个人运用自由任意的短期疾病一样;相反,激情则应当被视为一种"邪恶的欲望",也就是说一个人自身的自由任意,应当为激情的出现和它所造成的恶果承担起道德责任①。

进一步地,在康德随后对激情现象所展开的专题讨论中,他于这一讨论的开篇之处就阐明了一切激情都必须拥有的形式规定(或者说一切激情都需要依据的基本原则)。根据康德本人的提示,激情的形式规定至少呈现为以下两个方面:

(1)激情是"阻碍理性在做出某种选择时,将之与一切偏好的总合作比较(mit der Summe aller Neigungen zu vergleichen)的那种偏好"(APH 7:265)②,而"这是即便在理性的形式原则中,也与理性正相矛盾的蠢事(Torheit)[(也就是)把自己的目的的某个部分,当做(目的的)整体]"(ibid., 7:266)③。

---

① 然而,正如帕特里克·弗瑞森(Patrick Frierson)所言,即便一个人不用为他在情绪风暴裹挟下做出的事承担责任,他依然必须为"竟然允许自己轻易陷入情绪控制"这件事接受谴责[Frierson, P. R., "Affects and Passions," in A. Cohen (ed.), *Kant's Lectures on Anthropology: A Critical Guide*, Cambridge: Cambridge University Press, 2014, pp. 94-113]。
② 《康德著作全集》第7卷,中国人民大学出版社2008年版,第260页。
③ 《康德著作全集》第7卷,中国人民大学出版社2008年版,第261页。

（2）激情是"将自己扎根的,甚至能够与玄思共存",并且"总是以主体的某种准则为前提条件,按照由偏好给主体规定的目的来行动"(ibid.,7:266)①。

尽管激情的形式规定中的上述两个方面初看上去非常简单明了,然而细心的读者很快就会发现,要把它们彻底整合起来却有一定的困难。这是因为,激情的形式规定中的第一个方面,表明了激情是通过反抗理性的形式性原则(这就是"以整体来限定部分"的原则)而与理性相对立的。相反,激情的形式规定中的第二个方面,则表明了激情完全能够与理性共存,甚至能够通过源于理性的玄思和准则得到理性的支持。于是,现在的难题就是:一切激情的形式规定中这两个看似矛盾的方面,如何才能够被整合在一起呢?②

为了解答上述难题,现在需要先来分析一下激情的形式规定中的第一个方面(1),也就是说需要深入地探讨一下:在理性的形式原则里面,"整体"与"部分"究竟分别意味着什么。很明显,"部分"一词在康德对激情的讨论中的含义是相当清楚的,它指的就是某个偏好而已。相反,"整体"一词的含义却可以包含多个层次,康德本人则率先揭示了"整体"一词含义中的其中一个层次:

> 理性也在感性地实践的东西中(im Sinnlich-Praktischen),遵循如下原理从普遍走向特殊:不为讨好一种偏好而把其余的偏好都置于阴影中或者置于角落里,而是注意使前者能够与所有偏好的总和共存(ibid.,7:266)③。

---

① 《康德著作全集》第7卷,中国人民大学出版社2008年版,第260—261页。
② 根据大卫·苏斯曼的分析,激情充当了"理性与偏好之间的某种中介",激情作为"一种理性化了的欲望(rationalized desire),虽然基于情感,但却提出了与一般实践理性相同种类的诉求[亦即与理性]占据着相同的'逻辑空间']"。在苏斯曼看来,激情实际上是"透过理性的棱镜而对我们直接的情绪生活(进行)再-概念化(re-conceptualizing)的结果"(Sussman, D. G., *The Idea of Humanity*: *Anthropology and Anthroponomy in Kant's Ethics*, London: Routledge, 2001, p. 187, p. 197)。
③ 《康德著作全集》第7卷,中国人民大学出版社2008年版,第261页。

　　很明显从上述引文来看，"整体"一词的其中一层含义，就是所有偏好组成的整个系统。根据本书第一卷的论述，实践理性的明智性运用（prudential use）正是在个人幸福之名下，照看和满足这一系统中所有（或者说大部分）的偏好。如果一个主体的行为，总是谨慎地遵循着实践理性为其明智性运用而制订的规范，那么这个主体就可以被称作是一个明智的人。相反，一个在激情驱使下狂热地追求声誉的主体，将会对除了求名欲之外的其他偏好视而不见（ibid.，7：266）①。很明显，在康德所举的这个例子中，主体对声誉的狂热激情，已经威胁到了作为他所有偏好之系统性满足的个人幸福。出于类似的道理，除了求名欲之外的其他一切激情，也都可以被判定为是不明智的。总之，就如康德所言，一切激情都无一例外地"在实用上是有害的"（pragmatisch verderblich）（ibid.，7：267）②。

　　进一步地，康德又明确地告诉读者，激情"不仅在实用上是有害的，而且在道德上是可鄙的（moralisch verwerflich）"（ibid.，7：267）③。他对激情的这后半句论断，也隐隐揭示出"整体"一词在他对激情的讨论中所具有的另一层含义。鉴于"用整体来限定部分"是属于实践理性之一般性性运用的形式性原则，所以实践理性必然不光是针对它自身的明智性运用，而且也是针对他自身的道德性运用（moral use）而提出的这一原则。换句话说，实践理性不仅会为属于某一主体的一切主观目的（这些主观目的由偏好所揭示）建构起一个系统性的整体（即个人幸福），实践理性也同样会为属于同一主体的一切目的（既包括由偏好所揭示的主观目的，也包括由义务所要求的客观目的）建构起另一个系统性的整体。进一步地，实践理性甚至会超越单一主体的局限，而为人类共同体中所有主体的一切主观目的和一切客观目的建立起一个更大、更高的系统性整体。在这里，无论对于个人，还是对于共同体来说，由一切主观目的和

----

① 《康德著作全集》第 7 卷，中国人民大学出版社 2008 年版，第 261 页。
② 《康德著作全集》第 7 卷，中国人民大学出版社 2008 年版，第 261 页。
③ 《康德著作全集》第 7 卷，中国人民大学出版社 2008 年版，第 261 页。

一切客观目的所组成的系统性整体,都可以被称为一种道德性的整体(a moral whole),被称为或是属于个人,或是属于共同体的至善(Summum Bonum,即德福匹配)。同时,在上述几类由实践理性所建构的系统性整体里,每个"部分"所具有的地位,都必须永远由它从属的"整体"来规定。而这对于此处的分析则意味着:对某一偏好的追求,既不应当阻碍个人幸福的实现,也不应当对一个人或者所有人的德福匹配形成任何阻碍。反过来说,由于一切激情都具有把"部分"置于"整体"之上的形式性特征,因此激情无一例外地不仅从实用角度看是有害的,而且从道德角度看是可鄙的,就如康德明确论断的那样。

最后需要指出的是,由于所有激情都将部分置于了整体之上,所以它们除了是"不明智的"和"不道德的"之外,在追求自己所设定的目的时,也经常面临一种自我挫败的结果。在这里,激情在追求目的时的自我挫败,又隐隐揭示出了"整体"一词在康德对激情的论述中的第三层意思。这第三层意思关系到一种严格意义上的对实践理性的技术性运用(technical use),指的是理性借助作为它的两种对象的"目的"和"手段",建构起了一个同时包含着"慎思"(deliberation)和"行动"(action)这两个步骤在内的整个行动过程,这一整个行动过程又可以被看作是一种系统性的整体。现在,从作为整个行动过程的系统性整体来评判,主体绝不应当仅仅沉溺于占有"手段",因为,任何手段就其自身而言都不具备独立的价值。相反,主体应当使用手段来达成现实的目的,唯有在与这些目的的关系中,手段才能反过来被赋予相应的价值。

康德关于"对一般而言影响别人的能力的偏好(der Neigung zur Vermögen, Einflüße überhaupt auf andere Menschen zu haben)"的分析,清楚地展现了激情如何在实践理性的技术性运用中,把仅仅作为部分而存在的手段,错误地提升到目的和手段结合而成的综合性整体之上:

> 这种偏好最接近技术性地实践的理性(technisch-praktischen

Vernunft)……因为把别人的偏好纳入自己的控制,以便能够按照自己的意图来驾驭和规定它们,这几乎就等于是占有别人,把别人当做自己意志的纯然工具。毫不奇怪,对影响别人这样一种能力的追求就成为激情。

　　这种能力仿佛在自身之中包含着三重力量(eine dreifache Macht):声誉(Ehre)、权力(Gewalt)和金钱(Geld);如果占有了它们,人们就能够用它们来对付任何人,不是用这种影响就是用那种影响,并且把这人用于自己的意图。对此的偏好如果成为激情,就是求名誉(Ehrsucht)、统治欲(Herrschsucht)和占有欲(Habsucht)(APH 7:271)①。

鉴于上面这段论述所包含的复杂层次,在此需要对其进行一点简单的梳理。首先,作为自由的行动者,人自身就可以被看作是实现任何目的的最有用的手段。其次,能够影响人的自由任意和由它引发的行动的东西,也就因此可以被看作是一种"更高阶的手段"。根据康德的分析,这种更高阶的手段,作为一种能力(Vermögen),包含着声誉、权力和金钱这三重力量。声誉、权力和金钱这三者能分别通过人的意见(Meinung)、恐惧(Furcht)和利益(Interesse)来影响人(ibid.,7:272)②,进而规定人的自由任意并由此引发行动。于是在这个意义上,实现任何目的的"普遍手段"(universal means)其实包含着一个双层结构:首先,一个人可以使用三重力量(金钱、声誉和权力)来影响作为自由存在者的他人;其次,他又可以利用被这三重力量所影响的他人,来达到他所设定的任何目的。

从康德的上述这段文本中,读者又可以发现激情之所以具有自我挫败的特性,其实是基于以下原因:陷于激情的主体如此地沉溺于对于金钱、声誉和权力的追求(哪怕这三者归根究底只是达到他目的的工具,自

----

① 《康德著作全集》第7卷,中国人民大学出版社2008年版,第266页。
② 《康德著作全集》第7卷,中国人民大学出版社2008年版,第266页。

身却并不具有任何独立价值),以至于错失了需要通过这些工具来实现的目的本身。在《实用人类学》中,康德用生动的语言描述了这种"沉溺于手段而迷失了目的"的现象:"人成为他自己的偏好的愚弄对象(Geck)(被欺骗者),并且在使用这样的手段时错过了自己的最终目的(Endzweck)"(ibid., 7:271)①。简而言之,激情之所以破坏了实践理性的技术性运用,是因为它驱使着主体过度地追求仅仅作为"部分"的手段,而错失了手段与目的的综合这一"整体"的实现。

更糟糕的是,通过把手段抬高到目的之上,激情其实也就同时把手段转变成了另一种形态的目的。这种转变是借助于一个隐秘的把戏完成的。在陷于激情的主体那中,对于手段的占有被完全等同于对于目的的获得。因为,在主体的想象中,通过占有某些手段而使自己"有能力去占有任何可能的目的",与"现实地占有所有这些目的之全体"——这两件事之间的差别被完全抹杀了。这种在想象中一方面对"可能性"和"现实性"的混淆,另一方面对"任何目的"和"所有目的之全体"的混淆,毫无疑问可以被称作是一种妄想,或者说是一种自我欺骗。在这种自我欺骗中,陷于激情的主体遗忘了对任何现实的目的的追求,而仅仅满足于通过尽可能多地占有通达目的的手段,来幻想自己已经占有了所有可能的目的。进一步地,根据康德的文本,由于"对这种能力自身,以及拥有满足自己的偏好的手段的意识,要比使用这些手段更能够激起激情"(ibid., 7:272)②,所以陷于激情的主体将会无止境地沉溺于占有手段,甚至把这些手段转化为仅仅因其自身就被追求的目的。当事情发展到这一步时,这些手段其实已经获得了属于自己的独立生命。若借用拟人的描述方法,可以说这些手段已经开始欺骗和绑架主体,使主体一方面沉溺于对它们的无限追求之中,另一方面却完全意识不到自己被这种追求欺骗和绑架了。

① 《康德著作全集》第 7 卷,中国人民大学出版社 2008 年版,第 266 页。
② 《康德著作全集》第 7 卷,中国人民大学出版社 2008 年版,第 266 页。

总之,截至目前的讨论已经展示了激情对实践理性之运用的三重破坏,亦即它们对实践理性的技术性运用(technical use)、明智性运用(prudential use)和道德性运用(moral use)的破坏[1],这三重破坏都是由于激情对于"一般性的理性运用之形式原则"(也就是"整体应当限制部分"的原则)的反叛所引起的。就如方才已经分析过的那样,"部分"一词在康德文本中的含义相对简单,仅仅意味着某个特定的偏好,而"整体"一词却可以包含三重含义。其中"技术性的整体"(technical whole)指的是目的与手段的系统性结合,"实用性的整体"(pragmatical whole)指的是一个主体内部所有偏好所指向的目的的系统性综合(因而指向了该主体的个人幸福之实现),而"道德性的整体"(moral whole)指的则是或者属于某一主体,或者属于共同体内所有主体的一切义务和偏好所指向的目的的系统性综合(亦即一个人或所有人的"德福相配"或者说其"至善"之实现)。由于无论在技术性的整体、实用性的整体,还是道德性的整体那里,激情作为一种无限狂热的偏好,都是一种被抬高到"整体"之上,并且拒绝被"整体"约束的"部分"。所以,在这里也就很容易解释:为什么激情从技术的角度来看是自我挫败的,从明智的角度来看是不明智的,而从道德的角度来看则是不道德的。

至此的讨论已经深入分析了激情的形式规定的第一个方面(亦即激

---

[1] 苏斯曼指出:"随着激情,某些偏好担起了立法的自命不凡(legislative pretensions),为自己篡夺了自爱的内容和道德的权威。激情为我们展示了不同于自然的满足的一种新的幸福的含义,并以(不同于我们道德义务的)法则的力量,将这种幸福规定给我们"。"激情提出了实践性理由的某种根据,这种根据不仅独立于道德,而且独立于被康德称为'理性的自爱'的对于自我满足的关切"(Sussman, D. G., *The Idea of Humanity*: *Anthropology and Anthroponomy in Kant's Ethics*, London: Routledge, 2001, pp. 197 - 198)。

尽管苏斯曼的措辞和本节并不相同,但他笔下的激情一方面类似于明智、一方面类似于道德的特征,却可以反过来通过本节所描述的激情之不明智和不道德的特征而得到解释。根据上一章对自爱概念和恶之经验表达的新诠释,由于自爱原则能够自由地附着于任何偏好,并把这个偏好吸纳为自我概念的经验内容,所以一个人的个人幸福概念,必然能够随着他的经验自我概念的变化而变化,这就是苏斯曼所提出的"将新的内容给予(幸福概念)"。此外根据本章的诠释,由于激情把某个偏好置于了其他一切偏好之上,从而违背了实践理性"以整体来限定部分"的形式原则,激情也就必然和道德相敌对,这相当于苏斯曼所描述的"篡夺了道德的权威"。

情是"阻碍理性在做某种选择时将之与一切偏好的总和作比较的那种偏好"或者说"把自己的目的的某一部分当作整体")所包含的三重结构。激情的形式规定的这第一个方面,将激情揭示为一种反抗理性约束的偏好,因而似乎与激情的形式规定中的第二个方面(亦即激情能够和玄思[①]共存,并且包含对准则的使用)产生了矛盾。随后的分析将会展示,激情的形式规定的这两个方面之间所谓的矛盾仅仅是表面上的,因为毕竟,将所有激情都判定为是恶的,因而是由主体自由地招致的,主体的自由任意也必须牵涉到激情之中。根据康德的观点,仅仅就其自身来说,感性偏好既不是善的,也不是恶的。因此,感性偏好并不必然地会反抗理性的统治。这意味着,如果感性偏好被转化成了一种必然地反抗着理性的激情,那么这种"反抗"只能是从别的地方被嫁接到原本无罪的感性偏好之上的。更确切地说,如果激情对理性的反抗在道德上的确是恶的,那么这种反抗只能是由自由任意本身造成的,自由任意作为高级欲求能力中的"执行功能"(executive function),又恰恰属于一般意义上的实践理性。换句话说,恰恰是理性自身将"对于理性的反抗"嫁接到了偏好之上,由此将偏好转化成了激情。于是,虽然从表面上看,似乎是某种外部势力(即激情)在反抗理性,事实上却是理性发动了对自己的战争。在这场理性与自身的内战中,理性通过从外部势力(即偏好)借来具有破坏力的武器,通过唤醒理性之外的暴民(即激情),来破坏理性自身的诸种运用。

所以,虽然激情之"表象"确实是偏好在反抗理性,但掩藏在这一表象之下的"真相",却是理性以偏好为手段来分裂理性自身、对抗理性自身。本段关于激情的辩证式分析,也完全能够从康德自己的文本中找到有力的支持。康德不仅确认了激情"在任何时候都是与主体的理性结合

---

① "玄想(Vernünftelei)(没有健全的理性)是对理性的一种错过它的最终目的的使用,部分地由于无能(Unvermögen),部分地由于观点错误(Verfehlung des Gesichtspunkts)"(*APH* 7:200;《康德著作全集》第 7 卷,中国人民大学出版社 2008 年版,第 193 页)。

在一起的"（*APH* 7:266)①,而且为激情如何与理性结合在一起,提供了一条关键的线索。根据康德的论述,激情包含着"就客体而言的持久的原则",这条原则作为"主体的某种准则"而起作用,亦即"按照由偏好给主体规定的目的来行动"(ibid., 7:266)②。很明显,一切准则都不可能由偏好自身直接给予主体,而只能由自由任意给予主体。正是通过自由任意,主体才能自由地选择一条准则,由此为遵循该准则而发生的行为承担起道德责任。甚至于,当该准则要求主体盲目追随某一偏好(就如主体陷入激情时所发生的那样),以至到了被该偏好绑架,个人幸福面临灭顶之灾的情况下,主体也绝不能把责任推卸给这一偏好,而只能责备他自己。因为,正是主体自己自由地选择了这条要求他盲目追随某一偏好的准则,才使他自己沦落到如此悲惨的境地的。总之,根据康德提供的关键线索,读者在这里完全能够得出结论说:正是主体的任意自由地选择的准则,搅扰和激起了原本无罪的偏好,并把这些偏好转化成了有罪的激情。

由此可见,主体选择的准则实际上在自由任意和激情之间扮演了一个关键的中介角色。任何准则都是由主体的自由任意选择的,所以主体的自由任意,也必须为把偏好转化为激情这一错误承担起道德责任。准则在人的理性本性(自由任意)和感性本性(偏好)之间的这一中介作用,在《宗教》一书中通过著名的"采纳的命题"(Incorporation Thesis)得到了明确的表述:

> 任意的自由具有一种极其独特的属性,它能够不为任何导致一种行为的动机所规定,除非人把这种动机采纳入自己的准则(使它成为自己愿意遵循的普遍规则)(*RGV* 6:23-24)③。

现在,借助上述分析,激情的形式规定的两个方面[也就是(1)"激情

---

① 《康德著作全集》第 7 卷,中国人民大学出版社 2008 年版,第 261 页。
② 《康德著作全集》第 7 卷,中国人民大学出版社 2008 年版,第 260—261 页。
③ 《康德著作全集》第 6 卷,中国人民大学出版社 2007 年版,第 22 页。

对理性的反抗"和(2)"激情包含着对理性的运用"]之间的矛盾,也就可以得到最终化解。需要重申的是,解决上述矛盾的关键在于准则的中介功能。因为,正是主体的任意所自由地选择的要求主体按照由偏好所规定的目的来行动的准则,才把无罪的偏好转化成了有罪的激情。由偏好转化而来的激情又反过来破坏了实践理性的技术性运用、明智性运用和道德性运用。

然而,当激情的形式规定的两个方面之间的矛盾,借助理性的"自我分裂"(self-division)概念得到了最终的消解之后,理性的"自我分裂"概念又进一步对本节的分析提出了一个更为严峻的挑战。那就是,尽管所有激情都无一例外地在道德上是恶的,但激情的其他两种属性(即自我挫败和不明智)似乎很难与学界关于康德的自爱概念和恶之经验表达的传统解读相契合。正如上一章所指出的那样,这种传统解读主要基于对恶的利己主义式的理解(亦即恶在于自由任意将个人幸福置于道德法则之上),这种对恶的利己主义式的理解,最终又基于一种对自爱概念的个人主义式的解读。

现在,当目前的讨论充分分析了激情的形式规定之后,引入一种对康德自爱概念和恶之经验表达的新诠释,并证明这种诠释的独特优势的时机也终于成熟了。很明显,传统康德研究中对恶的利己主义式理解,以及为这种理解奠基的对自爱概念的个人主义式解读,完全没有能力为激情现象的出现提供一种令人信服的说明。相反,上一章所提出的对于恶与自爱的新诠释,却能够成功地完成这项任务。这一新诠释的关键,首先在于对激情中所包含的恶的准则的深入理解。尽管康德本人已经给出了对这种恶的准则的一般性描述(即"按照由偏好给主体规定的目的来行动"),但他并没有继续深入挖掘这一准则的本质究竟是什么。此外,鉴于能够被转化为激情的偏好本来就是多种多样的,因此由偏好转化而来的激情所包含的恶的准则,若仅仅从表达式上看,也必然包含着多种多样的内容。然而,在刨除这些多种多样的内容之后,各样激情所包含的恶的准则还必须分享着某个统一的结构,亦即"执着于某种偏好"。根据上一章对自爱概念和恶之经验表达的新诠释,此处读者又可以推断说:为各样激情所包含的恶的准则来奠基的原则,或者说所有这些恶的准则的"统一形式"(unifying form),正是被置于道德法则之上的"悖逆的自爱"(perverse self-love)。正是"悖逆的自爱"包含在各种各样的激情之中,驱使着这些激情突破了道德法则所设置的限制。

为了进一步证明上述将激情中所包含的恶的准则之"统一形式"等同于"悖逆的自爱"的论证是有效的,这里将展示从上述这种"等同"中如何建立起一种关于激情之起源的令人信服的解释。根据上一章的分析,从先验层面上看,自爱原则应当仅仅被理解为一种"纯粹的特殊性"。进一步地,同样从先验层面看,自爱原则的这一规定,并不能给它的经验内容预先设定任何要求。换言之,自爱的经验内容归根究底是完全空洞的和不定的。但是,这种空洞性和不定性同时也意味着:作为人类自由两条基本原则中的一条(另一条原则是道德法则),自爱原则能够自由地将自己附着于任何质料之上,并且吸纳该质料作为自我概念的经验内容。如果自爱原则在先验层面被错误地置于了道德法则之上,那么对自我概念之经验内容的追求(或者说,对自爱原则所自由地附着和吸纳的质料的追求),也必将毫无顾忌地打破道德法则的限制。这正好对应着偏好被转化为激情时所发生的情况:当"悖逆的自爱"将某个"部分"(即某种偏好)抬高到"整体"(或者是道德性的整体,或者是实用性的整体,或者是技术性的整体)之上时,陷于激情的主体所拥有的自我概念也将被"特殊化"为这个偏好。这意味着,主体会把他的全部自我压缩进这个狭小的偏好之中,他会在这个偏好中定位他的全部自我,把实际上只能称得上是他自我的某个部分的东西,错误地当成他的全部自我,或者说他的自我之整体,并由此无视由实践理性的技术性运用明智性运用和道德性运用所规定的这三种系统性的整体。于是,借助于这种"自我的特殊化",本章的分析便能够令人信服地解释:为什么陷于激情的主体,会毫无节制地沉溺于某种偏好,以不道德、不明智,甚至是自我挫败的方式来展开各样行动。

总之,激情的形式规定中看似矛盾的两个方面——亦即(1)"激情对理性的反抗"和(2)"激情涉及对理性的运用"——完全可以用激情所包含的恶的准则来调和,而这一被人的任意自由地选择的准则,也揭示出了掩藏在"激情之表象"下面的"激情之真相",亦即激情实际上起源于理性借助于偏好(这种外在于理性的力量)来损害理性自身、分裂理性自身、发动对理性自身的战争。在对康德的传统诠释中,关于恶的利己主义式理解,以及为这种理解奠基的对自爱概念的个人主义式解读,完全无法以一种令人信服的方式解释激情所具有的自我挫败、不明智、自我毁灭这些特征。与此形成鲜明对比的是,本书提出的对康德的自爱概念和恶之经验表达的新诠释,却能够对激情的出现提供一种令人信服的解释。这种新解释得以成功的关键,就在于将各样不同激情所具有的恶的准则的统一形式,视为"悖逆的自爱"这一先天原则:一方面,悖逆的自爱的经验内容是空洞的和不定的;另一方面,它又能将任何质料吸纳为自我概念的经验内容。

毫无疑问,"通过激情而发生的自我的特殊化"同时也就是"让自我沦为激情的奴隶"。正如康德明确指出的那样,"激情对于纯粹实践理性来说是痼疾,而且多半无法治愈,因为病人不愿意被治愈,并且要摆脱那唯一能够治愈他的原理的统治"(*APH* 7:266)[1],"情绪对自由和自我控制造成一种瞬间的损害。激情则放弃自由和自我控制,并且在奴隶意识(*Sklavensinn*)中找到自己的愉快与满足"(ibid., 7:267)[2]。因此,当悖逆的自爱附着于某种偏好,使得主体无节制地沉溺于对这一偏好的追求之时,主体也就使自己沦为了这种偏好的奴隶,同时损害了自身的自由。此处可以将这种损害自身自由的悖论式的行动,称为"自由地放弃自身自由"(freely abandoning one's own freedom)。必须注意的是,哪怕主体已经沦为了激情的奴隶,他也并没有在任何真正意义上完全丧失自身

---

[1] 《康德著作全集》第 7 卷,中国人民大学出版社 2008 年版,第 261 页。
[2] 《康德著作全集》第 7 卷,中国人民大学出版社 2008 年版,第 261 页。

自由。因为，如果主体在任何真正意义上完全丧失了自身自由，激情也就不能在道德上被判定为是恶的，主体也不再能为激情承担起任何道德责任了。事实上，当悖逆的自爱附着在某个偏好之上时，主体也就在某种程度上将自己的自由"赋予"了这一偏好。或者可以反过来说，主体让自身自由在这一偏好中得到了"肉身化"（incarnated），从而使自身自由能够通过"无节制地追求这一偏好"来得到实现和展示。而上述这种在同等程度上是悖论式的行动，又可以被称为"将自由传递给一种并不自由的偏好"（transferring freedom to an un-free inclination）。于是，自由和奴役这两种看似矛盾的状态，便在激情内部形成了一种辩证式的关系：一方面，激情是"自由地选择的自我奴役"（freely-chosen self-enslavement）；另一方面，激情又是"在自我奴役中实现自身自由"（realization of one's own freedom in self-enslavement）。本节已经通过对激情的形式规定的讨论，充分展示了这种辩证式关系的前一半，解释了激情为什么是一种"自由地选择的自我奴役"，接下来的一节将通过对激情的质料规定的讨论，来展示上述辩证式关系的后一半，亦即激情如何"在自我奴役中实现自身自由"。

第二节　一切激情的质料规定

就如上一节所展示的那样，激情的形式规定（即激情所遵循的基本原则）可以被描述为对一般性的理性运用所依从的形式性原则（亦即用整体来限制部分的原则）的三重反抗。通过这三重反抗，实践理性的道德性运用、明智性运用和技术性运用将受到损害。进一步地，激情对理性的这三重反抗并不起源于偏好本身，而是由一条恶的准则被嫁接到偏好上面的。根据上一章对康德自爱概念和恶之经验表达的新诠释，各样激情所拥有的恶的准则的"统一形式"，正是"悖逆的自爱"这一先天原则。这一在经验层面完全空洞不定的自爱，能够攫取任何质料来充实自身，并将这些质料吸纳为自我概念的经验内容。

　　本节将转向对激情的质料规定（亦即激情所指向的对象）的讨论。从康德的文本来看，激情的质料规定似乎同样包含着相互冲突的两个方面。一方面，是偏好为激情提供了对象。另一方面，"一切激情都永远只是人对人的欲望，而不是人对事物的欲望（auf Menschen，nicht auf Sachen gerichtete Begierden）"（*APH* 7：268）①，"激情真正说来仅仅旨在于人，而且也只能通过人来满足（gehen eigentlich nur auf Menschen und können auch nur durch sie befriedigt werden）"（ibid.，7：270）②。总之，一方面是人，一方面是由偏好所提供的事物——这两者似乎同时被当作了激情所指向的对象，而这一点，起码初看上去是自相矛盾的。

　　为了处理这个矛盾，此处需要先来考察一下激情的质料规定的第一个方面。由于激情的初始定义是"阻碍理性在做某种选择时，将之与一切偏好的总和作比较的那种偏好"（ibid.，7：265）③，所以激情的对象，首先毫无疑问地来自偏好。康德按照对象的不同将所有激情分为了两类，它们分别是：（1）自然的（生而具有的）偏好的激情［die Leidenschaften der natürlichen（angebornen）Neigung］以及（2）从人的文化中产生的（获得的）偏好的激情［die der aus der Kultur der Menschen hervorgehenden（erworbenen）Neigung］。其中，"第一类激情是自由偏好（Freiheitsneigung）和性偏好（Geschlechtsneigung），二者都与情绪相结合……第二类激情是求名欲（Ehrsucht）、统治欲（Herrschsucht）和占有欲（Habsucht）"（ibid.，7：267-268）④。

　　实际上，康德在《实用人类学》中对于激情的总体分类和对于各种激情的分析，几乎完全对应着他在《宗教》一书中对于从败坏的动物性和人性中产生的恶习的总体分类，以及那里关于各种恶习的分析（*RGV* 6：26-27）⑤。下一章将深入探讨诸激情与诸恶习之间的这一对应关系。

---

① 《康德著作全集》第7卷，中国人民大学出版社2008年版，第262页。
② 《康德著作全集》第7卷，中国人民大学出版社2008年版，第264页。
③ 《康德著作全集》第7卷，中国人民大学出版社2008年版，第260页。
④ 《康德著作全集》第7卷，中国人民大学出版社2008年版，第262页。
⑤ 《康德著作全集》第6卷，中国人民大学出版社2007年版，第25—26页。

为了本章的论证目的,此处将仅仅聚焦于激情(或者说恶习)在质料方面的基本规定。首先,动物性禀赋(die Anlage für die Tierheit)和人性禀赋(die Anlage für die Menschheit)通过分别产生自然的(生而具有的)偏好和从文化中诞生的(获得的)偏好,而为激情提供了两类可以指向的对象。其次,动物性的败坏和人性的败坏,又进一步解释了激情在经验中如何实际地产生。若仅仅就其自身而言,动物性禀赋和人性禀赋不但在道德上是无罪的,而且也被原初地预定为是朝向善发展的[实际上,它们两者和人格性禀赋(die Anlage für die Persönlichkeit)一道,共同构成了三种原初的向善禀赋(die ursprünglichen Anlagen zum Guten)](ibid.,6:26)①。在《宗教》一书的文本中,这除了意味着上述两种禀赋的发展是促进(befördern)道德的(ibid.,6:28)②,同时也意味着每一种源于这两种禀赋的偏好,都拥有一个原初地被设定好的自然目的。比如说,在动物性禀赋这里,对性的偏好以人类族类的繁衍作为它的自然目的,而作为一种社会本能,对外在自由的偏好则以形成最初级的共同体(也就是像其他社会性动物那样聚族而居)作为它的自然目的。与此相对,在人性禀赋这里,以能够普遍地影响人的三重能力(亦即金钱、声誉、权力)为目标的偏好,又驱使着一个人在竞争性的社会环境中,积极地追求比较性的幸福和比较性的自我价值。同时,这些偏好还从整体上推进着人类社会的文化发展。当恶从外部被嫁接到原本无罪的动物性和人性之上时,这两者就会遭受败坏,并分别产生出本性粗野的恶习(Laster der Rohigkeit der Natur)和文化的恶习(Laster der Kultur)(ibid.,6:26 - 27)③。《宗教》一书中讨论的这两类恶习,分别对应着《实用人类学》中自然的(生而具有的)偏好的激情和从人的文化中产生的(获得的)偏好的激情。当被从外部嫁接而来的恶所败坏时,属于动物性的自然偏好和属于人性的获得性的偏好,便会被转化为许多无限度的欲望,这些欲望指

---

① 《康德著作全集》第 6 卷,中国人民大学出版社 2007 年版,第 24—25 页。
② 《康德著作全集》第 6 卷,中国人民大学出版社 2007 年版,第 27 页。
③ 《康德著作全集》第 6 卷,中国人民大学出版社 2007 年版,第 25—26 页。

向的对象仿佛获得了独立的生命似的,引诱着主体以一种不惜打破道德界限的方式去追求它们,从而完全背离了上述偏好所具有的原初的自然目的。

虽然康德并未明言,这一从外部嫁接到动物性和人性之上的恶究竟是什么,但根据上一节的分析可以很容易看出,这种恶其实就是"悖逆的自爱"这一先天原则。本章将稍后说明"悖逆的自爱"是如何败坏各种偏好的,而为了目前的论证目的读者只需注意:尽管遭到了这种自爱的败坏,激情所指向的对象归根结底依然源于偏好,而偏好就其自身而言,不仅在道德上是无罪的,同时也植根于原初的向善禀赋。这样一来,所有的分析似乎又绕回了原点,依旧没有解决激情的质料规定中所包含的两个方面之间的矛盾,也就是激情的对象究竟如何可以既(1)统统源于偏好,但又(2)仅仅指向人,而不指向事物。

实际上,化解上述矛盾的关键,就在于"人"的特定含义之中。《实用人类学》中对"人"(Mensch)和"事物"(Sache)的区分,与《奠基》中对"人格"(Person)和"(事)物"(Sache)的区分紧密地联系在一起。根据《奠基》的论述,每一个人由于拥有理性和自由的本性,特别是由于他拥有先天的立法能力从而可能实现自律,他的人格便具有了一种无限地高于物的不可侵犯的尊严(Würde),或者说一种绝对的价值。相反,由于缺乏上述理性和自由的本性,每一件物都仅仅具有一种可交换的价格,或者说相对的价值(GMS 4:434-436)①。类似地,读者完全可以推测,在《人类学》关于激情的讨论中,人与物之间的本质区别,也在于"具有或者缺乏理性和自由的本性"。因此,当康德明确指出,是人,而不是物,才可以在一个真正的意义上被称为激情的对象时,他其实是在说,激情的对象归根结底是自由的存在者,而不是非自由的存在者。

因此,激情的质料规定里的两个方面之间的矛盾,可以以如下方式被重新表述为:那些(1)"似乎并不具备自由本性的偏好所指向的对象",

---

① 《康德著作全集》第4卷,中国人民大学出版社2005年版,第442—445页。

如何能够与(2)"具有自由本性的人"一道被看作是激情的对象？幸运的是,对于这个难题的回答,已经隐藏在上一章对康德自爱概念与恶之经验表达的新诠释,以及上一节对激情的形式规定的分析里面了。在这里,激情的质料规定(即激情的对象)可以被进一步分解为两个层次,其中第一个层次(a)就是"激情之对象的质料基底"(the material ground for the objects of passions),而第二个层次(b)则是"加在这些质料基底之上的恶的自由的无限形式"(the infinite form of evil freedom that is imposed onto this material ground)。简言之,激情的对象可以被视为一个复合体,也就是(a)"质料基底"和(b)"无限形式"的结合物。

根据前文的分析,激情的对象所具有的质料基底,就是生而具有的偏好和获得性的偏好本身,这两种偏好又分别植根于动物性禀赋和人性禀赋之中。因此,和这两种原初的向善禀赋一样,激情的对象所具有的质料基底不仅在道德上是无罪的,而且也原初地就被预定了指向善(即zum Guten)。如果这两种偏好的对象受到实践理性在其技术性运用、明智性运用和道德性运用中所依从的诸规定的限制,那么这些对象将仅仅拥有一种"有限的形式"(a finite form)。这意味着,主体对于这些对象的追求,将被正确的理性秩序所规范,将仅仅指向它们原初地被设定好的自然目的。换言之,由于这些对象仅仅拥有"有限的形式",它们也将仅仅是一些"有限的目的"而已。主体对于这些有限目的的欲望在一般情况下是能够得到满足的,这些欲望在被满足的同时也将自行止息。然而,当生而具有的偏好和获得的偏好被"悖逆的自爱"这一先天原则所搅扰和激发,由此被转化为相应的激情时,一种"无限的形式"(an infinite form)便会被加在这些偏好的对象之上。这一"无限的形式"将使主体对于对象的追求变得永无止境,这些追求试图突破由实践理性之技术性运用、明智性运用和道德性运用的诸规范所设置的一切限制,并且最终背离诸偏好原初地被设定好的自然目的。简言之,当偏好被转化为激情时,偏好所指向的有限目的,也将被转化为激情所指向的无限目的,对这些无限目的的欲望注定永远无法得到满足,因此这些欲望也注定永远无法趋于止息①。

如果继续考察这种被"悖逆的自爱"加在偏好上的无限形式,读者将会发现它其实是一种特殊形态的自由,或者说,是一种"以悖逆的自爱为自身原则的恶的自由"(evil freedom with perverse self-love as its own principle)。事实上,自由除了被理解为人的任意的本质属性之外,还可以被理解为基于这种本质属性而建立起来的一套"自我-自我关系"和"自我-他者关系"的网络体系②。这种作为"自我-自我关系"和"自我-他者关系"之网络体系的自由,既可能符合,也可能违背由实践理性订立的诸种规范性原则。这些规范性原则或者是针对实践理性的技术性运用,或者是针对实践理性的明智性运用,或者是针对实践理性的道德性运用,由此便提供出三种类型的"合理性"(rationality),即技术的合理性(technical rationality)、明智的合理性(prudential rationality)以及道德的合理性(moral rationality)。通过违背上述这些规范性原则,包裹在激情之中的恶的自由的无限形式,也将会破坏上述三种合理性。于是,以这种方式,恶的自由便会对自由主体之间的"自我-自我关系"和"自我-他者关系"所构成的网络系统造成严重的破坏,并最终侵犯到每个人的无上尊严,或者说绝对价值。

综上所述,激情的对象其实是(1)"由偏好所提供的质料基底"(这一基底在道德上是无罪的,仅仅包含着诸种有限的目的)和(2)"恶的自由的无限形式"(这一形式被"悖逆的自爱"加在了前述质料基底之上)的结

---

① 玛丽亚·包格斯(Maria Borges)也注意到了激情之恶所具有的两个侧面,一个侧面体现于激情的形式规定(亦即准则)之中,另一个侧面则体现于激情的质料规定(亦即对象)之中:"激情(所拥有)的恶的品格源于两个特征。首先,激情导致行动者去选择不道德的准则……其次,激情是永远不会被完全满足的,因此它们被打上了'狂热'(Sucht)的标签,这意味着激情成了一种对于永远不会被它们征服的对象的迷恋"[Borges, M. , "Passions and Evil in Kant's Philosophy", *Manuscrito* 37(2):342, 2015]。

② 康德在《道德形而上学》的法权论和德性论中,分别讨论了对外在自由和内在自由的规定。其中,外在自由可以被视为不同自由存在者之间通过外在立法而建立起的意愿与意愿的和谐共存关系(MS 6:230-231;《康德著作全集》第6卷,中国人民大学出版社2007年版,第238—239页),内在自由则只能通过内在立法而存在于一个自由存在者内部,亦即存在于他进行立法的意志和他的自由任意之间。

合体。于是在这个意义上，陷于激情的主体所怀有的欲望，不仅指向激情中的质料基底，同时也指向被加在该基底之上的恶的自由的无限形式。因此，陷于激情的主体不但在欲求着偏好所提供的对象，同时也在欲求着恶的自由的无限形式。换言之，恶的自由本身成了主体所欲求的对象，自由以一种自返的方式（self-reflexively）指向了自由自身。

尤为重要的是，如果从纯然理性的视角来判断，那么"哪种偏好的对象将被悖逆的自爱所附着，从而成为激情的质料基底"这件事，完全是以一种偶然的方式被决定的，这件事仅仅取决于主体偶然地拥有的人类学构成［比如主体的天性（Naturell）和气质（Temperament）］①，以及他偶然地置身于其中的自然环境或社会环境（比如他生于原始部落还是文明社会中）。就如康德在《实用人类学》中指出的那样，胆汁质气质的人似乎

_____

① 康德在《实用人类学》中区分了"大自然使人成为什么"和"人作为自由行动的存在者使自己成为，或者能够并且应当使自己成为什么"（APH 7：119；《康德著作全集》第 7 卷，中国人民大学出版社 2008 年版，第 114 页），在具体论及人的品格（Charakter）时康德又说："在品格特征（Charakteristik）中，无须在属于其欲求能力的东西（实践性的东西）上的同语反复，人们可以把有品格的东西（das Charakteristische）划分为：a. 天性或者自然禀赋（Naturell oder Naturanlage）；b. 气质或者感觉方式（Temperament oder Sinnesart）；c. 纯粹的品格或者思维方式（Charakter schlechthin oder Denkungsart）。——前两种禀赋表明可以使人成为什么（was sich aus dem Menschen machen lässt）；后一种（道德性的）禀赋表明他准备让自己成为什么（was er aus sich selbst zu machen bereit ist）"（ibid.，7：285；《康德著作全集》第 7 卷，中国人民大学出版社 2008 年版，第 279 页）。

在由弗雷德兰德所记录的人类学讲座中，康德又这样说道："激情基于人的性情（Gemüts Art），并根据心灵的构成（Beschaffenheit des Gemüths）来为自身选择一个对象。在激情的对象存在之前，激情就已经存在了。早于人拥有荣誉的一个对象之时，人就对荣誉有一种倾向（Hang）。于是人根据他心灵的构成，为自己选择匹配于他的激情的一个对象"（VA-Friedländer 25：617）。

剑桥英译本对这段话有如下注释："就如在这些演讲的开头就被注意到的那样，Gemüt在德文中的实际含义是'感受着的灵魂'（feeling soul）或者'感受着的心灵'（feeling heart）［即 Geist 所表达的认知性的意识（cognitive consciousness）的对立物，并且与康德同样援引的拉丁语中 anima/animus 的区分相一致］。就此看来，Gemütsart 实际上与气质（Temperament）同义，正如康德在别处也曾使用过的那样。如此看来这句话的意思是：激情基于我们的气质，并根据我们的感受着的灵魂的构成来选择它们的对象"［Kant, I., *Lectures on Anthropology*, R. R. Clewis, R. B. Louden, G. F. Munzel, and A. W. Wood (trans.), Cambridge：Cambridge University Press，2012，p. 165n］。

比其他气质的人更容易受到求名欲的侵蚀[1]，在不同年龄段的人里面，年轻人容易被求名欲驱使，成年人容易被统治欲左右，老年人则容易陷入对于金钱的占有欲[2]。此外，读者自己也可以非常清楚地观察到，在高度文明化的社会中，个人的复仇欲可以被司法惩罚有效地抑制住，但完全相同的复仇欲，却会在缺乏法律约束的自然状态中，以一种最直接、最粗暴的方式被彰显出来。很明显，在上述这些例子中，决定一个人陷入这种或者那种激情的诸因素（无论这些因素属于主体自身的人类学构成，因而可以被称为"内在的因素"；还是属于主体栖居于其中的社会环境和自然环境，因而可以被称为"外在的因素"），从纯然理性的视角看统统都是偶然的因素，也就是说，它们统统都属于一个人的自由任意无法自行控制的东西。因此，从纯然理性的视角看，陷于激情的主体似乎仅仅被毫无理由地抛入了某些偶然因素的包围之中，以一种完全随机的方式发展出了一种在该条件下最容易被发展起来的激情。换句话说，"悖逆的自爱"仿佛随机地将自身附着于一种最容易被附着的偏好之上，然后将这种偏好转化成了激情。鉴于"悖逆的自爱"在选择这种或那种质料基底作为激情的对象这件事上，表现出了一种全然无所谓的态度（亦即只要该质料基底近在手边，容易攫取即可），于是在这种意义上，激情的对象所包含的质料基底，也就仅仅能被看作是这些对象中的"非本质性的方面"。

读者还必须注意到，仅仅提供了有限目的的偏好本身，其实对于陷入激情的主体并不构成任何吸引力。唯有当这些偏好被赋予了恶的自由的无限形式时（或者说，当这个形式被"悖逆的自爱"加在偏好之上

---

[1] "他的占统治地位的激情是求名欲（Ehrbegierde）；他喜欢从事公共事务，想受到大声赞扬。所以，他爱面子（Schein），爱形式上的排场；他乐于将人置于保护之下，外表上宽宏大量，但不是出于爱，而是出于骄傲；因为他更爱他自己"（APH 7：289；《康德著作全集》第7卷，中国人民大学出版社2008年版，第283页）。

[2] "三种激情——求名欲、统治欲和占有欲——从三种影响人的方式中产生。在人这里，这三种激情各有其特定的年龄。求名欲属于青年，统治欲属于成年，占有欲属于老年"（*VA-Mrongovius* 25：1356）。

时），这些偏好的对象才由于从有限对象被转化成了无限对象，而对陷入激情的主体具备强烈的吸引力。根据这一分析，与作为激情的对象中的"非本质性的方面"的质料基底不同，恶的自由的无限形式，应当被视为激情的对象中的"本质性的方面"。在最严格的意义上甚至可以断言，唯有恶的自由的无限形式，而不是任何源于偏好的质料基底，才是一切激情真正指向的对象。

现在，当一步步分析完激情的对象所包含的复杂结构之后，读者将得出一个多少有些令人吃惊的结论，而那就是：激情真正指向的对象，并不是"各式各样的有限目的"（这些有限目的统统属于由偏好所提供的质料基底）；相反，激情真正指向的对象，其实是一个"单一的无限形式"（这个无限形式由"悖逆的自爱"添加在上述有限目的之上）。若从这一全新的角度进行审视，那么诸偏好其实只是被"悖逆的自爱"所利用，它们仅仅是"悖逆的自爱"为了实现自身、表达自身、彰显自身而采用的工具而已。一方面，"悖逆的自爱"仿佛通过诸偏好而"被赋予了身体"（embodied）；另一方面，诸偏好又仿佛通过"悖逆的自爱"而"被赋予了灵魂"（en-souled）。在这里，不同的激情其实仅仅是"悖逆的自爱"的不同"化身"（embodiments）而已，"悖逆的自爱"与激情之间的关系，就如同人的理知品格（der intelligibele Charakter）和经验品格（der empirische Charakter）的关系一样（A539/B567 – A553/B581）①：后者是前者在现象中的实现，而前者则是后者在本体中的根据。实际上，将自爱置于道德之上的恶的理知品格，完全能够在各式各样的条件下，以截然不同的方式来实现和表达属于自身的"恶的自由"，从而产生出各式各样的恶的经验品格。

若从这一新的视角进行审视，那么陷于激情中的主体绝非在真正的意义上被偏好所奴役，因此也绝非在真正的意义上丧失了自身自由。相反，主体以一种自返的方式（self-reflexively）指向了他自身所拥有的恶的

---

① 《康德著作全集》第 3 卷，中国人民大学出版社 2004 年版，第 356—365 页。

自由(也就是指向了激情中的无限形式),使得这个恶的自由成了他所欲求的真正对象。在这里,鉴于主体的欲求对象(恶的自由)是一个无限的目的,所以追求这个无限目的的欲望,也就成了一种无限的欲望。这种无限的欲望永远无法被熄灭,因此也永远不可能止息。在对恶的自由的无限追求之中,"手段"与"目的"、"使用"与"享受"、"追求"与"占有"之间通常存在的界限也彻底崩塌了①。在正常情况下,一个人"使用手段"是为了"享受目的"。在慎思和行动的整个过程中,"追求目的"和"达到目的"不仅在逻辑上,而且在时间上也是两个相互分离的阶段。然而,当主体所拥有的恶的自由,以一种自返的方式指向自身,将自身当成了欲求对象时,它也就把自己置于了一种极端特殊的处境中。具体地说,这种恶的自由把自身当作了手段来使用,却只是为了达到作为目的的自身;仅仅通过追求自身,这种恶的自由就已经拥有了自身;同时,这种恶的自由又以一种几乎自足的方式来享受自身,除了自身之外,它不再拥有更远的目的需要实现。

然而,此处的描述依旧需要十分谨慎,因为陷入激情的主体所拥有的这种"近乎自足"的自由,只是在一种相对的意义上来说的。换言之,这种恶的自由所拥有的自足性,仅仅是一种"有限的自足性"。与此相对,全然享受着自身存在,同时完全不需要实现任何外在目的的"无限自足性"仅仅属于全能的上帝。从这个意义上说,一个享受着自身的恶之自由并陷于激情的主体,最多可以被比作是上帝的"镜中反像"。这一主体之所以可以被称为上帝的镜中反像,是因为除了在道德属性上和上帝截然相反之外,他在其他各个方面都与上帝非常类似。上帝的这一镜中反像,也揭示出了人类自由内部的黑暗深渊,或者说,揭示出了人类无限地趋近于魔鬼(亦即上帝的敌人)的最极端的可能性。

可是,即便一个人已经坠落到了自由内部的黑暗深渊的最底层,两

---

① 这段分析的最初灵感,来自奥古斯丁对"使用"(uti)和"享受"(frui)的区分[参见 Augustine, *On Christian Doctrine*, D. W. Robertson (trans.), Indianapolis, IN: Bobbs-Merrill, 1958, 1.1-1.5]。

个基本的事实依旧在人类和魔鬼之间划定了不可跨越的鸿沟。首先,从形式上看(亦即从激情所遵循的基本原则来看),当陷于激情的主体享受着他的恶的自由时,他所遵循的原则也仅仅是"悖逆的自爱",而不是"无条件的恶"或者说"为恶而恶"(gratis malus)。无论这一主体犯下了多么极端的罪行,他对道德法则的反抗,也永远只是"悖逆的自爱"的某种极端表现形态而已,因而永远不可能成为一种对于道德法则真正无条件的否定(就如在魔鬼那里发生的那样)。

其次,从质料上看(亦即从激情所指向的对象来看),由于"悖逆的自爱"的先验规定仅仅是"纯粹的特殊性",同时,又由于这种自爱的经验内容是全然空洞的和不定的,因此,如果"悖逆的自爱"没有"赋身于"(embodied in)某些偏好之中,并且通过这些偏好而对人产生现实的诱惑的话,那么它也将无法真正地推动人去作恶。然而,所有偏好(无论它们是源于自然的生而具有的偏好,还是从社会中获得的偏好)都植根于人的动物性禀赋和人性禀赋。这两种不仅在道德上是无罪的,而且原初地就被预定朝向善发展的禀赋,也为恶的自由之实现提供了不可或缺的质料基底。于是从这个意义上看,善在存在的层面上绝对地优先于恶,恶则像寄生虫一样,既依赖于善而存在,又侵蚀着善的存在。如果说前面提到的"激情基于悖逆的自爱,而不基于为恶而恶的原则"这一事实,为激情中包含的恶设置了形式上的限制,那么这里所讨论的"激情总是从某种偏好中发展出来"这一事实,则为激情中包含的恶设置了质料上的限制。形式上的限制与质料上的限制相加,也使得陷入激情的主体永远无法成为真正意义上的魔鬼式的存在者(对魔鬼之恶更深入的讨论,详见本书附录收录的文章)。

然而,虽然激情中包含的恶与真正的魔鬼之恶之间,的确存在着形式上和质料上的双重差异,但读者也绝对不应当低估从"以自返的方式享受着自身的恶之自由"这种行为中所体现出来的无底深渊般的黑暗。如果激情的形式规定展现了"自由地使自己成为偏好的奴隶"这一悖论式的行动,那么激情的质料规定则展现了"通过自我奴役而实现自身自由"这一在同等程度上是悖论式的行动。事实上,这两种看似相反的行动,只是同一个自由行动(亦即"悖逆的自爱将自身附着于偏好")的两个不同侧面而已。由于哪怕在被激情奴役的状态下,主体也依旧保持着自身的自由,所以他也就永远无权在真正意义上摆脱道德谴责或者法律惩罚。而更重要的是,鉴于自由除了是属于人之任意的本质属性之外,还可以被理解为自由存在者之间的"自我-自我关系"和"自我-他者关系"所构成的网络体系,所以,激情所指向的真正对象(亦即恶的自由),也就可以被理解为一个"存在于自由主体之间的悖逆的关系系统"。在这里假若稍微转变一下叙述角度,那么甚至可以说,所有被牵涉进这个悖逆的关系系统里的自由主体,全都以一种悖逆的方式在彼此指向着。这意味着,这些自由主体的尊严都遭到了侵犯和贬低,他们都以或是这样或是那样的方式,被仅仅当作了工具而利用,却并不被同时当作目的自身而得到尊重和保护。从这个叙述角度出发,读者最终必然会同意康德的如下断言,亦即所有激情归根究底仅仅以(自由的)人为目的,也唯有通过(自由的)人才能得到满足。于是以这种方式,本节的讨论便得以确证一切激情之质料规定的第二个方面,或者说,确证康德关于一切激情的对象的描述的第二个方面①。

最后还必须指出,前文提出的对康德的自爱概念与恶之经验表达的新诠释,也为化解激情的质料规定中两个看似矛盾的方面——也就是(1)"所有激情的对象都由偏好提供"和(2)"所有激情都以人为对

---

① 本书作者完全同意艾伦·伍德所说的"一切激情,即使是那些'自然'的激情,也在这个意义上是社会性的,亦即它们仅仅在主体间领域出现,并且仅仅以其他人为对象"[Wood, A. W., "The Evil in Human Nature," in G. E. Michalson (ed.), *Kant's Religion within the Boundaries of Mere Reason: A Critical Guide*, Cambridge: Cambridge University Press, 2014, p. 43]。然而,这里必须把"先验的主体间性"和"经验的主体间性"加以区分。伍德的分析仅仅强调了"经验的主体间性",亦即他人的真实存在,以及人与人之间的真实相遇,是恶在经验中爆发的必要条件。然而,为了避免把恶完全归咎于社会和他人,这种经验的主体间性仅仅能够充当现实中的恶的"外在触发物"(external trigger),作为先天潜能的恶(亦即趋恶倾向,参见 *RGV* 6:29-32,《康德著作全集》第 6 卷,中国人民大学出版社 2007 年版,第 27—31 页)必须已经先行植根于人性的最深处,只待遇到合适的外部条件便会爆发出来。

象"——奠定了基础。化解这个矛盾的关键,就在于区分(a)"激情的质料基底"和(b)"加诸这个基底之上的无限形式"。一方面,"激情的质料基底"是激情所指向的对象的"非本质性的方面",这一质料基底由诸种偏好提供,这正好验证了康德关于"激情就是败坏的偏好"的断言。另一方面,"加诸质料基底之上的无限形式"则是激情所指向的对象的"本质性的方面",这种形式作为一种恶的自由,是一种存在于自由主体之间的,由悖逆的"自我-自我关系"和悖逆的"自我-他者关系"交织而成的网络系统。如果稍微转换一下叙述角度,那么可以说,在这一悖逆的关系系统中,所有自由的人都是激情所指向的对象。于是最终,读者便能完全同意康德的如下断言:激情所真正指向的对象,或者说激情的本质性对象,并不是任何不自由的物,而仅仅是自由的人。

第六章　由生而具有的偏好产生的激情

第一节　由生而具有的偏好产生的激情和由获得的偏好产生的激情的质料规定

当第五章讨论完所有激情就原则而言的形式规定和就对象而言的质料规定之后，本章将转向《实用人类学》中对各样激情的具体考察。本章将首先聚焦于康德笔下三种"自然的（生而具有的）偏好的激情"[die Leidenschaften der natürlichen（angebornen）Neigung]，这三种激情分别是性激情、对外在自由的激情以及复仇的激情。随后，本章将讨论三种"从人的文化中产生的（获得的）偏好的激情"[die der aus der Kultur der Menschen hervorgehenden（erworbenen）Neigung]，这三种激情分别是求名欲、统治欲和占有欲（APH 7：267）①。在所有讨论的开头，本章还将简单地概括一下这两类激情之间的差异。

首先来看一下这两类激情在质料规定上（即对象方面）的差异。就如前文已经提到的，所有激情的质料基底可以被划分为"生而具有的偏好"和"获得性的偏好"这两大类。艾伦·伍德通过分析康德在《纯然理

---

① 《康德著作全集》第 7 卷，中国人民大学出版社 2008 年版，第 262 页。

性界限内的宗教》和《实用人类学》中两个非常相似的"三个一组的组合"（trios），展示了植根于人性禀赋的获得性的偏好如何成为激情的质料基底。根据伍德的比较，作为人性在社会中遭到败坏的产物，《宗教》中提到的"嫉妒（envy）、对权力的上瘾（addiction to power）和贪婪（avarice）"（RGV 6：93‑94）①这三种植根于人类文化的恶习，实际上对应着《人类学》中提到的求名欲、统治欲和占有欲这三种由获得的偏好所产生的激情。很明显，对权力的上瘾和统治欲并无区别，就如伍德所言："嫉妒只是失败的雄心的刻毒的一面，而贪婪（avarice）只是贪心（greed）的另一个名称而已"②。

现在，简单说完了由获得的偏好产生的激情与文化的恶习之间的对应关系，再来看一看由生之具有的偏好产生的激情。对于由生而具有的偏好产生的激情而言，康德在《宗教》和《人类学》中所分别提到的另外两个"三个一组的组合"（trios）也是彼此对应的。首先，动物性的禀赋指向了三重自然目的，从这种禀赋中可以发展出对食物和饮品的偏好、对交配和抚育后代的偏好，以及对和其他人聚族而居的偏好（也就是最原始的社会本能）。其次，这三种偏好所指向的自然目的，则分别是自我保全、族类繁衍，以及原始共同体的形成（就如在其他社会性动物那里一样）。然而，一旦恶从外部被嫁接到原本无罪的动物性之上，被败坏的动物性便会产生出"本性粗野的恶习"（Laster der Rohigkeit der Natur），当这些恶习达到最高程度时，它们就可以被称为暴食（Völlerei）、荒淫（Wollust）以及（在与其他人的关系中的）野蛮的无法无天〔wilden Gesetzlosigkeit（im Verhältnisse zu anderen Menschen）〕这些牲畜般的恶习（viehische Laster）（RGV 6：26‑27）③。此外，康德还认为，所有野蛮人都倾向于发展出嗜酒的恶习（ibid.，6：28n）④，根据前文的分析，可

① 《康德著作全集》第 6 卷，中国人民大学出版社 2007 年版，第 93 页。
② Wood, A. W., "Empirical Desire," in A. Cohen (ed.), *Kant's Lectures on Anthropology: A Critical Guide*, Cambridge: Cambridge University Press, 2014, p. 148.
③ 《康德著作全集》第 6 卷，中国人民大学出版社 2007 年版，第 25 页。
④ 《康德著作全集》第 6 卷，中国人民大学出版社 2007 年版，第 28 页。

以发现嗜酒能够和暴食一道被列入牲畜般的恶习，这是因为，这两者都扭曲了个人对于自我保全的偏好，对他的健康甚至生命造成了危害。

现在，根据对《宗教》与《人类学》的文本对比可以很容易地发现，《宗教》中提到的荒淫和野蛮的无法无天这两种牲畜般的恶习，大致对应着《人类学》中所讨论的性激情和对外在自由的激情，而《宗教》中提及的暴食和嗜酒，则大致对应着《人类学》中被康德称为"狂热地喜欢某些事物"（gewisse Dinge leidenschaftlich lieben）的状态（APH 7:269）[1]。需要注意的是，由于这里提到的"喜欢"（lieben）并不真正地指向自由的人，而仅仅指向不自由的物（如食物和酒精等等），所以根据康德的评判标准，它们实际上还达不到严格意义上的激情这一层次。然而，"狂热地喜欢"（leidenschaftlich lieben，其字面意思就是"充满激情地喜欢"）依旧与严格意义上的激情保持着一种紧密的联系，对于这一联系，本章将在稍后的位置再做进一步的澄清。

简单地总结一下以上的分析：在《宗教》中提到的三种牲畜般的恶习（亦即 a. 暴食，b. 荒淫，c. 野蛮的无法无天），和《人类学》中提到的 a. 狂热地喜欢某物，b. 性激情，以及 c. 对外在自由的激情这三者之间，存在着一种明显的对应关系，这种对应关系，又能够为上一章提出的某个观点提供强有力的支持，这个观点就是：由生而具有的偏好产生的激情所具有的质料基底，其实是由动物性的禀赋提供的。此外需要特别强调的是，康德本人还在一处讨论对外在自由的激情的脚注中，为上述观点提供了进一步的文本支持："这就好像某个法权概念（Rechtsbegriff）（它与外在的自由相关）是与动物性同时发展起来的，而绝不是逐渐学会的"（ibid., 7:268n）[2]。就如读者或许已经察觉到的那样，康德的这个脚注隐隐地暗示了本书导言对人类感性和理性之间深层连续性的基本预设，也暗示了对外在自由的激情来源于动物性的败坏。至于《人类学》中得

---

[1] 《康德著作全集》第 7 卷，中国人民大学出版社 2008 年版，第 264 页。
[2] 《康德著作全集》第 7 卷，中国人民大学出版社 2008 年版，第 263 页。

到了康德着重分析的作为激情的复仇欲,实际上归根究底是从对外在自由的激情中衍生出来的。或者说,复仇欲实际上只是对外在自由的激情的一种衍生形态而已。从这个意义上说,作为激情的复仇欲,也同样以动物性为它的质料基底。

讨论至此,关于《宗教》中提到的两大类恶习与《人类学》中讨论的两大类激情之间所存在的一一对应的关系,可以用下表做一个简单总结:

《纯然理性界限内的宗教》			《实用人类学》
本性粗野的恶习(当达到最高程度时,它们可被称为牲畜般的恶习)//源于动物性的败坏	暴食、嗜酒	狂热地喜欢某物(但尚未达到严格意义上的激情的层次)	由生而具有的偏好产生的激情
	荒淫	性激情	
	野蛮的无法无天	对外在自由的激情(对复仇的激情)	
文化的恶习(当达到最高程度时,它们可被称为魔鬼般的恶习)//源于人性的败坏	嫉妒成性	求名欲	由获得的偏好产生的激情
	统治欲(即艾伦·伍德提到的"对权力上瘾")	统治欲	
	占有欲①(即伍德提到的"贪婪")	占有欲	

现在,当澄清了由生而具有的偏好产生的激情和由获得的偏好产生的激情的质料基底之后,再来继续考察一下:当"恶的自由的无限形式"被添加在不同的质料基底之上时,这种无限形式在不同的激情那里将呈现出何种不同的形态。在此处的讨论中,康德本人关于"对外在自由的偏好"和"对达到无论什么目的的能力的偏好"的区分,将为以下探索"恶

---

① "当他处在人们中间时,妒忌(Neid)、统治欲(Herrschsucht)、占有欲(Habsucht)以及与此相联系的怀有敌意的偏好,马上冲击着他那自身知足的本性"(*RGV* 6:93-94;《康德著作全集》第6卷,中国人民大学出版社2007年版,第93页)。

的自由的无限形式"在不同激情中呈现自身形态的工作,提供一条至关重要的线索:

> 我们可以设想偏好的两种完全一般的对象,在这里,偏好没有对象,但却指向满足偏好的手段。这就是自由(Freiheit)和能力(Vermögen)。自由是一种消极的能力。如果我是自由的,那么我由此什么也没获得。人可以总是自由的,但仍旧困乏。然而,自由是我们的偏好的一切满足的一个消极条件。不自由的人无法如他意愿地那样去生活,但如果他是自由的,那么他可以依据他的意图去生活,如果他(同时)预设了一种其他的能力的话。因此自由是被看重的,因为它是能够满足他的偏好的唯一条件……所以自由就是满足全体偏好的一般对象(ein allgemeiner Gegenstand die gesammte Neigung zu befriedigen)(*VA-Friedländer* 25:581 – 582)。

此外,正如保罗·盖耶(Paul Guyer)敏锐地指出的那样,在康德的人类学讲座中,还能找到某些关于两种对一般性的对象的偏好的重要讨论[1]:

> 一切偏好的一般条件(Die allgemeine Bedingung aller Neigungen)是自由和能力。如果我不是自由的,我就无法期望我的处境可能符合于偏好,对自由的偏好是最强烈的,因为它是所有偏好的条件。一个人最恐怖的处境,就是当另一个人总是在规定他的处境,并且依据另一个人的偏好来照看他的幸福(*VA-Collins* 25:214)。

我们可以从两个观察角度考虑所有的偏好。

(1)就它们是一切偏好的一般条件而言,这可以被称为抽象的

---

[1] Guyer, P., "The Inclination Toward Freedom," in A. Cohen (ed.), *Kant's Lectures on Anthropology: A Critical Guide*, Cambridge: Cambridge University Press, 2014, pp. 119 – 120.

(in abstracto)偏好。

(2)就偏好的对象被分门别类而言。

所有偏好的一般条件是自由和能力。自由正意味着这一处境，在其中，人能够依据其偏好来生活，因此人们也就拥有一种对自由的惊人偏好，这仅仅是因为，它是在其之下我们能够满足自身偏好的唯一条件……

自由只是在其之下人能够满足他的偏好的一个消极条件。在这一自由之外，还必须补上能力……能力是这样的力量，通过它，人能够实现符合我们任意的东西(*VA-Parow* 25:417-418).

除了以上被盖耶所提及的重要讨论，在人类学讲座中还可以找到一处区分"形式性的偏好"和"质料性的偏好"的重要文本：

一切偏好或者是形式性的(formell)，或者是质料性的(materiell)。前者并不区分对象，仅仅与我们如何享受(theilhaftig)我们偏好的对象有关。后者与被规定的对象有关。形式性的偏好则与这个状态相关，该状态中包含着无差别地满足一切偏好的条件。

存在着两种形式性的偏好：对自由的偏好和对能力的偏好——(自由是消极的条件——唯有当没有什么强迫人时，他才能满足他的偏好，那时人就拥有自由)。前者是这样一种偏好，即根据自己的偏好规定自身，并且独立于他人的偏好。因此它本质上是消极的偏好，通过它，对我的偏好的满足并未得到促进，只是对它们的阻碍被从路上清除了……积极的形式性偏好是能力，或者是对满足我们偏好的手段之占有(*VA-Mrongovius* 25:1354)。

简单地总结一下上述几段引文：与指向特殊对象的具体偏好不同，对自由的偏好和对能力的偏好是两种一般性的、抽象的偏好，它们可以被视为满足一切具体偏好的条件。自由，或者更准确地说，外在自由，为一切具体偏好的满足提供了消极的条件。在外在自由的基础上，能力又为一切具体偏好的满足提供了积极的条件。于是在这个意义上,外在自由和能力便可以被看作是偏好所指向的两个"高阶(形式性)对象"(higher-order/formal objects),从而将自身与偏好所指向的"低阶(质料性)对象"(lower-order/material objects)区分了开来。当恶从外部被嫁接到偏好之上时,外在自由和能力将不再仅仅被视为去实现无论什么目的的手段,仿佛获得了属于自己的独立生命似的,成了仅仅就其自身而被追求的目的,诱惑着主体以一种无节制、无限度的方式来狂热地追求它们,并由此产生了康德笔下分别以外在自由和能力为对象的两大类激情。

基于康德的文本,这里还可以推论说:当"恶的自由之无限形式"被加诸激情的质料基底之上、并将自身确立为激情的真正对象时,这一无限的形式实际上可以把自身呈现为两大类形态。此处对于恶的自由的两大类呈现形态的区分,又可以从康德本人对于两种形式性的偏好,或者更准确地说,从康德对追求外在自由的激情和追求能力的激情的区分中得到有力的文本支持。一方面,鉴于恶的自由拒绝接受任何约束,所以它本身就是一种对于"无约束性"(unbounded-ness,即无法无天)的追求。另一方面,当这种恶的自由对于能够实现任何目的的能力的渴望被推到极致时,它就自然而然地会成为一种对于"全能"(omnipotence)的追求。实际上,正如"对感性强制的绝对独立性"(即 free from)和"引起现象序列的绝对自发性"(即 free to)是一般意义上的先验自由之中的消极一面和积极一面一样,对于"无约束性"的追求和对于"全能"的追求,则是恶的自由里面的消极一面和积极一面。这又是因为,"无约束性"其实是一种 unlimitedly free from,"全能性"则是一种 unlimitedly free to。一方面,作为一种对于"无约束性"的追求,恶的自由所包含的消极一面,在主体身上表现为试图通过摆脱任何限制,特别是摆脱来自其他自由主体的限制来实现和彰显自身。与此相对,作为一种对于"全能"的追求,恶的自由所包含的积极一面,则在主体身上表现为试图通过普遍的手段,特别是通过金钱、声誉、权力这三种一般性的能力来影响和操纵其他自由主体,从而实现无论什么样的目的。

进一步地还可以论证说:恶的自由所具有的消极一面和积极一面,在不同的激情那里的展现方式也是各有侧重的。比如说,根据康德在《实用人类学》中对野蛮人和幼儿的讨论,可以说对外在自由的激情和对复仇的激情,以最直接的方式展现了对于"无约束性"的狂热追求。与此相对,在统治欲、求名欲和占有欲之中,可以很容易发现一种对于"全能"的狂热追求。因此,概括地说,对"无约束性"的追求,似乎更为清晰地展现在由生而具有的偏好所产生的激情里,而对"全能"的追求,则更为清晰地展现在由获得的偏好所产生的激情里。

上面提到的这个微妙差异,又可以通过在个人成长史和人类族类历史中理性发展的不同阶段来解释。尽管理性是属于所有人的普遍能力,但这一能力的发展和实现却依赖一系列偶然的经验条件,并且需要相当长的时间来完成。同时,这里对本节的分析最为关键的是:为了能够充分地展现自身,恶的自由里面包含的消极一面和积极一面所需要的理性发展阶段也并不相同。一方面,主体为了充分地展现出对于"无约束性"的追求,实际上并不需要具备对于目的-手段关系的成熟推理能力。因此,对于"无约束性"的狂热追求,在野蛮人和幼儿身上已经可以被清晰地观察到。换句话说,野蛮人身处自然状态,而幼儿年龄过小,两者对理性的运用都远未得到充分的培养。鉴于对于"无约束性"的追求本身并不需要预设多少对理性的运用,所以仅仅是动物性的败坏,就足以展现恶的自由所包含的消极一面了。与此相对,对"全能"的追求却需要一种对于目的-手段关系的成熟推理能力。于是读者在这里便可以很容易明白:为什么唯有在求名欲、统治欲和占有欲这里,恶的自由所具有的积极一面才能得到完整的展现,这恰恰是因为,这三种由获得的偏好所产生的激情全部源于人性的败坏,而人性的发展这件事,已经预设对理性运用的充分培养了。

由生而具有的偏好所产生的激情对于"无约束性"的追求,和由获得的偏好所产生的激情对于"全能"的追求——这两种追求之间的界限,其实并不是绝对的。正如康德所言,所有激情在本质上都具有一种主体间的性质。激情所具有的主体间性,首先体现在它们的逻辑结构上。这一逻辑结构,又可以从以下两个方面得到进一步的澄清。

一方面,无论是由生而具有的偏好产生的激情,还是由获得的偏好产生的激情,统统都出于自由的人,也仅仅指向自由的人。简言之,唯有人,而不是物,才是激情的真正对象,或者说是激情的本质性对象。正如上一章论证的那样,被激情所指向的自由主体,实际上构成了一个由遭到败坏和扭曲的"自我-自我关系"和"自我-他者关系"组成的网络体系。

另一方面,借用黑格尔的术语,对"无约束性"的追求和对"全能"的追求,其实只是包含在同一整体内部的两个抽象环节而已,而包含了这两个抽象环节的整体,则是"恶的自由"本身。类似于"对感性强制的独立性"和"引发感性序列的绝对自发性"(亦即一般意义上的先验自由的两个侧面)之间的交互关系,恶的自由对于"无约束性"的追求,在逻辑上必然会导向对于"全能"的追求,而恶的自由对于"全能"的追求,在逻辑上也必然已经预设了对于"无约束性"的追求。实际上,"恶的自由"所包含的这两个侧面之间这种相互纠缠、一体两面的关系,正是康德在以下文本中所明确肯定的:

> 人自己的意志随时都准备在对其邻人的厌恶中爆发,并且在任何时候都努力谋求自己对无条件自由的要求,即不仅要(成为)独立的,而且要(成为)凌驾于其他天生与自己平等的存在者的主宰(APH 7:327)①。

此外,除了在逻辑结构中所包含的主体间性之外,一切激情所共同拥有的主体间性,还体现在它们的时间起源上。与方才对激情的逻辑结构的分析类似,激情的时间起源同样可以从两个方面来得到澄清。

一方面,尽管激情的"先验根据"(transcendental ground)已经存在

---

① 《康德著作全集》第7卷,中国人民大学出版社2008年版,第322页。

于每一位主体自身之内,但激情的"经验起源"(empirical origin)却只能发生在一个主体间的领域里。至于这个主体间的领域究竟指的是文明的社会状态,还是野蛮的自然状态,陷入激情的主体运用理性的能力,是否已经得到了充分发展——这些因素统统都并不重要。因为,正如康德告诉读者的那样,即使是幼儿和野蛮人也可能陷入激情的驱使,而激情的经验性起源唯一需要的触发物,仅仅是其他自由的人类个体的现实在场,以及一个人与其他人的现实相遇而已。简言之,他人的纯然在场,以及我与他人的纯然相遇,这些最初级的主体间要素,已经足以触发激情在现实经验中的爆发了(*RGV* 6:93 - 94)①。

另一方面,尽管就两类激情与理性发展的关系来看,它们在经验性起源方面的确存在着较大的差异(因为由与生俱有的偏好所产生的激情,并不依赖对于目的-手段关系的算计,因此这种激情的爆发,也就并不依赖对于理性运用的培养,但由获得的偏好所产生的激情则正好相反,非常依赖于对理性的运用),然而,恶的自由里面的消极一面和积极一面,也常常在两大类激情中隐秘地交织在一起。比如说,在野蛮人身上,对外在自由的狂热追求、统治欲、以及求名欲,这三种激情似乎常常是共同存在的。

当更深入地考察康德的文本时,读者也应该注意到两大类激情相互交织的限度。从根本上说,由生而具有的偏好产生的激情和由获得的偏好产生的激情,不应当被未加任何区分地混同起来。这是因为:首先,这两类激情拥有截然不同的质料基底,由生而具有的偏好产生的激情以动物性为质料基底,由获得的偏好产生的激情则以人性为质料基底。其次,虽然"无约束性"和"全能"在逻辑上的确紧密地纠缠在一起,但它们两者依然是包含在"恶的自由"里的两个不同逻辑侧面。虽然在文明社会中,遭到败坏的人性的确可能进一步引发和加剧动物性的败坏,但是严格地说,这种现象只是在恶的某一层经验表现上,叠加上恶的另一层

---

① 《康德著作全集》第 6 卷,中国人民大学出版社 2007 年版,第 93 页。

经验表现而已。这意味着,观察者不应当把恶的其中一层经验表现,彻底地等同于(或者说还原为)它的另一层经验表现。因此,虽然伍德在讨论康德的激情理论时,确实给出了很多深刻的见解,但他所提出的下述断言,亦即"对于自由的激情,只是对于统治他人的社会性激情所采取的前-文化的(pre-cultural)[或者'不文明的'(uncivilized)]的形态而已",却并不是完全正确的①。

第二节 由生而具有的偏好产生的激情和由获得的偏好产生的激情的形式规定

现在,当细致地描述了这两类激情的质料性规定之后,本节将转向它们各自所具有的形式性规定,深入地考察一下"悖逆的自爱"如何将自己附着于某种偏好之上,从而将这种偏好提升到激情的地位。本节需要处理的最大难题是:对于由生而具有的偏好产生的激情来说(尤其是当这类激情出现在幼儿和野蛮人身上的时候),难道真的可以认为悖逆的自爱是被他们有意地采取的原则,且这条原则被他们有意地当作了一切准则的统一性形式吗?毕竟康德的确曾经声称,所有激情都涉及原则,或者更确切地说,所有激情总是在主体一方预设了一条准则,这条原则要求他依照偏好规定给他的目的来行动。

帕特里克·弗瑞森试图在一种非常严格的意义上来理解这里的准则概念。他把激情中涉及的准则,视为一种由主体反思性地(reflectively)采取并且坚定地持守的实践原则:

> 激情是充满激情的个人故意(intentionally)选定的,并且满足这一激情的准则成了这个人的品格的持久的原则……受激情影响的行动者有一种确定的品格,这种品格被追求某种特殊的善的一贯

---

① Wood, A. W., "Empirical Desire," in A. Cohen (ed.), *Kant's Lectures on Anthropology: A Critical Guide*, Cambridge: Cambridge University Press, 2014, p. 146.

的准则建构起来①。

很明显,弗瑞森对准则概念的理解,几乎要求主体拥有一种"尊称意义上的品格"(character in the honorific sense)。但可惜的是,根据康德的观点,这种"尊敬意义上的品格"是一项非常稀有的成就,只有极少数人经过艰苦的努力才能获得:

> 能够绝对地说一个人:"他有一种品格(Charakter),这对于他来说就不仅是说了很多,而且是称赞了很多;因为这是激起对他的高度敬重和钦佩的一种罕见性质……绝对地具有一种品格,这意味着意志的这样一种属性,按照它,主体把自己束缚在确定的实践原则之上,这些原则是他通过自己的理性不变地为自己规定的。现在,尽管这些原则有时候也会是错误的和有缺陷的,但意愿中一般而言形式上的东西(das Formelle des Wollens überhaupt),即按照坚定的原则来行动(nach festen Grundsätzen zu handeln)(不是像在一群蚊蝇之中那样时而跳到这边,时而跳到那边),则自身具有某种珍贵的和值得惊赞的东西,就像它在这种情况下也是某种罕见的东西一样"(APH 7:291-292)②。

> 意识到自己的思维方式(Denkungsart)中有一种品格的人,并不是从本性上(von der Natur)就具有这样的品格,而是在任何时候都必须获得它(ibid., 7:294)③。

而除了上面提到的难题之外,弗瑞森对激情中所涉及的准则的解释,也很难与康德关于幼儿和野蛮人的讨论相协调。根据康德的论述,幼儿和野蛮人也可能陷入激情的驱使,但在这里,观察者们绝不能说他

---

① Frierson, P. R., "Affects and Passions", in A. Cohen (ed.), *Kant's Lectures on Anthropology: A Critical Guide*, Cambridge: Cambridge University Press, 2014b, pp. 109-110.

② 《康德著作全集》第7卷,中国人民大学出版社2008年版,第285—286页。

③ 《康德著作全集》第7卷,中国人民大学出版社2008年版,第288页。

们拥有任何"尊称意义上的品格"。事实上,康德研究者们仅仅达成了如下共识,亦即激情中包含的准则,是由人的任意自由地选择的实践原则。然而,大部分研究者直接忽略了如何进一步理解陷入激情的幼儿和野蛮人所拥有的准则这一难题。本节的讨论并不打算向康德研究者们就他的准则概念已经达成的共识提出挑战,而仅仅希望提议对这一概念所包含的多层含义展开一种更为细致的辨析。

根据延斯·蒂默曼(Jens Timmermann)的解读,康德的准则概念至少包含三层含义。首先,准则是实际地驱动行为发生的一阶实践原则:

> 每个单一的自由行为(Handlung)都是一个"本体(层面)的"自由的准则选择的结果,一个绝对自发性的行动(Aktes)的结果……由此,根据这第一种描述性的(deskriptiven)或者行为理论式的(handlungstheoretischen)准则概念,一个准则就是这样的主观原则,根据这个主观原则,一个给定的行为现实地发生。在亨利·法兰克福(Harry Frankfurt)的术语中,这些准则就是"一阶意愿"(first order volitions)的原则,是第一层次的意志行动的原则……一个准则包含了一个目的,为了这个目的,我在一个特定类型的情景中,意欲执行一种特定种类的行为。而执行这一个或者那一个行为的单纯意图,对一个准则来说是不够的[①]。

很明显,这第一种意义上的准则只是关于行动的纯然描述性概念,甚至并不必然要求主体清晰而明确地意识到该准则对行为的推动作用,也并不必然要求主体在经过认真反思之后,将该准则作为一条坚定而持久的行为规范订立给自己。

其次,准则也可以意味着较高阶的实践原则,甚至是最高阶的实践原则,而后者就是本书第一卷中曾经讨论过的最高准则。但是,这些高阶准则仅仅"在它们那方面涉及低阶的意志行动(Willensakte niederer

---

① Timmermann, J., *Sittengesetz und Freiheit: Untersuchungen zu Immanuel Kants Theorie des freien Willens*, Berlin: de Gruyter, 2003, s. 150-151.

Stufe),而不直接导向行为(Handlungen)",同时"这些较高阶的原则本身并不必需要已经拥有一种特别清晰的执行力"①。

最后,准则也可以指牢固的原理(feste Grundsätze):"如果他意指一个人有意识地采取的、特别清晰的、有品格特征的(charakteristische)行为原则,单个的行为决定(将)根据这些原则而发生,这就是说,可能与客观原则一致或者不一致的主观原理"②。很明显,这第三种类型的准则是主体经过认真的反思之后,在清晰的自我意识中规定给自身的。由于这类准则在行为中得到了坚定的遵行,因此它们也与"尊称意义上的品格"紧密地联系在一起。

实际上,很多学者在使用准则概念时,混淆了蒂默曼在分析中提出的第一类准则和第三类准则。也就是说,这些学者将仅仅是描述性的(因而并不需要被主体清晰地意识到的)一阶行为准则,错误地当成了以主体的反思和清晰的自我意识为前提的准则。从某种意义上说,这种混淆或许应当归咎于盛行于英美学界的关于理性主体的建构理论,这种建构理论倾向于以一种过于理性化和观念化的方式,来描述康德笔下的人类主体。然而,此处的讨论并不打算对这种解读进路展开系统性的批判,而仅仅想要指出:激情中所包含的准则,应当依据蒂默曼分类中的准则概念的第一重含义,被理解为仅仅是描述性的主观实践原则,而不应当依据蒂默曼分类中的第三重含义,被理解为是体现了"尊称意义的品格"的主观实践原则。因为,否则的话,幼儿和野蛮人也能被激情驱使这件事,将完全无法得到一种合理的解释,而从康德的文本来看,这两个群体对自身理性的运用,显然远未得到充分的培养和发展,以至于能够让他们实现"尊称意义上的品格"这种稀有的成就。

---

① Timmermann, J., *Sittengesetz und Freiheit: Untersuchungen zu Immanuel Kants Theorie des freien Willens*, Berlin: de Gruyter, 2003, s. 152-153.

② Timmermann, J., *Sittengesetz und Freiheit: Untersuchungen zu Immanuel Kants Theorie des freien Willens*, Berlin: de Gruyter, 2003, s. 153-154.

　　此处仍需注意的是,尽管蒂默曼对准则概念中三重含义的区分,的确为理解康德讨论幼儿和野蛮人所拥有的激情的文本,提供了一条关键的线索,但上述区分本身,并不足以完全解决康德文本中所包含的困难。为了把本节讨论继续向前推进一步,此处需要重新回归本书的基本预设,并由此给蒂默曼笔下仅仅具有描述性意义的准则,再补充上一个时间性的(或者说发展性的)维度。一方面,自由任意对自身的意识和对理性的运用,固然是采取准则和持守准则的必要条件。另一方面,在人类的现实生活中,上述意识和运用,对于个人而言绝不总是现成在手的。实际上,自由任意对自身的意识和对理性的运用,最初仅仅作为每个人的潜能等待着在时间中被实现。对这些潜能的实现依赖诸多偶然条件,其中最重要的偶然条件,当属个人的教化。个人的教化又依赖人类社会的文化发展。然而可惜的是,由于在幼儿和野蛮人那里,个人的教化尚未发生或者仅仅刚刚开始,他们对理性的运用还远未达到成熟,他们的自由任意也还远未对自身的行动产生清晰的意识①。于是在这重意义上甚至可以说:高级欲求能力(或者更准确地说,是高级欲求能力中的自由任意)和低级欲求能力(也就是偏好)之间的界限,在野蛮人和幼儿这里依旧处于一种相当模糊和暧昧的状态。由于感性与理性之间边界的这种模糊性和暧昧性,作为整个人类族类之潜在本质的先验自由,便可以在某种意义上被视为构成了人的理性本性和感性本性的共同基础,并在理性和感性的统一性中揭示出自身。具体到幼儿和野蛮人这里,作为属于先验自由的两条基本原则之一的自爱原则,将以一种最直接的方式唤起他们强烈的情感[也就是上一章所提到的情绪(Affekt)],并通过这种

---

① "人达到完全运用自己的理性的时期,就其熟巧(Geschicklichkeit)(实现任意意图的技术能力)而言大约可确定在20岁,就明智(Klugheit)(为自己的意图而利用他人)而言可确定在40岁,最后就智慧(Weisheit)而言大约可确定在60岁;但就最后一个阶段,智慧更多的是否定性的,即洞察到前两个阶段的愚蠢"(APH 7:201;《康德著作全集》第7卷,中国人民大学出版社2008年版,第194页)。

强烈的情感而将他们推向激情的掌控①。很明显，相较于其他学者的解读，本节所提出的解读更符合康德对由生而具有的偏好产生的激情的描述。因为根据康德的文本，这类激情是"与情绪结合在一起"的，因而可以被称为"炽热的激情"（passiones ardentes）（APH 7：268）②。此外，还需注意的是，当幼儿和野蛮人通过由生而具有的偏好产生的激情，而展现出他们内在的恶劣性之时③，他们其实更多地揭示了作为一个整体的人类族类所拥有的恶的品格，而并未在任何严格的意义上揭示了由他们个人的自由任意所选择的恶。这后一点又是因为：他们个人的自由任意

---

① 戴斯蒙德教授将康德的伦理学描述为"先验的单意性"（transcendental univocity），并对这种伦理学提出了一项重要批评："在和感性的东西的关系中，它创造出一幢自身分裂敌对的房子，并且无法保证它试图通过先验立法来施行的和平；在君王和臣民之间，在伦理性的统治者和政治体之间，必须存在更多的亲近性。以某种方式，必须不存在任何区别；但如果是这样，那么也就没有上面所定义的先验的单意性了，而我们将回到伦理风俗（ethos）之中，作为肉身化的人而探索着和追寻着"（Desmond, W., *Ethics and the Between*, Albany, NY: State University of New York Press, 2001, p. 68）。
　　本书作者完全同意戴斯蒙德关于在人类那里，订立法则的理性和接受法则规范的感性之间必须拥有更多的亲近性这一观点，因为，唯有以这种方式，道德才可能在人的整体存在中得到真正的实现。同时本书作者也承认《奠基》和第二批判无法提供充足的文本资源，由此重构出上面所提到的感性和理性之间的亲近性（或许唯一的例外，就是康德对敬重感的讨论，这一讨论暗示了人的感性对理性概念的原初接受性）。
　　只有当研究者转向康德的其他著作时，支持"感性和理性之间具有更多的亲近性"的文本才会大量出现。比如《道德形而上学》中对道德情感的讨论（*MS* 6：387, 6：399 - 403；《康德著作全集》第6卷，中国人民大学出版社2007年版，第400页；《康德著作全集》第6卷，中国人民大学出版社2007年版，第411—415页）清楚地揭示出感性和理性某种"在向善潜能中的先天统一"（the *a priori* unity in the potential to good，详见本书第八章的讨论）。相对地，《实用人类学》一书讨论由生而具有的偏好产生的激情的段落，还揭示了理性和感性之间存在着一种性质相反的亲密性，亦即它们两者"在向恶潜能中的先天统一"（the a priori unity in the potential to evil）。总之，假若把散落在康德晚期著作中的文本收集起来，那么确实能够探查到感性和理性的某种"原初连续性"（original continuity）。这种原初连续性也正如戴斯蒙德教授所指出的那样，是康德的道德理论所必须预设的一个前提。对本节的讨论而言，理性和感性的原初连续性，亦将大大拓宽康德自由概念的内涵——这既是本书的最初预设，也是本书的最终结论。
② 《康德著作全集》第7卷，中国人民大学出版社2008年版，第262页。
③ "这种具有自己的意志、并把对意志的阻挠当做一种伤害的冲动，也特别地因为他的音调而醒目，并显示出一种恶劣性（Bösartigkeit），母亲认为这种恶劣性不能不加以惩罚，但通常被回报以更激烈的哭叫"（*APH* 7：268n；《康德著作全集》第7卷，中国人民大学出版社2008年版，第263页）。

尚未达到对自身的清晰意识,因此也无法将自己与低级欲求能力彻底地区分开来。

　　根据上文中的解读,由生而具有的偏好产生的激情,实际上占据着"情绪"和"由获得的偏好产生的激情"之间的中间位置。一方面,情绪作为一类具有压倒性力量的强烈情感,以类似于突袭的方式绕开了高级欲求能力的控制,暂时中止了先验自由的运作,同时直接通过低级欲求能力来推动主体去行动。另一方面,由获得的偏好所产生的激情,作为一种坚定而深切的欲望,"并不与一种情绪的狂热相结合,而是与一种旨在某些目的的准则的执着(Beharrlichkeit einer auf gewisse Zwecke angelegten Maxime)相结合"(ibid.,7:268)①。因此很明显,唯有当个人对理性的运用通过教化而达到成熟,同时他的自由任意实现了对自身的清晰意识之后,后面这类激情才能够真正地爆发出来。因此,对于由获得的偏好产生的激情可以这样描述说:在个人的最高准则中,自爱原则被有意识地置于了道德法则之上,成为他所有准则的统一形式,同时,自爱原则又附着于某些特定的偏好之上,把这些偏好转化成了激情。很明显,由获得的偏好产生的激情可以在真正的意义上被称作是高级欲求能力的痼疾。这是因为,它们明确地包含了在描述性意义上(实际的推动行为)的准则。同时更重要的是,如果陷入激情的主体通过长期的努力而渐渐获得了一种"尊称意义上的品格",亦即他能够持久不变地坚守于自己经过反思而选择的主观实践原则,那么在这种品格的形成过程中,以及在这个过程完成之后,他由获得的偏好产生的激情,也将进一步包含蒂默曼笔下第三重意义的准则。然而,即使在这最后一种情况中,"尊称意义上的品格"依然仅仅是一项稀有的成就。由获得的偏好产生的激情,实际上只需要包含那种在描述性意义上(实际地推动行为)的准则即可。

　　总之,根据截至目前的分析,处于"情绪"和"由获得的偏好产生的激

---

① 《康德著作全集》第7卷,中国人民大学出版社2008年版,第262页。

情"两者之间的,"由生而具有的偏好产生的激情"的爆发,似乎并不需要多少理性的运用,也并不需要个人的任意达到对自身的清晰意识。因此,由生而具有的偏好产生的激情所包含的准则,似乎也应当在一种相较于那种纯然描述性的比实际推动着行为的准则更弱的意义上来得到理解。也就是说,在《实用人类学》所举的例子里,悖逆的自爱确实是在推动着幼儿和野蛮人去行动,但在这里却不应当说:自爱"被个体所选择,被个体任意在最高准则中置于了道德法则之上,并由此将某些偏好转化为激情"。同时,在这里也不应当说:陷于激情的主体"有意识地"选择了某些恶的具体准则,这些恶的具体准则,都是以悖逆的自爱作为它们的统一形式的。在某种意义上,这里的情况更像是属于人类自由两条基本原则之一的自爱原则,"利用"和"操纵"着某些人类个体来实现和彰显它自身,并由此揭示出属于人类族类之整体(而不是属于某些人类个体)的恶的品格。所以在这里,一方面固然可以说,由生而具有的偏好产生的激情,无一例外都是恶的;另一方面,旁观者却又不能像批评生活在文明社会中的成年人那样,将完全意义上的道德责任归于受到上述激情驱使的幼儿和野蛮人。相反,幼儿应当得到规训,从而使得他们对理性的运用,在这种规训中得到培养。野蛮人则应当被这样命令,亦即他们必须让自己野蛮的欲望服从于法律的约束,唯有进入法律状态之后,真正意义上的奖赏和惩罚才得以可能。

第三节　性激情

介绍完两类激情在形式规定和质料规定上的区别之后,现在再来深入地考察一下由生而具有的偏好产生的激情中的第一种,也就是性激情。尽管康德在生前出版的《实用人类学》中并未详细地讨论性激情,但读者依旧可以根据他在其他著作中的重要文本(比如《道德形而上学》对婚姻权、对他人和自身义务的讨论)来确定康德的观点:

因为一个性别对另一个性别的性器官的自然使用,是一种享受,为了这种享受一方委身于另一方。在这一行为中,一个人自己使自己成为物品(Sache),这是与其自己人格中的人性法权(Rechte der Menschheit an seiner eigenen Person)相抵触的。只有在唯一的条件下,这种情况才是可能的,即当一个人格被另一个人格同时当做物品获得时,这个人格又反过来获得了那个人格;因为这样一来,这个人格就重获自身并且重建自己的人格性。但是,获得人身上的一个肢体同时就是获得整个人格——因为人格是一个绝对的统一体(MS 6:278)①。

正如对生命的爱是由自然所规定以保持人格一样,对性的爱由自然所规定以保存物种;也就是说,这两种爱的每一种都是自然目的……在法权论中已经证明:人不能脱离通过一个法权契约而来的特殊限制去利用另一个人格以迎合这种愉快;在这里,两个人格交互使对方承担义务。但这里的问题是:就这种享受而言,是否存在人对自己的一种义务,对这种义务的违背就是对其自己人格中的人性的一种羞辱(Schändung)[不单单是贬低(Abwürdigung)]。那种享受的冲动被称为肉欲(Fleischeslust)[也是不折不扣的淫欲(Wohllust)](ibid. 6:424)②。

性的偏好(Geschlechtsneigung)也被称为爱(Liebe)(在该词的最狭窄的意义上),并且事实上是对一个对象有可能的最强烈的感官愉快。——并非纯然的感性愉快(sinnliche Lust),就像对这样的对象——这些对象在关于它们的纯然反思中使人愉悦(因为对这种愉快的感受性就叫做鉴赏力)——而是从对另一个人格的享受中得到的愉快,因此这种愉快属于欲求能力,确切地说属于欲求能力的最高层级,即激情(ibid. , 6:426)③。

---

① 《康德著作全集》第6卷,中国人民大学出版社2007年版,第288页。
② 《康德著作全集》第6卷,中国人民大学出版社2007年版,第433—434页。
③ 《康德著作全集》第6卷,中国人民大学出版社2007年版,第436页。

另外，康德在道德哲学讲座中也有一些讨论性激情的重要片段，例如：

> 由于性偏好并不是一个人对另一个人（作为人）的偏好，而是对性的偏好，因此它就是一个贬低人性的开端……一个男人对一个女人的欲望，并不像指向一个人那样地指向她；毋宁说，对一个男人而言，女人的人性是无关紧要的，唯有性才是他的偏好的对象。因此，人性在这里被置于了一边……由此人性就是满足欲望和偏好的工具；因此，它就受到了侮辱，被评估为和动物性是相等的。所以，性冲动将人性置于这样的危险中，亦即它变得和动物性相等（*VM-Collins* 27：385）。

从这些引文读者可以看出，属于动物性禀赋的性偏好拥有一个自然的目的，亦即通过交配和生育来延续人类族类。除了这一生产性的目的之外，性偏好的纯然满足，在婚姻条件下也是完全可以得到允许的。然而，根据康德的描述，即便处于上述法权状态的约束下，性偏好在自身之内似乎依然包含着某些结构性的问题。首先，性偏好似乎极易被转化为激情，或者说在绝大多数情况下，性偏好总是以激情的面目出现，亦即身体的快感成了一种无条件的目的，仅仅为了自身而被盲目地追求。此外，关于性偏好还有一个更严重的问题：尽管从理论上说，在性偏好和性激情之间的确可以划出一条界线，但性之为性，似乎已经在自身之内包含着一种"内在之恶"（intrinsic evil），而这种内在之恶，就是在性吸引和性行为中所不可避免地出现的对于对象人性的贬低。

现在，当谈及性激情的形式规定（亦即它所遵从的原则）时，这一激情的特别之处就在于："悖逆的自爱"对性偏好的附着似乎并未伴随着明确的自我意识，也缺乏个人的自由选择参与其中。换言之，陷入性激情的主体似乎并未"主动地选择"去拥有这种激情，而仅仅是"被动地发现"自己在承受着它的奴役。进一步地，被性激情驱使的主体所拥有的主体性，仿佛坍缩进了一个单一的欲望之中，而这似乎使得该主体沦为了一头贪婪地渴求着猎物的野兽。更准确地说,主体的情况甚至比野兽还要糟糕。因为,动物的欲望永远被自然目的所限定,所以很容易得到满足和平息,但人类的激情却偏离了一切自然目的,成了一种无限度的欲望,因此永远得不到满足,也永远无法被止息。

进一步地,性激情在形式规定上的特别之处,也与它在质料规定上的特别之处紧密地联系在一起。当主体的主体性被压缩为了一个单一的欲望时,他所渴望的对象也被压缩为这个单一欲望的对象①。该对象完全沦为了满足欲望的工具,仅仅由于其性能力而被渴求。于是在性激情中,自由主体之间的关系便彻底蜕变为"欲望者"(the desiring)和"被欲望的对象"(the desired)之间的关系。这意味着,人类基于自由本性的绝对尊严②,无论在客体一侧还是在主体一侧,都同时遭到了侵犯。然而此处需要注意的是,尽管个体的自由本性在性激情中遭到了侵犯,但自由本身却以一种"超越个体"的方式,体现在了这种激情的无限形式之中,或者说,体现在了无止境地追求身体快感的"无约束性"之中。如果此处回顾一下本书的基本预设,假设自由不再被仅仅视为存在于个人的任意里面的特质,那么性激情中这种看似矛盾的现象将很容易得到解释:被悖逆的自爱所败坏的"超-个体的自由"(trans-individual freedom)其实在性激情里经历了一场"肉身化"(incarnated)的过程,并以个体为工具来实现自身和彰显自身。

实际上,性激情在康德对各种激情的分类中占据着一个非常微妙的位置。首先,由于所有激情都仅仅以人为对象,又由于人的本质恰恰是自由,所以似乎很难将性激情理解为严格意义上的激情。因为在这种激情中,人的自由本性似乎在主体一侧和客体一侧同时坍塌了,自由主体之间的关系,似乎完全蜕化为了"欲望者"和"被欲望的对象"之间的关系,而后一种关系,无疑低于人类自由的层次。假若稍微深

---

① 毫无疑问,这是一切性享受都包含的内在之恶,不仅仅存在于性激情之中。

② 严格地说,人的尊严仅仅基于其人格性,也就是仅仅基于订立道德法则的纯粹实践理性。是人格性将人提升到超越纯然工具的至高地位,使人成为目的本身。

思一下,读者又会发现:尽管性激情将自由的人贬低为了不自由的物,但这种"进行贬低"的行动本身,却依旧预设了"贬低者"(the degrading)和"被贬低的对象"(the degraded)必须首先作为自由的人而存在。于是在这重意义上完全可以说,性激情依旧是从自由的人指向另一个自由的人,因此依然符合激情之为激情的定义。实际上,性激情代表着"激情之为激情"的最初级形态。在这一最初级形态中,个体自由尚未从某种"超-个体的自由"(亦即"欲望的无限形式")中分离出来。对于所有高于这一最初级形态的激情来说,"自由的个体化"(individuation of freedom)都已然发生了,这意味着在个体的意识中,自由都已经或多或少地以一种自返的方式指向了自身,将自身当成了追求的对象。

同时读者还需注意到,在性激情里面,"恶的自由的无限形式"拥有一种非常复杂的特质。一方面,作为一种对于"无约束性"的最初级形态的追求,性激情仅仅体现了人在满足一种特定偏好(也就是性偏好)时的"无约束性"。另一方面,从性激情中也可以衍生出(或者更准确地说,添加上)对于"全能"的追求。就如伍德所言,"性关系内在地涉及权力以及统治的威胁"①②,因为性关系本身就包含着权力关系的黑暗面,也就是将一个人贬低为物,将她或他仅仅视为满足主宰者欲望的工具。针

---

① Wood, A. W., *Kant's Ethical Thought*, New York: Cambridge University Press, 1999, p. 259.

② "作为一种自然的偏好,爱依赖于爱者(lover)对于被爱者(beloved)的优越性;因此,交互的爱(mutual love)就依赖于一种交互的优越性,在这种交互的优越性中,每一方都对另一方拥有某种决定性的优势。性爱就是这种交互的优越性的极端例子:它是一场意志之间的斗争,在这场斗争中,每一方都使用武器攻击对方毫无防备的地方"(Wood, A. W., *Kant's Ethical Thought*, New York: Cambridge University Press, 1999, p. 257)。

　　"康德认为,在人性内部,在爱人和尊敬他们之间存在着一种基本的张力(VM 27:406-7; MS 6:449;《康德著作全集》第6卷,中国人民大学出版社2007年版,第459—460页)。毋宁说康德的观点是,经验性的爱通过部分地以自爱为根据来选择自己的对象,从而就落在自爱的原则之下。爱展现了一种二阶的自我偏爱(second-order self-partiality);它的对象服从于由'亲爱的自我'所设定的界限"(Wood, A. W., *Kant's Ethical Thought*, New York: Cambridge University Press, 1999, p. 273)。

对伍德的观点,本节的讨论需要提出两点保留意见。首先,在性激情中,把自由的人当作工具来利用的行为,就其本身而言依然处于一种最初级的阶段,因为这种行为仅仅通过他人的身体来满足一种特定的偏好,却并没有同时指向对于其他偏好的满足,而这恰恰意味着,性激情与严格意义上对于全能的追求之间,仍然存在着很大的差距。其次,在性激情中,不仅对象的尊严和自由遭到了无视,主体实际上也失去了对自身的理性掌控,被抛入到感性愉悦的钳制之中。这意味着严格意义上的统治欲是无法被归于主体的,因为,统治欲作为一种激情,恰恰需要对理性更多的运用。简言之,若仅仅针对性激情本身,而不考虑在它上面的附加物或者衍生物的话,观察者似乎只能论断说:一种超-个体的自由通过主体对肉体快感的无限追求,主宰了这一陷入激情的主体。

读者同样应当注意到,剥离了所有附加物和衍生物的纯粹的性激情本身,在通常情况下只是观察者思想中的一个抽象物而已。在人类的日常经验中,由于个体的自由任意对自身意识的觉醒和对理性的运用已然发端,所以性激情总是以一种更为复杂的形态呈现自身,统治欲也常常与性激情紧密地纠缠在一起。所以,就如伍德的分析所展示的那样,在一个文明化的社会中,统治欲经常被加诸纯粹的性激情之上,将这种原始而粗糙的欲望,包裹在复杂而精巧的人为结构之中。一种文明越是腐朽和堕落,统治欲对性激情的败坏也就越深,正是败坏的人性反过来加重动物性的败坏,使得恶的经验表现为现实中一层又一层地垒叠起来的现象。

总之,借助于作为"激情之为激情"之最初级形态的性激情,读者可以从一个新的角度来理解为什么康德认为主体对非人的事物(例如食物、酒精、狩猎活动等等)的狂热偏好,仅仅能算作"狂热地喜欢某物",却算不上真正意义上的激情。"狂热地"(leidenschaftlich)(直译为"充满激情地")这个副词,其实暗示了上述偏好确实拥有激情的某些特质,但还达不到真正意义上的激情的层次①。借助前文的分析，"狂热地喜欢某物"和"真正意义上的激情"之间的相似和不同，可以被清楚地展现出来。从形式规定上看，"狂热地喜欢某物"的确和真正意义上的激情一样，也以"悖逆的自爱"为其基本原则。这种自爱附着于某一特定的偏好之上，并通过加诸该偏好的"恶的自由的无限形式"来实现和彰显自身。另一方面，从质料规定来看，"狂热地喜爱某物"却和真正意义上的激情完全不同，因为前者指向的仅仅是不自由的事物，而不是自由的人。或者更确切地说，"狂热地喜欢某物"所指向的对象完全不具备自由的潜质，从这一对象之中完全无法发现任何自由的可能性。与之形成鲜明对比的是，尽管性激情也试图将对象贬低到物的地位，但这一"进行贬低"的行动本身，已经暗中预设了被贬低的对象必须首先作为自由的人而存在。换句话说，通过侵犯、压制、甚至消灭对象所拥有的自由，性激情恰恰以一种荒谬和悖逆的方式，暗中肯定和承认了这份自由。

第四节　对外在自由的激情

上一节已经讨论完了性激情，本节将转向对外在自由的激情的分析。从这种激情开始，作为一种"无限形式"的恶的自由，便开始在个体之中以自返的方式指向了自身，将自身当成了所欲求的对象。

在《实用人类学》中，康德本人是这样描述对外在自由的激情的：

> 自由偏好（Freiheitsneigung）在自然人那里，在自然人不能避免

① "人们虽然说人狂热地喜爱某些事物（喝酒、赌赛和打猎）或者憎恨某些东西（例如麝香、烧酒）；但是，人们并不把这些不同的偏好或者反感（Abneigungen）称为同样多的激情，因为这只是如此多的不同的本能，亦即欲求能力中如此多种多样的纯然承受的状态（so vielerlei bloß-Leidendes）"（APH 7:269；《康德著作全集》第7卷，中国人民大学出版社2008年版，第264页）。当康德在这里提及"欲求能力中纯然承受的东西"时，他其实在谈论并不涉及准则之应用的低级欲求能力。然而，鉴于本书将自爱重新解释为先验自由的两条基本原则中的一条，自爱也就不仅指导着理性的运用，而且同时体现在人的感性之中，通过低级欲求能力而推进着人的行动。因此，康德在这里的用词（"纯然承受的状态"）并不与本书先前对自爱原则如何附着于某一偏好的一般性描述相矛盾。

与别人相互有要求的状态中,是一切偏好中最强烈的偏好……游牧民族……如此强烈地依恋他们那尽管不是完全无拘无束的生活方式,同时有一种轻蔑地俯视定居民族的高傲精神,以至于与此不可分割的艰难困苦,在数千年里也没有使他们远离这一点(APH 7:268-269)①。

以上这一文本,可以帮助读者理解对外在自由的激情所具有的形式规定,或者说,理解这种激情在原则方面的规定。首先,这种激情发源于对于外在自由的偏好,这种偏好作为一种最初级形态的社会冲动,深深植根于人类的动物性禀赋之中,以一个人与其他人的聚族而居作为自身的自然目的。随后,当悖逆的自爱将这种偏好转化成激情之时(这种激情在《宗教》一书中被称为野蛮的无法无天),它也就挫败了该偏好的自然目的,同时对基于这种偏好而形成的共同体的存在造成了破坏性的威胁。通过对野蛮人和幼儿的分析,康德在《实用人类学》中明确地指出(ibid., 7:268-269)②:对外在自由的激情甚至可能出现在个体对理性的运用尚未充分发展起来时。在人的理性和感性之间的界限还没有被清晰地确立起来的时候,观察者甚至无法清楚地辨析出个人的自由任意对这种激情的参与。因此就如性激情的情况一样,陷入对外在自由的激情的个人,似乎同样仅仅是被悖逆的自爱所利用,沦为了这种自爱实现自身和彰显自身的工具。

然而,当论及对外在自由的激情所具有的质料规定(亦即它就对象而言的规定)时,这种激情又与性激情呈现出某种明显的不同。在对外在自由的激情中,自由开始在个体那里以自返的方式指向自身,将自身当成了欲求的对象——虽然这一自返运动仅仅以一种最为初级的形态得到呈现,亦即仅仅以对自由的感性表象作为中介。根据康德的论述,人对外在自由的偏好可以被"外在自由的纯然感性的表象(bloß

---

① 《康德著作全集》第7卷,中国人民大学出版社2008年版,第262—264页。
② 《康德著作全集》第7卷,中国人民大学出版社2008年版,第262—264页。

sinnliche Vorstellung)"提升为一种激情(ibid., 7:269)①。康德这里的意思又可以被进一步解读为——人的动物性已经能够以一种模糊的方式意识到自由,并被这种对自由的模糊意识搅扰和激发起来。

诚然,自由的感性表象与自由的清晰概念依旧相距甚远,前者无论如何也不足以充当对于自由真正意义上的实践性认识。但是,即使在这种对自由最为初步、最为模糊,甚至是最为粗糙的感性意识之中,已经隐隐浮现出不同理念(如权利、约束、正义、非正义)之间的复杂纠缠。根据康德实践哲学的字面含义,这些理念原本应当仅仅属于实践理性,并出现在人对理性的运用中才对。由此看来,人的感性本性和理性本性之间的界线似乎在这里变得模糊了,两者仿佛以一种更深层的自由作为共同的基础。现在,为了进一步澄清理性与感性之边界的模糊化,还需要仔细地考察一下康德对野蛮人和幼儿的讨论:

[1]谁惟有按照某个他人的选择才能幸福(哪怕这个人像人们总是希望的那样善意),他就有理由感到不幸。因为他有什么担保,他强大的邻人在关于安康的判断中,与他自己的判断是一致的呢?野蛮人(还不习惯于卑躬屈膝)不知道有比陷入这种卑躬屈膝更大的不幸,并且有理由这样认为——只要还没有公共的法律来保障他(*APH* 7:268)②。

[2]甚至刚刚脱离母腹的婴儿,与其他一切动物不同,大声哭叫着来到世上,似乎也只是因为他把没有能力运用自己的肢体视为强制(Zwang),于是马上就宣告对自由的要求(而没有任何别的动物对此有一个表象)(ibid.,7:268)③

[3]新生婴儿当然不可能有这种预见;但是,他心中不快适的情感并非来自肉体的痛苦,而是来自一个自由的模糊理念(einer

---

① 《康德著作全集》第7卷,中国人民大学出版社2008年版,第264页。
② 《康德著作全集》第7卷,中国人民大学出版社2008年版,第263页。
③ 《康德著作全集》第7卷,中国人民大学出版社2008年版,第263页。

dunkclcn Idcc)（或者与这个理念类似的表象）和自由的障碍，即不公正(Unrecht)，这一点，是由出生后几个月伴随着他的哭叫的眼泪透露出来的；这表现为当他力图接近某些对象，或者只是一般地改变自己的状态，并感到在这方面受阻时的某种怨恨。——这种具有自己的意志，并把对这意志的阻挠当作一种伤害的冲动(Dieser Trieb, seinen Willen zu haben und die Verhinderung daran als eine Beleidigung aufzunehmen)，也特别地因他的音调而醒目，并显示出一种恶劣性(Bösartigkeit)，母亲认为这种恶劣性不能不加以惩罚，但通常被回报以更激烈的哭叫。当他因自己的过错而摔倒时，也会发生同样的事情。其他动物的幼崽很早就互相嬉戏，而人的幼儿则很早就相互吵嘴，这就好像是某个法权概念(Rechtsbegriff)（它与外在的自由相关）是与动物性同时发展起来的，而绝不是逐渐学会的(ibid., 7:268n)①。

根据上述引文[1]，野蛮人似乎能够对他们自身处境究竟是幸福还是不幸做出一种基本的判断。这些基本的判断又首先需要野蛮人对诸如法则、自然状态和自由的观念具有一种初步的意识，哪怕这种意识仅仅作为模糊的感性表象而出现。进一步地，野蛮人不仅必须能够以某种方式"把握"上述这些表象，而且还必须能够依据理性的次序来"连接"这些表象，因为，唯有借助对这些表象的合理连接，野蛮人才能够合理地给出以下"判断"，亦即在自然状态下受制于他人的意愿（无论这个他人有多么地良善）对他而言其实是一种最大的不幸。

根据紧接着的引文[2]，刚刚脱离母腹的幼儿，似乎已然拥有了一种关于自由的表象。幼儿这样看待自己对于自由的要求，就仿佛这是一项

---

① 《康德著作全集》第7卷，中国人民大学出版社2008年版，第263页。康德在讨论人类族类整体的道德品格时，再次重复了上述这一观点："一个刚出生的婴儿让人听到的喊叫，并不带有悲伤的腔调，而是带有愤慨和激怒的腔调；这并不是因为什么使他痛苦(schmerzt)，而是因为什么使他愤怒(verdrießt)；大概是因为他想运动，并感到他在这方面的无能就像是一种束缚，夺去了他的自由"(APH 7:327n；《康德著作全集》第7卷，中国人民大学出版社2008年版，第323页)。

绝对的权利。同时也唯有按照这种想法，幼儿才能将无法移动自己的肢体的遭遇，视为对自身自由的限制和侵犯，并对此提出愤怒的抗议。简言之，与康德对野蛮人的描述一样，人类的幼儿似乎也早在理性能力尚未充分发育之时，就已经能够将围绕着自由理念的诸表象按照一种理性的次序连接起来，并根据这一连接来"判断"自身处境的好坏①。

上述解读又得到了引文[3]的进一步支持。引文[3]直截了当地指出，幼儿的感性偏好被"自由的模糊理念"所激发，他如此激烈地提出对于自身自由的诉求，甚至于把对这一自由的任何限制都视为一种不公。事实上，通过诉诸人类的感性本性对于自由的感性表象以及相关观念的某种原始接受性，康德在"人类的动物性"和"动物的动物性"之间划出一条明确的界线。就如康德本人所言，"其他动物的幼崽很早就互相嬉戏，而人的幼儿则很早就相互吵嘴，这就好像是某个法权概念（它与外在的自由相关）是与动物性同时发展起来的，而绝不是逐渐学会的"。

总之，根据康德关于野蛮人和幼儿对于外在自由的激情的分析，此处可以得出如下结论："这种具有自己的意志，并把对这意志的阻挠当做一种伤害的冲动"已经伴随着对于自由、权利、正义、不义等观念的模糊意识，深深地植根于人的动物性之中了。通过康德对人的理性本性和感性本性之间边界的模糊化处理，一种关于人之本性的更为"整全式的"（holistic）理解似乎可以被建立起来。根据这种理解，作为人类族类之潜

---

① 在《教育学》的一处文本中，康德对卢梭的观点表达了直接的赞同："当人们打一个只有约 6 个月大的孩子的手时，他就像手被烧到一样哭叫。他实际上已经把这与伤害的概念（Begriff einer Beleidigung）结合起来了"（P 9：461；《康德著作全集》第 9 卷，中国人民大学出版社 2010 年版，第 461 页）。

而与此紧密相关地，康德认为父母在教育幼儿的时候，应当特别注意不要过分地纵容和顺从他们："人们若是让他们习惯于渴望自己的一切兴致都得到满足，则事后再制伏其意志就太晚了……孩子对道德尚无概念，但由此却会如此败坏其自然禀赋，以至于事后要把败坏的东西变好，就必须运用严厉的惩罚。后来，当人们想让孩子戒除不良的习惯时，孩子就在哭叫中表达出一种惟有成人才能拥有的极度愤怒，只不过还没有力量把它付诸行动罢了。一直以来，他们只须呼唤，一切都随之而来，因此他们完全是在独裁地实行统治。如果这种统治终止，他们自然要恼羞成怒。"（ibid.，9：460；《康德著作全集》第 9 卷，中国人民大学出版社 2010 年版，第 461 页）

在本性的先验自由,能够同时通过人的理性和感性得到表达,并且于个体发展的不同阶段、在不同的层次上(首先通过对自由的感性偏好,然后才通过每一个体的自由任意)逐渐地展现出自身①。

现在,讨论完对外在自由的激情所具有的质料基底之后,再来看看包含在这种激情里面的"恶的自由的无限形式"。这一无限形式由悖逆的自爱加诸对外在自由的偏好之上,由此将该偏好转化成了一种激情。就如前文已经提到的那样,对外在自由的偏好植根于人的动物性禀赋,把一个人与他人的聚族而居作为它的自然目的。若仅仅就其自身而言,这种偏好不仅在道德上是完全无罪的,而且已经被预定了朝向善发展。然而,对外在自由的偏好同时也是极其脆弱的,非常容易被从外部嫁接而来的恶所败坏。同时,上述这种脆弱性又是因为在自然状态下,自由存在者之间的关系尚未受到任何法律的约束。所以,尽管每个人对外在自由的诉求,无疑是属于他生之为人的基本权利的一部分,但这种诉求也极易导致人与人之间的剧烈冲突,甚至引发"所有人敌对于所有人"的全面战争。简单地说,外在立法的缺失,在人所处的外部环境中制造出了一种朝向恶的强烈诱惑,这一诱惑又进一步触发了内在之恶在每个个体心中的爆发。换言之,外在立法的缺失,在善与恶之间制造出了一种严重的不平衡,这种不平衡可以被比作"一段朝向恶的光滑斜坡"(a slippery slope towards evil)②。在这种已经十分糟糕的处境中,悖逆的自爱实际上只是提供了最后一把推力,使得已经十分脆弱的对于外在自由的偏好屈服于上述诱惑,最终滑下这段朝向恶的光滑斜坡而已。

同时,对于此处的讨论最为关键的是,悖逆的自爱能够以一种十分

---

① 根据米歇尔·罗尔夫(Michael Rohlf)的解读,康德笔下的某些情绪和偏好(这里指激情)——例如愤怒、羞耻、对外在自由的激情和复仇欲等等——能够对理性概念产生一种直接的回应,而这恰恰证明了康德可能持有一种"认知主义的情感理论"(cognitivist theory of emotion)。参见 Rohlf, M., "Emotion and Evil in Kant," *The Review of Metaphysics* 66: 749–773, 2013.

② 然而此处也必须强调的是,基督的例子证明了每个人都能够成功地抵抗来自恶的诱惑(参见 *RGV* 6:60–67;《康德著作全集》第 6 卷,中国人民大学出版社 2007 年版,第 59—66 页),因此,"朝向恶的光滑斜坡"并不会必然导致人去作恶。

隐蔽的方式（亦即通过扭曲自由与正义之感性表象的方式）来败坏人对于外在自由的偏好。具体地说，本应属于每个人的对于自身外在自由的合法诉求，被悖逆的自爱扭曲成了对仅仅是自己选定的道路的无限追求，甚至达到了完全无视源于其他自由存在者的限制的程度。进一步地，悖逆的自爱又使得对于保护每一个人权利之正义性的合法诉求，在唯有涉及自身利益时才会得到重视，甚至这种诉求被完全扭曲成了仅仅对于自身权利的追求。试图摆脱加在自身自由之上的不义限制这一合法欲望，也被悖逆的自爱扭曲成了试图摆脱加在自身自由之上的一切限制这一非法欲望。对于后一种欲望来说，加在自身自由之上的任何限制（不论该限制源于何处，也不论它的道德属性是善是恶）都无一例外地被斥为一种不义。很明显，对一个人外在自由的最大限制，或者说他追求外在自由时可能遭遇的最大障碍，毫无疑问源于其他人所拥有的自由。于是在自然状态下，由于缺乏外在立法的约束和保护，每个自由的人已经潜在地就是他人自由的最大敌人了①。而当他们对外在自由的偏好被悖逆的自爱转化为相应的激情时，人与人之间这种潜在的敌对关系，也会随之转变为一种现实的敌对关系。

总之，当悖逆的自爱败坏了对外在自由的偏好，把这一偏好转化为一种激情的时候，由悖逆的自爱加在该质料基底之上的"恶的自由的无限形式"，便可以被理解为一种对于"无约束性"的追求，也就是试图摆脱挡在自己道路上的任何障碍，尤其是其他自由的人所带来的障碍。就如

---

① 康德在《论永久和平》中这样说道："通常有人假定，人们不可以对任何人采取敌对态度，除非此人已经实际地伤害到了我；而且如果双方都处在公民法律状态（bürgerlich-gesetzlichen Zustande），这一点也是完全正确的。因为通过此人进入这种状态，他就为那人（凭借对双方都有强制力的当局）提供了必要的安全。——但是，处在纯然的自然状态中的人（或者民族），正是由于这种状态，由于他与我共在，就使我失去了这种安全，并伤害了我，尽管他并未实际地（tätig/facto），但由于其状态的无法则性（Gesetzlosigkeit seines Zustandes / statu iniusto）而伤害了我，我因为这种状态而不断受到他的威胁，而且我能够强迫他，要么与我一起进入一种共同的有法状态（gemeinschaftlich-gesetzlichen Zustand），要么就脱离与我的邻里关系。——因此，作为下面所有条款的公设是：所有能够互相影响的人们，必须隶属于某个公民宪政"（EF 8：349n；《康德著作全集》第 8 卷，中国人民大学出版社 2010 年版，第354 页）。

先前已经分析过的那样,从对外在自由的激情开始,恶的自由便开始以一种自返的方式指向自身,将自身当作欲求的对象。尽管在对外在自由的激情中,这种"返回自身"的运动仅仅体现为一种最初级的形态,仅仅以自由的感性表象作为运动的中介,但自返运动的这一最初级形态,已经足以构成对外在自由的激情和性激情之间的关键差别了,因为毕竟,在性激情中,恶的自由依旧和性偏好保持着同一,因而尚未从性偏好中将自己剥离出来。

然而在此处的讨论中也必须承认的是,关于悖逆的自爱如何扭曲自由、权利与正义的诸表象这一问题,读者仅能从康德讨论对外在自由的激情的文本中发现一些零星的暗示。这又意味着,本节目前的分析仅仅具有一种思辨的性质,所以归根结底只是诠释者对于康德思路的猜测和重构而已。然而幸运的是,读者即将在下一节看到,康德本人在讨论复仇欲的文本中,为悖逆的自爱如何扭曲自由、权利与正义的诸表象,并由此败坏对外在自由的偏好这一问题,提供了一种更为清晰和明确的描述。

最后,在本节讨论的末尾还需要强调的是,从《宗教》一书关于野蛮人暴行的描述来看,常常陷于对外在自由之激情的野蛮人,也同样非常容易受到统治欲和求名欲的驱使。因此正如康德暗示的那样,对于野蛮人来说,在由生而具有的偏好产生的激情(这里指的是对外在自由的激情)和由获得的偏好产生的激情(这里指的是求名欲和统治欲)之间,似乎存在着一种紧密的共生关系:

> 就像阿拉塔维斯考印第安人和多格里普印第安人之间持久的战争,除了屠杀之外没有任何其他意图一样。在野蛮人看来,战争中的勇敢是他们最高的美德。即使在文明状态中,它也是受赞赏的一个对象,是那个以它为唯一功勋的阶层要求受到特别敬重的一个根据,而这在理性中也不是完全没有理由的。因为人能够具有某种在他看来高于自己的生命的东西(荣誉),并把它当做自己的目的,

为此他放弃了一切私利,这确实证明了他的禀赋中存在着某种崇高。但是,从胜利者夸耀自己的丰功伟绩(毫不留情的毁灭、破坏以及诸如此类的事情)时的惬意中却可以看到,唯有他们的优越感(Überlegenheit)和他们不抱任何目的而能够造成的破坏,才是他们真正乐在其中的东西(*RGV* 6:33n)①。

根据上面这段引文,虽然野蛮人对荣誉和统治的追求仅仅具有一种最为粗糙的表现形态,但它们似乎的确是与对外在自由的激情紧密地联系在一起的。或者说,就如伍德所言:

> 我们并非通过将自身与他人隔离开来实现自由,而唯有通过和他们处于某种关系中(在这种关系中,他们的意志不提供任何阻力)我们才能实现自由。然而,我们自然地就处于一种与我们的人类同伴的敌对关系之中,并且在每一节点上,都能够预期他们将会抵抗我们的欲望。因此,我们对于自由的自然欲望,就必然地转化成了对于剥夺他人自由的欲望②。

然而与之前的分析类似的是,关于伍德的上述论断读者仍然必须注意:尽管从逻辑上看,对外在自由的激情确实是与统治欲和求名欲紧密地联系在一起的,但从类别上看,它们依旧属于两类不同的激情。因为毕竟,对外在自由的激情起源于生而具有的偏好,而统治欲和求名欲则起源于获得的偏好。这又意味着,两类激情各自的出现、发展、对理性运用的依赖程度,以及其中所涉及的自由任意对自身意识的清晰程度,都是并不相同的。

第五节　对复仇的激情

作为激情的复仇欲和对外在自由的激情之间存在着一种紧密的联系。

---

① 《康德著作全集》第 6 卷,中国人民大学出版社 2007 年版,第 32—33 页。
② Wood, A. W., *Kant's Ethical Thought*, New York: Cambridge University Press, 1999, p. 256.

或者更确切地说,从逻辑上看,对复仇的激情就植根于对外在自由的激情之中,并且是从后一种激情衍生出来的。由于这两种激情的内在结构十分相似,所以本书将仅仅对复仇欲展开一点简单的讨论。为了达到这个目的,现在又需要首先完整地引述一下康德本人关于这一激情是如何被激起,又是如何关联于它的近似物(亦即对正义的合法欲望)的描述:

> 法权概念由于直接产生自外在自由的概念,与善意的概念相比就重要得多,并且是更为强有力得多地推动着意志的动力。所以,由于遭遇到不公而产生的恨,亦即复仇欲(Rachbegierde),就是不可遏制地产生自人的本性的一种激情,而且哪怕它是恶意的,却毕竟是理性的准则凭借着所允许的法权欲(Rechtsbegierde)(复仇欲是它的类似物)而与偏好交织在一起,并且也正因为如此,它是最强烈、最根深蒂固的激情之一……既然法权所意愿的东西每个人都能够有份,所以,与自己的邻人处于某种状况和关系之中的欲望当然不是激情,而是自由任意由纯粹实践理性而来的一个规定根据。但是,这种欲望通过纯然的自爱——亦即仅仅为了自己的好处,而不是为了给每个人的立法的目的——的易激起性(Erregbarkeit),却是仇恨的感性动力,不是对不公正(Ungerechtigkeit)的仇恨,而是对那对于我们不公正之人(gegen uns Ungerechten)的仇恨。由于这种偏好(迫害和毁灭的偏好)是以一个理念为基础的,尽管这个理念当然是被自私地利用的,就把针对伤害者的法权欲(Rechtsbegierde gegen den Beleidiger)转化成了以牙还牙的激情(Leidenschaft der Wiedervergeltung),这种激情往往强烈到癫狂的程度,任由自己毁灭,只要敌人也逃不脱这毁灭,并且(在血亲复仇中)使得这种仇恨甚至在部族之间成为世袭的(APH 7:270-271)①。

根据这段引文,作为激情的复仇欲究竟是如何形成的,可以按照两种关系来得到描述。一方面,根据实践理性的诸理念之间的关系,外在

---

① 《康德著作全集》第7卷,中国人民大学出版社2008年版,第265页。

自由的理念逻辑地导向了法权的理念。从法权的理念出发，按照一个人的权利是得到了尊重还是遭到了侵犯，又可以逻辑地导出正义和不义的理念①。另一方面，根据被诸理念所激起的欲望之间的关系，当一个人对外在自由的权利遭到践踏时，他完全可能合法地产生一种对于正义的渴望。从实践理性的角度来判断，这种对于正义的渴望也是完全应当得到允许的。然而，一旦受到悖逆的自爱的败坏和扭曲，这种对于正义的渴望便会转化为一种作为激情的复仇欲。这种复仇欲不是对于不义这件事本身的恨，而是对于那些对自己做出不义之事的人的怨恨。同时，不同于对正义的渴望必然会受到源于实践理性的诸原则的限制，对复仇的激情则完全摆脱了任何限制，甚至可能达到不惜滥杀无辜的地步（正如血亲复仇的例子展现出来的那样）。

于是，作为激情的复仇欲和对外在自由的激情之间，实际上存在着一种逻辑上的"被奠基"（being grounded）与"进行奠基"（grounding）的关系。假若一个人对外在自由的偏好并未被悖逆的自爱所败坏、并由此转化为对无法无天的自由的激情，那么这个人就绝不会对那些侵犯了他权利的人产生复仇激情。相反，在这种情况下，他将用正义的理念限制自身对于惩罚的诉求。然而需要强调的是，为了使复仇激情在经验中现实地产生，主体并不需要先前已经在心理层面上现实地体会到了对外在自由的激情。这是因为，无论这两种激情是否在经验中产生，它们之间先天的逻辑关系都不会受到影响。甚至于在大多数情况下，在一个人现实地遭遇到外部诱因之前，他既感受不到对外在自由的激情，也感受不到对复仇的激情，因为，这两种激情在他心中都还仅仅处于一种潜在的休眠状态。唯有当这个人自认为遭遇了不公不义之事时，他才会在心理

---

① "任何一个行为（Handlung）——如果这个行为，或者按照它的准则，每一个人的任意的自由都能够根据一条普遍法则而与任何人的自由共存——这个行为就是正当的（recht）。因此，如果我的行为，或者一般地说我的状况（Zustand）能够与任何人的自由根据一条普遍法则而共存，那么，在这里阻碍我的人，对我所做的就不正当（tut mir Unrecht）；因为这种阻碍[这种抵抗（Widerstand）]不能根据诸普遍法则而与自由共存"（MS 6：230-231；《康德著作全集》第6卷，中国人民大学出版社2007年版，第238—239页）。

层面现实地体验到这两种激情。 般说来,当一个人自认为某些障碍(这些所谓的障碍通常是其他的自由主体)挡了他的道时,他对外在自由的激情便会被自然而然地唤起。当其他自由的主体不仅被这个人体验为阻止他前进的障碍,而且至少根据他自己的判断,他们还侵犯到了他应有的权利时,这个人的复仇激情便同时会被唤起。所以,从逻辑上看,对复仇的激情其实植根于对外在自由的激情,并把对外在自由的激情作为内核而包裹在自身之中。

最后还需强调,对外在自由的激情和对复仇的激情,也充分地揭示了为什么自然状态是如此危险,以及为什么每个自由主体都应当离开自然状态而进入法权状态(实际上,"离开自然状态而进入法权状态",正是源于纯粹实践理性的一条绝对命令)。在自然状态下,当任何一个自由主体感到自己的权利遭受侵害的时候,他都会在抵制侵害的行动中,同时扮演起上诉的原告、宣判的法官以及判决的执行者这三重角色。但可惜的是,由于有限存在者自身在理性认识和意志决断中不可避免的局限性,即使一个人的道德品格尚未被悖逆的自爱败坏,想要同时成为公正的法官和公正的执行者,对他也将是一件极其困难的事。进一步地,当一个人的道德品格已经遭到悖逆的自爱的败坏(就如在自然状态中实际发生的那样),以一种合适的方式同时扮演好上述三重角色,便注定成了一项不可能完成的任务。正如本章的分析所显示的那样,对外在自由的激情扭曲了一个人对权利的基本诉求,把他对自身权利的追求推进至无限,而对复仇的激情则扭曲了一个人对正义的基本理解,使得他将正义错误地表象为"仅仅维护自己的权利",因而在追求正义的过程中丝毫不顾惜他人的权利。于是通过本章的分析,上述这两种激情也尖锐地揭示出了在自然状态下,"原告、法官、执行者"这个三位一体的角色背后所蕴藏的最黑暗的可能性:由于悖逆的自爱已然败坏了人类自由的深层根基,所以当涉及每个主体的切身利益时,他都注定会成为一个偏私的法官和糟糕的执行者,同时也正因如此,"所有人敌对于所有人"的全面战争,在自然状态下亦将不可避免地爆发。

第七章　由获得的偏好产生的激情

第一节　作为激情的求名欲

　　上一章已经分析了由生而具有的偏好产生的激情,本章将转向由获得的偏好产生的激情。就如前文已经指出的那样,这两类激情的主要区别就在于它们所拥有的不同的质料基底:由生而具有的偏好产生的激情源于动物性的败坏,由获得的偏好产生的激情则源于人性的败坏。

　　一方面,人的动物性能够在自然状态中,或者当个体年纪尚幼时就得到发展。在这种情况下,个人对理性的运用尚不成熟,自由任意也尚未达到对自身的清晰意识,所以恶的自由主要以一种比较消极和原始的方式,亦即通过追求一种摆脱了所有障碍(尤其是来自其他自由主体的障碍)的"无约束性"来表达自身。此外,悖逆的自爱也更多地应当被视为属于人类族类之自由本性的基本原则,该原则甚至可以不经过自由任意的明确选择,就直接激起某种生而具有的偏好,并将这一偏好转化成激情。

　　另一方面,与动物性相反,人的人性(Menschheit)唯有经过培育,并且达到一定年龄时方能得到发展。这意味着个体对理性的运用必须已经达到相对成熟的阶段,同时自由任意也必须已经实现对自身的清晰意识。在这种情况下,恶的自由主要以一种比较积极和复杂的方式,亦即通过追求一种能够利用其他自由主体来达到一切目的"全能性"来表达自身,这意味着它必须借助实践理性的技术性-实用性的运用①。与此同时,悖逆的自爱在这一过程中也实现了自身的"个体化"。也就是说,悖逆的自爱成了个人的自由任意所自愿采取,并统御着他所有一切恶的准则的统一形式。

现在,通过考察由获得的偏好产生的激情在社会环境中的诞生,这类激情可以以如下的方式得到解释。

当人所拥有的目的被理性和想象力扩展到无穷无尽之多时,理性便会试图寻找一种能够实现任何目的的普遍手段。作为自由主体的人自身,就他们可以彼此相互利用以实现任何目的而言,自然能够被看作是这种普遍的手段。同时,控制人的最简单的方法,毫无疑问地就是通过影响他们的偏好(APH 7:271)②。于是,通过人的偏好来影响人的能力(Vermögen),也就可以被看作是一种更高阶的普遍手段:

> 这种能力仿佛在自身之中包含着三重力量(eine dreifache Macht):声誉(Ehre)、权力(Gewalt)和金钱(Geld);如果占有了它们,人们就能够用它们来对付任何人,不是用这种影响就是用那种影响,并且把这人用于自己的意图(ibid.,7:271)③。

---

① "这种偏好最接近技术性地实践的理性(technisch-praktischen Vernunft),亦即明智的准则"(Klugheitsmaxime)(APH 7:271;《康德著作全集》第7卷,中国人民大学出版社2008年版,第266页)。伍德针对这段文本区分了两种"明智",并将它们之间的关系表述如下:"在一种意义上,明智指的仅仅是为了我们的幸福而选择正确手段的能力,但在一个更为狭窄的意义上,明智则指的是利用其偏好和激情来针对他人,以此对他们施加控制的能力(GMS 4:416;KU 20:200n)。这两种意义之间的关系非常地明显。我们是社会性的存在者,而社会性的存在者达到幸福的主要手段,就在于控制和操纵他人。通过恐惧、利益或者意见来获得那种力量,就是社会性的激情(所欲求)的目标"(Wood, A. W., Kant's Ethical Thought, New York: Cambridge University Press, 1999, p. 262)。
② 《康德著作全集》第7卷,中国人民大学出版社2008年版,第266页。
③ 《康德著作全集》第7卷,中国人民大学出版社2008年版,第266页。

它们[激情]是这样一种偏好,即仅仅旨在占有种种手段,以便满足一切直接与目的有关的偏好,所以,它们就此而言具有理性的外表(Anstrich);也就是说,努力追求一种与自由相结合的能力的理念,唯有通过这种能力,一般而言的目的才能被达到。当然,拥有实现任意选择的意图的手段,比仅仅指向一个单一偏好及其满足的那个偏好,范围要大得多(ibid.,7:270)①。

根据康德的思路,声誉、权力和金钱这三重力量分别可以通过影响人的意见(Meinung)、恐惧(Furcht)和利益(Interesse)来规定人的意志和行为(ibid.,7:272)②。对上述这三重力量的偏好植根于人性禀赋之中,若仅仅就其自身而言,它们三者都属于个人在社会中的比较性的幸福和自我价值的建构性要素,因而都是善的(RGV 6:27)③。同时,借助于大自然的智慧与安排,每个人对声誉、权力和金钱的追求,还能够直接促进人类文明的整体进步。然而,当个人对这三重力量的偏好被悖逆的自爱分别转化为了求名欲、统治欲、占有欲这三种激情时,这些偏好也就背离了它们原先指向的自然目的,而无限度地沉溺于对于声誉、权力和金钱的追求之中,从而不仅给个人带来挫败和不幸,也为社会招致纷争与灾祸。

在此处的讨论中需要注意的是,在上面提到的三种激情中,存在着一种恶的经验性表达逐层深化的进程。本章将依据这一进程安排对求名欲、占有欲和统治欲的讨论顺序,这一顺序也将与这三种激情在康德文本中呈现的顺序稍有不同。本章的分析将从求名欲开始。首先,对于求名欲的"形式(原则)规定"可以给出如下描述:悖逆的自爱附着于人对三重力量的偏好中的其中一支,也就是附着于那种通过意见来影响他人,从而利用他人来达到任何目的的偏好。悖逆的自爱把这一原本正常的偏好,转化成了对于声誉的无限度追求。于是,通过这种方式,一个热

---

① 《康德著作全集》第 7 卷,中国人民大学出版社 2008 年版,第 264—265 页。
② 《康德著作全集》第 7 卷,中国人民大学出版社 2008 年版,第 266 页。
③ 《康德著作全集》第 6 卷,中国人民大学出版社 2007 年版,第 25—26 页。

衷于沽名钓誉的主体，将不再能够看到任何现实的目的，而仅仅沉溺于某种对于自身全能性的空洞幻觉之中，他幻想着自己能够通过影响他人意见而操控他人，从而在想象中利用他人来同时达成一切可能的目的。

然而，除了将"对于可能目的的达成"自欺欺人地混同于"对于现实目的的达成"这一幻觉之外，求名欲中还隐藏着另一种所谓的"诡计"（trick），这种诡计亦将使得求名欲注定无法达成自己的目的，从而必然走向自我挫败。在一种恰当的伦理秩序下，旁观者对某个主体所怀有的任何好的意见，都应当建立在一个真实的基础之上。换言之，这些意见或是以该主体真实的道德价值为基础［就如康德笔下"对名誉的爱"（Ehrliebe）这个例子所显示的那样①］，或是以该主体在其他方面（例如智力上、体能上、艺术成就上）的真实价值为基础。与之相反，作为激情的求名欲则只是"对名望的追求，（仅仅）流于表面就够了"（APH 7：272）②。同时，从康德的思路中还可以推导出如下结论，亦即这种仅仅以流于表面的方式来对待名望的现象，不仅可能出现在声誉的追求者一侧，也可能出现在声誉的给予者一侧。一方面，声誉的追求者可以假装自己拥有某种在道德方面或者其他方面的价值，但实际上却并不真正拥有这些价值。另一方面，声誉的给予者亦能够假装对那些沽名钓誉之徒怀有极高的评价，但内心却对他们毫无敬意。因此，不仅声誉的追求者可能从声誉的给予者口中骗取赞美，声誉的给予者也完全可能通过给予某种虚假的赞美，而反过来欺骗、利用，甚至是操纵声誉的追求者。

声誉的追求者与声誉的给予者之间的诡计之所以是双向的，是因为"一般而言的激情，哪怕它们作为感性的动机可能总是强烈的，毕竟在理性给人规定的事情上是纯粹的弱点……求名欲是人的一种可以通过其意见来对之施加影响的弱点"（ibid.，7：271 - 272）。总之，用最简单的话来说，任何激情都可能被聪明人利用，被反过来用于影响陷于激情的主

---

① "求名欲不是爱荣誉，即人由于自己的内在（道德）价值可以期望于别人的高度评价"（APH 7：272；《康德著作全集》第 7 卷，中国人民大学出版社 2008 年版，第 267 页）。
② 《康德著作全集》第 7 卷，中国人民大学出版社 2008 年版，第 267 页。

体。具体到此处的讨论中,受到求名欲驱使的人特别容易遭到阿谀奉承之徒的愚弄,这一点也被康德对傲慢的讨论所印证。康德明确指出,傲慢(Hochmut)是"要求别人与我们相比时轻看(他们)自己的一种无理要求",是"一种与自己的目的背道而驰的愚蠢"(ibid.,7:272)①。也正因为傲慢的这种特性,任何一个正直而诚实的人,都必然会拒绝接受这种侵犯到每个人平等尊严的荒谬要求(亦即要求人轻看自己)。所以,反过来说,这一荒谬要求在人际交往中所获得的任何表面上的赞同,便只能出自那些阿谀奉承之徒。这些阿谀奉承之徒"喜欢把伟大的字眼给予一位重要的人物,他们滋养着这种使他孱弱的激情,并且是屈服于这种魔法的伟人和强者的坑害者"(ibid.,7:272)②。

此外还需指出的是,这种包含在求名欲中的诡计之所以能够成功,最终是由于"意见"(Meinung)这种东西所具有的特殊属性。"意见"所具有的特殊属性,决定了"恶的自由的无限形式"在求名欲中只能采取一种特定的表达形态。实际上,在由获得的偏好产生的三种激情中,求名欲与道德之间的关系是最为紧密的。这是因为,首先,对于"什么事物和哪些人是值得称赞的"和"什么事物和哪些人在道德上是善"这两个问题的回答,归根究底都是在一个主体间的领域决定的。其次,无论是给予声誉还是肯定道德之善,最终都是自由的人做出的自由判断。而"给予声誉"和"肯定道德之善"之间唯一的差别就在于:在"给予某个人声誉"这件事里所涉及的主体间性,仅仅属于一个特殊的共同体,这个特殊的共同体由一群数量有限的现实存在着的人组成;反之,根据康德的实践哲学,在"肯定某个人的道德之善"这件事里所涉及的主体间性,则属于一个由一切可能存在的理性主体(这些理性主体包括了,但又不仅仅限于人)组成的普遍共同体。这意味着,从原则上看,为了能够在道德上被肯定为是善的,被评判的主体必须能够在上述普遍共同体中,得到一切可

①《康德著作全集》第7卷,中国人民大学出版社2008年版,第267页。
②《康德著作全集》第7卷,中国人民大学出版社2008年版,第267页。

能存在的理性主体的认同。相反,为了能够赢得声誉,被评判的主体只需在某个特殊共同体中,得到一群数目有限的现实存在着的人的认同就足够了。

上述这一关键差异,也造成了声誉和道德之善之间可能出现一种微妙的关系。因为,在某个特殊共同体中,由一群数量有限的现实存在着的个人所做出的"现实判断",可能符合,也可能不符合那种在普遍共同体中由一切可能存在的理性主体所做出的"可能判断"。前一种判断与后一种判断之间的相符或者不相符,最终又取决于众多偶然的因素。比如说,如果某个特殊共同体拥有正确的价值取向,同时它的大部分成员在评判同胞时,也能保持一种正直而诚实的态度,那么在这种情况下,声誉和赞美将被公正地给予那些真正有资格获得它们的人。而与此同时,即便追求声誉的行为被刺激到极端狂热的程度,这种行为也依然能够在表面上帮助维护这个特殊共同体的良好风俗,一方面从正面促进那些即使不是"作为本体的德性"(virtus noumenon),但起码是"作为现象的德性"(virtus phenomenon)的东西(*RGV* 6:46 - 47)[①];另一方面从反面抑制恶在公共领域里的爆发和蔓延。与此相反的是,如果某个特殊共同体的价值取向已经遭到了严重的扭曲和败坏,或者它的大部分成员在评判同胞时抛弃了正直而诚实的态度,那么对声誉的给予,将不再能够如实体现某种价值在被评判之人身上的在场、缺失以及程度大小。

然而,在对求名欲的讨论的最后依然需要指出的是,无论是以上两种情况中的哪一种,声誉都永远是被自由地给予和自由地获得的。换句话说,声誉这个概念本身,已经预设了声誉的给予者和声誉的寻求者必须拥有一种平等的自由,同时双方必须能够在公共领域里运用自身的自由。于是,从这个意义上说,尽管求名欲中确实包含着某种以"价值之表象"来取代"价值本身"的伪善倾向,但这种激情起码对于声誉寻求者和声誉给予者作为自由存在者的地位,依然保留了一定程度的尊重和认可。

---

① 《康德著作全集》第 6 卷,中国人民大学出版社 2007 年版,第 47—48 页。

第二节 作为激情的占有欲

本节的讨论将从求名欲转向占有欲。从恶在不同激情中的经验表达来看,占有欲对自由的侵犯,又比求名欲大大加深了一层,因为在占有欲中,无论是金钱的追求者还是他企图用金钱来影响的人,都仅仅被当作了欲望主体来看待,也就是说,双方都仅仅被当作了一群只会利用理性来侍奉偏好,却不曾想到运用理性来对同胞自由地进行判断的主体。关于占有欲的形式(原则)规定可以给出如下描述:悖逆的自爱依附于对于影响他人的三重力量的偏好之中的其中一支之上,也就是附着于对于占有的偏好之上。在人类社会,特别是在现代社会里,占有主要是通过金钱来实现的,因此在这种环境下,对占有的偏好也就主要被展现为一种对于金钱的狂热渴望。

就如前文已经分析过的那样,激情包含着对于理性的三重违背:由于激情违背了理性的道德性运用,所以它们是恶的;由于激情违背了理性的明智性运用,所以它们是愚蠢的;由于激情违背了理性的技术性运用,所以它们是自我挫败的。这里必须同时注意的是,不同激情在违背理性的方式上也是各有侧重的。首先,求名欲更多地展现了激情自我挫败的特质,但从某种程度上说,这种激情依然受到道德的限制。其次,就如下节即将展现的那样,统治欲具有一种"内在地就是恶的目标"(intrinsically evil aim),但这种激情在实现该目标的过程中,并不必然会导向自我挫败的结果。最后,在本节关于占有欲的讨论中读者马上将要看到,被占有欲驱使的主体完全地沉溺于对于金钱的追求,以至于几乎完全不愿用金钱去实现其他现实的目的——但这里最具荒谬性的一点却是:金钱唯一应当具有的恰当功能,仅仅在于被用来实现其他现实的目的。

在《实用人类学》一书中,康德以生动的语言,描述了这种包含在占有欲之中,将手段(亦即钱财)错当作唯一的目的的荒谬性:

这种手段的发明——该手段除了用于交换人们的勤劳(但由此也用于在人们之间交换一切物质财富)之外,就没有(甚至不可以有)任何可用性——特别是在这种手段用金属来体现之后,造成了一种占有欲,这种占有欲最终也[并不包含对纯然占有的享受,甚至(守财奴)放弃了一切使用]包含着一种实力,人们相信这种实力足以补偿任何别的实力的欠缺(APH 7:274)①。

有趣的是,尽管守财奴拒绝花费金钱来实现任何现实的目的,但根据守财奴本人的观点,他已经通过想象实现了一切可能的目的②。更确切地说,守财奴通过占有一种能够实现一切可能目的的普遍手段,而在虚幻的想象中尽情享受着对于这些目的的实现:

在这里我们陷入了幻想。当我们还占有着金钱的时候,我们本应该以选言的方式(disjunctive)来看待它,因为我们(只)能够或者为了这个东西或者为了那个东西而使用金钱。然而,我们却以集合的方式(collective)来看待金钱,相信我们(能够)拥有所有的东西(VM-Collins 27:403)。

很明显,这种"止步于中间手段而错失了最终目的"的激情,严重违背了实践理性关于手段-目的关系的"技术性慎思"(technical deliberation),因而必须被视为一种自我挫败的行动。然而,尽管对金钱的追求被推到极致时必然会挫败其他偏好的满足,但在某些特殊情况

---

① 《康德著作全集》第 7 卷,中国人民大学出版社 2008 年版,第 268 页。

② "与手段相联系,却不使用这些手段的偏好,叫作幻象的偏好(Neigungen des Wahns)。某种手段被想象出来的价值(却不使用这种手段)即为幻象。——因此,人们拥有一种对于金钱的直接的享受。因为毕竟,金钱仅仅由于被作为手段使用而拥有一种价值。除了被花费,金钱无法以其他方式被使用。——但当我想象自己能够通过金钱而拥有所有享受之时,金钱就提供了一种观念性的享受(idealisches Vergnügen)。当我从这些观念性的享受中选出一个,并试图通过金钱来现实地获得它时,我就为自己谋得了真正的享受。大多数人,特别是那些上了年纪的人,选择这种观念性的享受并且执着于金钱。但这是一种幻象的享受,因为它仅仅基于想象。贪婪的人恰恰像他没有钱的时候那样贫穷。——一个贪婪的人,尤其在他上了年纪的时候,是无法被治愈的。贪婪存在于幻想之中,因此它正如想象的力量一样没有边界"(VA-Mrongovius 25:1358)。

下，占有欲却并不直接地与个人幸福相对立，尤其对于老年人来说，金钱能够成为"其自然的无能的补偿"（APH 7：274）①。于是考虑到这一点，金钱也确实在某种有限的意义上能够促进个人幸福，哪怕仅仅通过一种幻想的方式。

进一步地，占有欲也像求名欲一样，和道德之间存在着一种非常微妙而复杂的关系。一方面，仅仅就其形式而言（也就是仅仅就"悖逆的自爱"这一基本原则而言）一切激情或多或少都包含着与理性的三重对立。另一方面，康德又针对占有欲做出了一个非常微妙的评价，特别指出占有欲如果不总是在道德上是可鄙的话（moralisch verwerfliche），那么也是缺乏精神的（geistlose）（APH 7：274），而从这句评价的前半句来看，康德似乎在暗示说，占有欲并不必然在道德上是恶的。所以，占有欲所具有的道德属性，究竟应当被如何评价呢？

求名欲和占有欲之间的一个关键差异，或许可以为上述问题提供一些线索。在求名欲那里，声誉的寻求者和声誉的给予者，都被当作了能够自由行动和自由判断的"理性主体"（rational subjects）。相反，在占有欲那里，金钱的追求者和他们试图用金钱来影响的人，都仅仅被视为受到偏好驱使，只会用理性来侍奉偏好的"欲望主体"（desiring subjects）。与此同时，那种唯有在自由行动和自由判断中才能实现的人类自由的真正本质，在占有欲这里则被彻底无视了。于是从这种意义上说，占有欲似乎处于一个比求名欲更加卑贱的位置上：由于占有欲无视了人类作为自由行动者和自由判断者的身份，它也就仅仅处于一个"尚未达到自由的层次"上。或许恰恰是在这个意义上，康德才会认为占有欲"虽然不总在道德上是可鄙的"，但"也是缺乏精神的"，换言之，占有欲未能展示人作为自由行动者和自由判断者所具有的尊严。

正如康德在《奠基》中指出的那样，任何"低于自由的层次"的东西都只具有一种相对价值。若仅仅就其自身而言，它们在道德上既不是善

---

① 《康德著作全集》第 7 卷，中国人民大学出版社 2008 年版，第 268 页。

的,也不是恶的,而唯有根据不同的情况被运用于一个或善或恶的目的①。在这里需要注意的是,我们必须同时意识到,占有欲作为对于金钱的无限追求,同时代表了一种被推进到极致的"他律的思维方式"。这种他律的思维方式仅仅专注于偏好的满足,却全然无视责任的承担,从而与道德法则所要求的"自律的思维方式"正相对立。对于本节的讨论尤为重要的是,在占有欲这里,激情的形式规定(即悖逆的自爱这一基本原则)也彻底改变了激情的质料规定(即仅仅作为手段的金钱)所具有的道德属性。

一方面,正如康德所言,"财神惠顾谁,对不怎么富有的人关闭着的一切大门,就都朝这个人洞开"(APH 7:274)②。另一方面,金钱对所有主体而言都是可以获得的,或者更准确地说,追求金钱这件事,对于主体没有设置任何特别的门槛。实际上,并不是所有人都能以同等强烈的程度,感受到求名欲和统治欲的诱惑。只有那些对自身价值拥有高度自信的人,才容易陷入求名欲的诱惑;只有那些对自身攫取权力的能力怀有一定信心的人,才容易陷入统治欲的诱惑。然而,哪怕是最普通、最平庸、最愚笨的人也极其容易被金钱蛊惑。就如康德暗示的那样,主体自身的能力越是孱弱(比如体力衰弱的老人),他就越容易沉溺于对金钱的占有,以此来补偿他们在其他方面的无能。总之,相较于求名欲和占有欲,对于金钱的狂热追求在人类社会的普通成员中体现得更为明显,也更为盛行。

讨论完占有欲的质料基底(亦即金钱本身)之后,现在再来看一看加诸这个质料基底之上的"恶的自由的无限形式",以及占有欲中所包含的目的-手段关系。和声誉的追求者一样,金钱的追求者也在想象中享受着一种虚幻的全能,幻想着能够通过偏好来影响他人,再利用他人来实

---

① "有一种价格的东西,某种别的东西可以作为等价物取而代之……与普遍的人类偏好和需求相关的东西,都具有一种市场价格"(GMS 4:434;《康德著作全集》第4卷,中国人民大学出版社2005年版,第443页)。

② 《康德著作全集》第7卷,中国人民大学出版社2008年版,第268页。

现所有可能的目的。然而,声誉的追求者依旧把他人视为能够进行自由判断和自由行动的主体,但金钱的追求者却把他人贬低到仅仅是欲望主体的地位。于是从这个意义上说,求名欲要比占有欲更接近于实践理性的"道德性运用",而占有欲则比求名欲更接近于实践理性的"实用性的-技术性的运用"。

求名欲和占有欲的上述不同,为把握它们所分别涉及的两种主体间关系提供了一条关键的线索。鉴于求名欲仍旧依赖于每个人进行判断和行动的自由,因此这种激情实际上预设了主体间存在着一种"内在关系"(internal relation)。在这种内在的关系中,每个人都通过自由的判断和自由的行动,以一种内在的方式朝着其他主体敞开自身。相反,在占有欲那里,人仅仅被视为利用理性来满足偏好的欲望主体,因此这种激情仅仅涉及主体间的一种"外在关系"(external relation)。在这种外在的关系中,每个人都封闭在自身的欲望体系内部,仅仅通过对于目的-手段的慎思,以及与他人或重合或冲突的个人利益,以一种外在的方式与其他主体建立起联系。所以,从本质上看,陷于占有欲的主体其实处于一种相互隔绝的孤立状态之中,那种每个主体唯有通过自由判断和自由行动才能展现的人之为人的自由本质,在占有欲中恰恰遭到了无视。这种现象也解释了,为什么在由金钱统治一切的现代资本主义社会中,个体常常会感到自己陷入到了一种孤立和异化的状态中。

第三节　作为激情的统治欲

就其形式规定(即基本原则)而言,统治欲是由悖逆的自爱附着于对影响他人之三重力量的偏好中的其中一支(也就是对权力的偏好)而产生出来的激情。和其他两种由获得的偏好产生的激情一样,统治欲的出现也有赖于个人对理性的运用,有赖于自由任意达到对自身的清晰意识。这意味着,在统治欲中,悖逆的自爱并不是作为一条属于人类族类品格的基本原则而直接地激起感性偏好,而是首先被每个个体在其自由任意中选择,并作为这一个体所有准则的统一性形式而存在。

正如《宗教》一书明确指出的那样,统治欲的出现能够追溯到一种对于他人会占据比自己更优越的地位这一可能性的焦虑和恐惧。尽管这种焦虑和恐惧可以通过一个人对于平等性的合法诉求来得到辩护,但这些负面情绪也可能诱使他反过来追求相对于他人的优越地位。在最开始的时候,这个人或许仅仅为了自保而追求这种优越地位。然而逐渐地,他将沉溺于对于他人的统治欲(RGV 6:27)。康德在《实用人类学》中重申了《宗教》中的上述重要观点:"它(指统治欲)却始自对受别人统治的恐惧,关注的是及时把自己置于控制别人的优势之中"(APH 7:273)。很明显,在这种激情里,恐惧和焦虑仅仅是恶的"外在触发物"而已,而真正构成一个人的"内在之恶"的,则是悖逆的自爱这一基本原则①。悖逆的自爱利用了人心中的恐惧和焦虑,将原本只是作为比较性的幸福和自我价值之构成性要素的个人对于权力的偏好,转化成了一种超越道德界限的赤裸裸的统治欲。

虽然一切激情都或多或少地包含着对于理性的三重对立,但严格地讲,统治欲并不必然是不明智的或者自我挫败的,尽管它必然是不道德的。诚然,一个人对于权力不加掩饰的诉求,必然会在其他人心中招致强烈的反对。然而,如果权力追求者能够足够谨慎地掩藏起他的野心,

---

① 格林伯格认为,伍德未能令人信服地说明,一个人对于平等性的正当诉求,是如何被转化为对于优越地位的不当渴望的。根据格林伯格的分析,伍德似乎在暗示读者,仅仅因为人类社会的存在(或者说,仅仅因为他人的存在),上述从善到恶的转化便会自动发生,然而如此一来,个人对恶的道德责任似乎也随之被取消了。

于是为了解决这个问题,格林伯格试图论证说,一个人对于失去完满幸福的焦虑,已经使他内在地就倾向于高估自爱的诉求了,这种倾向甚至早于任何社会压力就已然存在。换言之,关于焦虑的生存论描述,在逻辑上必须先于关于压力和威胁的社会性描述而被给出(参见 Grenberg, J., *Kant and the Ethics of Humility*, Cambridge: Cambridge University Press, 2005, pp. 35 - 39)。

尽管本书作者并不完全认同格林伯格关于植根于人类生存处境中的原初焦虑的描述,但却基本同意她的下述观点,亦即具体的社会环境,以及具体的他人之现实在场,仅仅为恶的爆发提供了后天的触发物,这种触发物确实引发了恶的经验表达,但它们自身却并不能取代恶的先验根据而为恶提供最终的奠基。

并且足够聪明地执行他的计划,那么至少在很长一段时间内,他很有可能成功地预防或者挫败同胞们的公开反抗。因此从这个意义上说,权力追求者的意图并不必然地会走向失败①。

同时,在统治欲中,恶的经验性表达也比在求名欲和占有欲中要彻底和深刻得多。虽然从三种激情共同拥有的形式规定(亦即将"部分"置于"整体"之上的这一颠倒)来看,求名欲、占有欲和统治欲在同等的程度上都是恶的,但从三者的质料规定(亦即它们所指向的对象)来看,统治欲却和求名欲与占有欲存在着很大的区别。金钱和声誉若仅仅就其自身而言在道德上都是中性的,唯有当"恶的自由的无限形式"被加在它们之上时,对它们的无节制的追求(但不是金钱和声誉本身)才会突破一切道德限制。但与此相反,当对权力的偏好变成一种激情时,这种激情所追求的"对象本身"(亦即作为统治的统治)便会打破一切道德限制,甚至把自己直接置于道德法则的对立面上。

为了进一步澄清以上观点,此处需要深入考察一下统治欲的质料基底(或者说统治欲所指向的对象)。很明显,统治欲的质料基底是一种对于权力(Gewalt)的偏好。Gewalt 一词有多重含义,可以指权威、力量或者强制力,甚至是令人畏惧的暴力。权力既不同于就其自身而言只是满足欲望的手段,因而低于道德层次的金钱;也不同于依赖于主体的自由判断,因而能够对道德形成一定促进作用的声誉。权力之为权力,直接地就指向了主体与主体之间的关系,从而以一种最直接的方式与道德纠缠在一起。就其道德属性而言,权力或是以一种最直接的方式契合于正义,或是以一种最直接的方式敌对于正义,正义恰恰是调节每个人对自

---

① 本段的论述似乎和康德对于统治欲的下述断言产生了矛盾,也就是"它的表达招来反对它的所有东西"(APH 7:273;《康德著作全集》第 7 卷,中国人民大学出版社 2008 年版,第 268 页)。然而,本段的论述并不是否认康德关于统治欲的这条一般性的断言,而只是试图限定这条断言的有效范围而已。当统治欲被明目张胆地显现给他人时,它毫无疑问地会招致他人的反抗——这种反抗即便没有爆发在他的外在行动中,也会萌生于他的内在意图中。然而,当统治欲被小心翼翼地隐藏起来,并且以最聪明的方式得到执行时,至少在短期内它并不一定会遭受失败。实际上,本段的分析只是一种关于权力运作技巧的基本常识,这一常识早已在人类历史中得到无数次的印证。

身外在自由之"法权"(Recht,或译为"权利")的核心原则。

与此处的讨论最为息息相关的,则是权力在与正义原则的关系中所具有的正面含义和负面含义。尽管这两重含义指的都是人与人之间的一种不平等的关系,但它们各自却包含着截然不同的道德属性。首先来看一看权力的正面含义。在尚未达到政治层面的主体间关系中,一个主体对另一个主体所拥有的权力,其实仅仅是前者相对于后者的"权威"(Autorität)。权威的建立需要一方对另一方所拥有的某种优越地位给予承认,这种承认的有效性又需要满足两个前提条件。首先,权威之所以被确立为权威的最终根据,只能是一方确实在某些方面(例如道德、智力、体能、技艺等)拥有引人瞩目的卓越品质。客观地看,主体确实是因为具有这种卓越品质,才有资格获得某种权威性的地位。因此,这种卓越品质的存在,能够为他在某些方面享有高出同胞的优越地位提供一种合理的辩护。其次,权威除了从客观方面看必须拥有一个能够得到合理辩护的最终根据之外,它在被实际地建立起来的过程中,从主观方面看还需要一方对另一方给予自由的承认。假若一方并没有自由地承认另一方的优越地位,那么仅仅依靠后者的卓越品质是根本无法建立起权威的。换言之,在这种情况下,权威将仅仅作为一种可能性而存在,却无法在现实中被真正地建立起来。进一步地,"一方对另一方自由地给予承认"这件事,必然要求在承认者与被承认者之间,首先存在着一种原初的平等关系。这种平等关系,又源于承认者和被承认者同样身为能够自由地判断和自由地行动的主体,所共同享有的那种平等的地位。因此从这个意义上说,权威这个概念所指向的不平等关系,归根究底又植根于享有权威者和服从权威者之间一种原初的平等关系当中。

除了在低于政治的层面作为权威而被理解,Gewalt 还可以从政治层面得到理解。Gewalt 一词在政治层面的正面含义,可以从《道德形而上学》里的法权论中得知。根据康德的文本,权力在政治领域的运作,最终应当基于正义原则。正义原则又依据自由存在者之间的绝对平等这一基本理念,调解着每个人对于外在自由的诉求,并由此在自由主体之间建立起一种平等的关系。当尚未达到政治层面时，Gewalt 在行使自身的过程中是不可以诉诸暴力的，但当被置于政治层面之后，Gewalt 不仅可以，而且常常需要使用暴力来确保自身指令得到执行。换句话说，政治层面上的权力必然会使用威胁和惩罚的方式，通过人类对于痛苦和死亡的恐惧来控制人的行为。然而，能否借助某种程度的暴力来实现自己的目标，仅仅展现了权力的相对强弱，却与权力与正义之间的关系并无必然关联，或者说并未触及权力或是正面或是负面的道德属性。从这里的讨论中读者又很容易推断出：在政治层面上的权力所拥有的负面含义中，权力与正义之间的关系遭到了扭曲和败坏，权力直接地就以某种非正义的原则作为自己的运作根据，直接地就以理性主体之间的一种不平等关系作为自己的目标，这种不平等关系则会直接破坏，甚至摧毁每个理性主体对于外在自由的平等诉求。

当讨论进行到这里，求名欲、占有欲和统治欲在恶的表现程度上的差异也就充分地显现了出来。尽管占有欲把人贬低到了仅仅作为欲望主体而存在的卑微地位，求名欲则根据环境的不同或是促进或是败坏整个社会的道德风尚，但这两种激情之所以能够驱使人去行动，最终都依赖人能够根据自身意愿来采取行动和进行判断这一前提条件。也就是说，人必须拥有一个自由的空间，在这个空间里，他能够自由地追求自己真正想要的东西。换句话说，尽管占有欲和求名欲确实在以一种无节制（亦即不道德）的方式分别追求着金钱和声誉，并且沉溺于通过这两种手段来控制他人的幻想，但这两种激情至少隐秘地保留了对于自由的默许和尊重。与之相反，权力之为权力的本质属性，就是限制一方的自由和扩张另一方的自由。从这个意义上说，权力之为权力，本身就蕴含着对于自由的最大威胁。唯有当权力被正义原则所限制，被用来确保每个人对于外在自由的平等诉求时，它才能在道德上得到辩护，从而获得一种正面的意义。但是，如果权力突破了正义原则的限制，违背了它唯一能够得到正当的使用的用途，那么权力将不仅造成对一方自由的破坏和摧毁，也将造成对另一方自由的无限扩张。这正是权力概念在政治层面所具有的负面含义。

一方面，被统治欲驱使的人渴望将自己的外在自由提升到一种绝对的高度，渴望能够随心所欲地去做任何事，让所有人都服从于他的命令。权力追逐者甚至不再费心去寻求同胞的赞扬，也不再试图花费金钱去收买他们，因为仅仅通过恐吓和惩罚就已经足以控制他们的言行。因此，一个人在统治欲中所追求的那种全能，远比在占有欲和求名欲中更直接、更可怖，也更彻底。沉溺于统治欲的人以成为至高的上帝作为他的直接目标，但他真正渴望成为的，其实只是上帝的镜中反像。这一镜中反像就如真正的上帝那样拥有绝对的力量，却丝毫也不分享属于上帝的绝对正义。另一方面，受到统治欲驱使的人还试图将他人的自由压缩到几乎不存在的地步。他人自主发起行动和给出判断的自由，被权力追逐者直接否定了，而这种自由，起码在声誉追逐者那里得到了尊重。他人谋求自身利益（亦即一种更为初级形态）的自由，也被权力追逐者直接地否定了，而这种自由，起码在金钱追逐者那里得到了默认。总之，每一个在强权统治下苟延残喘的人，几乎在所有层面上都被剥夺了自由。这些人与掌权者之间仅仅存在一种单向的关系，亦即一种彻底的被动和屈从的关系。这意味着，他们的主体性被压缩到了一种仅仅是动物式的自保本能。或许掌权者唯一乐意施舍给受他统治的奴隶们的自由，只是一种不断进行自我消解的自由，或者说，是一种在恐惧中不断放弃自身、否定自身的自由。通过这种最悲惨形态的自由，被统治者也以一种悖谬和颠倒的方式，勉强表明了自己生之为"人"（不仅仅是"物"）的身份。

本卷小结

本卷的任务是架通康德笔下恶的单一本质和人类现实生活中恶的多重表现之间的鸿沟。为了能够实现这个目标，第四章首先提出了对康德的自爱概念和恶的经验表达的一种更为激进的新解释。在先验层面，自爱原则被重新解释为"纯粹的特殊性"，但这种"纯粹的特殊性"并未给自爱的经验内容预先设定任何要求。因此到了经验层面,自爱就必须被视为既是空洞和不定的,但又能自由地附着于任何质料之上,并随着情景变化而无限地变更自我概念的经验内容。随后,为了检验上述新解释的有效性,第五章到第七章又将这一解释应用于对康德的激情理论(这一理论可被视为康德本人试图把握恶在现实中的多样性的一种尝试)的个案研究,并继续追问:上述解释是否能够一方面确保一切激情所共同拥有的某些一般特质,另一方面又能显明各激情所具有的不同特质。

　　根据上述对于自爱原则与恶的经验表达的新诠释,所有激情都可以从形式规定(原则)和质料规定(对象)这两个方面来得到考察。从形式规定来看,激情起源于悖逆的自爱通过附着于某一偏好,而使该偏好敌对于实践理性"以整体来规定部分"的一般性原则。因此,激情中包含着对于实践理性的三重违背:首先,激情违背了实践理性的道德性运用,因此是恶的;其次,激情违背了实践理性的明智性运用,因此是愚蠢的;最后,激情违背了实践理性的技术性运用,因此是自我挫败的。进一步地,悖逆的自爱在不同条件下也会以不同形态来表达自身。如果一个人对于理性的运用尚未被充分地培育起来,如果他的自由任意尚未达到对于自身的充分意识,那么悖逆的自爱将会以一种最直接的方式去激起某种感性偏好,并将这种偏好转化为激情。然而,如果情况和上面所说的相反,那么悖逆的自爱将作为属于个人的一条准则,被个人的自由任意自愿地选择和遵行。

　　从激情的质料规定来看,激情的对象能够被进一步地分解为两个部分,也就是(a)"作为偏好的质料基底",和(b)"由悖逆的自爱加诸这一质料基底之上的恶的自由的无限形式"。根据康德的分类,激情的质料基底或者是源于动物性禀赋的生而具有的偏好,或者是源于人性禀赋的获得性的偏好。生而具有的偏好所指向的对象,包括性和外在自由。在个人对于自身理性的运用尚未成熟之际,他就已经可以追求这些对象了。反之,获得性的偏好所指向的对象,则包括声誉、金钱和权力。一般来说,只有当个人对于自身理性的运用已经达到成熟之后,他才会去追求这些对象。鉴于这两类激情在质料基底上的差别,加诸它们之上的"恶的自由的无限形式"的具体表达形态也不尽相同。在由生而具有的偏好所产生的激情中,"恶的自由的无限形式"主要是通过追求"无约束性"来表达自身的,亦即试图摆脱对于自由的一切限制(特别是那些来自其他自由主体的限制)。与此相对,在由获得性的偏好所产生的激情中,"恶的自由的无限形式"则主要是通过追求"全能"来表达自身的,亦即试图利用其他自由主体来达到所有的目的。然而,就如艾伦·伍德所言,这两种激情并不是绝对隔绝、互不相干的,因为"全能"和"无约束性"不仅在逻辑上能够推导出彼此,而且在现实中也常常是紧密地交缠在一起的。

此外,每种激情也以自己所独有的方式,展现出了"恶的自由的无限形式",甚至可以说,恶的经验性表达,在诸激情中呈现出了一种递进式的加深过程。因为毕竟,随着个人的自由任意逐渐达到对自身的清晰意识,"恶的自由"的自返性运动也在一步步深化。在性激情中,"恶的自由"仍旧处于与某种特殊偏好的直接同一里面。在对外在自由和对复仇的激情中,"恶的自由"刚刚开始以自返的方式指向自身,以追求"无约束性"(亦即"恶的自由"的消极一面)的方式来展现自身。在占有欲和求名欲中,"恶的自由"则转向了自身的积极一面,一方面沉溺在通过金钱和声誉来控制他人的全能幻想之中,另一方面却依然在某种程度上保留着对他人自由的承认和默许。最终,在统治欲中,"恶的自由"在对权力的狂热追求中完整地把握到了自身,并试图将他人的自由压缩到近乎消失的程度。

最有趣的是,在这两类激情中,似乎可以发现"恶的自由"返回自身的两条平行进程。在这两条平行进程的开端之处,"恶的自由"都仅仅沉溺在自由以外的质料里面(比如性、金钱和声誉),并通过无节制地追求这些质料来展现自身。然而,在这两条平行进程的末尾之处,恶的自由又都返回了自身,将自身当作了直接的欲求对象。上述这两条自返的进程,或是通过追求在野蛮的无法无天和肆无忌惮的复仇里面的"无约束性"(亦即"恶的自由"的消极一面),或是通过追求在绝对统治之中的"全能性"(亦即"恶的自由"的积极一面)来实现。于是,对于上述两条平行进程完全可以得出如下结论:通过"恶的自由"朝向自身的自返运动,激情的形式和质料,也一步步走向了最终的统一。

基于以上结论,读者完全可以对激情与自由、激情与理性之间的复杂关系展开一点更深入的思考。就激情与理性的对立而言(这一对立由悖逆的自爱加诸偏好之上),一切激情都必须被视为偏好对于理性的反抗。然而,鉴于自爱归根结底是属于人类自由和实践理性的两条基本原则之一,所以偏好对于理性的上述反抗,实际上是理性的自我分裂,或者说是理性对自身发起的内战。相较于偏好,悖逆的自爱才是隐藏在理性内部的理性真正的敌人,偏好只是居于理性之外的暴徒,只是被悖逆的自爱利用的武器而已。换言之,悖逆的自爱以偏好为武器,目的就在于分裂理性自身,对抗由理性订立的诸法则。

同样地,在激情与自由的关系之中,似乎也能发现某种类似的情况。一方面,当自爱附着在某一偏好之上时,陷入激情的主体也就自由地放任自己被这一偏好所奴役,并以这种方式放弃了自身的自由。另一方面,恰恰是通过这种自我奴役和自我放弃,主体的自由又在无限沉溺于偏好之时保存了自身。或者更确切地说,主体的自由恰恰在偏好的无限形式中保存了自身,并且反过来给予了主体某种化身为上帝的全能感。这种虚幻的全能感最终起源于偏好的败坏,但偏好自身又植根于原初的向善禀赋之中。恶在存在层面对善的这种依赖性,也最终揭示出了激情中所包含的恶与真正意义上的魔鬼之恶的关键差别。总而言之,激情与自由之间的复杂关系可以被概括为:激情既是主体自由地选择让自己受到偏好的奴役,也是主体所拥有的自由在这种奴役中的实现和彰显。

总之,"自爱对某一特殊对象的附着"虽然在本卷的开始之处仅仅作为一种假说而被提出,现在却成功地帮助研究者以一种细致而深入的方式解释了康德的激情理论,这一激情理论,恰恰代表了康德本人试图说明恶在现实中的多重表达的重要尝试。进一步地,本卷后面几章在分析激情这种现象时所获得的丰富细节和深入洞见,又反过来证成了它最初尝试性地提出的关于悖逆的自爱与恶的经验性表达的解释是可以成立的。此外,基于本卷所得出的这个一般性的结论,在这里甚至还可以进一步推论说:鉴于悖逆的自爱能够自由地附着在任何质料之上(比如各种各样的共同体和社会机构、抽象的意识形态,甚至是道德法则本身),恶在人类现实经验中的表达方式,也就可以达到无穷无尽之多。

特别需要注意的是,在某些极端情况下,悖逆的自爱甚至能让一个人认同道德法则,并促使他通过对道德法则的认同而作恶。这一看似荒谬的情况,又可以进一步划分为两种可能。

首先,悖逆的自爱可以在扭曲道德法则所包含的内容的同时,暗中篡夺道德法则的名号。具体地说,悖逆的自爱能够利用自己所随意附着和吸纳的特殊内容,来取代道德法则的普遍形式所指向的普遍内容(这一普遍的内容,就是作为实践理性之必然对象的道德之善)。以这种方式,自爱便能够把自身的特殊性,狂妄地宣称为约束着一切主体的普遍性,同时要求所有人都沦为某个人独断专行的意志的奴隶。这种情况可以称为"把特殊性加冕为普遍性"。实际上,在一切试图把某种特殊传统强加于所有人,在抵抗普遍理性检验的道德、宗教和政治意识形态中,都可以清楚地辨识出这种"极端自我中心的恶"。

其次,悖逆的自爱也可以彻底沉浸到道德法则之中,将法则的普遍性当成自己的特殊性。从表面上看,这时的自爱似乎完全弃绝了自身的特殊性,而彻底消融在纯粹普遍性之中,从而达到了某种无我无私的崇高境界。然而,这一貌似已经"自我弃绝"的自爱,仍然留下了一丝无法消除的存在痕迹。那就是,自爱将某一特殊人群拣选为唯一能够代表普遍性的审判者,或者说,拣选为至高道德在人间唯一的代表。这个特殊的人群或许在表面上的确体现出了完美无瑕的正义,但在内心最深处,他们却是极端冷酷和自负的。因为,他们否认了自己生而为人的有限性,否认了自己和普通人一样,也会有私心,也会犯错误。这群傲慢的大祭司独占了做出道德判断、执行道德裁决的至高权力,妄图和全知全善的上帝平起平坐。这种情况可以称为"特殊性对普遍性的垄断"。在各种各样原本拥有崇高愿景,最终却导致巨大恶果的道德狂热、宗教狂热和政治狂热运动中,都可以清楚地辨识出这种"貌似大公无私的恶"。

在上述两种可能的情况中,悖逆的自爱都利用了道德法则来实现和彰显自身。如果考虑到哪怕是道德法则都可能被悖逆的自爱所利用,沦为后者达到自身目的的工具,那么本卷讨论的最后完全可以得出如下结论:康德哲学所能解释的人类之恶的范围,甚至远远超过了他本人在文本中明确谈及的例子,以这种方式,康德关于恶的理论之于人类现实的强大解释力,也就通过本卷的论述而得到了坚实的证明。

第三卷
恶的最终根据

——普遍的趋恶倾向

第八章 善的原初禀赋

引言

本书的第一卷和第二卷已经分别考察了恶的单一本质和恶的多重表现,本卷将转向对于康德根本恶理论中最重要的主题,也就是对于恶的最终根据的讨论。本卷的讨论将涉及《宗教》一书中的核心概念"趋恶倾向"(Hang zum Bösen)。根据康德的论述,这一倾向败坏了人性最深层的根基,因而可以被称为是一种"根本性的"(radikale)恶(radix 的字面意思是"根部",康德之所以使用这个词,是为了表达恶在人性中所处的位置和所达到的深度)。同时,由于上述趋恶倾向在每个人的本性之中的普遍存在,康德又大胆地声称"人从本性上是恶的"(Der Mensch ist von Natur böse)(*RGV* 6:32)①。

如何理解"人从本性上是恶的"这句论断,毫无疑问对众多康德研究者来说构成了一个极为严峻的挑战,本书第三卷的主要目的,就是对于这个挑战提供一种新的回应。首先,作为理解"人从本性上是恶的"这一

---

① 《康德著作全集》第6卷,中国人民大学出版社2007年版,第31页。

命题的预备工作,本卷将先行考察《宗教》第一部分文本中的二个关键概念,亦即"善的禀赋"(Anlage zum Guten)、"趋恶倾向"和"意念"(Gesinnung)(在《宗教》一书的具体语境中,意念指的是人类个体所拥有的最高行为准则,这一最高准则是每个人采取所有具体准则的最终主观根据)。

实际上,"禀赋""趋向""意念"这三个概念,在康德笔下一般意义上的实用人类学中已经出现。一方面,作为一门"人类学",康德提出的实用人类学,致力于"按照人的类,把他作为赋有理性的地上存在者来认识";另一方面,作为一门"实用的"学科,康德提出的实用人类学,又致力于探究"人作为自由行动的存在者,使自己成为或者能够并且应当使自己成为什么的研究"(APH 7:119)①。然而,相较于一般意义上的实用人类学,《宗教》一书对于禀赋、趋向和意念这三个概念,又有一种更为特殊的使用方法,那就是使用这三个概念来研究恶的行为在本体层面的终极根据,而这一终极根据,又深藏于人类本性的至深之处。于是从这个意义上说,《宗教》一书中的根本恶理论,其实是进一步发展了《实用人类学》结尾对人类族类道德品格的讨论(参见 APH 7:321-333)②。因此,《宗教》一书的第一部分,便可以被称为一种作为一般意义上的实用人类学之特殊分支而存在的"道德人类学"。在后面这种道德人类学的语境下,禀赋、倾向、意念这三个概念所拥有的确切含义,也必须经历一场大

---

① 《康德著作全集》第7卷,中国人民大学出版社2008年版,第114页。

② 参见《康德著作全集》第7卷,中国人民大学出版社2008年版,第316—329页。在"族类的品格"这一标题下,康德讨论了三种将人区别于动物的自然禀赋,亦即技术性的禀赋、实用性的禀赋和道德性的禀赋(APH 7:322-325;《康德著作全集》第7卷,中国人民大学出版社2008年版,第317—320页)。这三种自然禀赋分别对应着实践理性的三种应用,与《宗教》中的三种自然禀赋既有所重叠,又有所不同,因为根据《宗教》的文本,仅有人性禀赋和人格性禀赋涉及理性的应用,动物性禀赋并不涉及理性的应用。在《实用人类学》中,康德对人性中某种趋恶的倾向的分析却十分接近于《宗教》:"毕竟经验也指出,在他里面有一种积极地欲求不允许的东西的倾向,尽管他知道这是不允许的,也就是说,一种对恶的倾向,这种倾向如此不可避免地、如此早地表现出来,只要人开始运用自己的自由,因此也可以被视为生而具有的,所以,人按照他可感的品格也应当被评判为(从本性上)是恶的"(ibid., 7:324;《康德著作全集》第7卷,中国人民大学出版社2008年版,第319—320页)。

规模的"重新定向"（re-orientation），从而使得它们可以被用来讨论先验自由以及恶在本体层面的终极根据。

简单地说，《宗教》第一部分中出现的人格性禀赋和趋恶倾向，可以被分别理解为"朝向道德之善的先验潜能"和"朝向道德之恶的先验潜能"，这两种潜能共同构成了人类族类的道德本质。进一步地，善的意念和恶的意念又可以被分别理解为处于人类个体之中的"现实化了的向善潜能"和"现实化了的向恶潜能"。从这个意义上说，人类自由从来都不是空洞无内容的，人类也从来不会以漠然无谓的态度站在善与恶之间。相反，人类自由永远蕴含着分别朝向善与朝向恶的两种趋向、驱动力，或者说动机。这两种趋向、驱动力，或者说动机，可以被视为是人类自由内部的潜在内容。这两种潜在内容，只能通过以下这一点被区分开：向善潜能对于人性来说是原初地构成性的，而向恶潜能则只是偶然地被嫁接在人性上面的。换言之，人类自由具有一个双层结构：一层是潜能，一层是现实，而潜能和现实又分别对应着人类族类和人类个体。从这个意义上说，人类个体其实是人类族类之潜在本质的现实表达，这又意味着，任何对于人性过于个人主义化的理解都是成问题的。

总之，基于本卷即将展开的关于人格性禀赋、趋恶倾向和意念的新解释，"人从本性上是恶的"这句论断的准确含义，也就能以下述方式得到澄清。首先，这句论断的意思并不是"每个人从逻辑上看都可能是恶的"。因为，这种逻辑可能性所提供的关于人性的信息，虽然正确但太过微不足道。实际上，在已知由一个人的"任意所采取的准则"和由他的"意志所给出的法则"之间可能出现冲突的情况下，研究者对于"每个人从逻辑上看都可能是恶的"这一命题根本不需展开进一步的论证。其次，"人从本性上是恶的"的意思，也并不是"每个人都现实地是恶的"。鉴于善良的人永远可能存在，"人人皆恶"这一指控实在太过严厉和夸张，因此也不可能为真。就如本卷将会证明的那样，"人从本性上是恶的"这句论断所拥有的模态，其实位于"逻辑可能性"（logical possibility）和"现实性"（actuality）这两者之间，是一种可以被当作"潜在性"

(potentiality)来理解的"现实的可能性"(real possibility)。具体到《宗教》一书的文本里,这种现实的可能性就是人性中的趋恶倾向。所以,"人从本性上是恶的"这句论断,实际上意味着趋恶倾向以某种普遍而必然的方式,被整个人类族类的全体成员无一例外地分享着,哪怕是这个族类之中最良善的个体,也无法彻底摆脱这一倾向的诱惑,与此同时,当某个人类个体自由地选择去表达属于人类族类的道德品格时,他的意念(或者说,他的最高准则)也就会成为一种"现实化了的趋恶倾向"。

由此可见,这里真正需要得到证明的,其实是趋恶倾向的普遍性和必然性。然而,鉴于趋恶倾向并不是原初地就属于人性的本质性建构要素,而仅仅是被自由地嫁接到人性之上的附加性要素,所以,趋恶倾向也就无法从"人之为人"的概念中被分析性地推导出来。这意味着,趋恶倾向所具有的普遍性和必然性,不可能像原初向善禀赋那样,在一种最严格的意义上得到规定和理解。事实上,就如康德本人指出的那样,证明这一趋恶倾向的初始证据,必须从实际经验中的可见恶行那里寻找,而只有找到了这些可见恶行之后,趋恶倾向才能在观察者的推理进程中被预设为这些恶行的可能性条件,或者说,被预设为这些恶行在本体层面的存在根据。简言之,对趋恶倾向所具有的普遍性和必然性的论证,必须首先获得某种初始性的经验证据的支撑。然而,这里同样需要注意的是,对于趋恶倾向的论证,又必须同时拥有一种"回溯性推理"(regressive inference)的基本结构。这一回溯性的推理,将现实中的恶行一步步追溯回它们最深层的潜在性,这一从"现实性"回溯到"潜在性"的推理结构,从性质上看则完全是先天的。最后,考虑到对于趋恶倾向的论证(这一论证在起点处需要某些初始性的经验证据,以此来触发先天回溯推理的展开)和一个真正的先验论证(这一论证全程仅仅包含着先天要素,而没有任何经验成分参与其中)之间的相同与不同,前者便可以在类比的意义上被称为一个"准-先验论证"(quasi-transcendental argument)。对于本卷的讨论更为重要的是,这一准-先验论证意欲证明的东西,仅仅是趋恶倾向所具有的"主观"(而非"客观")的普遍性和必然性,这种主观普遍性和必然性意味着：基于对人类行为的经验性观察，旁观者没有理由宣称任何一个人（哪怕是人类族类中最好的成员）能够有幸免于来自趋恶倾向的诱惑。

一方面，上述从现实经验中的可见恶行追溯回它们背后的终极潜在性的先天推理将分为三个步骤进行，这三个步骤分别是：(a) 将经验中的可见恶行追溯回恶的具体准则；(b) 将恶的具体准则追溯回恶的意念；(c) 将恶的意念追溯回趋恶倾向。在以上三个步骤中，(a)和(b)都仅仅位于人类个体层面，(c)则超越了人类个体层面而上升到了人类族类层面。另一方面，充当这一先天推理之起点的实际经验中的恶行，又可以被进一步划分进三种作恶"模式"(modi)，这就是出于人性之"脆弱"(fragilitas)的恶行、出于人心之"不纯正"(impuritas)的恶行以及出于人心之"恶劣"(perversitas)的恶行。读者将在全书的最后一章看到，脆弱、不纯正和恶劣作为趋恶倾向的三个层次(Stufen)(*RGV* 6:29)①，可以被理解为那种位于本体领域的恶的意念在进入现象领域之后，通过具体准则来彰显自身的三种"图型"(Schemata)。通过分析趋恶倾向里面的三个"层次"，或者说分析恶的意念的三种"图型"，全书最后一章亦将穷尽地考察现实经验中的可见恶行所具有的全部三种模式。

就如全书目录中所呈现的那样，本卷一共分为五章。作为对重新诠释"人从本性上是恶的"这句论断的预备和铺垫，本卷的前三章将分别展开对于善的禀赋（第八章）、趋恶倾向（第九章）和意念（第十章）这三个概念的分析。在对这三个概念的细致分析的基础上，接下来的两章将着手重构对"人从本性上是恶的"这一命题的准-先验论证，其中第十一章将致力于建立这一论证的先天推理结构，第十二章将致力于检查这一推理能够现实地展开所需要的初始性的经验证据，这种初始性的经验证据，就是出于人性之脆弱、人心之不纯正以及人心之恶劣这全部三种恶行。

①《康德著作全集》第6卷，中国人民大学出版社2007年版，第28页。

第一节　善的原初禀赋概览

作为对《宗教》一书中根本恶理论的考察的开端,让我们先来看看康德对善的原初禀赋(die ursprünglichen Anlagen zum Guten)的讨论①。根据康德的文本,善的原初禀赋可以分为三种:

1. 作为一种有生命的存在者的人所具有的动物性禀赋(die Anlage für die Thierheit)

2. 作为一种有生命同时又有理性的存在者的人所具有的人性禀赋(die Anlage für die Menschheit);

3. 作为一种有理性同时又能够负责任的存在者的人所具有的人格性禀赋(die Anlage für seine Persönlichkeit)(*RGV* 6:26)②。

康德对于三种善的禀赋的总览里面,包含着以下几个需要注意的要点。首先,善的禀赋所直接关涉的,是人的欲求能力,更具体地说,是人的自由任意所做出的行动(ibid. , 6:28)③。"任意"(Willkür)与"意志"(Wille)相对,是人的高级欲求能力的两种功能中的一种。与负责订立客观行动原则(即法则)的意志不同,任意的任务是选取主观行动原则(即准则)、将动机采纳进准则并根据动机来引发可见的行为。严格地说,意

---

① 根据伍德对康德《论人的不同种族》(Von den verschiedenen Racen der Menschen,1755)一文的讨论,康德笔下的禀赋(Anlage)概念除了在《宗教》一书中的用法之外,其实还有一个更为原初的含义:"禀赋概念属于康德的自然目的论理论,特别地,属于他的有机发展理论。一个生命体具有生长成它所是的特殊种类的事物的特定倾向(tendencies)或性情(dispositions)。当这些倾向位于特殊的器官之中,造成这些器官发展到其成熟形态时,康德就将这些倾向称为'胚芽'(germs/Keime)。当这些倾向涉及整个生命体,并且它们的发展在于获得一种建构其生命活动的基本能力时,康德将这些倾向称为'禀赋'(predispositions/Anlagen)"[Wood, A. W. , "The Evil in Human Nature," in G. E. Michalson (ed.), *Kant's Religion within the Boundaries of Mere Reason: A Critical Guide*, Cambridge: Cambridge University Press, 2014, p. 41]。
② 《康德著作全集》第 6 卷,中国人民大学出版社 2007 年版,第 24—25 页。
③ 《康德著作全集》第 6 卷,中国人民大学出版社 2007 年版,第 27 页。

志既不是自由的,亦不是不自由的(MS 6:226)①,而任意则是人的先验自由的真正居所:一方面,人的任意会受到感性冲动的影响,可能追随这些冲动而行动;另一方面,人的任意又并不受这些冲动的强制,因而可以完全自发地规定自身,由此引发行动(A 553/B 562)②。

　　人的自由任意在道德上所拥有的善恶属性,是由它所采取的准则之善恶来决定的,这些准则又引发了可以在实际经验中观察到的或善或恶的行为。直接关涉人的自由任意的三种禀赋,即动物性禀赋、人性禀赋和人格性禀赋,分别展现了自由任意所拥有的三类自然目的(RGV 6:26)③。这些禀赋作为属于任意的可感性,揭示了可被任意采纳进它的准则的动机的多样性。但禀赋并不因此就能够直接决定任意所采取的准则的"道德形式"(moral form)。或者更直白地说,这三种禀赋并不能直接规定自由任意所现实地具有的道德属性究竟是善是恶。相反,这些禀赋作为三种潜能,仅仅为任意对自身道德属性的规定,提供了三种可以在其上进行操作的"质料性基底"而已。

　　现在,上述关于三种善的禀赋的概述中的第一个要点,将自然而然地导向关于它们的第二个要点,这第二个要点就是:当谈及人的自由任意对自身道德属性的规定时,上文提到的三种禀赋并非任何一般意义上的潜能,而是三种具有确定方向的潜能,更确切地说,它们是三种朝向善的潜能。康德明确地指出:"人身上的所有这些禀赋都不仅仅(消极地)是善的(即它们与道德法则之间都没有冲突),而且都还是向(zum)善的禀赋[即它们都促进(befördern)对道德法则的遵守]"(ibid.,6:28)④。诚然,康德的道德目的论是个高度复杂的主题,无法在本书的篇幅之内得到深入的讨

---

① 《康德著作全集》第6卷,中国人民大学出版社2007年版,第233页。

② 《康德著作全集》第3卷,中国人民大学出版社2004年版,第354页。

③ 《康德著作全集》第6卷,中国人民大学出版社2007年版,第24—25页。

④ 《康德著作全集》第6卷,中国人民大学出版社2007年版,第27页。Befördern应当被翻译为"促进"而非"要求"(剑桥英译本对这个词的翻译是成问题的),由此可见,康德在这里的意思,并不是全部三种善的禀赋都以一种直接的方式"要求"对道德法则的服从,而是全部三种善的禀赋都"促进"对道德法则的服从。很明显,后一种理解更契合康德本人的道德目的论。

论。然而,为了说明为什么三种向善禀赋不仅消极地和道德法则没有冲突,而且还积极地促进对于道德法则的遵守,只需要简单地论述一下人类的道德培养这件事本身已经预设了所有三种禀赋的充分发展即可。

首先,根据康德在《实用人类学》一书中的观点,"道德化"(moralisieren)是人类族类漫长的历史进步过程中的第三个、也是最后一个阶段。"道德化"建立在"教化"(kultivieren)和"文明化"(zivilisieren)这两个阶段的基础上,而教化和文明化则主要涉及动物性禀赋和人性禀赋的发展①。动物性禀赋和人性禀赋的发展,实际上为道德的最终实现铺好了道路。其次,每一个人类个体的成长过程,实际上都复现了人类族类的发展历程。人类族类"不自觉"的发展历程,又需要在人类个体那

---

① "人由于自己的理性而被规定为与人们一起处在一个社会中,并在社会中通过艺术和科学来使自己受到教化、文明化和道德化,无论使他消极地沉溺于他称之为幸福的安逸和舒适生活的诱惑的那种动物性倾向有多大,他倒是积极地在与因他本性的粗野而附着在他身上的障碍的斗争中,使自己配得上人性"(APH 7:324-325;《康德著作全集》第7卷,中国人民大学出版社2008年版,第320页)。

"我们已在很高程度上通过艺术和科学而(得到了)教化。我们已经文明化得对各种各样的社会规矩(Artigkeit)和礼仪(Anständigkeit)不堪重负。但是,认为我们已经道德化,那还差得很远。因为道德性的理念还属于文化(Kultur);但是,对这个理念的运用——该运用仅仅导致在求名欲和外在礼仪中的类似道德的东西——只构成文明化"(Idee 8:26;《康德著作全集》第8卷,中国人民大学出版社2010年版,第33—34页)。

此外,康德在《教育学》中的一处文本中,还对人类教育进行了一种系统性的概述,这种教育以发展一个人所有的自然禀赋为目标,并包括了以下四个步骤:"1. 人必须受到训诫(diszipliniert)。训诫就是力求防止动物性给人性带来损害,无论是在个别的人身上还是在社会性的人身上。因此,训诫就纯然是对野性的驯服。2. 人必须受到教化(kultiviert)。教化包括教诲(Belehrung)和教导(Unterweisung),它造就熟巧。熟巧(Geschicklichkeit)就是拥有一种足以达成所有任意目的的能力。因此,它根本不规定任何目的,而是把它事后委诸情景。一些熟巧在所有情况下都是好的,例如读和写;另一些熟巧只是为了一些目的,例如音乐,为的是让我们招人喜爱。由于目的众多,熟巧在某种意义上是无限的。3. 人们还必须关注使人也成为明智的(klug),适应人类社会,招人喜爱,且具有影响力。这就需要某种人们称之为文明化的教化(Kultur)。为此就要求风度(Manieren)、规矩(Artigkeit)和某种明智(Klugheit),依此人能够把所有人用于自己的终极目的。它遵循的是每一个时代的可变的品味。所以,在几十年前,人们还在交往中喜爱讲究仪式(Ceremonieen)。4. 人们必须关注道德化。人应当不仅为达成各种各样的目的而是有熟巧的,而且还要获得这种意念,即他只选择好的目的。好的目的就是这样一些目的,它们以必然的方式被每个人所赞同,并且也同时能够是每个人的目的"(P 9:449-450;《康德著作全集》第9卷,中国人民大学出版社2010年版,第449—450页)。

里变成一种"自觉"的发展历程。正如康德在《道德形而上学》一书中所言，人类个体对自身的某些直接义务和间接义务，就是要去自觉自律地实现动物性和人性所指向的自然目的①。由这两种禀赋（或者说感受接受性）提供的动机需要被个人采纳进他的准则，进而引发他的可见行为。由于义务概念所涉及的准则在道德上必然是善的，所以在此完全可以说，动物性禀赋和人性禀赋为这些善的准则提供了它们所需要的"质料基底"（这里指准则中包含的目的）。总之，尽管动物性禀赋和人性禀赋并不直接以道德之善作为自身的目的，但以一种合宜的方式去发展这两种禀赋，实现这两种禀赋所指向的目的，不仅从个人层面看在道德上是善的（因而它们被当作义务来要求），而且从族类层面看也有助于对道德之善的追求②（因为它们为道德化在人类族类中的实现提供了预备条件）。

如康德所指出的那样，动物性禀赋和人性禀赋可以以"与目的相违背地（zweckwidrig）"的方式被使用，从而使得"本性粗野的恶习"（Laster

---

① 动物性禀赋所指向的自然目的，包括每个人的自我保存以及通过交配和生育来延续整个族类。与此同时，对这些自然本能的追求和满足还必须是有节制的，也就是说，这种追求和满足不应当阻碍人类从仅仅是动物性的存在者进化成真正意义上的人。根据康德的论述，涉及人的动物性（Tierheit）的义务，属于一个人对自身的完全义务，包括：(1) 不得自杀；(2) 不得以淫乐玷污自己；(3) 不得通过在使用饮品和食物中的无节制来麻醉自己（MS 6:421 - 428;《康德著作全集》第 6 卷，中国人民大学出版社 2007 年版，第 430—437 页）。

人性（Menschheit）所指向的自然目的，首先包括培养和发展自己所有的自然能力，这些自然能力能够被用于各种各样的目的。因此，关系到人性的义务首先包括：(1) 关于自身之自然完善性（Naturvollkommenheit）的义务（ibid. , 6:391 - 392;《康德著作全集》第 6 卷，中国人民大学出版社 2007 年版，第 404—405 页）。人性还同时涉及在追求自身幸福的过程中对于理性的明智性运用，幸福又可以被用于移除对道德的障碍（比如常常诱使人去犯罪的痛苦和匮乏等等）。从这个意义上说，(2) 照看自身的幸福也可以被称为是一种义务，尽管这只是一种间接的义务（ibid. , 6:388;《康德著作全集》第 6 卷，中国人民大学出版社 2007 年版，第 401 页）。

② 赫伯特·迈耶（Herbert Meyer）认为，从目的论的视角看，动物性禀赋和人性禀赋之所以是"指向善的"（zum Guten），是因为它们只有在指向人格性禀赋的时候，才可以实现自身的合目的性使用："第三种禀赋并不简单地是位于其他两种禀赋旁边的一种禀赋，而是首次给予这些禀赋以意义（Sinn），以至于唯有在以第三种禀赋为基准（Ausrichtung auf）时，前两种禀赋才能达到它们的合目的性的使用"（Meyer, H. , *Kants transzendentale Freiheitslehre*, Freiburg/München: Karl Alber, 1996, S、164）。

der Rohigkeit der Natur)和"文化的恶习"(Laster der Cultur)分别被"嫁接"(gepfropft)到这两种禀赋之上。另一方面,虽然这两种禀赋能够被败坏,但它们却不可能被完全毁灭或"根除"(vertilgen)。因此,尽管对这两种禀赋的"使用"(Gebrauch)确实可能会违背它们各自指向的自然目的,但若仅仅就其自身而言,这两种禀赋将永远作为提供向善的种子的土壤,或者说,作为善的潜能而永恒地存在着。通过向自由任意揭示出可以采纳进准则的诸动机,这两种禀赋为善的准则提供了它所需要的质料。

与此相对,和动物性禀赋或人性禀赋不同,人格性禀赋是这样一种极为特殊的禀赋,在它之上"绝对不可能嫁接任何恶的东西"(ibid.,6:26-28)①。换言之,和上面谈及的前两种禀赋不同,这第三种禀赋不可能以任何一种与其自然目的相违背的方式来被滥用。就如读者即将看到的那样,人格性禀赋不可能被恶所腐蚀的原因,恰恰在于它直接以道德之善作为自己的自然目的,而不像动物性禀赋和人性禀赋那样,以实现非-道德的善作为自己的自然目的(哪怕后面这两种禀赋对非-道德之善的追求,或者本身在道德的意义上就是善的,或者为道德之善的实现提供了预备条件)②。本章将稍后再探讨这三种善的禀赋之间的结构性差异,为了目前的论证目的,读者只需要牢牢记住以下这点就够了,那就是,这三种禀赋为自由任意现实地规定自身的道德属性提供了三种向善潜能。

最后,关于善的禀赋的概述中的第二个要点,又紧密地联系着同样值得注意的第三个要点,那就是,这三种善的禀赋,不仅为自由任意规定自身道德属性提供了三种向善潜能,而且这三种向善潜能全都是原初的潜能。具体地说,无论是人格性禀赋,还是动物性禀赋和人性禀赋,它们

---

① 《康德著作全集》第6卷,中国人民大学出版社2007年版,第24—27页。

② 对某些非-道德的目的的实现,本身在道德上就是善的,或者说是被道德所要求的,所以对这些非-道德的目的的追求,也就构成了义务。相反,对另一些非-道德目的的实现,虽然以一种间接的方式有助于道德(即pro-moral,为道德扫清了障碍或者预备了道路),但本身却并不被道德所要求,从而也就并不构成义务。

三者统统"属于人的本性的可能性"（gehören zur Möglichkeit der menschlichen Natur）。对于三种善的禀赋的原初性，康德本人给出了如下的说明：

> 我们把一个存在者的禀赋既理解为它所必须的成分（Bestandstücke, die dazu erforderlich sind），也理解为为了这样一个存在者能够存在，这些成分的结合形式（die Formen ihrer Verbindung, um ein solches Wesen zu sein）。倘若它们必然地属于这样一个存在者的可能性，它们就是原初的（ursprünglich）（ibid., 6:28）①。

根据上述这段引文，动物性禀赋、人性禀赋和人格性禀赋都是人之原初本性的必然构成成分，它们原初地就属于人之为人的基本概念。所以，无论此处考察的是人类个体的道德主体性（亦即作为实践哲学之客观方面的道德形而上学所关注的对象），还是人类族类的道德品格（亦即作为实践哲学之主观方面的道德人类学所关注的对象），研究者都必须预设被考察的对象（也就是作为个体或者族类的人）必须永远同时具备这三种原初的向善禀赋。反过来说，一旦缺失了这三种禀赋中的任何一种——无论是缺失了动物性禀赋、人性禀赋，还是人格性禀赋——被考察的对象，都将不再具备人之为人的身份和资格了。

现在，简单地总结一下本节对于三种原初的善的禀赋的概述：属于人之自由任意的三种善的禀赋，从自由任意对自身道德属性的规定这一角度来看，可以被理解为三种原初的向善潜能。作为任意的感受接受性，这三种善的禀赋揭示了可被任意采纳进准则（准则的善恶决定了任意的道德属性）的各类动机，但这三种禀赋并不直接规定准则究竟是善是恶。现在，完成了对三种善的禀赋的概述之后，下一节将分别对每一种禀赋展开更为详细的考察。

① 《康德著作全集》第6卷，中国人民大学出版社2007年版，第27页。

第二节　动物性禀赋①

康德告诉我们,动物性禀赋:

> 可以归在自然的、纯然机械性的自爱的总名目下,这样一种自爱并不要求有理性。它有三个方面:首先是保存自己本身;其次是借助性冲动繁衍自己的族类,并保存由交配产生的(子嗣);其三是与其他人联合在一起,即社会冲动(der Trieb zur Gesellschaft)(*RGV* 6:26 - 27)②。

显然,动物性禀赋完全属于自由任意的感性方面,因而它并不涉及任何对理性的运用。自由任意通过动物性禀赋而接受到的动机全都是非-道德性的,这些非道德性的动机,就是所有可以被归于"机械性的自爱"这个一般性标题之下的各种自然本能和冲动。正如本书第一、第二卷已经指出的那样,由于缺乏对于理性的运用,机械性的自爱并不应当被视为自由任意有意识地采取的准则。相反,这里最好将机械性的自爱理解为一种更为基本的自爱(亦即和道德法则相并列的,属于人类自由两大基本原则之一的自爱)在人的动物本性中的直接表达。实际上,机械性的自爱充当了自然本能和冲动的"统一性形式"(unifying form)。通过这个"统一性形式",自然本能和冲动被赋予了一种非常类似于"目的-手段"关系的目的论结构③。

---

① 严格地说,正因为缺乏理性的参与,动物性禀赋仅仅构成了生理学人类学的一个恰当主题,这种人类学只研究"大自然使人成为什么"。然而,在康德的道德人类学中——道德人类学是实用人类学的一个特殊分支,与生理学人类学截然不同的是,实用人类学研究的是"人作为自由行动的存在者使自己成为或者能够并且应当使自己成为什么"(*APH* 7:119;《康德著作全集》第7卷,中国人民大学出版社2008年版,第114页)——动物性的发展却应当被视为理性发展的预备阶段(因为理性的发展必须以人类的生存、延续和聚族而居为前提,而这三者的实现全都离不开人的动物性)。与此同时,动物性还应当被视为既能被理性使用,又能被理性误用的质料基底。对于这个主题更为全面的讨论,参见康德在《判断力批判》中关于自然为文化和道德预备了道路的论断(*KU* 5:429 - 436;《康德著作全集》第5卷,中国人民大学出版社2007年版,第446—454页)。
② 《康德著作全集》第6卷,中国人民大学出版社2007年版,第25页。
③ 从最严格的意义上说,唯有理性才能采用手段以寻求目的。因此,当本段谈及"大自然采用某种手段来寻求某种目的"时,这句描述应当仅仅在类比的意义上被理解,亦即大自然只是"类似于有理性的"(即 quasi-rational)。

　　源于动物性的诸非-道德性动机所共同指向的,是一个最为基本的自然目的,这就是人在个体和族类这两个层面的持续生存①。这一最为基本的自然目的,又可以被进一步分解为三个层次。首先,每个人都拥有对于自己生命的本能,这是一种以人类个体之保存为目的的本能。由于个体生存的基本手段包括进食、饮水、睡眠等等,所以每个人对于自己生命的本能,也就通常被表达为对于食物、水、休息等生存之必备要素的冲动。其次,每个人都还具有性冲动和母性(父性)本能。这两种动机指向人类族类通过交配和生育来延续自身这一自然目的。最后,作为社会性动物,每个人还具有一种与其他人聚集成群的动机,这仅仅是为了在个体和族类层面获得更大的生存机会②。虽然这一社会本能尚未包含理

① 或许本书的读者会在这里提出一个一般性的问题,亦即究竟是什么东西构成了"人的动物性"与"动物的动物性"之间的根本区别? 本书第一卷和第二卷的讨论已经论证了人的动物性对于理性概念具有一种原初接受性,因此准则可以从外部被嫁接到动物性之上(动物性对准则的接受,就如质料获得了形式)。现在,还可以再补充说明一下属于人的动物性的一个更为根本的特征,该特征可以为人的动物性对于理性概念的接受性奠定基础。人所有的动物性冲动,都能够被"我"的普遍表象所伴随。换言之,人对于自身动物性的意识,归根究底是一种自我意识。由于"我"的表象仅仅属于理性,所以人的动物性也就以一种原初的方式与理性紧密地连接在一起了,这一点同时也就把人的动物性和其他动物的动物性区别开来。或者说,就如康德本人所言:"人能够在其表象中具有这个'我'——这一点把他无限地提升到其他一切生活在地上的存在者之上。由此,他是一个人格,并且凭借在其可能遇到的所有变化时的意识统一性而是同一个人格,也就是说,是一个由于等级和尊严而与人们能够随意处置和支配的,诸如无理性的动物这样的事物截然不同的存在者,哪怕他还不能说出这个'我',因为他毕竟在思想中有'我':就如一切语言在用第一人称说话时都必须想到'我',尽管它们并不用一个特别的词来表达这种'我性'(Ichheit)。因为这种能力(亦即思维的能力)就是知性"(APH 7:127;《康德著作全集》第 7 卷,中国人民大学出版社 2008 年版,第119 页)(在此要特别感谢莫尔斯教授指出了这一点)。
② 正因为这种社会冲动还仅仅属于动物性禀赋,因此它应当被解释为一种指向生命之保存的自然本能。换言之,这里的社会冲动应当首先仅仅按照它的生物学功能来理解。因此,"社会的"这一修饰语在这里并不暗示任何对理性的运用,而仅仅在一个非常弱的意义上意味着"(为了更好的生存机会而)聚集在一起",就如蜜蜂和猿猴所做的那样。唯有从目的论的视角来思考的时候,这种社会冲动才能被进一步解释成给理性的培养以及比较性自爱的运作铺平了道路。然而,理性的运用和比较性自爱的运作,仅仅是动物性以一种超出自身的方式指向的目的(即"超越的目的"(transcendent ends)],却并不是动物性包含在自身之中的目的[即"内在的目的"(immanent ends)]。属于动物性的社会冲动只能被比作一颗种子,而人类社会性的充分发展则像一棵大树,后者只有在人性的形态(而不是动物性的形态)中才能得到真正的实现。

性的运用,而其他社会性的动物(例如猿猴和蜜蜂)也拥有类似的本能,但人的社会本能却承担着一种和其他动物截然不同的功能,那就是,人的社会本能为培养更高级的禀赋(即人性禀赋和人格性禀赋)预备了道路,这又是因为,唯有通过聚族而居和相互交流,每个人身上的理性才能得到唤醒和发展。

现在,列出了动物性禀赋所指向的三重自然目的之后,康德立即转向了与它们相对应的动物性的败坏中产生出来的三种违背目的的恶习①:

> 在这种禀赋之上,可以嫁接各种各样的恶习(但它们却不是以这种禀赋为根而从中自行萌生出来的)。它们可以叫作本性之粗野的恶习,并且在它们对自然目的的最高偏离中,被称为暴食、荒淫、(在与其他人的关系中的)野蛮的无法无天的牲畜般的恶习(RGV 6:26 – 27)②。

就如康德明确指出的那样,本性粗野的恶习中所包含的恶,并不源于动物性禀赋本身,而是被其他什么东西嫁接到动物性上面的。由于动物性禀赋完全属于自由任意的感性一面,所以它仅就自身而言也就在道德上是纯洁无罪的。败坏了原本无辜的动物性的那个"其他什么东西",便只能是自由任意颠倒道德法则与自爱原则之间次序的自由行动。根据康德的分析,动物性的败坏是自然本能和冲动中所包含的"手段"和"目的"关系遭到破坏的结果:自然本能和冲动一方面偏离了它们原本应当指向的自然目的,另一方面无节制地沉溺于指向这些目的的手段之中,由此形成了违背自然目的的诸恶习。

具体地讲,首先,个体保存自身的本能一旦败坏,便会开始无节制地享用食物和饮料(食物和饮料,本应仅仅被当作维持个人生存的手段来

---

① 此处的讨论其实是把动物性禀赋视为非-道德动机的一个先天根据,这一先天根据对于人之本性而言是原初地构成性的,因而也是无法被败坏的。然而,动物性自身是从这一禀赋所产生的后天效果,因而是可以被败坏的。

② 《康德著作全集》第 6 卷,中国人民大学出版社 2007 年版,第 25 页。

对待），让自己陷入暴食和酗酒的恶习，而这些恶习不仅会损害个人健康，还可能危及个人生命。其次，个体的性本能一旦败坏，他便可能会沉溺于无节制的（或者是倒错的）肉体快感，让自己陷入荒淫的恶习，而这一恶习亦将严重妨害人类族类的延续这一目的。最后，个体的社会本能一旦败坏，他便可能会直接地反对这一本能所指向的自然目的（即和其他人聚族而居），从而陷入名为"野蛮的无法无天"的恶习，这种恶习不仅将使个人与个人之间彼此敌对，亦将把人类族群驱赶向永无终止的冲突和斗争。

第三节　人性禀赋

考查完动物性禀赋以及从败坏的动物性中产生的诸恶习之后，现在再来看一看人性①禀赋。康德明白地告诉他的读者，人性禀赋：

> 可以归在虽然是自然的，但却是比较性的自爱（为此就要求有理性）的总名目下；也就是说，只有与其他人相比较，才断定自己是幸福的还是不幸的。由这种自爱产生出这样一种偏好，即在其他人的看法中为自己获得一种价值，而且最初仅仅是平等的价值，即不允许任何人对自己占有优势（RGV 6:27）②。

从上述这段引文来看，与仅仅涉及自由任意之感性一面的动物性禀赋不同，人性禀赋既涉及自由任意的感性一面，又涉及它的理性一面，不仅涉及人的感性偏好，也涉及人对自身理性的实践性运用。特别地，与为源于动物性的非-道德动机（也就是自然本能和冲动）提供了一种初级的统一性形式的机械性自爱不同，比较性的自爱为属于人性的非-道德动机提供了一种更高级的统一性形式，而后一类的非-道德动机，只有在

---

① 在现代德语中，第二种善的禀赋其实最好被称为 die Anlage für die Menschlichkeit，而不是 die Anlage für die Menschheit，因为 Menschheit 的第一重意思是"人类"，而 Menschlichkeit 的字面意思则首先是"人性"。

② 《康德著作全集》第 6 卷，中国人民大学出版社 2007 年版，第 25—26 页。

社会环境之下,借助于个人理性的培养和社会文化的发展才能够产生。那种属于机械性自爱的,类似于目的-手段关系的运作结构,是直接地由大自然配置给人类的,这种结构并不要求人类对于理性的运用。与之相反,比较性的自爱是实践理性为了自身的明智性运用和技术性运用而给予自身的一条原则。根据这条原则,一个人需要将自己所有的目的都组织进一个名为幸福的系统性整体之中,一方面为了这些目的而寻求合适的手段,另一方面则通过比较自己与他人的处境,在主体间关系中来判断自己究竟是幸福还是不幸。

康德在《奠基》和第二批判这些较早的伦理学著作中,已经多次提到了自爱概念和幸福概念。然而,相较于《奠基》和第二批判,《宗教》一书中对于自爱和幸福的讨论之所以特别值得研究者注意,是因为康德为这两个概念引入了某种比较性的维度。与对于人类个体的极端个人主义式的理解方式不同,"康德式的个人"(Kantian individual)必须总是以一种"主体间的方式"(inter-subjectively)来被理解。对于康德而言,个体的人绝不是什么"孤立的单子"(isolated monads)(这种孤立的单子拥有一个固定的自我概念,配备了一套固定的欲望和情感系统,并对其他单子保持着一种疏离的态度,仅仅在追求个人利益时,才会和其他单子发生接触)。与这些单子式的个人形成鲜明对照的是,康德式的个人拥有一种和他人的"内在关系",而不是"外在关系"。这种内在关系意味着,构成每个人的自我的经验性内容(或者说,自我的经验性规定),总是通过与他人的交往而被不断地建构着。尽管康德本人并未明言,但读者完全可以从他的文本中推断出个人之间的这种内在关系。首先,一个人的幸福概念,必然包含着"什么是对自己而言的善"的概念,而后者又必然关涉一种特定的"自我理解"。因此,一种比较性的幸福概念,也就必然预设了一种比较性的"什么是对自己而言的善"的概念,而这种比较性的"什么是对自己而言的善"的概念,又必然预设了一种比较性的自我理解。最终,这种比较性的自我理解,又只能通过对比较性自爱原则的运用,在一个主体间的领域中被建立起来。

此外，根据康德的文本，对于比较性的自爱原则的运用，不仅会导致一种比较性的幸福概念，而且还会产生出一种比较性的"自我价值"概念，后者就是康德所说的，"由这种自爱产生出这样一种偏好，即在其他人的看法中为自己获得一种价值"。实际上，幸福和自我价值分别构成了属于一个人的"自我-自我关系"（self-relation）之中的两个侧面。幸福的大小表达了"一个人如何把自身作为一个整体来感受"，自我价值的高低则表达了"一个人如何把自身作为一个整体来评价"。根据比较性自爱的原则，一个人的"自我-自我关系"中的这两个侧面，都是在一个主体间的领域里，也就是说在"自我-他者"的关系中得到规定的。一方面，对比较性的幸福和比较性的自我价值的追求，属于每个人原初的人性禀赋，因此若仅仅就其自身而言，这两种追求完全可以在道德上得到辩护。另一方面，每个人对幸福和自我价值的追求，又必然在主体间的领域里（亦即在这个人和其他人之间）造成一种巨大的张力，这种张力之所以必然会产生，基于以下原因。

正因为一个人的幸福和自我价值是以一种比较的方式被规定的，所以某个人拥有较多的幸福和较高的自我价值这一事实，必然会导致其他人只能相应地拥有较少的幸福和较低的自我价值这一后果①。这种存在于自我与他人之间的张力，不仅是比较性自爱的社会运作所无法避免的

---

① 或许会有人争辩说，如果这个世界拥有足够多的资源来满足每个人的欲望，那么一个人就不必和其他人的竞争，不必以削减其他人的利益为代价，来增进他自己的幸福或自我价值了。然而遗憾的是，即使在拥有取之不尽、用之不竭的资源的人间乐园中，人与人之间的竞争也永远不会停止。因为，在这个想象的乐园中，只要一个人的幸福和自我价值依旧是比较性地被规定的，这两者就将依旧以削减他人利益为代价才能得到增进，而这正是"比较性"一词在这里的含义。

总之，比较性的幸福和自我价值的大小高低，永远不会根据客观资源的总量而被绝对地规定，总是在主体间的关系中被相对地规定着。根据康德的思路，在此还可以推论说，解决上述悲剧性的人类处境的唯一办法，就是道德意义上的皈依，亦即在最高准则中将道德法则置于自爱原则之上，使前者成为自由任意的最高规定根据，同时通过义务的要求来限制一个人对于比较性的幸福和自我价值的追求。这要求人一方面将自身的最终价值置于每个人都拥有的绝对尊严以及向着神圣性的无限进步之中，另一方面则将自身对终极幸福的希望归于至善之中（至善唯有通过上帝的帮助才能实现）。

产物,而且注定会在每个人心中唤起强烈的恐惧和焦虑,使他担忧同伴们会在幸福和自我价值方面获得一种不平等的份额,由此损害到他本人的利益。因此,这种自我与他人之间的张力,也就自然而然地倾向于把一个人置于和其他人相对立的位置上。这又意味着,比较性的自爱其实本质上是一种"竞争性的自爱"。起初,由这种竞争性的自爱所规定的人与人之间的紧张关系,仅仅被我们刚刚讨论过的恐惧和焦虑驱动着,也仅仅以确保每个人在幸福和自我价值上的平等份额为目标。然而,这种紧迫的竞争很快就会偏离它的最初目标,转而追求在幸福和自我价值方面获得超出于他人的优越地位。然而,当起初仅仅为了确保平等性的斗争,逐渐蜕变成一种对于优越性的诉求时,一个人对于比较性的幸福和自我价值的追求,也就无法在道德上继续得到辩护。在《宗教》一书的文本中,康德本人是这样描述上述这一从"自我保全"到"压制他人"的关键转变的:

> 由这种自爱产生出这样一种偏好,即在其他人的看法中为自己获得一种价值,而且最初仅仅是平等的价值,即不允许任何人对自己占有优势,被一种其他人或许会追求这种优势的持续担忧(beständigen Besorgnis)所缚,最终由此产生出一种不正当的欲求,欲为自身获得超出其他人的优势。——在这上面,即在妒忌(Eifersucht)和竞争(Nebenbuhlerei)之上,可以嫁接针对所有被我们视为异己之人的隐秘和公开的敌意的最大恶习(RGV 6:27)①。

根据康德的描述,"在其他人的看法中为自己获得一种价值"的偏好,最初仅仅以一种"平等的价值"作为自己的目标。由于这种偏好是从比较性的自爱中自然而然地产生出来的,所以完全可以说它属于原初的人性禀赋。此外,鉴于对"其他人或许会追求(相对于我们)的优势"这一担忧,是与上述偏好紧密地联系在一起的,所以这种担忧同样也是基于原初的人性禀赋的。在这里,如果考虑到康德的微妙措辞(亦即"在这上

---

① 《康德著作全集》第 6 卷,中国人民大学出版社 2007 年版,第 26 页。

面,即在妒忌和竞争之上,可以嫁接……最大的恶习"),那么可以说——作为被担忧和恐惧所驱使的竞争性关系的两种直接表达,妒忌和竞争依旧可以被视为是原初人性禀赋的自然产物。换言之,在"妒忌-竞争"和"最大的恶习"之间,实际上存在着一条明确的分界线。一方面,妒忌和竞争就像驱使着它们的担忧和恐惧一样,仅仅属于原初的人性禀赋,仅仅是比较性自爱的产物,因此这两者不仅在道德上是无罪的,而且甚至是"指向善的"(zum Guten)(亦即可以促成善的实现)。另一方面,那些在道德上无疑是恶的"最大的恶习",完全是从别处被"嫁接"到妒忌和竞争之上的,就如康德本人明确声称的那样,"这些恶习本来毕竟不是以本性为其根而自行从中萌生出来的,而是这样一些偏好,当面对其他人令人担忧地谋求着一种为我们所憎恶的对我们的优势时,为了安全起见而自行为自己获得这种对其他人的优势来作为预防的手段"(ibid.，6：27)①。换言之,这些恶习虽然的确是被担忧和恐惧所触发的,最初也仅仅以自我保全作为自身的目的,但却以某种隐秘的方式跨越了道德的界限,开始追求某种超出他人之上的优越地位。

妒忌和竞争这两者所拥有的矛盾地位(虽然这两者就其自身而言在道德上是无罪的,但同时它们又充当了恶可以由此被"嫁接"进来的某种脆弱空隙)被康德以如下方式清晰地描述了出来:"大自然只不过是要把一个这样的竞争性(Wetteifers)(它本身并不排除互爱)的理念当作促进文化的动力来利用罢了。因此,嫁接在这种偏好之上的恶习,也可以叫做文化的恶习"(ibid.，6：27)②。简单地说,竞争仅仅是促进人类文化发展的动力,因此它不但本身绝不是恶的,而且还能够和人与人之间的互爱共存。换句话说,人能够既与他人竞争,又对他人提供关怀和帮助。这种主体间关系中的矛盾性(我们既畏惧我们的同胞,又渴望我们的同胞)则源于人类本性的原初构成,因此仅仅就其自身而言在道德上并没

---

① 《康德著作全集》第6卷,中国人民大学出版社2007年版,第26页。
② 《康德著作全集》第6卷,中国人民大学出版社2007年版,第26页。

有任何可谴责之处。然而,同样应当引起读者注意的是,上述这种矛盾性同样即便仅仅就自身而言,也已经构成了人类的一项巨大弱点,或者说,构成了道德之恶可以利用的脆弱空隙,通过这个脆弱的空隙,恶能够被嫁接到每个人原本纯洁无罪的本性中去。

本书附录所收录的文章将更深入地讨论文化的恶习,根据康德的论述,这些恶习源于人性的败坏,"在它们的恶劣性的最高程度中"称为"魔鬼般的恶习"(ibid., 6:27)①。为了本章有限的论证目的,此处仅仅需要强调一下康德笔下三种魔鬼般的恶习,亦即嫉妒成性(Neide)、忘恩负义(Undankarkeit)、幸灾乐祸(Schadenfreude)都以比较性的自爱作为其根据,因此就绝不是基于"为恶而恶"的原则。同时,比较性的自爱作为源于人性禀赋的所有非-道德动机的统一性形式,就其自身而言也并不是恶的。相反,恶仅仅通过自由任意颠倒自爱和道德之间次序的行动,被嫁接到了比较性的自爱之上。这种嫁接败坏了原本纯洁无罪的比较性的自爱,并导致了文化恶习的出现。

简单地考察完魔鬼般的恶习之后,现在再来分析一下一个与人性的败坏紧密相关的概念,这就是"非社会的社会性"(ungesellige Geselligkeit)。康德在《关于一种世界公民观点的普遍历史的理念》(1784)这篇论文中给出了如下论述:根据对人类历史的目的论解读,"非社会的社会性"是大自然母亲手中的工具,她利用这种工具将人类驱赶出懒散和安逸的状态,发展人类的全部自然禀赋,并且推动人类文明的进步,人类进步的最终阶段,就是先前提到过的道德化。

在《理念》一文中,康德是这样描述"非社会的社会性"的:

> 自然用来实现其所有禀赋之发展的手段,就是这些禀赋在社会中的对立,只要这种对立毕竟最终成为一种其合乎法则的秩序的原因。在这里,我把这种对立理解为人们的非社会的社会性,也就是说,人们进入社会的倾向,但这种倾向却与不断威胁要与分裂这个

---

① 《康德著作全集》第6卷,中国人民大学出版社2007年版,第26页。

社会的一种彻底的对抗结合在一起。对此的禀赋显然蕴含在人性之中。人有一种使自己社会化（vergesellschaften）的偏好，因为他在这样一种状态中更多地感到自己是人，也就是说，感到自己的自然禀赋的发展。但是，他也有一种使自己个别化（孤立化）[vereinzelnen(isolieren)]的强烈倾向，因为他在自身中也发现了非社会的属性，亦即想仅仅按照自己的心意处置一切，并且因此而到处遇到对抗，就像他从自身得知，他在自己这方面偏好于对抗别人一样。正是这种对抗唤醒人的一切力量，促使他克服自己的懒惰倾向，并且在求名欲、统治欲和占有欲的推动下，在他的那些他无法忍受，但也不能离开的同伴中为自己赢得一席之地……人想要和睦一致；但自然更知道什么对人的类有益：它想要不和……对此的自然动机——即从中产生了如此之多的灾祸的非社会性和彻底对抗的源泉，但该源泉毕竟也又促使人重新鼓足干劲，从而促使人更多地发展自然禀赋——因而显露出一位睿智的创造者的安排（*Idee* 8：20 - 22）①。

在这段引文中，"非社会的社会性"所具有的道德属性多少有些模糊。一方面，由于"非社会的社会性"是大自然用以发展人的一切禀赋的工具，又由于它植根于人性本身，因此"非社会的社会性"似乎只是原初人性禀赋的自然产物，这种自然产物在人类历史中通过嫉妒和竞争得到了表达。在这个意义上，"非社会的社会性"似乎不仅在道德上是无罪的，而且还在大自然的预定下指向了一个善的目标。另一方面，由于"非社会的社会性"涉及"仅仅按照自己的心意处置一切"，同时又由于它能够产生求名欲、统治欲和占有欲，所以"非社会的社会性"似乎在道德上是恶的，因此更接近于败坏形态下的人性。值得注意的是，康德在这段引文中同时使用了"禀赋"（Anlage）和"倾向"（Hang）这两个词来描述"非社会的社会性"，但他并未明确区分这两个概念的道德属性，并未将前者标定为善，将后者标定为恶。

然而，当读者离开《理念》一文而来到《宗教》一书，会发现康德似乎

---

① 《康德著作全集》第 8 卷，中国人民大学出版社 2010 年版，第 27—29 页。

再次谈到了某种类似于"非社会的社会性"的东西①,但却采用了一种略有不同的语调:

> 无须通过粗野本性的刺激,那本来就应该如此称谓的激情在他心中就活跃起来了,这些激情在他原初善的禀赋中造成了如此大的破坏。他的需求仅仅是很小的,他在为这些需求而操心时的心态,是有节制的和平静的。只有当他担心其他人可能会认为他可怜,并且在这方面蔑视他时,他才是可怜的(或者自认为可怜)。当他处在人们中间时,妒忌、统治欲、占有欲以及与此相联系的怀有敌意的偏好,马上冲击着他那自身知足的本性。甚至没有必要假定这些人已经堕入恶,假定他们为教唆的榜样。他们在这里,他们包围着他,他们都是人——这就足以在他们的道德禀赋中彼此败坏,并且使彼此变为恶的了(*RGV* 6:93 - 94)②。

在这段引文中,康德将恶的社会维度与比较性的自爱以及一个人面对他人时的担忧、恐惧、焦虑等等不安的情绪联系了起来。就如前文已经论证过的那样,比较性的自爱属于原初的人性禀赋,就其自身而言在道德上并不是恶的。相反,比较性的自爱仅仅在主体间的领域里引发了一种不安的情绪,后者为恶的爆发提供了必要条件。同时,这种不安的情绪仅仅将一个人驱赶向与他人的竞争,但它本身远不能算作是恶的。真正能算作是恶的,包括诸激情(妒忌、统治欲、占有欲)以及与之相连的怀有敌意的偏好,这些东西都是从其他地方被嫁接到人性之上,从而败坏了人性的。一方面,《宗教》中的这段引文和《理念》中的引文的相似之

---

① 然而读者同样应当注意到这两部作品在语境上发生的变化。《理念》属于康德对人类历史的目的论解释,因此其中关于"非社会的社会性"的讨论首先是描述性的,而且从目的论的视角来看,上述趋向于对抗的倾向在人类文明的发展中亦扮演着不可或缺的正面角色。相反,《宗教》却属于康德的道德人类学,因此,当类似"非社会的社会性"的概念再次出现时,它也应当被置于下述大前提之下,亦即人是自由的,整个人类族类具有或善或恶的统一品格,这种品格是他们自身自由的产物。简单地说,《宗教》一书试图从道德人类学(亦即族类层面的人类自由)这一特殊的视角去处理的问题,是"非社会的社会性"所具有的道德属性,而不是它对人类文明的发展所做的贡献。

② 《康德著作全集》第 6 卷,中国人民大学出版社 2007 年版,第 93 页。

处非常明显，足以证明康德在《宗教》一书中试图重新讨论"非社会的社会性"这一主题。另一方面，与《理念》不同的是，康德在《宗教》中十分明确地区分开了"善的原初禀赋"和"激情与怀有恶意的偏好"，并将"非社会的社会性"作为恶在社会层面的表达归于了败坏之后的人性。

根据本书作者的解读，鉴于《理念》(1784)一文的出版远远早于《宗教》一书，在前者之中康德对恶的思考远未达到成熟，因此，读者并不需要坚持认为康德在《宗教》与《理念》中对恶所持有的观点在最严格的意义上是一致的。具体地讲，读者并不是必须得将《理念》中的"非社会的社会性"看作属于败坏的、非原初无罪的人性。然而，读者也并不是必须得认定康德关于恶的理论经历了激烈的转变，以至于他在《理念》中将"非社会的社会性"归于清白的人性，而在《宗教》一书中又将其归于败坏后的人性。

在这里其实可以采取一种中间立场，这种中间立场能够同时解释康德在《理念》与《宗教》中对"非社会的社会性"的描述。简单地说，"非社会的社会性"同时基于清白的人性和有罪的人性，它不仅涉及原初的人性禀赋和比较性的自爱本身，同时也涉及想要仅仅按照自己的心意去处置一切东西的倾向，以及作为这种倾向之产物的各种恶习。总之，"非社会的社会性"是一个双层复合体，它同时表达了清白的人性自身和附着在这种人性之上的邪恶嫁接物。上述中间立场也可以很容易地解释：为什么"非社会的社会性"是"社会的"和"非社会的"这两种倾向的纠缠与结合，既具有好的方面，也具有坏的方面①。

在本节讨论的最后，读者还需要注意的是，"非社会的社会性"主要涉及恶在主体间维度中的表现，它是人性的附加物，侵犯到了一个人对他人

---

① "和他人相敌对的倾向"和"针对他人的恶习"是两样不同的东西。只有后者才是严格意义的道德之恶，因为它们涉及自由任意对准则的确立和将动机采纳进准则的行为(也就是涉及个人的自由选择)。与之相对，前者仅仅是指向恶的潜能，仅仅提供了可供自由任意选择的动机，但尚未达到严格意义上的道德之恶的程度。诚然，在《理念》和《宗教》两本著作关于"非社会的社会性"的讨论中，"倾向/动机 VS 恶习/准则"的这一区分似乎并不是十分清晰，而且前者似乎轻易地就导向了后者。然而，为了更确切地规定两者的道德属性和主体为它们承担的不同的责任，康德研究者仍旧需要关注"仅仅属于人类族类本性的倾向(动机)"和"涉及个人自由选择的恶习(准则)"之间的关键区别。

的义务。这意味着"非社会的社会性"并不能覆盖人类现实生活中所有的恶习,比如那些侵犯到一个人对自身义务的恶习(例如贪食和嗜酒)。换言之,尽管"非社会的社会性"的确可以被合理地视为恶在人类生存中最明显的表现,但它的重要性绝不应当被过分高估。否则,就如本书第一卷已经论证过的那样,研究者将错误地把一般意义上的自爱原则并入该原则的某种特殊表达,亦即将一般意义上的自爱原则还原到(或者说压缩到)比较性的自爱之中。在那种情况下,康德研究者将不仅无法充分说明恶在现实中极端多样的表现形态,同时也会低估人之本性的败坏的深度和广度。

第四节　人格性禀赋

本章的最后一节将转向对于第三种(同时也是最重要的一种)善的禀赋,亦即人格性禀赋的讨论。在正式切入《宗教》一书对人格性禀赋的描述之前,还需要先来看一看《道德形而上学》中的一处重要文本。在这处文本中,康德使用了与《宗教》一书形容人格性的禀赋极为相似的词句,来描述"心灵对于一般义务概念的感受性之感性先行概念"(Ästhetische Vorbegriffe der Empfänglichkeit des Gemüts für Pflichtbegriffe überhaupt)①②:

　　正是这样一些道德性状,如果人们不具有它们,也就不可能有

----

① 剑桥英译本对这个标题的翻译(即"Concepts of What is Presupposed on the Part of Feeling by the Mind's Receptivity to Concepts of Duty as such")是值得商榷的[参见 Kant, I., *Practical Philosophy*, M. J. Gregor (trans.), New York: Cambridge University Press, 1996, p. 528]。一种更贴近字面的翻译应当是"Aesthetic Pre-concepts of the Mind's Receptivity to Concepts of Duties in General"。*Vorbegriffe* 在这里指向的东西还未达到理性概念的层次,这种东西仅仅表现了感性对于理性概念的开放性,根据康德,这种属于感性的开放性对于人性而言是原初构成性的,它为人类感性能够被理性影响,提供了在感性这方面的可能性条件。根据本章的后续解读,Vorbegriffe 还可以被进一步解读为存在于人类感性和理性之间的"原初和谐"中的感性一面。

② 这里将康德对于人格性禀赋的讨论联系到他在《道德形而上学》中对于道德情感的讨论,而不是联系到他在第二批判中对于理性的事实的讨论。这样做的理由在于,当康德描述人格性禀赋时,他使用的是 Empfänglichkeit、Triebfeder 和 moralische Gefühl。很明显,这些词指向的都是人的感性,而不是人的理性。因此,尽管自由任意被道德法则所唤醒,　(转下页)

义务使自己拥有它们。——它们是道德情感（moralische Gefühl）、良知（Gewissen）、对邻人的爱（Liebe des Nächsten）和对自己的敬重（Achtung für sich selbst）（自重），并不存在拥有它们的责任；因为它们是作为对义务概念的感受性的主观条件，而不是作为客观条件为道德奠定基础的。它们全都是感性的，而且是先行的（vorhergehende）、自然的心灵禀赋［Gemütsanlagen（praedispositio）］，即可以被义务概念所激发（affiziert）；拥有这些禀赋，并不能被看作义务，相反，它们是每个人都具有的，而且凭借它们，每个人都可以被赋予义务。——对它们的意识并不具有经验性的起源，而只能作为道德法则对心灵的作用，跟随着对一条道德法则的意识而来（MS 6：399）①。

就本章的论证目的而言，此处并不需要逐一讨论全部四种感性的先行概念，而只需要聚焦于它们作为自然的心灵禀赋的共同特征，亦即它们全都被预设为存在于人的感性一面中，使一个人的感性能够被义务概念所影响。就如康德明确指出的那样，这些感性的先行概念属于人的感性所具有的道德性状，这些道德性状不仅早在一个人"被置于义务之下"之前就已经存在了，同时又充当了他对义务概念的接受性的主观条件。

现在就以敬重感（或者说道德情感）为例来进一步澄清康德的意思。很明显，在康德对于道德情感的描述中，"道德的客观条件"指的是纯粹的实践理性本身，以及由它所订立的道德法则，这两者毫无疑问地属于人类存在的理性一面。然而，鉴于人作为有限理性存在者还同时具有感性的一面，所以人的感性也就必须拥有一种对于道德法则以及对于通过道德法则得到规定的义务的接受性，由此，人才能感受到道德法则的召

（接上页）并由此产生道德动机的能力，和纯粹意志唤起这同一个动机的能力，实际上是同一枚硬币的两个侧面，但此处的讨论最好还是依从康德本人的术语，在对人格性禀赋的分析中聚焦于高级欲求能力中的感性侧面，而不是其理性侧面。然而，就如下文马上要展示的那样，在人格性禀赋和道德情感之间依旧存在着一种微妙的区别，因此前者无法被彻底地划归到后者之中。

① 《康德著作全集》第6卷，中国人民大学出版社2007年版，第411页。

唤,才能够被义务概念驱动着去行动。这就是道德在像人这样的有限理性存在者之中得以现实化的主观根据。换句话说,对于人而言,道德的现实化进程总是需要预设,在他的理性一面和感性一面之间存在着一种"原初的和谐"(original harmony)。一方面,纯粹实践理性必须能够唤醒人对于道德法则的敬重,也就是说,它必须能够在他的感性之中产生一种特殊的情感。另一方面,人的感性又必须能够被理性概念所唤醒,从而给出上述敬重感。以上两种基于不同视角的描述,实际上是同一枚硬币(亦即感性和理性之间的"原初和谐")的两个侧面。这一原初和谐中的理性一面,在第二批判中题为"纯粹实践理性的事实"和"道德动机(敬重感)"的文本中得到了细致的讨论,而这一原初和谐中的感性一面,又在《道德形而上学》中属于"我们的感性受到义务概念影响的自然禀赋"这一部分得到了进一步的分析。

在写作《宗教》一书时,康德实际上使用了与《道德形而上学》中论述道德情感几乎完全一样的词句(除了一个十分微妙却又极其关键的差别)来描述人格性禀赋:

> 人格性禀赋是一种对道德法则的敬重[作为任意的一个自身充分(für sich hinreichenden)的动机]的感受性。对我们之中的道德法则的纯然敬重的感受性就是道德情感,它自身还没有构成自然禀赋的一个目的,而是仅仅当它是任意的动机时,才构成自然禀赋的一个目的。现在,由于这仅仅通过自由任意把它纳入自己的准则才成为可能的,所以,这样一种任意的属性就是善的品格;善的品格就如一般而言自由任意的每种品格一样,都是某种只能获得的(erworben)东西。但尽管如此,为了它的可能性,一种禀赋就必须在我们的本性之中在场(vorhanden),在这种禀赋之上,绝对不可能嫁接任何恶的东西。不能把道德法则的单独的理念,连同与之不可分割的敬重,确切地称作一种人格性的禀赋;它就是人格性本身(完全理知地被看待的人性的理念)。但是,我们把这种敬重作为动机

纳入自己的准则——其主观根据似乎是人格性的一种附加物（Zusatz），因而似乎值得被称作一种为了人格性（zum Behuf derselben）的禀赋（*RGV* 6:27 - 28）[①]。

诚然，人格性禀赋若仅仅就其内容而言，其实非常接近于那种对于敬重情感的原初感受性。然而，在这种感受性的基础之上，人格性禀赋似乎还增加了一些新的东西，更确切地说，是增加了将敬重作为自身充分的动机而采纳进准则的可能性。换言之，与仅仅关系到自由任意之被动一面的道德情感不同，人格性禀赋同时关系到自由任意的被动一面和主动一面。人格性禀赋不但包括自由任意"被动地"感受到敬重的那一种原初潜能，同时也包括自由任意"主动地"将这一敬重情感作为自身充分的动机而纳入行为准则的另一种原初潜能。

于是以这种方式，读者便可以很容易地理解康德的下述论断："对我们之中的道德法则的纯然敬重的感受性就是道德情感，它自身还没有构成自然禀赋的一个目的，而是仅仅当它是任意的动机时，才构成自然禀赋的一个目的"。很明显，人格性禀赋的自然目的就是人格性本身，亦即"完全理知地被看待的人性的理念"。为了实现这一自然目的，人的自由任意必须不仅能够感受到对于道德法则的敬重，同时还必须能够将这一敬重作为自身充分的动机而采纳进行为准则，由此选择善的准则并获得善的品格。然而，早在人格性得以被真正地实现出来之前，人格性禀赋就必须作为这一实现行动的主观根据，而被预设为已经属于一个人的自由任意了。进一步地，这一主观根据必须不仅可以使这个人的自由任意

[①] 《康德著作全集》第 6 卷，中国人民大学出版社 2007 年版，第 26—27 页。根据康德的观点，人格性在人的整个生存中占据着一种最为重要的位置。人格性将人在感性世界中受到经验规定的存在，提升到了一种完全不同的存在秩序之中，并给出了人应当绝对无条件地追求的最高使命。在一个人的人格中的人性是神圣的，而人格性的理念则是崇高的，它们唤起敬重，打压自负（*KpV* 5:87；《康德著作全集》第 5 卷，中国人民大学出版社 2007 年版，第 93—94 页）。此外，在万物的等级次序中，人格性也给予了人至高的价值（也就是尊严），使得他有资格成为目的本身，因此人任何时候都不能仅仅被当作手段来利用，而必须同时被当作目的本身来尊重（*GMS* 4:428；《康德著作全集》第 4 卷，中国人民大学出版社 2005 年版，第 435—436 页）。

能够"被动地"感受到对于道德法则的敬重,而且还可以使他的自由任意能够"主动地"将敬重当作自身充分的动机而纳入准则。

存在于自由任意的"被动潜能"和"主动潜能"之间的这一微妙差异,则构成了人格性禀赋区别于其他两种禀赋的独特属性。一方面,由于其被动潜能的存在,自由任意能够感受到对于道德法则的敬重。这种敬重可以被称为道德动机,而这一道德动机与基于人性禀赋和动物性禀赋的非-道德动机一起,为自由任意的"赋形行动"(formatting act)提供了基本的"质料"。自由任意或是将非-道德动机置于道德动机之上,由此建立起恶的准则并获得恶的品格,或是将道德动机置于非-道德动机之上,由此建立起善的准则并获得善的品格。无论自由任意对这两类动机是如何进行排序的,它总是与三种善的原初禀赋发生着关联,因为,这三种禀赋都是自由任意的赋形行动所依赖的质料基底,基于这三种禀赋的两大类动机(道德的和非-道德的),都充当了被动地承受自由任意的排序行动的质料。所以,当人格性禀赋仅就它的被动一面而被考察时,这种禀赋就和人性禀赋或动物性禀赋并没有本质差别。

另一方面,当人格性禀赋就其主动的一面而被考察时,亦即当它被视为自由任意主动地将敬重感作为自身充分的动机而采纳进行为准则的一种能力时,该禀赋就必须被视为位于超越了其他两种禀赋的一个更高的层次上。人格性禀赋不仅提供了被自由任意被动地排序的道德动机,而且还使自由任意能够主动地对两类异质的动机进行排序。这就是说,人格性禀赋不仅充当了自由任意之"赋形行动"的质料基底,同时也是指向这一"赋形行动"自身的潜能。而更重要的是,人格性禀赋的主动一面并不是随便地以这种或那种方式,随心所欲地对动机进行排序的"一般潜能",而仅仅是以正确的方式对动机进行排序(亦即将道德动机置于非-道德动机之上)的"特殊潜能"。简言之,人格性禀赋并不是自由任意获得或善或恶的道德品格的"一般潜能",而仅仅是自由任意获得善的品格的"特殊潜能"。

以类似的方式,研究者们也可以从两个层面来重新考察一个人对于道德法则的敬重情感。首先,敬重源于自由任意对道德法则的感性接受性。作为被法则的表象所唤起的情感,敬重就是道德动机,并且应当和基于人性禀赋和动物性禀赋的非-道德动机一起,被置于同一平面上一视同仁地看待。所有这些动机(无论它们是道德的,还是非-道德的)都仅仅被动地等待着被自由任意采纳进准则,并且在采纳的同时被自由任意所排序。从这个意义上说,上述这些动机可以统统被称为等待着被自由任意"赋形"(formatting)的"低阶质料性动机"(lower-order material incentives)。其次,敬重还可以被理解为促使自由任意以正确的方式对道德动机和非-道德动机进行排序的动机。从这个意义上看,敬重就必须被置于一个超越了上述所有道德动机和非-道德动机的更高的层面上,从而被视为一种把对两类"低阶质料性动机"进行正确排序作为自身目标的"高阶形式性动机"(higher-order formal incentive)。

现在,借助对人格性禀赋和敬重感的全新解释,读者便可以更深刻地理解康德为什么会声称,在人格性禀赋上绝不可能嫁接任何恶的东西(RGV 6:27)[1]。诚然,当人格性禀赋仅仅就其被动的一面而被考察时,它与另外两种禀赋并不存在本质性的差别。从这个意义上说,人格性就和人性或动物性一样可以被败坏。比如说一个人可以在全力追求德性的同时,将自身的道德完善性夸大到如下程度,以至于他暗中把自己幻想成了纯洁无瑕的圣徒,甚至在幻想中把自己加冕为至高的上帝在人间唯一的代言人。在这种情况下,对道德法则的敬重——这种敬重本应仅仅献给道德法则本身——被非法地献给了属于这个人的"亲爱的自我"。在这种在各种宗教狂热中都屡见不鲜的现象中,被非法地献给"亲爱的自我"的敬重感也同时遭到了严重的败坏,因为,此时的敬重感已经沦为一件服务于被置于道德法则之上的"悖逆的自爱"的工具了。由此可见,人格性禀赋中的被动一面(亦即敬重感的质料基底)和另外两种禀赋一样,同样能被一个人自由地扭曲和滥用。

---

[1] 《康德著作全集》第 6 卷,中国人民大学出版社 2007 年版,第 26 页。

然而，和其被动的一面截然不同的是，人格性禀赋的主动一面绝对无法遭到败坏。事实上，当人格性禀赋就其主动的一面而被考察时，它应当被看作是提供了一种高阶形式性的动机，这种高阶形式性动机以对两类低阶质料性动机的正确排序——也就是以建立善的准则和获得善的品格为目标。很明显，在这种积极的向善潜能之上嫁接任何恶的东西，都是一件自相矛盾，因而绝对不可能完成的行动。甚至于在道德动机被放在了非-道德动机之下，以及自由任意已经建立起了恶的准则并且获得了恶的品格的情况下，自由任意主动地对两类低阶质料性动机进行正确的排序，从而建立善的准则和获得善的品格的原初潜能，也仅仅在自身现实化的过程中受到了严重的阻挠，却绝对没有因此遭到扭曲、滥用或者败坏。

小结

本章的结尾将简单地回顾一下对三种善的原初禀赋的讨论。首先，这三种禀赋都属于整个人类族类，而并不仅仅被局限在某一数量的人类个体之中。相反，每一个人类个体，正因为他是人类族类的成员，也就都被赋予了上述三种善的原初禀赋。这又意味着，那些缺少了这三种禀赋中的任意一种的个人，也就同时被剥夺了作为人的身份和资格。因此，与那些对于人性极端个人主义的解释不同，每个人类个体都应当被理解为是普遍人性（这种人性被族类中的每个成员所分享）的一个例子或者表达。

其次，这三种善的原初禀赋仅仅是指向善的潜能，而不是现实的善。唯有通过个体的自由任意对不同动机进行正确的排序，这三种属于人类族类的向善潜能，才能在个人所拥有的善的准则和善的品格中被现实化。简单地说，向善潜能属于人类族类的层面，它们的现实化则通过自由任意的行动，而进入了人类个体的层面①。

———————————

① 如果康德本人（或者任何一个康德主义者）愿意在某种意义上接受"人被造时是善的"这一宗教式的论断的话，那么在他们的理解中，刚刚被造的人并不是在任何现实的意义上就已经是善的，而是仅仅被赋予了向善的潜能而已。至于人是否能够在现实的意义上成为善的，则依旧取决于每个人的自由选择，也就是取决于他是否愿意自由地去实现上述向善潜能。

第三,善的原初禀赋不能被理解为(1)从观察中概括出来的属于人类族类的经验特征,而应当被理解为(2)属于人之为人的概念的先验构成要素。(1)仅仅具有"归纳的一般性"(inductive generality),仅仅属于经验人类学的讨论领域,而(2)则具有先天的普遍性和必然性,因此属于道德人类学的讨论领域。正如时间-空间和纯粹范畴是构成"理论性经验"(theoretical experience)中的时空对象的先验可能性条件一样,三种善的禀赋则是构成"实践性经验"(practical experience)中的某类特殊对象(亦即体现了善的品格的善的具体准则和行为)的先验可能性条件。

然而,第一批判中的时间-空间-纯粹知性范畴和《宗教》一书中的三种善的禀赋之间,却存在着两个关键差异。第一,时间和空间是对时空对象的先验建构所需要的感性形式,纯粹范畴是这种建构所需要的理知形式。相反,三种善的禀赋则是构成善的具体准则和行为的感性形式和理知形式的结合,因为,这些禀赋既涉及自由任意的感性侧面,也涉及它的理性侧面。第二,时间和空间是建构时空对象的被动性条件[①],而纯粹范畴则是建构时空对象的主动性条件。相反,三种善的禀赋则是建构善的具体准则和行为的被动性条件和主动性条件的结合。总之,在理论认识领域里感性和理性、被动性和主动性之间的间隔,在实践活动领域里似乎以下述方式被架通了:自由任意在自身之中同时包括了感性和理性、被动性和主动性这两个方面,并完全从自身之中创造出了自己的对象(这些对象就是它的具体准则和行为)。

诚然,所有基于上述三种善的禀赋的动机(无论这些动机是道德的,还是非-道德的)都可以在心理层面被现实地体验到,从而为经验人类学提供了诸多研究对象。然而,这两类动机和三种善的禀赋之间的关系,却是后天质料和先天基底之间的关系。在《宗教》一书中,康德的讨论重

---

① 唯有在与纯粹范畴(这种相对而言是"主动"的条件)的对比之中,时间和空间才能被视为是"被动"的条件。然而,若仅仅就其自身而言,起码时间已经被一种安排着先天杂多的主动行动(亦即先验统觉的行动)组织了起来(B 68;《康德著作全集》第 3 卷,中国人民大学出版社 2004 年版,第 65 页)。

点并不是前者(后天质料),而是后者(这些质料的先天基底)。所以,当此处的分析从可以在心理层面被实际地体验到的道德和非-道德动机,转向了这两类动机在人性之中的潜在性存在时,这一分析也就同时离开了经验人类学所关注的后天领域,而进入了道德人类学所关注的先天领域。根据《宗教》一书的文本,康德的道德人类学所讨论的第一个主题,就是三种善的原初禀赋,这三种禀赋必然地属于人之为人的原初构成。

另外还需要再次强调的是,作为构成了善的具体准则和行为的先验可能性条件,这三种善的原初禀赋既不是善的逻辑可能性,也不是现实经验中已经被实现出来的善。实际上,善的原初禀赋所拥有的模态,居于逻辑可能性和现实性之间:它们是善的潜能,是朝向善的冲动、倾向、动机。此处可以借用一下站在十字路口选择方向的比喻①:当康德说人的自由任意被赋予了三种善的原初禀赋时,他既不是说自由任意以某种漠然无谓的态度站在善和恶的十字路口上,虽然可以选择转向善,却缺乏任何这样做的动力(这种情况对应着善的纯然逻辑的可能性),也不是说自由任意已经转向了善,并在这样做的时候获得了善的品格、建立了善的具体准则(这种情况对应着现实的善)。相反,当康德指出自由任意具有善的原初禀赋时,他其实是在说自由任意站在善与恶的十字路口上,不仅能够转向善,而且具有这样做的现实的倾向、动机或者冲动,却

---

① 有趣的是,康德本人也使用了十字路口的比喻:"意志处在其形式的先天原则和其质料的后天动机的中间,仿佛是处在一个十字路口(Scheidewege),而且既然它毕竟必须被某种东西所规定,所以当一个行为出自义务而发生时,它(意志)就必然被一般意欲(Wollens überhaupt)的形式原则所规定,因为它被剥夺了一切质料的原则"(参见 GMS 4:400;《康德著作全集》第 4 卷,中国人民大学出版社 2005 年版,第 406—407 页)。

然而,本节所用的十字路口比喻和康德有两个关键的不同。首先,康德用十字路口来描述在形式性原则和质料性原则之间所做的选择,由此来进一步地讨论哪一种原则应当成为道德的至高原则。因此,至少在《奠基》的这一处文本中,康德并未直接谈及在善与恶之间进行选择的问题,而本节对十字路口比喻的使用,则明确地针对着善恶选择的问题。其次,康德的关注点在被选择的两种可能的内容上,也就是或者选择质料性的原则,或者选择形式性的原则作为道德的至高原则。与此相反,本节分析的核心则是选择行动所具有的三种模态,也就是:(1)仅仅作为"空洞的逻辑可能性"的选择(亦即缺乏任何意图);(2)作为"潜在性""倾向",或者说"冲动"的选择(亦即具有意图,但尚未按照意图来行动);(3)作为"已经被现实化了的行动"的选择(亦即已经开始被实现的意图)。

还没有将这种倾向、动机或者冲动现实化。同样地,善的原初禀赋所具有的微妙模态也可以被比作一颗好种子,好种子具有成长为好树木的内在冲动(因为好树木正是好种子的自然目的),但尚未将这种冲动真正地实现出来。

在善的三种原初禀赋中,人格性禀赋是直接朝向道德之善的潜能。就如先前已经指出的那样,人性和动物性不仅可以就它们"与人格性的关系"而被"形式性地败坏"(formally corrupted),也可以就它们"自身的内容"而被"质料性地败坏"(materially corrupted)。形式性的败坏不仅颠倒了不同动机之间的恰当次序,还会进一步地扭曲位于这种错误次序之下的非-道德动机,从而继续导致质料性的败坏:由于非-道德动机被错误地置于了道德动机之上,这些非-道德动机亦将偏离它们的自然目的,产生出违反这些自然目的的诸恶习。与之形成鲜明对照的是,人格性禀赋不仅能够为每个人提供他可以采纳进准则的道德动机,同时也确保了他将这一道德动机作为行为的充分动力而采纳进准则的能力。尽管人格性禀赋的被动一面仅就自身而言依旧可以(通过主体将自爱置于道德之上)被滥用和败坏,但人格性禀赋的主动一面却绝对无法被滥用和败坏(这意味着任何恶的东西都不可能被嫁接在它上面)。于是从这个意义上说,人格性禀赋的主动一面,便在人性之内构成了一颗绝对无法被败坏的纯善的种子。

在本章结尾还需要指出的是,此处的讨论将善的原初禀赋视为"朝向善的先验潜能"的做法,将为重新理解趋恶倾向提供一条关键的线索。作为善的禀赋(或者更确切地说,作为人格性禀赋)的概念对立物,趋恶倾向将在下文中被重新诠释为"朝向恶的先验潜能"。就如读者将在下面几章看到的,趋恶倾向所具有的这一微妙模态(作为潜在性,它在形而上学的等级次序中高于空洞的逻辑可能性,但同时又低于现实性)将在重构对于"人从本性上是恶的"的准-先验论证的进程里扮演一个关键的角色。

第九章　趋恶倾向^①

引言

康德在《宗教》一书中对趋恶倾向（Hang zum Bösen）^②的论述微妙而复杂。一方面，他似乎将趋恶倾向当作了善的禀赋的概念对立物，或者更确切地说，当作了人格性禀赋的概念对立物。另一方面，他似乎又将趋恶倾向

---

① "一般地拥有某种倾向"和"拥有某种趋向于恶的特殊道德倾向"这两件事应当被严格地分开。前者必然地属于人的原初本性，属于人之为人的建构性特征，而后者对于一般的人性而言仅仅是偶然的，因为，趋恶倾向为了能获得真正意义上的在道德上是恶的属性，就必须被表象为是由人自己自由地招致的，由此是偶然地嫁接在人性之上的。换言之，趋恶倾向的"偶然性"并不源于它一般地作为倾向的地位（亦即作为人类学概念所拥有的地位），而是因为它趋向于恶——这种特定的道德属性。

② 马克西米利安·弗什奈尔（Maximilian Forschner）分析了趋恶倾向的不同含义，或者说理解这个概念的不同视角，这些视角包括：(a)"道德修行法"（moralischen Ascetik），即"实践性的传授与对道德之事的训练的学说"的角度；(b)"理性的判断"（Urtheile der Vernunft），即"根据严峻主义的决定方式"进行判断的角度；以及(c)"观察和判断人的经验性视角"（der empirischen Perspektive der Betrachtung und Beurteilung des Menschen）[Forschner, M.，"Über die verschiedenen Bedeutungen des 'Hangs zum Bösen'," in O. Höffe (ed.), *Die Religion innerhalb der Grenzen der bloßen Vernunft*, Berlin: Akademie, 2012, s. 79-83]。本书对趋恶倾向的分析涵盖了弗什奈尔讨论的全部三个角度，但角度(b)扮演着一个最为关键的角色，因为就如读者马上要看到的那样，下文将把趋恶倾向首先视为是属于人类族类的、朝向恶的先验潜能，这种潜能属于人类自由的形而上学特质。

和恶的意念(Gesinnung)(亦即被自由任意所确立的恶的最高准则)等同了起来。于是,一个难题便被摆在了康德的解释者们面前,那就是:趋恶倾向究竟应该被理解为恶的先验可能性条件,从而与人格性禀赋一起构成了人类自由内部的两种潜在内容,还是说,趋恶倾向应该被理解为自由任意的行动,通过这一行动,自由任意将自己的最高准则(即意念)规定为是恶的? 上述两种理解的区别是显而易见的:第一种理解将趋恶倾向置于了人类族类层面,将该倾向视为一种向恶的潜能,这种潜能等待着通过自由任意所采取的行动,在个体的人之中得到现实化;相反,第二种理解将趋恶倾向置于了人类个体层面,将该倾向视为个人的任意把向恶潜能现实化的自由行动,或者说视为该自由行动的产物,亦即恶的最高准则或恶的意念。

诚然,上述这两种理解看起来是相互矛盾的,因为毕竟,属于整个人类族类的向恶潜能,如何能被真正地等同于仅仅属于人类个体的对恶的实际选择呢? 为这一难题提供恰当的解答并不是一件简单的事,而作为构筑这一解答的预备工作,本章将系统地考察康德关于趋恶倾向的核心文本,详细地分析对趋恶倾向的两种可能的理解,然后进一步证明:尽管这两种理解看似相互矛盾,但它们对康德关于趋恶倾向的完整论述却都是必不可少的。唯有在下一章继续讨论完趋恶倾向与恶的意念之间的关系之后,化解康德论述中内在张力的途径才能逐渐浮现出来。现在,就请读者与作者一道,首先来看一看康德论述趋恶倾向的核心文本。

第一节 在族类层面解释趋恶倾向

在关于趋恶倾向的论述伊始,康德是这样定义"倾向"概念的:

(1)我把倾向(Hange/propensio)理解为一种偏好[经常性的欲望①,(habituellen Begierde /concupiscentia)]的可能性的主观根据

---

① 值得注意的是,"习惯性的欲望"这一表达已经暗示着"自由地获得",而不是"原初地赋予"。因此人类之恶的最终根据,只是一种趋向于"自由地获得的作恶欲望"的倾向,在这个意义上,人类之恶从原则上看就是区别于魔鬼之恶的。

(*RGV* 6:29)①。

进一步地,关于这一定义中所涉及的"偏好"(Neigung)概念,《道德形而上学》又提供了如下重要论述:

> 人们可以把与欲求(Begehren)(该欲求对象的表象如此地刺激情感)必然地相结合的那种愉快称为实践的愉快(praktische Lust)……涉及实践的愉快,对欲求能力的规定——这种愉快作为原因就必须必然地先行于该规定——在狭义上称为欲求(Begierde),而习惯性的欲求就叫做偏好,而且,由于愉快与欲求能力的结合,只要这种连接被知性按照一个普遍的规则(充其量也只是对主体而言)判定为有效的,就叫做兴趣(Interesse),所以,在这种情况下实践的愉快就叫做一种偏好的兴趣(Interesse der Neigung),相反,如果愉快只能继欲求能力的先行规定而起,那么,它将必须被称为一种理智的愉快(intellektuelle Lust),关于对象的兴趣就必须被称为一种理性的兴趣(Vernunftinteresse)(MS 6:212-213)②。

以上这段引文隐隐揭示出了理解偏好概念的两种方式。概括地说,偏好既可以被视为是完全源于人的感性木性的,也可以被视为是同时关涉人的理性本性的。根据对偏好的第一种理解,偏好完全属于人的低级

---

① 《康德著作全集》第 6 卷,中国人民大学出版社 2007 年版,第 27 页。
② 《康德著作全集》第 6 卷,中国人民大学出版社 2007 年版,第 219 页。《实用人类学》也对不同等级和不同程度的欲望进行了细致的区分:"欲望(appetitio)是一个主体之力量的自我决定,借助的是对未来某种东西的表象,这个东西是该表象的结果。习惯性的感性欲望叫作偏好。不运用力量来创造客体的欲求就是愿望(Wunsch)。这愿望可能指向主体感到自己没有能力去搞到的对象,在这种情况下它就是一种空洞的(闲散的)愿望。想要能够消磨欲求和获得所欲求者之间的时间的那种空洞愿望,就是渴望(Sehnsucht)。就客体而言不确定的欲望[appetitio vaga(飘忽的欲望)]——它只是驱使主体走出其当前的状态,却不知道自己要进入什么状态——可以被称为情绪变化无常的(launische)愿望(没有任何东西来满足它)。很难或者根本不能用主体的理性来征服的偏好就是激情(Leidenschaft)。与此相反,在当前状态中的愉快或者不快的情感,它在主体中不让反思(关于人们应当将自己交付于,还是拒斥这种情感的理性表象)得以产生,那就是情绪(Affekt)"(*APH* 7:251;《康德著作全集》第 7 卷,中国人民大学出版社 2008 年版,第 246 页)。

欲求能力,它通过愉快和不愉快的情感而被对象的表象直接地决定,从而和人的自由毫无关系。作为这种偏好之可能性的主观根据,倾向也就仅仅构成了生理学人类学①的恰当主题,却无法成为《宗教》中的道德人类学(这一人类学是实用人类学的一门特殊分支)的研究目标。然而,根据对偏好的第二种理解,对象的表象在通过愉快和不愉快的情感来规定偏好的过程之中,实际上经过了准则[即文中提到的"规则"(Regel)]这一中介(也就是涉及了"偏好的兴趣")。因此归根结底地说,偏好其实是被高级欲求能力(也就是被主体自由地)决定的。换言之,最终是主体的自由任意本身,通过它所自由地采取的准则,使得能够唤起愉快和不愉快的对象之表象现实地规定了某一偏好。由此,这一偏好的可能性的主观根据(亦即倾向)也就和人的自由联系在了一起。很明显,《宗教》一书在关于趋恶倾向的章节里所讨论的倾向,只能是涉及主体的高级欲求能力和他自由地选择的准则,因而必然与人的理性本性存在着某种直接联系的倾向,也就是上述第二种理解中的偏好之可能性的主观根据。

　　进一步地,《宗教》一书中提到的"一种偏好的可能性"也不应当被理解为一种空洞的逻辑可能性,而应当被理解为一种指向该偏好的潜能。更具体地说,"一种偏好的可能性"(仅就该偏好在主体一方的产生来说,并不包括它关于对象的表象)就是一个指向该偏好的"动机"(Triebfeder)。与涉及自由任意采取准则的"实际行动"的偏好不同,指向偏好的动机仅仅是为上述实际行动奠基的"潜能"而已。至于这一作为潜能的动机,是否能够在相应的偏好中得到现实化,则完全取决于属于个人任意的自由选择。简单地说,一种偏好和指向该偏好的动机之间的关系,其实就是"现实性"与"潜在性"之间的关系,而自由任意将指向某种偏好的动机采纳进准则的自由行动,同时也就将该动机"现实化"为

---

① 酗酒的倾向可以被归于生理学人类学的研究对象,康德在《宗教》中夸张地声称,所有野蛮人都具有这种倾向(参见 RGV 6:29n;《康德著作全集》第 6 卷,中国人民大学出版社 2007 年版,第 28 页)。

了它所指向的偏好①。

现在,如果"某一偏好的可能性"就是一个指向这种偏好的动机,那么作为该可能性之"主观根据"(der subjektive Grund)的倾向,也就应当被理解为某种可以产生上述动机的"基底"(basis)②。于是以这种方式,倾向就和上一章所讨论的禀赋(Anlage)概念被置于了同一层面上,因为这两者都可以被看作是动机的基底。现在,在得出了倾向和禀赋之间的某种相似性之后,还将继续追问它们的区别究竟在哪里,也就是说,如果倾向和禀赋都可以被看作是主体产生动机的基底,那么哪些关键特征又可以将它们两者区分开呢?

康德本人是这样回答上述问题的:

---

① 帕特里克·弗瑞森同样将倾向理解为一种指向偏好的潜能,并且也注意到了趋恶倾向相较于其他普通倾向的独特之处,由此给出了与本节讨论非常类似的分析:"倾向在以下这点上区别于偏好:倾向仅仅是潜在的偏好……一个拥有趋恶倾向的人有一种潜在的选择,这就是,一种潜在的'准则对于道德法则的偏离'。因此,尽管普通倾向能够被意志克服,因为它影响一个人的欲望,但趋恶倾向却影响意志自身……倾向是这样一种潜在性,它的实现仅仅依赖于环境……在人之中的趋恶倾向并不等同于选择恶,但它是这样的条件,暗示着人将会选择恶……因此拥有趋恶倾向,也就是拥有一个极限(breaking point),一个人将对其屈从的一定程度的诱惑"。然而,弗瑞森并未充分阐明恶的任意与趋恶倾向之间的关系:"这一趋恶倾向是由于受其影响的人的选择,因为这个人将它招致到了他或她自己身上。所以,它表现了一种已经在场的道德之恶……趋向道德之恶的倾向是一个邪恶意志的表达,但正因为它是倾向,它也是潜在性,该潜在性将在特定条件下被现实化"(Frierson, P. R., *Freedom and Anthropology in Kant's Moral Philosophy*, New York: Cambridge University Press, 2003, pp. 108-10)。

很明显,根据弗瑞森的论述,趋恶倾向似乎既诱惑着自由任意去选择作恶,又被一个已经选择了去作恶的自由任意作为它的自我表达而产生了出来。实际上,如果研究者仅仅将趋恶倾向置于人类个体的层面来理解,那么他亦将永远受困于这一循环。突破这个循环的唯一办法,就是将趋恶倾向理解为属于整个人类族类的先验潜能,这同时意味着,只有该倾向的经验表达,才能在人类个体层面以指向恶的动机的形态被个体切实地感受到(详见第十章)。

② 莫尔斯教授将这里的"主观"一词解释为"结构性地栖居于主体之中"(structurally inhabiting the subject)。本节的解释虽然是从不同角度切入的康德文本,但与莫尔斯教授的解释也是完全相容的。因为,趋恶倾向作为朝向恶的动机的先天基底,其实是一种存在于主体内部的颠倒道德法则与自爱原则之间次序的潜能。换言之,该倾向是一种位于主体内部的"不同原则和动机之间的潜在的悖逆结构"(a potential perverse structure of different principles and incentives)。

　　(2) 就这种可能性对于一般人性(*Menschheit überhaupt*)是偶然的而言(*RGV* 6:29)①。

　　于是根据康德的这句话,基于倾向的动机,或者更直接地说,作为该动机之基底的倾向本身,对于一般人性而言仅仅是偶然的,而这就是禀赋和倾向之间的关键差异。就如上一章已经分析过的那样,所有三种善的禀赋都是人性的必然构成要素。与此相反,虽然倾向和禀赋非常相似,在本章的诠释中也是被作为动机的基底来理解的,但康德的文本却同时表明,倾向对于一般人性而言仅仅是偶然的。于是在这里,一个新的问题也就自然而然地浮现了出来,那就是:禀赋和倾向之间的这一关键差异(前者对于人之为人的构成是必然的,而后者对一般人性而言仅仅是偶然的),究竟是从何处产生的呢? 对于这个问题读者即将看到,康德将禀赋和倾向之间的这种关键差异,进一步地追溯回了它们两者与人类自由的不同关系之中:

　　(3) 倾向在这一点上使自己区别于禀赋,即它虽然也可能是生而具有的(angeboren sein kann),但却可以不被表象为如此(nicht als solcher vorgestellt werden darf)②,而是能够被设想为是赢得的(erworben)(如果它是善的),或者是由人自己招致的(sich zugezogen)(如果它是恶的)(*RGV* 6:29)③。

　　上一章已经论证过,三种善的禀赋为人类自由提供了原初的内容。从这个意义上说,禀赋并不是由人类自由自行地创造出来的。若借用宗

---

① 《康德著作全集》第 6 卷,中国人民大学出版社 2007 年版,第 27—28 页。李秋零教授的中译本将 sofern sie für die Menschheit überhaupt zufällig ist 中的 sie 定位为前文的 Neigung(偏好),而本节讨论根据对上下文的整体解读,认为句中的 sie 应当指代前文的 Möglichkeit einer Neigung(偏好的可能性)(参见迪·吉奥瓦尼的剑桥英译本和维尔纳·普鲁哈的译本)。

② 李秋零教授的中译本将 darf nicht 翻译为"不可以",剑桥英译本的翻译为 may not(或许不),而普鲁哈本则译为 need not(不必),并指出只有到了现代德语中,darf nicht 的含义才是 must not(不应当)。

③ 《康德著作全集》第 6 卷,中国人民大学出版社 2007 年版,第 28 页。

教的术语，可以说这三种善的禀赋都是由上帝直接赋予人类的，而与人类自己的自由选择无关。相反，倾向与人类自由之间的关系则要复杂得多，甚至初看起来充满了种种自相矛盾的地方。一方面，倾向确实也可以是生而具有的（angeboren），根据 angeboren 的字面意思，倾向从一个人出生之日起就存在于他之中了。于是在这个意义上，倾向似乎也不是被人类自由自行地创造出来的。另一方面，倾向又可以被表象为是由人的任意自由地获得的。于是在这个意义上，倾向似乎又应当被理解为是人类自由的产物①。

现在，在康德对倾向的论述中，头一次出现了"生而具有"和"自由获得"之间的巨大张力：毕竟，某种从出生时就已然存在于一个人之中的东西，究竟如何能够被归于他自己的自由选择呢？更致命的难题是，通过强调倾向虽然是生而具有的，却又依旧是人自由地获得的，康德的论述角度，实际上从人类族类层面秘密地转向了人类个体层面，这是因为，倾向的"生而具有性"（innate-ness）与它作为属于人类族类之潜能的地位是完全契合的，但倾向的"自由获得性"（freely-acquired-ness）却唯有通过被归于人类个体的实际行动，才能被理性恰当地表象出来。

需要注意的是，截至目前的讨论仅仅揭示了康德文本中出现的难题，却还没有开始尝试去解决这些难题。此外，读者还应当注意到，康德的论述在这里突然由一般性的倾向，转向了某种非常特殊的趋于道德之恶的倾向：

（4）但这里所说的仅仅是那种趋向于本真的恶或者道德上的恶

---

① 当康德的论述从一般性的倾向转向了趋于恶的道德倾向时，他的论述也就从一般意义的人类学（既包括实用人类学，也包括生理学人类学）转向了作为实用人类学（这种人类学以人拥有自由为其前提条件）之特殊分支的道德人类学。在道德人类学的特殊语境下，具有某种特定道德属性的倾向（也就是具有趋恶倾向）这件事，必须通过在人类学的"描述性视角"之上，再添加上一个"道德的-实践的视角"，才能得到准确的把握和理解。

进一步地，就如下文对康德的文本分析即将展现的那样，趋恶倾向不仅在时间上先于各种恶的偏好的出现（正如任何倾向都先于以其为前提的偏好那样），这一倾向也充当了各种恶的偏好的先验根据。换言之，这种倾向是作为一切恶的经验表达的先天可能性条件在起作用的。

的倾向;由于这种恶只有作为对自由任意的规定,才是可能的,而自由任意又只有通过其准则,才能被判定为恶的或者善的,所以,这种恶必须存在于准则背离道德法则的可能性的主观根据中(subjektiven Grunde der Möglichkeit der Abweichung der Maximen vom moralischen Gesetze)(ibid.，6:29)[1]。

根据上述引文,道德之恶属于人的任意对自身品格"自由的自我规定"(free self-determination)。唯有当任意自由地采取的准则(从形式上看)偏离了道德法则时,该任意才能被判定为是恶的。根据康德的文本,"准则背离道德法则的可能性的主观根据"应当被称为趋恶倾向。由于准则对法则的实际偏离,是通过任意的自由行动来实现的,若根据前文提出的解释思路,那么给这种实际偏离奠基的可能性,就应当被理解为一种让准则偏离道德法则的动机。进一步地,这种偏离的可能性背后的主观根据(也就是趋恶倾向),也就应当被相应地理解为某种提供了上述这一动机的基底[2]。

对于这种趋恶倾向,康德继续补充说:

(5)如果这种倾向可以被设想为普遍地属于人的[因而被设想为属于他的族类的品格(Charakter seiner Gattung)],那么它就将被称作人的一种趋恶的自然(natürlicher)倾向(ibid.，6:29)[3]。

很明显,在对趋向道德之恶的自然倾向的讨论中,"自然的"一词并

---

[1] 《康德著作全集》第6卷,中国人民大学出版社2007年版,第28页。
[2] 一种恶的偏好背后的"充分的可能性"由两个方面构成,一是"主体一侧的形式性的方面",二是"客体一侧的质料性的方面"。就如本节已经展示的那样,属于恶的偏好的可能性中的主体一侧的形式性的方面的东西,就是一种朝向恶的动机,亦即让准则偏离道德法则的动机。属于上述可能性中客体一侧的质料性的方面的东西,则是该偏好所指向的、就质料而言的对象之表象,这些对象仅仅通过经验才被后天地给予自由任意。由于恶的偏好中所包含的恶,首先存在于主体一侧的形式性的方面里面,因此此处的分析也就自然而然地略去了客体一侧的质料性的方面。但这里同时需要强调的是,后者对于任何一个具体偏好的形成同样是必不可少的。
[3] 《康德著作全集》第6卷,中国人民大学出版社2007年版,第28页。

不意味着与自由相对立的"不自由"。就如康德所澄清的那样,"自然的"一词仅仅意味着趋恶倾向普遍地属于所有人,因而构成了整个人类族类的道德品格。这里特别需要强调的是,鉴于这种趋向是人以某种方式自由地招致的,所以它的普遍性也就无法从人之为人的概念中必然地推导出来。换言之,从道德的角度看,这一趋恶倾向对于人性而言,只能被看作是偶然地附加上去的,它的普遍性只能被看作是一种主观的普遍性(亦即人类族类的所有成员,都实际地分享着这种被偶然地创造出来的倾向),而绝不应当被理解为一种客观的普遍性(亦即这种趋恶倾向对于人之为人的本质是原初构成性的)。

至此,本章已经充分讨论了关于趋恶倾向的第一种理解,这种理解蕴含在康德对于该倾向的最初论述中,并将该倾向置于了人类族类的层面。读者可以很清楚地看到,对趋恶倾向的第一种理解有两个明显的优点。首先,它将趋恶倾向理解成了善的禀赋的概念对立物,因而和康德本人所明确表达的意图完全吻合。其次,它肯定了道德之恶作为道德之恶的"形式性特征"(formal characteristics),因而和康德对恶的定义也是完全一致的。读者可能对这个论断还有些迷惑,所以下文就将进一步地来阐明一下这第二个优点。

根据康德对恶的定义,道德之恶在以下意义上是"形式性的",亦即恶并不位于准则的质料部分(也就是并不位于接受自由任意排序的动机之中),而位于准则的形式部分(也就是位于自由任意以错误的方式对动机进行排序的行动之中)(ibid.,6:36)[1]。根据前文对趋恶倾向的第一种理解,由趋恶倾向所提供的让准则["形式性地"(formally)]偏离道德法则的动机,绝不应当被视为一种仅仅接受自由任意排序的低阶质料性动机,而应当被视为一种驱使着自由任意对"低阶质料性动机"(lower-order material incentives)进行错误排序(亦即将非-道德动机置于道德动机之上)的"高阶形式性动机"(higher-order formal incentive)。

---

[1] 《康德著作全集》第 6 卷,中国人民大学出版社 2007 年版,第 35—36 页。

在这个意义上,趋恶倾向绝不应当和仅仅提供了低阶质料性动机的质料基底(包括动物性禀赋、人性禀赋,以及人格性禀赋里的被动一面)被置于同一个平面上。相反,趋恶倾向真正的概念对立物,其实是人格性禀赋里的主动一面,因为后者提供了驱使着自由任意对低阶质料性动机进行正确排序(亦即将道德动机置于非-道德动机之上)的高阶形式性动机。在这个意义上,趋恶倾向与人格性禀赋的主动一面,应当被分别视为人的任意自由地去选择恶与善的两种"形式性根据"(formal grounds),或者说,被视为人的任意分别朝向恶与善的两种"主动潜能"(active potentials)[其中朝向善的主动潜能是规范性的(normative),因为它既推动着又命令着人的任意根据正确的道德次序,将道德动机置于非-道德动机之上]。与之相反,动物性禀赋和人性禀赋,以及人格性禀赋中的消极一面,则应当仅仅被视为人的任意自由地去选择善的"质料性根据"(material grounds),或者说,被视为人的任意朝向善的"被动潜能"(passive potentials),这些被动潜能代表着人的任意接受感性影响的一面。

上述分析不仅能够确证上一章的结论,而且还能够继续深化这一结论:那就是,人类自由并不是一种空洞的自由,并不是一种以无所谓的态度站在善和恶之间的自由;相反,人类自由在做出任何实际的选择之前,就已经在自身之内包含了两个层次的潜在内容,这些潜在内容提供了等待着被任意的行动去现实化的两个不同层次的动机。属于人类自由内部之第一个层次的潜在内容的,就是任意所拥有的质料性潜能,这些质料性潜能不仅包括动物性禀赋和人性禀赋,也包括人格性禀赋里的被动一面。由这些禀赋提供出来的动机(无论这些动机是道德的,还是非-道德的)统统属于低阶质料性的动机。这意味着,这些动机仅仅被动地等待着被自由任意采纳进准则,同时以或是正确或是错误的方式被自由任意来"赋予形式"(to be formatted,简称"赋形")。通过以或正确或错误的方式对非-道德动机和道德动机进行排序,自由任意也就获得了或者是善或者是恶的具体准则。

与之相反,属于人类自由之第二个层次的潜在内容的,则是任意所具有的形式性潜能,它们包括人格性禀赋的主动一面以及某种趋恶的倾向。由前者提供的朝向道德之善的动机,和由后者提供的朝向道德之恶的动机,也都是高阶形式性的动机。这意味着,这两种动机主动地驱使着自由任意以或是正确或是错误的方式,对低阶质料性动机进行排序和赋形。通过自由地选择上述向善动机或者向恶动机,自由任意也就将自身的最高准则以及一个人整体的道德品格,确定为或者是善的,或者是恶的。

显然,在道德善与道德恶之间存在着一种实践意义上的对称性。这是因为,即便自由任意愿意遵从善的次序而行动,朝向恶的潜能也将依旧对它保持着开放的状态,永远作为可供它选择的选项而蕴藏于自由内部。同理,如果考虑到纯粹实践理性的事实(或者说,如果考虑到原初人格性禀赋的存在),那么即便自由任意愿意遵从恶的次序而行动,朝向善的潜能也将依旧对它保持着开放的状态,永远作为可供它选择的选项而蕴藏于自由内部。以上两点意味着如下事实:任何一个好人都永远无法摆脱恶的诱惑,而任何一个恶人永远都有能力实现向善的可能性。其中,前一个事实要求人类必须在道德教育中永远保持着警惕和自省的态度,而后一个事实则确保了每一个人类主体(即使是那些罪大恶极之徒)都永远能够承担起道德责任。简言之,作为善与恶的先验可能性条件,人格性禀赋的主动一面和趋恶倾向,永远绝对平等地存在于每一个人之中①。

---

① 善与恶在实践意义上的对称性,也可以用下述方式来表述:对于一个人的意愿(Wollen/volition)来说,向善与向恶的选择在完全同等的程度上是可能的。然而,尽管选择善的可能性和选择恶的可能性,总是对于每个人都是同等地敞开的(这就是"实践意义上的对称性"这个概念的含义),但善的驱动力和恶的驱动力却属于完全不同的类别。

在善这里,不仅人的自由任意能够感受到对于道德法则的敬重,而且这种敬重必然地伴随着一个关于无条件的"应当"的表象,这个"应当"将人的自由任意置于了遵循法则的义务之下。与之相反,恶的驱动力就其本性而言,绝不可能伴随着任何关于"无条件的应当"的表象。所以恶的驱动力仅仅是一种强大的"吸引力"而已,该吸引力与那种属于善的以命令形式表出来的"强制力"截然不同。善与恶在驱动力类型上的这一关键差异,最终又植根于它们在形而上学意义、谱系学意义和目的论意义上的根本区别。

　　然而,除了实践意义上的对称性之外,善与恶之间还存在着一种形而上学意义上的不对称性。就如前文已经分析过的那样,向善潜能拥有一个双层结构,同时包括质料性的层次和形式性的层次,但是向恶潜能却是纯然形式性的,仅仅关涉颠倒道德次序的行动。因此,向善潜能在以下意义上是自足的和独立的,亦即善能够完全从自身之中(并且仅仅为了自身)同时提供出质料和形式。通过质料与形式的结合,善的整体(也就是善的意念和善的准则)亦将被建构出来。相反,恶的潜能既不是自足的也不是独立的。恶就如寄生虫之于宿主那样,一方面依赖善才能够存在,另一方面又侵蚀着善的存在。恶之于善的这种依赖性又是因为:由于恶仅仅是形式性的,所以它只能存在于对诸种善的质料之间的恰当次序的颠倒,以及对这些质料的进一步败坏里面。于是在这个意义上,恶的整体(也就是恶的意念和恶的准则)也就必须依赖善才能存在(毕竟,任何一种颠覆秩序的行动,都必须首先预设先行存在着某种秩序可供颠覆)。

　　进一步地,与善和恶在形而上学意义上的非-对称性紧密相连的,则是两者在谱系论意义和目的论意义上的非-对称性①。人格性禀赋属于人性的原初构成,因此这种直接朝向道德之善的潜能,并不是被人类自

---

① 善在目的论意义上相对于恶的优先性,已经由康德本人在《奠基》中的目的王国理论（GMS 4：433 - 440;《康德著作全集》第 4 卷,中国人民大学出版社 2005 年版,第 441—448 页)和在第二批判中的至善理论(KpV 5：107 - 132;《康德著作全集》第 5 卷,中国人民大学出版社 2007 年版,第 114—139 页)中清楚地表达了出来。善对于恶的谱系学优先性,则可以在《宗教》一书第二部分的基督论中找到证据。在那里,康德将上帝之子视为善的原则的人格化理念:

　　"唯一能够使一个世界成为上帝意旨的对象和创造的目的的东西,就是处于其道德上的彻底完善之中的人类(一般而言的有理性的世间存在者)。以之作为最高条件出发,幸福就是在最高存在者意志中的直接结果。——这个唯一使上帝所喜悦的人是'自永恒起就在他之中';这个人的理念出自上帝的本质;就此而言,他不是被创造的事物,而是上帝的独生子;是'言(das Wort)[生成! (Fiat)]','通过他,其他所有事物才存在,且若没有他,任何被造的事物都不存在'(因为正是为了他,即为了尘世上的有理性的存在者,正如按照其道德上的规定性能够被设想的那样,所有的一切才被创造)。——'他是上帝荣耀所发的光'。'在他之中,上帝爱了世界',只有在他之中,并且通过接受他的诸意念,我们才能希望'成为上帝的儿女',等等。把我们自己提升到这种道德上的完善性的理想,即提升到在其全部纯洁性之中的道德意念的原型(Urbilde),现在是普遍的人类义务,为此,就连这个由理性置于我们面前的要我们去仿效的理念本身,也能够给我们以力量"(RGV 6：60 - 61;《康德著作全集》第 6 卷,中国人民大学出版社 2007 年版,第 59—61 页,本段译文按照康德的原文,对和合本的字句进行了微调)。

由自行创造出来的,而是和人类自由是同等地原初的。善在谱系论意义上的这种绝对优先地位①,同时也给予了它之于人类自由的绝对权威性。善之于人类自由的绝对权威性,在于它将人的自由任意置于了一种绝对无条件的"应当"的约束之下,要求人将善作为自由的终极目的来追求(这就导向了善在目的论意义上的优先性)。与之形成鲜明对比的是,尽管趋恶倾向和人格性禀赋一样也属于人类自由的内容,但趋恶趋向和人类自由并不是同等地原初的。相反,这一直接指向道德之恶的潜能,仅仅应当被表象为是自由自己招致的,因而对自由而言仅仅是偶然的。这也就解释了,为什么虽然从主观方面看(或者说,从每一个主体所拥有的现实经验的角度来看),恶永远在诱惑着人的自由任意,但从客观方面看(亦即从"绝对应当"的角度来看),恶却永远无法给自身提供如下辩护,就好像它对人类自由拥有一种绝对的权威性,或者说,它能够成为人类自由的终极目的似的②。因此在这个意义上,虽然人格性禀赋和趋恶倾向都可以被视为是生而具有的,但它们的"生而具有性"却拥有截然不同的依据。人格性禀赋的"生而具有性",最终植根于它与人类自由是同等地原初的这一事实;趋恶倾向的"生而具有性",仅仅由于它的建立是"非-时间性的(a-temporal)"(本章将在稍后的部分继续讨论这一"非-时间性")这一事实。

此外,与善和恶在形而上学意义、谱系论意义、目的论意义上的"非-对称性"一脉相承的,又有善和恶在认识论意义上的"非-对称性"。根据康德关于理性的事实的讨论,每个人都能够意识到道德法则,并且通过

---

① 应当注意的是,这里所说的谱系学和时间序列或历史序列没有任何关系,因此全然不同于尼采所说的"道德的谱系"。相反,这里所谈的善与恶的谱系学顺序,仅仅与自由内部的逻辑序列有关,并且实际上是从善和恶在形而上学意义上的非-对称性之中衍生出来。

② 在《宗教》的第二部分,康德确实讨论了"恶的原则在对人类的统治上的权利诉求(Rechtsanspruche)"(*RGV* 6:78-84;《康德著作全集》第6卷,中国人民大学出版社2007年版,第78—85页)。然而恶的这项权利仅仅是衍生性的和相对的,也就是说,恶之所以有权统治我们,仅仅是因为整个人类族类(除了上帝之子以外)都已经自由地选择了与恶的原则进行交易(ibid., 6:80)。相反,善统治人类的权利却是原初的和绝对的,也就说,善之所以有权统治我们,完全是因为对道德法则的意识构成了人之为人的本质的纯粹实践理性本身。

对道德法则的意识而确认自己拥有先验自由,因为"应当暗示了能够"(ought implies can),而先验自由又反过来构成了他有能力遵守道德法则的前提条件①。进一步地,由于道德之善被道德法则直接地定义为法则所要求的东西,而道德之恶则仅仅被间接地定义为与法则相抵触的东西——或者说被定义为善的对立物,所以在人的道德意识中,善相对于恶也就享有了一种认识论意义上的优先地位②。

最后,除了形而上学意义、谱系学意义、目的论意义和认识论意义上的非-对称性之外,善和恶之间还存在着一种人类学意义上的非-对称性。根据康德的描述,恶总是率先出现在人类经验之中,而善无论在人类族类的历史还是人类个体发展的最初阶段,总是仅仅以实践理念(亦即在过去未曾被实现,但在当下和未来却应当被实现出来的东西③)的形式登场。善与恶在人类学意义上的这种非-对称性,可以说与两者在形而上学意义、谱系学意义、目的论意义、认识论意义上的非-对称性具有

①"自由当然是道德法则的 ratio essendi(存在根据),但道德法则却是自由的 ratio cognoscendi(认识根据)。因为如果道德法则不是在我们的理性中早就被清楚地想到了,我们就绝不会认为自己有理由去假定(anzunehmen)像自由这样的东西(尽管自由并不自相矛盾)。但如果没有自由,道德法则在我们里面也就根本找不到"(KpV 5:4n;《康德著作全集》第 5 卷,中国人民大学出版社 2007 年版,第 5 页)。

　　康德认为对道德法则的意识或说道德法则本身(康德学界对此意见不一,本书由于篇幅限制无法展进一步的讨论),是纯粹实践理性的一条事实,唯有以这个事实为基础,自由作为一种能力才可以被推理出来(参见第二批判中题为"对纯粹实践理性诸原理的演绎"的章节,KpV 5:42-50;《康德著作全集》第 5 卷,中国人民大学出版社 2007 年版,第 45—54 页)。

②参见康德在"纯粹实践理性的对象的概念"中对善恶的定义:"我把实践理性的对象的概念,理解为一个作为因自由而有的可能结果的客体之表象……所以一个实践理性的唯一客体,就是善和恶的客体(die vom Guten und Bösen)。因为人们通过前者来理解求欲能力(Begehungsvermögens)的一个必然对象,通过后者来理解厌恶能力(Verabscheuungsvermögens)的一个必然对象"(KpV 5:57-58;《康德著作全集》第 5 卷,中国人民大学出版社 2007 年版,第 61—63 页)。

③这一应被归于理性之最初运用的人类历史的邪恶起源,被康德在《人类历史揣测的开端》一文中这样地描述为:"在理性觉醒之前,还没有诚命或者禁令,因而还不存在逾越;但是,当理性开始自己的工作,并且无论它是如何孱弱,与动物性及其全部力量发生冲突时,苦难——且更糟糕的是——在更为教化了的理性那里,恶习就必然产生,它们对于无知状态,因而对于天真无邪状态来说是完全陌生的。因此,从这种状态走出的第一步,在道德方面是一种堕落;在自然方面,大量从未被知晓的生命之苦难就是这种堕落的后果,因而就是惩罚。因此,自然的历史从善开始,因为它是上帝的作品;自由的历史从恶开始,因为它是人的作品。"(Anfang 8:115;《康德著作全集》第 8 卷,中国人民大学出版社 2010 年版,第 118 页)

恰好相反的方向。若是简单总结一下截至目前的讨论,那么可以说,根据诸概念之间的逻辑顺序,善绝对地先于恶,但根据诸事实之间的时间顺序,恶却绝对地先于善——后文在论证"人从本性上是恶的"这一论断时,还将继续分析"恶先于善"这种情况之中的丰富含义。

现在,在讨论趋恶倾向的第一种理解的结尾之处,还需要稍微反思一下这种倾向内部的"普遍性"和"生而具有性"与它的"自由招致性"之间的张力。必须承认的是,如果康德的诠释者仅仅固守于对于趋恶倾向的第一种理解(这种理解将趋恶倾向置于了人类族类层面)那么他也将永远无法解决上述张力①。恰恰是这一诠释的失败,诠释者对趋恶倾向的第一种理解,才会自然而然地导向对该倾向的第二种理解,也就是说,将这种倾向重置于人类个体层面进行理解。上述这种"导向",又进一步揭示出了隐藏在趋恶倾向概念里的一种内在逻辑,亦即从对趋恶倾向的第一种理解到对它的第二种理解的诠释转换,并不是仅仅属于诠释者本人的一个任意而武断的选择,而是(就如下面马上要澄清的那样)最终植根于被诠释对象自身所具有的逻辑结构之中。

本章开头已经提到,康德在对趋恶倾向的最初介绍中,有意将它和人格性禀赋放在了一起,将两者并置于人类族类(或者说人类本性)的层面上。人格性禀赋和趋恶倾向作为分别朝向善与恶的两种先验潜能,为整个人类族类提供了属于他们自由的潜在内容,这些潜在内容等待着在人类个体层面被自由任意现实化。于是以这种方式,康德的诠释者将很容易解释趋恶倾向的"生而具有性"和"普遍性"这两种属性。另一方面,趋恶倾向的"生而具有性"和"普遍性",又绝不应当和人格性禀赋的"生而具有性"和"普遍性"混同起来,因为,善恶两种潜能在存在形态上的严

---

① 如果借助于亚里士多德关于"种"和"个体"的理论来讨论这个问题,那么可以说但凡属于整个种的特质,也必然属于该种之下的每一个个体。因此,如果趋恶倾向的主观普遍性和生而具有性是属于整个人类族类的,那么这两项特质也必然地属于每一个人类个体。然而,这里的讨论又涉及了上述倾向的"自由招致性",但在有限的人类理性看来,这种"自由招致性"是无法仅仅在族类层面得到充分的解释的。根据本节的诠释,这也恰恰是康德本人的论述之所以由族类层面转向个体层面的真正原因。

格对称性,将摧毁善之于人的绝对权威性,从而最终摧毁人的道德主体性。可是,如果趋恶倾向与人格性禀赋并不是同等原初地构成人之本性的,那么趋恶倾向究竟又是从哪里来的呢?

对这个问题存在着两种可能的回答。第一种可能的回答是:趋恶倾向就像自然本能和冲动一样,植根于人类并不自由的感性本性之中。然而,稍作深思读者就会发现,这个答案是完全不可接受的。因为,如果趋恶倾向确实源于人类并不自由的感性本性,那么它将不再具备任何道德属性,人类也将无法为其承担起任何道德责任。

与之相对地,对“趋恶倾向是从哪里来的”这一问题的第二种可能回答是:这种倾向起源于自由本身。换言之,是人类自由自行创造了这一恶的种子,并放任这颗种子作为朝向恶的永恒诱惑而栖居于自由的最深处。很明显,这一回答既确保了趋恶倾向的道德属性,也确保了人对于它的道德责任。而更重要的是,这不仅是康德本人事实上给出的回答,从实践哲学的视角看,也是康德唯一能够给出的回答。

不幸的是,若从理论(而非实践)的视角来看,那么这个回答似乎将趋恶倾向置于了一种和人类自由的矛盾关系之中。一方面,趋恶倾向就像人格性禀赋一样,是栖居于人类自由里面的潜在内容,这一潜在内容等待着被自由任意在个体层面实现出来。另一方面,和人格性禀赋不同的是,趋恶倾向是被人类自由自行地创造出来的潜在内容。简言之,趋恶倾向似乎既和人类自由是同等地原初的,同时又作为人类自由的产物而在逻辑上后于这种自由。更严重的问题则是,在趋恶倾向和自由的关系中的这第一重矛盾之上,第二重矛盾又经由人类理性对自由的表象方式,而被不可避免地添加了上来。对于像人类这样的有限理性存在者来说,严格意义上的自由只能被表象为属于个体之任意的自由行动。显然,这种表象自由的方式,必然会导致人类理性很难理解趋恶倾向的“生而具有性”与“普遍性”,但如果反过来,如果我们把趋恶倾向视为属于人类族类的人格性禀赋的概念对立物,那么便可以很容易地把握它的“生而具有性”与“普遍性”。

总之,趋恶倾向概念中的“生而具有性-普遍性 VS 自由招致性”这一内在张力,绝非康德在讨论这一概念时漫不经心地犯下的错误,而是他本人一方面(1)"将恶的根源追溯回人类族类的道德品格这一终极动机",以及另一方面又(2)"从实践的角度需要确保人的道德主体性和道德责任这一必然要求"——这两者相结合所必然导致的结果。鉴于无论是(1)"对恶的最深根源进行定位这一动机",还是(2)"确保人的道德主体性和道德责任这一要求"——这两者之中的任何一个都无法被康德放弃,因此,趋恶倾向的"生而具有性-普遍性"和"自由招致性"之间存在的张力,在他关于这一倾向的论述中也就是无法化解的。就如下一节即将展现的那样,当康德关于趋恶倾向的分析,从这种倾向的"生而具有性-普遍性"转向了它的"自由招致性",从而将趋恶倾向和人格性禀赋明确地区分开的时候,康德的关注点,也就自然而然地离开了人类族类层面,而转向了人类个体层面。

第二节　在个体层面解释趋恶倾向

现在,如果将趋恶倾向重新放在个体层面进行解释,那么甚至康德对这一倾向的最初介绍(初看上去,该介绍似乎仅仅将趋恶倾向当成了人格性禀赋的概念对立物)也将以截然不同的面貌重新登场。作为"偏好的可能性的主观根据",一种道德性的趋向①可以被视为一种特定的自

---

① 在这里康德研究者可以提出一个对称的问题,亦即某种"趋善的倾向"是否可能存在? 与趋恶倾向相对应,这种趋善倾向应当被理解为善的偏好的可能性的主观根据。然而可惜的是,根据康德的基本思路,由于像人类这样的有限理性存在者所拥有的偏好,并不必然地符合道德法则,因此善的召唤总是以规范性的,客观上是义务性的——因而是强制性的方式被表象给他们的自由任意。这意味着,趋善倾向对于像人类这样的有限理性存在者而言是一个自相矛盾的概念。

正如艾利森正确地指出的那样,人类并不是神圣的存在者,因此他们并不具有自发地就是善的偏好。然而,艾利森仅仅根据人类并不拥有趋善倾向这一事实,就匆忙推断说他们必然拥有一种与之相反的趋恶倾向(Allison, H. E., *Kant's Theory of Freedom*, New York: Cambridge University Press, 1990, pp. 152-157)。但事实上,趋恶倾向对于人性是全然衍生性的和偶然的,假若现实经验从来没有展示出就质料而言的恶行这一坚实的证据,人类行为的观察者也将完全没有理由预设人性中存在着某种趋恶倾向。

由行动,通过这一自由行动,人的最高准则(亦即他的意念)就被确立了起来,从这一意念之中,又可以进一步产生出涉及具体准则的各种偏好(也就是习惯性的欲望)。对于当下的讨论来说,趋恶倾向作为"准则偏离道德法则的可能性的主观根据",可以被视为选择恶的最高准则的自由行动,或者更直接地说,它甚至可以被视为恶的最高准则本身。很明显,尽管这种在个体层面展开的关于趋恶倾向的新解释,可以非常轻易地说明该倾向所具有的"自由招致性"以及与之相伴的"偶然性",但这一新解释却很难与该倾向所具有的"普遍性"和"生而具有性"相协调。

然而,虽然从康德对趋恶倾向的最初介绍来看,在族类层面和个体层面来理解这种倾向都是完全行得通的,但他对趋恶倾向的后续讨论却完全转向了人类个体层面。本节的主要任务,就是一句一句地来分析康德的这些后续讨论:

> (1) 任何倾向都要么是自然的(physisch),即它属于作为自然存在者的人的任意;要么是道德上的(moralisch),即它属于作为道德存在者的人的任意。——在前一种意义上,不存在趋于道德上的恶的倾向,因为道德上的恶必须出自自由;而任何一种运用自由的自然倾向(自然倾向是建立在感性冲动之上的),无论它是为了善还是为了恶,都是一种自相矛盾。因此,一种趋恶的倾向只能附着于任意的道德能力(*RGV* 6:31)①。

在这段引文中康德首先区分了两种倾向。自然的倾向仅仅属于任意受到自然冲动影响,被冲动直接地规定着去行动的感性一面,因此自然的倾向和自由、道德之恶都没有直接的联系。相反,指向恶的道德倾向则属于任意接受理性原则影响,自发地规定自己去行动的理性一面。唯有这种道德上的倾向才可能是恶的,因为它与自由联系在一起。

> (2) 但是,除了我们自己的行动(Tat)之外,不存在任何道德上

---

① 《康德著作全集》第6卷,中国人民大学出版社2007年版,第30页。

的［即有负责能力的（zurechnungsfähig-）］恶。与此相反，我们把倾向的概念理解为任意的一种主观规定根据，它先于任何行动，所以自身还不是行动（ibid.，6∶31）①。

在这段引文中，康德将恶确认为属于自由任意的行动的道德属性。然而，趋恶倾向作为自由任意的主观规定根据，必然在逻辑上要先于任意的每一个行动。因此，趋恶倾向的概念中似乎出现了一个矛盾——先于一切自由行动的东西，如何可以拥有只能够被归于自由行动的道德属性呢？幸运的是，康德自己很快提出了这一问题，随即又给出了解答它的关键线索：

（3）如果这一表述不能在两种不同的，但都可以与自由的概念相结合的意义上使用，那么，在一种纯粹的趋恶倾向的概念中，就会有一种自相矛盾（ibid.，6∶31）②。

由此可见，康德对上述矛盾的解决方式，就在于区分出"行动"一词的两种含义：

（4）但是，关于一种一般行动（ein Tat überhaupt）的表述，既能适用于最高准则（合乎法则地或者违背法则地）被纳入任意所借助的那种对于自由的运用（Gebrauch der Freiheit），也能适用于行为自身（Handlungen selbst）（就其质料而言，也就是说就任意的对象而言）被按照那个准则来实施时所借助的那种对于自由的运用（ibid.，6∶31）③。

根据这段引文，"行动"一词的第一重意义，指的是对于自由的这样一种运用，通过这种运用，任意的最高准则被确立为或者是善的，或者是恶的。以这种方式，任意对道德法则的基本态度（亦即它的道德品格）也

---

① 《康德著作全集》第 6 卷，中国人民大学出版社 2007 年版，第 30 页。
② 《康德著作全集》第 6 卷，中国人民大学出版社 2007 年版，第 30 页。
③ 《康德著作全集》第 6 卷，中国人民大学出版社 2007 年版，第 30 页。

就得到了规定。这第一重意义上的自由行动,仅仅涉及自由任意的自我规定中的抽象一面,因为,任意的最高准则是通过对属于人类自由的两条基本原则(亦即道德法则和自爱原则)的排序来决定的,这两条原则是分别由纯粹意志和不纯粹的意志(或者说纯粹的实践理性和不纯粹的实践理性)先天地给出的"形式性的对象"(formal objects)。此外,这第一重意义上的自由行动完全属于本体领域,它仅仅规定了高级欲求能力与自身之间的一种"内部关系"(亦即作为立法功能的意志和作为执行功能的任意之间的关系),但尚未被表达在外部现象世界之中。

另外,细心的读者或许还会注意到,康德在这里似乎区分了第一重意义上的行动和该行动所产生的结果。也就是说,作为第一重意义上的自由行动,趋恶倾向和任意所拥有的最高准则(或者说意念)并不完全相同,因为,这个最高准则其实是第一重意义上的自由行动的结果。然而,从实践的角度看,在本体领域里似乎存在着一种(1)行动者(自由任意)、(2)他的自由行动(趋恶倾向)和(3)该自由行动的产物(作为任意之最高准则的恶的意念)的"三而一、一而三"的结构①。或者说,(1)(2)(3)仅仅能被逻辑地(而不是实质性地)区别开。于是以这种方式,趋恶倾向的概念与恶的意念的概念,也就在这段分析中可以被统一起来。

---

① 本段对于这种类似"三位一体"的结构的灵感来自费希特的知识学。一个人的道德品格在先验层面"激进的自我创造"(radical self-creation),包含着某种三而一、一而三的结构,即(a)"自由的主体"、(b)"主体对自身进行规定的行动"以及(c)"这一行动的产物"是三位一体的。撒母耳·朗卡(Samuel Loncar)论述说,康德的根本恶理论"不仅在'明晰的行动者'(explicit agent)背后还需要另一个行动者,而且这(后一)个行动者要求一种'无法则的自我规定'(law-less self-determination)的能力。于是,在受到理性命令统治的自我背后,还存在一种更为原始的选择(让自己)去服从于理性的主体"[Loncar, S. , "Converting the Kantian Self: Radical Evil, Agency, and Conversion in Kant's *Religion within the Boundaries of Mere Reason*", *Kant-Studien* 104(3): 364, 2013]。

　　如果完全以个人主义的解读方式来把握康德的人类自由概念,那么朗卡的上述分析就是完全正确的。然而,借助于康德关于善的禀赋和趋恶倾向的论述,此处实际上并不需要完全按照个人主义的解读方式来把握他的人类自由概念。也就是说,早在一个人的意念已经被确定地规定为善的或者恶的之前,他的自由任意已经在自身之内怀有向善和向恶这两种先验潜能了。从这个意义上说,个人的意念永远不会是全然"无法则的"(lawless),因为它永远同时处于向善动机和向恶动机的双重影响之下。

现在再来看看康德在这段引文中提到的第二重意义上的自由行动。就如康德所言，这第二重意义上的自由行动指向的是对自由的这样一种运用，通过这种运用，就质料而言的"行为"（Handlungen）遵循着任意的最高准则（该准则已经由第一重意义上的自由行动所确立）被产生了出来。因此，尽管第二重意义上的行动也同样是自由的，但它在逻辑上却要位于第一重意义上的自由行动之后，并且需要由第一重意义上的自由行动来为其奠基。就质料而言的行为应当被理解为指向经验对象的行动，这些行动在现象世界的表达可以从外部经验中被观察到，尽管它们的最终规定根据依旧位于主体之内，也就是位于主体的任意所拥有的先验自由之中。

上述通过经验而被后天地给予自由任意的经验性对象，可以被看作是通过意志被先天地给予任意的两条基本原则（即道德法则和自爱原则）的概念对立物。因此，与作为任意的"形式性的对象"而登场的两条基本原则相反，这些经验性对象可以被称为属于任意的"质料性的对象"（material objects）。在以质料性的对象为目标，并且可以在经验中被观察到的诸行为里面，任意的自由实际上超越了本体领域而进入了现象领域①。因此，第二重意义上的自由行动就并不涉及高级欲求能力与自身之间的那种"内部关系"（亦即意志与任意之间的关系），而仅仅涉及高级欲求能力与外部世界的关系（亦即任意与它自己在现象领域的结果之间的关系）。

更重要的是，第二重意义上的自由行动不仅建构起了就质料而言的诸行为（这些行为的外部表达，可在经验中被观察到），同时也建构起了为上述行为奠基的诸具体准则。就如前文已经指出的那样，任意的最高准则是一条完全抽象的原则：它在本体领域里通过任意对两种"形式性对象"（亦即道德法则和自爱原则）的排序而被纯然先天地决定。然而，

---

① 这就是说，自由任意从在本体界里采取最高准则的单一行动，转向了进一步表达这一单一行动的诸多行为，后面这些行为的效果，可以在现象界中被观察到。

为了在现象领域里通过就质料而言的行为来进一步地表达出这一最高准则,任意还需要一个中间层,或者说,需要一道将可观察到的行为和最高准则联结起来的中介。这道中间层(或者说中介)就是任意所采取的具体准则:具体准则在具体的情境下被采取,指向具体的目的,包含具体的动机,并且推动着具体类别的行为的发生。

显然,具体准则只能以一种后天和偶然的方式形成,因为生成它们的具体情境、它们所指向的具体目标、它们所包含的具体动机以及它们所要求的具体行为类别——简单地说,就是具体准则的所有构成要素——都是通过经验后天地被给予的。然而,上述事实并不意味着具体准则的形成与对自由的运用无关。相反,如同就质料而言的行为是任意自由地发起的那样,具体准则也是被任意自由地采取,以此来表达自身的最高准则的。实际上,任意所采取的具体准则,仅仅是对它自身的最高准则的特殊应用或特殊执行,而就质料而言的行为,又是对具体准则的更为特殊的应用或更为特殊的执行。与在本体领域被纯然先天地确立起来的最高准则相反(亦即第一重意义上的自由行动),具体准则和就质料而言的行为,只能在上述本体性规定进入现象领域表达自身时才能后天地形成(亦即第二重意义上的自由行动)。

在这里,一个关于上述两种意义的自由行动在道德属性上的关系问题开始隐隐浮现了出来。这个问题可以被简单地表达为:如果第一重意义上的自由行动是恶的,那么第二重意义上的自由行动,是否也必然是恶的?换句话说,如果(由第一重意义上的自由行动所确立的)最高准则是恶的,那么(由第二重意义上的自由行动所产生的)具体准则以及就质料而言的行为是否也必然是恶的?就如方才已经论证过的那样,第二重意义上的自由行动在逻辑上位于第一重意义上的自由行动之后,并且需要第一重意义上的自由行动来为之奠基。因此,具体准则和就质料而言的行为也在逻辑上位于最高准则之后,并且需要最高准则来为之奠基。然而,如果此处的逻辑前件和逻辑后件之间真的存在着一种严格的决定论关系,那么唯有第一重意义上的自由行动才能在真正的意义上被视为是自由的,而第二重意义上的自由行动则必须被判定为是不自由的。这是因为,在这一设想中,所有具体准则和就质料而言的行为的道德属性,将和最高准则的道德属性一道,全都一劳永逸地被第一重意义上的自由行动所决定。换句话说,第二重意义上的自由行动将被第一重意义上的自由行动强制着去获得某种特定的道德属性。然而,在被剥夺获得相反道德属性的可能性的同时,第二重意义上的自由行动也将不再是自由的,更直白一点地说,它已经被完全贬低为了第一重意义上的自由行动所造成的必然后果。因此,面对这种设想,读者的第一反应或许会是:即使决定了最高准则之道德属性的第一重意义上的自由行动是恶的,但只要第二重意义上的自由行动确实是自由的,那么后者依旧可能是善的,从而进一步给出善的具体准则以及就质料而言的善的行为。

可惜的是,尽管读者对这两重意义的自由行动之间关系的最初印象似乎有几分道理,但这一印象其实源于一个根本性的误解。实际上,这两重意义的自由行动并不是相互独立的、互不相关的两个行动,而仅仅是源自高级欲求能力的同一个自由行动的两个不同侧面而已[其中一个是"形式性的侧面"(formal aspect),另一个则是"质料性的侧面"(material aspect)]。由高级欲求能力给出的自由行动的"形式性的侧面",表达了这种能力在与自身的关系中所获得的本体性的道德品质,这一道德品质通过任意对属于人类自由的两条基本原则(亦即道德法则和自爱原则)的排序来决定,道德法则和自爱原则又是意志给予任意的两种形式性对象。与此相对,由高级欲求能力给出的自由行动的"质料性的侧面",则体现了高级欲求能力在与外部世界的关系中对于自身的现象表达,这一"质料性的侧面"包括任意对具体准则的选择、对具体动机的采纳、对质料性对象的瞄准,以及那些后天效果可以在经验中被观察到的诸质料性的行为——所有这些,都是任意在特殊情境之下,对于自身最高准则的特殊应用和特殊执行。

必须承认的是,高级欲求能力在与自身的关系中对其自由的运用,的确不同于它在与外部世界的关系中对其自由的运用。因此,康德笔下两重意义的自由行动,既不能被还原为对方,也不能取代对方。同样地,这两重意义的自由行动也不能完全独立于对方,从而与对方彻底分离。实际上,对这两重意义的自由行动的完整理解,可以通过《纯粹理性批判》和《实践理性批判》所提供的关键线索被建立起来。一方面,在《纯粹理性批判》中,先验自由被定义为在经验中开启一个现象序列的绝对自发性。因此,除了作为一种本体的原因性之外,任意所拥有的先验自由,仅仅根据其本身的定义,就必须在现象界(以一种形式的同一性)表达出自身。这意味着:由任意给出的一个完整的自由行动,将永远包含着现象的一面,或者换句话说,该自由行动必须可以由外部观察到的现象被表达出来。另一方面,根据《实践理性批判》的论述,作为一种通过自由地选择的原则来规定自身的原因性,任意还需要选择一种由自己给予自己的原则,如此方能在开启经验序列的同时来进行自我规定。鉴于在这里可供任意选择的对象,只有由实践理性给出的两条基本原则(亦即道德法则和自爱原则这两个"形式性的对象"),因此,任意也就只能从这两条原则中选择其中的一条来规定自身。

总而言之,由任意给出的任何一个完整的自由行动,总是同时包含着质料性的侧面和形式性的侧面。对这两个侧面的分离,仅仅在抽象的反思活动中是可能的。当质料性的侧面和形式性的侧面在反思活动中被相互分离开来,并且仅仅就其自身而被考察时,它们就都只能被视为仅仅属于反思活动的抽象对象,因而无法在现实中独立地存在。根据截至目前的分析来看,"如果第一重意义上的自由行动是恶的,那么第二重意义的自由行动是否也必然地是恶的"其实是一个伪问题,因为,这个问题将属于同一个自由行动的两个不可分割的侧面,错误地当成了两个可以互相分离的自由行动。就如先前已经论证过的那样,第二重意义上的自由行动,仅仅是对自由任意的最高准则的执行或者说应用,因此,作为第二重意义的自由行动的产物,具体准则以及就质料而言的行动,实际上在道德属性上已经被最高准则决定了,最高准则的道德属性,又是被第一重意义的自由行动决定的。

对本节的讨论更为重要的是,最高准则作为道德法则和自爱原则之间的排序,实际上已经被包含在了具体准则当中,并且作为具体准则的基本架构而在起作用了,同时具体准则又利用了各种建构材料(比如包含的动机、指向的对象、要求的行为等等)来进一步充实这个基本架构。因此,如果具体准则可以被比作完整的建筑的话,那么最高准则就像支撑着建筑的基柱。简单地说,具体准则和它背后的最高准则之间的关系,就是能够存在于现实中的充实的整体和仅仅能被反思活动所把握的抽象的形式之间的关系。其中,抽象的形式无法从充实的整体中被单独剥离出来,也无法独立于充实的整体而自足地存在。相反,抽象的形式是包含在充实的整体里面的本质性结构,这一本质性结构决定了整体所拥有的道德属性究竟是善是恶。

特别地,对于此处的讨论来说,有两种误解可能阻碍读者正确地把握最高准则和具体准则之间的关系。第一种误解认为最高准则在时间上先于具体准则而出现,就好像这两类准则是能够在时间上被相互分开的心理事件一样。根据这种误解,具体准则的道德属性和最高准则的道德属性之间并不存在任何必然的关联。这是因为,一个人可能在较早的时刻采取了某种对道德的一般性态度,但他在较晚的时刻面对特殊处境所做出的特殊选择,仍然有可能偏离先前采取的那种一般性态度。与之相对,对于最高准则和具体准则之间关系的第二种误解,则将最高准则看作是从逻辑上限定着具体准则的,就好像这两类准则,是形式逻辑中的推理前件和推理后件似的。这意味着,对自由第一重意义上的运用,将一劳永逸地决定对自由第二重意义上的运用,因而实际上褫夺了后者作为"自由行动"所拥有的地位。读者在此必须注意的是,康德关于具体准则和最高准则的讨论中所涉及的逻辑,其实是先验逻辑,而不是形式逻辑。读者完全可以在康德的理论哲学中,为最高准则和具体准则之间的关系找到一个概念对应物,这个概念对应物,就是纯粹知性概念和被它们建构出来的经验概念之间的关系。

现在,在讨论完最高准则和具体准则的关系之后,本节将转向对于就质料而言的行为的讨论，这些行为也是从第二重意义的自由行动之中产生的。此处需要提醒读者注意的是，上述对于具体准则的分析，严格地说只是对于康德论证的补充，其目的在于建立最高准则和就质料而言的行为之间的中间环节，但康德本人仅仅讨论了就质料而言的行为，却并没有给予这一中间环节——也就是具体准则以充分的分析。然而，康德对具体准则的忽视依然是可以得到合理辩护的。因为，就质料而言的行为其实只是在更为特殊的情景下对于具体准则的应用和执行，所以，具体准则实际上一直在建构着就质料而言的行为，因而已经被包含在这些行为之中了。

换言之，就质料而言的行为和具体准则之间的关系，基本类似于具体准则和最高准则之间的关系：前者是充实的整体，后者则是构成整体的本质性形式。另一方面，不同于由第一重意义上的自由行动所产生的最高准则，具体准则和就质料而言的行为都是通过第二重意义上的自由行动（也就是在任意与现象世界的关系之中）而产生的，由此形成了任意在现象世界中的自我表达。其中，具体准则是任意在现象世界中较为一般性的自我表达，而就质料而言的行为又是对上述一般性表达的进一步特殊化。

现在，分析完两重意义上的自由行动之后，再来接着看一看康德的文本：

（5）于是，趋恶的倾向是在第一种意义上所说的行动［peccatum originarium（本原的罪）］，同时又是在第二种意义上所说的所有违背法则的，就质料而言与法则相抵触的被称为恶习［peccatum derivativum（派生的罪）］的行动的形式根据；尽管第二种（出自一些并非存在于法则自身之中的动机的）罪可以从多方面加以避免，但第一种罪却依然存在。第一种罪是理知的（intelligibele）行动，仅仅通过理性就可以认识到而没有任何时间条件；第二种罪是可感的（sensibel）、经验性的，是在时间中给定的［factum phaenomenon（现象的行为)〕(*RGV* 6:31)①。

在此,康德明确地肯定了趋恶倾向应当被归于对于自由的第一重运用,而可观察到的恶行则应当被归于对于自由的第二重运用。借用宗教的术语,康德将前者称为"本原的罪",把后者称为"派生的罪"。然而,与相信本原的罪(中文通常翻译为"原罪")是通过交配繁衍而从第一对人类夫妇遗传给后代的奥古斯丁主义②截然不同,康德声称本原的罪是可以在经验中观察到的派生的罪的形式根据,因而对于后者是构成性的③。

---

① 《康德著作全集》第 6 卷,中国人民大学出版社 2007 年版,第 30—31 页。这里需要提醒读者注意康德文本中的一处混淆。根据引文(4),康德将第二重意义上的行动看作了对自由的第二重运用。根据先前的分析,由第二重意义上的自由行动产生的,是任意在现象世界的"自我表达",同时,这第二重意义上的自由行动也与第一重意义上的自由行动是完全同等地自由的。然而根据引文(5),康德却将第二重意义上的自由行动描述为感性的、经验性的、在时间中给出的。实际上,康德在(5)中的描述有很强的误导性,就好像第二重意义上的自由行动"就是"(而并非"产生出了")任意的现象表达,因而作为现象世界的内部环节,而与自由毫无关系似的。

② 但康德似乎也承认,基督由童贞女所生这件事,在某种程度上正是基督在道德上纯洁无罪的象征,亦即基督并未被趋恶倾向所污染:

"把一个不具有生而具有的趋恶倾向的人格以这种方式设想为可能的,亦即让他由一个童真女母亲生出,是对一种既难以解释然而又无法否认的、似乎是道德上的直觉作出迁就的理性的一个理念。其原因在于,由于自然的生育没有双方的感官快乐就不可能发生,这种生育显得把我们置于(对于人性的尊严来说)与一般的动物族类过于相近的亲缘性之中,所以我们把它看作是某种我们必须为之感到羞耻的东西——这个表象无疑成了僧侣阶层所臆想的圣洁性的真正原因。——因此,这种东西让我们觉得是某种不道德的东西,是与人的完善性无法统一的东西,然而又是被嫁接进人的本性的东西,从而也是作为一种恶的禀赋遗传给他的后代的东西。——于是,一个不带有任何道德缺陷的孩子的不依赖于任何性交往的(从童贞女的)出生,这个理念与这种模糊的(从一方面来看纯然是感性的,但从另一方面来看却又是道德的,因而也就是理知的)表象倒是符合的,但在理论上却不是没有困难的(但就此而言,完全没有必要在实践的意图中规定某种东西)"(*RGV* 6:80n;《康德著作全集》第 6 卷,中国人民大学出版社 2007 年版,第 80—81 页)。

③ "因此,为自由行动本身(完全当作自然结果)寻求时间上的起源,这是一种自相矛盾。所以,就人的道德属性被看作是偶然的而言,对它来说也是如此,因为这种道德属性意味着运用自由的根据,它(就像一般自由任意的规定根据一样)必须仅仅在理性表象中去寻找。但是,无论在人之中的道德上的恶的起源是什么性质,在关于恶通过我们族类所有成员以及在所有繁衍活动中的传播和延续的一切表象方式中,最不适当的一种方式,就是把恶表象为是通过遗传从第一对父母传给我们的。因为关于道德上的恶,人们恰恰可以说诗人关于善所说的话:genus et proavos, et quae non fecimus ipsi, vix ex nostra puto〔族类、祖先、以及那些不是我们自己做出的,我们几乎不把它们算做我们自己的(奥维德《变形记》XIII:140 - 141)〕"(ibid., 6:40;《康德著作全集》第 6 卷,中国人民大学出版社 2007 年版,第 40 页)。

此外,康德还强调了派生的罪可以通过采纳某些非-道德动机的方式加以避免,但本原的罪却并不会随之消失。换言之,在某些情况下,一些可被归于自爱原则之下的非-道德动机,确实能够阻止派生的罪的爆发,同时促进表面上是良善的行为。比如说,在一个法律和习俗都运行良好的社会中,自私自利之徒极有可能会为了保持好名声(或者仅仅为了避免道德谴责和法律惩罚)而放弃赤裸裸的恶行,甚至将自己包装成正派的绅士。根据康德的观点,这些人的行为虽然从外部表现来看是善的,但从内部意向来看却绝不是善的。康德是通过对外部行为的"合法则性"(Gesetzmäßigkeit/Legalität)和内部动机的"道德性"(Sittlichkeit/Moralität)这一关键区分来分析上述现象的。"合法则性"仅仅意味着行为的内容符合道德法则的文字,"合道德性"则要求行为的动机出自道德法则的精神①。总而言之,表面上良善的行为最终却基于一条并不良善的准则——这种情况在现实中是完全可能(甚至是经常)发生的。

现在再来继续看一看康德描述趋恶倾向的文本:

(6)现在,第一种罪,尤其在与第二种罪的比较中,叫做纯然的倾向,并且是生而具有的(angeboren),因为它是不能被根除(ausgerottet)的(否则为此,最高准则就必须是善的准则,但在那种倾向中,最高准则本身已被假定为是恶的);但这尤其是因为:对于为什么在我们身上,恶恰好败坏了最高准则,尽管这是我们自己的

---

① "但是,在一个具有好的举止(von guten Sitten)(bene moratus)的人和一个道德上善良(sittlich guten)(moraliter bonus)的人之间,就行为(Handlungen)与法则一致而言,是没有区别的(至少不可以有任何区别)。只是在前一种人那里,行为恰恰并不总是或者从来不曾以法则为唯一的和最高的动机,而在后一种人那里,行为在任何时候都以法则为唯一的和最高的动机。关于前一种人可以说,他是按照字句(dem Buchstaben nach)遵循法则的(即,就法则所要求的行为而言);关于第二种人则可以说,他是按照精神(*dem Geiste nach*)而遵循法则的(道德法则的精神就在于,它单是自己就足以成为动机)"(ibid., 6:30;《康德著作全集》第6卷,中国人民大学出版社2007年版,第29—30页)。另见:"一个行为和义务法则的一致就是合法则性[legalitas(合法性)]。——行为准则和法则的一致就是行为的道德性(moralitas)"(*MS* 6:225;《康德著作全集》第6卷,中国人民大学出版社2007年版,第233页)。

行动,我们并不能进一步给出一个原因,就像对于属于我们本性的某种基本属性不能进一步说明原因一样(ibid., 6:31-32)①。

康德声称,趋恶倾向作为第一重意义上的自由行动是生而具有的。在上述这段文本中,康德接连用了两个原因来解释趋恶倾向的这一"生而具有性"。首先,趋恶倾向之所以是生而具有的,是因为它是无法被根除的。康德指出,为了根除这种内在之恶,主体就必须依赖一条善的最高准则。然而,鉴于主体的最高准则已经被趋恶倾向败坏了,因此其最高准则便只能是恶的。这意味着,主体在自身之中无法找到一条善的最高准则,并依靠它来根除趋恶倾向。所以,趋恶倾向是无法被根除的。

趋恶倾向之所以是与生俱有的,第二个同时也是更重要的原因是:尽管该倾向是被任意自由地招致的,但研究者却无法为它找到一个更深的原因,以此来解释主体对于自由的最初运用(通过这种运用,主体的最高准则被建立了起来)为什么是恶的。恶的终极根据的这种不可探究性,又可以用以下的方式得到刻画。首先,恶的终极根据不能在自由之外被发现,研究者无法像为自然事件寻找自然原因那样,为自由行动寻找一个类似的自然原因。就如康德所言,"恶的根据不可能存在于任何通过偏好来规定任意的客体中,不可能存在于任何自然冲动中"。其次,通过上述这种排除,恶的最终根据便只能被置于自由自身之内,这一根据"只能存在于任意为了运用自己的自由而为自己制定的规则中,亦即存在于一个准则之中"(ibid., 6:21)②。然而,也恰恰是在这一点上,研究者将无法继续为主体为什么会采取某条最高准则来寻求一个更深的根据,这是因为,一旦研究者试图那样做时,他便注定会陷入无限后退之中,从而永远无法确定恶的最终根据:

> 由于这种采取(Annehmung)是自由的,因而必须不是在自然的一种动机中,而总是又要在一个准则中寻找这种采取的根据(例如,

---

① 《康德著作全集》第 6 卷,中国人民大学出版社 2007 年版,第 31 页。
② 《康德著作全集》第 6 卷,中国人民大学出版社 2007 年版,第 19 页。

我为什么采取了一个恶的准则,而不是采取一个善的准则);又由于就连这个准则本身也必须有它的根据,但在准则之外却不应该也不能够提出自由任意的任何规定根据,因而人们就会在主观规定根据的系列中越来越远地一直追溯到无限,而不能达到原初的根据(ibid.,6:21n)①。

所以,趋恶倾向作为主体对自身自由的首次运用,可以被比作是人类自由最深处的黑暗深渊。研究者最多能够接近这个深渊并站在它的边缘之处,却永远无法向着深渊内部再前进一步,继续探索掩藏在它最深处的秘密,并由此回答"人类为什么首先将自身的道德品格规定为恶,而不是规定为善"的问题。

至此,本节已经逐字逐句地分析了康德关于趋恶倾向的核心文本,并且充分探讨了分别从族类层面和个体层面出发而对这一趋向给出的两种理解。接下来的第十章将转向与趋恶倾向紧密连接在一起的另一个概念,也就是"意念"(Gesinnung)的概念。就如读者即将看到的那样,意念概念将在建立一种能够调和上述两种关于趋恶倾向的矛盾性理解的全新诠释中,扮演一个至关重要的角色。

---

① 《康德著作全集》第 6 卷,中国人民大学出版社 2007 年版,第 30 页。

第十章　意念与对趋恶倾向的新诠释①

第一节　康德关于意念的论述

　　"意念"（Gesinnung）既是《宗教》一书中最重要的概念之一，也在康

_____

① 意念（Gesinnung）概念是康德晚期实践哲学研究中的一个难点。学者们对于 Gesinnung 一词的含义究竟是什么尚未达成一致意见。剑桥英译本将 Gesinnung 译为 disposition，而这一译法似乎在暗示 Gesinnung 接近于亚里士多德伦理学中，那种作为原因而引起行为的"关涉选择的倾向或者习惯"（disposition or habit involving choices/hexis prohairetike）。与此相对，普鲁哈译本则将 Gesinnung 译为心理学意味比较浓重的 attitude。

　　在最近的研究文献中，爱丽丝·希尔斯（Alison Hills）认为 Gesinnung 作为人自由选择的产物，实际上是一种在每个选择中都在场的对于某条基本实践原则的"投身"（commitment to a fundamental practical principle）[Hills, A., "*Gesinnung*: Responsibility, Moral Worth, and Character," in G. E. Michalson (ed.), *Kant's Religion within the Boundaries of Mere Reason: A Critical Guide*, Cambridge: Cambridge University Press, 2014, pp. 79 - 97]。帕姆奎斯特则试图论证说，*Gesinnung* 是一种"原则化了的确信"（principled conviction），是在道德性形式下出现的 *Überzeugung*（Palmquist, S. R., "What is Kantian *Gesinnung*? On the Priority of Volition over Metaphysics and Psychology in *Religion within the Bounds of Bare Reason*," *Kantian Review* 20[2]: 235 - 264, 2015）。此外，茱莉亚·彼得斯（Julia Peters）又提出，Gesinnung 并不是已经形成的，而是正在生成的，是需要通过一个人一生中的一系列选择才能最终被建构出来的关于他道德品格之善恶的"整全性"（holistic）概念（Peters, J., "Kant's *Gesinnung*", *Journal of the History of Philosophy* 56[3]: 497 - 518, 2018）。除了以上这些比较有代表性的观点，其他关于 *Gesinnung* 概念的重要讨论还包括 O'Connor, D., "Good and Evil Disposition," *Kant-Studien* 3: 288 - 302, 1985; Caswell, M., "Kant's Conception of the Highest Good, the *Gesinnung*, the Theory of Radical Evil," *Kant-Studien* 97(2): 184 - 209, 2006; Pasternack, L. R., *Kant on Religion within the Boundaries of Mere Reason*, London and New York: Routledge, 2014; 等等。

德早期的伦理学著作中被多次使用过。为了建立起对趋恶倾向的新诠
释这一极为有限的目标，本章的论述将仅仅聚焦于《宗教》一书的第一部
分，而在那里，意念概念与趋恶倾向概念很明显是紧密地纠缠在一起的。
大致地看，康德在《宗教》第一部分文本中对意念的论述有两个不同的方
向。一方面，康德清楚地将意念作为最高准则而归于了每个人类个体。
在个人的层面上，意念既可以是善的，也可以是恶的。此外，恶的意念还
可能被转化为一个善的意念(或者反过来说，善的意念也可能堕落为恶
的意念)，这一从恶到善的转化，恰恰构成了康德道德皈依学说的核心内
容。另一方面，康德也使用了与描述趋恶倾向几乎完全同样的语言来描
述恶的意念。根据人类学的观察，恶的意念普遍地属于每个人类个体
(只要他或她是人类种族的成员)，从而和人性本身深深地纠缠在了一
起，并最终将整个人类族类的道德品格规定为恶。这意味着在人类族类
层面，意念必须绝对地被判定为是恶的。更致命的是，这种恶的意念，甚
至在道德皈依之后也无法被根除。

　　因此，如上所述，意念的概念似乎和趋恶倾向的概念有所重叠，却无
法和后者完全地画上等号。所以在这里，究竟应当如何恰当地理解意念
与趋恶倾向之间的关系呢？为了回答这个问题，这里需要首先考察一下
《宗教》第一部分中关于意念概念最重要的文本。

　　一方面，根据某些文本，意念仅仅属于人类个体，它是诸(具体)准则
背后主观的基本原则：

　　　　在判断行为的道德性所必须依据的一个恶的意念和一个善的
　　　意念[准则的内在原则(innerem Prinzip der Maximen)]之间，并不
　　　存在任何中间物(RGV 6:22n)①。

　　　　假如法则并没有在一个与它相关的行为中规定某人的任意，那
　　　么，就必然会有一个与它相反的动机对此人的任意发生影响；而且
　　　由于这种情况，在上述前提的力量下，只有通过此人把这一动机(因

――――――――――――
① 《康德著作全集》第 6 卷，中国人民大学出版社 2007 年版，第 21 页。

而也连同对道德法则的背离)纳入自己的准则(在这种情况下他就是一个恶的人)才会发生,所以,此人的意念就道德法则而言绝不是中性的(indifferent)(决不会不是两种的任何一个,既不是善的也不是恶的)(ibid.,6:24)①。

根据康德的观点,意念作为诸准则的内在原则,也必须被理解为一条准则。然而意念具有远比其他准则更为基础性的地位,因为,作为准则的内在原则,意念实际上为所有具体准则奠定了基础。于是在这个意义上,意念可以被视为最高准则,它表达了个人对于道德法则的基本态度。作为最高准则,意念也规定了一个人整体的道德品格究竟是善是恶,虽然这一道德品格无法在经验中被直接地观察到,但它的善恶属性却可以通过其经验表达而被回溯性地推理出来(ibid.,6:25)②。

根据康德所持有的道德"严峻主义"(Rigorismus)立场,意念必须被判定为或者是善的或者是恶的,但它绝对不能是既非善也非恶的[即"无所谓主义"(Indifferentismus)的立场],也绝对不能是部分为善部分为恶的[即"折中主义"(Synkretismus)的立场](ibid.,6:22)③。下一章将在论证"人从本性上是恶的"这一命题时,再讨论康德的道德严峻主义所具有的复杂含义。为了本章有限的论证目的,此处只需要从前述引文中导出两条结论即可:(1)初看上去,作为最高准则的意念属于每个人的自由任意,而不是整个人类族类;(2)同样是初看上去,尽管根据康德的道德严峻主义立场,意念必须或者是善的或者是恶的,但意念并不必然地是善的,也并不必然地是恶的。现在,当把(1)和(2)这两条结论结合起来,又可以进一步导出如下结论:一个人的意念所具有的道德属性,可能会偶然地和另一个人的意念所具有的道德属性正好相反。这意味着,一些人类个体可能是善的,而另一些人类个体则可能是恶的。简单地说,每个人的整体道德品格所具有的善恶属性,无法通过一条普遍性的命题而

① 《康德著作全集》第 6 卷,中国人民大学出版社 2007 年版,第 22—23 页。
② 《康德著作全集》第 6 卷,中国人民大学出版社 2007 年版,第 23—24 页。
③ 《康德著作全集》第 6 卷,中国人民大学出版社 2007 年版,第 20—21 页。

被绝对地判定①。

如果更仔细地阅读一下康德的文本，那么读者将发现康德提出道德严峻主义和意念概念的文本背景，实际上是下述这一基本问题：人从"本性上"（von Natur）究竟是善的，还是恶的？（ibid.，6:21-22）②关于"人性"（die menschliche Natur）这个词的含义，康德则给出了如下说明：

> 这里把人的本性（der Natur des Menschen）仅仅理解为（在诸客观的道德法则之下）一般地运用于人的自由的、先行于一切落于感观中的行动的主观根据，而不论这个主观的根据存在于什么地方。但是，这个主观的根据自身又必须是一个自由的行动（ein Aktus der Freiheit）（因为若不然，人的任意在道德法则方面的运用或者滥用，就不能归责到人身上，人之中的善或者恶也就不能叫作道德上的）……因此，如果我们说，人从本性上是善的，或者说人从本性上是恶的，这无非是意味着：人，而且更确切地说普遍地作为人（allgemein als Mensch），包含着采取善的诸准则或者采取恶的（违背法则的）诸准则的一个（对我们来说无法探究的）原初根据，因此，他同时也就通过这而表现了他族类的品格（den Charakter seiner Gattung ausdrückt）（ibid.，6:21）③。

就如先前已经提到过的那样，普遍地属于每个人（只要他是人）的一切准则的主观根据（或者说最高准则），就是人类族类的趋恶倾向。因

---

① 希尔斯的文章给予了本书作者以上述方式解释意念概念的最初灵感。然而，本章对于意念的论述却比希尔斯的论述要形而上学化得多。在这里的讨论中，意念被看作是具体准则的"先天建构形式"（the a priori constitutive form）。在这一先天建构形式中，自由任意通过对两条先天原则（也就是道德法则和自爱原则）的排序，规定了诸具体准则的道德属性。参见 Hills, A., "*Gesinnung*: Responsibility, Moral Worth, and Character," in G. E. Michalson (ed.), *Kant's Religion within the Boundaries of Mere Reason: A Critical Guide*, Cambridge: Cambridge University Press, 2014, pp. 79-97。
② 《康德著作全集》第 6 卷，中国人民大学出版社 2007 年版，第 19—20 页。
③ 《康德著作全集》第 6 卷，中国人民大学出版社 2007 年版，第 19 页。

此,若考虑到康德提出道德严峻主义的文本背景,那么似乎可以说意念与趋恶倾向的含义非常地接近。在这个意义上,康德似乎将人类个体层面和人类族类层面合并到了一起①。从表面上看,趋恶倾向与意念的差异似乎仅仅在于:根据这两者的定义,意念既不是必然地是善的,也不是必然地是恶的;相反,当考虑到其道德属性时,趋恶倾向就必须被判定为是恶的。事实上,在阅读完康德对道德严峻主义的论证后,读者可能会产生一种强烈的印象,亦即康德将意念与趋恶倾向这两个概念完全合并到了一起:

> 所谓从本性上具有这种或者那种意念,作为生而具有的属性(angeborene Beschaffenheit),在这里也并不就意味着,意念根本不是由怀有它的人获得的(erworben),即是说,他不是造成者(Urheber);而是意味着,它只不过不是在时间中获得的(即他从幼年起就一直是这样的或者那样的)罢了。意念,即采取诸准则的原初主观根据,只能是一个唯一的意念,并且普遍地指向自由的全部应用。但是,它自身却必须由自由的任意来采取。若不然,它就不能被归责了……这样,由于我们不能从任意的任何一个最初的时间性行动(Zeit-Aktus)中,引申出这一意念,或者毋宁说引申出它的最高根据,所以,我们称它为任意的一个属性,这个属性是任意从本性上具有的[尽管它事实上是在自由中建立的(gegründet)](ibid., 6:25)②

根据上述引文,意念和趋恶倾向一样也是生而具有的。同时康德还告诉读者,意念的"生而具有性"并不与它的"自由招致性"相矛盾,而仅仅与"在时间中自由地招致"相矛盾。换句话说,如果将意念视为自由在超越时间的本体层面的一个行动,那么起码从表面上看,意念的"生而具

---

① 严格地说,趋恶倾向其实是第一重意义上的自由行动本身,通过这一行动,最高准则才被确立了起来。就如第九章已经讨论过的那样,在先验领域内部,第一重意义上的自由行动和这一行动的产物,可以被看作是相互同一的。于是在这个意义上,趋恶倾向也就可以被视为是"恶的最高准则"。

② 《康德著作全集》第 6 卷,中国人民大学出版社 2007 年版,第 23—24 页。

有性"和它的"自由招致性"之间的矛盾将不复存在。显然,康德用以调和意念概念中上述两种矛盾特性的策略也适用于趋恶倾向,而后者同样是一个处于本体层面的自由行动。

　　然而,虽然康德关于意念的这段描述,极其地近似于(甚至初看起来完全等同于)他关于趋恶倾向的描述,但这两者之间一个微妙却又关键的差异却不应当被忽略掉。当康德在这里使用和趋恶倾向近乎相同的语言来描述意念时,他没有忘记给意念加上一个重要的限定语,而那就是"从本性上"(von Natur)。在《宗教》一书中的语境下,人的本性并不与他的自由相对立,反倒是属于人之为人的自由任意采取准则的最终主观根据。换言之,每个人的自由任意都会拥有这样的意念,只要他表达了人类族类的道德品格(ibid., 6:21)①。初看上去,"从本性上"这个限定语似乎并没有给意念概念增加任何新的内容。然而,通过对"人之为人"和"人类族类"的强调,康德实际上暗示了趋恶倾向和意念之间的一个本质差别,那就是"种"和"个体"之间的差别。根据定义,趋恶倾向与善的禀赋一样属于人类族类,而意念则属于人类个体。

　　从上述分析可以继续得出一个非常重要的结论。一方面,唯有从本性而来的意念,才必然地分享着趋恶倾向的道德属性,因此也唯有这种意念才必然地是恶的。换言之,当且仅当一个人作为人,这样的一个意念就必然地属于他时(亦即当他由于身为人类族类的成员而拥有这样一个意念时),或者更准确地说,当且仅当一个人的意念表达了整个人类族类的道德品格时,唯有在这种限定条件下,这个人的意念才必须被判定为是恶的(ibid., 6:25)②。在这种限定条件下,个体的人实际上成了整个人类族类所共同分有的人性的一个实例或者说一个代表。相反,如果一个人的意念仅仅就其自身而被考察,那么这个一般性的意念,并不必然地会分享趋恶倾向的道德属性。这意味着,与整个人类族类所具有的

――――――――――

① 《康德著作全集》第6卷,中国人民大学出版社2007年版,第19页。
② 《康德著作全集》第6卷,中国人民大学出版社2007年版,第23—24页。

邪恶品格不同,个人的意念可能是恶的,也可能是善的(ibid.,6:22n,24,38,51)①。在后一种情况下,那些拥有善的意念的人,实际上将自己放在了趋恶倾向的对立面,因而也就将自己和整个人类族类所拥有的邪恶品格直接对立了起来。同时,考虑到在这些善良的人类个体那里,他们"从本性而来的"(von Natur aus)意念依旧被趋恶倾向决定着,因此这样的意念也依旧是恶的,所以从这里又可以推论说:这些人所拥有的相反属性的善的意念,便只能是由他们自己获得的,换言之,这其实是一项通过个人选择才能达成的成就。在《宗教》一书的文本中,康德将这种依靠个人努力而获得的意念称为"德性",或者更准确地说,称为"作为本体的德性"(virtus noumenon)(ibid.,6:14,23n,37,51)②。

进一步地,趋恶倾向和意念之间的微妙差别,还可以通过下述文本考察而被进一步确认。康德一方面将"生而具有性"和"自由招致性"同时归于了趋恶倾向(参见第九章的分析),另一方面仅仅把"自由招致性"归于了一般性的意念。实际上,在上段引文中(ibid.,6:25)③,唯有"从本性上"这个限定语被补充给了一般性的意念时,康德才将"生而具有性"归于了意念。就如前文已经展示过的那样,"从本性上"这个限定对于意念来说只是一个偶然的特性,因而并不属于它的本质。因此,"生而具有"也仅仅是意念的偶性,因而并不构成它的本质。换言之,作为一个"属",一般性的意念可以被分为两个"种"。其中第一种意念是"从本性而来的意念",这种意念普遍地属于所有人类个体。与之相反,第二种意念并不是从本性而来的,而是个体必须通过自己的自由选择,而在之后的人生中获得的。结合前面的分析,在此可以合理地设想尽管少数个人从出生起就和其他同胞分享着同一种恶的意念(因为所有人都被捆绑在了相同的人性之下),但他们仍旧凭借着自己的自由选择,在随后的人生中成功地获得了另一种善的意念。事实上,这种从恶的意念到善的意念

---

① 《康德著作全集》第6卷,中国人民大学出版社2007年版,第21、22—23、38、51—52页。
② 《康德著作全集》第6卷,中国人民大学出版社2007年版,第15、21—22、36—37、51—52页。
③ 《康德著作全集》第6卷,中国人民大学出版社2007年版,第23—24页。

的转化,正是康德的道德皈依学说的核心主题:

> 在对那与我们共同被创造出来的(anerschaffenen)向善道德禀
> 赋的道德培养中,我们不能从一种对我们来说自然的天真无邪状态
> 开始,而是必须从关于任意违背原初道德禀赋而采取其诸准则的一
> 种恶劣性的假定(Voraussetzung einer Bösartigkeit)开始,而且,由
> 于这种对此的倾向是无法根除的(unvertilgbar),还有对这种倾向进
> 行不停的反作用。既然这仅仅导致从坏到更好的一种朝向无限的
> 进步,其结论就是,一个恶人的意念之转变(Umwandlung)为一个善
> 人的意念,必须建立在按照道德法则对采取其所有准则的最高内在
> 根据所作出的改变之中,只要这个新的根据(新的心灵)现在自身是
> 不再改变的(ibid.,6:51)①。

在这里,康德清楚地区分了趋恶倾向和意念。趋恶倾向被预设为普遍
地属于整个人类族类,与人类的本性深深地纠缠在一起,并构成了人类道
德教育的起点(即引文中提到的"恶劣性的假定")。根据康德的观点,趋恶
倾向是无法被根除的,这意味着:(1) 任何道德进步,都必须首先包含着与
人性中的这种内在之恶所进行的艰苦斗争;(2) 这一艰苦的斗争甚至在道
德皈依之后也永远没有终点。与趋恶倾向相反,属于个人的意念却可以从
恶转向善,这正是道德皈依的核心含义所在。康德指出,道德皈依是一次
性的,是不再改变的。作为这一皈依之结果的善的意念,很明显必须通过
个人的自由选择来获得,因而不可能是生而具有的。

第二节　善的意念与作为本体的德性

康德对意念和趋恶倾向的区分,唯有到了《宗教》一书的第二部分才
会显示出其全部重要性。在那里,康德论证说从恶的意念到善的意念这
一转化的关键,就在于个人将上帝之子的理念(亦即善的原则之人格化)

---

① 《康德著作全集》第 6 卷,中国人民大学出版社 2007 年版,第 51 页。

采纳进他的最高准则。由于本书篇幅所限,此处无法展开讨论上述这一复杂的主题,只能为了更好地澄清趋恶倾向和意念的区别这一有限的目的,对意念在道德皈依和道德教育中所扮演的关键角色做出一些简单的分析和讨论。根据康德的叙述,道德皈依首先建立起了属于一个人的"本体性的德性"(virtus noumenon),而之后的道德教育则持续地培养出属于他的"现象性的德性"(virtus phenomenon)①:

> 原初的善也就是在遵循自己的义务中的诸准则的圣洁性,因而是纯然出自义务的。这使那把这种纯粹性纳入自己准则的人,虽然自身还并不由此就是圣洁的(因而在准则和行为之间还有很大的距离),但却是已经踏上了在无限的进步中接近圣洁性的道路。在遵循自己的义务中这种已经化为熟练的坚定决心(Der zur Fertigkeit gewordene feste Vorsatz),根据作为其经验品格[virtus phaenomenon(作为现象的德性)]的合法则性(Legalität),也叫作德性(Tugend)。因此它具有合乎法则的行为的坚定准则;而任意为此所需要的动机,人们则可以随意从什么地方取来。因此,在这种意义上,德性是逐渐地获得的,对一些人来说,叫作(在遵循法则方面的)一种长期的习惯。借助于它,人通过逐渐地改造自己的行事方式和坚定自己的准则,而从趋向恶习的倾向转向一种截然相反的倾向。于是为此并不需要一种心灵的转变(Herzensänderung),而是只需要举止的转变(Änderung der Sitten)……但是,要某人不是仅仅成为一个律法上的(gesetzlich)善人,而是成为一个道德上的(moralisch)善人(为上帝所喜悦的善人),即根据理知品格[virtus noumenon(作为本体的德性)]是有德性的,如果他把某种东西认作义务,那么,除了义务自身的这种观念之外,他就不再需要别的任何

① 根据康德在《道德形而上学》中对德性的讨论,德性的定义包含了针对内在之敌的征战(MS 6:380;《康德著作全集》第6卷,中国人民大学出版社2007年版,第393页),根据本节的诠释,这一内在的敌人应当被理解为趋恶倾向(具体论证参见附录收录的文章《貌似魔鬼,仍为人类》)。

动机。这一点，只要诸准则的基础依然不纯，就不能通过逐渐的改良(Reform)，而是必须通过人的意念中的一场革命(Revolution)(一种向着意念的圣洁性准则的转向)来产生；他只有通过一种重生，就好像是通过一种新的创造(《约翰福音》，第 3 章第 5 节；参见《创世纪》，第 1 章第 2 节)和心灵的转变来成为一个新人(*RGV* 6：46－47)①。

在这里，康德对"作为本体的德性"和"作为现象的德性"的区分，与

---

① 《康德著作全集》第 6 卷，中国人民大学出版社 2007 年版，第 47—48 页。康德在《道德形而上学》中对德性的讨论，与他在《宗教》中对德性的讨论存在一些不同。《道德形而上学》并没有区分作为本体的德性与作为现象的德性，仅仅关注了一般意义上的德性。这种一般意义上的德性，可以被视为自由任意执行一条被坚定地采取的善的准则的道德力量[参见 Engstrom, S., "The Inner Freedom of Virtue," in M. Timmons (ed.), *Kant's Metaphysics of Morals：Interpretative Essays*, New York: Oxford University Press, 2002, pp. 289‐315]。因此，尽管一般意义上的德性的定义主要聚焦于自由任意(在表达自身时)对自身自由的第二重意义的运用，但这一运用依然最终基于自由任意(在规定自身时)对自身自由的第一重意义的运用。在这个意义上，可以说《道德形而上学》中一般意义上的德性，实际上同时涵盖了《宗教》中所讨论的作为本体的德性和作为现象的德性，并且把这两者作为一个整体来对待。

《道德形而上学》一书中关于德性的关键文本有："德性就是人在遵循自己的义务时准则的力量"(*MS* 6：394；《康德著作全集》第 6 卷，中国人民大学出版社 2007 年版，第 407 页)；"德性，作为建立在坚定的意念中的意志与任何义务的一致性，与所有形式的东西一样，都仅仅是同一个东西"(ibid. , 6：395；《康德著作全集》第 6 卷，中国人民大学出版社 2007 年版，第 408 页)；"尽管由于人的自由，克服所有感性地起到反作用的冲动的能力绝对可以并且必须被预设，但这种能力作为力量(robur)却是必须被获得的东西；获得它的方式就是——通过对在我们之内的纯粹的理性法则的尊严的沉思(contemplatione)，但也同时通过练习(exercitio)——来提升道德动机(法则的表象)"(ibid. , 6：397；《康德著作全集》第 6 卷，中国人民大学出版社 2007 年版，第 410 页)；"因此德性是一个人的意志在遵从其义务时的道德力量，义务是由其自己的立法理性而来的一种道德强制，只要它把自己构建成一种执行法则的权力本身"(ibid. , 6：405；《康德著作全集》第 6 卷，中国人民大学出版社 2007 年版，第 417—418 页)；"德性始终处在进步中，但也总是从头开始。——前一种情况乃是由于，德性客观地看是一个理想(Ideal)，并且是不可企及的，但尽管如此，不断地趋近这个理想仍然是义务。主观地看，第二种情况则基于随着偏好而受刺激的人之本性，在其影响下，德性以及它一劳永逸地采取的诸准则永远不能将自身置于平静和停滞状态中，而是只要它不处在上升中，就不可避免地沉沦，因为诸德准则不像技术准则那样可以建立在习惯上(因为这属于其意志规定的自然性状)，而是假若其实施成为习惯，主体就会由此在采取其准则时失去自由，这正是一个出自义务的行动的品格"(ibid. , 6：409；《康德著作全集》第 6 卷，中国人民大学出版社 2007 年版，第 422 页)。

他在《纯粹理性批判》中对理知品格和经验品格的区分是一脉相承的：前者是本体性的，仅仅涉及一个人采取准则的最基本的根据；后者则是现象性的，涉及一个人的具体准则和可被观察到的行为。作为本体的德性可以通过一种激进的革命而被建立起来，这种激进的革命是一种在本体层面的行动，该行动将一个人在道德上是恶的意念，彻底地翻转为在道德上是善的意念。与之相对，作为现象的德性能够通过渐进的改良被一点点地培养起来，从这一渐进的改良中，将产生出律法上是善的行为。值得注意的是，尽管在律法上是善的德性仅仅被康德称为"作为现象的德性"，但这并不意味着这种德性仅仅是机械性的，因而是不自由的。相反，作为现象的德性也是从自由任意的"自我表达"（self-expression）中产生出来的。与之相对，作为本体的德性则是在自由任意的"自我规定"（self-determination）中被建立起来的。换句话说，作为本体的德性被自由任意在"任意和意志的关系之中"，亦即对自由的第一重运用所决定，作为现象的德性则被自由任意在"任意和外部世界的关系之中"，亦即对自由的第二重运用所决定。

根据康德的论述，真正意义上的道德改进必须包含两个步骤。首先，道德改进必须开始于对作为本体的德性的建立，也就是说，将一个人在道德上是恶的意念，激进地翻转为在道德上是善的意念。其次，唯有以作为本体的德性为基础，作为现象的德性才能够被逐渐地培养起来。这就是善的经验品格的形成过程，善的经验品格又可以被看作是对隐藏在它背后的善的理知品格的经验性表达。然而，这两种德性之间恰当的对应关系，却可能在现实中受到扰乱。因为，作为现象的德性为了能够在现象世界中产生出律法上是善的行为，并不必然地需要以道德上是善的本体性根据作为前提。所以，很多人完全可能在拥有作为现象的德性的同时，却缺失了作为本体的德性。

为了本章的论证目的，这里还需要进一步探讨一下善的意念与作为本体的德性之间的关系。根据康德的论述，后者是"被坚实地奠基的，要去严格履行自己义务的意念"（die fest gegründete Gesinnung seine

Pflicht genau zu erfüllen)（RGV 6:23n）①。通过和作为现象的德性的对比，康德又以如下方式定义了作为本体的德性：

> 德性，作为合义务的行为（依照其合法则性）的熟练（Fertigkeit），被称作 virtus phaenomenon［作为现象的德性］，但同一个德性，作为对出自义务的这些行为（由于其道德性）的坚定意念（standhafte Gesinnung）而被称作 virtus noumenon［作为本体的德性］（*RGV* 6:14）②。

很明显，本体性的德性作为对出自义务的行为的坚定意念，无疑可以被看成是一个将道德法则置于自爱原则之上的善的意念。因为根据这段引文，作为本体的德性所具有的本质，就是"在采取一切准则的主观根据中（即在意念中）遵循恰当的道德秩序"，根据先前的论述，这恰恰就是善的意念。然而，作为本体的德性似乎又不能被完全地等同于善的意念，因为前者似乎比后者多出了两个要素，这个两素就是：（1）坚定地持守于自身之善而毫不动摇；（2）通过外在行为，或者说，通过产生出（作为其经验品格的）现象的德性，持续不断地去努力表达自身的善。因此，"作为本体的德性"和"善的意念"这两个概念之间的差异可以被这样概括：一方面，作为本体的德性是一种特殊种类的善的意念，它不仅（1）在坚持属于自身的善的准则这件事上毫不动摇，而且（2）总是积极地通过善的行为来表达出这一善的准则；另一方面，善的意念仅仅是作为本体的德性的必要条件和逻辑起点，并不是后者的充分条件或者说构成了其完全的整体。

可惜的是，上述这一粗略的分析，还远未达到对作为本体的德性和善的意念之间所具有的关系的完整刻画。所以在这里，读者可能需要首先来考察一下善的意念与作为本体的德性之间的第二个差异，那就是：（2）作为本体的德性总是努力通过作为现象的德性来表达自身，而善的

---

① 《康德著作全集》第 6 卷，中国人民大学出版社 2007 年版，第 22 页。
② 《康德著作全集》第 6 卷，中国人民大学出版社 2007 年版，第 15 页。

意念仅就其自身定义来说却并不必然如此。值得注意的是,根据康德在第一批判中提出的先验自由理论,任何具有绝对自发性的自由因,根据其自身定义都必然会产生出一条经验序列。这意味着,一旦这个自由因规定了自身的理知品格,那么在未曾遭遇阻挠时,它就必然会创造出与其理知品格相对应的经验品格。这种经验品格将作为自由因所拥有的理知品格的经验性表达,存在于现实世界之中。反过来说,一个仅仅停留在本体领域(不在现象领域)表达自身的自由因,或者说,一个无法根据自身理知品格创造出相应的经验品格的自由因,在某种意义上必须被看作是受到了限制的。

具体到人的自由任意这里,初看起来,对自由因的上述限制绝不可能存在于自由任意在其"自我规定"中对自身自由的第一重运用里面,而只能存在于自由任意在其"自我表达"中对自身自由的第二重运用里面。换言之,起码初看上去,上述对于自由因的限制,并不涉及自由任意在最高准则中对道德法则和自爱原则的基本排序行动(该排序行动仅仅发生在本体领域),而仅仅涉及自由任意对这一基本排序的执行行动(该执行行动从本体领域进入了现象领域)。

在这里,康德的读者或许会提出如下问题,亦即上面提到的对自由任意之自我表达的限制(或者说自由任意在执行自身准则时所遭遇的限制)究竟源于哪里? 从逻辑上看,对这一问题可能给出两种答案。首先,这一限制可能源于任意的自由之外。无论是人无法控制的生理和心理因素(这些因素位于行为主体内部),还是他无法控制的环境和社会因素(这些因素位于行为主体外部),都可以被假定为导致了自由任意即便是使出全力,也无法在现实生活中做出有德性的行为这一悲剧性后果。于是在这种情况下,尽管自由任意所拥有的善的理知品格仍旧保持着不变,但与其对应的经验品格却未能被充分地建立起来。

可惜的是,在上述这一回答中其实存在着一种隐秘的混淆。自由任意对其最高准则的表达和执行,属于它对自身自由的第二重运用,而自由任意表达和执行其最高准则的能力,无疑是一种自由的力量。但正因为这种力量是自由的,所以它根本不可能被任何非‐自由的因素所限制——无论这些因素是位于行为主体内部的生理和心理因素,还是位于行为主体外部的环境和社会因素[①]。实际上,只有自由任意表达和执行其最高准则的能力在现象世界所产生的"结果",才可能会受到源于自由之外的种种因素的限制,但这种能力本身,作为一种自由的力量,却只可能被自由自身所限制。因此,从对前述问题的第一个回答出发,提出这一问题的读者必然会被引向对该问题的第二个回答,亦即自由任意在表达和执行自身最高准则时所遭遇的限制,实际上只可能是自由任意自己给自己招致的。

初看起来,这第二个回答确实非常奇怪。毕竟,自由任意如何能够自由地在其最高准则中,将道德法则置于自爱原则之上的同时,却又以一种同等自由的方式,选择了并非全心全意地去执行这一准则,从而未能发展出与善的理知品格相对应的经验品格呢? 在这种情况下,似乎在自由任意内部发生了一场"自由地展开的自我分裂"(free self-division)。换句话说,自由任意似乎自由地将自己置于了与自己相对立的位置,从而使得自身的道德属性变得含混不清起来:当论及它的最高准则时,这一任意似乎确实是善的;可是当论及它对这一准则的执行时,这一任意似乎又不是善的(亦即它的自由遭遇了源于自由自身的限制)。

更重要的是,在这种情况下,甚至这一任意所拥有的善的理知品格的真诚性,也是非常值得怀疑的。因为毕竟,如果任意在它的最高准则中,确实真诚地将道德法则排在了自爱原则之上,那么,它如何能够以一种同等自由的方式,并不全心全意地执行这一最高准则呢? 简言之,如

[①] "每一种恶的行为,如果要寻求它在理性上的起源,就必须这样被看待,就好像人是直接从天真无邪的状态陷入它里面一样。因为无论人过去的行事方式如何,无论影响他的自然原因是什么样的,也无论这些自然原因将在他内部还是外部被发现,他的行为都是自由的,是不受这些原因中的任何一个规定的,因而能够并且必须始终被判定为是对他自己的任意的一种原初的运用。无论他处于什么样的时间条件和联系中,他本来都应该放弃这种恶的行为,因为世界上的任何原因都不能使他停止是一个自由行动的存在者"(*RGV* 6:41;《康德著作全集》第 6 卷,中国人民大学出版社 2007 年版,第 41 页)。

果善的意念在自由地表达自身善的理知品格时并不是那么全心全意,那么它所拥有的善的理知品格,看起来也并不是完全真诚的。因此,经过仔细的考察,康德的读者对处在这种状况下的自由任意所做出的评判,似乎也不得不经历相应的调整,亦即不仅这一任意在现象界的"自我表达",而且它在本体界的"自我规定",似乎都是被"自由地自我限制的"(freely self-limited)。于是在这一任意中存在的问题,也就被置于了比读者的最初设想更深的地方:它的缺陷并不仅仅存在于对自身自由的第二重运用里面,而是也存在于对自身自由的第一重运用里面。

总之,从上述所有这些分析中似乎可以得出如下结论:善的意念并不能只靠自身而现实地持存,为了能够现实地持存,这一意念还必须同时成为作为本体的德性。因为,唯有在不断的行动之中,自由才能够保持自身。唯有通过不断地为了善而奋斗,某个自由因才能坚守在属于自身的善的准则之中。借用黑格尔的话来说,善的意念仅仅是完整概念中的一个抽象环节,而作为本体的德性才是处于其全部完整性之中的概念本身。唯有这一作为本体的德性,才能通过不断在行动中实现属于它的善的准则,而使自己成为现实的。与此相反,善的意念仅就自身而言只是一个抽象之物,所以只能作为思想的对象而存在。

某个初看起来似乎是善的,但在执行属于它自己的善的准则时却并不全心全意,因而无法成为"作为本体的德性"的这样一种意念,把如何解释人性之"脆弱"(fragilitas)的难题摆在了康德研究者面前。然而,由于人性之脆弱属于趋恶倾向的第一个层次,为了恰当地理解何谓人性之脆弱,还需要对趋恶倾向概念进行更深入的分析。所以现在,为了聚焦于本章有限的论述目的,这里暂且将人性之脆弱的问题放到一边,转而讨论善的意念和作为本体的德性之间的另一个差别,那就是(1)后者的最高准则是被坚定地选择的,而前者的最高准则却并不必然如此。对于这一差别,康德的读者自然会提出以下疑问:如果"一个意念是善的"这一事实,并不必然地意味着"它总是坚定地持守于善的最高准则",那么究竟在何种条件下,该意念可能会改变它的最高准则呢?

然而,就在康德的读者提出"在何种条件下"这个问题的那一时刻,他们也就应当同时意识到:此处所讨论的善的意念,并没有以一种绝对无条件的方式来给自身确立起善的最高准则,并没有绝对无条件地将道德法则置于自爱原则之上。根据康德的立场,当道德法则被纳入自由任意的最高准则时,它无疑应当被视为一种永远限制着自爱原则的"无条件的条件"。只有这种对于道德法则的无条件承认和无条件尊奉,才是道德之善的真正含义。所以在这个意义上,方才所讨论的善的意念,其实并不真正地是一个善的意念,因为它并没有无条件地承认道德法则的绝对权威。同时很明显,这一所谓的善的意念所具有的缺陷,绝不仅仅存在于它的自我表达里面(亦即自由任意在执行其最高准则时,对于自身自由的第二重运用),而是也同时存在于一个更深的位置,也就是存在于善的意念的自我规定里面(亦即自由任意在建立其最高准则时,对自身自由的第一重运用)。

为了保持主体的自由不遭到破坏,意念在确立最高准则时的上述缺陷,只能是由任意自身以一种自由的方式为自己招致的。这就是说,任意自由地选择了不把道德法则看作是绝对地位于自爱原则之上的"无条件的条件"。任意自由地让道德法则在某种程度上受到了自爱原则的限制,从而让道德法则反过来以自爱原则作为自身得以被遵行的条件。归根究底,这样的意念并不应当被判定为是善的。这意味着,一种没有无条件地坚持其善的最高准则的所谓的善的意念,根本无法持守在其自身之善中,或者反过来说,为了能够持守在其自身之善中,善的意念必须同时成为一种作为本体的德性。于是,上面这些分析便再一次证明了:善的意念仅仅是一个构成作为本体的德性的抽象环节,在现实中无法仅仅依靠自身而持存,相反,唯有作为本体的德性才是一个处于其全部完整性之中的概念,因而才能在现实中真正地存在。

在上述讨论中,没有无条件地持守于属于自己的善的最高准则的所谓的善的意念,又向研究者们进一步提出了如何解释人心之"不纯正"(impuritas)的问题。但由于人心之不纯正是趋恶倾向里面的第二个层次,所以对它的恰当理解,同样需要对趋恶倾向展开更深入的分析。就本章有限的论述目标而言,从截至目前的讨论中,已经能够对善的意念和作为本体的德性之间的关系,给出如下重要结论了。从表面上看,善的意念仅仅构成了作为本体的德性的必要条件,却并不能被完全等同于这种德性本身。然而,尽管两者就自身定义而言确实具有这一区别,但一个真正是善的意念为了能够让自己在现实中持存,就必须同时以一种作为本体的德性的面貌出现。如果在坚守自身善的准则时发生了摇摆和偏离,或者在执行这一准则时出现了软弱与松懈,那么这样一个所谓的善的意念,就绝对不应当在真正的意义上被判定为是善的①。

第三节　道德修行

本章的前两节重点分析了意念这一重要概念,首先将恶的意念与趋恶倾向进行了对比,依循着人类个体和人类族类的差别而对这两个概念进行了区分,随后又将善的意念和作为本体的德性进行了对比,论证了两者是"概念中的抽象环节"和"包含着该环节的概念整体"的关系。现在,出于进一步澄清意念概念的需要,本节将简单地讨论一下趋恶倾向、德性和意念在康德的道德修行理论中的地位。就如康德指出的那样,"在道德的教义学(Dogmatik)中,关于生而具有的恶的命题毫无用处;因

---

① 弗瑞森同样注意到了"善良意志"和"具有尊称意义上的品格"(character in the honorific sense)之间的紧密关系。根据弗瑞森的分析,康德在《宗教》中所提出的在真正的意义上是善的意志,必须具有一种纯粹性和坚定性(*RGV* 6:63;《康德著作全集》第6卷,中国人民大学出版社2007年版,第62—63页),必须包含着"一种遵照固定的原则去行动的稳定的意念"(a stable disposition to act on a fixed principle),亦即包含着《实用人类学》中所说的那种尊称意义上的品格。相反,不具备这种品格的善良意志并非在真正的意义上是善的,反而会偶尔地偏离道德法则,表现出或是脆弱或是不纯粹——这两种"恶"的特质。参见 Frierson, P. R., "Character in Kant's Moral Psychology: Responding to the Situationist Challenge," *Archiv für Geschichte der Philosophie* 101 (4): 508-534, 2019.

本书认为德性已经蕴含了尊称意义上的品格,但它同时又强调了在具体行为的施行上必须拥有足够的道德力量。然而,由于对这两个概念之间关系的进一步辨析,已经超出了本书的篇幅限制,所以此处仅仅点到为止,暂时不做更深入的讨论。

为不管一种生而具有的越轨倾向是否存在于我们之中，道德的教义学的规范都包含着同样的义务，并且也保持着同样的力量"。然而，对于道德的修行法（Ascetik，直译为"禁欲"或"苦修主义"）来说，趋恶倾向却扮演着一个极为重要的角色，因为"在对那与我们共同被创造出来的向善道德禀赋的道德培养中，我们不能从一种对我们来说自然的天真无邪状态开始，而是必须从关于任意违背原初道德禀赋而采取其诸准则的一种恶劣性的假定开始"（ibid.，6:50-51）[1]。

　　简单地说，道德修行必须对现实的人类处境作出一种恰当的假定，这一假定必须能够充分地匹配人类的经验。这意味着，道德修行必须采取一个足够现实主义的起点，该起点决不应当对人类的处境进行任何不切实际的美化，因为这种美化不仅对道德修行毫无好处，甚至会造成巨大的灾难。根据对人类行为广泛的人类学观察，观察者必然会发现，"人类出生时处于天真无邪的状态"这一乐观的假定不仅无知而幼稚，并且对道德修行极为有害，相反，唯有一种对败坏了人类族类之道德品格的既普遍存在又生而具有的趋恶倾向的假定，才与人类族类整体的现实经验相匹配，因而才能给道德修行提供一个恰当的起点。

　　但是，尽管道德修行必须在它的起点之处（亦即对人类处境的基本假定里面）保持足够的现实主义，但同时还必须在它的终点之处保持足够的理想主义。根据康德的观点，道德修行的终极目标是最完整意义上的德性，这种德性既包括自由任意在本体层面的"自我规定"，又包括自由任意在现象层面的"自我表达"，并且必须无止境地向着圣洁性前进（ibid.，6:60-66）[2]。这意味着：首先，人的意念必须由恶转向善，通过这一不再改变的道德皈依，一次性地建立起作为本体的德性；其次，基于

---

[1] 《康德著作全集》第6卷，中国人民大学出版社2007年版，第51页。

[2] 《康德著作全集》第6卷，中国人民大学出版社2007年版，第59—66页。借由圣洁性的理念，康德引出了他自己的基督论［见《宗教》第二部分第一章中的"善的原则的人格化了的理念"（RGV 6:60ff）］。根据康德的基督论，善的原则在一个全善之人（唯有这个人是上帝所喜悦的）之中得到了人格化。这一圣洁理念作为完美的效法典范，被纯粹实践理性给予了每一个人。

这种作为本体的德性，人还必须培养出作为现象的德性，也就是必须持续地做出好的行为，并由此一步步形成与他自己善的理知品格相匹配的经验品格①。

由于意念概念一方面与趋恶倾向概念有所重合，另一方面又与作为本体的德性概念有所重合，所以意念也就在道德修行之中（不仅在这一修行的起点之处，而且也在它朝向终极目标前进的过程中）扮演着一个极为关键的角色。首先，康德关于"人从本性上是恶的"的大胆论断意味着：根据人类学的观察，每一个人，只要他是人，或者说，只要他属于人类族类，就必然地拥有恶的意念。在这个意义上，属于每个人的恶的意念，其实就是趋恶倾向在个体层面的一个实例。这个实例表达了整个人类族类的恶的品格，并将这种黑暗的人类处境，揭示为任何道德修行都必须对抗的敌人。

其次，道德修行中最为关键的一步，就是弃恶从善的道德皈依。这种皈依是一种位于本体层面的一劳永逸的行动。该行动将属于某个人的恶的意念转化为善的意念，以一种最激进的方式翻转了道德法则和自爱原则在其最高准则中的次序。在道德皈依中，人类个体不仅将自己从人类族类所具有的恶的品格中撕裂了出来，而且也使自己与这种恶的族类品格处于一种对立状态中。这意味着，人类个体为自身赢得了一种全

---

① "德性必须被获得（而不是生而具有的）——无须被允许援引从经验中获得的人类学知识，这一点已经蕴含在德性的概念之中了。因为人的道德能力倘若不是通过决心的力量而在与强大的对立偏好的战斗中产生的，它就会不是德性了。德性是出自纯粹实践理性的产品，只要后者在对自身（出自自由）的优越性（Überlegenheit）的意识中，获得了对前者的支配权（Obermacht）。德性能够并且必须被教授，这是已经从它并非生而具有得出的；因此，德性论是一种教义。但是，由于仅仅通过人们为了符合德性概念而应当如何行事的学说，实施诸规则的力量还没有被获得，于是，斯多亚主义者就仅仅以此认为，德性不可能通过义务的纯然诸表象、通过告诫（以敦促的方式）被教授，而是必须通过与在人之中的内在敌人进行斗争的尝试中（以修行的方式）被教化、被练习；因为如果人们不事先尝试和练习自己的力量，他就不能马上做到他意愿的一切，但为此，就无疑必须一次性地完全采取一个决定，因为若不然，意念（animus）在为了逐渐抛弃恶习而与恶习的妥协中，本身就可能是不纯洁的，甚至是像恶习一样的（lasterhaft），因此也不可能产生德性（它以一个唯一的原则为依据）"（MS 6:477；《康德著作全集》第6卷，中国人民大学出版社2007年版，第487页）。

新的,仅仅属于他个人成就的善的品格。

第三,基于上述这种被坚固地建立起来的善的意念,皈依后的人类个体不仅必须无止境地和自身本性中那种无法被根除的趋恶倾向作斗争,由此抵抗住来自灵魂深处的"永恒之恶"的诱惑,同时还必须持续地做出良善的行为,由此培养出与自身善的理知品格相匹配的某种善的经验品格。于是,通过一点点地建立起作为现象的德性,作为本体的德性便在经验世界里,将自己成功地表达了出来。

很明显,康德笔下道德修行的完整过程,既包括"从恶到善"(建立作为本体的德性)和"从好到更好"(培养作为现象的德性)的整个进程,也包括一个人对自身道德品格的"个体化"(individualization)。一个人对自身道德品格的这种"个体化",是通过他将自己的道德品格与整个人类族类的道德品格对立起来的方式来完成的。趋恶倾向体现了整个人类族类的道德品格,这一倾向就如同一片无边无际又深不见底的黑暗混沌,从这片黑暗混沌中诞生出了每一个人类个体。以这种方式,每个人类个体最初的道德品格,也就自他出生之日起即被赋予了某种特定的道德属性。从这个意义上看,每个人类个体仅仅是他背后的人类族类品格的表达而已,或者说他仅仅是趋恶倾向的一个具体实例而已。这正是康德"人从本性上是恶的"这句论断的隐藏含义。

鉴于人格性禀赋的永恒存在,又鉴于在人的形而上构成之中,人格性禀赋要比趋恶倾向具有一种更为原初的地位,因此,所有人类个体也就在自身自由内部,同时配备了一种更深层的向善潜能。通过道德上的皈依,某些个体(或许他们只是整个人类族类中的极少数成员)得以奋起反抗作为自身之母体的作为他们诞生地的黑暗混沌,并以这种方式为他们个人赢得了一种善的品格。很明显,这一善的品格绝不是他们生而具有的,而是他们凭借自身的自由选择而积极地建立起来的。从这个意义上说,每一个经历了道德皈依的人类个体,虽然依旧不得不作为人类族类本性的承载者而继续存在(因为趋恶倾向哪怕在道德皈依之后依然无法被根除），但他们同时也完成了一种对立丁其自身族类的"自我之个体化"(self-individualization against his own species)。此处可以用隐喻的方式，将这样的个体描述为一束光：这束光从黑暗中诞生，但又使自己和黑暗相对立。

需要注意的是，为了使人类个体能够将自身道德品格以对立于族类品格的方式进行个体化，这种个体化的先天可能性条件，必须已经存在于人类族类层面上。就如本书第八章已经指出的那样，这一个体化的先天可能性条件，正是原初的人格性禀赋。那些经历了道德皈依的人类个体，通过把向善的潜能（这一潜能比向恶的潜能更为原初）现实化，一方面成功地抵抗住了人类族类的一种潜在本质，亦即抵抗住了趋恶倾向的诱惑，另一方面也成功地实现出了人类族类的另一种潜在本质，也就是让他们自己成了人格性禀赋的"表达"或者"实例"。

需要特别指出的是，尽管道德皈依必然要求个人的道德品格，以一种对立于族类品格的方式得到个体化，但个人道德品格的个体化，却不一定只会朝着善的方向进行，完全可能会朝着恶的方向进行，亦即以一种故意对立于善的方式，使得族类之恶在个体之中得到巩固和强化。一方面，每个人类个体从自身本性上来看，都无一例外地已经是属于人类族类的趋恶倾向的表达和实例了。具体地说，他的意念若从本性上来看，就已经是这一向恶潜能的现实化了。这意味着，甚至在未经他本人的反思和有意谋划的情况下，这种意念就已经能够推动着他去展开恶的行动了。另一方面，每个人类个体依旧能够以一种反思性的方式，故意将趋恶倾向确立为他自己的最高准则，从而进一步加剧自己朝向恶的堕落。虽然在上述两种情况下，个人的意念从道德角度看无疑都是恶的，但在前一种情况中，趋恶倾向并未经过主体的反思和故意的选择就直接推动着他去行动了，因此可以说，向恶的潜能在个体之中被"直接地"现实化了。在后一种情况中，趋恶倾向不仅推动了主体的行动，而且是被主体故意确立为他的最高准则的，所以可以说，向恶的潜能其实是以他的反思活动和故意选择作为中介，而"间接地"推动着他去行动的①。

　　分析至此,可以简单地总结一下本节的讨论:在康德所提出的道德修行理论中,意念概念扮演着一个至关重要的角色;作为最高准则的意念,不仅是个人或善或恶的道德品格的栖居之所,而且也是连接人类个体和人类族类的中间环节。通过下一节的分析读者将更清楚地看到,趋恶倾向概念与意念概念之间的重合与差异,并从这一分析中最终发现某种关于趋恶倾向的新诠释。

第四节　对趋恶倾向的新诠释

　　就如上一章已经讨论过的那样,康德在《宗教》第一部分中对趋恶倾向的论述,表面上看似乎是自相矛盾的。一方面,康德将趋恶倾向和人格性禀赋置于了同一平面上,将它们两者分别理解为恶与善的先验可能性条件,或者说,理解为属于人类族类本性中朝向恶与善的两种先验潜能。同时,由于人格性禀赋是一种提供了服从道德法则和自爱原则之间恰当次序的高阶形式性动机的先天基础,所以作为这种禀赋之概念对立物的趋恶倾向,也就必须相应地被理解为提供了颠倒上述次序的高阶形式性动机的一种相反的先天基础。

---

① 趋恶倾向的确是生而具有的,也就是说个人能够将它追溯到自己的出生(亦即追溯到他对自由任意的初次使用之前)。哪怕个人对于理性的使用尚未被充分地培育起来,哪怕他还只是尚未充分意识到自身自由的小孩子的时候,他就已经成为属于人类族类的普遍趋恶倾向的一个具体表达和实例了。

　　然而,随着理性运用的成熟和道德意识的觉醒,个人开始能够做出主动的选择,他能够为自己决定,是否有意识地赞同那已经在他心中活跃的趋恶倾向,是否有意识地将趋恶倾向纳入自己的最高准则。

　　以上两个阶段均属于"恶的个人化"(the individualization of evil)进程。在前一个阶段中,"恶的个人化"是直接的,是并不通过个人的反思就开始进行的,因此也并不造成完全意义上的道德责任。在后一个阶段中,"恶的个人化"则是以个人的反思为中介的,因此必然造成完全意义上的道德责任。"恶的个人化"进程中的这两个阶段之间的区别,可以参见本书第二卷对"野蛮人和小孩的恶习"和"文明社会中成年人的恶习"的对比。

　　另一方面,康德也使用了与描述恶的意念(也就是恶的最高准则)极其类似的语言来描述趋恶倾向。根据康德的论述,趋恶倾向是一种位于本体领域的行动,通过这一行动,一个人的最高准则被建立了起来。然而,由于在先验层面上,主体、主体的行动以及该行动的结果,这三者可以被理解为处于一种"三而一、一而三"的同一关系之中,所以趋恶倾向和恶的意念也就可以被还原到彼此之中,或者说被等同起来。很明显,这种对趋恶倾向的理解将它置于了人类个体层面,将它看作了属于个体任意的最高准则。

　　康德的大胆论断"人从本性上是恶的",又使得究竟该如何理解趋恶倾向这件事变得更为复杂。"本性"这个词指的是每个人(就他是属于人类族类的成员而言)的自由任意,对自身自由之运用所凭据的最终主观根据。于是以这种方式,康德的上述论断或者可以被理解为"趋恶倾向对于整个人类族类而言是普遍存在的",或者可以被理解为"每个人的意念(就他作为人而言)都是恶的"。然而,趋恶倾向的普遍性(连同它的"生而具有性")似乎与它是自由招致的这一点产生了矛盾,因为,后一种属性暗示着趋恶倾向本质上仅仅是偶然地产生的,因而它极有可能仅仅属于一部分人类个体,却并不属于所有人类个体。

　　现在,在所有这些预备性的分析之后,本节将着手建立一种对于趋恶倾向的新诠释,这一新诠释将结合康德在族类层面和个体层面关于该倾向的论述,并且力图化解趋恶倾向的"普遍性/生而具有性"与它的"自由招致性/偶然性"之间的张力。本节所提出的新诠释将充分地肯定:就概念内容而言,趋恶倾向与恶的意念之间确实具有一种重合关系。具体地说,趋恶倾向与恶的意念都指向了自由任意所做出的同一个自由行动,亦即自由任意对道德法则和自爱原则之间恰当次序的颠倒,或者说,上述这两个概念都指向了自由任意将自爱原则置于道德法则之上的本体性的行动。

　　而在此处,本节关于趋恶倾向的新诠释得以成立的关键,就在于这一诠释将把人类族类和人类个体之间的关系,理解为"潜在性"和"现实性"之间的关系。这意味着,人类族类不仅仅是(或者说,并不是)一个包括了所有人类个体的巨大集合,而同时也是(或者说,正是)每个人类个体所拥有的"潜在本质"(potential essence)。换言之,人类个体并不是通过自由选择来创造出属于个体的本质的,而是首先表达了已经存在于个体内部的属于人类族类的潜在本质。所以,每一个人类个体都应当被视为人类族类的一个实例,也就是说,人类个体是人类族类的"现实存在"(actual existence)。

因此,代表了整个人类族类之道德品格的趋恶倾向,首先是人类族类的一种"潜在本质",这种"潜在本质"等待着被人类个体通过他的自由选择而现实化。与此相对,作为自由任意之最高准则的恶的意念,则是上述向恶潜能在人类个体中的"现实存在"。简单地说,趋恶倾向是尚处于潜在性之中的恶的意念,而恶的意念则是得到了现实化的趋恶倾向。这两个概念就内容而言是完全相同的,仅仅在模态上存在区别。这种"潜在性 VS 现实性"的模态区别,同时也是"类"与"个体"之间的区别。

趋恶倾向与恶的意念在概念内容上的上述同一性,解释了为什么当康德讨论"人从本性上是恶的"这一命题时,他几乎在不做区分地使用着这两个概念。同时,趋恶倾向与恶的意念在模态上的上述差异性,又解释了为什么恶的意念可以被转化为善的意念,但是趋恶倾向即使在道德皈依之后依然无法被根除。因为毕竟,除了被自由地招致而偶然地嫁接到人性之中的向恶潜能,人性也在被造之初就被赋予了一种更为原初的向善潜能,后者就是人格性的禀赋。正因为人格性禀赋为自由任意提供了除却恶以外的另一种选择可能性,所以个人的意念才得以将自身从对向恶潜能的现实化中抽离出来,转而选择将向善的潜能现实化。即便在后一种情况下,向恶潜能将依旧作为一种朝向恶的永恒诱惑而存在于个体之中,所以,哪怕在经历了道德皈依之后,个体依然需要不断地抵抗和克制这一黑暗的倾向①。

恶的意念与趋恶倾向之间作为"现实性 VS 潜在性"的模态差异,构成了本节关于趋恶倾向的新诠释的最初起点。就如读者马上就要看到的那样,"现实性"与"潜在性"之间的差异,将在构建可见恶行的过程中被不断地重复。首先,代表人类族类道德品格的趋恶倾向,在人类个体的恶的意念中得到了现实化。其次,作为"恶之最高准则"的恶的意念,又进一步地在恶的具体准则中得到了现实化(这些恶的具体准则,实际上都是在具体情境下对"恶的最高准则"的具体表达)。最后,恶的具体准则,又在可见恶行中得到了最高程度的现实化(这些可见的恶行,其实是在更为具体的情境下对于恶的具体准则的执行)。于是以这种方式,一条关于恶如何一步步地现实化的链条,便可以被建立起来。该链条从恶的"最深的潜在性"(亦即属于人类族类的趋恶倾向)开始,一路延伸到恶的"最高的现实性"(亦即由人类个体做出的可见恶行)。

恶的现实化的逻辑进程的第一步完全位于本体领域,只是从族类层面进入了个体层面。在这一步中,趋恶倾向在恶的意念中得到了现实化。恶的现实化的逻辑进程的第二步则仅仅属于个体层面,但同时又从

---

① 马克西米利安·弗什纳尔(Maximilian Forschner)也注意到了,在一般意义上的意念和趋恶倾向之间存在着某种关键的差异:"所以,尽管康德并没有足够清楚地这样做,但在拥有坏的意念的人的趋恶倾向和拥有善的意念的人的趋恶倾向之间,应当进行一种准确的区分。在一个成功实现了思维方式之革命的人之中,这一倾向不应该再作为理知的行动,而应该作为行动的后果(Tatfolge),由此仅仅作为潜在的罪[peccatum in potentia (*RGV* 6:40)],而被设想为是一种或强或弱的犯错诱惑"[Forschner, M.,"Immanuel Kants'Hang zum Bösen'und Thomas von Aquins'Gesetz des Zunders':Über säkulare Aufklärungsanthropologie und christliche Erbsündelehre,"*Zeitschrift für philosopische Forschung* 63(4):527, 2009]。
　　本书完全同意弗什纳尔的以下观点,亦即善良之人的趋恶倾向仅仅是一种朝向恶的诱惑,但并不是一种在他的最高准则中已经得到了现实化的诱惑。和弗什纳尔不同的是,本书还认为趋恶倾向作为一种永恒的诱惑,无论人是否已经成功地弃恶从善,总是持续地从人类自由的至深之处产生。这意味着,虽然趋恶倾向并不一定在个体意念中成为一个(现实地)去选择恶的理知行动,但它永远是自由内部朝向该行动的倾向。因此从这个意义上说,尽管趋恶倾向在心理层面上,确实可以被经验性地表达为"一种被感受到的动机",但该倾向却不能仅仅被"等同于"(或者说并不能仅仅被"还原为")这一纯然经验性的表达,而是始终在经验背后的超经验层面上拥有一个更深的基础。

本体领域进入了现象领域。在这一步中,恶的意念在恶的具体准则中被进一步地现实化,而恶的具体准则又在可见恶行中得到了最高程度的现实化。在此需要再度强调的是:若按照先验逻辑的顺序(而不是按照时间顺序),恶的现实化进程可以被粗略地分为两步,第一步从族类层面(趋恶倾向)进入个体层面(恶的意念),并且完全位于本体领域之中;第二步则被限定在个体层面,但同时又从本体领域进入了现象领域。在这两个步骤中,恶的现实化进程的第二步相对来说比较容易理解,因为毕竟,仅仅依照其自身定义,作为绝对自发性的先验自由就必然会在外部世界产生出一条现象序列,所以在这一步里,恶的现实化仅仅意味着位于本体界的恶的根据在现象世界表达出了自身而已。

相反,恶的现实化的逻辑进程中的第一步则比较难以理解。因为毕竟,这里为什么非要在本体领域之内,进一步区分出族类层面和个体层面呢?为什么不直接将恶仅仅当成属于个人的错误来处理,亦即仅仅当成由某些个人的自由任意做出的偶然选择,反倒非要将恶追溯到人类族类本性的败坏之中呢?的确,上述对恶的"个人主义式"理解初看上去似乎是合情合理的,然而若稍加深究,读者就会发现这一理解使得个人任意对恶的意念的选择变得完全不可理喻,从而最终使得这一选择难以被归于任何一个理性主体。

如果人的原初本性仅仅配备了三种善的禀赋,那么当涉及道德意义上的善恶时,人类族类将仅仅拥有一种朝向道德之善的原初潜能,这就是人格性禀赋的主动一面,但并不拥有任何朝向道德之恶的潜能。这在个体层面将意味,虽然考虑到高级欲求能力内部任意与意志之间的功能性区分,个人的自由任意确实"从逻辑上看"既可能选择善也可能选择恶,但是与这种空洞的"逻辑可能性"不同的是,人的自由任意将只有选择善的"现实可能性",却没有选择恶的"现实可能性"。换言之,假若人类族类并不拥有趋恶倾向,那么尽管个人任意对恶的意念的现实选择,从逻辑看并不是自相矛盾的,但这一选择却是全然不可理喻的,甚至将达到荒谬的程度。

　　此处可以再次借用一下十字路口的比喻:个人的自由任意就如同站在善和恶的十字路口上,虽然从逻辑上看可以选择善和恶这两个方向中的任何一个方向,但却在只有选择其中一个方向(亦即善的方向)的动力的情况下,最终莫名其妙地选择了原先并不具有任何动力的那个相反方向(亦即恶的方向)。很明显,在上述这种情况下,后面这种缺乏任何动力,因而全然不可理喻(甚至是荒谬)的选择几乎不可能被归于任何一个理性主体。由此可见,属于人类族类的趋恶倾向,其实充当了个体选择恶的意念的"现实的可能性条件"。正如善的意念必须以一种先验的向善潜能作为它的最终根据一样,恶的意念也必须以一种先验的向恶潜能作为它的最终根据。这意味着在个体层面所有实际的选择背后,观察者还必须在族类层面进一步预设朝向这一选择的潜能①。

　　现在再来回头看一看恶一步步现实化的逻辑进程。在这里出现的一个最重要的问题是:"现实化"这个概念,在上述进程中的每一步里究竟意味着什么? 首先,此处讨论的潜在性和现实性之间的关系,绝不是严格意义上的决定论关系,就好像只要潜在的东西是恶的,那么现实的东西也必然是恶的。在这种严格的决定论关系中,鉴于属于人类族类的趋恶倾向的存在,每个人的意念、他的具体准则以及他的可见行为,也将无一例外地是恶的,因为毕竟,后面这三者只是向恶潜能的一步步的现

---

① 从这个意义上说,本书作者其实部分地赞同伊瑞娜·麦穆林(Irene McMullin)的下述观点,亦即根本恶其实是一条实践公设,该实践公设使得人能够对自身恶行承担起道德责任〔McMullin, I., "Kant on Radical Evil and the Origin of Moral Responsibility," *Kantian Review* 18 (1): 49-72, 2013〕。然而与麦穆林不同的是,尽管本书同样认为根本恶不仅仅是一种"描述性的"(descriptive)概念,而且也在某种意义上是一种"规范性的"(prescriptive)概念,但另一方面却也坚持认为,根本恶概念所具有的规范性特征,最终还是基于它的描述性特征。换言之,唯有首先在人类现实中出现了恶的行为,唯有首先基于对于这些恶行的人类学观察,趋恶倾向才能进一步地预设为它们的先天可能性条件。

　　因此,对于人类自由来说,趋恶倾向所具有的规范性,与道德法则、至善、上帝存在、灵魂不朽所具有的规范性,严格地说完全不处在同一个层次上。因为后面这些理念仅仅基于纯粹实践理性本身,所以并不需要以现实经验中的实际善行为前提。此处为了避免不必要的混乱,或许康德研究者更应当使用"假设"(presumption)或"预设"(presupposition),而不是"实践公设"(practical postulate),来把握趋恶倾向概念在康德实践哲学中的地位。

实化而已。同时,这种作为"最深的潜在性"的趋恶倾向,与作为对它的"逐步现实化"的恶的意念、恶的具体准则以及可见恶行之间的严格决定论关系,也勾勒出了一幅关于人类自由的极其怪诞的图景。在这幅图景里面,人类族类的全部个体都经历了一场朝向恶的"普遍堕落"(universal fall)。这场普遍堕落相当于一场发生在族类层面的朝向恶的选择,同时这一选择将一劳永逸地剥夺每个人在善恶之间再次进行选择的自由。很明显,这一怪诞的图景不仅与个体责任的概念发生了直接的冲突,也与道德皈依的永恒可能性相矛盾。

然而,当排除了"潜在性"与"现实性"之间严格的决定论关系之后,现在又应当如何理解出现在恶的现实化进程中的每一步里的"现实化"概念呢? 就如前面已经暗示过的那样,在恶的现实化进程中,"潜在性"和"现实性"的关系应当被理解为"做出一个决定的趋向或冲动"和"这个决定本身"之间的关系。做出一个决定的趋向或冲动,仅仅意味着做出这一决定的可能性,因此尚未形成一个已经被现实化了的决定。需要特别注意的是,从形而上学的角度来看,上述可能性所拥有的现实性程度,要高于仅仅是逻辑的(或者说"空洞的")可能性所具有的现实化程度。一种仅仅是逻辑的,因而也是空洞的可能性,可以被类比为一个人站在十字路口之上,虽然确实能够选择某个方向,但却缺乏选择这个方向的现实动力。与此相反,做出一个决定的趋向或冲动,则可以被类比为一个人在十字路口之上,不仅能够选择某个方向,而且同时还拥有选择这个方向的现实动力。更重要的是,尽管选择某个方向的趋向或冲动,作为一种现实的动力,确实一直在催促着主体去现实地选择这个方向,但是,如果该主体还同时拥有某种选择相反方向的趋向或冲动,那么做出相反选择的可能性,将依旧对这个主体一直保持着敞开的状态。

总之,在恶的现实化进程中,"潜在性"与"现实性"之间远非严格意义上的决定论关系。在此最多只能说个体在做出选择时"高度地有可能"(highly likely)把朝向某一方向的趋向或冲动现实化,然而,只要朝向相反方向的趋向或冲动依然存在,那么该个体的选择就未必会朝着某一特定方向发生。具体到此处的讨论中来，与趋恶倾向相对立的、指向相反方向的趋向或冲动，就是原初的人格性禀赋。作为对所有人都永恒在场的向善潜能，这一原初的人格性禀赋构成了每个人选择善的现实可能性。而作为蕴藏在人类自由内部的永恒选项，善的这种现实的可能性，对于每一个体来说都是永恒开放的。所以从这个意义上说，每个人类个体的意念，只是高度地有可能将属于人类族类的趋恶倾向现实化，但却并不必然会这样做。由于与趋恶倾向相对立的人格性禀赋的永恒在场，某些个体完全可能成功地抵抗趋恶倾向的诱惑，并通过实现向善潜能而为自己建立起善的意念。无论这种善的现实可能性被成功地实现出来的几率，根据人类学的观察是多么地微渺，上述这种可能性也必须被判定为是永恒存在的。同时更为重要的是，即便一个人已经将趋恶倾向现实化为了属于他自身的恶的意念，这个人依旧能够（从而他也就永远应当）弃恶从善，也就是说，将恶的意念转化为善的意念，而这仅仅是因为，永恒在场的人格性禀赋，已经原初地就为他的道德皈依建立起了一种现实的可能性条件。

在这里需要特别强调的是，趋恶倾向与恶的意念之间的关系，可以借助"动机"和"准则"这两个概念来进一步地描画。根据被亨利·艾利森称为"采纳的命题"的关键文本，人的自由任意拥有这样一种特质，亦即这种任意不会被任何动机直接地决定，除非这一动机已经被它自由地采纳进了自身的行为准则（RGV 6：23 - 24）。在康德笔下，"采纳的命题"不仅适用于具体准则和低阶质料性动机，同样也适用于最高准则（也就是意念）和高阶形式性动机。就如第八章论证过的那样，人格性禀赋的主动一面和趋恶倾向，可以被分别看作是朝向善和朝向恶的高阶形式性动机的先天根据。其中人格性禀赋是按照正确的次序来排列低阶质料性动机（包括道德动机和非-道德动机）的先天趋向或冲动，而趋恶倾向则是以错误的次序来排列这些动机的先天趋向或冲动。因此，尽管个人的自由任意确实高度地可能会把朝向恶的高阶形式性动机纳入它的最高准则，从而为自身建立起一种恶的意念，但自由任意并不必然地会这样做。相反，自由任意不仅能把与之相反的向善的高阶形式性动机采纳进自己的最高准则，由此为自身建立起一种善的意念，同时还能把已经在道德上成为恶的意念，通过道德皈依而再次翻转成一个善的意念。

　　从以上分析可以很清楚地看到：自由任意对高阶形式性动机的采纳，与它对低阶质料性动机的采纳——这两种行动之间其实存在着很大的区别。为了能够建构起具体的准则，两类低阶质料性动机（既包括道德的动机，也包括非-道德的动机）都会被任意所采纳，因此，善的具体准则和恶的具体准则之间的差异，也就仅仅存在于它们各自所具有的形式之中，亦即两类低阶质料性动机中的哪一类动机被置于了另一类动机之上，成为遵循另一类动机的最高限定条件。同时，具体准则的形式恰恰就是任意所选择的最高准则，也就是意念，而意念或者是一种对于向善的高阶形式性动机的现实化，或者是一种对于向恶的高阶形式性动机的现实化，但意念绝不可能是对于两种相反的形式性动机"同时的现实化"。因此，与自由任意将两类低阶质料性动机统统采纳进它具体准则的做法不同，自由任意仅仅会把两种高阶形式性动机之中的其中一种（或者是向善的动机，或者是向恶的动机）采纳进它的最高准则。

　　现在，在仔细考察了出现在趋恶倾向与恶的意念的关系之中的"现实化"概念之后，本节将进一步转向包含在恶的现实化进程中的其他步骤。事实上，前面对于"潜在性 VS 现实性"之间区分的解释，也同样适用于恶的意念与恶的具体准则之间的关系。这意味着，由于人格性禀赋在每个人之中的永恒在场，即使最邪恶的人也依旧有可能（哪怕在极其偶然的情况下）选择善的准则和展开善的行为。这是因为，这个恶人的具体准则仅仅高度地可能会成为他的恶的意念的现实化，但并不必然地会如此。相反，他的具体准则也同样有可能成为在他之中永恒在场的向善潜能的现实化。

　　然而必须承认的是，方才提到的意念与具体准则在道德属性上可能存在差异这点，似乎与之前在第九章讨论过的"同一个自由行动里的对于自由的双重运用"发生了一些矛盾。根据先前第九章的讨论，趋恶倾向作为自由任意对自身自由的第一重运用,仅仅构成了一个完整自由行动的"形式性的侧面",而能够从中产生出具体准则的自由任意对于自身自由的第二重运用,则构成了同一个完整自由行动的"质料性的侧面"。自由任意对自由的第一重运用,可以被看作是自由任意的"自我规定"(self-determination),这一"自我规定"就是任意在本体领域里对道德法则和自爱原则之间次序的排序行动,该排序行动决定了自由任意的道德属性。相对地,自由任意对自身自由的第二重运用,可以被称为自由任意的"自我表达"(self-expression),这一"自我表达"仅仅是自由任意在现象领域里通过具体准则和可见行为来执行最高准则的行动,却不再直接决定自由任意的道德属性。

然而,先前第九章的讨论与此处的讨论其实并不存在矛盾。首先,在康德对自由的两重运用的分析当中,趋恶倾向并不是仅仅被视为某种尚未得到现实化的向恶潜能,而是被康德视为了一种已经得到现实化的向恶潜能①。换言之,康德其实把趋恶倾向与恶的意念当成了同一个东西来看待,亦即两个概念是被他互换着使用的。更重要的是,由于与趋恶倾向相反的向善潜能(亦即原初人格性禀赋)对每个人都是永恒在场的,因此所有人(甚至包括那些罪大恶极之徒)依旧永远能够,从而也永远应当做出善的行为。这意味着,即使是怀有恶的意念的人,也依然永远能够选择善的具体准则。因此,当一个恶人的具体准则"确实"是他的恶的意念的现实化时(就像通常发生的那样),这些具体准则确实"必然地"是恶的。相反,当一个恶人的具体准则成了对在他之中永恒在场的原初向善潜能的现实化的时候(就像偶尔发生的那样),这些具体准则却

---

① 劳伦斯·帕斯特纳克同样敏锐地注意到了,"趋恶倾向的事实性"(facticity)和"我们如何处理这一事实"之间的差异:"我们拥有这种倾向,正如我们拥有禀赋一样,都属于'什么(才)是成为一个人'(what is to be a human being)的一个内在特征(inherent feature)。然而,人对自身造成了什么,是他允许趋恶倾向在他生命中所拥有的角色"(Pasternack, L. R., *Kant on Religion within the Boundaries of Mere Reason*, London and New York: Routledge, 2014, p. 108)。

会成为善的准则①。总之,恶的意念作为某个恶人的最高准则,仅仅决定了他极有可能——但绝非必然地会去选择恶的具体准则。当恶的意念"确实"构成了他具体准则的形式时,恶的意念将"必然地"决定具体准则的道德属性。可惜的是,恶的意念首先并不必然地构成他的每一条具体准则的形式。

然而,尽管在趋恶倾向和意念之间,以及在意念和具体准则之间,都可能存在道德属性上的差异,但可见行为却只能与为它们奠基的具体准则拥有完全相同的道德属性。就如前文已经展示过的那样,唯有自由任意将动机采纳进准则之后,动机所拥有的推动力,才能与任意的先验自由共存不悖。所以,准则构成了一个人的道德主体性和道德责任的基础。对此刻的讨论尤为重要的是,当一个行为失去了具体准则在背后为其奠基时,该行为也就不能再被视为是这个人自由地做出的,而他也就无法再为它承担起道德责任了。因此,具体准则为关于行为道德属性的讨论标出了一条最低基准线,唯有在这条基准线之上,才能谈论行为的道德属性是善是恶,以及人对行为的道德责任。当某些可见行为被看作是善的或者是恶的时候,实际上是为这些行为奠基的具体准则被判定为是善的或者是恶的。这意味着,行为所拥有的道德属性,必然与给它们奠基的具体准则的道德属性是完全一致的。

至此,本节已经详细分析了恶一步步现实化的逻辑进程,这一进程从隐藏在人类族类本性之中的恶的"最深的潜在性"开始,一步步地发展到由人类个体产生的恶的"最高的现实性"。恶的现实化链条包含着以

---

① 需要注意的是,"偶尔地行善"并不像道德皈依那样是一个特别严苛的要求。"偶尔地行善"仅仅要求某些(甚至是一个)善的具体准则以及就质料而言的善行的出现,而道德皈依则要求对恶的最高准则进行一种根本性的翻转,将其转变为一条善的最高准则,从而使得这条善的最高准则成为一切具体准则的最终主观根据。

　　即使是最邪恶的人也可以偶尔行善,同时他们行为中的善也完全可以是真实无伪的。因为,根据"应当意味着能够"这条原则,道德法则的无条件命令已经揭示了人每时每刻都拥有自由行善的能力,而不仅仅在他经历了道德皈依之后,才在未来拥有这种能力。事实上,如果恶人无法在感受到道德召唤的当下就去行善(不论道德皈依随后是否会发生),那么彻底的道德皈依,也将是不可能发生的。

下四个步骤或者说元素：首先是趋恶倾向，然后是恶的意念，再后是恶的具体准则，最后则是可观察到的恶行。就如本节已经展示过的那样，该链条中每两个相邻的元素之间，并不是一种严格意义上的决定论关系，所以即使前一个元素是恶的，紧随它的元素（除了可观察到的恶行这一元素之外）也仅仅是并不必然地就是恶的。"潜在性"和"现实性"之间的上述模态差异，最终也为个体自由打开了一个逻辑空间。在这个逻辑空间里，对每个人都永恒在场的人格性禀赋，构成了个体抵抗族类的向恶倾向，具备了实现族类的向善潜能的"现实可能性"。

需要补充说明的是，恶一步步现实化的链条，并不是任何意义上的时间序列，就好像某人在一个较早的时刻通过将趋恶倾向现实化，而为自己建立起了恶的最高准则，随后又在一个较晚的时刻选择了恶的具体准则，并做出了一些可见的恶行似的。相反，恶一步步现实化的链条中的所有步骤都是共时性的，各个步骤之间并不存在时间上的先后关系。由于从实践的角度看，即使是趋恶倾向也必须被表象为是由人的任意自由地招致的，所以每一个人类个体就必须被视为是通过他自己的自由选择，在每一个恶行中直接从天真无邪的状态中堕落的。在这里，并不存在时间意义上的"之前"和"之后"能够减损他的自由，能够使他或多或少地得以免于道德责任。换言之，尽管一个人每时每刻都在承受着趋恶倾向的诱惑，但他的先验自由和道德责任每时每刻也都是完整的和绝对的。

另一方面，自由唯一可能受到的限制或束缚只能源于自由自身，而绝不可能源于自由之外的任何东西。在恶一步步现实化的链条中，每一个居后的步骤（除了最后一步"可观察到的恶行"之外）都或者能够通过激进地转向善，从而阻止朝向恶的冲动被进一步地现实化，或者能够通过将朝向恶的冲动进一步现实化，从而大大地加强化这一冲动①。同时，随着这一冲动在一步步地加强，它被现实化的可能性也在一步步地增

---

① 这一朝向恶的趋向或冲动依旧仅仅是高度可能地，并非必然地被现实化。

大。恶从其"最深的可能性"一路前进到其"最高的现实性"的进程，也是人类自由一步步加深对自己的"自我限制""自我捆绑"和"自我奴役"的过程。就如读者即将看到的那样，本章对于恶的现实化链条的讨论，将帮助以下两章最终建立起一种对于趋恶倾向之普遍性和必然性的"准-先验论证"。

第十一章 对"人从本性上是恶的"的准-先验论证

第一节 证明"人从本性上是恶的"的三条路径

本章将处理《纯然理性界限内的宗教》第一部分中最困难的问题,那就是"人从本性上是恶的"这个命题究竟是什么含义,以及更重要的,这一命题如何能够得到辩护。然而,在开始分析该命题的确切含义,并且重构出对它的合理辩护之前,现在还需要首先来考察一下康德学者关于这个主题的讨论。在康德研究中大约存在着三种处理"人从本性上是恶的"这一命题的路径,它们可以分别被称为人类学的路径、先验的路径和准-先验的路径。本章的第一节将简单地介绍一下每条路径的主要代表人物,并对他们各自观点的优势与不足进行评述。

1. 人类学路径

艾伦·伍德和大卫·苏斯曼分别提供了关于"人从本性上是恶的"的人类学解释的两种模式①。在安德森-葛尔特的启发下,伍德论证说康

---

① 采取人类学路径的其他学者包括 Robert Louden、Stephen Grimm、Patrick Frierson、Phillip Rossi 等人。

德根本恶理论的背景是他的人类学,趋恶倾向与"我们把自己和他人相比较,为了自我价值而与他人竞争的趋向捆绑在一起",这种倾向引导着人"将更大的自我价值归于自我,而不是他人",这与"我们非社会的社会性相距并不是十分遥远"①。

同时,伍德还声称,研究者应当在"实验性的证据(experiential proofs)"[亦即"大量极坏的例子",但这些证据并不构成一个仅仅是归纳性的概括(a mere inductive generalization)]中寻找这种趋恶倾向的普遍性,而不是通过"从单一行动出发的先天推论"(a priori inferences from a single act)来证明这种趋恶倾向的普遍性。最后,伍德得出结论说:"在道德之恶的本性和起源上,康德并不是'个人主义者'……恶的根源位于社会性的比较和敌对之中"②。

一方面,本书基本赞同伍德将趋恶倾向概念置于康德的人类学框架中,并在现实经验中随处可见的恶行里为趋恶倾向寻找终极证据的做法。然而,与伍德所想的不同的是,根本恶理论的背景还应当更为确切地被描述为康德的道德人类学,而不是一般意义上的人类学,同时,一种从"现实的恶"到"潜在的恶"的先天推理,也应当被补充到仅仅是经验性的证据之上。而在此处,尽管伍德正确地描述了有关恶是如何与人性禀赋深深地纠缠在一起,由此在人的社会生活中获得最显著的表达的,但是他过度地强调了恶的社会维度,甚至完全从卢梭的视角来解读康德。以这种方式,伍德实际上混淆了康德根本恶理论中的经验层面和先验层

① Wood, A. W., *Kant's Ethical Thought*, New York: Cambridge University Press, 1999, pp. 287 – 288.

② Wood, A. W., *Kant's Ethical Thought*, New York: Cambridge University Press, 1999, pp. 287 – 288. 伍德在近期的著作中,依然坚持着这种对于根本恶的社会性解读:"人的趋恶倾向产生于社会条件之下,并且随着属于它的教化和文明化的进程而发展"[Wood, A. W., "Kant and the Intelligibility of Evil," in S. Anderson-Gold and P. Muchnik (eds.), *Kant's Anatomy of Evil*, New York: Cambridge University Press, 2010, p. 159]。"趋恶倾向源于我们在社会背景下对理性的运用,在社会背景下,我们在与他人的比较中寻求自我价值和地位"[Wood, A. W., "The Evil in Human Nature," in G. E. Michalson (ed.), *Kant's Religion within the Boundaries of Mere Reason: A Critical Guide*, Cambridge: Cambridge University Press, 2014, p. 46]。

面,将恶的"本体性的本质"和它的"现象性的表达"混为了一谈,用恶在经验中的时间起源,取代了恶在自由中的理性根据①。于是最终的结果是,伍德的论述很容易将恶隐秘地归咎于社会环境对人的影响,而不是每一个人自己的自由任意。与此同时,伍德也很容易将恶的经验性表达,过于狭隘地限定在"自我-他人"的关系之中,从而隐秘地忽略了恶在"自我-自我"关系中的表达②。

继伍德的工作之后,苏斯曼为根本恶的人类学解释路径提供了第二种模式。如果说伍德的灵感主要来自卢梭,那么苏斯曼则同时了受到卢

①　伍德对康德哲学中理性概念的理解受到卢梭很大的影响,因此他比较回避康德笔下的理性所拥有的先验的(即非-时间的、超经验的)一面,并且将康德的自爱和自负概念,追溯回了卢梭在《论人类不平等的起源和基础》中提出的 amour de soi 和 amour propre [Wood, A. W., "Kant and the Intelligibility of Evil", in S. Anderson-Gold and P. Muchnik (eds.), *Kant's Anatomy of Evil*, New York: Cambridge University Press, 2010, p. 164]。

②　伍德回应了他的批评者所提出的三项主要指控。首先,针对"伍德的观点与康德关于理知世界中的人是自由存在者的理论不相容"的指控,伍德回应说,这项指控基于一种对于人类自由的错误的形而上学描画,完全忽视了人的理知性自由就是属于作为现象的人的。其次,针对"非社会的社会性无法涵盖那些违背对于自身责任的恶习"的指控,伍德回应说,正是在社会条件下,我们才看重自己的处境甚于看重自己身为一个人格的价值,这不仅导致了侵犯他人人格的恶习,也导致了侵犯自身人格的恶习。最后,针对"伍德的理论一方面让个人摆脱了道德责任,一方面把恶归咎于外部的社会原因"的指控,伍德论证说,社会条件只是恶的必要条件,却并不迫使我们去作恶[Wood, A. W., "Kant and the Intelligibility of Evil," in S. Anderson-Gold and P. Muchnik (eds.), *Kant's Anatomy of Evil*, New York: Cambridge University Press, 2010, pp. 165 – 170]。除此之外,伍德还将关于人类自由的错误的形而上学图景描述为:"自由仅仅能够属于本体意义上的单子,这些单子在超验的、超自然的天空中飘荡。"同时,伍德还将人的理性、自由和社会性之间的紧密关系描述为:"人性不仅是彻底地自由的和理性的,同时也是彻底地社会性的和历史性的,而这仅仅是因为,它的自由和理性是在社会和历史背景下自我造就的"[Wood, A. W., "The Evil in Human Nature," in G. E. Michalson (ed.), *Kant's Religion within the Boundaries of Mere Reason: A Critical Guide*, Cambridge: Cambridge University Press, 2014, p. 49]。

严格地说,伍德的所有澄清都是有效的。然而,这些澄清并不能让他免于其他学者的批评,伍德对根本恶的理解的主要问题在于:他将根本恶完全还原到了社会的、历史的——因而也就是经验的维度之中,从而彻底无视了根本恶的先验根据。因此,伍德的批评者并不需要预设一种关于理知性自由的古怪的形而上学图景,也不需要假设社会环境对人有一种纯然机械性的因果影响,而只需要批评伍德对根本恶理论采取了一种偏离康德原意的还原式解读即可。实际上,就如伍德自己注意到的那样,康德关于恶的社会性的最重要的讨论,仅仅在《宗教》一书的第三卷才出现。在那里,康德试图告诉读者,人类社会应当如何联合起来与根本恶这个共同的敌人进行斗争。

梭和黑格尔的影响。依照苏斯曼的解释,恶是人类的自然禀赋从低级到高级的辨证发展的产物①。根据康德在《人类历史揣测的开端》(1786)、《实用人类学》(1798)和《哲学式的宗教学说讲座》(1817)中对于人类历史的目的论解读,苏斯曼试图论证恶源于不同禀赋之间"理性的顺序"(rational order)和"发展的顺序"(developmental order)这两种顺序之间的错位:

> 虽然我们所有的禀赋单独地(亦即每一个就其本身而言)被考察时,都把我们导向善,但那些禀赋在我们里面必须依之发展的顺序和方式,使得朝向恶的堕落成为了可能……恶对于我们是可能的,因为尽管人格性的诸概念相对于我们较低级的禀赋,拥有一种逻辑上的——或者说理知上的优先性,但在我们认识发展的经验顺序中,这些较低级的禀赋却相对于人格性的理念拥有一种时间上的优先性……理性总是在它赋有特色的、颠倒的(或者说败坏的)形式中开始,之后才努力实现一直内在于它的这类融贯性②。

然而苏斯曼还指出,并非所有类型的恶,都源于高级禀赋的"逻辑优先性"与低级禀赋的"时间优先性"之间的冲突。这是因为,即便一个人的教化水平已经到达了能够去发展他的人格性禀赋的高级阶段,但那些已经被他克服的旧有阶段,依然会在他身上留下不可磨灭的痕迹,从而随时诱惑着他堕落回那些旧有的阶段,这种"痕迹"(trace)也就被苏斯曼

---

① "我们是这样的生物:我们从作为低于动物的某种东西开始……从这个点上,我们必须通过我们的禀赋,就如一个上升序列那样前进。我们并不是从一种完全实现了的人格性禀赋开始,而是仅仅通过经由人性的层次(即'文化'的层次)的漫长斗争而达到这种自我理解……在从动物性到人性的曲折过渡中,我们必须通过自然的恶习这一中间阶段,在这一中间阶段,人对于自我的观念尚未充分地区别于它的动物基底(substrate)……而当我们虽然开始拥有关于敬重和义务这样的东西的概念(即一般地归给诸人格的东西的理念),但依然试图把这些命令的内容从文化之中,亦即从将人们区别于彼此的东西之中推演出来的时候,文化的恶习也就出现了"(Sussman, D. G., *The Idea of Humanity*: *Anthropology and Anthroponomy in Kant's Ethics*, London: Routledge, 2001, pp. 258 - 261)。

② Sussman, D. G., *The Idea of Humanity*: *Anthropology and Anthroponomy in Kant's Ethics*, London: Routledge, 2001, p. 258, pp. 264 - 265.

称为"自然的趋恶倾向"。苏斯曼指出:"当康德引入趋恶倾向时,他对倾向的一个定义是'倾向本来只是欲求一种享受的禀赋(die Prädisposition zum Begehren eines Genusses),一旦主体拥有过这种享受的经验,它就会导致人在这方面的偏好'(RGV 6:29n)①。所以,就如戒酒后的酒鬼面对酒精(的诱惑)那样,我们也以同样的方式面对着恶习(的诱惑)"②。于是从这个意义上说,现实中其实可能存在着两种类型的恶。其中,一种类型的恶属于人格性禀赋尚未充分发展的还不够成熟的主体;另一种类型的恶则属于已经完成了这一发展阶段的充分成熟了的主体③。

读者可以很明显地感受到,苏斯曼的上述诠释受到了卢梭和黑格尔的深刻影响④。尽管苏斯曼的确在康德本人的著作中找到了大量文本证

---

① 《康德著作全集》第 6 卷,中国人民大学出版社 2007 年版,第 28 页。

② Sussman, D. G., *The Idea of Humanity: Anthropology and Anthroponomy in Kant's Ethics*, London: Routledge, 2001, pp. 265 - 266。

③ "邪恶(wickedness)首先作为一种被抑制的(arrested)发展才成为可能……(这是)一种(试图)从过渡性的状态里挣脱出来的失败,在这一过渡性状态中,我们依然深陷在自然的恶习或文化的恶习的泥沼里……我们或许无法让这样的人对他们的错误行为充分地承担起责任……康德相信,人甚至在获得人格性之后,依然可能落回恶之中……这样的过失源于一个充分发展了的,因此可以被问责的人的意志……每一个在道德上成熟了的人……必然已经通过并且战胜了自然的恶习和文化的恶习……这些转变可能永远也不是彻底的,以至于得以移除这些恶习残留下来的每一处最终痕迹……一旦品尝过这些恶习,它们就将保持为一种持久的诱惑……恶习构成了一种返祖(atavism),一种向着虽然已经被我们战胜,但却并未被我们彻底遗忘的较早发展阶段的复归"(Sussman, D. G., *The Idea of Humanity: Anthropology and Anthroponomy in Kant's Ethics*, London: Routledge, 2001, pp. 265 - 266)。

④ 关于卢梭对康德的影响,特别是他关于文化对自然的伤害的论述,可参见苏斯曼(Sussman, D. G., *The Idea of Humanity: Anthropology and Anthroponomy in Kant's Ethics*, London: Routledge, 2001, pp. 268 - 270)。黑格尔则以如下方式解释了"人从本性上是恶的"这一命题——倘若人仅仅是像动物那样的自然存在者,那么人的原初状态就应当被判定为是善的。然而,由于人本质上是自由的存在者(也就是自在自为的精神),所以人沉浸在自然的粗野性之中的原初状态,就必须被判定为是恶的。换言之,若根据人的自由本质来判断,那么原初的人恰恰是他所不应当是的那种存在。在这个意义上,人才从本性上可以被称作是恶的。在这里需要读者特别注意的是:作为精神的人所拥有的自由本质,并不是一种已经实现的、总是现成在手的东西,而是如同某个目标一般,应当在未来被实现出来的东西。参见 Hegel, G. W. E., *Elements of the Philosophy of Right*, H. B. Nisbet (trans.), Cambridge: Cambridge University Press, 1991, p. 51。

据用以支持自己的论点,但更细致的考察却显示了,他的诠释其实包含着某些可疑之点。首先,苏斯曼所描述的两种类型的恶,其实更像是"自然的或文化的粗野性"(natural or cultural crudeness)以及"自我发展中的旧病复发"(relapses in self-development),却并不像在善恶两个对等选项之间做出自由选择的真正意义上的道德错误①,因为,在苏斯曼的论述中,恶似乎不可避免地源于自然禀赋的发展。

同时特别值得注意的是,假若读者真的接受了苏斯曼的目的论诠释,那么他很快会发现,苏斯曼笔下的人之本性应当被"辩证地"理解,而不是被"静止地"理解。这意味着,恶作为人性辩证性的自我实现中的一个中间环节,将必然地被包含在人性本身之中。这又将导致:此后任何关于"恶只是偶然地被嫁接在人性上"的辩护,都注定将走向失败。除此以外,苏斯曼所援引的文献证据,主要来自先于《宗教》一书写成的康德的早期文本(尤其是 *Anfang* 8:111‑113, 115, 123, 117n; *VpR‑Pölitz* 28:1078‑1079 这些段落)②,这些文本或多或少都依然体现着启蒙乐观主义的影响。康德在1791年出版的《论神义论中一切哲学尝试的失败》中就已经明确抛弃了这种关于人性的乐观主义立场。所以,苏斯曼过度援引康德早期关于恶的不成熟思考,来反向解释《宗教》中康德

---

① 苏斯曼将趋恶倾向比作酗酒倾向的做法,其实是非常误导读者的。因为酗酒倾向只是一种自然的倾向,仅仅关涉作为自然存在者的人的选择能力,从而与人的自由、与道德之恶并无直接的关联。相反,趋恶倾向则是一种道德性的倾向,这种倾向关涉到作为道德存在者的人的选择能力,因此是深深地植根于人类自由本身之中的(参见 *RGV* 6:31;《康德著作全集》第6卷,中国人民大学出版社2007年版,30—31页)。

② 《康德著作全集》第8卷,中国人民大学出版社2010年版,第113—116、117—118、125—126、119—120页。需要注意的是,虽然《哲学式的宗教学说讲座》(*Vorlesungen über die philosophische Religionslehre*)的手稿,是在康德逝世后才被卡尔·海因里希·普里茨(Karl Heinrich Pölitz)购得,并于1817年出版的(该讲座收录于科学院版康德全集第28卷,标题为 *Philosophische Religionslehre nach Pölitz*),但根据后续的分析考证,这些手稿应该源于康德在1785—1786年或1783—1784年冬季学期的讲座[参见剑桥英译版编者的介绍:Kant, I., *Religion and Rational Theology*, A. W. Wood and G. Giovanni (trans.), New York: Cambridge University Press, 1996, p. 337]。

关于恶的成熟理论的策略,不仅是高度成问题的,甚至也是非常不恰
当的①。

总之,由伍德和苏斯曼这两位学者所展示的根本恶的人类学解释路
径非常重视恶的社会性维度和历史性维度,但他们所犯下的一个致命的
错误,就是用关于恶的经验表达的讨论,取代了关于恶的先验本质的分
析。更糟糕的是,这两位学者都或多或少地将趋恶倾向还原为人类自身
发展(这种发展或是通过在社会中与他人的交往,或是通过对自身自然
禀赋的培养来实现)之中某种不可避免的产物,因此恶之为恶的道德属
性,以及个人对于恶的道德责任,在这种人类学诠释中也就受到了严重
的动摇②。

2. 先验路径

对根本恶理论的第二条解释路径,可以被称为先验的路径,它的主
要代表人物是亨利·艾利森(Henry Allison)、赛瑞欧. 摩根(Seiriol
Morgan)③以及劳拉·帕比什(Laura Papish),这三位学者为趋恶倾向

---

① 与苏斯曼的思路相仿,斯蒂芬·格瑞姆(Stephen G. Grimm)提供了一种对于根本恶更为
详尽的解释:恶产生于个人对理性的初次使用之中,源于他刚刚意识到的道德法则和已经
统治他许久的动物性偏好之间的冲突[Grimm, S., "Kant's Argument for Radical Evil,"
European Journal of Philosophy 10(2):160 - 177, 2002],这些冲突导致了所有人对于恶
的准则的普遍选择,并由此建构起了一种普遍的趋恶倾向。劳伦斯·帕斯特纳克也提出
了一种对趋恶倾向的类似解释(Pasternack, L. R., *Kant on Religion within the Boundaries
of Mere Reason*, London and New York: Routledge, 2014, pp. 110 - 115)。很明显,本节
对于苏斯曼的批评,同样适用于格瑞姆和帕斯特纳克。

② 在这种人类学路径的一个极端版本中,趋恶倾向被解释成了一种最初确实源于自由任意之
行动的非常类似于毒瘾的现象[Duncan, S., "'There Is None Righteous': Kant on the
Hang zum Bösen and the Universal Evil of Humanity," *Southern Journal of Philosophy* 49
(2):137 - 163, 2011]。

③ Allison, H. E., *Kant's Theory of Freedom*, New York: Cambridge University Press,
1990, pp. 146 - 157. 采取先验路径的学者还包括 O'Connor, D., "Good and Evil
Disposition," *Kant-Studien* 3:288 - 302, 1985;Timmons, M., "Evil and Imputation in
Kant's Ethics," *Jahrbuch für Recht und Ethik* 2:114 - 144, 1994. Formosa, P., "Kant on
the Radical Evil of Human Nature," *The Philosophical Forum* 38(3):221 - 245, 2007;
等等。

的普遍性和必然性,分别提供了某种形态的先验证明。其中,艾利森将趋恶倾向当作了属于道德性的实践理性的一条公设,也就是现实中所有恶的必然根据,同时,他还将趋恶倾向的普遍性和生而具有性,当作了一个需要"形式性的演绎"(formal deduction)的先天综合命题。具体到这个形式性的演绎应该如何进行的问题时,艾利森则以康德在道德问题上的"严峻主义"(moral rigorism)作为大前提,排除了趋善倾向之于人类处境的可能性,由此得出"每个人都必然拥有与趋善倾向相反的趋恶倾向"这一结论。很明显,艾利森上述论证的成败完全取决于趋善倾向对于人类而言是否真的是不可能的。根据艾利森的分析,拥有趋善倾向即意味着,相较于非-道德的动机,人类对于道德动机拥有一种"自发的偏爱"(spontaneous preference)。可惜的是,这种对道德动机的自发偏爱,对于像人类这样和上帝不同的有限理性存在者而言是完全不可能的,而这又是因为,感性偏好是人类永远也无法摆脱的负担①。

不幸的是,艾利森所谓的形式性演绎,其实基于一种一开始就是错误的预设。根据这一预设,"有限性"和"神圣性"是两个无法相容的概念。就如本书附录的文章所阐明的那样,康德在《宗教》第二部分关于上帝之子的讨论,其实为"有限的神圣存在者"的可能性提供了足够的概念空间。这种有限的神圣存在者一方面像普通人一样拥有感性偏好,另一方面又并不分享普通人的趋恶倾向。实际上,艾利森论证中隐藏的核心观点(亦即"由于人类并不是无限的上帝,所以人类注定拥有趋恶倾向")源于一种对于恶的二元论理解,这种二元论理解最终把恶追溯回了人类的有限性里面。鉴于康德本人坚决否认人类的感性本

---

① 换言之,对于像人类这样的有限理性存在者来说,道德之善的召唤总是被表象为一种命令性的、义务性的和强制性的东西,因而从来不会仅仅将自身呈现为一种单纯的趋向。

性应当为恶承担道德责任,所以艾利森的上述论证也就完全无法成
立了①。

讨论完了艾里森版本的先验论证,现在再来看一看摩根提出的另一
套先验论证。和大部分学者不同,摩根明确区分了趋恶倾向与恶的意
念,一方面将恶的意念理解为恶的最高准则,另一方面又将趋恶倾向理
解为“一个朝向无约束的自我主张和放纵的动机”(an incentive towards
unrestrained self-assertion and licentiousness)②,这一动机通过一种“内
在的辩证法”而从人类自由内部诞生出来。同时由于这种辩证法的欺骗
作用,自由的本质亦不再被主体正确地理解为是一种“内在自由”(也就

---

① 格林伯格以如下方式清楚地解释了艾利森的错误:“艾利森的演绎似乎仅仅在证明诱惑的
‘可能性’,而不是一种(试图)选择违抗道德法则的倾向的‘确定性’”(Grenberg, J., *Kant
and the Ethics of Humility*, Cambridge: Cambridge University Press, 2005, p. 37)。为了
填补艾利森留下的逻辑漏洞(也就是进一步地说明,一种仅仅是可能出现的恶的诱惑,究竟
是如何成为一种被现实地体会到的诱惑的),格林伯格提供了一种人类学的阐释,旨在说明
人类作为一种注定会因为自身有限性而丧失完美幸福的存在者,是如何畏惧在不完美的人
类处境下自己将会失去更多,并且在社会性的处境中,特别是在与他人的竞争关系中,由于
上述恐惧而过度主张自己对于幸福的权利,以至于最终将这种权利置于了道德的要求之上:
　　“试图恰当地爱自己有所依赖的行动者,被迫承认(自己)失去了对于完美幸福的梦想。
只有在面对这一不可避免的损失时,我们才能理解个体性的有限行动者的焦虑,这种焦虑不
仅在社会条件下存在着,而且也更为一般性地(存在着)。在这种不稳定的条件下,有所依赖
的行动者不仅倾向于‘主张’(assert)他们对于幸福的权利,也倾向于为了进一步的损失而感
到焦虑,从而去‘过度地主张’(over-assert)他们对于幸福的权利……而随着对于完美幸福之
梦的丧失,对自爱的追求便开始充满了对损失的恐惧以及对自身需求与欲望的过度主张”
(Grenberg, J., *Kant and the Ethics of Humility*, Cambridge: Cambridge University
Press, 2005, p. 38)。
　　尽管格林伯格确实阐明了“焦虑和恐惧”在唤醒存在于人类心中的恶的实际诱惑时所扮
演的关键角色,从而为恶的起源提供了某种更具一般意义的(而不像伍德那样仅仅局限于社
会条件下的)人类学说明,但格林伯格并未找到她试图确定的“恶的充分条件”(Grenberg,
J., *Kant and the Ethics of Humility*, Cambridge: Cambridge University Press, 2005, p.
39)。实际上,格林伯格的诠释依然停留在心理学的或者说经验的层面上,所以她顶多说明
了恶在时间中是如何开始的。与之相对,恶在理性中的根据,则因为属于人的先验自由而位
于一切时间之外。恶之为恶的道德属性,要求恶必须是被人自由地招致的,而这种“自由招
致性”恰恰意味着恶并不拥有任何充分的条件(因为假若恶拥有一个充分的条件,那么恶将
不再是恶,而将沦为自然因果链中的一个结果了)。简言之,正如康德本人坚持认为的那样,
恶的终极原因是不可探究的。
② Morgan, S., “The Missing Formal Proof of Humanity's Radical Evil in Kant's ‘Religion’,”
The Philosophical Review 114(1): 98 - 105, 2005.

是自律——这种真正意义上的自由），而是被主体错误地理解为是一种"外在自由"。而更糟糕的是，这种外在自由又被进一步地曲解为一种"摆脱了任何约束（甚至是摆脱道德约束）的自由"。由于这种关于自身自由的"辨证式的曲解"，是人类自由自发地选择的，因此此趋恶倾向就完全可以被归咎于人类自己，并且也应当受到道德上的谴责。此外，趋恶倾向的普遍性和生而具有性，最终完全可以通过如下事实得到解释——正因为每个人的自由意志都具有同一种本质，因此所有人就都非常容易趋向于同一种朝向恶的诱惑①②。

　　本书中区分趋恶倾向与恶的意念的最初灵感，就是来自摩根③的上述先验论证。可惜的是，摩根的整个推理中存在着一个非常严重的问题，那就是，根据他的描述，趋恶倾向似乎是从一种"遭到了曲解的纯粹自发性"中被分析性地推导出来的。

　　就如摩根本人清楚地宣称的那样：

　　　　因此，如果任何意志被属于它自己的作为'纯然自由'（as bare freedom）的本性所推动，将恶采纳进它的准则之中，那么每个意志就必须给自己呈现出一个这样做的动机（*RGV* 6：25 - 26）④。并且由于这一动机以这种方式出现在它最内在的本性之中，所以若把这

---

① Morgan，S.，"The Missing Formal Proof of Humanity's Radical Evil in Kant's 'Religion'," *The Philosophical Review* 114(1)：79 - 87，2005.

② "无限度性（limitlessness）（所具有）的吸引力，是它的纯然自由的一个功能，所以它也就是属于意志本身的，从而是属于每一个自由意志的特征"[Morgan，S.，"The Missing Formal Proof of Humanity's Radical Evil in Kant's 'Religion'," *The Philosophical Review* 114(1)：92]。

③ 同时，摩根本人也与本书作者一样，注意到一种从自由自身之内产生出来的仅仅是"一般意义上的"向恶动机，以及这种向恶动机是完全不同于源于自由之外的"特殊"动机的："意志的放纵并不是任何特殊动机的源头，而是一个去做任何自己想做之事的'一般性的动机'……意志所能拥有的仅仅是'特殊的动机'，（这些特殊的动机）是从意志之外由感性呈现给意志的"[Morgan，S.，"The Missing Formal Proof of Humanity's Radical Evil in Kant's 'Religion'," *The Philosophical Review* 114(1)：86]。

④ 《康德著作全集》第 6 卷，中国人民大学出版社 2007 年版，第 23—24 页。

一动机视为不可根除的,似乎也并不是没有道理的①。

摩根这段论述的最大问题就在于:尽管他力图使用一些有争议的文本②来论证康德笔下的纯粹自发性仅仅凭借自身(而不必再辅之以那种在善恶之间进行选择的自由任意),就已经足以建构起人类自由的本质了③,但是可惜的是,即使纯粹自发性相较于"任意的自由"[libertas indifferentiae(亦即无区别的自由)]对于人类自由来说确实是更为本质性的,可它之所以是更为本质性的,仅仅因为它构成了一般意义上的自由(包括上帝、魔鬼和人类的自由)的共同本质。然而,在人类这种特殊的自由存在者这里,自由为了能够成为人类道德主体性和道德责任的真正基础,除了绝对自发性之外,还必须进一步包括在善恶之间进行选择

① Morgan, S., "The Missing Formal Proof of Humanity's Radical Evil in Kant's 'Religion'," *The Philosophical Review* 114(1): 87, 2005.

② "但是,任意的自由不能通过遵循或者违背法则来行动的选择能力[libertas indifferentiae(无区别的自由)]来定义——就如一些人可能就有过这种尝试——虽然任意作为现象在经验中提供着这方面的一些常见的例子。因为我们只把自由(正如它通过道德法则对我们首次成为可认识的那样)认识为我们之内的一种消极的属性,即不受任何感性的规定根据的强制去行动。但是,(自由)作为本体,也就是说,按照纯然作为理智被看待的人的能力,正如它就感性的任意而言是进行强制的(nötigend)那样,因而按照其积极的性状来看,我们在理论上却根本不能展示它。我们或许只能洞察到这一点:尽管人作为感官存在者,按照经验来看,表现出一种不仅(能够)遵循法则,而且也(能够)违背法则而作出选择的能力,但毕竟不能由此来定义他作为理知存在者的自由,因为显象不能使任何超感性的客体(毕竟自由的任意就是这类东西)得以被理解。而且,自由永远不能被置于这一点之中,即有理性的主体也能够作出一种与他的(立法的)理性相冲突的选择;尽管经验足以够经常地证实这种事的发生(但我们却无法把握它的可能性)。——因为承认一个(经验的)命题是一回事,而使之成为(自由任意概念的)解释原则以及[与 arbitrio bruto s. servo(动物的或者奴性的任意)]的普遍区分标志则是另一回事:因为前者并没有断定这标志必然属于概念,但这一点却是后者所要求的。——唯有与理性的内在立法相关的自由才真正地是一种能力;而背离它的可能性则是一种无能(Unvermögen)。于是,前者如何从后者之中得到解释呢?这是一个定义,它在实践的概念之上还附加了它的如经验所教导的实施,是一个在错误的光照下展示这个概念的混血的解释[definitio hybrida(混合的定义)]"(*MS* 6:226 - 227;《康德著作全集》第 6 卷,中国人民大学出版社 2007 年版,第 233—234 页)。

③ 康德持有这样一种自由观念,它允许自由的'原初行动'(orginary acts),这些行动因为是自发性的,所以就是自由的,尽管我们关于它们并不拥有'无区别的自由'(liberty of indifference)。意志(所拥有的那种)朝向放纵的最初的自我诱惑,只能是这样的一个行动"[Morgan, S., "The Missing Formal Proof of Humanity's Radical Evil in Kant's 'Religion'," *The Philosophical Review* 114(1): 94]。

的能力。由于纯粹自发性(包括它被曲解为"无法无天的外在自由"的这一扭曲形态)仅凭自身根本无法为人类的道德主体性和道德责任奠定基础,所以它仅凭自身也就并不足以构成人类自由的原初概念。于是在这个意义上,摩根对趋恶倾向的整体论证其实是失败的,因为他的推理完全依赖对于人类自由之原初概念的下述重新定义——摩根首先将人类自由的原初概念仅仅限定在纯粹自发性里面,然后又从一种由纯粹自发性内部必然地产生出来的所谓的辩证法中,分析性地推导出一种所有人都必然拥有的趋恶倾向。很明显,这样的做法必然会导致趋恶倾向并不是被偶然地嫁接在人的自由本性之上,而是必然地源于人的自由本性,从而最终违背了康德对于趋恶倾向之偶然性的基本刻画。

现在来稍微总结一下艾利森和摩根解释趋恶倾向的先验路径。一方面,这两位学者正确地将恶的本质定位在了先验自由之中,另一方面,他们为趋恶倾向提供的所谓的形式性演绎,却将这一倾向错误地化约为了蕴含在人类自由的本质之中的分析性真理,由此动摇了恶之为恶的道德属性以及人类对恶的道德责任[1]。

在本节的末尾,还需要再补充性地讨论一下,劳拉·帕比什在2018年出版的《康德论恶、自欺和道德革新》(*Kant on Evil, Self-Deception, and Moral Reform*)这本关于根本恶问题的重要专著中,所提出的一种全新版本的先验论证。第一眼看去,帕比什笔下的先验论证,似乎与艾利森与摩根的版本非常地不同。首先,帕比什正确地注意到了根本恶理论描述的是人类族类的道德品格,而不是人类个体的道德品格。因此,虽然人类族类从整体上来看必然地是邪恶的,但某些人类个体却依然可能是良善的。其次,为了同时解释趋恶倾向所具有的"普遍性"和"自由招致性",帕比什非常巧妙地将这种倾向联系到了康德在《实用人类学》中提出的"伪装"(Verstellung):

---

[1] 由此可以推知,一种过强版本的先验论证(这种先验论证完全根据第一批判中的先验演绎来进行)将使恶丧失对于人类自由所具有的偶然性。

虽然要了解别人的思想,但却不流露自己的思想,这已经属于一个属人造物的原初构成,属于他的类概念了;在这种情况下,这种较为正派的特点就这样免不了逐渐地从伪装推进到有意的假象(vorsetzlichen Täuschung),并最终一直到撒谎(APH 7:332)①。

根据帕比什的解释,"伪装"作为人的自由主体性的原初构成成分,既是每个人被动感受到的诱惑,同时又是每个人主动行动的产物,因此可以同时满足趋恶倾向所拥有的"普遍性"(这一点可以从被动地感受到的诱惑推导出来)和"自由招致性"(这一点可以从行动的主动性推导出来)这两大特点。进一步地,每个人如何去对待和处置这种源于自身自由本性的"伪装"倾向,亦即他究竟是接受它、发展它,还是抵抗它、克制它,又决定了他的道德品质是善还是恶②。

帕比什版本的先验论证初看上去确实非常具有说服力,然而如果稍稍深究一下,读者就会发现这一先验论证里面依然包含着两个严重的问题。首先,根据《宗教》一书中关于根本恶概念的成熟理论,人之为人的原初构成仅仅包含着三种向善禀赋,而绝不包含任何意义上的恶的东西。所以,在帕比什所引段落中的"属人造物的原初构成"和"类概念"这两个词,似乎只能被理解为《宗教》一书中那种已经被嫁接上了趋恶倾向的在人在堕落之后才形成的"第二本性",而绝不是仅仅由纯善无恶的三种向善潜能构成的那种人之为人的"第一本性"。对于帕比什的论证最为致命的一点在于,在"嫁接"的意义上被理解的趋恶倾向,并不能像三种原初向善禀赋那样,被绝对普遍和必然地归于人的自由主体性。除此之外,"伪装"(verstellen)自己的真实思想和真实意图这件事,起码从字面意思上看,也应当被看成是趋恶倾向的"经验表达",而并不是康德笔下那种作为理知行动而存在的超越了一切经验表达的趋恶倾向本身。实际上,仅仅在帕比什所引段落稍微靠前一点的位置上,康德本人就明

---

① 《康德著作全集》第 7 卷,中国人民大学出版社 2008 年版,第 328 页。

② Papish, L., *Kant on Evil*, *Self-Deception*, *and Moral Reform*, New York: Oxford University Press, 2018, pp. 117-152.

确地指出,伪装自身真实的想法和意图这件事,"揭示出"了在人们之中的恶的倾向。因此读者完全可以说,康德本人并不认为伪装直接地"就是"这一倾向本身。

> 仅仅从每一个聪明人觉得必需的、思想的一个相当部分被隐瞒起来,就已经可以足够清晰地看出,在我们的族类里面,每个人都觉得陷入了不让人完全看透自己真实面目的境遇;这已经暴露出(*verrät*)我们人类相互敌视的倾向了(*APH* 7:332)①。

最后,和摩根一样,帕比什的论证归根结底也同样依赖于一种可以被归于"兼容论"(compatibilism)的自由概念。根据这种自由概念,只要某个行动是人主动地做出的,是可以被归于他本人的,那么即使这个人并没有做出其他选择的可能性,他也依然应当被看作是自由的,是必须为前述行动承担责任的。对此帕比什甚至明确地声称:人类族类作为一个整体,必然会去选择根本恶,而这就类似于上帝作为完善的存在者,必然会去选择善一样②。可惜的是,恰恰在这一点上,帕比什就如摩根和艾利森一样,让根本恶丧失了作为人类之恶所必须具备的"偶然性",甚至隐隐地模糊了根本恶与魔鬼之恶之间的边界线,因为毕竟,魔鬼之恶作为一种必然地被选择的恶,才是上帝之善在真正意义上的概念对立物。

3. 准-先验路径

对根本恶的第三条解释路径,可以被称为准-先验的路径,它的主要代表人物有斯蒂芬·帕姆奎斯特(Steven Palmquist)和帕布洛·穆希尼克(Pablo Muchnik)。这两位学者一方面认为,对根本恶的论证需要一个经验起点的支撑,但另一方面又认为,这一论证的基本结构是一个具有先天性质的回溯性推理。帕姆奎斯特首先指出,康德在《宗教》一书

---

① 《康德著作全集》第 7 卷,中国人民大学出版社 2008 年版,第 327 页。
② Papish, L., *Kant on Evil, Self-Deception, and Moral Reform*, New York: Oxford University Press, 2018, p. 142, n46.

中,为普遍而必然的趋恶倾向建立了某种非常类似于(但又并不完全等同于)先验演绎的论证①。随后,帕姆奎斯特又遵照着拉尔夫·沃克(Ralph Walker)的观点②,将所有先验论证的目标统一地描述为"(为了)说服那些质疑某个非-经验性的(亦即先天综合的)概念之有效性的怀疑论者——这个概念必须是真的,否则怀疑论者并不怀疑的某些东西,甚至将会成为不可能的"(Palmquist 2008:274)③④。很明显,《宗教》中的先天综合概念就是普遍的趋恶倾向。帕姆奎斯特认为,在《宗教》的特定语境下,"甚至是一个怀疑论者也无法否认的某些东西"则是人的宗教经验,也就是属于某一特定宗教传统的人所无法否认的某些实践和信念。最后,根据《宗教》第一部分四个小节标题的提示,帕姆奎斯特建构出了他的准-先验论证的基本框架:

> 第一节:"论人的本性中向善的原初禀赋"(即前提 1a:人的本性中的一种原初向善禀赋,是宗教经验的一个必然的可能性条件);
>
> 第二节:"论人的本性中趋恶的倾向"(即前提 1b:人的本性中

---

① "克莱默(Cramer)指出,康德在第一批判的导言中以这样一种方式来定义'先验哲学',以至于他似乎使得先验哲学仅仅是理论性的(或者说是认识论的),从而与它实践的补足物(亦即道德哲学)处于鲜明的对立之中。在考察了关于先验哲学之本性的各种各样的相关文本(特别是第一批判的导言)之后,克莱默却得出结论说,对康德的上述区分的一种严格应用是'站不住脚的',因为道德哲学的纯粹部分,同样达到了诉诸'没有任何经验起源的概念'这一基本标准。任何试图为这些非-经验性概念的有效性辩护的论证,似乎都有资格成为潜在的'先验(论证)',尽管康德本人倾向于将这个技术性术语,留给他在理论哲学中所使用的论证"〔Palmquist, S. R., "Kant's Quasi-Transcendental Argument for a Necessary and Universal Evil Propensity in Human Nature," *The Southern Journal of Philosophy* 46:273, 2008;另外参见 Cramer, K., "Kants Bestimmung des Verhaltnisses von Transzendentalphilosophie und Moralphilosophie in den Einleitungen in die 'Kritik der reinen Vernunft'," in H. Fulda and J. Stolzenberg (eds.), *Architektonik und System in der Philosophie Kants*, Hamburg: Felix Meiner, 2001, pp. 273 – 286〕.

② Walker, R., *Kant*, London: Routledge, 1978.

③ Palmquist, S. R., "Kant's Quasi-Transcendental Argument for a Necessary and Universal Evil Propensity in Human Nature," *The Southern Journal of Philosophy* 46:274, 2008.

④ 帕姆奎斯特这样描述任何先验论证的结构:"我们拥有某种经验……'p 为真是该经验的必要条件'是一个分析性的命题,因此 p"(Palmquist, S. R., "Kant's Quasi-Transcendental Argument for a Necessary and Universal Evil Propensity in Human Nature," *The Southern Journal of Philosophy* 46:275, 2008)。

的一种趋恶倾向,是宗教经验的一个必然的可能性条件);

第三节:"人从本性上是恶的"(即前提 2:我们拥有宗教经验——在此处,这种经验被呈现为"罪"或者说是"未尽到的道德义务");

第四节:"论人的本性中恶的起源"(即结论:因此我们先天地就知道,恶的起源不是经验性的,而是理性的,它源于人的本性中一种善的禀赋和一种相应的恶的倾向的在场)。

在这里,本书作者完全同意帕姆奎斯特关于康德对趋恶倾向的论证十分接近于一般意义上的先验论证(亦即将经验追溯回它的先天可能性条件)的观点。然而,宗教性的经验(特别是基于某种特定传统的信念和仪式)仅仅是一种属于特殊群体的体验,因而无法为"人从本性上是恶的"这一普遍命题(也就是对于全人类都有效,不论他们的宗教背景如何的命题)提供坚实的支撑。因此,和帕姆奎斯特的观点不同,只有现实中广泛存在的可见恶行(整个人类族类在其漫长的历史中不断地见证着这些恶行),而不仅仅是属于某一特殊群体的宗教经验,才有资格去充当对于"人从本性上是恶的"这一命题的论证的恰当起点。

此外,帕姆奎斯特把宗教经验作为论证起点的做法,也暗中颠倒了《宗教》第一部分的逻辑顺序。唯有在《宗教》第一部分的结尾之处,唯有通过引入对道德上的弃恶从善来说必不可少的恩典概念,康德的讨论才得以从道德转向宗教。道德上的弃恶从善这一要求之所以会被提出,恰恰又是因为趋恶倾向在人性之中普遍而必然的存在这一基本判断。因此归根结底,唯有以对人类族类道德品格的悲观主义判断为前提,康德的讨论才能顺利地从道德转向宗教。在这一论述过程中,宗教被康德视作为了完成一项对于人类来说极其困难又不容推辞的道德任务(亦即战胜道德之恶)所必须预设的条件。换句话说,道德从自身之中提出了一个仅凭自身力量无法满足的要求,而只有通过将宗教补充到道德之上,或者说只有借助于宗教的力量,道德从自身之中提出的这个要求才能得到最终的满足。

在考察完帕姆奎斯特的准-先验论证之后,再来看一看穆希尼克提出的另一个版本的准-先验论证。和摩根一样,穆希尼克也属于敏锐地注意到趋恶倾向与恶的意念之间微妙差异的少数学者。根据穆希尼克的分析,虽然这两个概念都属于先验领域,但趋恶倾向指的是人类族类的道德品格,而恶的意念指的则是人类个体的最高准则①。因此在先验领域内部,实际上存在着一个"概念分层"(conceptual stratification)。根据这一概念分层,趋恶倾向应当被理解为恶的意念的可能性条件②③。

同时由于上述这一概念分层,对恶的意念的论证与对趋恶倾向的论证也就必然有所区别。一方面,属于人类个体的恶的意念,可以被一个回溯性的推理所确证,该回溯性推理包含两步:第一步是从可见的恶行推导回恶的具体准则,第二步则是从恶的具体准则推导回恶的意念。另

---

① "因为他(康德)不可能是这个意思,亦即个人对意念的选择就等于族类对倾向的选择。(康德若是这个意思,那么)我们个人的错误行为,将通过单纯的人类成员身份而得到解释(和并脱)。然而,一旦我们认识到这里讨论的是道德分析中的两个不同单元,那么上述奇怪的结论就能够被避免:意念指的是个体行动者的基本道德面貌(outlook);而倾向指的则是可以被归于整个人类族类的道德品格"[Muchnik, P., "An Alternative Proof of the Universal Propensity to Evil," in S. Anderson-Gold and P. Muchnik (eds.), *Kant's Anatomy of Evil*, New York: Cambridge University Press, 2010, p. 117]。

② Muchnik, P., "An Alternative Proof of the Universal Propensity to Evil," in S. Anderson-Gold and P. Muchnik (eds.), *Kant's Anatomy of Evil*, New York: Cambridge University Press, 2010, pp. 132 - 133.

③ "尽管这两个观念都在先验层面运作,也就是说它们都提供了关于特定的(道德)现象的先天可能性条件的知识,但它们可以被表象为是等级式地(hierarchically)组织起来的。(或者是善,或者是恶的)意念,确保了将多个可以观察到的行为归于一个单一的道德品格之下;趋恶倾向则确保了将单一的形式归于所有的意念,并且对解释恶的意念自身的可能性也是必须的。这两个概念都是先验的,但其中一个可以说是悬于(range over)另一个之上。我将这种关系称为'概念分层'"[Muchnik, P., "An Alternative Proof of the Universal Propensity to Evil," in S. Anderson-Gold and P. Muchnik (eds.), *Kant's Anatomy of Evil*, New York: Cambridge University Press, 2010, pp. 132 - 133]。

一方面,对趋恶倾向的论证①已经潜藏在《宗教》一书的前言之中了。在那里,康德指出在实践理性内部,存在着一种倾向于颠倒至善之中的两大构成要素的"辩证法"(ibid.,124 - 7;141 - 2)②。根据穆希尼克的论证,人类的实践理性拥有上述这一辩证性的倾向——这首先是一条基于经验观察的人类学事实③。然而,当康德本人试图把实践理性的这一辩证法"自然化"(naturalize)④,亦即将这一辩证法扩展到足以对整个人类族类都有效时,康德做出这步扩展所需的经验证据,仅仅是"没有任何相反的经验证据足以反对这一扩展"。总之,鉴于上述关于趋恶倾向的形式性证明,实际上是一种"先天的推理"和"经验的输入物"(empirical input)的结合体,从而并未在严格的意义上摆脱对于经验性证据的依赖,所以穆希尼克最终选择将它称为一种"准-先验的"论证(quasi-transcendental argument)。

穆希尼克提供了迄今为止对趋恶倾向最具前途的证明,而他在趋恶

---

① 穆希尼克认为康德关于趋恶倾向的描述,在《奠基》第一章结尾的自然辩证法中(GMS 4:405)就已经可以找到。他同时还指出,趋恶倾向的本质是一种实践幻象,这种幻象是人类理性主观必然的产物,如果没有对其进行恰当的批判,这种幻象就会被当作是客观必然的(A295/B352),然而,"实践幻象的特殊之处,就在于这种'把……当作'(taking…to be),必须被表象为一个选择的结果……它是完全意义上的道德失败:恶并不是差错(error)"[Muchnik, P., "An Alternative Proof of the Universal Propensity to Evil," in S. Anderson-Gold and P. Muchnik (eds.), *Kant's Anatomy of Evil*, New York: Cambridge University Press, 2010, p. 124]。

② Muchnik, P., "An Alternative Proof of the Universal Propensity to Evil," in S. Anderson-Gold and P. Muchnik (eds.), *Kant's Anatomy of Evil*, New York: Cambridge University Press, 2010, pp. 124 - 127, pp. 141 - 142.

③ "(《宗教》一书的)序言很重要……因为它将一个人类学的事实关联到了纯粹实践理性的先验框架之上……它认识到了人的实践理性的辩证性本性,既产生出了关于至善的学说,也产生出了关于根本恶的学说……尽管这一幻象源于我们在人类学意义上的局限性(并且在某个意义上确实是自然的),但这一幻象又必须被表象为是'我们自己给自己招致'的东西"[Muchnik, P., "An Alternative Proof of the Universal Propensity to Evil," in S. Anderson-Gold and P. Muchnik (eds.), *Kant's Anatomy of Evil*, New York: Cambridge University Press, 2010, pp. 140 - 141]。

④ Muchnik, P., "An Alternative Proof of the Universal Propensity to Evil," in S. Anderson-Gold and P. Muchnik (eds.), *Kant's Anatomy of Evil*, New York: Cambridge University Press, 2010, p. 121.

倾向与恶的意念之间进行的概念分层,也为本书关于这一问题的讨论提供了一种最重要的启发。同时,穆希尼克将趋恶倾向视为源于实践理性之辩证法的"幻象"——这一论述的方向也是完全正确的。可惜的是,穆希尼克的诠释依然在某种意义上不够完整。这是因为,他未能进一步澄清趋恶倾向是如何使得恶的意念成为可能的[①]。在没有澄清上述这一点的情况下,读者完全可以合理质疑穆希尼克在先验层面的概念分层究竟是否必要,因为在这种分层中,恶的意念和趋恶倾向似乎只是被松散地并置在了一起,但彼此之间却并未呈现任何本质性的联系[②]。

然而,尽管论证根本恶的准-先验路径包含着这样或者那样的问题,但它却成功地将人类学路径和先验路径的优点结合了起来。准-先验论证区分了恶在先验领域里被定义的"先天本质"和恶在经验领域里的种种"后天表达",这一论证将趋恶倾向理解为一种深藏在人类自由内部的能够给所有现实恶行进行奠基的终极主观根据,并且通过把由经验返回其可能性条件的"先天回溯性推理"与作为经验输入物的"人类学观察证据"这两者结合起来,最终成功地为趋恶倾向概念提供了一种"具有杂合性质的"(hybrid)证明。

通过把证明趋恶倾向的最终证据,置于对于人类经验的观察之中——而不是概念的分析当中,准-先验论证也成功地确保了恶之于人性的偶然性,以及人类对于恶的道德责任。从某种意义上说,下文即将提出的证明,可以被看作是对于穆希尼克版本的准-先验论证的进一步

---

① 穆希尼克仅仅提到了"一种恶的意念(一个自身带有先验地位的概念)是通过一个更为高阶的先验概念(亦即趋恶倾向)而成为可能的"[Muchnik, P., "An Alternative Proof of the Universal Propensity to Evil," in S. Anderson-Gold and P. Muchnik (eds.), *Kant's Anatomy of Evil*, New York: Cambridge University Press, 2010, p. 133]。

② 穆希尼克论证说,"在分析的两个层面上"存在着"选择的诸条件中的一种基本的同位关系(isomorphism)",这就是恶的意念和趋恶倾向之间的同位关系。穆希尼克指出:"对意念的选择和对趋恶倾向的选择,都是先验行动的产物,都独立于(经验的)第二重人类比中的时间性条件,并因此是'生而具有的'(angeboren)。然而,同位关系并不是等同(identical)……随着对意念的选择,个人建立起了'采取(她的)准则的最终主观根据'(*RGV* 6:26);随着对趋恶倾向的选择,族类则规定了'一般地(überhaupt)运用自由的主观根据'(ibid., 6:21)"[Muchnik, P., "An Alternative Proof of the Universal Propensity to Evil," in S. Anderson-Gold and P. Muchnik (eds.), *Kant's Anatomy of Evil*, New York: Cambridge University Press, 2010, p. 126]。

发展和最终完成。通过更为彻底地探索恶的意念和趋恶倾向之间的微妙关系,本书作者将解决穆希尼克遗留下来的问题,并由此对人类自由的深度和广度展开一种更为彻底的探索。

第二节　"人从本性上是恶的"的确切含义

现在,讨论完康德研究中出现的对根本恶的不同解释路径之后,本节将转向康德的文本,考察一下他本人澄清"人从本性上是恶的"的含义的关键段落:

> 这里把人的本性(der Natur des Menschen)仅仅理解为(在诸客观的道德法则之下)一般地运用于人的自由的先行于一切落于感观中的行动的主观根据,而不论这个主观的根据存在于什么地方。但是,这个主观的根据自身又必须是一个自由行动(Aktus)(因为若不然,人的任意在道德法则方面的运用或者滥用,就不能归责到人身上,人之中的善或者恶也就不能叫作道德上的)(*RGV* 6:21)。

在这段文本中,康德指出"人的本性"指的是人一般地运用他的自由的主观根据,这一主观根据先于一切落在感性经验中的行动,并充当了这些可见行动的超感性基础。此外,这一主观根据自身必须也①是一种自由的行动,因为唯有如此,它才能真正地具有或者是善或者是恶的道德属性。然而仅凭这段短短的引文,目前还尚不能确定此处所描述的人的(自由)本性,究竟应当被理解为是属于人类族类的趋恶倾向(也就是向恶的潜能),还是属于人类个体的恶的意念(亦即上述向恶潜能在个体之中的现实化)。就如上一章刚刚论述过的那样,趋恶倾向与恶的意念拥有完全相同的概念内容,仅仅在模态上存在着差异。由于康德在这里的用词同时允许上述两种解读,所以现在最好暂时把这段引文放到一边,继续看一看康德关于人的本性的进一步澄清:

---

① 《康德著作全集》第 6 卷,中国人民大学出版社 2007 年版,第 19 页。

因此，如果我们说，人从本性上是善的，或者说人从本性上是恶的，这无非是意味着：人，而且更确切地说普遍地作为人（allgemein als Mensch），包含着采取善的诸准则或者采取恶的（违背法则的）诸准则的一个（对我们来说无法探究的）原初根据，因此，他同时也就通过这而表现了他族类的品格（ibid.，6：21）①。

康德清楚地告诉读者，采取准则的主观根据（也就是人的自由本性）是人作为人而拥有的。或者说，通过由这一主观根据而得到奠基的诸准则，一个人表达了属于整个人类族类的道德品格。鉴于"作为人"和"他的族类"这些用词清楚地指向了族类的层面，而"（具体）准则"无疑又指向了个体的层面，因此读者在此应当同时从这两个层面来理解人的自由本性。更确切地说，人的本性应当被理解为"已经在恶的意念中被现实化了的趋恶倾向"或者"将趋恶倾向现实化了的恶的意念"。换句话说，这里的人性首先指的是族类层面的向恶潜能，更重要的是，这一人性也同时指向已经在个体层面得到现实化的向恶潜能。

康德的用词"普遍地作为人"很容易引起如下怀疑，亦即趋恶倾向似乎与它的概念对应物（人格性禀赋）一样，对人之为人的概念是客观构成性的。然而，通过仔细考察随后的文本，读者会发现康德本人明确地排除了这种可能性：

"人从本性上（von Natur）是恶的"仅仅意味着，上述这点就人的族类而言是适用于他的。并不是说，好像这样的品性可以从人的类概念（一般地作为人的概念）中推论出来（因为那样的话，这种品性就会是必然的了），而是就如根据经验来认识人那样，人不能被判定为其他的样子，或者可以假定（voraussetzen）这一点在每个人身上，即便在最好的人身上，也都是主观必然的（ibid.，6：32）②。

很明显，趋恶倾向对于人之为人的概念来说，并不是原初构成性的，因此这一倾向对于人之为人的构成来说，也就不是客观必然的，而只是

①《康德著作全集》第6卷，中国人民大学出版社2007年版，第19页。
②《康德著作全集》第6卷，中国人民大学出版社2007年版，第32页。

客观偶然的。就如之前论证过的那样,趋恶倾向所具有的这一偶然性,实际上源于它是人自由地招致的。这一自由招致性,又是观察者为了让趋恶倾向拥有真正的道德属性而必须预设的。然而,尽管康德明确地否认了趋恶倾向具有客观必然性,但他依然坚持,这一倾向应当被假定为对于人性来说是主观必然的。

根据康德的观点,趋恶倾向的主观必然性最终基于经验性的证据。在对人类行为进行广泛的人类学观察时,观察者无权声称任何一个人(即使是最好的人)不具备这一趋恶倾向。或者说,观察者无权声称任何人(即使是最好的人)的准则背后没有暗中隐藏着这一趋恶倾向。但是,这里的讨论必须小心地区分开"主观的必然性"(subjective necessity)和"归纳的一般性"(inductive generality)这两个概念。对于趋恶倾向来说,"归纳的一般性"将仅仅意味着已经被观察到的人类个体(他们的总数可以非常庞大,但永远要小于人类族类之全体)都拥有同一种趋恶倾向。因此,"归纳的一般性"将永远被局限在观察的限度之内。从这一观察中最多能够得出"趋恶倾向广泛地、一般地存在着"这一论断,却无法得出"趋恶倾向必然地属于每一人类个体"这一论断①。

---

① 康德对"一般地遵循法则"和"普遍地遵循法则"进行了明确的区分。"一般地遵循法则"可以允许三心二意的情况出现,因而允许一个人偶尔地破例。与此相反,"普遍地遵循法则"则要求无一例外地严格执行法则:"现在,如果我们在每一次逾越一个义务时都注意我们自己,我们就将发现,我们实际上并不愿意我们的准则应当成为一个普遍的法则,因为这对我们来说是不可能的,而毋宁说这准则的对立面倒应当普遍地保持为一条法则;只不过我们给了自己这样的自由,为了我们自己或者(哪怕仅仅这一次)为了我们偏好的利益而破例。所以,如果我们从同一个观点亦即理性的观点出发去衡量一切,那么,我们就会在我们自己的意志中发现一种矛盾,亦即某一个原则客观上作为普遍的法则是必然的,但主观上却并不应当普遍地有效,而是应当允许例外。但是,既然我们先从一个完全合乎理性的意志的观点出发来看我们的行为,然后又从一个受偏好刺激的意志的观点出发来看这同一个行为,所以这里实际上并没有矛盾,但有偏好对理性规范的一种对抗,由此原则的普遍性〔Allgemeinheit (universalitas)〕被转变成一种纯然的一般适用性〔Gemeingültigkeit (generalitas)〕,从而实践的理性原则就要与准则在半途相逢了。如今,尽管这一点在我们不偏不倚地作出的判断中不能得到辩护,但它毕竟证明,我们实际上承认定言命令的有效性,并且(怀着对这定言命令的一切敬重)只允许我们自己有一些在我们看来无关宏旨的,对我们来说迫不得已的例外"(GMS 4:424;《康德著作全集》第4卷,中国人民大学出版社2005年版,第432页)。

与此相反,尽管在康德笔下,趋恶倾向所具有的主观必然性也同样基于经验观察,但在这种经验观察中,每个人都被当作了"表达着"整个人类族类道德品格的一个"实例"[就如康德所言,"他同时也就通过这而表现了(ausdrückt)他族类的品格"]①。根据这句话的意思,人类个体其实是人类族类的"实际存在"(actual existence),而人类族类则是人类个体的"潜在本质"(potential essence)。如果按照这种理解方式,那么哪怕仅仅从数量有限的恶人出发,观察者也完全能够"跳跃"到关于人类族类整体道德品格的判断。另一方面,为了达到这一论证目标,对趋恶倾向之主观必然性的证明,就不能再仅仅基于经验性的观察本身,而是还必须同时依赖于一种从"现实性"回溯到"可能性"的先天推理。在这一先天推理中,每一个个体将不再按照个人主义的理解方式而仅仅被把握为孤立的个体,而是首先应当被把握为表达了族类本性的一个个"实例"。

与此同时,趋恶倾向的主观必然性也暗示了该倾向的普遍性。如果整个人类族类的道德品格是恶的,那么趋恶倾向必然普遍地(也就是无一例外地)存在于每一个人类个体之中。一方面,根据康德对三种"量的判断"以及分别对应于它们的三种"量的范畴"的划分,读者能够很容易地确定"一般性"(generalitas)与"普遍性"(universalitas)之间的差别。关于某种事物的一般性判断采取了"某些 S 是 P"的"特称判断"(besondere Urteile)形式,特称判断对应着范畴表里的"多数性"(Vielheit)范畴,因而完全可以允许例外的存在。与此相反,关于某种事物的普遍性判断则采取了"所有 S 都是 P"的"全称判断"(allgemeine Urteile)形式,"全称判断"对应着范畴表里的"单一性"(Einheit)范畴,因而完全不允许任何例外的存在(A71/B96;A80/B106)②。另一方面,正如主观必然性和客观必然性属于不同种类的必然性那样,康德笔下的

① 就如本书导言中提到的那样,康德的实用人类学首先把作为一个整体的人类族类当成了研究对象。因此,人类个体在此处将被视为表达着普遍性的具体实例,他们能够通过自己的行动展示出自身族类所拥有的特性。

② 《康德著作全集》第 3 卷,中国人民大学出版社 2004 年版,第 82 页,第 88 页。

趋恶倾向涉及的普遍性,也和严格意义上的普遍性不同。趋恶倾向的普遍性类似于它的主观必然性,最终同样基于经验观察以及从现实性回溯到潜在性的先天推理。与之形成鲜明对照的是,和客观必然性相对应的严格意义上的普遍性,则需要以一种纯粹先天的方式被推演出来。

现在,简单澄清了这些概念之间的微妙区分之后,再来看一看康德关于趋恶倾向的进一步描述:

> 由于这种倾向自身必须被看作在道德上是恶的,因而不是被看作自然禀赋,而是被看作某种可以归咎于人的东西,从而也就必须存在于任意的违背法则的准则之中;由于这些准则出于自由的缘故,自身必须被看作是偶然的,倘若不是所有准则的主观最高根据与人性自身(Menschheit selbst)——无论以什么方式——交织(verwebt)在一起,仿佛是植根(gewurzelt)于人性之中的话,上述情况就会与这种恶的普遍性无法协调。因此,我们也就可以把这一根据称作是一种趋恶的自然倾向,并且由于它必然总是咎由自取的,我们也就可以把它甚至称作人的本性中一种根本的、生而具有的(尽管如此,却是由我们自己给自己招致的)恶[ein radikales, angeborenes (nichts destoweniger aber uns von uns selbst zugezogenes)Böse] (ibid., 6:32)[①]。

这一大段引文传达了两层重要的信息。首先,康德再次确认了趋恶倾向的两个方面(亦即它的"主观必然性/普遍性"和"自由招致性/客观偶然性")之间的矛盾。其次,康德同时告诉了读者,上述矛盾中的两个方面如何能够共存。康德解决矛盾的策略,则通过下面这句话得到了揭示:"倘若不是所有准则的主观最高根据与人性自身——无论以什么方式——交织在一起,仿佛是植根于人性之中,上述情况就又与恶的普遍性无法协调"。这句话实际上揭示了人类个体层面与人类族类层面之间

---

① 《康德著作全集》第 6 卷,中国人民大学出版社 2007 年版,第 32 页。

的一种"交叠"(overlap)。简单地说,人类个体所拥有的采取所有准则的主观根据,已经与人性自身纠缠在了一起,或者说,这一主观根据已经深深地植根于人性之中了,这里谈到的人性,显然属于整个人类族类的全体成员,而不单单属于几个人类个体。一方面,引文中的"(采取准则的)最高主观根据",应当被理解为一种在人类个体的意念中已经被现实化了的趋恶倾向。另一方面,"人性自身"绝不应当被狭隘地理解为仅仅包括了人性禀赋,而应当被理解为除了人性禀赋之外,还同时包括了动物性禀赋,因为毕竟,这两种禀赋都被可以被恶所败坏,从而分别产生出文化的恶习和本性粗野的恶习。简单地概括一下上面的分析,康德想要告诉读者的实际上是这个意思:在个人意念中被现实化了的趋恶倾向,是被嫁接在人类族类的自由本性之上的,这种自由本性同时包含了人性禀赋、动物性禀赋和人格性禀赋(需要注意的是,这三者之中的人格性禀赋是不能被败坏的,这意味着,在人格性禀赋之上不可能嫁接任何恶的东西)。就如即将展现的那样,这种族类("潜在性")和个体("现实性")之间的"交叠",将构成本章关于"人从本性上是恶的"的准-先验论证中的关键环节。

现在,在所有这些预备性的分析工作之后,再来看一看"人从本性上是恶的"这句论断究竟是什么意思。简单地说,这句论断意味着:由于主观普遍和必然的趋恶倾向(或者说向恶潜能)的存在,整个人类族类的道德品格必须被判定为是恶的。考虑到人类族类和人类个体这两个层次的交叠,"人从本性上是恶的"这句论断也意味着:只要一个人的意念确实展示了人类族类的道德品格(因而这一意念也就成为趋恶倾向在个体身上的现实化),这个人的意念就必须被判定为是恶的。康德学者在理解上述命题时经常犯的一个错误,就是忽视了"从本性上"(von Natur)这个短语的微妙含义,从而将(作为"潜在本质"的)人类族类和(作为"现实存在"的)人类个体完全混同了起来。于是以这种方式,这些学者便很容易错误地认为,康德在夸大其词地宣称"每一个人都现实地是恶人","每一个人的意念(亦即他的最高准则)都现实地是恶的"①。然而不幸的是,这种对于人性的判断太过严厉也太过悲观,以至于根本不符合康德本人的意图。首先,康德从未否认过善良之人是可能存在的。因此,恶的意念很可能并没有彻底实现对于人类族类中所有成员的统治。此外,即便每个人的意念的确现实地就是恶的,这种普遍性也将仅仅基于纯粹的偶然性,因而和主观必然性之间没有任何关系。更重要的是,康德关于道德皈依的理论,甚至必须预设善良之人是可能存在的。相反,假若趋恶倾向与恶的意念之间不存在任何差别的话(正如许多学者错误地认定的那样),那么道德皈依也将完全成为不可能的,因为根据康德的断言,趋恶倾向是根本无法从人性之中被根除的。

总之根据上述分析,"人从本性上是恶的"这个命题仅仅意味着,趋恶倾向在人类族类中的主观必然性和普遍性。这一主观必然性和普遍性所描述的对象是属于人类族类的向恶潜能,而并不是严格意义上属于人类个体的恶的意念。在此处,为了排除一个常见的批评(亦即上述命题所传递的信息太过微不足道,因此并未增添任何关于人性的新知识)需要提前指出的是:尽管向恶潜能还尚未达到现实的恶这一层次,但它在"存在的等级次序"上却要远远超出恶的(空洞的)逻辑可能性。就如前文已经分析过的那样,恶的(空洞的)逻辑可能性,可以被比作一个人站在善与恶的十字路口上,虽然能够转向恶(因为这样做在逻辑上并不是自相矛盾的),但却缺乏转向恶的冲动。与此相反,向恶潜能可以被比作一个人站在十字路口上,不仅能够转向恶,而且拥有转向恶的冲动(但尚未做出转向恶的实际行动)。进一步地,鉴于人的原初本性仅仅配备了三种向善潜能,所以主观上是必然的和普遍的向恶潜能,的确将某些新的东西嫁接到了原本纯洁无瑕的人性之上。这意味着,"人从本性上

---

① 帕斯特纳克同样在趋恶倾向与恶的意念之间,做出了一种与本章十分类似的区分:"趋恶倾向是道德之恶的一个普遍而必然的条件。对于趋恶倾向,我们(确实)有严格的普遍性。但康德并未论证说,人们是必然地(并且是带有严格的普遍性地)在道德上是恶的。实际上,康德不能做出这种断言。我们绝不可能必然地拥有恶的意念,因为如果是那样的话,内心转变的可能性就将不复存在了"(Pasternack, L. R., *Kant on Religion within the Boundaries of Mere Reason*, London and New York: Routledge, 2014, pp. 107 - 108)。

是恶的”这个命题所传递的信息一点也不微不足道，因为，它通过一种“作为潜能的恶”的概念，大大拓展了人类关于自身本性的认识。

另一方面，尽管“人从本性上是恶的”这个命题绝不意味着“每个人都现实地是恶的”，但是向恶潜能必然已经在众多个体身上得到了大范围的现实化，并且唯有通过这种现实化，向恶潜能才能证明自己的“实存”（Da-sein）。就如之前已经展示的那样，趋恶倾向不能仅仅通过概念分析或者纯粹的先验演绎来证明，而必须通过经验观察加上“从现实性到潜在性”的先天回溯推理的方式来证明。换句话说，一种仅仅是主观必然和普遍的潜能，假若永远只是作为潜能而持守于自身之内的话，那么这种潜能的存在亦将永远无法得到确证。相反，这一潜能突破和超越了仅仅作为潜能而存在的形态，也就是说，当且仅当它成为一种“被现实化的潜能”之时，它的存在才能够得到确证。鉴于向恶潜能与现实之恶的关系，与人类族类和人类个体的关系是完全一致的，所以，属于人类族类的趋恶倾向所具有的普遍性，也就只能通过属于人类个体的恶的意念来得到证明。

在这里的分析中还有极其微妙的一点需要注意，亦即“潜能之为潜能的普遍性”，并不等于“潜能得以被普遍地现实化”。具体地说，哪怕一种潜能没有被普遍地现实化，它依然能够仅仅作为一种潜能而普遍地存在。反之，如果一种潜能已经得到了普遍的现实化，那么它一定首先作为潜能就是普遍地存在的。简言之，在此处的双向推理中，“潜能的普遍性”是“潜能得以被普遍地现实化”的必要条件，而“潜能的普遍现实化”则是“潜能的普遍性”的充分条件。更为重要的是，康德仅仅想要论证向恶潜能作为潜能的普遍性，而不是该潜能已经在每个人的意念中被普遍地现实化了。实际上，考虑到善良之人永远都可能存在，“向恶潜能的普遍现实化”这件事极有可能并不是真的。因此，为了证明向恶潜能的主观普遍性和必然性，此处仅仅需要确定这种潜能已经在人类个体之中广泛地（但并不一定是普遍地）得到了现实化即可。进一步地说，如果此处严格遵照对人类个体和人类族类之间关系的“非-个人主义式的”解读的话(也就是把每个人类个体,都视为一个体现了族类本质的实例),那么严格地讲,哪怕只有一位个体的意念是恶的,也可以由此证明趋恶倾向之于人类族类是普遍存在的。在这种情况下,康德对历史上各种恶行的列举,似乎更像是一种修辞,而不是一种严格的论证。总之,人类族类所拥有的趋恶倾向的普遍性,必须由大量的或者至少一位个体的恶的意念来得到证明——这一点,也构成了下文对"人从本性上是恶的"的论证中的关键。

第三节 对"人从本性上是恶的"的证明中的先天推理结构

就如前文已经分析过的那样,"人从本性上是恶的"这一命题意味着每个人身上都存在着一种主观必然和普遍的趋恶倾向。由于一种潜能只能通过它的现实化被揭示出来,所以对趋恶倾向的证明,也就必须从位于个体层面的"已经得到了现实化的向恶潜能(亦即恶的意念)"追溯回那种位于族类层面的"向恶潜能本身"。这一从人类个体层面到人类族类层面的回溯性推理,将构成本章对于"人从本性上是恶的"的前一半论证。该论证的后一半则完全位于个体层面:为了证明恶的意念(亦即作为采取所有具体准则的主观根据而在起作用的最高准则)的道德属性,就还需要找到作为对这种意念的"执行"或"表达"而存在的那些恶的具体准则。进一步地,为了能够证明那些具体准则的道德属性确实是恶的,则又需要找到作为对这些具体准则的"更为具体的执行或表达"而存在的那些在经验中可以被观察到的恶行。而与对"人从本性上是恶的"的前一半论证相类似,对该命题的后一半论证也把"被现实化了的潜能"追溯回了"潜能本身"。总而言之,本章对"人从本性上是恶的"的整体论证结构可以被归纳为:

可见恶行→恶的具体准则→恶的意念(即恶的最高准则)→趋恶倾向

人类个体层面 ‖ 人类族类层面

上述这条论证将从现实性一步步地追溯回潜在性,从"最高程度的现实之恶"(亦即可以在人类个体身上观察到的恶行)追溯回"最深层次的潜在之恶"(亦即属于人类族类的趋恶倾向)。由于潜在性构成了现实性的可能性条件,因此上述这一论证也就具备了先验论证的一般结构:也就是从某种经验开始,为该经验寻找它的先天可能性条件。然而,与三大批判中分别以人类指向真的知识、基于善的行为和关于美的愉悦的"可能经验"为起点的先验论证不同,本章将为"人从本性上是恶的"提供的证明,是从人类对于恶的"现实经验"(也就是实际发生的恶行)开始的。出现这一重要差异的原因在于:只有三种原初向善禀赋才属于人性的原初构成,趋恶倾向仅仅是偶然地嫁接到人性之上的。因此,根据"人之为人的规范性概念"(normative concept of human *qua* human),只有人类对于善的行为的经验才是绝对地可能的,相反,人类对于恶的行为的经验却并非是绝对地可能的。这又意味着,恶的可能性,唯有通过它的现实性才可以被"后验地"(per posterius)证明①。

总之,本章对于趋恶倾向的证明,必将诉诸现实经验中的恶行,因而必须在论证的起点之处依靠人类学的观察。从这个意义上说,这一论证也就拥有了一种极为独特的性质,所以追随着穆希尼克和帕姆奎斯特的做法,读者完全可以将这种论证方式称作"准-先验的"(quasi-transcendental),从而将它与三大批判中严格意义上的先验论证明确地区分开。

第四节　准-先验论证的几个隐藏预设

总体来看,本章对"人从本性上是恶的"的准-先验论证将包含两个

---

① "Per posterius(后验的)"一词的字面意思,就是"通过/经由/借助后来的东西"。在谢林的晚期哲学中,作为"绝对在先者"(Absolute Prius)的上帝之存在,就是以某种后验的方式(per posterius),通过上帝之后才出现的世界来得到证明的。换言之,观察者需要从上帝的自由行动在经验中留下的效果,来反向推导回产生出这一经验效果的先验根据。从这个意义来说,《宗教》一书里从"就质料而言的恶行"到"作为它们终极先验根据的趋恶倾向"的回溯性推理,同样可以被看作是一种后验的证明。根据本书对康德的解读,这种后验的证明早在第一批判中从经验品格到理知品格的推理那里,就已经隐隐地出现过。第一批判中的这一推理,又为《宗教》中对趋恶倾向更为复杂的论证,提供了某种基本的框架。

部分:首先是(1)从现实性到潜在性的先天推理,其次是(2)经验性的输入物(empirical input,或者说是人类学观察的要素)。其中(2)指的是现实经验中可以观察到的恶行,而(1)则可以被继续分为两层,也就是:(a)(仅仅在个体层面)首先将可见的恶行追溯回恶的具体准则,然后再将恶的具体准则追溯回恶的意念,以及(b)(从个体层面到族类层面)将恶的意念追溯回趋恶倾向。然而,截至目前的讨论仅仅勾勒了该论证的抽象结构,但只凭这个抽象的结构却依旧无法达到想要的结论,这是因为,为了构建出一个完整和有效的准-先验论证,此处还需要将更丰富、更具体的细节填充进它的抽象结构中。

就如前文已经暗示过的那样,为了构建一个完整的准-先验论证所需要的具体细节,均来自康德本人提供的一系列背景性理论,而这些背景性理论又包括:(1)道德严峻主义;(2)采纳的命题;(3)康德关于三种原初向善禀赋的论述;(4)康德对于道德之恶的严格定义。一方面,就如读者即将看到的那样,(1)道德严峻主义可以从康德关于理性的事实和敬重感的讨论中逻辑地推演出来。同时,一旦道德严峻主义被成功地确立起来,它将随即排除另外两种关于人性的理论,亦即排除道德上的"折中主义"(Synkretismus,这一"折中主义"声称人从本性上部分是善的,部分是恶的)和道德上的"无所谓主义"(Indifferentismus,这一"无所谓主义"声称人从本性上既不是善的,也不是恶的)。另一方面,当(1)(2)(3)(4)这些背景性理论全部被结合在一起时,它们最终将帮助我们建立起对于"人从本性上是恶的"的整个准-先验论证。

由于前文已经深入地分析过(2)采纳的命题、(3)三种原初向善禀赋和(4)康德对于道德之恶的严格定义,所以本节的讨论将仅仅专注于(1)道德严峻主义,仔细地来考察一下这一道德严峻主义,是如何通过康德关于理性的事实和敬重感的理论而被建立起来的,以及道德严峻主义的两大竞争对手(也就是道德无所谓主义和道德折中主义),又究竟是出于何种原因而被康德排除掉的。

正如康德在《宗教》第一部分的开头告诉读者的那样,当谈到人类族类的整体道德品格时,这一道德品格从逻辑上看有且仅有四种可能性:第一,人从本性上是恶的;第二,人从本性上是善的;第三,人从本性上既不是善的,也不是恶的;第四,人从本性上部分是善的,部分是恶的。

关于人性的第一种悲观主义的论断,亦即"人从本性上是恶的",与人类历史本身一样悠久。这种论断一直以多种多样的形态,出现在各民族的神话故事、民间传说、宗教教义之中。所有这些形态,都传递了一种关于人类族类纯洁无罪的起源和他们随后朝向恶的堕落的沉重信息(*RGV* 6:19)①。特别地,在基督教传统中,这种对于人性的悲观主义理解最著名的代表,就是由保罗提出,继而奥古斯丁完整地建立起来的原罪教义。虽然康德本人的根本恶理论,初看起来的确十分接近原罪教义,但康德却明确地指出,基督教传统中对原罪一词的字面理解(特别是原罪以遗传的方式扩散到全人类这一点[ibid.,6:40]②)是极其荒谬的。同时,康德还利用他自己的哲学概念,为"人从本性上是恶的"——这一原罪教义的核心论断,提供了一套全新的说明。

相比之下,关于人性的第二种乐观主义论断,亦即"人从本性上是善的",则远不及第一种论断那样流传广泛。实际上,这种乐观主义论断从启蒙时代才开始流行,特别是在道德教育家之中才变得受欢迎起来。一方面,就如从塞涅卡到卢梭的教育家那样,康德本人同样承认人性中存在着善的种子,并且宣称人类有义务去努力培育这些种子。另一方面,康德既不认为任何人的心灵现成地就是善的,也不认为人类族类的整体道德品格,会必然地发生从恶向善的历史性进步。因为,就像康德明确告诉《宗教》一书的读者的那样,所有时代的历史证据,都对上述这种幼稚的信心极其地不利(ibid.,6:19-20)③。

现在,当上述两种关于人性的论断被放到一起时,便可以形成一种关于人性的更为整全的论断,那就是:人从本性上或者是善的,或者是恶

---

① 《康德著作全集》第6卷,中国人民大学出版社2007年版,第17页。
② 《康德著作全集》第6卷,中国人民大学出版社2007年版,第40页。
③ 《康德著作全集》第6卷,中国人民大学出版社2007年版,第17—18页。

的(ibid., 6:22)①。这种将人类族类的道德品格仅仅限定在两种可能性之内的做法,则体现了在道德问题上一种严峻主义的判断方式。然而,除了严峻主义的判断方式之外,在讨论道德问题时,实际上还存在着另外两种判断方式——道德上的无所谓主义和折中主义。根据道德上的无所谓主义,人从本性上既不是善的,也不是恶的。根据道德上的折中主义,人从本性上部分是善的,部分是恶的。

诚然,相较于道德严峻主义的立场,道德上的折中主义和无所谓主义似乎更能从经验观察中获得证据支持。然而,尽管在对整个人类族类道德品格的判断中,人类学的观察的确扮演着一个不可或缺的角色,但康德却并不认为这一判断仅仅依赖于由经验观察所提供的证据。在《宗教》一书中,康德一方面明确排除了在讨论道德问题时的折中主义立场和无所谓主义立场,另一方面又将严峻主义确定为对于道德问题唯一恰当的判断方式,"对于一般道德学说来说,重要的是尽可能地不承认任何道德上的中间物,无论就诸行为[adiaphora(中性的)]来说还是就人的品格来说都是如此。因为若是这样模棱两可,一切准则都将面临失去其确定性和稳定性的危险(ibid., 6:22)"②。康德对道德严峻主义更为深入的辩护,则出现在了一处较长的脚注之中:

> 如果存在有善(das Gute＝a),那么,它的矛盾对立面就是非善(Nichtgute)。现在,后者要么是仅仅缺乏了善的一种根据的结果＝0,要么是善的对立面的一种积极的根据的结果＝－a。在后一种情况下,非善也可以叫作积极的恶(das positive Böse)……现在,假如在我们之中的道德法则不是任意的任何动机,那么,道德上的善(任意与法则一致)就＝a,非善则＝0,但后者是缺乏一种道德动机＝aX0的纯然结果。然而,我们之中现在确有动机＝a,因此,缺少任意与法则的一致(＝0),这只有作为一种对任意的现实地相反的

---

① 《康德著作全集》第6卷,中国人民大学出版社2007年版,第20页。
② 《康德著作全集》第6卷,中国人民大学出版社2007年版,第20页。

(realiter entgegengesetzten)规定的结果,即只有作为任意的一种反抗(Widerstrebung)的结果＝－a,即只有通过一种恶的任意才是可能的;在判断行为的道德性所必须依据的一个恶的意念和一个善的意念(准则的内在原则)之间,并不存在任何中间物(ibid.,6:22 - 23n)①。

根据康德的观点,每一个人的自由任意所拥有的原初构成,都必然地决定了它能够意识到由纯粹意志给出的道德法则,并且同时感受到对于道德法则的敬重之情(这种敬重的情感就是道德动机)。换句话说,人的自由任意根据其原初构成就已经倾向于去选择善了,或者说,人的自由任意原初地就已经处于一种善(＝＋a)驱使之下了(虽然这种善只是一种潜在而非现实的善,但它同时也是一种积极地趋向于现实化的善)。假若在人性之中并不存在任何敌对于这一积极而潜在的善(＝＋a)的力量,那么每个人的自由任意亦将无一例外地被道德动机所规定,从而为自己建立起一条现实地就是善的"善的意念"。然而,如果某些个人的自由任意在现实中对道德法则采取了一种无所谓的态度(＝0),或者说,如果某些个人的自由任意甚至现实地违背了道德法则(＝－a)(就如观察者可以从现实经验中反推出来的那样),那么在上述这两种情况下,这些个体的自由任意都必然首先选择了一种与道德动机相反的潜能,也就是选择了一种潜在的积极地趋向于现实化的恶(＝－a),因为,唯有通过这种方式,这些个人的自由任意才能够压制住和抵消掉前面所提到的那种积极而潜在的原初之善(＝＋a),从而或是在现实中对道德法则采取一种无所谓的态度(＝0),或是在现实中违背道德法则的命令(＝－a)。

就如读者已经清楚地看到的那样,上述对于道德严峻主义的论证并非仅仅基于经验观察,而是同时也基于康德关于理性的事实和敬重感的思想。更重要的是,道德严峻主义不仅被康德用来判断人类个体的道德品格,也同样被他用来判断人类族类的道德品格。在这里的讨论中,读

---

① 《康德著作全集》第 6 卷,中国人民大学出版社 2007 年版,第 21 页。

者或许会觉得康德错误地将个体层面和族类层面混为了一谈。然而,在读者把道德严峻主义与"采纳的命题"、三种向善禀赋和道德之恶的定义联系起来,由此再回过头来考察道德严峻主义的复杂含义之后,他就会发现上述感觉其实是不准确的。

事实上,康德在注释中为道德严峻主义做出初步的辩护之后,就立即提出了"采纳的命题":

> 依据严峻主义的决定方式,对这一所思及的问题的回答,基于这样一个对道德来说很重要的观察:任意的自由具有一种极其独特的属性,它能够不为任何导致一种行为的动机所规定,除非人把这种动机采纳入自己的准则(使它成为自己愿意遵循的普遍规则);只有这样,一种动机,不管它是什么样的动机,才能与任意的绝对自发性(即自由)共存(ibid., 6:23 - 24)①。

上述这个"采纳的命题"是康德关于作为绝对自发性的先验自由、人的自由任意对感性冲动的接受性与"意志"和"任意"之间的功能性区分——这三种理论相结合所得出的产物。人的自由任意能够同时感受到对于道德法则的敬重和感性的冲动,任意的自由就在于,它并不是被这两种动机中的任何一种直接地决定的,而是以一种间接的方式,仅仅让那些被它自由地采纳进自身准则的动机来决定自己的行动。很明显,准则在动机和任意之间承担起了关键的中介功能:一方面,准则确保了动机对于行为具有实际的推动力量;另一方面,准则又确保了任意的自由超越于一切动机的强迫之上,从而不会受到它们的破坏和侵犯。

在提出了"采纳的命题"之后,康德随即利用这个命题来反过来挖掘道德严峻主义的含义:

> 但是,道德法则在理性的判断中单单自身就是动机,而且谁使它成为自己的准则,他在道德上就是善的。于是,假如法则并没有

---

① 《康德著作全集》第6卷,中国人民大学出版社2007年版,第21—22页。

在一个与它相关的行为中规定某人的任意，那么，就必然会有一个与它相反的动机对此人的任意发生影响；而且由于这种情况，在上述前提的力量下，只有通过此人把这一动机[因而也连同对道德法则的背离（Abweichung）]纳入自己的准则（在这种情况下他就是一个恶的人）才会发生，所以，此人的意念就道德法则而言绝不是中性的（indifferent）（绝不会不是两种的任何一个，既不是善的也不是恶的）（ibid.，6：24）①。

在这段引文中，康德再次重复了以下基本观点，亦即根据人的自由任意所具有的原初构成，任意已经处于道德法则的约束之下了，而这意味着任意必然会把对于道德法则的敬重当作一个可能的备选动机。换句话说，人的自由任意原初地就配备了一种朝向积极的善（＋a）的潜能，所以，如果任意在现实中并没有被这种潜在和积极的善所规定，从而现实地为自己建立起一种善的意念，那么，这种任意所拥有的潜在和积极的善，就一定是被某种施加于任意之上的相反的力量抵消掉了。现在，如果考虑到"采纳的命题"，那么在此完全可以得出结论说——上述这种加诸任意之上的相反的力量，唯有通过任意自由地将它纳入自身的准则，才能够对它发生实际的影响。

对于这里的分析，读者同时需要谨记，如果仅从文本顺序来看（也就是根据《宗教》第一部分的实际文本构成），那么可以看出，康德在提出"采纳的命题"和道德严峻主义的时候，他还没有开始讨论原初向善禀赋和趋恶倾向，也还没有提出对于道德之恶的严格定义。即便读者在这里仅仅遵循着康德的抽象讨论，而并不深究其中的具体细节，但他依然能够在康德的论述中发现某些明确地与向善禀赋、趋恶倾向、恶的定义有关的提示。比如说，"与它相反的动机"明显指的是"有意违背道德法则的动机"，鉴于对道德法则的敬重本身就是一种积极的善，所以此处提到的有意违背道德法则的动机，也就必须被视为是一种积极的恶。需要注

---

① 《康德著作全集》第 6 卷，中国人民大学出版社 2007 年版，第 22—23 页。

意的是,上述这些动机都还构不成任何现实的善和现实的恶,只是朝向善与恶的潜能而已。这些潜能等待着被个人的自由任意采纳进它的准则,并且只有在这种情况下,才能进一步地产生出现实的善和现实的恶。而在此,为了能够解释任意何以能够(或是通过采取一种对于道德法则无所谓的态度,或是通过积极地违背道德法则的命令)来现实地去偏离善,康德就必须预设一种同样是积极的,但同时又仅仅是潜在的恶。这种积极而潜在的恶是一种与道德法则相敌对的动机,它可以被看作是那种积极而潜在的善(亦即对道德法则的敬重)的"概念对立物",并且能够在自由任意所采取的准则中,压制和抵消掉敬重感对任意所产生的影响。

这里特别值得强调的是,"积极而潜在的善"与"积极而潜在的恶"之间的对立,并不是一种"矛盾性的对立"(亦即"+a"与"非+a"的对立),而是一种"反对性的对立"(亦即"+a"与"-a"的对立)①。如果将此处的文本联系到康德对于三种向善禀赋和趋恶倾向的讨论,那么读者便可以很容易地发现,"积极而潜在的恶"指的究竟是什么。就如第八章和第九章已经展示过的那样,自由任意所拥有的不同动机之间,存在着两种形态的对立。自由任意所拥有的不同动机之间的第一种对立,位于低阶质料性的动机之间,也就是在"道德动机的被动一面"和"非-道德的动机"之间的对立。根据前几章的论述,这两种低阶质料性的动机,都只是被动地等待着被自由任意纳入它的行为准则。此外,这种对立所体现的并不是一种反对关系,而是一种矛盾关系,也就是"+a"与"非+a"的对立。这是因为,非-道德的动机仅仅是"非-道德的"(=0),却并非在道德的意

---

① 在这里需要强调的是,康德早在前-批判时期的《将负值引入世俗智慧的尝试》(1763)一文中,就讨论了不同于逻辑矛盾的"现实性的对立",以及不同于善之缺乏(=0)的"积极的恶"(=-a)这两个概念(参见 NG 2:171-182;《康德著作全集》第2卷,中国人民大学出版社2004年版,第173—183页)。这一迥异于莱布尼茨《神义论》的立场,也一直延续到了康德批判时期的著作中,并为康德关于道德之恶的成熟理论奠定了最初的基础。近些年来关于《负值》一文的重要讨论,可参见 Zinkin, M., "Kant on Negative Magnitudes," *Kant-Studien* 103: 397-414, 2012. Huxford, G., "Evil, the Laws of Nature, and Miracles", in *Kant Yearbook* 10 (1), Berlin: de Gruyter, 2018。

义上是恶的(－a)。与此相对,自由任意所拥有的不同动机之间的第二种对立,则位于高阶形式性动机之间,也就是在"道德动机的主动一面"和"由趋恶倾向给出的动机"之间的对立,这两种高阶形式性的动机主动地敦促着自由任意,按照或是正确或是错误的道德次序去排列低阶质料性的动机。此外,这种对立体现的并不是一种矛盾的关系,而是一种反对的关系,也就是"＋a"与"－a"之间的对立。此处最重要的是,唯有这种反对关系,才能完完全全地契合康德在前述引文中关于"道德法则的动机"和"敌对于法则的动机"的论述①。

换句话说,唯有原初人格性禀赋的主动一面和趋恶倾向之间的对立,才能完全契合康德在前述引文中提到的"积极而潜在的善"与"积极而潜在的恶"之间的反对关系。这种反对关系位于两种高阶形式性的动机之间,或者更确切地说,位于一种"朝向道德之善的纯粹潜能"与一种"朝向道德之恶的纯粹潜能"之间,因而并不涉及任何非-道德的动机。同时,这种朝向恶的积极潜能也要在逻辑上先于现实的恶而存在。当这种向恶潜能被自由任意纳入它的行为准则时,现实的恶才会被随之产生出来。因此,自由任意在道德属性上便仅仅存在两种可能性:它只能或者被对道德法则的原初敬重(亦即"一种积极而潜在的善")所规定,或者被一种与敬重感相反的源于趋恶倾向的形式性动机(亦即"一种积极而潜在的恶")所规定,但既不是善又不是恶的中间立场,在这里却是绝对不可能出现的。这意味着,道德上的无所谓主义,对于人的自由任意而言是绝对不可能成立的。

现在,当排除了道德上的无所谓主义之后,在本节的最后再来简单地看一看,康德是如何排除道德上的折中主义的:

> 但是,人也不能在一些方面在道德上是善的,同时在另一些方

---

① 诺伯特·费舍尔(Norbert Fischer)同样清楚地阐明了,唯有趋恶的倾向,而并非自然的偏好,才可以被称为是一种积极的恶,同时也只有这种积极的恶,才能够抵消积极的善对于自由任意的影响[参见 Fischer, N., "Der formale Grund der bösen Tat: Das Problem der moralischen Zurechnung in der praktischen Philosophie Kants," *Zeitschrift für philosophische Forschung* 42(1): 18-44, 1988]。

面又是恶的。因为如果他在某一方面是善的,他就已经把道德法则采纳入他的准则之中了;假如他在另一方面同时又要是恶的,那么,由于遵循一般义务的道德法则仅仅是唯一的一个,并且是普遍的,所以,与道德法则相关的准则就会既是普遍的,但同时又只是一个特殊的准则。这是自相矛盾的。(ibid.,6:24-25)①

　　读者在这里需要注意到的是,这段引文中的准则一词采用了单数的形式。由于康德在这里讨论的是人的道德品格,所以本段的准则概念,也就应当被相应地理解为他的最高准则(这一最高准则,将整个人类族类的道德品格在个人之中现实化了)。同时在这里,读者还可以很容易理解康德为什么要拒斥道德折中主义:因为毕竟,通过为自己确立起一条最高准则,自由任意必然在两种截然相反的形式性动机——也就是在"朝向道德之善的积极潜能"(+a)与"朝向道德之恶的积极潜能"(-a)——之间做出一种基本的选择。为了让一个人的道德品格(哪怕仅仅部分地)成为善的,道德法则就必须被采纳进他的最高准则。这种对于道德法则的采纳,毫无疑问地将使得这个人的最高准则成为善的,也就是说成为一条可以被普遍化的原则。又由于这个人的最高准则只有唯一的一条,而且这条最高准则已经被规定为一条可普遍化的原则了②,所以,这一最高准则就不能再同时也是特殊的,因而不能再同时是一条不可以被普遍化的,或者说恶的原则了。简单地说,最高准则不可能同时是善的和恶的。于是,通过上述这一系列的论述,康德便得以顺理成章地排除道德上的折中主义。

---

① 《康德著作全集》第6卷,中国人民大学出版社2007年版,第23页。
② 严格地说,唯有法则才能被称为"普遍的"(allgemein),而符合法则的准则,最多只能被称为"可普遍化的"(verallgemeinerbar)。然而,由于作为最高准则的善的意念,已经从自身之中抽掉了一切具体的内容,而仅仅包含着道德法则和自爱原则这两条形式性的原则,因此一个人所拥有的善的意念,也就可以说完全地等同于另一个人所拥有的善的意念了。所以,在特定的意义上,善的意念也可以被视为一条"普遍的"主观原则,就如康德本人的用词所显示的那样。

到此为止,读者便能够看到,尽管康德从字面上并没有明确提及向善禀赋和趋恶倾向,也并未提及"现实性"与"可能性"这两种模态之间的区别,但上面所有这些要素,已经全都隐含在他的论述里面了。就如下一节将要展现的那样,康德借助于＋a/－a/0 给出的抽象论述,最终将构成一种关于"人从本性上是恶的"的准-先验论证的核心环节。

第五节　从"现实性"到"潜在性"的先天推理的各个步骤

上一节已经成功地建立起了对于"人从本性上是恶的"的准-先验论证的基本结构,这一结构一方面包含着从"现实性"到"潜在性"的先天推理框架,另一方面则包含着"经验性的输入物"作为这一推理的起点(也就是由人类学观察所给出的证据)。这一准-先验论证中的人类学要素,将留到全书的最后一章再进行讨论,本章的主题将仅仅是该论证的先天推理结构。现在,借助于一系列必要的背景理论(亦即道德严峻主义、"采纳的命题"、三种向善禀赋以及道德之恶的定义),本节将建立起这一先天推理的全部三个步骤,这三个步骤分别是:(1) 将可见恶行追溯回恶的具体准则;(2) 将恶的具体准则追溯回恶的意念(或者说恶的最高准则);(3) 将(属于个人的)恶的最高准则,追溯回(属于人类族类的)趋恶倾向。

1. 从可见恶行到恶的具体准则

本节将要建立的准-先验论证所包含的先天推理结构中的第一步(也就将可见的恶行,追溯回给它们奠基的恶的具体准则),相对于其他两步而言是比较容易理解的。根据康德关于理性的事实的论述,每个人不仅能够意识到道德法则的表象,而且还能够出于对于道德法则的敬重而服从该法则。因此,在这一大前提之下,当一个人有意识地并且自愿地(亦即英文中常说的 knowingly and willingly)违背道德法则的命令(这个命令不仅是他应当服从,而且也是他能够服从)的时候,他的行为也就必须被判定为是恶的。然而,在"道德法则的命令"这一看似简单直白的表达背后,却还存在着"法则的文字"(the letter of the law)和"法则的精神"(the spirit of the law)之间的微妙区别。由于一个行为的道德属性最终是由它的内部意向,而并非它的外部表现决定的,所以判断这一行为道德属性的真正标准,其实是法则的精神,而不是法则的文字:一个在道德上是善的行为,或是直接地由对于道德法则的敬重来推动(亦即仅仅"出于义务而去服从义务"),或是把这种敬重,当成直接地推动行为的自爱动机的最高限定条件(亦即坚持"在义务的严格约束之下去追求个人幸福")①。

根据康德的观点,借助于由定言命令提供的可普遍化测试,一个人在绝大多数情况下都能够清楚地知晓道德法则要求他去做什么,也就是知晓"法则的文字"在具体情况下指的究竟是什么②。因此在绝大多数情况下,只要一个人决定尊奉法则的精神,那么他也将自然而然地知晓并服从法则的文字。这意味着,一个就内部意向而言"在道德上是善的"(morally good)行为,也同时将就外部表现而言"在律法上是善的"

---

① 参见本书第一卷对两种自律行为(一种是直接的自律行为,另一种是间接的自律行为)的分类。

② 符合道德法则的文字的行为所依据的准则,未必一定出自道德法则的精神。这些行为可能仅仅出自道德以外的动机。相反,如果一个人决定遵从道德法则的精神,那么他必然会愿意让自己的准则接受定言命令的检验,并通过这一检验来考察它们是否符合道德法则。因此,"愿意符合法则文字的意愿",必然能够以一种分析性的方式,从"愿意遵从法则精神的决心"中被推导出来。

读者同时应当注意到的是,当定言命令三大公式中的"普遍法则公式"(Formula of the Universal Law)被选定为检验的标准时,或许会出现"错误的积极之物"(false positives,亦即能够通过定言命令测试的"恶的准则")和"错误的消极之物"(false negatives,亦即无法通过定言命令测试的"善的准则")这两种例外的情况。但幸运的是,当"人性的公式"(Formula of Humanity)被选定为检测的标准时,上述问题在很大程度上是可以得到解决的。这是因为,在测试某种行为是否侵犯到人性本身时(亦即一个人自己的人性和他人的人性,是否仅仅被当作了手段来利用),"人性的公式"将会特别地有用。如果侵犯人性的行为确实发生了,那么观察者便可以很明确地得出结论说:主体是在以明知故犯的方式执行一条恶的准则。

(legally good)①。然而,上述论断反过来却是无法成立的。这就是说,一个在律法上是善的行为,未必在道德上同样也是善的。就如康德指出的那样,一个人的行为可以在外部表现上完全符合道德法则的文字,可是却在内部动机上与道德法则的精神截然对立。因此,一个在律法上是善的行为,完全可能在道德上是恶的。总之,虽然观察者确实可以在绝大多数情况下,从一个人内部意向的"道德性"(Sittlichkeit/Moralität)推导出他外部行为的"合法则性"(Gesetzmäßigkeit/Legalität),但观察者却不能从后者反推出前者。这正是当涉及对道德之善的推理时,"道德性"与"合法则性"之间一种重要的不对称性。

然而,当涉及对于道德之恶的推理时,在内部意向的"不道德性"(Unsittlichkeit/Immoralität)和外部行为的"违背法则性"(Gesetzwidrigkeit/Illegalität)之间,将出现一种具有相反方向的不对称性。借助理性的事实和由定言命令提供的可普遍化测试,每一个人不仅能够感到自己处于道德法则的绝对权威之下(亦即每一个人都能够被召唤着去遵从法则的精神),而且在绝大多数情况下他也能够知晓,道德法则对他究竟提出了何种具体要求(亦即知晓道德法则的文字在具体处境下究竟是什么)。一方面,一个在内在意向上违背了法则精神的人,依然能够遵从法则的文字行事。因此,若以不道德的意向为起点,是无法直接推导出违背法则的行为的。另一方面,如果一个人确实做出了违背法则文字的行为,那么由此可以非常

---

① 此处的讨论并没有排除以下这种可能性,亦即在某些极端的情况下,一个人由于某些不可控制的因素,可能会对道德法则究竟要求他做什么产生巨大的认知偏差,从而最终出于对法则的真诚敬重而做出了违背法则的行为。在这种可以说是悲剧性的情况下,这个人的行为无疑是违背道德法则的。然而可惜的是,康德本人并没有对这种极端情况予以充分的讨论,比如他在《奠基》第一章的开头,就以某种理所当然的口气直接跳过了这个问题:"一些行为尽管在这种或者那种意图中可能是有用的,但已被认识到是违义务的(pflichtwidrig),我在这里统予以忽略;既然它们甚至是违背义务的,所以,它们根本不会有是否出自义务(aus Pflicht)的问题"(GMS 4:397;《康德著作全集》第4卷,中国人民大学出版社2005年版,第404页)。

幸运的是,由于本章关于"人从本性上是恶的"的论证并不依赖对于上述困境的解决方案,而仅仅依赖关于人类经验中更为常见的恶行的思考,所以这里仅仅简略地提及了"出于敬重而违背法则"这一情况以提醒读者注意。

顺畅地推出他的内在意向(在绝大多数情况下)也必然是和法则的精神相抵触的。也就是说,以违背法则的行为作为起点,是可以反向追溯回它背后不道德的意向的。总之,内部意向的"不道德性"和外部行为的"违背法则性"之间的不对称性,意味着旁观者能够以后者为起点推导出前者,却不能以前者为起点推导出后者。

　　根据前文的分析,"合法则性"和"道德性"之间的第一重不对称性,与"违背法则性"和"不道德性"之间的第二重不对称性,有着两种截然相反的方向,而这一事实,又进一步地导致了观察者对于善和恶的推理(这两种推理都以现实经验中可以观察到的行为作为起点)之间的不对称性。从符合法则的行为回溯到善的具体准则,再从善的具体准则回溯到善的最高准则——对善的这一连串推理,实际上一开始就是无法成立的,因为观察者无法确定,一个就外部表现而言在律法上是善的行为,是否就内部意向而言在道德上也是善的。事实上,当康德声称由于随时可能发生的自欺,一个人甚至无法百分之百地确定自身的意向究竟是善是恶时,他对上述这串推理所持的悲观主义立场也就暴露无遗了。康德甚至指出,在每一个看似崇高的意向之下,都永远可能潜藏着来自"心爱的自我(das liebe Selbst)"的实际推动力[1]。诚然,为了质疑康德关于人性的这种悲观主义论调,反对者们或许可以指出,至少在为了某个崇高目标而牺牲自己生命的行为中,一个人的内在意向确实能够被证明是善的。根据本节的分析,康德本人完全能够以如下方式驳回这一质疑,那就是:除了全知全在的上帝之外,还有谁能够百分之百地断定——在为

---

[1] "事实上,绝对不可能通过经验以完全的确定性识别出任何一个事例,说其中通常合乎义务的行为仅仅依据道德根据、依据其义务的表象。因为虽然有时会出现这种情况:我们即使最苛刻地省察自己,也未发现任何东西,除了义务的道德根据之外是够地有力量,把我们推向(去做)这个或者那个善的行为以及如此之大的牺牲;但由此根本不能确定地推断,实际上根本没有隐秘的自爱冲动,仅仅伪装成那个理念,来作为意志的真正规定原因,因为对此,我们乐意用一个错误地自以为拥有的更高贵的推动根据来迎合自己,而实际上即便通过最努力的省察,我们也永远不能完全来到隐秘的动机之后,因为如果说的是道德价值,那么,问题并不在于人们看到的行为,而是在于行为的那些不为人们看到的内在原则……出自人类之爱,我愿意承认,我们的大部分行为还是合乎义务的。但是,人们如果更仔细地 (转下页)

了某个崇高目标而牺牲自身生命的行为背后的真实动机,仅仅是对于道德法则的敬重,而并不是希望通过肉体的牺牲而赢得不朽的荣耀呢?

然而,与上述对于道德之善的推理恰好相反,观察者对于道德之恶的推理却可以顺畅地展开。也就是说,观察者可以从违背法则的外部行为,顺畅地推导出给这些行为奠基的不道德的内部意向。由于每个人都能够感受到对道德法则的敬重,并且在绝大多数情况下知晓道德法则对他的具体要求是什么,因此,一个违背法则的行为必须被观察者判定为是明知故犯地做出的,或者说,这个行为必须被判定为不仅在外部表现上触犯了道德法则的文字,而且也在内在意向上违背了道德法则的精神,因而是不道德的或者说是恶的。进一步地,观察者还可以声称:引发了违背法则的行为背后所隐藏的内部动机,也必然是一个恶的动机。然而,根据康德笔下人性的原初构成,每个人的自由任意仅仅配备了两类低阶质料性的动机,也就是分别基于动物性禀赋和人性禀赋的非-道德动机(这些动机可以被统统归于一般性的自爱原则之下)和源于人格性禀赋的道德动机中的被动一面(或者说,是对于道德法则的敬重中的被动一面)。根据康德的观点,人有且仅有这两类低阶质料性的动机,而不可能拥有第三类低阶质料性的动机,比如直接把作恶当成行为目的的为恶而恶的动机。这又意味着,在人类的道德处境之下,没有任何一种恶

(接上页)看一看它们的心意和追求,就会到处碰到那个始终引人注目的心爱的自我,这些行为的意图将自己支撑在这个自我之上,而不是义务的严格诫命(它多数时候要求自我否认)之上。人们也不需要真的成为德性的敌人,而只需要成为一个不立即把对善的最生动的愿望视为善的实现的冷静观察者,就会(尤其随着年龄的增长,以及通过一种被经验部分地教得圆滑,部分地为了观察而被打磨锐利的判断力)在某些时刻变得怀疑起来:任何真正的德性,是否会在这个世界中现实地被发现呢?"(GMS 4:407;《康德著作全集》第4卷,中国人民大学出版社2005年版,第413—414页)

"因为对于人来说,如此看穿他自己的内心深处,以至于他往往只是在一个行为中就能完全确知其道德意图的纯粹性和意念的纯洁性——这是不可能的,即便他毫不怀疑这个行为的合法性。毋宁是那劝阻一种犯罪冒险的软弱,被同一个人视为德性(它提供了坚强的概念),而且有多少人可以度过漫长无罪的人生,他们只是侥幸地避开了如此多的诱惑;就每一次行动而言,究竟有多少纯粹道德的内容处于意念中,对他们自己来说依然是隐秘的"(MS 6:392-393;《康德著作全集》第6卷,中国人民大学出版社2007年版,第405页)。

行是直接地由魔鬼性的动机推动的。相反,人类的所有恶行,归根结底都是由非-道德的动机来推动的。

然而,恰恰是从"人类的所有恶行最终都是由非-道德的动机推动的"这一点里面,出现了一种巨大的诠释性困难。鉴于非-道德的动机仅就自身而言绝不是恶的,所以这些动机究竟如何能够引发违背法则的行为呢?为了回答这个难题,现在需要考察一下准则在行为的发生中所承担的功能。根据康德提出的"采纳的命题",任何动机都不能直接推动自由任意去展开行动,除非这一动机已经事先被自由任意采纳进了它的准则。换言之,准则在自由任意和它所感受到的动机之间扮演着一个关键的中介角色。准则一方面确保了动机对于行为具有实际的推动力量,另一方面又确保了任意所拥有的先验自由不受到这种推动力量的侵犯和破坏。更重要的是,自由任意不仅将动机采纳进它的准则,而且在采纳动机的同时,还对不同种类的低阶质料性动机进行了排序,并由此决定了准则所具有的道德属性。鉴于人的自由任意有且仅有两类低阶质料性的动机,一类是非-道德的动机,另一类是道德动机中的被动一面,这两类动机也都自然而然地被采纳进了准则,因此,任意只能或是将道德动机中的被动一面置于非-道德的动机之上,由此建立起善的准则,或是将非-道德的动机置于道德动机中的被动一面之上,由此建立起恶的准则。

总而言之,基于对准则的上述分析,我们在此必须得出结论:任何推动着违背法则的行为的非-道德动机,就其本身而言并不是恶的;相反,某个非-道德的动机在推动违背法则的行为时所展现出来的恶,实际上是从这一动机的外部,被一条恶的准则嫁接到它上面来的,因为,恶的准则将这一非-道德动机置于了道德动机中的被动一面之上,从而使得这一非-道德的动机获得了恶的属性。换句话说,如果一个非-道德的动机在被采纳进准则时,被自由任意置于了道德动机的被动一面之上,那么这一非-道德的动机,也就同时从自由任意颠倒两类低阶质料性动机的行动之中获得了一种"恶的形式"。当这一非-道德的动机原先所包含的具体的"质料内容",与这种添加在它上面的"恶的形式"结合在一起时,从两者的结合之中便会诞生出一个全新的整体,这就是一种"恶的具体动机"(an evil concrete incentive)。这个"恶的具体动机"将现实地去推动自由任意,让自由任意展开违背法则的行为。

因此从某种意义上说,一个违背法则的行为,确实可以被看作是由一个恶的动机来推动的。然而,不仅这个所谓的"恶的动机"就其自身而言最初并不是恶的(因为这一恶的属性,仅仅是在它被采纳进准则时,才由自由任意从外部嫁接到它上面来的),而且这个动机对行为的实际推动力量,归根结底也是由这条准则赋予它的。换言之,最终只有一条恶的准则,才能够通过将非-道德动机置于道德动机中的被动一面之上,来败坏原本无罪的非-道德动机,把这一非-道德动机转变成一个"恶的具体动机",进而让这一"恶的具体动机"去推动违背法则的行为。这又意味着,以一个违背法则的行为作为起点,观察者必然能够追溯到一条为该行为奠基的恶的准则。

这里必须再次强调以下这一点:与完全抽象和形式化的最高准则不同,所有具体的准则都必然拥有属于自己的质料性内容,这些质料性内容包括具体准则所适用的具体情境、主体所追求的具体目标、主体需要展开的具体行为,以及推动这些行为的具体动机等等。由于这些质料性内容的存在,所有具体准则都应当被视为是属于人的经验品格的,并且能够通过对于上述情境、目标、行为和动机的描述而被写成各种各样的"表达式"(formulae)。然而,具体准则和可见行为之间的关系,并不像很多人设想的那样是历时性的,就好像一个人在某个较早的时刻采取了一条具体准则,随后又在某个较晚的时刻根据这条具体准则而展开了各种各样的行为似的。相反,具体准则应当被看作与它推动的行为是"共时性的",但与此同时,具体准则又并不是按照"形式逻辑"的顺序,作为行为的"逻辑前件"(logical antecedent)而存在的,而是按照某种类似于"先验逻辑"的顺序,作为行为的"建构性根据"(constitutive ground)而存在的。更确切地说,具体准则是能够产生出可见行为的某种一般性的潜在规则,这种潜在规则必须通过可见的行为才能得到现实化。与此相应,可见行为则是在更为特殊的情境下对具体准则的进一步执行,也就是将一般性的潜在规则现实地表达了出来。总而言之,具体准则若仅仅作为一种潜能,是根本无法独立地存在于现实之中的,唯有作为一种"被现实化了的潜能",具体准则才能够通过由它产生的可见行为,而成为一种位于现实之中的存在。

2. 从恶的具体准则到恶的最高准则

从违背道德法则的行为追溯回恶的具体准则之后,本节将沿着这一推理过程,进一步将恶的具体准则追溯回恶的最高准则,或者说追溯回一个恶的意念。就如上一节已经论证过的那样,准则是一种潜在的规则,而由准则所引发的可见行为,则是在适用于该准则的特殊情景下对于准则的现实化。进一步地,作为一条潜在的规则,准则又可以被分为两个部分,也就是准则的(a)"质料性内容"和准则的(b)"形式性结构"。

(a)"准则的质料性内容"包括很多种构成要素,而其中一种最重要的构成要素,就是低阶质料性的动机(这些低阶质料性的动机既包含道德动机中的被动一面,也包含非-道德的动机)。就其质料性内容来被考察的准则,亦可以按照它所包含的动机、指向的目标、适用的情景和规定的行为而被写成一条公式,也就是"我要在何种情景下,怀着何种动机,通过何种行为来追求何种目的"。另一方面,与这些质料性内容相对地,(b)"准则的形式性结构"则是上述两类低阶质料性动机之间的次序。当此处为了分析的方便而将这个次序与准则的质料性内容区分开来时,读者便很快会发现:这个次序实际上就是自由任意对于属于人类自由的两条基本原则(也就是道德法则和自爱原则)的排序。自由任意对这两条基本原则的排序,或者说作为这种排序行动之产物的两条基本原则之间的抽象次序,就是自由任意采取一切具体准则的终极主观根据。这一终极主观根据同时也就是自由任意为自己建立的最高准则,或者说是属于一个人的"意念"(Gesinnung)。现在,由十准则的道德属性并不是由它的"质料性内容"（也就是两类低阶质料性动机本身），而是由准则的"形式性结构"（也就是自爱原则和道德法则之间的抽象次序）来决定的，所以此处的回溯性推理，便能够很容易地将恶的具体准则，进一步地追溯回作为它的形式结构的最高准则，或者说追溯回一种"恶的意念"当中。

在这里的讨论中，还需要再次强调一下，意念和具体准则之间的关系，并不是"时间性的在前和在后"，就好像一个人在时间中首先确立了他的意念，随后才选择了某些具体准则似的。同样地，一个人的意念和他的具体准则之间的关系，也与形式逻辑中的"推理前件"和"推理后件"截然不同，就好像他的具体准则已经完全包含在了他的意念之中，因而能够从意念中被分析性地推导出来似的。事实上，一个人的意念和他的具体准则之间的关系，唯有通过康德本人提出的先验逻辑才能得到恰当的把握：意念作为具体准则的"形式性结构"，实际上是一种先验的潜能，这种先验潜能通过"形式性地"（formally）建构出具体准则，而在经验之中将自己现实化，同时又以这种方式，"赋身化"（embodied）于各种不同的具体准则之中。

此外，由于具体准则只是推动可见行为的潜在规则，所以具体准则在严格的意义上是无法仅凭自身就直接地存在于现实之中的。相反，唯有通过在特殊处境下展开可见的行为，具体准则才能真正进入现实的存在。基于以上讨论，读者便可以在此归纳出一条"潜能一步步现实化"的链条：首先，意念是指向具体准则的潜能，意念对于具体准则的存在是建构性的；其次，具体准则又是指向可见行为的潜在规则，具体准则对于可见行为的存在同样是建构性的。如果在此把这条"潜能一步步现实化"（actualization）的"前行式链条"颠倒一下，那么便能得到一条"现实一步步潜在化"（potentialization）的"退行式链条"：如果观察者从恶的最高现实性（亦即经验中可见的恶行）开始，那么他就能够将这些可见恶行追溯回作为它背后的潜在规则而存在的恶的具体准则（但这些恶的具体准则依然拥有经验性的内容）；随后，观察者又能将恶的具体准则最终追溯回一个恶的意念,亦即追溯回自由任意在本体层面颠倒自爱原则和道德法则的理知性行动。

在本节讨论的最后,还需要再强调一下从具体准则回溯到意念时,善与恶在这一步推理中的"不对称性"。鉴于人格性禀赋对于人性而言是原初构成性的,因而对于每个人来说也都是永恒存在的,所以向善潜能就为每个人都提供了一种永远现成在手的选择善的可能性,这种可能性随时随地等待着被每个人现实化,也随时随地能够被他现实化。从这个意义上来说,善的行为和善的具体准则并不需要通过一种更深层的意念来进一步地解释,仅仅被理解成"在每个人心中永恒在场的原初向善潜能的现实化"即可。因此,即便观察者能够确证,一个人某些符合道德法则的行为和这些行为背后的具体准则确实是善的(虽说如果考虑到外部行为的"合法则性"与内部意向的"道德性"之间永远可能存在的断裂,这种确证是永远也不可能做到的),观察者也仍然永远无法以百分之百的把握推断说:做出这些行为的主体所拥有的意念,亦即他的最高准则一定是善的。因为,即使是最邪恶的人也能够偶尔选择去行善,但在这样做的同时,他却并未使自己的意念由恶转善。实际上,在这种情况下,这个恶人仅仅偶尔地偏离了自己邪恶的理知品格,允许自己暂时地成为那种属于整个人类族类的原初向善潜能的某个具体表达而已。然而,与善的推理形成尖锐对照的是,恶的具体准则却只能由恶的意念进一步来解释,这个与原初向善潜能相敌对的恶的意念,又是由主体本人自由地建立起来的。总之,观察者能够从恶的具体准则顺利地推导出恶的意念,但却无法从善的具体准则顺利地推导出善的意念。因此,正如善与恶在"从可见行为回溯到具体准则"这一步推理中的"不对称性"一样,在"从具体准则回溯到最高准则"的这一步推理中,善和恶之间也存在着一种类似的"不对称性"。

3. 从恶的最高准则到趋恶倾向

当从恶的具体准则回溯到恶的意念(或者说恶的最高准则)之后,本章所提出的先天回溯性推理,也终于接近了它的论证目标。这一论证目标,就是趋恶倾向是主观普遍而必然地存在于人性之中的。正如读者即将看到的那样,本章先前的推理步骤都是仅仅属于人类个体的层面的,但从现在开始,当恶的意念被追溯回趋恶倾向时,上述回溯性推理也将超越人类个体层面最终上升到人类族类层面。

意念作为人类个体的最高准则,其实就是自由任意在本体层面对属于人类自由的两条基本原则(也就是自爱原则和道德法则)的排序行动。就如先前论证过的那样,逻辑上有且仅有两种排列自爱原则和道德法则的方式:或者是道德法则被置于自爱原则之上,从而成为自爱原则的最高限定条件(而善的意念也由此被建立了起来);或者是自爱原则被置于道德法则之上,从而成为道德法则的最高限定条件(而恶的意念也由此被建立了起来)。以这两种方式中的任何一种来排列道德法则和自爱原则的行动,毫无疑问都是一个自由的行动。然而,在进行这一行动之前,人类自由还必须拥有以两种相应的方式来行动的潜能,这两种潜能在逻辑上又必须优先于上述对道德法则和自爱原则进行排序的行动。换句话说,在一切对于善与恶的选择之前,人类自由并不是以无所谓的态度站在善与恶的十字路口上,同时并不具备转向其中任何一个方向的趋向的。相反,起码根据康德本人关于人格性禀赋的讨论,人类自由原初地就配备了转向善的方向的趋向,这种趋向属于人之本性的原初构成内容。

当谈及人的高级欲求能力时,可以说人之本性的原初构成内容包含三种向善禀赋,这三种向善禀赋为自由任意提供了接受所有可能的动机的先天基础。自由任意能够接受的动机,又可以被进一步地分为两大类。第一大类动机是低阶质料性的,它们仅仅被动地等待着被自由任意采纳和排序。这些低阶质料性动机包括:(1)基于动物性禀赋和人性禀赋的非-道德动机;(2)来自人格性禀赋的道德动机(亦即对道德法则的敬重)之中的被动一面。此外,与这些低阶质料性动机相对的,向善禀赋还提供了一类高级形式性的动机,而这类高阶形式性的动机则主动地驱使着自由任意以某种特定的方式（或者更准确地说，以一种遵从恰当的道德次序的方式）去排列上述低阶质料性动机。事实上，源于向善禀赋的高阶形式性动机，就数量而言只有单一的一个，那就是道德动机（或曰对道德法则的敬重）之中的主动一面。在康德的文本中，读者可以发现支持高阶形式性动机的关键证据，就来自康德本人对于"道德情感本身"和"作为充分动机的道德情感"之间的微妙区分（ibid.，6：27－28）①。就如第八章已经证明过的那样，"道德情感本身"指的仅仅是被动意义上的敬重，这种被动意义上的敬重仅仅被动地等待着被自由任意来采纳和排序。相反，"作为充分动机的道德情感"，指的却是主动和被动意义上的敬重这两者的结合体，其中主动意义上的敬重，在积极地敦促着自由任意以一种正确的方式去排列不同种类的低阶质料性动机。

　　总之，从族类的层面来看，人类自由绝不是一种内容为空的自由。相反，这种自由原初地就配备了一种遵照恰当的道德次序来排列道德动机和非-道德动机（或者说，排列分别统摄着这两类动机的道德法则和自爱原则）的主动潜能。这正是那种位于人类族类层面之上的，既是原初地又是主动地朝向道德之善的潜能，这种潜能积极地敦促着每一个人类个体去为自己建立善的意念。然而，从人类个体的层面来看，观察者又确实能够在经验中发现诸多违背道德法则的行为，能够把这种违法行为反推到给它们奠基的恶的具体准则之中，并且最终能够从这些恶的具体准则反推回一条恶的最高准则（也就是反推回属于这些个体的恶的意念）。于是，结合人类族类和人类个体这两个层面，此处便能给出如下重要推论：为了使人类个体能够建立起恶的意念，属于整个人类族类的朝向道德之善的原初的-主动的潜能，就必须以某种方式在个体身上被压制和抵消掉。所以此处最大的问题就是：这种原初的向善潜能，在个体身上究竟如何才能被压制和抵消掉？

---

① 《康德著作全集》第 6 卷，中国人民大学出版社 2007 年版，第 26—27 页。

此处可以再次借用十字路口的比喻,来分析恶在人类个体之中的神秘诞生:一个人站在善与恶的十字路口中间,原初地就配备了转向善的驱动力,却在做出决定的一刻突然转向了恶。如果这里将原初人格性禀赋中的主动一面描述为"潜在的＋a"的话,那么个人建立起恶的意念的自由行动,就应当相应地被描述为一种"现实的－a"。以这种方式,上一段提出的问题便可以被重新表述为:在已有"潜在的＋a"的情况下,一种"现实的－a"究竟是如何可能产生的?

对于这一问题可能存在两种回答。根据第一种回答,这种"现实的－a"仅仅是"现实的－a"而已,纯粹而简单,在它背后并不存在任何"潜在的－a"为其提供一种更深层的奠基。这意味着,在超越于恶的意念(也就是超越于个人的自由任意的行动)的位置之上,是找不到任何属于人类族类的向恶潜能的。诚然,鉴于"潜在性"和"现实性"之间的模态差别,"人类个体仅仅具备转向善的动机,却在行动中突然转向了恶"这种情况,在逻辑上的确是有可能发生的(亦即它的发生是"无矛盾的")。然而,恶的"逻辑可能性"并不能取代恶的"现实可能性"。为了能够抵消原初向善禀赋的影响,从而使得"转向恶"这一行动不仅在逻辑上,而且也在现实中成为可能的,此处就必须进一步添加一种向恶潜能来作为个人现实地转向恶的动机。否则,假若并不存在这种向恶潜能的话,那么人类自由将仅仅具有选择善的动机,而这又意味着,选择恶的行动从实践角度看将是全然荒谬、不可理喻的。更糟糕的是,对恶的选择很可能会在理性反思中被表象为一个完全非理性的行动,因而很难被归于任何理性主体,并使得该主体承担起对恶的道德责任。

所以,尽管对于"在已有潜在的＋a 的情况下,一种现实的－a 是如何可能的"这一问题的第一个回答初看起来确实是合理的,但这一回答实际上并未令人信服地说明恶的现实可能性究竟是怎么来的。事实上,为了能够以一种令人信服的方式来回答这个问题,在此就必须预设一种潜藏在恶的意念背后,并且又超越了恶的意念的"向恶潜能"。根据康德的文本,这一向恶潜能就是趋恶的倾向。于是,对于"在已有潜在的＋a

的情况下,一种现实的－a 是如何可能的?"这个问题的第二个,同时也是唯一一个从实践角度看能站得住脚的回答就是:当且仅当存在着一种趋恶倾向的时候,对恶的选择才能作为一种"现实的可能性"向着人类自由完全敞开。反之,假若不存在趋恶倾向,那么人类自由虽然依旧站在善与恶的十字路口,并且从逻辑上看依然可能去选择恶,但若从自身的原初内容来判断,那么人类自由其实仅仅拥有一种选择善的现实可能性。

现在,在确认了趋恶倾向实际上是为了合理地解释对恶的选择而必须做出的预设之后,以下的分析将向前更进一步,一方面继续澄清趋恶倾向与恶的意念之间的关系,一方面说明趋恶倾向与人格性禀赋之间的关系。首先,由于趋恶倾向与恶的意念都位于本体领域里,因此这两个概念也就不能按照本体和现象的界限来进行简单的区分。所以这里的问题就是,先前提到的趋恶倾向与恶的意念作为这种"潜在性 VS 现实性"的关系,究竟应当如何被理解呢? 本节对于这个问题的回答是:尽管趋恶倾向与恶的意念双双属于本体领域,因而它们之间的区别也存在于本体领域之中,但是这一位于本体领域内部的区分,却同时能够在现象领域留下相应的印记。

就如第九、第十两章已经论证过的那样,趋恶倾向在个体之中实际上拥有两种存在"模式"(modi),趋恶倾向或是仅仅作为一种"纯然的潜能"而存在,或是作为一种"已经被现实化了的潜能"而存在。如果趋恶倾向在本体领域里,仅仅作为一种纯然的潜能而存在,那么相应地,它在现象领域里,也将仅仅将自己表现为一种"朝向恶的纯然动机"。这意味着,这种动机并未被采纳进个人的准则。的确,由于趋恶倾向是永远也无法被根除的,所以这种朝向恶的动机,也将作为一种朝向恶的永恒诱惑而被所有人持续地感知到。然而,作为一种并未被纳入准则的动机,这一恶的诱惑仅仅是一种"无生命的诱惑"(a dead temptation),或者说,是"一种总是被抵制住的诱惑"(an always resisted temptation),这恰恰指向了那些拥有善的意念的个人的生存状态:他们全心全意地投身于和趋恶倾向的永恒斗争之中,绝不允许自己向这种倾向屈膝投降。然而与这种情况相反,如果趋恶倾向在本体领域里已经成为一种被现实化的潜能,那么相应地,在现象领域里,趋恶倾向也将把自己展现为"一种已经被纳入了准则的动机",换言之,这种倾向将成为一种"总是被遵从的诱惑"(a always followed temptation)。很明显,这种总是被遵从的诱惑将不再是一种"无生命的诱惑",而是一种"生气勃勃的诱惑"(a live temptation)。这种生气勃勃的诱惑,总是现实地推动着可见行为的发生,这恰恰指向了那些拥有恶的意念的个人的生存状态:他们总是在自愿地屈服于恶的诱惑,从而使自己成为趋恶倾向的"现实范例"。

现在,在回答了"应当如何理解趋恶倾向与恶的意念的关系"的问题之后,再来继续看一看"应当如何理解趋恶倾向与人格性禀赋(的主动一面)作为'向恶潜能和向善潜能'的关系"的问题。从实践的角度看,人类本性的原初构成仅仅包括三种向善潜能,并不包括任何向恶的潜能。而善对于恶的这种原初优先性,又确保了善"自我肯定"(self-confirming)的绝对权威性、道德法则对人的绝对约束力,以及人类的道德主体性和相应的道德责任。

然而,向恶潜能不像向善潜能一样属于人类自由的原初构成——这是不可辩驳的事实,并不意味着向恶潜能源于任何非-自由的本性。因为,假若是后面这种情况的话,那么恶亦将丧失自身作为道德之恶的本质属性。于是通过上述排除法,向恶潜能便只能被判定为是由人类自由自己产生出来的,同时,这一向恶潜能又构成了人类自由的"衍生性内容"(derivative content),或者说,这一向恶潜能又构成了人类自由的"第二本性"。然而,一种朝向恶的动机自身,或者说,一种将自爱置于道德之上的诱惑本身,竟然是人类自由自己为自己创造出来的——这种说法初听起来,即便不是全然荒谬的,也是极其令人费解的。

为了消除这一困惑,此处还需要进一步考察一下"诱惑之为诱惑"的本质属性。就如第九章已经分析过的那样,提供了向恶动机的趋恶倾向,实际上是一种将自爱置于道德之上的诱惑。然而,使诱惑成为诱惑的,或者说,将这一颠倒行动构建成一种诱惑的,并不是诱惑中所包含的"质料性部分"(这里所谈的质料性部分,就是自爱原则和道德法则这两条先天原则),而是诱惑中所包含的"形式性部分"(也就是"把……当成诱惑"这一意向性行动)。尽管任何质料性的内容(不论这些内容是后天的还是先天的,是直观还是概念)都可能通过某个偶然的契机而成为一种诱惑,但任何质料性内容仅就自身而言,却又无法直接构成诱惑。这是因为,没有任何质料性内容能够通过如同机械的自然律那样的客观法则,去"强制"一个自由主体将它当作诱惑。所以,"把……当成诱惑"的这一意向性行动,归根结底只能被归咎于自由主体本身①。自由主体自己将自爱原则当成了诱惑,并以这种方式,将"具有诱惑性"这一全新的属性,添加在了原本是中性的自爱原则之上。总之,在对趋恶倾向的最终分析中读者将会发现:颠倒道德法则和自爱原则之间次序的这一诱惑,就它确实是一种诱惑而言,归根结底是被人类自由自己创造出来的②。

---

① 伍德以如下方式澄清了这极其微妙的一点:"无论是屈从于诱惑……还是受到诱惑……都是我们的意志为此负责的某种事情……我们的意志对诱惑负责,但就此推测我们因为受到诱惑就应当被谴责却是错误的,因为谴责应当仅仅被系于违背道德法则的行为之上,而仅仅通过我们被诱惑着(倾向于去)犯下这样的行为,这样的行为还没有被实施出来"[Wood, A. W., "The Evil in Human Nature," in G. E. Michalson (ed.), *Kant's Religion within the Boundaries of Mere Reason: A Critical Guide*, Cambridge: Cambridge University Press, 2014, p. 45, 45n]。

② 根据穆希尼克的分析,人类自由在自身之内所包含的终极诱惑源于实践理性的辩证法:"就如在所有先验幻象中那样,一个实践的幻象也是人类理性的一个主观必然的产物,若没有恰当的批判,人类理性就把它当成是客观必然的(A295/B352)。实践幻象的特殊性在于,这种'当作(taking to be)'必须被表象为选择的结果,亦即自我欺骗的一个主动进程的产物……它是充分地发展起来的(full-blown)道德失败……康德的'趋恶倾向'具有相同的形式特征——正如实践幻象一样,趋恶倾向也是可归咎的、主观的、必然的……当与个人的意念相联系时,'根本的'一词指的是恶的位置(一个空间性的隐喻),而当与族类的倾向相联系时,'根本的'一词指的是一种特殊类别的必然性——这种必然性在品格中是主观的,但并不因此就是武断的或者偶然的"[Muchnik, P., "An Alternative Proof of the Universal Propensity to Evil," in S. Anderson-Gold and P. Muchnik (eds.), *Kant's Anatomy of Evil*, New York: Cambridge University Press, 2010, pp. 124 – 125]。

可是,除了作为被人类自由"主动地创造出来"的东西之外,诱惑之为诱惑的特殊性还蕴含着另外一个侧面,那就是,诱惑也是被人类自由"被动地感受为"加诸自由之上的。换言之,自由的主体在面对诱惑时,既是主动的,又是被动的。这种情况可以用"自残"的例子来加以说明:当一个人在自残的时候,他既是这个行为的施动者,但同时又是同一个行为的受动者。简言之,恶的诱惑里所包含的矛盾之处就在于,这一诱惑既可以被描述为人类自由"主动地给自己招致的被动性"(actively-self-incurred passivity),也可以被描述为人类自由"被动地感受到的主动性"(passively-felt activity)。作为人类自由主动地给自己招致的东西,恶的诱惑完全来源于人类自由本身。而作为人类自由被动地感受到的东西,恶的诱惑又表现为一种加诸人类自由之上的"他者性"①。

然而,本书对于趋恶倾向作为恶的诱惑的分析最终只能止步于此,因为,位于恶的终极根据内部的这种"主动性和被动性的矛盾统一",将会把探究者的目光引向人类自由最深处的黑暗深渊,但人类有限的理性

---

① 圣经使用了蛇这个象征符号(蛇代表了魔鬼,它外在于人,是恶的始作俑者)来表现恶的诱惑中所包含的被动性。与完全主动地堕落的魔鬼不同,人是被魔鬼诱惑才走向堕落的。而人在与恶的关系中的这种被动性,也在一定程度上减轻了他对于恶的罪责。根据康德的观点,被诱惑者其实已经隐秘地参与到了诱惑之中,这种"对诱惑的主动参与"又反过来建构着"对诱惑的被动感受"。同时康德还声称,原本被表象为处于人类自身之外的诱惑,在道德判断中却必须被重新置于人类自身之内,而这一点则暗示了恶对于主体的终极诱惑,实际上是主体对于自身的一种"自我诱惑"(self-temptation),这种自我诱惑源于人类自由的最深处,正如康德的这段话所表明的那样:

"因此,当一位使徒把这个不可见的,仅仅由于其对我们的影响才是可认识的、败坏了原理的敌人,表象成是在我们之外的,而且表象成是恶的精灵时,这也就不应当(令人)奇怪了:'我们并不是与肉体与血气争战(自然的偏好),乃是与那些执政的和掌权的,与恶的诸精灵(bösen Geistern)争战';这是一个似乎并非为了把我们的知识扩展到感观世界之外,而仅仅是为了将对我们而言无法探究的东西的概念,为了实践的运用而变得直观(auschaulich)而被提出的表达。因为顺便说一下,为了后者的缘故,我们是把诱惑者仅仅放在我们内部,还是也把它放在我们外部,这对于我们来说是一样的。因为在后一种情况下,罪责一点也不比在前一种情况下更少地触及我们,因为假如我们没有秘密地同意他(诱惑者)(mit ihm nicht im geheimen Einverständnisse wären),我们本来是不会被他所诱惑的"(RGV 6:59-60;《康德著作全集》第6卷,中国人民大学出版社 2007 年版,第58—59页)。

却又无法进一步踏入这个深渊并探索其中的奥秘①。借用康德本人的话来说，恶的最终根据，对于人类理性而言是"不可探究的"（*unerforschlich*），人类最多只能通过想象力的活动，亦即借助于由想象力所提供的"时间性图型"（比如亚当堕落的神话）来或多或少地趋近于这一深渊②。然而，有一件事在这里依然是可以确定的，而那就是，从实践的视角来看，趋恶倾向绝对不能被人类理性表象为和人格性禀赋一样

---

① 根据康德的解读，圣经是用恶的精灵（亦即魔鬼）来表达趋恶倾向在理性中的不可探究性的："但是，我们的任意把从属的诸动机作为最高的（动机）而采纳进其准则的在方式上的错乱，亦即这种趋恶的倾向，其理性上的起源，依然是我们所无法探究的（unerforschlich），因为它本身必须被归咎于我们，从而那所有准则的最高根据又会要求采取一个恶的准则。这种恶本来只能产生自道德上的恶（而不是产生自对我们本性的纯然限制）；然而原初的禀赋（除了人自身之外，没有别的什么能够败坏这种禀赋，如果这种腐败应当被归咎于他的话）毕竟是一种向善的禀赋。所以，对于我们而言，就不存在我们之中的道德之恶最初可能由此而来的、可理解的根据。——这种不可理解性（Unbegreiflichkeit），连同对我们族类的恶劣性的进一步规定，《圣经》是在历史叙述中通过如下（方式）表达出来的：亦即它虽然把恶向前放到世界的开端，但毕竟没有把它放在人里面，而是放在一个具有原初地更高贵的使命的精灵里面。所以，这样一来，一般而言所有恶的最初开端，就被看作对于我们是不能够理解的了（因为在那个精灵那里，恶又是从哪里来的？）；但是，人仅仅被看作是通过诱惑而堕入恶的，从而不是从根本上（von Grund aus）（自身根据最初的向善禀赋）败坏了的，而是还能够改善的，与那个进行诱惑的精灵相反，即这样一个存在者，肉体的试探不能被算给他，以减轻他的罪责。因此，对于前一种存在者——他在败坏的心灵之外，却总还是具有一个善的意志——就还留存有一种返回他曾经背离的善的希望"（*RGV* 6：43-44；《康德著作全集》第 6 卷，中国人民大学出版社 2007 年版，第 43—44 页）。

　　有趣的是，正如人只能通过将恶的诱惑表象为一种外在于他的恶之精灵，才能使得这种诱惑变得直观起来那样，"不在这里思想一个他者及其意志（普遍地立法的理性只是他的代言人），亦即上帝，我们就不能很好地使义务（道德的强制）对我们直观化"（*MS* 6：487；《康德著作全集》第 6 卷，中国人民大学出版社 2007 年版，第 497 页）。总之，位于人自身之内的善与恶，只有通过被表象为位于他之外的"他者"才能够被直观化，但根据终极层面的实践判断，这些"他者"依然栖居于人自身之内——而这正是人在道德上的善与恶所具有的"内在的超越性"（immanent transcendence）。

② "现在，《圣经》所使用的表象方式与此是完全一致的。《圣经》把恶的起源（Ursprung）描绘为人的族类中恶的一个开端（Anfang）。因为它把这一开端表象在一个故事中，在那里，按照事物的本性（不考虑时间条件）必须被设想为第一的东西，显现（erscheint）为根据时间是第一的东西。按照《圣经》，恶并不是从作为基础的趋恶的倾向开始的（因为若不然，恶的开端就不是从自由产生的了），而是从罪（Sünde）（罪被理解为对作为上帝的诫命的道德法则的逾越）开始的。但是，人在所有趋恶倾向之前的状态，则叫做天真无邪的状态（Stand der Unschuld）"（*RGV* 6：41-42；《康德著作全集》第 6 卷，中国人民大学出版社 2007 年版，第 21—22 页）。

是同等地原初的。相反,趋恶倾向应当永远被人类理性表象为一种人类自己自由地招致的朝向恶的诱惑①。在这个意义上,这种倾向对于人性来说就仅仅是客观上偶然的,也就是说,这一倾向并不属于人之为人的原初构成②。

但是,趋恶倾向的客观偶然性,却完全能够和它的主观必然性共存不悖,而这种主观的必然性,同时又与该倾向在并非严格意义上的普遍性紧密地联系在一起。前面已经解释过,为什么恶的意念仅仅是广泛的,却未必是普遍的存在(甚至是哪怕只有一个恶的意念),也已经足以证明趋恶倾向对于整个人类族类而言是普遍存在的。这一次,通过驳斥某条与之相反的论断,本章的末尾还将从相反的方向来证明一下趋恶倾向的这种普遍性和必然性。简单地说,为了证明下述这条相反的命题,

---

① 在这里必须强调的是,唯有从实践的视角来看,人才需要将所有诱惑最终归结为自我诱惑。而这意味着,"主体所经受的一切诱惑,都是主体对自身的自我诱惑"这一判断,并未揭示出诱惑的全部真相。实际上,在一种对这种现象更为忠实的描述中,诱惑中的主动一面和被动一面的矛盾统一,应当以一种相较于单纯的实践视角更为整全的方式被保存下来,也就是说,主体在诱惑中所经历的被动性,不应当被完全还原为主体自身的主动性,从而仅仅通过主动性来得到解释。

戴斯蒙德教授对诱惑的描述,为这种更为整全的视角提供了一个很好的范例:"我是诱惑的受害者,也是诱惑的主宰。我同时是这两者。假若我不曾默许(诱惑),我也就不会被诱惑,然而,被诱惑这件事尚不等于默许诱惑。假若我是自己完全的主宰,我将不可能被诱惑,但假若我仅仅是外部冲动的受害者,我亦将不可能被诱惑——我将仅仅被打开(put on)。我对'被诱惑'这件事(固然)负有责任,但我并不是简单地选择了被诱惑,因此,我并不对被诱惑这件事'负有责任'。诱惑对我发生(happens to me),但诱惑并不是我所怀有(entertain)的东西,所以它并没有发生,因为我也参与到了其中(complicit)。我既参与又没有参与到一个行动中,这个行动自身并不是一种行动,而是一种主动的非-确定(active indefinition),但这种非-确定包含着确定的行动的可能性。所以这就是诱惑所具有的这种非-确定的'在……之间'(in-between)的特征。唯有当伦理精神(ethos)(连同我们的自由)是含混(equivocal)的时候,我们才能够解释诱惑"(Desmond, W., *Ethics and the Between*, Albany, NY: State University of New York Press, 2001, pp. 283-284).

② 麦耶这样分析人类自由的自我诱惑:"为了让人对于通过自身自由而实现的恶所担负的责任,不因为以下这件事——亦即这种自由似乎总是已经作为(自身)无罪的,(并且仅仅)通过趋恶倾向而被带入恶劣的诱惑性的困境中——而受到限制,我们不应仅仅思考一种总是已经居于丧失自我(sich selbst zu verwirken)的诱惑之中的自由,而更应当思考一种总是已经自行产生出这种诱惑的自由"(Meyer, H., *Kants transzendentale Freiheitslehre*, Freiburg/München: Karl Alber, 1996, s. 176).

亦即证明"趋恶倾向并不是主观普遍和必然的",必须有三个条件必须同时得到满足,而这三个条件包括:(1) 违背道德法则的行为在人类历史上并不是随处可见的,换言之,起码有一小部分人终其一生都仅仅做出了符合道德法则的行为;(2) 以这一小部分人符合道德法则的行为作为起点,观察者能够顺利地推导出属于他们的善的意念;(3) 一旦确定了这些个体拥有善的意念之后,观察者还要能进一步推导出这些善良的人并不拥有趋恶倾向,也就是说,他们永远不会由于受到恶的诱惑而堕落。可惜的是,读者即将看到,以上三个条件中的任何一条,在现实中都是无法被满足的。

首先,条件(1)很难经受住现实的考验。因为整个人类历史的各个阶段都充斥着从微不足道的谎言到惨绝人寰的屠杀等无穷多样的恶行。同时,无论是在他人那里还是在观察者自己这里,他都基本上找不到一生所有行为都绝对符合道德法则的圣徒——除非观察者愿意相信,某些经典中记载的圣徒式的人物,确实终其一生都从未违背过道德法则。

其次,即便条件(1)能够(以一种几乎违反现实经验的方式)得到满足,条件(2)也是很难得到满足的。因为,即便观察者愿意全心相信某些经典中的记载,相信历史上确实存在从不犯错的圣徒,可一旦考虑到善与恶在回溯性推理中的不对称性,观察者依然无法百分之百地断定说,这些在外部行动上永远符合道德法则之文字的个人,其内在动机也必然出于道德法则之精神,因此他们的最高准则也必然是善的。

最后,即便条件(2)(以违背善与恶在回溯性推理中的不对称性的方式)得到了满足,条件(3)也依旧是无法得到满足的。因为,即便某些圣徒式的人物不仅在外在行为上是善的,而且在内在意念中也是善的,观察者依然无法认定他们不具备趋恶倾向。正如一个人在道德皈依后的情况那样,善的意念完全可以和趋恶倾向共存于同一个主体内部,因为趋恶倾向只是朝向现实之恶(亦即恶的意念)的潜能,却并不是现实之恶本身,所以这一向恶潜能完全可以与善的意念(亦即现实之善)共存不悖。然而,假若圣徒式的人物并不具有趋恶倾向,那么这些人将不仅是善的,而且也将永远不必面临恶的诱惑。换言之,对于这些人来说,恶将仅仅保持为一种空洞的"逻辑可能性",却永远不会对他构成任何"现实的可能性"。

于是讨论至此读者便可以很清楚地看到,对于内外皆善的圣徒式的人物是否拥有趋恶倾向这件事,仅凭经验本身既不能提供绝对的支持证据,也不能提供绝对的反对证据。现在,如果观察者仅仅局限在理论性视角的内部,那么他亦将无法绝对地判断,现实中是否真的存在某些得以免于趋恶倾向诱惑的圣徒。然而,也恰恰是在这一点上,在观察者缺乏绝对地支持或者反对"某些人可能并不拥有趋恶倾向"这一论断的理论性证据的大前提之下,他就必须转向实践的视角,并从实践的视角出发给予这个问题以最终的回答。从实践的视角看,极少数圣徒式的人物或许得以免于趋恶倾向的诱惑——这种假设在道德上不仅是有害的,甚至是危险的。因为,这种过度乐观的假设,将允许某些个人完全超越人性内部的善恶斗争,由此被提升到普通人的道德处境(这种处境以永恒的善恶斗争为标志)之上,并最终化身为只能被其他人狂热崇拜的神圣偶像,而不是应当被他们努力效仿的道德榜样①。因此,当理论的证据最终仅仅指向了趋恶倾向之普遍存在的"高度或然性"(high probability),却不能仅凭自身来绝对地排除"某些圣徒式的人物得以免于趋恶倾向的诱

① 康德对人性的悲观主义判断所允许的唯一例外或许就是基督。康德的基督论非常之微妙和矛盾。一方面,他接受将"基督为童贞女所生"这种宗教描述作为基督在道德上纯洁无瑕的象征,也就是说,基督凭借其神秘的诞生方式,或许得以免于趋恶倾向的诱惑(RGV 6:80n;《康德著作全集》第6卷,中国人民大学出版社2007年版,第80—81页)。另一方面,基督对魔鬼的三次拒绝,却暗示着他必须像普通人一样面对趋恶倾向的诱惑,否则基督对魔鬼的成功抵抗,将仅仅是一种胜利的姿态,而不是真正具有道德意义的胜利(ibid., 6:64 - 66;《康德著作全集》第6卷,中国人民大学出版社2007年版,第63—66页)。

此外,由于康德坚持认为,所有诱惑都已经包含着被诱惑的一方对于施加诱惑的一方的隐秘赞同(ibid., 6:59 - 60;《康德著作全集》第6卷,中国人民大学出版社2007年版,第58—59页),所以读者或许可以据此推断说,基督和普通人处于完全相同的道德境况中。然而,由于基督对魔鬼的成功拒绝,也被康德象征性地解释为善的原则在对恶的原则的征战中的关键性胜利(ibid., 6:78 - 84;《康德著作全集》第6卷,中国人民大学出版社2007年版,第78—86页),所以在这个意义上,基督又似乎仅仅是善的原则的人格化表达,这意味着他并不会真正受到趋恶倾向的诱惑。

惑"这一假设时,"实践的关切"(practical interest)就必须在此介入这一问题,并帮助观察者对人类族类的道德品格做出最终的判断。为了道德实践的目的,观察者必须预设趋恶倾向对于整个人类族类(甚至包括其中最好的成员)都是主观普遍和必然地存在的。特别地,当考虑到泛滥于人类历史中各个阶段的无穷多样的恶行,观察者在对人类族类的道德评价上,永远也不应当怀疑自己是否太过谨慎、太过现实、太过悲观。因为,唯有抛弃肤浅的轻信和盲目的乐观,观察者才能对那种源于人性最深处的自欺保持充分的戒备,并以这种态度,为一种唯一适用于人类处境的健康的道德教育,构想一种足够坚实的基础。在这个意义上,当观察者把理论性的证据和实践性的关切相结合时,他也就必须彻底否认"在人类的道德处境下,某些圣徒式的人物得以摆脱趋恶倾向的诱惑"这一假设,这同时也意味着,观察者必须承认——整个人类族类的每一个成员,都无一例外地面临着趋恶倾向的永恒诱惑。

第十二章 对"人从本性上是恶的"的准–先验论证中的人类学要素

引言 趋恶倾向的三个层次对证明"人从本性上是恶的"的重要性

本书对"人从本性上是恶的"的准–先验论证包含两个部分,第十一章已经讨论了(1) 从现实性到潜在性的先天推理(亦即从可见的恶行反推回恶的具体准则,然后从恶的具体准则反推回恶的意念,最后再从恶的意念反推回趋恶倾向),现在在全书的最后一章,再来看一看(2) 作为上述先天推理之起点的现实经验中的可见恶行。就如前文已经指出的那样,为了证明趋恶倾向的主观必然性和普遍性,就需要在现实经验中发现明知故犯地做出的恶行。

这里的讨论有两点需要注意。首先,为了找到明知故犯地做出的恶行,一个人自身的经验提供了比他人的经验更为可靠的依据。因为毕竟,真正的道德之恶存在于一个人的内在意向,而不是外在表现之中。尽管在绝大多数情况下,观察者确实可以准确地从他人违背道德法则的行为中,反向推导出他们违背道德法则精神的意向,然而在某些极端情况下,由于某些无法控制的因素,观察者却无法绝对地排除以下可能性,亦即他人可能真诚地服从道德法则的精神,却以一种悲剧性的方式触犯了道德法则的文字。与之相反,当观察者转向自己的内心时,他却能够非常清楚地断定:当他的外在行为触犯了道德法则的文字时,他的内在意向也必然同时违背了道德法则的精神。因此,"服从法则的精神"和"触犯法则的文字"这两件事同时发生的可能性,至少在观察者对自身的考察中,是完全可以被可靠地排除掉的。

其次,为了证明趋恶倾向的普遍性和主观必然性,观察者其实只需要确定恶的意念的"广泛存在"(widespread existence)(甚至仅仅是这一意念在某个单一个体之内的存在)即可,而并不需要确定这种意念在所有人之中无一例外的"普遍存在"(universal existence)。事实上,恶在人类种族之中"广泛的现实化"(widespread realization)[但不一定是"普遍的现实化"(universal realization)],正是康德从对人类历史的观察中得出的结论。在对人类历史的观察中,康德将人的现实存在划分为了三种可能的状态,也就是:(A)"自然状态"(Naturstande);(B)"文明状态"(gesitteten Zustand);(C)"各民族的外部状态"(äußeren Völkerzustand),亦即"文明化了的各民族,在野蛮的自然状态的关系中彼此对立"(RGV 6:33 - 34)①。

首先,针对(A)"自然状态",亦即某些哲学家曾经希望从中发现人性本善的状态,康德提到了"永无休止的,甚至没有一个人从中得到丝毫好处的残忍"。根据康德的观点,在自然状态中广泛地存在着本性粗野的恶习,而这些恶习的泛滥,已经足以推翻任何关于这种人类生存状态的乐观主义幻想了(ibid., 6:33)。

其次,在(B)"文明状态"中,观察者总是会遭遇"对于人性的一长串多愁善感的抱怨",比如"即使在最亲密的友谊中亦是如此"的"隐秘的虚假",比如"一个施恩者必须总是有所提防"的"一种怨恨对我们有约束力的人的倾向",再比如"在我们最好的朋友的不幸中,存在着某种我们并

---

① 《康德著作全集》第 6 卷,中国人民大学出版社 2007 年版,第 32—34 页。

不完全反感的东西"这种现象,以及"许多隐藏在的德性的幌了之下的其他恶习"(ibid.,6:33)①。总之,简单地说,虽然文明状态借助法律和习俗的手段,在很大程度上抑制了本性粗野的恶习的爆发,但它却绝没有将人性中的恶连根拔除,而是仅仅将这种恶掩藏在了"文化的恶习"这一更为精巧的面具之下,并通过这类恶习赋予了人性之恶以全新的表现形态。

最后,在(C)"各民族的外部状态"之中,观察者甚至会发现一种更为糟糕的状况,亦即每个民族国家都和另一个民族国家相互敌对,都无一例外地沉溺于"一种持久的战争体制状态"之中,并且没有任何一个民族国家想要走出这种状态(ibid.,6:34)②。换言之,已经高度文明化了的民族国家之间的外部关系,并不会随着民族国家内部公民关系的进步而同步发展,即便每个民族国家都为自己建立起了现代的法律体系和政治体系,但不同民族国家对待邻国的态度,依然极有可能停留在一种野蛮的自然状态之中③。

这里特别需要强调的是,康德对"自然状态"、"文明状态"以及"文明化了的民族之间的外部关系"的论述,绝不仅仅是对经验事实的任意枚举。相反,通过对以上这三种状态的观察,康德以一种穷尽所有逻辑可能性的方式,考察了人类族类之整体生存所具有的全部三种可能状态,从而为恶在人类历史中"广泛的现实化"提供了充分的经验证据。具体地说,通过指出(A)"自然状态"下的本性粗野的恶习、(B)"文明状态"下的文化的恶习、(C)"文明化了的各民族之间"持续的敌对关系,康德最终能够得出结论说:恶的行为是极为广泛地存在于人类历史中的。

然而,在确定人类历史中广泛存在的恶行时,观察者实际上还必须

---

① 《康德著作全集》第6卷,中国人民大学出版社 2007 年版,第 33 页。

② 《康德著作全集》第6卷,中国人民大学出版社 2007 年版,第 33—34 页。

③ 然而,康德对国家间战争的评价并不完全是负面的。因为,在通过符合理性的公正契约,成功地建立起国家间的联盟之前,国与国之间的战争可以有效地防止全球性的独裁者(而这一独裁者才是对自由与善的最大威胁)的出现。康德对战争潜在的积极功能的讨论,可参见《论永久和平》(特别是 EF 8:367 - 368)。

处理一个经常被康德学者们忽略的问题,那就是,如何确定那些表面看上去属于不同种类的行为,最终都分享着"道德之恶"这同一种属性？很明显,如果一个人在他的具体准则中,以一种系统和一贯的方式,将非-道德的动机置于道德动机之上,那么由这些具体准则产生出来的违背道德法则的行为,也就必须被毫无例外地判定为是恶的。康德将上述这种情况称为人心的"恶劣"(Bösartigkeit)或者说"颠倒"(Verkehrtheit/perversitas)(ibid., 6：30)①。可惜的是,并不是所有违背道德法则的行为,都可以被简单清楚地归于人心的恶劣或颠倒这一范畴之下。比如说,日常生活中很多所谓的老好人可能对道德法则抱有某种一般性的忠诚,并且在绝大多数情况下都出于对法则的敬重而行动,但是当陷入某些极端的困境时,这些所谓的老好人可能因为无法抵抗来自非-道德动机的强烈压迫或巨大诱惑,而在道德力量上经历一场惨烈的崩溃,最终做出连他们自己都唾弃和悔恨的行为。上述这种在压力和诱惑之下道德力量崩溃的现象,则被康德本人称为人性的"脆弱"(Gebrechlichkeit/fragilitas)(ibid., 6：29)②。于是现在出现的问题就是：出于人性之脆弱的行为是否能够(以及如果是的话,那么又如何能够)在道德上被判定为是恶的？

除了出于人性之脆弱的行为,还有另外一种"混合性动机"的行为,也在某种程度上向观察者的判断力提出了挑战。根据康德的描述,某些人可能确实将道德法则纳入了自由任意的规定根据,但却没有能够将该法则当作自身行为"唯一的和至高的限定条件"。因此,尽管这些人确实能够做出符合道德法则的行为,但这些行为却往往是由结合了道德和自爱这两者的"混合动机"来推动的。这种混合动机的情况,在康德的文本中则被称为心灵之"不纯正"(Unlauterkeit/impuritas)(ibid., 6：30)③。于是现在出现的问题就是：出于心灵之不纯正的,表面上看的确合于道

---

① 《康德著作全集》第 6 卷,中国人民大学出版社 2007 年版,第 29 页。
② 《康德著作全集》第 6 卷,中国人民大学出版社 2007 年版,第 28—29 页。
③ 《康德著作全集》第 6 卷,中国人民大学出版社 2007 年版,第 30 页。

德法则之文字的行为,是否能够(以及如果是的话,那么又如何能够)在道德上被判定为是恶的?

在本章对于"人从本性上是恶的"这一命题的论证中,假若所有违背道德法则的行为都源于人心之颠倒,那么这些行为亦将为论证恶的意念在人类种族中的广泛存在,以及最终论证趋恶倾向的普遍性和必然性提供一种坚实和明确的事实证据。然而不幸的是,与读者的期望恰恰相反,人类现实经验中很多违背道德法则的行为实际上源于人性之脆弱,而并非人心之颠倒。因此,为了证明恶的意念的广泛存在,观察者就必须针对出于人性之脆弱的行为展开进一步的考察。此外,鉴于出于人心之不纯正的行为在道德属性上的含混性,观察者亦很难判断人类族类中数量巨大的普通人在道德品格上究竟是善是恶,因为毕竟,若仅仅从外部表现来看,这些普通人一辈子都在道德和自爱的混合动机的驱使下,扮演着遵纪守法的良民的角色。于是从这个意义上说,为了证明恶的意念的广泛存在,观察者同样有必要针对出于人心之不纯正的行为展开进一步的考察。

总而言之,为了确保对于"恶的意念的广泛存在"的论证能够顺利地进行,人类行为的观察者最好能够成功地确认:出于人性之脆弱和人心之不纯正的行为,在道德上同样是恶的。这意味着,康德对人性之脆弱和人心之不纯正的讨论,其实同样构成了他对于趋恶倾向之普遍性和必然性的最终论证中的一个重要组成部分。于是在这个意义上,读者便能够很容易地理解,为什么在关于使徒保罗的如下谴责,亦即"这里没有任何区别,他们全都是罪人,没有人(根据法则的精神)行善,就连一个也没有"的重要注释中(ibid., 6:39)①,康德会给出这样的提示:"关于(由)在道德上作出审判的理性(所宣布)的这种诅咒性的判断的真正证明,并不在本章,而是在前一章里面"(ibid., 6:39n)②。换言之,关于"人人都是

---

① 《康德著作全集》第 6 卷,中国人民大学出版社 2007 年版,第 39 页。
② 《康德著作全集》第 6 卷,中国人民大学出版社 2007 年版,第 39 页。

罪人"的证明,实际上位于《宗教》第一部分的第二章"论人的本性中趋恶的倾向"当中——而恰恰就是在那里,康德将人心之不纯正和人性之脆弱这两种现象,与人心之颠倒一道,归于了同一种趋恶倾向之下(ibid.,6:29-32)①。

根据康德本人的描述,人性之脆弱、人心之不纯正和人心之颠倒,是隶属于同一种趋恶倾向之下的三个不同"层次"(Stufen)。尽管趋恶倾向就其自身而言仅仅是一种朝向恶的潜能,而并非任何现实意义上的恶,但对于人的理性而言,这一潜能却必须同时被表象为是由人的任意自由地招致的。这意味着,在借助准则和行为将自身彻底地现实化之前,趋恶倾向就已经必须在道德上被判定为是恶的了。对于本章关于趋恶倾向中的三个层次的理解来说:一方面,鉴于人性之脆弱、人心之不纯正和人心之颠倒都被归在了同一种向恶潜能之下,所以这三者仅就这一点而言亦应当被判定为同等地是恶的;另一方面,鉴于脆弱、不纯正和颠倒是这一向恶潜能之下的三个不同层次,这三者似乎又必须通过它们各自所拥有的独特属性而被彼此区分开来。总之,康德在文本中似乎为读者理解趋恶倾向的三个层次提出了两种看似矛盾的标准:首先是关于这三者之间"统一性"的标准,也就是脆弱、不纯正和颠倒必须被理解为是无差别地属于同一种趋恶倾向的;其次是关于这三者之间"差异性"的标准,也就是脆弱、不纯正和颠倒必须被理解为各具独特之处,而正是这些独特之处,才确保了它们能够作为同一种趋恶倾向之下的不同层次而被彼此区分开。

现在,为了最终补全关于"人从本性上是恶的"这一命题的准-先验论证里面的最后一个环节(亦即最终确定经验中可被观察到的恶行),本章将对于康德讨论趋恶倾向中三个层次的文本展开一种深入的考察,为脆弱、不纯正和颠倒提出一种能够同时满足上面提到的两大标准(亦即"统一性"的标准和"差异性"的标准)的新解释。为了达到这一论述目

---

① 《康德著作全集》第6卷,中国人民大学出版社2007年版,第27—31页。

标,本章将首先批判性地回顾一下,康德学者对于这一问题已经给出的诸种论述。在此之后,本章将通过(1)分析康德文本中对道德之恶的两项定义(一项定义是狭义的,而另一项定义则是广义的)和(2)探索自由任意对自身意念的单一规定如何通过具体准则而在经验中获得多重表达,来初步地建立起一种关于趋恶倾向中三个层次的新解释。本章余下的三节,将逐一考察康德关于人性之脆弱、人心之不纯正和人心之颠倒的文本,分别找出这三个层次所各自拥有的具体准则里的一般性结构,并且详细地说明这三种结构,如何能够分别代表恶的意念在现象世界中的三种表达方式。现在,在所有这些讨论的开端之处,还请诸位读者和本书作者一道,先来看一看先前的康德研究者是如何理解趋恶倾向中的三个层次的。

第一节　康德学界对趋恶倾向中三个层次的讨论

在康德学界内部,如何解释趋恶倾向中的三个层次一直是个非常困难的问题。虽然研究者们尝试了各种各样的方案,但至今尚未达成任何统一的意见①。在这里,为了方便讨论,如果读者根据上文提到的"统一性原则"和"差异性原则"——这两种基于康德文本的标准,来对各种解释进行分类的话,那么他将很容易发现,现有的各种解释大致可以被分为三大类方案:第一类解释方案主要聚焦于脆弱、不纯正和颠倒这三者之间的差异性,甚至不惜以牺牲它们之间的统一性为代价来确立这一差

① 帕姆奎斯特和帕斯特纳克试图论证说,趋恶倾向的三个层次分别对应着三种向善禀赋(Palmquist, S. R., *Kant's Critical Relgion: Volume Two of Kant's System of Perspectives*, Aldershot: Ashgate Publishing, 2000, pp. 152 - 153; Pasternack, L. R., *Kant on Religion within the Boundaries of Mere Reason*, London and New York: Routledge, 2014, p. 119)。此外,穆希尼克也将脆弱描述为对动物性的误用(Muchnik, P., *Kant's Theory of Evil: An Essay on the Dangers of Self-Love and the Aprioricity of History*, Totowa: Rowman & Littlefield, 2009, p. 156)。然而不幸的是,《宗教》一书并没有提供任何明确的文本证据,足以证明人性之脆弱仅仅涉及屈从于自然本能的现象,抑或证明人心之不纯正仅仅涉及把道德动机和源于人类社会的非-道德动机混合在一起。

异性;第二类解释方案主要聚焦于脆弱、不纯正和颠倒这三者之间的统一性,甚至不惜以牺牲掉它们之间的差异性为代价来确立这一统一性;第三类解释方案则持守于一种中间立场,试图同时保全脆弱、不纯正和颠倒这三者之间的差异性和统一性。

在趋恶倾向的三个层次中,如何解释人性之脆弱对康德研究者们构成了一项最严峻的挑战。考虑到这一点,本书首先就将分门别类地来看一看学者们关于人性之脆弱的观点。前面提到的第一大类解释方案充分考虑到了人性之脆弱这种现象的特殊之处,将人性之脆弱描述为个体在道德力量上的崩溃,这种崩溃揭示了一个人道德主体性内部的分裂,并不是某种仅仅发生在他道德意识中的错误。比如说,约翰·西比尔(John Silber)区分了人的任意所能采取的两种行动,一种是单数的"意念性的行动"(dispositional act),另一种则是复数的"特定的行动"(specific acts)。根据西比尔的区分,人的自由任意在意念性的行动中"愿意或者拒绝(willing or rejecting)道德法则的精神",并由此"建立起(属于这一)任意的理知的,或者说本体性的品格",与此相对,自由任意的特定行动则"揭示了任意就法则的文字而言的决定",任意通过这些复数的行动而"建立起了它的现象性的品格"①。于是,西比尔借助于对任意的两种行动的区分,得以用如下方式来描述人性之脆弱:"(任意的)意念性的行动以一种稳定的方式是好的,尽管它未能成功地,亦即以不加扭曲或含混的方式表达出它的意念性的动机(dispositional motive)"②。除了西比尔之外,另一位康德研究者理查德·麦卡锡(Richard McCarty)也将人性之脆弱诊断为"一种动力性的或动机性的疏忽"(a conative or motivational

---

① Silber, J. R., "The Ethical Significance of Kant's *Religion*," in *Religion within the Limits of Reason Alone*, T. M. Greene and H. H. Hudson (trans.), New York: Harper & Row, 1960, p. CXVI.

② Silber, J. R., "The Ethical Significance of Kant's *Religion*," in *Religion within the Limits of Reason Alone*, T. M. Greene and H. H. Hudson (trans.), New York: Harper & Row, 1960, pp. CXX - CXXI.

lapse),而并非任何"认知性的或认识性的错误"(a cognitive or epistemic fault)①。此外,除了西比尔和麦卡锡,苏斯曼同样肯定了脆弱的行动者"完美地意识到了他正在做什么",但由于他的意志、任意和可见行为这三者之间的不统一,虽然他的意志规定了任意,但是他的任意却未能"规定(他)实际地去做什么"②。

　　然而,虽然采纳了上述第一类解释方案的研究者们,成功地确立了脆弱的特异性,但是由于他们过分地强调脆弱的行动者在自身道德主体性之中的分裂,以至于这些学者最终使得"出于脆弱而犯错"这件事,看起来更像一场"某个人被动地承受的悲剧",而不像一件"这个人主动地犯下的恶行"了。比如说,在一张关于趋恶倾向中三个层次的分类表格中,西比尔将脆弱归在了"善的意念"和"自律性的自由"这一标签之下,从而在脆弱与趋恶倾向的另外两个层次之间划出了一条绝对的界线,并且最终使得脆弱摆脱了与道德之恶之间的联系③。以类似的方式,麦卡锡则声称脆弱是"两种被纳入(准则)的动机之间(相互)竞争的结果",或者更准确地说,是"偏好性的动机(inclinational incentive)由于其压倒性的心理力量而赢得了这一竞争"④。然而,也恰恰是在这处分析中,尽管麦卡锡小心地预设了"行为者以某种方式对他们道德脆弱的原初状态负有责任"⑤,但较真的读者仍然可以对麦卡锡提出如下质疑,亦即麦卡锡

① McCarty, R., "Moral Weakness as Self-Deception," in H. Robinson (ed.), *Proceedings of the Eighth International Kant Congress*, Vol. 2, Milwaukee, WI: Marquette University Press, 1995, p. 587.

② Sussman, D. G., *The Idea of Humanity: Anthropology and Anthroponomy in Kant's Ethics*, London: Routledge, 2001, pp. 194-195.

③ Silber, J. R., "The Ethical Significance of Kant's *Religion*," in *Religion within the Limits of Reason Alone*, T. M. Greene and H. H. Hudson (trans.), New York: Harper & Row, 1960, p. CXXVI.

④ McCarty, R., *Kant's Theory of Action*, New York: Oxford University Press, 2009, p. 37.

⑤ McCarty, R., "Moral Weakness as Self-Deception," in H. Robinson (ed.) *Proceedings of the Eighth International Kant Congress*, Vol. 2, Milwaukee, WI: Marquette University Press, 1995, p. 92.

仅仅借助心理因果性来解释脆弱的诠释方案,是否会将脆弱中所展现出来的道德之恶,错误地还原为某种自然的机械作用。与西比尔和麦卡锡这两位学者的做法相类似的是,苏斯曼试图论证说,意志、任意与可见行为这三者之间的"不统一"(disunity),是"任何像我们这样(有限)的意志所拥有的自然的或者说初始的状态"。相反,"意志的现实统一则是一项成就"①。十分可惜的是,尽管苏斯曼的观点或许从理论观察的角度来说是完全正确的,但如果从实践判断的角度出发,那么观察者依然必须将意志、任意与可见行为这三者的"统一",看作是一个比它们之间的"不统一"更为原初的状态。这意味着,上述这三者之间的不统一,必须被看作是一种违背了人性原初构成的道德之恶。然而,由于苏斯曼忽视了在讨论道德之恶的问题时,"实践判断的视角"相对于"理论观察的视角"的绝对优先性,所以这位学者也就犯下了和西比尔与麦卡锡一模一样的错误。实际上,当读者将第一类解释方案中所蕴含的思路推到极致、从而达到它最终的逻辑结果时,也就不得不接受卡尔德在《残忍的范式》(The Atrocity Paradigm)一书中给出的如下论断:"对于脆弱而言,'恶'是一个过于严厉的判断",因为首先,"一个人(对某类行为方式的基本)承诺或投身(commitment)并没有被败坏",并且第二,"甚至是我们之中最好的人也会(出现)脆弱(的情况)"②。

讨论完康德研究者对于人性之脆弱的第一类解释方案,现在再来看一看他们对于这种现象的第二类解释方案。与第一类解释方案相比,对人性之脆弱的第二类解释方案成功地避免了上面提到的所有问题。为了将脆弱归于道德之恶的范畴之下,选择了第二类解释方案的研究者们,特别强调脆弱的行为者的准则中具有"将自爱置于道德之上"的结

---

① Sussman, D. G., *The Idea of Humanity: Anthropology and Anthroponomy in Kant's Ethics*, London: Routledge, 2001, p. 213.

② Card, C., "Kant's Moral Excluded Middle: A Theory of Evil", in S. Anderson-Gold and P. Muchnik (eds.), *Kant's Anatomy of Evil*, New York: Cambridge University Press, 2010, pp. 81-82. 关于卡尔德对脆弱更为早期的论述,参见 Card, C., *The Atrocity Paradigm: A Theory of Evil*, New York: Cambridge University Press, 2002, p. 76。

构。同时,选择了第二类解释方案的研究者们,还特别关注自欺在脆弱中扮演的关键角色①。比如说,亚历山大·布洛迪埃(Alexander Broadie)和伊丽莎白·派布斯(Elizabeth Pybus)区分了脆弱所涉及的两种相反的准则:在这两种准则中,其中恶的准则现实地推动着行动者的行为,而善的准则则被用于在良心的审判面前,为行动者提供一种虚假的"自我辩护"②。以类似的方式,艾利森则试图论证说,"当道德原则与偏好的诉求相冲突时,缺少足够的力量去追随道德原则这件事,(实际上已经)反映出(主体)先前就对这些道德原则缺乏完全的忠诚了",同时更重要的是,自欺也从"一开始就进入了这一图景,将事实上在自身一侧做出的自由评估,描绘成一种个人不必为之负责的'脆弱'"③。同样地,伍德也宣称"就'脆弱的'意志把它自己未能遵守善的准则这件事,表象成一桩不经意的,或许仅仅是'偶然的'失败和一种临时的'失误'而言[但实际上,若没有一种系统性的选择,由此允许理性上居于较低地位的(rationally inferior),属于自爱或偏好的动机,获得了相对于属于理性或道德法则的动机的那种优先地位,那么上述情况就(根本)不可能发生],

---

① 同时参见 Muchnik, P. , *Kant's Theory of Evil: An Essay on the Dangers of Self-Love and the Apriority of History*, Totowa: Rowman & Littlefield, 2009, p. 157 以及 Duncan, S. , "'There Is None Righteous': Kant on the *Hang zum Bösen* and the Universal Evil of Humanity," *Southern Journal of Philosophy* 49 (2): 156, 2011. 尼尔森·波特 (Nelson Potter)甚至声称:"恶的主要的,或许是唯一的源头就是自欺、内部的谎言,通过它,我们击倒了在我们之内的道德"[Potter, N. , "Duties to Oneself, Motivational Internalism, and Self-Deception in Kant's Ethics," in M. Timmons (ed.), *Kant's Metaphysics of Morals: Interpretative Essays*, New York: Oxford University Press, 2002, p. 386]. 对于不同种类的自欺的分析,参见 Green, M. K. , "Kant and Moral Self-Deception," *Kant-Studien* 83(2): 149 - 169, 1992.

② Broadie, A. and Pybus, E. M. , "Kant and Weakness of Will," *Kant-Studien* 73(4): 411, 1982. 关于"推动性的准则"(motivating maxims)和"辩护性的准则"(justifying maxims)之间的重要区别,参见 Johnson, R. N. , "Weakness Incorporated," *History of Philosophy Quarterly* 15(3): 349 - 367, 1998。关于脆弱的意志如何与康德的"采纳的命题"相协调,参见 Morrisson, I. , "On Kantian Maxims: A Reconciliation of the Incorporation Thesis and Weakness of Will," *History of Philosophy Quarterly* 22(1): 73 - 89, 2005。

③ Allison, H. E. , *Kant's Theory of Freedom*, New York: Cambridge University Press, 1990, p. 59.

这一'脆弱的'意志(已经)是在欺骗自己了"①。

但是可惜的是,为了将脆弱归于道德之恶的范畴之下,第二类解释方案付出的代价却过于高昂。因为毕竟,若仅仅从字面意思来看,脆弱其实并不涉及任何一种明显的自欺行为,这意味着第二类解释方案似乎将脆弱解释成了某种其他的东西②。但此处一个更严重的问题则在于,第二类解释方案对出于人性之脆弱的准则和出于人心之颠倒的准则并没有进行任何明确的区分,甚至看起来将前一类准则完全还原为了后一类准则③。但正如劳伦斯·帕斯特纳克清楚地表述的那样,这样做的逻辑后果将是:"第一层次的作为自欺的行动,似乎(已经)预设了属于第三层次的颠倒。因此,我并不认为我们应当把恶的三个层次视为逐渐恶化的诸程度。或许可以承认的是,在颠倒这里,(仅仅)存在着一个人关

---

① Wood,A. W. ,"The Evil in Human Nature,"in G. E. Michalson (ed.),*Kant's Religion within the Boundaries of Mere Reason:A Critical Guide*,Cambridge:Cambridge University Press,2014,pp. 50. 另见Wood,A. W. ,*Kant's Ethical Thought*,New York:Cambridge University Press,1999,p. 285。

② 然而实际上,脆弱现象中并不完全排斥自欺的存在。尽管在后文所提出的新诠释中,脆弱中的自欺将被置于一个更深的位置上,这种自欺将涉及行动者整体的道德品格,而并不仅仅是他的某些特定意图。

③ 玛琪娅·拜伦(Marcia Baron)对艾利森提出了一种类似的批评。针对拜伦的批评的第一部分(亦即艾利森将并不是脆弱的东西错误地当成了脆弱),艾利森声称他的解释是完全符合《宗教》一书的整体精神的,这种整体精神就是"人在道德的意义上是什么?以及他应当成为什么?是善还是恶?这必须由他自己来造成,或者必定是他过去所造成的"。针对拜伦的批评的第二部分(亦即艾利森模糊了脆弱与其他两个层次的恶之间的界限),艾利森则声称他将脆弱等同于纯然的趋恶倾向的做法,给区分脆弱与其他两个层次的恶提供了一条关键的线索(Allison,H. E. ,"Kant on Freedom:A Reply to My Critics,"in *Idealism and Freedom:Essays on Kant's Theoretical and Practical Philosophy*,New York:Cambridge University Press,1996,pp. 120‐121)。另见Allison,H. E. ,"Reflections on the Banality of Radical Evil:A Kantian Analysis,"in *Idealism and Freedom:Essays on Kant's Theoretical and Practical Philosophy*,New York:Cambridge University Press,1996b,pp. 178‐179)。

　　然而,尽管艾利森所提出的"脆弱是自己加诸自己的弱点"这一观点是完全正确的,但与艾利森不同的是,本章的讨论将把脆弱中的自欺置于一个更深的位置上。另外,本章即将提出的新诠释也将更贴近康德文本,亦即脆弱是趋恶倾向中的一个层次,并不像艾利森所说的那样,是趋恶倾向本身。

于自己对道德法则（所持有）的态度的更为强烈的意识而已"①。

　　讨论完关于人性之脆弱的第二类解释方案之后，现在，再来看一看对于这种现象的第三类解释方案。这第三类解释方案一方面将脆弱描述为道德力量的崩溃，因而十分接近于对脆弱的第一类解释方案，另一方面又肯定了脆弱在道德上是恶的，因而十分接近于对脆弱的第二类解释方案。比如说，弗瑞森将脆弱描述为"缺乏尊称意义上的品格"（character in the honorific sense），亦即无法持守于由自己选择的行为原则②或者说任意的"不坚定"（irresoluteness）③。弗瑞森指出，脆弱的行动者致力于"依照道德动机行动，而并不顾及任何非-道德的动机……但她仅仅在（方针-）意向（policy-intention）中才这样做。一旦来到现实地按照这个意向去行动时，她却……修改了或者说忽视了她的方针，抛弃了她的意向，在不坚定之中崩溃了"。同时更重要的是，在这种崩溃中，脆弱的行动者之所以从善的准则转向恶的准则，"并不是由（认识的）高级能力，而是由偏好造成的"④。此外与弗瑞森相似，托马斯·希尔（Thomas Hill）亦将脆弱描述为"通过任意去选择在特殊情况下以违背他们根本性的、统御生活的（life-governing）关于自爱与道德的基本准则的方式去行动"。根据希尔的论述，脆弱的行动者在犯错的时候同时拥有两条相互冲突的准则，一条是属于他的善的基本准则，另一条则是同样属于他的恶的短期准则⑤。为了进一步解释主体内部的这一分裂，希

① Pasternack, L. R. , *Kant on Religion within the Boundaries of Mere Reason*, London and New York: Routledge, 2014, p. 119.

② Frierson, P. R. , *Freedom and Anthropology in Kant's Moral Philosophy*, New York: Cambridge University Press, 2003, p. 111.

③ Frierson, P. R. , *What Is the Human Being?* London: Routledge, 2013, p. 78. Frierson, P. R. , *Kant's Empirical Psychology*, Cambridge: Cambridge University Press, 2014, p. 240. 类似的观点还可参见 Miller, E. N. , *Kant's Religion within the Boundaries of Mere Reason: A Reader's Guide*, London: Bloomsbury, 2015, p. 44。

④ Frierson, P. R. , *Kant's Empirical Psychology*, Cambridge: Cambridge University Press, 2014, p. 242, p. 245.

⑤ Hill, T. E. , "Kantian Virtue and 'Virtue Ethics'," in M. Betzler (ed.), *Kant's Ethics of Virtue*, Berlin: de Gruyter, 2008, pp. 46 - 47.

尔又区分了"我们意愿什么"(what we will)和"我们有多严肃和多坚定地意愿它"(how seriously and resolutely we will it)这两件事。脆弱的主体的确是在意愿正确的东西,但这个意愿并不是很坚定,所以她对道德的一般态度虽说确实是真诚的,但她却习惯性地让自己"轻易地被转移注意力,放纵(自己屈服于)一种去编造服务于自身的借口的倾向"[1]。除了弗瑞森和希尔的工作,马修·卢克嘉伯(Matthew Rukgaber)在解释脆弱时,还利用了"没有涉及自欺"的这个特征,将脆弱与另外两种程度的恶进一步区分了开来。借助唐纳德·戴维森(Donald Davidson)的行动理论[2],卢克嘉伯将人性之脆弱描述为"实践性的非-理性"(practical irrationality),亦即"一个'想要进入这个决定,两次去做它的欲望',而这就导致了忽视或者说推翻(一个人自己的)原则"这一结果[3]。换句话说,在出于脆弱的行动中,"虽然道德法则的确得到了真诚的尊重,(从原则到行动的)实践性推理也是正确的,但'恰当的结论却没有被施行'。现象性的执行行动被一条不道德的准则颠覆了"[4]。为了进一步解释这种在具体行动中突然偏离道德法则的现象究竟是如何可能的,玛瑞亚娜·维约瑟维克(Marijana Vujošević)又指出,脆弱的行动者的最终问题,就在于他缺少本应通过不断地练习"自制"(self-control)来获得的道德力量。由于缺少了这种道德力量,行动者既未能在采取准则时给自己设定特殊的道德目标,也未能通过实现这些目标来执行准则。这意味着,行动者对道德的忠诚仅仅是一种一般性的和抽象的忠诚,他的意向并没有

---

[1] Hill, T. E., "Kant on Weakness of Will," in T. Hoffmann (ed.), *Weakness of Will from Plato to the Present*, Washington, D. C.: Catholic University of America Press, 2008, p. 223.

[2] Davidson, D., "Paradoxes of Irrationality," in *Problems of Rationality*, Oxford: Oxford University Press, 2004, p. 178.

[3] Rukgaber, M., "Irrationality and Self-Deception within Kant's Grades of Evil," *Kant-Studien* 106(2): 245, 2015.

[4] Rukgaber, M., "Irrationality and Self-Deception within Kant's Grades of Evil," *Kant-Studien* 106(2): 249, 2015.

在特殊情境下得到具体的执行①。

可惜的是,尽管第三类解释方案似乎指明了一个十分具有发展前途的诠释方向,但它依然没有达到自己设定的最终目标。关键问题在于:为了能够将出于脆弱的行为在道德的意义上判定为是恶的,仅仅对脆弱在现象层面的表达提出一种经验性的描述是完全不够的;相反,这一现象层面的表达必须在本体性的自由之中得到进一步的诠释和奠基,或者说,人性之脆弱的现象性表达,必须被进一步地解释成是由个人的任意自由地为自己招致的。实际上,选择了这第三类解释方案的研究者们,已经或多或少地意识到了展开这种更深层的奠基的必要性。比如说,弗瑞森就曾明确地承认:"解释者们正确地注意到了,康德关于人类主体性的论述,并不能被局限在任何(仅仅是)经验的论述里面"②。类似地,希尔也指出,突然地被偏好所诱惑这件事本身,已经暗示了"一种最初就摇摆不定的(道德)态度"③。卢克嘉伯则声称,恶的准则"是属于行动者的基本品格的一部分",而这一基本品格又属于"一种本体性的恶的本性",由这一本性"导致的行动……可以被刻画为个人品格之坚强或脆弱所带来的结果"④。最后,维约瑟维克又试图论证说,脆弱的行动者"并没有以一种充分的方式被推动着去展开道德的行动,因为在采取脆弱的准则的时候,他对道德目标的特殊实例(particular instantiations)并不感兴趣,所以他的意念……也就不可能在道德的意义上是善的"⑤。

---

① 参见 Vujošević, M., "Kant's Account of Moral Weakness", *European Journal of Philosophy* 27(1): 1-15, 2018.

② Frierson, P. R., *Kant's Empirical Psychology*, Cambridge: Cambridge University Press, 2014, p. 235.

③ Hill, T. E., "Kant on Weakness of Will," in T. Hoffmann (ed.), *Weakness of Will from Plato to the Present*, Washington, D.C.: Catholic University of America Press, 2008, p. 223.

④ Rukgaber, M., "Irrationality and Self-Deception within Kant's Grades of Evil," *Kant-Studien* 106(2): 240/246, 2015.

⑤ Vujošević, M., "Kant's Account of Moral Weakness," *European Journal of Philosophy* 27 (1): 10, 2018.

　　至此,本节已经分门别类地考察了康德研究者们关于脆弱的讨论,而在本节的最后,还需要简单地来看一看他们关于不纯正和颠倒这两种情况又是怎么说的。事实上,遵照着康德本人讨论人心之不纯正的文本,大部分研究者都仅仅聚焦于那些外在表现符合道德法则,但内在意图却并不完全出于道德法则的行为,并且把这种行为当作了人心之不纯正的唯一表现形态。就如卢克嘉伯总结的那样,对于人心之不纯正这个问题,康德研究者们似乎达成了如下共识,亦即"首先,不纯正的行动者的行为与道德法则的文字相一致,但并不符合道德法则的精神;其次,行动者有意识地并且明确地诉诸非-道德的动机,并且借助这些动机来推动道德上合法的行为(morally legal actions)"①。然而,针对着这种对于人性之不纯正的传统解释,卢克嘉伯则试图强调"自欺"的举动在不纯正中所扮演的关键角色,以及由自欺导致的两个认识性的错误,其中一个认识性的错误"关涉行为本身的属性",另一个认识性的错误则"关涉个

---

① Rukgaber, M. , "Irrationality and Self-Deception within Kant's Grades of Evil," *Kant-Studien* 106(2):252, 2015. 对人心之不纯正的传统解读,参见 Michalson, Jr. , G. E. , *Fallen Freedom: Kant on Radical Evil and Moral Regeneration*, Cambridge: Cambridge University Press, 1990, p. 45; Hill, T. E. , "Kantian Virtue and 'Virtue Ethics'," in M. Betzler (ed.), *Kant's Ethics of Virtue*, Berlin: de Gruyter, 2008, p. 43; Muchnik, P. , *Kant's Theory of Evil: An Essay on the Dangers of Self-Love and the Aprioricity of History*, Totowa: Rowman & Littlefield, 2009, p. 159; McCarty, R. , *Kant's Theory of Action*, New York: Oxford University Press, 2009, p. 212; Stangneth, B. , *Kultur der Aufrichtigkeit. Zum systematischen Ort von Kants Religion innerhalb der Grenzen der bloßen Vernunft*, Würzberg: Königshausen & Neumann, 2000, s. 54; Duncan, S. , "'There Is None Righteous': Kant on the *Hang zum Bösen* and the Universal Evil of Humanity," *Southern Journal of Philosophy* 49 (2):137 - 163, 2011; Dicenso, J. J. , *Kant's Religion within the Boundaries of Mere Reason: A Commentary*, Cambridge: Cambridge University Press, 2012, pp. 51 - 52; Frierson, P. R. , *Freedom and Anthropology in Kant's Moral Philosophy*, New York: Cambridge University Press, 2003, p. 111; Frierson, P. R. , *What Is the Human Being?* London: Routledge, 2013, p. 79; Wood, A. W. , *Kant's Ethical Thought*, New York: Cambridge University Press, 1999, p. 286; Wood, A. W. , "The Evil in Human Nature," in G. E. Michalson (ed.), *Kant's Religion within the Boundaries of Mere Reason: A Critical Guide*, Cambridge: Cambridge University Press, 2014, p. 51; Miller, E. N. , *Kant's Religion within the Boundaries of Mere Reason: A Reader's Guide*. London: Bloomsbury, 2015, p. 45 等论述。

人遵循一个被恰当地推理出来的道德结论时的动机"①。在上述分析的基础上,卢克嘉伯又试图论证说,可以归于人心之不纯正这一范畴之下的并不是只有一种行为,而是有两种行为,同时这两种行为又分别对应着上述两种认识性的错误。其中第一种不纯正的行为"在道德上是不合法的"(morally illegal),但却"以自欺的方式(而让自己)显得在道德上是合法的"(self-deceptively appearing morally legal)。与此相反,第二种不纯正的行为"在道德上是合法的,但却以一种自欺的方式(掩盖了自己其实)是自利的"(morally legal but self-deceptively self-interested)②这一真相。简单地说,在人心不纯正这个问题上,卢克嘉伯的论述与大多数学者所持的传统解释存在着很大的不同,但是他的思路从逻辑上看其实更为完整,同时也更接近康德的文本。然而,本章后续对康德文本的重新考察将会表明,虽然卢克嘉伯的诠释的确走在了一个正确的方向上,但是与卢克嘉伯的观点略有不同的是,人类现实经验中实际上存在着三种,而并不仅仅有两种可以归于人心不纯正这一类别之下的行为。

最后需要提及的是,就如对人心之不纯正的解释一样,大多数康德研究者对人心之颠倒的解释也是大体一致的③,而他们唯一的争论,似乎

---

① Rukgaber, M. , "Irrationality and Self-Deception within Kant's Grades of Evil," *Kant-Studien* 106(2):234, 2015.

② Rukgaber, M. , "Irrationality and Self-Deception within Kant's Grades of Evil," *Kant-Studien* 106(2):255, 2015.

③ 关于康德研究者们在对人心之颠倒的理解上所达成的共识,参见 Silber, J. R. , "The Ethical Significance of Kant's *Religion*," in *Religion within the Limits of Reason Alone*, T. M. Greene and H. H. Hudson (trans.), New York: Harper & Row, 1960, pp. CXXII-CXXIV; Michalson, Jr. , G. E. , *Fallen Freedom: Kant on Radical Evil and Moral Regeneration*, Cambridge: Cambridge University Press, 1990, p. 45; Stangneth, B. , *Kultur der Aufrichtigkeit. Zum systematischen Ort von Kants Religion innerhalb der Grenzen der bloßen Vernunft*, Würzberg: Königshausen & Neumann, 2000, S. 54 - 55; Hill, T. E. , "Kantian Virtue and 'Virtue Ethics'," in M. Betzler (ed.), *Kant's Ethics of Virtue*, Berlin: de Gruyter, 2008, p. 43; Muchnik, P. , *Kant's Theory of Evil: An Essay on the Dangers of Self-Love and the Aprioricity of History*, Totowa: Rowman & Littlefield, 2009, pp. 160 - 161; McCarty, R. , *Kant's Theory of Action*, (转下页)

仅仅在于人心之颠倒里面是否包含着自欺的举动 ① ,或者说,在人心之颠倒里面,最基本的"道德理解"(moral understanding)是否遭到了败坏②。对于最后这个问题,本章的后续讨论将会证明,"人心之颠倒中包含着自欺"和"人心之颠倒中不包含自欺"这两种观点其实都是正确的,而它们两者的正确与否,仅仅取决于研究者是如何来理解"道德意识"这一基本概念的。

第二节 道德之恶与人心之颠倒

本章对于趋恶倾向中三个层次的新解释的关键,首先在于重新理解道德之恶与该倾向中第三个层次之间的关系,或者说,在于重新理解道

(接上页)New York:Oxford University Press,2009,pp. 212 - 213;Duncan, S. , "'There Is None Righteous':Kant on the *Hang zum Bösen* and the Universal Evil of Humanity," *Southern Journal of Philosophy* 49 (2):156, 2011;Dicenso, J. J., *Kant's Religion within the Boundaries of Mere Reason:A Commentary*, Cambridge:Cambridge University Press, 2012, p. 52;Frierson, P. R. , *Freedom and Anthropology in Kant's Moral Philosophy*, New York:Cambridge University Press, 2003, pp. 111 - 112;Frierson, P. R. , *What Is the Human Being?* London:Routledge, 2013, p. 79;Wood, A. W. , "The Evil in Human Nature," in G. E. Michalson (ed.), *Kant's Religion within the Boundaries of Mere Reason:A Critical Guide*, Cambridge:Cambridge University Press, 2014, pp. 51 - 52;Miller, E. N. , *Kant's Religion within the Boundaries of Mere Reason:A Reader's Guide*. London:Bloomsbury, 2015, pp. 45 - 46 等论述。

① 关于"颠倒中不包含自欺"的观点,参见 Muchnik, P. , *Kant's Theory of Evil:An Essay on the Dangers of Self-Love and the Aprioricity of History*, Totowa:Rowman & Littlefield, 2009, p. 161。

② 参见 Rukgaber, M. , "Irrationality and Self-Deception within Kant's Grades of Evil," *Kant-Studien* 106(2):256 - 257, 2015。伍德这样描述人心之颠倒:"无论它在表面上可能将自己表现得多么公开、直白、无耻……它必然在行动者的那部分,涉及一种深度的自欺"[Wood, A. W. , "The Evil in Human Nature," in G. E. Michalson (ed.), *Kant's Religion within the Boundaries of Mere Reason:A Critical Guide*, Cambridge:Cambridge University Press, 2014, p. 52]。同样地,根据西比尔的观点,一个心灵颠倒的人"偏爱道德上的无知……他的实践理性依然太过强大,以至于他无法公开地揭示出属于自己的恶的意念"[Silber, J. R. , "The Ethical Significance of Kant's *Religion*," in *Religion within the Limits of Reason Alone*, T. M. Greene and H. H. Hudson(trans.), New York:Harper & Row, 1960, p. CXXIII]。

德之恶与人心之颠倒之间的关系,为了达到这个目的,在此又需要分析,在人的任意对于自身自由的两种运用里面(一种运用属于任意在本体层面的"自我规定",另一种运用则属于任意在现象层面的"自我表达")的"从属"(Unter-ordnung)概念究竟是什么含义。首先需要指出的是,如何解释人性之脆弱和人心不纯正的问题,之所以会对康德研究者构成巨大的挑战,其实是因为大部分研究者都或有意或无意地将"具体准则中两种动机之间的颠倒",未加反思地直接当成了对道德之恶本身的定义。的确,道德之恶的定义与人心之颠倒的定义,起码初看上去非常地相似。然而,通过仔细分析康德对这两个概念的关键论述,读者却会发现道德之恶与人心之颠倒之间其实存在着一种重要的差异。基于这种重要的差异,下文的讨论将一方面把道德之恶归于人的任意在本体层面做出的"自我规定",这一"自我规定"决定了人的最高准则究竟是善是恶,另一方面则把人心之颠倒归于人的任意在现象层面给出的"自我表达",这一"自我表达"决定了某种特定类型的具体准则(此处指的是出于人心之颠倒的具体准则)的一般性结构将会是什么。总之,以这种方式,本节的讨论将向读者证明:人心之颠倒应当仅仅被视为道德之恶在现象世界之中的一种特定的表达方式,这也同时意味着,除了人心之颠倒以外,道德之恶在现象世界之中完全可以通过其他方式(在此,康德明确提出了人性之脆弱和人心之不纯正这两种方式)来表达自身。

现在,先来看一看康德在《宗教》的第一部分里究竟对道德之恶给出了怎样的定义。在正式讨论趋恶倾向的文本的开头之处,康德本人是这样说的:"这种恶只有作为对自由任意的规定才是可能的,而自由任意又只有通过其准则才能被判定为恶的或者善的,所以这种恶必须存在于准则背离道德法则的可能性的主观根据中"(RGV 6:29)①。简单地说,道德之恶属于人的任意自由地进行的"自我规定",恶首先存在于任意所自由地采取的准则之中,最终又源于这些准则偏离道德法则的主观根据里。康

---

① 《康德著作全集》第 6 卷,中国人民大学出版社 2007 年版,第 28 页。

德告诉读者,这一主观根据就是属于人类族类的趋恶倾向,或者就像前面几章论证的那样,这一主观根据就是趋恶倾向在属于人类个体的恶的意念之中的现实化。需要特别注意的是,康德在这里是以一种完全"形式性"和"抽象化"的方式来定义道德之恶的,康德仅仅将道德之恶简单地界定为准则对于道德法则的偏离,却对恶的准则究竟是以何种方式偏离道德法则的只字未提。康德在后一个问题上的沉默,或许恰恰暗示着以下这种可能性——人类的现实经验中存在着具有不同"模式"(modi)的恶的准则,而这些恶的准则又以或是这样或是那样的不同方式偏离了道德法则。

　　在紧接着的一节文本中,康德对道德之恶进一步给出了一种更为细致的描述:"'人是恶的'这一命题无非是要说,人意识到了道德法则,但又把偶尔对这一法则的背离纳入了自己的准则[die（gelegenheitliche）Abweichung von demselben in seine Maxime aufgenommen]"（ibid., 6：32)①。从表面上看,这段描述仅仅将道德之恶定位在对道德法则的偏离之中,从而并没有给人们关于恶的理解增添任何新的东西。经过反复思考,读者会发现这一描述中存在着一个非常值得注意的要点,那就是,这里的准则概念既可以指具体准则,又可以指最高准则。如果读者把这段描述中的 Maxime 理解成具体准则,那么与这种理解相对应,被纳入具体准则的"(偶尔的)偏离"(Abweichung),就必然是指由具体准则偶尔地产生出来的,触犯道德法则文字的行为,这是因为,具体准则指向的对象是可见的行为,具体准则是可见行为的发起者和规定者。于是根据这种对 Maxime 的理解,一条应当被判定为是恶的准则,就并不需要"总是"在产生着违背道德法则的行为。相反,只要它能够偶尔地产生出这类行为,这条准则就可以被判定为是恶的。就如读者即将在下文中看到的那样,趋恶倾向的三个层次中涉及的全部三种具体准则,都完全可以满足这一标准,因此,它们三者也就全都可以被判定为是恶的。

　　然而,尽管以恶的具体准则为起点,观察者的确能够非常轻松地将

---

① 《康德著作全集》第 6 卷,中国人民大学出版社 2007 年版,第 32 页。

它进一步地追溯回一条恶的最高准则，但一个人之所以能被判定为是恶人，最终还是因为他的最高准则是恶的，而不是仅仅因为他的具体准则是恶的。因此在阅读康德的文本时，读者最好将前述引文中单数的 Maxime 理解为一条最高准则，而不是理解为一条具体准则。此外，鉴于人的任意对最高准则的选择，是一个位于本体层面的行动，这一行动超越了现象层面的所有具体准则和可以观察到的行为，所以，康德实际上最终将恶定位在了自由任意对自身自由的"第一重运用"（也就是它的"本体性的自我规定"）里面，而关于自由任意对自身自由的"第二重运用"（也就是它的"现象性的自我表达"）却并未给出更多的刻画。

进一步地，既然读者在阅读康德文本时，最好还是把这里的 Maxime 理解为最高准则，那么与这种理解相对应的，被纳入最高准则的"（偶尔的）偏离"，就应当被解释成"以最高准则为可能性条件的诸多具体准则，对于道德法则之精神的（偶尔）偏离"，这是因为，最高准则指向的对象并不是可见行为，而是具体准则，最高准则是具体准则的奠基者和规定者。进一步地，"偶尔"（gelegenheitliche）这个词又隐隐地暗示了，恶的最高准则和恶的具体准则之间存在着一种十分微妙的关系。尽管恶的最高准则确实是恶的具体准则的可能性条件（或者按照康德的说法，恶的最高准则是恶的具体准则的最终主观根据），但这并不必然地意味着：一旦一个人的最高准则是恶的，那么他的所有具体准则也必须全都同样是恶的。实际上，鉴于永恒在场的原初人格性禀赋在每个人之中的存在，即使是那些最邪恶的人，有时候也可能采取善的准则并展开善的行为。相反，由"偶尔"一词读者可以得知，一个人的最高准则之所以在道德上被判定为是恶的，并不是因为它在所有特殊情境下都"必然"会导向恶的具体准则，而是因为它在某些特殊情景下"可能"导向恶的具体准则，即"从恶的最高准则导向恶的具体准则"这件事，仅仅是"偶尔地"发生的。

诚然，上述对人的道德品格的判断，初看起来似乎是太过严厉了，因为这一判断，似乎将绝大多数所谓的好人都抛入了"品格为恶"这一指控之下。然而，读者在这里应当谨记的是，人性的原初构成只包含三种向善的禀赋。换言之,人仅仅原初地配备了选择善的"现实可能性",却并没有原初地配备任何选择恶的"现实可能性"。所以,为了能够建立起恶的"现实可能性",一种被人的任意自由地招致的趋恶倾向,就必须被预设为是属于整个人类族类之中的每一个成员的。为了能够在个体层面让恶的准则在真正的意义上,亦即对于某一特定个体成为现实地可能的,上述趋恶倾向又必须被进一步地"个体化"(individualized),从而使自己成为属于这一特定个体的恶的意念(或者说成为属于他个人的恶的最高准则)。唯有一种在恶的意念中得到了现实化的向恶潜能,而不是未经现实化的纯然的向恶潜能自身,才能为某个人选择所有恶的具体准则提供一种最终的主观根据。因此在个体层面,选择恶的具体准则的现实可能性(即便这种选择仅仅是"偶尔地"发生的),也就存在于一种被个体化了的趋恶倾向里面,或者说,存在于一种属于个人的恶的意念里面。这恰恰意味着,一个人确实可能在绝大多数情况下都在追随善的准则、展开善的行为,但只要"偶尔地选择恶的准则"这件事对他来说是"现实地可能的"(really possible),而不仅仅是"逻辑地可能的"(logically possible),那么观察者就必须判定说:这个人的意念已经是恶的了。因为,唯有恶的意念,才能为他偶尔采取恶的准则这一自由行动,提供一种现实的可能性条件。于是,这个人整体的品格,也就必须在道德判断中被判定为是恶的①。

　　现在,在考察了康德对道德之恶两段比较短的定义之后,接下来再来看一看他在《宗教》一书中对道德之恶最为详尽的一段定义:

　　　　人(即使是最邪恶的人)都不会以仿佛叛逆的方式(宣布不再服从)来放弃道德法则。毋宁说,道德法则是借助于人的道德禀赋,不可抗拒地强加给人的……不过,人由于其同样无辜的自然禀赋,毕

----

① 值得注意的是,最近一些康德研究者们,例如帕比什和弗瑞森等学者,也都注意到了"对道德法则的偶尔偏离"和"将道德动机置于非道德动机之下"这两者之间的微妙区别。这两位研究者和本书作者持有类似的观点,都认为除了人心的颠倒以外,道德之恶还可以通过其他的模式来展现自身。参见 Papish, L., *Kant on Evil, Self-Deception, and Moral Reform*, New York: Oxford University Press, 2018, pp. 40 - 54 和 Frierson, P. R., "Character in Kant's Moral Psychology: Responding to the Situationist Challenge," *Archiv für Geschichte der Philosophie* 101 (4): 519, 2019.

竟也依赖于感性的动机,并把它们(根据自爱的主观原则)也纳入自己的准则……因此,人是善的还是恶的,其区别必然不在于他纳入自己准则的动机的区别(不在于准则的这些质料),而是在于主从关系(Unterordnung)(准则的形式),即他把二者之中的哪一个作为另一个的条件。因此,人(即使是最好的人)仅仅因为这个是恶的:他虽然除了自爱的法则之外,还把道德法则纳入自己的准则,但在把各种动机纳入自己的准则(Maximen)时,却颠倒了(umkehrt)它们的道德次序(sittliche Ordnung);他意识到一个并不能与另一个并列存在,而是必须一个把另一个当作最高的条件(oberste Bedingung)来服从,从而把自爱的动机及其偏好当作遵循道德法则的条件;而事实上,后者作为满足前者的最高条件,应该被纳入任意的普遍准则(die allgemeine Maxime),来作为独一无二的动机(ibid.,6:36)[1]。

在这段对道德之恶的详细定义中,康德既以单数的形式(Maxime)、也以复数的形式(Maximen)在使用准则概念,由此可能会引发此处的准则究竟该被理解为最高准则还是具体准则这一疑问。一方面,考虑到"普遍准则""受到自爱原则限制的道德法则"这些表述,康德在这里使用的准则概念,似乎应该指的是最高准则。另一方面,考虑到"感性的动机"和"自爱的动机及偏好"这些表述,康德在这里使用的准则概念,似乎指的又是具体准则。

由于具体准则的道德属性最终是由它们的形式部分,也就是由给它们奠基的最高准则来决定的,因此上述对准则概念的两种理解实际上并不是相互排斥的,反倒是相互兼容的。更重要的是,一个人之所以可以被称为是恶的,归根究底是因为他的最高准则是恶的。所以,当考虑到后面这一点时,读者最好还是将康德对道德之恶的这段详细定义,理解为"人的自由任意在其最高准则中,以自爱原则来限定道德法则",而不

---

① 《康德著作全集》第 6 卷,中国人民大学出版社 2007 年版,第 35—36 页。

是"人的自由任意在其具体准则中,颠倒了非-道德的动机和道德动机之间的次序"。

很明显,康德对道德之恶的这段详细定义,非常类似他对人心之颠倒(也就是趋恶倾向里面的第三个层次)的定义,因为人心之颠倒指的恰恰就是"任意朝向于把出自道德法则的动机置于其他(非道德的)动机之后的准则的倾向"(RGV 6:30)①。于是,考虑到这一相似性,康德的读者将不得不面对如下难题,亦即道德之恶是否和人心之颠倒完全是一回事?或者换个说法,人性之脆弱和人心之不纯正(亦即趋恶倾向里面的另外两个层次)是否同样能够在道德意义上被算作是恶的?作为对这个难题的回答,本书将试图在下文中论证:就各自所具有的理知品格而言,脆弱、不纯正和颠倒确实是完全一样的,但就它们各自所拥有的经验品格而言,脆弱和不纯正只是两种较低层次的恶,而颠倒则是经过充分的发展之后的一种最高层次的恶。一方面,脆弱、不纯正和颠倒在理知品格上的"同一性",可以解释它们为什么能够被归于同一种趋恶倾向之下;另一方面,脆弱、不纯正和颠倒在经验品格上的差异性,则可以解释它们为什么必须被视为趋恶倾向之中的三个不同层次。

最重要的是,本节对于脆弱、不纯正和颠倒的解释的关键之处,就在于对道德之恶与人心之颠倒的一种"批判性的区分"(critical distinction)。从最严格的意义上来说,道德之恶是自由任意在其最高准则中,用自爱原则来限定道德法则的一种自由行动。这一自由行动属于人的任意在其"自我规定"中,对自身自由的第一重运用,这重运用完全位于本体领域中,因而并不一定在现象领域中进一步将自身展现为违背道德法则的恶行。相反,如果读者仔细考察一下康德对人心之颠倒的定义,亦即"任意朝向于把出自道德法则的动机置于其他(非道德的)动机之后的准则的倾向",那么他必定能够注意到:由于作为具体准则之质料部分的道德动机和非-道德动机,都只能通过经验来给予人的任意,所

①《康德著作全集》第6卷,中国人民大学出版社2007年版,第29页。

以，包含了这些动机的具体准则，也就必然仅仅属于任意在其"自我表达"中对自身自由的第二重运用。此外，尽管任意的"自我规定"和"自我表达"都是完全自由的行动，但前一种行动却完全属于本体领域，后一种行动却超越了本体领域而进入了现象领域。所以，与作为纯粹本体性行动的道德之恶（通过这一行动，人的自由任意建立起了自身的"理知品格"）不同的是，人心之颠倒实际上属于任意在现象领域里对自身之恶的表达，因而属于人的自由任意所具有的"经验品格"。

总之，考虑到道德之恶与人性之颠倒的上述"批判性区分"，无论这两者的定义初看起来多么地类似，读者也绝不能将它们完全地等同起来。更重要的是，上述这一批判性的区分，还可以为此处的分析打开一个逻辑空间，或者说，给"人心之颠倒并不是道德之恶在现象世界中唯一的表现模式"这一猜测，建立起一种"逻辑的可能性"。简单地说，除了人心之颠倒以外，道德之恶在现象世界完全可能通过其他的"模式"（modi）来表现自身，正如康德的文本所指出的那样，这些所谓的其他模式，就是人性之脆弱和人心之不纯正。

为了进一步回答脆弱和不纯正为什么能被算作道德之恶在现象世界中的表现模式，现在还必须深入地考察一下"从属"（Unterordnung）和"条件"（Bedingung）这两个概念，在康德的文本中可能涉及的不同含义。根据方才的分析，人心之颠倒属于道德之恶的现象表达，所以这种颠倒指的就是将道德动机从属于其他（非-道德的）动机。很显然，这里的"从属"概念应当被理解为将道德动机"系统性地"（systematically）置于非-道德的动机之下。若借用约翰·罗尔斯的政治哲学术语，那么实际上可以说：在由这两类动机提出的诉求之间存在着一种"字典式的排序"（lexical order）。这种字典式的排序意味着，在实践活动中，一个心灵颠倒的人将会在所有境况下，都无一例外地优先考虑由非-道德动机提出的诉求，而当且仅当非-道德动机的诉求得到了充分满足（或者说至少是不受到侵犯）的时候，这个心灵颠倒的人才会转而考虑由道德动机提出的诉求。然而，鉴于在人的一生当中，来自各种偏好的诱惑几乎是无穷无尽的,所以这个人的道德动机很可能在绝大多数(即便不是在所有)的情境下,都会被非-道德动机牢牢地压制,或者说,唯有在极其严酷的限定条件下才能得到偶尔的执行。

　　然而,与人心之颠倒的情况截然不同的是,在康德对道德之恶的定义中,"从属"和"条件"这两个概念,指的并不是在具体准则中,将道德动机以一种系统性的方式置于非-道德动机之下。相反,在康德对道德之恶的定义中,"从属"和"条件"指的仅仅是在最高准则中,将自爱原则置于道德法则之上。同时,人的自由任意在最高准则中对自爱原则和道德法则的这一排序,也仅仅属于本体的领域,而不属于现象的领域。简言之,人心之颠倒的定义中的"从属"和"条件"指的是对两类质料性动机的"具体排序"(concrete ordering),而道德之恶的定义中的"从属"和"条件",指的则是对两条形式性原则的"抽象排序"(abstract ordering)。一旦考虑到这一重要差异,此处的分析就必须得出结论说:虽然道德之恶的确可以在经验中被表达为人心之颠倒,但它在经验中也完全可能拥有其他表达模式,因而并不一定仅仅限于人心之颠倒这种模式。实际上,关于如何在经验中具体地表达出对于两条形式性原则的上述抽象排序这一问题,康德本人仅仅提供了一条极其宽松的标准,这条标准就是——虽然意识到了道德法则,但又把偶尔对于这一原则的背离纳入自己的准则(ibid.,6:32)①,或者说,把自爱的动机及其偏好当作了遵循道德法则的条件(ibid.,6:36)②。

　　根据上述这一宽松的标准,只要最高准则能够容许对于道德法则的偶尔偏离,或者说,只要对道德法则的执行以某种方式受到了自爱原则的限制,那么人就会因为其有意识地(哪怕只是偶尔地)偏离道德法则的意愿,而必须在道德上被判定为是恶的。就如读者马上要看到的那样,由于人性之脆弱和人心之不纯正都完全可以导致人对于道德法则的偶

---

① 《康德著作全集》第6卷,中国人民大学出版社2007年版,第32页。
② 《康德著作全集》第6卷,中国人民大学出版社2007年版,第36页。

尔偏离,因此它们两者也就完全满足在这里所讨论的康德关于道德之恶的较为宽松的标准。于是自然而然地,一个接下来需要处理的问题就是:道德之恶的本质(亦即自由任意对于道德法则和自爱原则的颠倒)究竟是以何种方式,分别表达在人性之脆弱和人心之不纯正里面的? 同时,另一个与之密切相关的问题则是——由于人性之脆弱的具体准则和人心之不纯正的具体准则,一方面必须在结构上明显地区别于人心之颠倒的具体准则,另一方面又必须和人心之颠倒的具体准则一样,表达出同一条恶的最高准则,所以,本章的分析又应该如何刻画脆弱和不纯正的具体准则呢? 现在,为了回答上述这两个问题,以下的三节将对康德关于脆弱、不纯正和颠倒的文本逐一地展开考察①。

第三节　重释脆弱、不纯正与颠倒

1. 人性之脆弱

康德本人是这样描述人性之脆弱的:

> 人的本性的脆弱[Gebrechlichkeit(fragilitas)]甚至在一位使徒的抱怨中得到了表述:我所愿意的,我并不做(Wollen habe ich wohl, aber das Vollbringen fehlt)。这也就是说,我把善(法则)采纳入我的任意的准则之中,但是,善虽然在客观上在理念中[in thesi

---

① 在康德根本恶理论的众多研究者中,帕比什得出了某种和本书非常相近的观点。在帕比什看来,道德之恶根本上是以自爱原则来"限定"(condition)道德法则,但这种"限定"可以不仅表现为"将非-道德的动机置于超出道德动机的优越地位之上"或者说"让道德动机屈从于非-道德动机"(亦即仅仅以 prioritization 或者 subordination 来描述的恶)。相反,道德之恶作为自爱原则对道德法则的"限定",也完全可以表现为将道德动机和非-道德动机置于同一层面之上,由此让这两种动机一起来"过度地规定"意志(亦即作为 overdetermination of the will 的恶)。特别地,帕比什将人心之不纯正看作是对意志的"过度规定"。可惜的是,由于帕比什未能把康德笔下的"理知行动"和"可感行动"联系到对于上述问题的讨论上,她也就未能据此进一步说明 condition 和被归于其下的 prioritization(subordination)/overdetermination 究竟是如何关联在一起的。参见 Papish, L., *Kant on Evil*, *Self-Deception*, *and Moral Reform*, New York: Oxford University Press, 2018, pp. 47 - 65。

（在论题中）］是一种不可战胜的动机，但主观上［in hypothesi（在假设中）］如果准则应当被遵行的话，却（与偏好相比）是较为软弱的动机（*RGV* 6:29）①。

在这里应该特别注意的是，一个脆弱的行动者并不是每次想要遵循道德法则的时候，都注定会经历道德力量上的崩溃。因为，这样的定义对于脆弱来说太过严苛，并不符合对于人类现实经验的大部分观察。相反，一个脆弱的行动者唯有处在巨大的压力和诱惑之下时，他才倾向于经历道德力量上的崩溃。这意味着，假若没有压力和诱惑的胁迫，或者更准确地说，假若压力和诱惑尚处于他的忍耐限度之内，那么脆弱的行动者从道德的角度看似乎依旧会表现良善，他的行为不仅会符合道德法则的文字，而且起码从表面上看也会出于道德法则的精神。一旦涉及道德上的自我评价时，脆弱的行动者将有信心宣称他对法则的忠诚是发自真心的，宣称他把对法则的敬重当成了所有行为的充分动机，因此他的理知品格（或者说他的最高准则）也就必须被判定为是善的。然而，当来自非-道德动机的"诱惑"（经由快乐的情感）或"压力"（经由不快的情感）以阻碍他遵循道德法则的方式降临到他头上，并且这些诱惑或压力又超过了他的承受极限时，这个脆弱的行动者就会经历一场道德力量的崩溃，由此做出违背道德法则的行为。

旁观者或许会出于怜悯而原谅脆弱的行动者的所作所为，并且把他违背道德法则的行为仅仅看作是悲剧性的，而并不把它们看作是恶的。因为毕竟，在经历道德力量崩溃的那一瞬间，脆弱的行动者似乎是被一种异己的力量（也就是强烈的偏好）吞没了。从这个意义上说，他也不再是他平常所是的那个自己了。然而，一旦旁观者被问到某个对于所有道

---

① 《康德著作全集》第 6 卷，中国人民大学出版社 2007 年版，第 28—29 页。根据普鲁哈英译本的注释，thesi 作为 thesis 或 proposition（命题），指的是无条件的定言命令，而 hypothesi 作为 hypothesis 或 supposition（假设）则是有条件的行为规则。参见 Kant, I., *Religion within the Bounds of Bare Reason*, W. S. Pluhar (trans.), Indianapolis, IN: Hackett Publishing Company, 2009, p. 32, n96, n97。

德判断都至关重要的问题,亦即"这个行动者是否应该为他出于脆弱而做出的行为负责,因而在道德上应当受到谴责"的时候,他将不得不给出一个肯定的回答,并且同时意识到出于脆弱的行为依然是由行动者本人自由地做出的,因此这个行为必然源于一条为其奠基的具体准则。考虑到该行为确实违背了道德法则的文字,旁观者也就必须断定为它奠基的具体准则是恶的。进一步地,从这个恶的具体准则,旁观者最终又能够回溯到一条恶的最高准则,因为,根据康德对道德之恶的定义,正是由于脆弱的行动者在其最高准则中允许偶尔偏离法则的情况的发生,所以他的最高准则就必须被判定为是恶的。

所以,与脆弱所具有的悲剧性的表象不同,为这些表象奠基的最高准则,其实在道德上必须被判定为是恶的。这一最高准则中的恶,才真正揭示出了隐藏在脆弱的表象之后的真相。一方面,出于脆弱的行为的那些令人迷惑的表象(亦即虽然行动者在原则上忠于道德法则,但却在道德力量上有所欠缺),仅仅是由行动者的经验品格,以及他在一般情况下所遵循的表面是善的准则共同铸就的一幅美丽面具。另一方面,在这副美丽的面具之下,在行动者最深层的自我之中,却潜藏着一头丑陋的怪物,这头怪兽就是属于他理知品格的恶的最高准则。这条恶的最高准则允许行动者在某些特殊情况下从善的具体准则切换到恶的具体准则,由此做出违背道德法则的行为。从这个意义上说,脆弱的行动者可以被比作一台配备了两套操作系统的电脑。这台电脑在通常情况下会运行一套系统(亦即由善的诸准则构成的经验品格),直到它在强烈的刺激(也就是源于自爱的巨大压力或诱惑)驱使下切换到另一套系统(亦即由恶的诸准则构成的经验品格)。

为了使得从善的具体准则切换到恶的具体准则这件事成为可能,那些所谓的善的具体准则,就必然不会在最严格的意义上是善的。相反,在切换之前的那些所谓善的具体准则,必须和切换之后的恶的具体准则一道,共享一个更为深层的基本结构。这一更为深层的基本结构,就是两类准则背后的共同基础,亦即为它们两者奠基的恶的最高准则。由于道德法则本身所具有的普遍有效性,那些遵循着道德法则之精神,因而在真正的意义上是善的具体准则,就必须在适用它们的所有情景中都无一例外地得到执行。这意味着,在所有适用于它们的情景中,行动者都必须完全不考虑来自自爱诉求的干扰。如此看来,在属于脆弱的行动者的那些所谓善的具体准则中所隐藏的恶,恰恰就在于这些准则在原本适用于它们的处境下,由于源于自爱的巨大诱惑或压力,在执行道德所要求的内容时,竟然允许了破例的存在。对于此处关于脆弱的讨论最为重要的一点则是:虽然人心之不纯正和人心之颠倒这两个层次的恶,同样允许在执行道德要求的内容时存在破例的情况,但人性之脆弱的特殊之处则在于,当且仅当源于自爱的压力或诱惑超越了某个特定的极限,从而使得行动者极其难以抗拒它们时,行动者才会允许破例情况的发生。借用康德的术语或许可以说:上述极限,其实就是由脆弱的行动者的经验品格所决定的道德力量。

基于以上分析,脆弱的行动者拥有的所谓善的具体准则的一般性结构,便可以通过以下方式得到清楚的描述——我将在绝大多数情况下,出于对道德法则的真诚敬重而遵循法则,直到我感到源于自爱的诱惑或压力超出了我道德力量的极限(而这一极限,又是由我的经验品格决定的)。很明显,在脆弱的行动者拥有的具体准则的这种一般性结构中,脆弱现象表面上所具有的善被表述在了主句之中,由此表明了行动者在一般情况下会以何种方式去行动,而脆弱现象内部所隐藏的恶则被表述在了条件从句之中,由此表明了当由行动者的经验品格所决定的极限被突破时,这一行动者将以何种方式去行动。

细心的读者或许会发现,恰恰是在经验品格的极限这一点上,脆弱的行动者或许可以再为自己找到一个借口,声称自己只是被过于强烈的偏好驱使着才采取了恶的准则,因为毕竟,他个人经验品格的极限(在目前的语境下,这一极限指的是他道德力量的大小)并不是他本人能够完全控制的①。可惜的是,也正是在这一点上,恰恰是脆弱的行动者将他的

---

① 个人经验品格的极限究竟是大是小,是一个完全属于心理层面的问题,并且这个极限在每个个体那里都不一样。

自我等同于他的经验品格(而不是他的先验自由)的做法,暴露了一种最为隐秘的自我欺骗。根据"应当暗示着能够"这条统摄着康德实践哲学的基本原则,只要道德法则要求行动者以这样或者那样的方式去行事,他也就必然有能力凭借由先验自由赋予他的道德力量以这样或者那样的方式行事,而全然不管直到行动的那一刻,他的经验品格究竟被先前的个人成长史塑造成了什么样子①。换句话说,只要脆弱的行动者"充分地意愿"(fully will)去遵从道德法则,那么他也将永远能够克服所有阻挡他的诱惑和压力。

于是从这个意义上说,一个人经验品格的所谓的极限(初看起来,这一极限似乎决定了脆弱的行动者所拥有的道德力量的大小),仅仅是他通过自欺的手段而编造出来的。这一自欺的目的,恰恰是掩盖他真正的自我究竟位于哪里(位于先验自由之中)以及他永远有力量去做什么(有能力去服从道德法则)。脆弱的行动者本应将自己等同于"本体性的自我",本应相信自己能够先验自由,因而在任何情况下都能够自信地宣称,自己能够由这种先验自由赋予的力量来遵循道德法则,同时克服源于自爱的一切诱惑和压力。然而,在现实情况中,脆弱的行动者却将自己完全等同于"现象性的自我",将自己看作处于各种心理力量的角力和

① "人们可以选取一个自愿的行为,例如一个人由以在社会上造成某种混乱的恶意谎言;人们首先根据它由以产生的动因来研究它,然后据此判断它连同它的后果如何能够被归咎于该人。出自前一个意图,人们审视他的经验性的品格直到其起源,人们在糟糕的教育、不良的社交中,部分地也在一种对羞耻不敏感的天性(eines für Beschämung unempfindlicher Naturells)的恶劣性中寻找这种起源,部分地把它推诿于轻率和欠考虑;在这样做时,人们也没有忽视诱发的偶因……尽管相信行为就是由此规定的,人们却依然责备行动者……因为人们预设可以把这种生活方式过去怎样完全置之一旁,可以把已经逝去的条件序列视为没有发生的,但把这一行动视为就在先状态而言完全无条件的,就好像行动者由此完全从自己开始一个后果序列似的。这种责备根据的是理性的一条法则,此处人们把理性视为一个原因,这个原因原本能够并且应当不顾一切提到的经验性条件,把人的行事规定为其他的样子。人们并不把理性的因果性仅仅视为(与其他原因)竞争,而是视为就其自身而言是完备的,即使感性动机根本不支持它,而完全反对它;行为被归之于他的理知品格,现在,在他说谎的那一刻,他是完全地有罪责的;因此,理性不顾及行动的一切经验性条件是完全自由的,这一(行动)应当完全地被归于理性的不作为"(A554/B582-A555/B583;《康德著作全集》第3卷,中国人民大学出版社2004年版,第365—366页)。

撕扯之中。同时,他还通过将自己的道德错误归咎于无法抵抗的诱惑和压力,来为这些错误开脱罪责。总之,通过这种关于"真正的自我居于何处"以及"我永远能够做什么"的自欺,脆弱的行动者便得以利用所谓"善良却软弱的经验品格",来掩盖那种位于他理知品格中的恶。

如果说所谓的经验品格的极限,以及由这一极限所决定的道德力量之大小,统统属于自欺在主体一侧制造的幻象,那么以类似的方式,与这一极限相对应的,所谓不可抵抗的诱惑和压力,则属于同一种自欺在客体一侧制造的幻象。实际上,考虑到先验自由的存在,任何人都必须承认,没有什么诱惑或压力就其自身而言是绝对地不可抗拒的。因此,某些诱惑和压力呈现出来的"不可抗拒"这一属性,实际上只是自欺加在客体上面的幻象而已,而这种幻象,又同时对应着自欺加诸主体身上的一种类似的幻象,亦即所谓的主体经验品格的极限,和由这一极限所决定的主体道德力量的大小。同时更重要的是,没有任何客体就其自身而言注定会成为一种诱惑或压力。这意味着,将某事物"当成"(regard...as)诱惑或压力这件事本身,同样也属于脆弱的行动者的自由选择。简单地说,是这个行动者自己首先将某个客体视为了诱惑或压力,之后当这个诱惑或压力达到了某一量值时,又将它判定为是不可抗拒的。总之,不论是诱惑或压力"作为"(as)诱惑或压力而拥有的本质属性,还是它们两者所展现出来的"不可抵抗性",最终都是由脆弱的行动者主动赋予客体的。

进一步地,通过主动地创造出不可抗拒的诱惑和压力,脆弱的行动者也使自己成为这些诱惑和压力的被动接受者。脆弱的行动者同时是主动的和被动的,观察者在此可以用"主动地自行制造的被动性"(actively self-made passivity)和"被动地遭受影响的主动性"(passively influenced activity)来描述这一行动者。这里需要强调的是,上述共存于同一行动者内部的主动性和被动性,其实位于两个不同的层面上,而脆弱的行动者本人也可以从两个不同的层面得到相应的考察。作为先验自由的主体,脆弱的行动者在本体层面依据其理知品格无疑是主动的。

作为被经验性地规定的客体,脆弱的行动者在现象层面依据其经验品格则又是被动的。脆弱现象内部的这种二重性,最终将它"本质上的主动性"和"表象中的被动性"统一到了一个主体当中,并且建构起了一种位于道德主体性内部的矛盾,或者说,一种位于主体性内部的自我分裂。特别地,作为一种行动主体"被动地经历的自身行动"(passively experienced self-activity),当上述自我分裂呈现在经验之中时,也就被表达为了主体在压力和诱惑之下自身道德力量的崩溃。

最后,本节在关于人性之脆弱的讨论的结尾,还将借助比喻的方式来进一步描画脆弱的本质特征①。人的自由任意可以被比作一座城邦,城邦中生活着两个阶层的公民。其中上层公民包括君王(亦即道德法则)和听命于他的战士(亦即包含着各种具体内容的道德动机),而下层公民则包括平民领袖(亦即自爱原则)和听命于他的农民(亦即包含着各种具体内容的非-道德动机)。由于这两个阶层截然不同的身世(上层公民如同神一样,完全从自由之中诞生,而下层公民仅仅是从自然之中诞生的),上下层公民也就被原初地划分为了"应当拥有统治权的人"和"应当接受统治的人"。这种统治者和被统治者之间的原初关系,首先体现在君王和平民领袖之间的等级次序中,其次也体现在听命于君王的战士和听命于平民领袖的农民之间的等级次序中。如果这种关于"谁应当统治"和"谁应当被统治"的原初等级次序能够一直得到尊重,那么整个城邦的政策亦将总是被君王所决定,并由听命于他的战士来推行。唯有在君王和战士的诉求得到了充分的满足(或者起码不遭到侵犯)的大前提之下,平民领袖和农民的诉求才会得到考虑。总之,在这样的城邦中,上层公民总是统治着下层公民。上层公民或是直接地去追求高尚的目标(亦即展开出于义务的行为),或是严格地规范着下层公民的行为,仅仅

---

① 本章利用城邦图型来展示脆弱、不纯正和颠倒的动机结构的灵感,最初源于柏拉图在《理想国》中提出的灵魂三分模型。然而《理想国》中的城邦模型和本章所使用的"图型"的最大差异则在于:前者一共有三个阶层,而后者只有两个阶层。造成这一差异的原因则是,康德将所有低阶质料性动机,划分为了非-道德的动机和道德的动机这两大类,所以相应的城邦图型,也就仅仅拥有一个双层结构了。

允许后者去追求那些绝对不与上述高尚目标发生冲突的世俗目标(也就是在义务的限制下,展开追求幸福的行为)。很明显,这样的城邦,代表了一个在真正意义上是善的自由任意。

现在,一个脆弱的行动者所拥有的自由任意,完全可以被比作一座类似的城邦。在这座城邦中,君王和听命于他的战士在通常情况下也安稳地统治着平民领袖和农民。所以从表面上看,城邦内部上下两个阶层之间的原初等级次序,并未受到任何实质性的损害。然而,与第一个城邦不同的是,第二个城邦内部随时都有可能发生暴动。这些暴动在现实中或是仅仅偶尔发生,或是经常性地发生。在这些暴动中,平民领袖和听命于他的农民会暂时推翻君王和战士的统治,在短时间内夺取给城邦制定政策的权力,并且将城邦从正确的行事方向,急速推向错误的行事方向上。至于这类暴动究竟是如何发生的,旁观者一方面会听到战士们关于农民的力量过于强大的抱怨(这种强大的力量,将平日温驯的农民变成了一群暴民),另一方面又会听到战士们关于自身力量太过薄弱,以至于无法抑制暴民的哀叹。值得庆幸的是,城邦上下两个阶层之间的等级次序仅仅遭到了暂时的动摇,因而很快就会得到修复。此外,只要农民的力量对战士们来说尚未达到不可抵抗的程度,那么第二个城邦就会像第一个城邦一样,在正常的情况下运转良好。

然而,如果旁观者继续探索一下"一般情况下运转良好,只是偶尔地发生崩溃"这种现象,那么他就会发现战士们的抱怨和哀叹,其实掩盖了这种现象背后的真相。由于战士们像神一样的身世(亦即诞生于先验自由之中),假若他们全心全意地使出所有力量抑制暴民,那么他们必定能够成功地阻止任何暴动的发生。但是,战士们一方面通过将暴民的力量看作是强大到不可抵御的,另一方面通过将自己的力量看作是孱弱到无法抵御敌人的,其实已经秘密地向敌人屈膝投降。所以,从这个意义上说,他们也必须为自己在战场上的失败承担起全部责任。但是更加糟糕的是,在暴民对战士的胜利背后,旁观者还将发现一种存在于君王和平民领袖的关系中的更为隐秘的败坏。君王的统治确实在一般条件下得到了尊重,但他的统治却远非如它应当是的那样不容置疑。实际上,平民领袖被暗中赋予了某种特定的权利,亦即在他自己和农民的诉求变得过于强烈的情况下,可以暂时性地发起暴动,并且借此夺取城邦的统治。

第二个城邦的形象同时向旁观者揭示出了脆弱的表象(亦即善的经验品格)和隐藏在这一表象背后的真相(亦即恶的理知品格)。正如战士和农民之间的战争所显示的那样,脆弱首先在行动者的心理层面上被体验为道德动机和非-道德动机的斗争,或者更准确地说,被体验为后一种心理力量对于前一种心理力量的反抗。这场反抗的最终结果(这一结果关系到那种出于脆弱的恶行,在外部经验中究竟会不会爆发)则由这两种心理力量的相对强弱来决定。这种相对强弱显明了一个人在道德力量上的极限,这种极限最终又通过并不完全受到行动者本人掌控的,他呈现在旁人眼中的经验品格来决定。

但是,如果旁观者在脆弱的表象之下再深入地挖掘一下,那么他又可以发现脆弱现象的真相完全超越了两种心理力量之间的斗争(这种斗争仅仅展示了一个人经验品格的强弱),而位于自由任意排列道德法则和自爱原则的自由行动之中(这一行动决定了一个人理知品格的善恶)。一方面,掩藏在脆弱背后的理知品格,与不纯正和颠倒的理知品格一样,同样在道德意义上必须被判定为是恶的。脆弱、不纯正和颠倒作为趋恶倾向的三个层次,都植根于同一个以自爱原则去限定道德法则(或者说,让道德法则从属于自爱原则)的本体性的行动。这一本体性的行动的结果,就是一个恶的意念。在此之后,又是这个恶的意念进一步允许了偏离道德法则的情况得以偶尔地发生。另一方面,脆弱所呈现出来的经验品格又具有一种值得注意的特异性,这种特异性将脆弱与不纯正和颠倒明确地区分了开来,从而将脆弱确立为道德之恶在经验中多种多样的表达模式里面的一种。在脆弱这里,自由任意在本体层面对两条原则的抽象颠倒,在现象层面以一种特殊的方式得到了具体化——道德法则的绝对统治将仅仅以如下这种方式受到限制,亦即一种特定的权利被赋予了自爱原则,这种权利允许自爱原则在非-道德的动机特别强大的情况下,暂时性地取代道德法则的统治。

2. 人心之不纯正

在分析完人性之脆弱之后，本节将转向关于人心之不纯正的讨论。用康德自己的话来说：

> 人的心灵的不纯正[Unlauterkeit（impuritas，improbitas）]在于，准则虽然就客体（有意地遵循法则）而言是善的，并且也许对于实施也是足够有力的（vielleicht auch zur Ausübung kräftig genug），但并不是纯粹道德的；也就是说，并不像它应该是的那样，仅仅把法则作为充分的动机纳入自身，而是在大多数情况下（也许在任何时候）[mehrenteils（vielleicht jederzeit）]还需要除此之外的其他动机，为了由此规定任意去做义务所要求的事情。换句话说，合乎义务的行为并不是纯粹从义务出发而作出的（*RGV* 6：30）①。

在康德对不纯正的这段描述中，存在着两个非常重要但极易被研究者忽略的要点，其中一个要点涉及外部行为，另一个要点则涉及内部意向。首先，从"准则虽然就客体（有意地遵循法则）而言是善的，并且也许对于实施也是足够有力的"这句话中，可以得出关于不纯正的行动者的外部行为的如下分析。虽然从表面上看，不纯正的行动者所采取的准则，似乎只会推动符合道德法则的行为，但是就如"也许"（vielleicht）这个副词所暗示的那样，尽管这些准则也许拥有足够的力量去推动符合道德法则的行为，但它们未必总是有足够的力量来做到这一点。换句话说，那些能够产生出符合法则的行为的诸准则，有时却可能会缺乏足够的力量来做到这一点。而这一事实，又向读者暗示了一种很容易被忽略的可能性，那就是，不纯正的行动者有时还可能会做出违背道德法则的行为。因此，尽管康德本人的确将"符合道德法则的行为"当作了代表人

---

① 《康德著作全集》第 6 卷，中国人民大学出版社 2007 年版，第 29 页。

心之不纯正的最主要的标志之一,但他实际上也同时暗示了某些违背道德法则的行为,同样可能被归于人心的不纯正这一范畴之下。

第二,由于不纯正的行动者所采取的准则,并不是"仅仅把法则作为充分的动机纳入自身,而是在大多数情况下(也许在任何时候)还需要除此之外的其他动机,为了由此规定任意去做义务所要求的事情",所以读者又可以对这一行动者的内在动机给出如下这些分析。一方面,不纯正的行动者经常性地,或者说在绝大多数情况下都是被道德和自爱的混合动机推动着去行动的。另一方面,就如康德的用词"在大多数情况下"暗示的那样,道德法则或许仅凭自身也能够偶尔地推动着不纯正的行动者去行动,尽管这种情况可能极其少见,甚至是纯粹地出于道德运气才发生。因此,尽管康德本人明确地将道德和自爱的混合动机,视为了人心之不纯正的最显著的特征之一,但康德实际上也同时暗示了——不纯正的行动者可能在某些特殊情况下,仅仅被道德动机推动着去行动。

现在,若结合上一段分析的结论(亦即不纯正的行动者,有时可能会做出违背道德法则的行为),以及这种违背法则的行为只能由被置于道德动机之上的非-道德动机来推动这一事实,那么读者便最终可以得出结论说,不纯正的行动者的动机可能存在着三种情况,也就是:(a) 道德的动机和非-道德的动机相混合,两者一起推动符合法则的行为;(b) 仅由道德的动机来推动符合法则的行为;(c) 仅由非-道德的动机来推动违背法则的行为。

通过对康德文本的深入考察读者将发现,与许多人最初的印象相反,人心之不纯正这种现象,并不仅仅涵盖了那种由混合性动机所推动的符合道德法则的行为。实际上,结合方才对于人心之不纯正的外部表现和内部意向这两方面的分析,读者在此最终可以得出结论说,现实中总共可以存在三种不纯正的行为,它们分别是:(a) 由道德动机和非-道德动机来共同推动的符合道德法则的行为;(b) 仅仅由道德动机来推动的符合道德法则的行为;(c) 仅仅由非-道德动机来推动的违背道德法则的行为。而现在,经过了所有这些分析之后,一个更为困难的问题也自然而然地呈现在了出来,那就是,除了康德曾经明确讨论过的(a)种行为之外,为什么(b)种行为和(c)种行为,也同样可以被归在人心的不纯正之下,而不是被分别算作道德上是善的行为和源于人心之颠倒的行为呢? 换句话说,是否可以为(a)(b)(c)这三种行为找到某种统一性的基础,由此将它们共同归于"人心之不纯正"这一范畴之下呢?

首先,(a)(b)(c)这三种行为的统一性基础,不可能位于不纯正现象的最高准则里面。就如之前已经论证过的那样,正因为脆弱、不纯正和颠倒是属于同一个趋恶倾向的三个层次,所以它们三者背后的意念也就在同等的程度上是恶的,都是"将自爱原则置于道德法则之上"这一本体性行动的产物。从这个意义上说,人心之不纯正背后的最高准则(这一最高准则,由任意在"本体性的自我规定"中,对自身自由的第一重运用来决定)和人性之脆弱背后的最高准则、人心之颠倒背后的最高准则是完全一样的。这意味着,代表着人心之不纯正的最高准则太过普遍和一般,以至于它根本无法充任三种不纯正行为的统一性基础。于是在这里,通过排除法可以发现,三种不纯正行为的统一性基础,便只能位于人心之不纯正所拥有的具体准则之中了,而这一具体准则又源于任意在"现象性的自我表达"中,对自身自由的第二重运用。实际上,唯有通过其具体准则,不纯正的行为才能一方面与脆弱和颠倒的行为,另一方面又与纯然是善的行为区分开来。所以现在就需要来进一步地考察一下,不纯正的具体准则所具有的一般性结构,究竟应当被如何来刻画。

现在,城邦的比喻将再次为此处的分析提供一些关键的帮助。考虑到人的自由任意会自然而然地将自爱原则、道德法则,以及分别由它们两所统摄的动机都纳入自身的行为准则,因此不纯正的行动者的自由任意,正如脆弱的行动者的自由任意一样,也可以被比作一座拥有两个阶层的城邦。其中,城邦中的上层公民由高贵的君王(道德法则)和听命于他的战士(道德动机)组成,而下层公民则由平民领袖(自爱原则)和听命于他的农民(非-道德动机)组成。然而,在代表人心之不纯正的城邦中,上下两个阶层之间的关系,却与代表人性之脆弱的城邦截然不同。

在代表人性之脆弱的城邦中,上下两个阶层之间的原初等级次序在绝大多数时间里都得到了维护和保全。一方面,君王和战士被赋予了在日常情况下统治平民领袖和农民的权利,尽管这项权利并没有如它应当是的那样不容侵犯,因而在巨大的压力和诱惑下可能被临时中断。另一方面,平民领袖和农民也被赋予了发起暴动和暂时控制城邦的权利,然而,唯有在他们的诉求特别地强烈这一限定条件之下,他们才会被允许行使这项特殊的权利。

然而,在代表人心之不纯正的城邦中,上下两个阶层之间的原初等级次序(这一次序源于两者不同的身世:其中一个阶层像神那样诞生于自由之中,而另一个阶层仅仅源于自然)却不再得到维护和保全。平民领袖和农民被允许进入了统治集团,上下两个阶层在城邦政府中被给予了同等的发言权,拥有平等的权利来决定城邦的政策。这种情况可以被比作由两大政党组成的议会,其中一个政党包括君王和他的战士,而另一个政党则包括平民领袖和他的农民。这个议会做出的所有决定都是通过一种民主程序,也就是通过两大政党的投票来产生的。

进一步地,这一民主程序的结果又可以被细分为两种情况。首先,如果两个党派的意见是一致的,那么议会的最终决定将通过全体一致的投票来形成,进而推动城邦去展开两个党派都同意的行动。这种情况清楚地解释了"(a) 由道德和自爱的混合动机所共同推动的符合道德法则的行为"是如何产生的。相反地,如果两个党派的意见发生了冲突,那么议会的最终决定将出自声音更响亮的那个党派(也就是出自人数更多、力量更大,因而更能在民主程序中获胜的那群人)。在这第二种可能的情况里面,如果君王和战士在投票中获胜,那么城邦将被推向由君王和战士支持,但被平民领袖和农民反对的行动,而这就是"(b) 仅仅由道德动机推动的符合法则的行为"的产生过程。相反,如果平民领袖和农民在投票中获胜,那么城邦将被推向由平民领袖和农民支持,但被君王和战士反对的行动,而这就是"(c)仅仅由非-道德动机推动的违背法则的行为"的产生过程。

现在,如果考虑到两个党派力量的相对强弱,以及他们在不同情况下提出的行动方向并不是永远固定的,而是趋向于不断变化的,那么读者将会发现,议会每次投票的结果也将随着情况不同而不断地变化。换句话说,尽管代表人心之不纯正的城邦,或许能够在较长的时间里总是选择某个特定的行动方向,但由于其民主程序的结果在本质上的不确定性,这样的城邦从原则上看,是不可能永远持守于一个固定不变的方向的。

由民主政府统治的城邦,实际上为人心之不纯正提供了一种感性的"图型"(Schema)。根据这一感性的图型,读者可以描画出人心之不纯正的具体准则所具有的一般性结构,这个一般性的结构就是——我将完全平等地考虑由道德的动机和非-道德的动机提出的诉求,从来不会根据两类动机之间任何一般性的等级次序来预先地决定自己的行动,而是将在面临每一个特殊处境时,根据(1)"由两类动机所分别建议的行动方向"和(2)"两类动机在力量上的相对强弱"来决定自己的行动。而不纯正的具体准则所拥有的上述这种一般性的结构,同时也是现实中全部三种不纯正的行为的统一性基础,借助这个统一性的基础,读者便能够轻而易举地理解:为什么除了(a)"由混合动机所推动的符合法则的行为"之外,(b)"仅由道德动机所推动的符合法则的行为"和(c)"仅由非-道德动机所推动的违背法则的行为",也同样可以被归在人心之不纯正这一范畴之下,而不是被分别归于道德上的善和人心之颠倒之下。

进一步地说,根据所有不纯正的具体准则背后的一般性结构,人心之不纯正这种现象的本质特征,并不在于主体必须针对每一个特殊情境,把某种"现实地出现的"道德动机和某种"现实地出现的"非-道德动机"现实地"混合起来,并由此来推动自由任意去行动。相反,人心之不纯正这种现象的本质特征,仅仅在于以(逻辑上)先于每一个特殊情景的方式,将"可能出现的"道德动机和"可能出现的"非-道德动机放在同一个层面上来考虑。这意味着,主体需要将两类动机置于某种绝对平等的地位上,给予它们两者以绝对同等的权利来推进自由任意去行动。这里需要特别强调的是,道德的动机和非-道德的动机在上述这种考虑里尚未被当成任何"现实的"动机,而仅仅被当成了两类"可能的"动机来看待。换言之,它们首先是依照各自的"先天种类",而不是各自的"后天内容"来被看待的。一旦考虑到两类动机在先天层面上这种绝对平等的地位,读者将会很容易地发现,在某个特殊的情境之下,究竟是哪类动机能够现实地推动自由任意去行动——这件事情并不是通过两类动机之间任何预先设定的等级次序而被先天地决定的,而是只能留到这个特殊情境之下才能被决定,也就是通过比较(1)"每类动机在该情景下恰好提出的行动方向"和(2)"两类动机在该情景下恰好具有的力量强弱"而被后天地决定。

考虑到上述讨论中(1)和(2)这两个要素在不同情境之下的可变性,不纯正的行为在其"内部动机"和"外部表现"这两方面上,也必然会永远蕴含着一种无法被根除的偶然性。根据本节一开始的分析,不纯正的行为总共可以包括三种情况。尽管"(b)仅仅由道德动机推动的符合法则的行为"和"(c)仅仅由非-道德动机推动的违背法则的行为"分别类似于道德上是善的行为和出于人心之颠倒的行为,但从推动这两种行为的具体准则所拥有的一般性结构来看,它们归根究底依然属于不纯正的行为。换句话说,每一个不纯正的行为所"现实地"拥有的内部动机,和它所"现实地"呈现出来的外部表现,都仅仅是在具体的情景之下被偶然地决定的(因此,这两者仅仅属于不纯正的行为里面的"非-本质性的方面"),而上述这一无法排除的偶然性,又最终植根于人心之不纯正的具体准则所拥有的一般性结构里面。

在本节关于人心之不纯正的现象的讨论的末尾之处,再来稍微看一看在不纯正现象之中是否包含着自欺的痕迹。根据康德的文本,自欺①可以说是一种由恶的任意所使用的策略,其意图就是在良知的省察下掩盖自身之恶②。更确切地说,自欺的目的,就是要掩盖恶的任意究竟在哪里偏离了善。同时更重要的是,由于自欺是发生在心理层面的现象,所以它所意欲掩盖的恶,也就属于任意在现象世界的表达,而这种现象性的表达,又需要通过具体的准则和可见的行为来实现。于是从这个意义上看,若以拥有不同结构的具体准则为线索,那么便能够顺藤摸瓜地确定自欺的各种不同形式。

现在,在脆弱的具体准则中,恶被表现为给予非-道德的动机以一种有限的权利,允许它们在产生非常强烈的诉求时,暂时性地压倒道德的

---

① "就人对于纯然作为道德存在者来看(其人格中的人性)的自己的义务来说,最严重的侵犯就是真诚性(Wahrhaftigkeit)的对立面:说谎[aliud lingua promptum, aliud pectore inclusum gerere(口若悬河是一回事,封闭心灵是另一回事)]……说谎可能是一种外在的说谎,或者可能是一种内在的说谎……证明人们所犯的某些内在说谎的现实性并不难,但解释其可能性似乎要更加困难,因为为此就需要一个人们有意要欺骗的第二个人格,但存心欺骗自己(这件事)似乎在自身之内包含着一个矛盾……不正直仅仅是缺乏认真性,就是说,缺乏在他的被设想为另一个人格的内部审判者面前做出自白的诚实,如果这就其最高的严厉性而被看待的话……人们对自己本身所犯的这种解释中的不诚实,却应当得到最严厉的斥责,因为,从这样一种腐烂的地方(似乎植根于人之本性的虚伪)出发,一旦真诚性的最高原理受到侵犯之后,不真诚性的灾祸就也在与他人的关系中蔓延……理性不能对人那毕竟必须是先行的伪善倾向(esprit fourbe)进一步给出任何根据,因为一个自由的行动不能(像一个自然结果一样)按照结果和其原因(它们全都是显象)的联系的自然法则来演绎和解释"(MS 6:429-431;《康德著作全集》第6卷,中国人民大学出版社2007年版,第438—440页)。

② 作为一种道德情感,"良知(Gewissen)也不是什么可以获得的东西……每一个人,作为道德存在者,原初地就在自己之中具有这样一种良知……良知就是为了赦免或者谴责(人)而在一个法则的任何事例中都把义务置于人面前的实践理性。因此,良知(所具有的)关系不是与一个客体的关系,而是仅仅与主体的关系(通过其行为激发道德情感);因而是一种必然发生的事实,而并不是责任和义务。因此如果人们说:这个人没有良知,则人们的意思是:他没有关注良知的呼声……在某件事是不是义务的客观判断中,人们的确有时可能出错;但在我是否为了做出那种判断已经把它与我的实践理性(在此是判决的理性)进行了比较的主观判断中,我不可能出错……无良知不是缺乏良知,而是不关注良知的判断的倾向……他的责任仅仅是在关于什么是义务或者不是义务(的事)上,对自己的知性进行启蒙;不过,一旦来到行动上或者已经开始行动,良知就不由自主地和不可避免地说话……义务在这里只是教化自己的良知,把对内在法官的声音的注意力打磨敏锐,并运用一切手段(因此只是间接的义务)听到(良知的声音)"(MS 6:400-401;《康德著作全集》第6卷,中国人民大学出版社2007年版,第412—413页)。

动机。因此,在人性之脆弱这里,自欺的目标,恰恰就是掩盖从"平常所遵行的善的准则"切换到"在压力和诱惑下所采取的恶的准则"这一事件的真实性质。尽管这种切换确实是"被动性"和"主动性"的统一,但它在终极的意义上,依然应当被判定为是由主体自行造成的。然而,借助于自欺这种手段,主体却能够让自己仅仅聚焦于这一切换中的被动一面,亦即仅仅专注于自己在道德力量上的崩溃,从而将这一切换准则的事件,刻画为仅仅是"自己被动地承受的",而不是"自己主动地做出的"。于是通过这种方式,脆弱的主体便将自己与一种一方面脆弱不堪,但另一方面又纯良无辜的经验品格彻底等同了起来,同时把自己在道德上犯下的错误,完全归咎于某种无法抵御的压力或诱惑。

而与之形成鲜明对比的是,在不纯正的具体准则里面,恶则被表现为给予道德动机和非-道德动机以平等的权利来推动人的自由任意,从而使得自由任意在发起任何一个可能的行为时,都能够将道德性的考虑和非-道德性的考虑放在同一个平面上来进行权衡。因此一般而言,在一切出于人心之不纯正的行为当中,主体采取自欺的手段首先就是为了掩盖下述事实,亦即非-道德的动机被给予了与道德动机同等的地位来决定行为(而不论非-道德的动机是否能够在某个具体情况下实现这件事)。由于从逻辑上看总共存在着三种不纯正的行为,所以除了一般性的自欺之外,在不纯正的现象里面还可能出现三种特殊类型的自欺,这三种特殊类型的自欺,又分别对应着三种不纯正的行为。首先,在(a)"具有混合动机的符合法则的行为"里面,不纯正的行动者还会试图掩盖,他对于道德动机和非-道德动机确实进行了"现实的"混合这件事,也就是试图假装他的现实行为仅仅是由道德动机推动的,而与非-道德动机的辅助作用没有任何关系。其次,在(b)"仅仅由道德动机推动的符合法则的行为"里面,不纯正的行动者还试图去否认以下事实,亦即仅仅因为推动着违背法则的行为的非-道德动机,恰巧在心理力量上要弱于道德动机,行动者才偶然地被道德动机推动着去展开符合法则的行为。最后,在(c)"仅仅由非-道德动机推动的违背法则的行为"里面,不纯正的行动者还会试图以一种颠倒黑白的方式,将自己的行为描述为是符合法则的,从而对自己的行为其实违背了法则这一事实熟视无睹。更重要的是,在(a)(b)(c)这全部三种不纯正的行为之中,行动者都从未经历过道德力量的崩溃,也从未对自己犯下的错误感到悔恨。所以,不纯正的行动者的心理状态,与脆弱的行动者的心理状态其实存在着一种巨大的差异,而这种巨大的差异,又标志着道德之恶对个人经验品格的败坏,达到了一种更深的程度。

3. 人心之颠倒

在上一节讨论完人心之不纯正之后,本节将转向趋恶倾向的第三个、最后一个,同时也是最高的层次,而那就是人心之颠倒:

> 人性的恶劣[Bösartigkeit (vitiositas, pravitas)],或者如果人更喜欢说,人心的败坏(Verderbtheit/corruptio),是任意朝向(这样的)准则的倾向,(这些准则)把出自道德法则的动机置于其他(非道德的)动机之后。这种恶劣或者败坏也可以叫做人心的颠倒(Verkehrtheit/perversitas),因为它就一种自由任意的动机而言,把道德次序弄颠倒了,而且即使随着这种颠倒也总还是可以有律法上善的(gesetzlich gut)[合法的(legale)]行为,但思维方式却毕竟由此在其根部中(这涉及道德意念)被败坏了,人也就因此而被称做是恶的(RGV 6:30)①。

从这段引文可以看出,在人心之颠倒中,非-道德的动机被"系统性地"(systematically)置于了道德的动机之上,由此一种全新的次序也在这两种动机之间被建立了起来。在这种全新的次序中,非-道德动机的诉求相较于道德动机的诉求将享有一种"字典式的优先地位"(lexical priority),也就是说,唯有在非-道德动机的诉求得到了彻底的满足(或者

---

① 《康德著作全集》第6卷,中国人民大学出版社2007年版,第29页。

说起码不受到侵犯）这一大前提之下，道德动机的诉求才会被主体考虑。这又意味着，道德动机或者是完全被非-道德动机所压制，或者是仅仅在极为有限的情况下才得到遵行。当读者转向了对于人心之颠倒的城邦比喻时，他又将看到：代表着人心之颠倒的城邦将完全由平民领袖（亦即自爱原则）和听命于他的农民（亦即非-道德动机）来统治。这也就是说，暴民在这一城邦中成了新的统治阶层，而君王（亦即道德法则）和听命于他的战士（亦即道德动机）则彻底地沦为了被统治阶层。总之，既不同于在代表着人性之脆弱的城邦中，那种仅仅是偶尔地发生的非-道德动机对抗道德动机的暴动，也不同于在代表着人心之不纯正的城邦中，那种被平等地给予了两类动机的决定城邦政策的权利，在现在所讨论的代表着人心之颠倒的城邦中，非-道德动机和道德动机之间出现了一种全新形式的统一。考虑到这种全新形式的统一中所包含的某种稳定的等级结构，读者甚至可以在某种意义上将其称为一种特殊类型的"自律"。然而，这种所谓的自律，其实只是与真正的自律相反的"颠倒的镜像"而已，因为，它实际上给予了他律的法则（亦即自爱原则）以一种凌驾于自律的法则（亦即道德法则）之上的"原则性的特权地位"（principled privilege）①。

　　人心之颠倒的具体准则所拥有的一般性结构，可以用以下方式得到简单的表述：我将在任何情况下，都永远将非-道德动机的诉求置于道德

① 至此为止，本章已经分别讨论了代表人性之脆弱、人心之不纯正和人心之颠倒的三座城邦。从这三座城邦的政治结构之中，可以很容易地发现自由任意一步步败坏自身的进程。这种败坏不仅是层层递进的，而且后一层败坏也建立在前一层败坏的基础上。首先，在正常情况下依然遵循着贵族制度的城邦中，赋予农民以偶尔地发起暴动的有限权利（人性之脆弱）的做法，其实是允许农民进入民主制的议会，并给予他们和战士同等投票权（人心之不纯正）的预备性步骤。第二，给予农民和战士以同等的投票权（人心之不纯正）的做法本身又是一个过渡性的步骤，若继续发展下去，极有可能进一步导致对战士和农民之间的原初等级次序的翻转（人心之颠倒）。需要注意的是，本章在这里并不是要论证人性之脆弱必然在时间上先于人心之不纯正，或者人心之不纯正必然在时间上先于人心之颠倒。相反，本章想要论证的是，从这三者的具体准则所拥有的逻辑结构当中，能够发现一种自由任意之自我败坏逐渐加深的过程。这种从脆弱到不纯正，再从不纯正到颠倒的败坏，是一种与"层次"（Stufen）一词的字面含义完全契合的逻辑进程。

动机的诉求之上。而又由于自由任意在现象层面将非-道德动机置于道德动机之上的行动,现在恰好"结构性地对应着"(structurally corresponds to)自由任意在本体层面将自爱原则置于道德法则之上的行动,因此,人心之颠倒的具体准则,也就可以被视为恶的最高准则在现象层面的彻底实现。从这个意义上说,人心之颠倒所具有的经验性品格,也就是恶的理知性品格的"完善的图型"(perfect schema),从而充分地展示出了恶的理知性品格。

在人心之颠倒中所展现出来的恶,就存在于两种动机的颠倒之中,因此主体的自欺行动所意欲达成的目标,也就是要牢牢地掩盖这种颠倒。至于主体如何通过自欺来达到上述目标,康德又这样明确地告诉读者,某种伪善总是伴随着人心的颠倒:"只要行动的后果不是按照其准则本来很可能造成的恶,(主体)就不会因为自己的意念而感到不安,反而认为自己在法则面前是得到了辩护的(vor dem Gesetze gerechtfertigt)"(ibid.,6:38)①。所以,对于心灵颠倒的行动者来说,只要他的行为在律法上是好的,那么他就会大言不惭地宣称这些行为在道德上也是善的,甚至骄傲地认定自己值得被别人称赞为一个好人。而以这种自欺欺人的方式,道德的表象也就最终被伪装成了道德本身,并作为一幅良善的面具,佩戴在了恶人的脸上。

现在,在对人心之颠倒的讨论的末尾之处,需要再来回顾一下本章开头提出的那个问题,而那就是,在人心之颠倒的现象里面,是否包含着某种形式的自欺? 在经过所有这些讨论之后,本节对这个问题的最终回答是:既是,也不是;是与不是,又取决于在这里被考察的究竟是道德意识里面的哪个方面。一方面,道德法则在人心之颠倒的现象里丧失了绝对的权威地位,沦为了自爱原则的工具和奴仆,在心灵颠倒的行动者的具体意向里面,关于"道德法则之于自爱原则仅仅具有一种从属性的地位"这件事,也未出现任何程度的自欺。换句话说,行动者完全没有掩盖

---

① 《康德著作全集》第6卷,中国人民大学出版社2007年版,第38页。

他在具体意向中,确实将自爱原则置于了道德法则之上这一事实。另一方面,由于原初人格性禀赋的永恒存在,心灵颠倒的行动者即使是在作恶的那一瞬间,也必然依旧能感受到自己对于道德法则的敬重。所以,就如康德所暗示的那样,为了在良心的审判之下为自己辩护,行动者将不得不通过将道德重新定义为"追随着自爱原则的精神,与此同时(或许仅仅是侥幸地)未曾违背道德法则的文字",由此来扭曲道德概念的真实含义。从这个意义上看,卢克嘉伯确实正确地指出了对于颠倒的心灵来说,自欺其实存在于关于"道德究竟意味着什么"的基本理解之中,或者说,存在于对于最基本的道德理性的扭曲当中。

小结

就如前文清楚地展示的那样,本章关于趋恶倾向中三个层次的重新诠释,不仅可以成功地解释这三者之间的统一性,也可以清楚地说明它们之间的差异性。人性之脆弱、人心之不纯正和人心之颠倒这三种现象所具有的统一性,就在于它们分享着同一种恶的理知品格。被它们所败坏的自由任意在对自身自由的第一重运用之中(亦即对自身做出"本体性的规定"的时候),都将道德法则置于了自爱原则之下,从而为自身建立起了一条恶的最高准则。因此从这个意义上说,脆弱、不纯正和颠倒全都可以被归于"恶"——这同一个道德范畴之下,它们三者统统属于人类族类的趋恶倾向,或者更准确地说,统统属于同一种趋恶倾向在个人意念之中的现实化。值得注意的是,这里的"使……从属于"(unterordnen)指的是对属于人类自由的两条基本原则进行一种抽象的排序。这种抽象的排序行动则被康德定义为:虽然知晓道德法则,却仍然允许"偶尔地偏离法则"这一情况的发生。

另一方面,人性之脆弱、人心之不纯正和人心之颠倒这三者之间的差异,又在于它们之中的每一个都拥有自己独特的经验品格。在对自身自由的第二重运用里面(亦即在现象层面表达自身之时),体现着脆弱、不纯正和颠倒的三种自由任意,分别产生出了三种不同的具体准则,而每种具体准则又都拥有自己独特的结构。于是以这种方式,脆弱、不纯正和颠倒便可以作为趋恶倾向的三个不同层次被清楚地区分开。作为康德笔下"道德之恶的三个来源",脆弱、不纯正和颠倒实际上是恶在人类经验中将自身现实化的三种"模式"。与道德之恶的定义中那种对于两条基本原则的抽象排序不同,人心之颠倒的具体准则里面的"使……从属于",指的其实是将道德的动机"系统性地"置于非-道德的动机之下,从而在两种动机之间建立起一种"字典式的排序"。由于人心之颠倒的具体准则所拥有的结构,完完全全地对应着恶的最高准则所拥有的结构,因此人心之颠倒也就可以被视为道德之恶的"完全实现",或者说道德之恶的"完善的图型"。与此相对,脆弱和不纯正仅仅是道德之恶的"部分实现",或者说是道德之恶的"不完善的图型"①。

同样地,借助于这一章所提供的新诠释,康德关于趋恶倾向的如下论断亦能够得到阐明:"(趋恶倾向)在其前两个层次(脆弱和不纯正的层次)之中可以被判定为是无意的罪[unvorsätzliche Schuld (culpa)],但在其第三个层次中则可以被判定为是蓄意的罪[vorsätzliche Schuld

---

① 考虑到康德在第一批判中提出的理论哲学和他在《宗教》一书中提出的实践哲学的诸多不同,此处并不打算在严格的技术性含义上使用 Schemata 一词,而仅仅试图用这个词来表明脆弱、不纯正和颠倒在恶的最高准则和恶的具体准则之间所扮演的中介角色。作为恶的具体准则所拥有的三种基本结构,脆弱、不纯正和颠倒实际上是依照恶的最高准则(亦即将自爱原则置于道德法则之上)在现象世界中来安排非-道德动机和道德动机的三种基本模式。根据本章的解读,道德法则和自爱原则可以被视为纯粹知性概念在实践哲学中的对应物,而道德动机和非-道德动机(若仅就它们各自的"类"而言,这两类动机都应当被看作是先天的)则可以被看作时间纯杂多在实践哲学中的对应物。所以,作为根据先天概念来安排先天杂多的"三种基本程序",脆弱、不纯正和颠倒也就或多或少地承担起了类似于图型的功能。

    在这里必须再次强调的是,对两类动机的"具体安排"(concrete arrangement)并不需要在结构上完全地对应于对两条原则的"抽象排序"(abstract ordering)。因为假若前者必须在结构上完全地对应于后者的话,那么唯有人心之颠倒才能算作真正的恶。相反,正如康德所言,只要对动机的具体安排可以允许对道德法则的偶尔偏离(就如在脆弱和不纯正这里出现的那样),那么这种具体安排就完全可以被归于那种对道德法则和自爱原则错误的抽象排序之下,并被视为这一错误的抽象排序在现象世界中的一种表达模式。

(dolus)]"(*RGV* 6:38)①。很明显,就其理知品格和最高准则而言,趋恶倾向的所有三个层次都在同等的程度上是自由地招致的,因此也就在同等的程度上是恶的。所以这里对"无意的罪"与"蓄意的罪"的区分,便只能从三者的具体准则之中,而不是从三者的最高准则之中寻找。

根据本章所建立的新诠释,首先,在属于人性之脆弱的具体准则中,非-道德的动机仅仅被赋予了一种极为有限的权利,亦即唯有当它们提出的诉求极为强烈时,才会被允许去暂时地中止道德动机的统治。与之相反,道德动机则在一般情况下都推动着主体的行动。其次,与属于人性之脆弱的具体准则有些类似的是,在属于人心之不纯正的具体准则中,非-道德的动机虽然被赋予了和道德动机同等的权利来推动主体去行动,但前者是否能够切实地达成这个目标,依旧取决于两类动机在某一具体处境下所提出的行动方向是否一致,以及它们两者在这一具体处境下所各自拥有的心理力量的相对强弱。但总而言之,无论对于属于人性之脆弱的准则,还是对于属于人心之不纯正的准则来说,非-道德的动机都并没有预先就被主体故意地排在道德动机之上。换言之,在针对某一具体境况去实际地比较两类动机所指向的行动方向和展现出来的相对强弱之前,主体的行动并没有以任何一种方式被预先地决定。因此,无论是脆弱的行动者还是不纯正的行动者,他们实际上所拥有的内部意图和实际上所发起的外部行动,都完全是在每一个特殊处境之下被偶然地决定的。于是在这个意义上完全可以说,在脆弱和不纯正这两个层次之中,趋恶倾向仅仅被呈现为了一种"无意的罪"。仍然需要注意的是,上述判断针对的仅仅是脆弱和不纯粹所拥有的经验品格,而不是给这两种经验品格奠基的理知品格。

与之形成鲜明对比的是,在属于人心之颠倒的具体准则里,非-道德的动机总是预先就被赋予了一种高居于道德动机之上的"原则性的优越地位"。换言之,早在进入任何具体的处境,进而对于两类动机所提出的

---

① 《康德著作全集》第 6 卷,中国人民大学出版社 2007 年版,第 38 页。

行动方向和所具有的相对力量去进行实际的比较之前,主体将会以何种方式来展开行动这件事,就已经在原则上被预先决定了。这意味着,非-道德的动机在每一个具体处境之下,都将毫无悬念地对于道德动机获得实质性的胜利。这是因为,前者之于后者的特权地位,已经作为一条一般性的原则而被事先预定了下来。于是在这个意义上完全可以说,当趋恶倾向在主体内部达到了人心之颠倒这个层次时,它也就把自身展现为了一种"蓄意的罪"。同样地,这条论断也仅仅针对人心之颠倒所拥有的经验品格,而并不针对给这种经验品格奠基的理知品格。

现在,在本章末尾还需简单地重申一下:本章对于脆弱、不纯正和颠倒的新诠释,在关于"人从本性上是恶的"的整体论证中扮演着一个非常重要的角色。就如上一章已经阐明的那样,为了确证趋恶倾向的普遍性和必然性,就需要建立一种准-先验的论证,而这一准-先验的论证又包含着两个部分,也就是:(1)从恶在个人之中最高程度的现实化(亦即可以观察到的违背道德法则的行为)到人类族类中最深层次的向恶潜能(亦即趋恶倾向)的回溯性推理;(2)人类现实经验中广泛存在着的违背道德法则的行为——这些行为可以充当触发上述回溯性推理的人类学起点。第十一章已经对(1)进行了充分的说明,现在在本章末尾再来简单地看一看(2)。

观察者确实能够在人类的全部三种生存状态——也就是(a)自然状态、(b)文明状态、(c)已经文明化了的各民族的外部关系——之中发现足够数量的违背道德法则的行为。然而,除了那种能够被明确地判定为是恶,也就是出于人心之颠倒的行为之外,另外两种出于人性之脆弱的行为和人心之不纯正的行为究竟是否能被称作是恶的——这件事在回溯性推理中依然并不十分地明确。然而,如果后两种行为并不是恶的,那么本章关于"违背道德法则的行为之广泛存在"这一论断便可能会遭到动摇,因为在人类经验中呈现出来的很多这种行为,可能并非出于人心之颠倒,而仅仅出于脆弱和不纯正。反过来说,如果在此能够成功地证明,出于脆弱和不纯正的行为和出于颠倒的行为一样,也都在道德的意义上是恶的,那么本章亦将以一种令人信服的方式确定"违背道德法则的行为在人类现实经验中的广泛存在",并由此顺利地为进一步论证趋恶倾向的主观普遍性和必然性奠定一个坚实的基础。简而言之,本章的主要成就即为:补齐对"人从本性上是恶的"的准-先验证明里面的最后一个环节。

而现在,当本书在第三卷"恶的最终根据"的结尾之处,成功地证明了趋恶倾向普遍而必然地属于整个人类族类的每一个成员之后,也终于可以在此基础上发展出一种关于康德人类自由概念的更为深刻的理解。首先,在康德探索"自由的客观一面"的道德形而上学之中,他其实是从个体层面来理解人类自由的。这种自由位于属于个体的自由任意的实际行动之中,通过这些实际的行动,自由任意规定了自己的最高准则(也就是意念)和道德品格之善恶,采取了或善或恶的具体准则,将动机采纳进具体准则,并且依照这些准则展开了就质料而言的可见行为。简而言之,在个体层面,人的自由拥有一种在善恶之间本质上的"不确定性",或者说,一种在善恶之间的"实践对称性"(practical symmetry)。这种"不确定性"或者说"对称性"又意味着,无论是选择善的方向还是选择恶的方向,对于人的自由任意而言,在实践上都在同等的程度上是可能的。

然而,在康德探讨"自由的主观一面"的道德人类学中,他其实是从族类层面来考察人的自由的。从逻辑顺序上看,在每个人凭借其自由任意而做出任何实际的行动之前,人的自由就已经以一种超越个体的形态,存在于人类族类向善的原初禀赋(其中最重要的禀赋,当属朝向人格性的道德禀赋)和向恶的倾向之中了。由于人格性禀赋是一个高阶形式性动机的先天基础——这一高阶形式性的动机,敦促着自由任意在把两类低阶质料性的动机(亦即道德动机和非-道德动机)采纳进准则时,严格地遵守着两者之间的恰当次序——所以人格性禀赋也就可以被视为一种朝向道德之善的先验潜能。与此相反,由于趋恶倾向是一个相反的高阶形式性动机的先天基础——这个高阶形式性的动机敦促着自由任意,在把两类低阶质料性的动机采纳进准则时,去颠倒两者之间的恰当次序——所以趋恶倾向也就可以被视为是一种朝向道德之恶的先验潜能。从这个意义上来说,早在族类的层面上,人类自由就已经分别存在于朝向善和朝向恶的这两种先验潜能之中了,并且这两种先验潜能从逻辑上看,也都要先于它们在个体任意所作出的实际选择当中的现实化。更重要的是,相较于人格性禀赋(这一禀赋和人类自由是同等地原初的,所以它并不是人类自由自己造成的产物)而言,那种被人类自由自行招致的,因而对于人类自由来说仅仅是衍生性的趋恶倾向,在力量上要比人格性禀赋更为强大。在这种趋恶倾向的影响下,所有人类个体都拥有一种意欲选择恶的强烈趋向,以至于整个人类族类的道德品格,也就必须相应地被判定为是恶的,而不是善的。

总而言之,当读者将康德在其伦理学著作中提出的道德形而上学和他在《宗教》一书中提出的道德人类学结合起来时,便会发现一种含义更为宽广和深刻的人类自由概念。根据这一概念,人类自由既包括(1)"形式性的①/属于个人的/现实化的一面",也包括(2)"质料性的②/属于族类的/潜在化的一面"。(1)与康德学界对他自由理论的主流解释是完全一致的,而(2)则潜藏在(1)之下,并为(1)提供了一种终极的可能性条件。所以,为了回应读者可能产生的疑问,在此需要再次强调的是:本书并没有试图质疑或者动摇学界对康德自由理论的主流解释,相反,本书恰恰通过对根本恶理论的系统性研究,为上述主流解释提供了一种更为深入和坚实的奠基。

与人类自由中"形式性的/属于个人的/现实化的一面"(亦即在善恶之间本质上并不确定的实际选择)截然不同的是,人类自由中"质料性

---

① 在这里,"形式性的"这个修饰词的意思是:个体的任意站在向善的动机和向恶的动机之间,可以选择这两个动机中的任何一个,同时,个体的任意将要给出的实际选择,在道德属性上必须具有一种根本上的不确定性。简单地说,形式性的自由意味着"(动词性地)在……之间进行实际选择"(actually choosing between),这种自由将自己展现为一种形式结构和选择的能力。

② "质料性的"这个修饰词指的是人格性禀赋和趋恶倾向,亦即位于人类族类层面的向善潜能和向恶潜能,这两种潜能分别为个体的任意提供了朝向善的动机和朝向恶的动机,使得个体的任意能够在两种动机之间进行选择。简单地说,质料性的自由意味着"(名词性的)潜在的选择"(potential choices),而这些潜在的选择又必须是自由从自身之中产生出来的,而不是由自由之外的客体提供的。换言之,质料性的自由其实就是自由从自身内部建立起来的,使得上述形式性的自由能够在其之上运作的质料性基础。

的/属于族类的/潜在化的 面"则应当被看作是一种确定地趋向于恶的倾向。就如前文已经展示过的那样,潜在性和现实性之间的关系并不构成某种严格意义上的决定论,因为严格意义上的决定论将摧毁个体自由、道德责任以及个人弃恶从善的可能性。事实上,全书第三卷对于趋恶倾向整个论证的成败,都系于"潜在性"所拥有的微妙模态之上。从主观的角度来看(亦即根据对人类历史上各种可见行为的观察),趋恶倾向必须被判断为对整个人类族类都是主观必然的,因此也就同时是普遍存在的。这意味着,没有任何一个人类个体能够逃脱这一倾向的诱惑(或许除了基督之外,因为出于道德实践的目的,康德或许愿意承认基督是一种纯洁无瑕的人性理念的人格化)。然而,从客观的角度看(亦即根据人之为人的原初构成),同一个趋恶倾向又必须被判定为对于自由的人性而言仅仅是偶然的,也就是说,这一趋向仅仅是被自由地嫁接到人性之上的。这里需要再次强调的是,在康德的道德人类学中,每个人类个体都被当作了人类族类的一个"范例",所以任何对于人类族类是主观必然和客观偶然的东西,对于每一个人类个体也同样是主观必然和客观偶然的。因此在个体层面上,趋恶倾向也同样不应当被看作是属于一个人的"真正的自我"的本质构成部分。

现在,在对趋恶倾向的研究的结尾之处,本章还需要谨慎地确定这一研究的合法性限度,从而确保在这一研究中对于理性的运用,最终不会狂妄地僭越理性本应谨守的界限。康德本人明确地区分了恶在经验中的"时间起源"(Zeit-ursprung)和恶在自由中的"理性起源"(Vernunft-ursprung)①。很明

---

① "所谓(最初的)起源,是指一个结果从其最初的,亦即这样一个原因的产生(Abstammung),该原因不再是另一个同类原因的结果。它可以要么作为理性上的起源,要么作为时间上的起源而被考察。在第一种意义上,所考察的只不过是结果的存在(Dasein);在第二种意义上,所考察的则是结果的发生(Geschehen),从而也就是把它当做事件(Begebenheit)与其在时间中的原因联系起来。如果把结果与一个按照自由法则同它结合在一起的原因联系起来,就像道德之恶的情况那样,那么,对任意进行规定,使它产生结果,就不是被设想为与它在时间中的规定根据相结合,而是被设想为仅仅与它在理性表象中的规定根据相结合,并且不能被从任何一个先行的状态中推演出来"(RGV 6:39;《康德著作全集》第 6 卷,中国人民大学出版社 2007 年版,第 39 页)。

显,作为给所有现实之恶奠基的终极"根据"(Grund),趋恶倾向应当被归于恶在自由中的理性起源,而不是恶在经验中的时间起源。然而,尽管康德本人明确地否认了存在着任何在绝对意义上的恶的时间性起源(因为根据康德的观点,任何试图在非-自由的自然事件中,为本质上是自由的行动寻找第一因的做法,都是一件自相矛盾的事)①,但是,观察者依然可以给"向恶潜能在某个具体情境中的现实化"这一事件寻求一个特定的起始时刻,或者说,寻求一种在相对意义上的恶的时间起源。然而,一旦开始考察恶在相对意义上的时间起源,观察者最终又会发现,虽然本书迄今为止在关于根本恶的整体刻画中做出了各种各样的努力,但现在,在属于人类个体层面的"恶之现实性",与属于人类族类层面的"向恶潜能"之间,似乎依旧存在着一道神秘的鸿沟。换句话说,观察者似乎永远无法确定,属于人类族类的向恶潜能,在每个具体情境中究竟是如何被转换为属于个人的现实之恶。恶在每一个个体之中被现实化的那个瞬间,都经历了一场从"潜在性"到"现实性"的"跳跃"。这种从一种模态向着另一种模态的跳跃,又与属于整个人类族类,但同时又是被人自由地招致的趋恶倾向一样,都是不可以被继续探究的②。上述这一点正是人类自由的终极奥秘,这一奥秘或是通过人类族类的历史,或是通过人类个体的发展,已经在现实经验中无数次地将自身启示了出来。

然而,比人类族类的趋恶倾向以及这种倾向在人类个体之中的现实化更为神秘的,却是以下这个事实:不仅向恶潜能与恶的现实化这两者

---

① "为自由行动本身(完全当作自然结果)寻求时间上的起源,这是一种自相矛盾。所以,就人的道德属性被看作是偶然的而言,对它来说也是如此,因为这种道德属性意味着运用自由的根据,它(就像一般自由任意的规定根据一样)必须仅仅在理性表象中去寻找"(ibid., 6:40;《康德著作全集》第6卷,中国人民大学出版社2007年版,第40页)。

② "但是,我们的任意把从属的诸动机作为最高的(动机)而纳入其准则的在方式上的错乱,亦即这种趋恶的倾向,其理性上的起源,依然是我们所无法探究的,因为它本身必须被归咎于我们,从而那所有准则的最高根据又会要求采取一个恶的准则。这种恶本来只能产生自道德上的恶(而不是产生自对我们本性的纯然限制);然而原初的禀赋(除了人自身之外,没有别的什么能够败坏这种禀赋,如果这种腐败应当被归咎于他的话)毕竟是一种向善的禀赋。所以,对于我们而言,就不存在我们之中的道德之恶最初可能由此而来的可理解的根据"(ibid., 6:43;《康德著作全集》第6卷,中国人民大学出版社2007年版,第43页)。

的"理性起源"和相对意义上的"时间起源"是不可探究的,而且在超越于理性言说的象征性思维当中,上述这两种不可探究性,又是彼此深深地纠缠在一起的。根据康德对《圣经》中亚当堕落的诠释,体现了人性之全体的亚当,同时也代表着每一个人类个体。所以,亚当的堕落也就是我的堕落、你的堕落,以及每一个人的堕落。从实践的角度来看,当一个人每次做出恶行的时候,他也都应当判定自己和亚当一样,是从一种全然不受趋恶倾向污染的纯洁无罪的状态中堕落下来的①。在这里,康德把恶在相对意义上的时间起源,看作了恶在自由中的理性根据的"图型"(Schema)②。在这种图型式的言说背后,似乎又潜藏着人类个体与人类族类的某种神秘统一,或者说,潜藏着在人类个体之中的"恶的现实化"和属于人类族类的"向恶潜能"的神秘统一。反过来说,或许恰恰由于这种原初的神秘统一的存在,无论是《圣经》中关于恶的象征性的表象方式,还是康德将宗教和神话叙事当作道德事件的图型的做法,才能在一个终极的层面上得到奠基和辩护。然而,当人类理性不得不面对自由的上述奥秘时,理性既不能针对属于族类的趋恶倾向,进一步探索它背后更深的理性根据

---

① "每一种恶的行为,如果要寻求它在理性上的起源,就必须这样被看待,就好像人是直接从天真无邪的状态陷入它里面一样……按照《圣经》,恶并不是从作为基础的趋恶的倾向开始的(因为若不然,恶的开端就不是从自由产生的了),而是从罪(罪被理解为对作为上帝诫命的道德法则的逾越)开始的。但是,人在所有趋恶倾向之前的状态,则叫做天真无邪的状态……以上所说清楚地表明,我们每天都正是这样做的,因而'在亚当里面所有人都犯了罪',并且还在犯罪;只不过在我们身上,已经假定了一种生具有的趋向于越轨的倾向。而在那第一个人身上,按照时间并没有假定这样的倾向,而是假定了天真无邪……但是,这种倾向无非意味着,如果我们想按照其时间上的开端来说明就,我们对于每一次蓄意的越轨都必须到我们人生中一段先前的时间来追溯原因,一直追溯到理性的使用尚未发展的这一时间,因而一直追溯到一种因此而叫做生而具有的趋恶倾向(作为自然的基础)"(ibid., 6:41-43;《康德著作全集》第6卷,中国人民大学出版社2007年版,第41—43页)。

② 《圣经》把恶的起源描绘为人的族类中恶的一个开端。因为它把这一开端表象在一个故事中,在那里,按照事物的本性(不考虑时间条件)必须被设想为第一的东西,显现为根据时间是第一的东西……这种不可理解性,连同对我们族类的恶劣性的进一步规定,《圣经》是在历史叙述中通过如下(方式)表达出来的:亦即它虽然把恶向前放到世界的开端,但毕竟没有把它放在人里面,而是放在了一个具有原初地就更高贵的使命的精灵里面。所以,这样一来,一般而言所有恶的最初开端,就被看作对于我们是不能理解的了(因为在那个精灵那里,恶又是从哪里来的?)"(ibid., 6:41-44;《康德著作全集》第6卷,中国人民大学出版社2007年版,第41—44页)。

是什么，又不能针对恶在个体之中的现实化，进一步探索它在时间中的起源是如何发生的。至于属于人类族类的自由内部的向恶潜能，与属于人类个体的恶在时间中的现实化——这两者最终又是如何统一起来的，就更是人类理性所无法探究的终极奥秘了。简言之，当人类理性面对着人类自由最深处的三重奥秘（亦即族类的趋恶倾向、恶在个体之中的现实化以及这两者的神秘统一）的时候，理性也就必须谦卑地承认自己的边界，并且批判性地约束自己意欲跨越边界的狂妄。与此同时，人类的自我认识并不会随着理性自我批判、自我限定的行动而宣告终止。事实上，恰恰是在理性的最终边界上，在所有属于哲学的理性阐明（不论这种阐明是理论性的，还是实践性的）最后终止的地方，属于宗教的象征性语言，以及对这种象征性语言的进一步"诠释"（hermeneutics）才正式登上舞台。而属于宗教的象征性语言，以及对这种象征性语言的诠释，或许能够为人类建立起一种新的自我认识。这种新的自我认识既不把人当作经验中可以被观察到的"客体"，也不把人视为认识和行动的"逻辑主体"，而是把人首先当作一种"超-逻辑的主体"来看待。作为一种"超-逻辑的主体"，人的终极本质唯有通过永无止境的自我表达和自我实现，才能以一种"后验的方式"（*per posterius*）将自身一次次地"启示"出来。

结　语

　　本书通过对恶的单一本质、恶的多重表达和恶的终极根据这三个方面的考察，对康德在《纯然理性界限内的宗教》第一部分中提出的根本恶理论进行了系统性的研究。通过这项研究，本书最终获得了一种关于康德人类自由概念的新理解，根据这种新理解，人类自由不仅从理性领域拓展到了感性领域，而且也从个体层面的现实选择，深入到了族类层面朝向不同选择的潜能。就如前文已经展示过的那样，这种被大大拓展和加深了的关于康德人类自由概念的新理解，与康德学界对其自由理论的主流解读非常之不同。同时，这种新理解甚至超出了康德本人在《奠基》和第二批判中的字面表述，并且把康德的立场与他之前的基督教思想家（例如奥古斯丁）以及他之后的德国观念论者（例如费希特和谢林）紧密地联系在了一起。

　　一方面，就人类自由的"客观一面"（亦即道德形而上学的研究对象）而言，康德无疑可以被称为一个坚定的"佩拉纠主义者"（Pelagian）。由于实践理性订立的道德法则在每个个体之中的永恒存在，仅仅因为法则告诉某个人，他应当自由地行善，他也就完全能够自由地行善。另一方面，当论及人类自由的"主观一面"（亦即道德人类学的研究对象）的时候，康德却似乎更接近于奥古斯丁的立场。鉴于人类历史上诸种恶行的广泛存在，整个人类族类的道德品格，也就必须被判定为是恶的。虽然康德曾经严厉地批评过奥古斯丁关于原罪的遗传学说,但康德本人的根本恶理论,却依然可以被看作是通过在其批评哲学的框架内部重新表述相关的概念,进而对传统的原罪教义进行的一种"理性化尝试"①。

除了与奥古斯丁关于人性黑暗面的基本判断保持着高度一致之外,康德的根本恶理论还蕴含着一种内在的发展逻辑。这种内在的发展逻辑,又使得他的人类自由概念,能够在通向费希特哲学和谢林哲学的方向上得到进一步的诠释②。首先,根据《宗教》一书中提出的"采纳的命题",经验中可被观察到的行为所拥有的道德属性,是由给这一行为奠基的具体准则来决定的。这一具体准则的道德属性,又是由它背后的最高准则(即意念)来决定的。意念是自由任意在本体层面将自爱原则置于道德法则之上的行动的产物,这一本体性的行动在逻辑上要优先于一切具体准则,并为这些具体准则提供了先验的根据。所以,康德在《宗教》第一部分中提出的回溯性推理,必然将观察者最终带回到自由任意所拥有的某种"统一化的自我意识"(unifying self-consciousness)当中,这种统一化的自我意识可以被称为一种"实践统觉"(practical apperception),也就是与"我思"(ich denke)相对应的"我意愿"(ich will)。实际上,为了将某个人的所有

---

① 本书绝不想在此暗示,康德是为了取悦基督徒和宗教当局,才不负责任地在他的自由理论之中植入了与该理论并不相容的原罪教义的。相反,本书仅仅想要指出,康德发现了人性内部的某种黑暗深渊(而这种发现确实与奥古斯丁的洞见十分地类似),并且试图在批判哲学所提供的资源和所允许的限度之内,尽可能深入地探索这一黑暗深渊。至于康德的根本恶理论能否作为一个本质性的建构要素而被纳入他的批判哲学体系内部,但同时又并不会破坏这一体系的融贯性——这是一个必须留待读者自行去判断的问题。然而,任何人都必须承认的是,康德本人拥有足够的自信去进行上述大胆的尝试。

② 本书第二卷对康德激情理论的诠释可以说是黑格尔式的:当激情的"质料基底"(亦即生而具有的偏好和获得的偏好)发生变化时,那种将自身附着于这一基底之上的悖逆的自爱的表达形态也会发生相应的改变。这一诠释的灵感,部分地源于黑格尔在《精神现象学》中对自由之诸形态的论述。然而,考虑到康德本人并未明确地讨论过人类自由(随质料性对象而)不断改变的表现形态,所以,从最严格的意义上说,本书第二卷对激情的诠释,就只能算作对该主题的"一种可能的康德式进路"(a possible Kantian approach)而已。相反,意念和趋恶倾向这两个概念却是康德本人明确提出的,本书第三卷通过细致地考察康德文本并发展出其内在逻辑,确实展示出了人类自由内部两个更深的侧面,其中一个侧面比较类似费希特的思想,另一个侧面则比较符合谢林的精神。

行为都归于一个统一的主体，从而使得针对该主体的道德归责成为可能，观察者就必须预设这种位于自我意识的最高层级之中的"我意愿"，而"我意愿"又以一种根本性的方式（radically）创造出了主体自身的道德品格。很明显，这里对"我意愿"的预设，有些类似于费希特在《全部知识学的基础》中提出的"自我设定自身"。

然而，上述康德版本的"自我设定自身"有两个值得强调的独特之处。第一，无论是将道德法则置于自爱原则之上，还是将自爱原则置于道德法则之上——这两种选项对于个体的自由任意来说都是开放的。所以个人意念所拥有的道德属性，也就在原则上配备了两种完全平等的可能性。这意味着在个体层面，人在善恶之间的选择具有一种根本上的不确定性。第二，如果进一步考察一下人的现实存在，那么观察者将很快会发现，恶的意念的存在远比善的意念的存在广泛和常见得多，而这一灰暗的现实，又源于位于人类族类层面的一种更为根本的，朝向道德之恶的确定的倾向。根据本书第三卷的论述，在对道德法则和自爱原则进行任何实际的排序之前，每一个个体的自由任意并不是以一种无所谓的态度站在善恶之间的，而是已经受到了属于人类族类的向恶潜能的强烈诱惑，因而已经非常趋向于将自爱原则排在道德法则之前了。换言之，上述这一普遍的，但同时也是由人类自由地招致的趋恶倾向，极大地阻碍了朝向道德之善的原初人格性禀赋在个体之中的现实化。

从某种意义上说，这种超-个体的趋恶倾向，可以被称为一个以潜在的方式包含着所有个体的"绝对主体"（Absolute Subject）①。一方面，当个体通过恶的意念而自由地将趋恶倾向现实化时，该个体也就放任自己成为上述绝对主体的一个现实范例。另一方面，当个体通过善的意念而自由地抵挡住来自趋恶倾向的诱惑时，该个体就将仅仅是绝对主体的承载者，却并不是绝对主体的现实范例。所以，最完整意义上的道德教育，

① 本书作者从鲁汶大学哲学系时任教授尼古拉斯·德-瓦伦（Nicholas de Warren）关于谢林《论人类自由的本质》的课程上，学到了使用"绝对主体"这一概念。德-瓦伦教授主讲的这一课程，也深刻地影响了本书对于康德根本恶理论的诠释。

不仅应当包括弃恶从善的道德皈依，以及与恶的诱惑展开一场永久的斗争，还同时应当包括通过挣脱作为每一个体诞生之地的，如同黑暗混沌一般的族类品格，进而塑造出属于个体自身的个人品格。

　　很明显，人类自由这种超越个体性和超越现实性的一面，与谢林在《论人类自由的本质》中提出的思想似乎具有一种隐秘的连续性。然而，相较于谢林的大胆思辨，康德却谨慎地将趋恶倾向当作了恶的终极根据（所以理性无法对它进行更深的奠基），当作了人类自由内部不可探究的深渊（所以理性无法对它进行更清楚的探究），当作了一切对人性的考察工作所能达到的最远边界线（所以理性不能再跨越这条边界线）。简言之，由于人类理性的自我限制，是康德批判哲学所遵循的一条最高原则，所以康德也就必然无法通过背离这一原则而进一步地窥探自由的"前-历史"（pre-history）、窥探人类自由和自然世界之间隐秘的连续性、特别是窥探作为人类自由之最深根据的上帝自由。这意味着，谢林在《论人类自由的本质》中提出的大部分精彩洞见，若从康德的立场来看，都只能被当作夸张的思辨而放弃掉。另一方面，康德的立场在这个问题上所表现出来的严重局限性，却同时也见证了这位大哲学家在面对人类自由的终极奥秘时，一种可以在理性上得到充分辩护的谦卑态度。

　　总之，根据本书对康德根本恶理论所提出的新诠释，康德对人类自由的理解一方面与他之前基督教哲学中的悲观主义人性论保持着某种深层一致性，另一方面又隐含着可以进一步发展为后来德国观念论中"自我设定自身"和"超-个体的潜能"这两种思想的内在倾向。于是从某种意义上说，本书的讨论也就能够帮助读者厘清康德关于自由与恶的思考在哲学史上所占据的位置，并同时证明康德对这两个概念的发展所做出的重要贡献。在这篇最终的结语中，本书作者还想再次强调的是：虽然《纯然理性限度内的宗教》的第一部分在问世之后的两百多年内遭到了持续的漠视和批评，但这一部分文本，实际上恰恰代表了人类理性为了理解隐藏在自身命运最深处的悲剧，而采取的一场英雄式的冒险行动。这场英雄式的冒险行动，由启蒙时代最伟大的理性倡导者所开启，它不仅展现了一名负责任的哲学家在面对人类真实的道德处境时，在认知上所具有的绝对严肃与诚实，也体现了一位最高层次的思考者在推理过程中的高度系统化和在概念辨析中令人惊叹的细腻与敏锐。然而可惜的是，由于康德开启的这场英雄式的冒险行动，发生在一个对于理性的力量过分乐观，甚至是盲目乐观的时代，当时那些对社会进步和人性改良信心满满的读者们，一开始很难领会到康德这场冒险行动的深刻意义。然而，当经过了两百多年的漫长光阴，经过了一代又一代康德诠释者的不懈努力，特别是当人类对自身本性的天真信心，随着从二十世纪初一直延续到今天的无数场灾难一步步走向了幻灭之后，康德对恶的深刻洞见，也终于在我们这个时代得到了承认和重视。所以在这里，请本书的读者允许作者斗胆做出下述最终断言——康德对道德之恶的深刻洞见，足以为他赢得与圣保罗、奥古斯丁、克尔凯郭尔、尼采等人并驾齐驱的西方思想史中对人性最伟大的思考者的地位。

附录：貌似魔鬼，仍为人类

——对康德关于魔鬼之恶与类-魔鬼之恶的观点的系统考察与温和辩护①

【摘要】 对于康德学界而言,如何解释和评价康德对于魔鬼之恶的观点,一直是一个极富争议的问题。本文包含着两重论证目标。第一,本文将考察或者是被康德本人明确地讨论过,或者是隐含在他的文本之中的全部六种形态的魔鬼之恶和类-魔鬼之恶,深入地分析每种魔鬼之恶和类-魔鬼之恶在康德的概念框架下是否(以及为何)应当被否定或接受。这部分文本分析的结论将会是:对于康德而言,人类之恶的极限仅仅存在于一种类-魔鬼式的自由任意当中。这种类-魔鬼式的任意只会为了彰显自身自由而作恶,却并不会一以贯之地仅仅为了作恶去作恶。

第二,本文还将为康德关于魔鬼之恶和类-魔鬼之恶的整体观点提供一种温和的辩护。一方面,本文将借助康德的实践自由理论,来论证康德否认魔鬼式的意志和魔鬼式的任意之存在的做法是完全合法的。另一方面,针对于"偶尔地为了作恶而作恶"这种极其特殊的可能性,本文还将为康德的道德心理学提供一种批判性的辩护。根据这一批判性

---

① 原标题为"Like Devils, but still Humans: A Systematic Examination and Moderate Defense of Kant's View of (Quasi-)diabolical Evil",发表于 *International Journal of Philosophy and Theology* (Vol. 78, Issue 3, May 2017),并在 2017 年 6 月举行的第五届鲁汶康德会议 (Leuven Kant Conference)上宣读。

的辩护,"为了彰显自身的自由而作恶"和"仅仅为了作恶而作恶"这两种情况虽然在各自的实践原则上存在着一种本质性的差别,但在主体的内心之中却无法被他自己绝对明确地区分开。因此,康德的批评者们亦将注定无法从人类经验中援引任何确定的实例,由此来证明"偶尔地为了作恶而作恶"这种极其特殊的情况,的确在现实之中存在着。

【关键词】 康德;恶;魔鬼之恶;为恶而恶;自爱;自负

引言

在《纯然理性界限内的宗教》一书中,康德似乎明确否认了魔鬼之恶可能存在于人类处境之下:

> 这种恶的根据也不能被放在道德地立法的理性的败坏之中,就好像这种理性能在自身中清除法则本身的威望,并且否定出自法则的责任似的,因为这是绝对不可能的。设想自己是一个自由行动的存在者,同时却摆脱适合于这样一种存在者的法则(道德法则),这无非是设想出一个没有任何法则的作用因(因为依据自然法则作出的规定由于自由的缘故而被取消);而这是自相矛盾的。——所以,为了说明人身上的道德上的恶的根据,感性所包含的东西太少了……与此相反,摆脱了道德法则的仿佛是恶意的理性(一种绝对恶的意志)所包含的东西又太多了,因为这样一来,与法则的冲突自身就会被提高为动机(因为倘若没有任何动机,任意就不能被规定),并且主体也会被变成为一种魔鬼般的存在者(*RGV* 6:35)①。

上述这段引文在康德研究者中引发了激烈的争论。一方面,康德的批评者们与他的辩护者们的观点似乎各有道理,另一方面,他们各自观点的有效性似乎也有其局限性。首先,作为康德的批评者,西比尔、伯恩

---

① 《康德著作全集》第6卷,中国人民大学出版社2007年版,第35页。

斯坦以及卡尔德①,给予了人类历史上和文学作品中那些所谓魔鬼式的犯罪者以足够的重视。根据这几位学者的解读,那些魔鬼式的犯罪者都仅仅是为了作恶而作恶,因此他们的动机根本无法用康德关于人类之恶的定义(亦即颠倒自爱原则与道德法则之间的次序)来解释,由此可见康德关于恶的定义对于人类现实来说是多么地缺乏解释力。可惜的是,如果读者仔细地反思一下这几位批评者所使用的例子,那么将会很快发现,假若那些所谓的魔鬼式的犯罪者,真的是康德在上述引文中所提到的魔鬼式的行动者,换言之,假若这些犯罪者的纯粹意志真的被彻底地败坏了,那么人们亦将不得不认为,这些犯罪者的道德主体性也将随之瓦解,而这意味着,他们不仅无法为自己的恶行承担起任何道德责任,甚至也无法在任何有意义的道德言说中被判定为是恶的——而这一点,恰恰是伍德、安德森-葛尔特和艾利森②等康德的辩护者试图针对他的批评者而提出的反对意见。进一步地,借助于对于"仇恨的恶习"③"在激情中

---

① 参见 Silber, J. R. , "The Ethical Significance of Kant's *Religion*," in *Religion within the Limits of Reason Alone*, T. M. Greene and H. H. Hudson (trans.), New York: Harper & Row, 1960, pp. CXXIX - CXXX; Silber, J. R. , "Kant at Auschwitz," in G. Funke and T. M. Seebohm (eds.), *Proceedings of the Sixth International Kant Congress*, Washington, D. C. : Center for Advanced Research in Phenomenology, 1985, pp. 177 - 211; Silber, J. R. , *Kant's Ethics: The Good, Freedom, and the Will*, Boston/Berlin: de Gruyter, 2012, pp. 329 - 334; Bernstein, R. J. , *Radical Evil: A Philosophical Interrogation*, Cornwall: Polity Press, 2002, pp. 36 - 37; Card, C. , *The Atrocity Paradigm: A Theory of Evil*, New York: Cambridge University Press, 2002, p. 84。

② Wood, A. W. , *Kant's Moral Religion*, Ithaca, NY and London: Cornell University Press, 1970, pp. 211-212; Wood, A. W. , "The Evil in Human Nature," in G. E. Michalson (ed.), *Kant's Religion within the Boundaries of Mere Reason: A Critical Guide*, Cambridge: Cambridge University Press, 2014, p. 37; Anderson-Gold, S. , "Kant's Rejection of Devilishness: The Limits of Human Volition," *Idealistic Studies* 14(1): 45, 1984; Allison, H. E. , "Reflections on the Banality of Radical Evil: A Kantian Analysis," in *Idealism and Freedom: Essays on Kant's Theoretical and Practical Philosophy*, New York: Cambridge University Press, 1996b, p. 175.

③ 亦即 vices of hatred, 参见 Wood, A. W. , "The Evil in Human Nature," in G. E. Michalson (ed.), *Kant's Religion within the Boundaries of Mere Reason: A Critical Guide*, Cambridge: Cambridge University Press, 2014, p. 35。

出现的自我的特殊化"①以及"经由接受某种意识形态而全心地认同于某个群体"②这些现象的分析,康德的辩护者们还试图为人类历史和文学作品中那些所谓的魔鬼式的犯罪者提供各种各样的"康德式的叙述"(Kantian accounts),由此使得人们对于这类犯罪者的理解,不必再诉诸真正意义上的魔鬼之恶(亦即诉诸"仅仅为了作恶而作恶")。

　　同样可惜的是,如果读者反过来抱着更为同情的态度去理解康德的批评者们,将他们质疑康德的关键点,重新解读为"人类是否至少能够偶尔地做出为恶而恶的行为",而不是解读为"人类是否能拥有魔鬼式的纯粹意志",那么读者也就不得不承认,康德的辩护者们尚未对这一质疑的关键点提出充分的回应。因为,康德的批评者们在这里所提出的真正问题,并不涉及"被纯粹意志(Wille)唤起的原初性的(original)魔鬼式的动机"的可能性,而其实是涉及"被自由任意(Willkür)纳入准则的获得性的(acquired)魔鬼式的动机"的可能性。在伊瑞特·萨默特-波瑞特(Irit Samet-Porat)的研究的启发之下③,保罗·弗姆萨(Paul Formosa)试图论证说,康德的道德心理学可以容纳上文提到的那种"获得性的魔鬼式的动机"④。但不幸的是,就如后文即将展现的那样,由于弗姆萨错误地解释了受到道德法则打压的叛逆者对于法则的仇恨(这种仇恨能够与对法则的敬重同时存在)究竟具有何种性质,所以弗姆萨对于康德的辩护其实依旧是无法成立的。

　　以康德研究者围绕着魔鬼之恶问题的所有这些争论为基础,现在呈现在读者面前的这篇文章有两重目的。一方面,本文将系统地考察或是

---

① 亦即 self-particularization in passions, 参见 Anderson-Gold, S., "Kant's Rejection of Devilishness: The Limits of Human Volition," *Idealistic Studies* 14(1): 42, 1984。

② 参见 Anderson-Gold, S., "Kant, Radical Evil, and Crimes against Humanity," in S. Anderson-Gold and P. Muchnik (eds.), *Kant's Anatomy of Evil*, New York: Cambridge University Press, 2010, p. 196。

③ Samet-Porat, I., "Satanic Motivations," *The Journal of Value Inquiry* 41: 77 - 94, 2007.

④ Formosa, P., "Kant on the Limits of Human Evil," *Journal of Philosophical Research* 34: 189 - 214, 2009.

被康德本人明确地分析过的，或是隐含在他文本之下的全部六种形态的魔鬼之恶和类-魔鬼之恶。另一方面，基于这一文本分析，本文又将建立起一种对于康德关于魔鬼之恶和类-魔鬼之恶的整体观点的温和辩护。本文的基本论证将分为五个步骤。首先，为了给关于全部六种魔鬼之恶和类-魔鬼之恶的讨论提供一个基本的背景，本文的第一节将着重分析康德笔下的实践自由概念所具有的诸特质，由此确定当涉及道德之恶的问题时，人类的道德主体性所必须具有的三个建构性的要素。随后的第二节将聚焦于第一大类的魔鬼之恶，也就是魔鬼式的意志，并且向读者证明，为什么根据康德的概念框架来判断，归于这一大类之下的四种魔鬼式的意志，对于人类的道德处境来说都是不可能存在的。进一步地，本文的第三节将转向对第二大类的魔鬼之恶，也就是对魔鬼式的任意的讨论，并由此证明在康德的概念框架之下，完全意义上的魔鬼式的任意必须同时满足四个标准。紧接着，本文的第四节将论证为什么根据康德的思路，观察者必须否认完全意义上的魔鬼式的任意的存在可能性，同时本文还将论证，对于康德来说，人类之恶的极限只能存在于一种类-魔鬼式的自由任意里面，这种类-魔鬼式的自由任意并非为了作恶而作恶，而仅仅是为了彰显自身自由而作恶。最后，本文的第五节将考察康德关于魔鬼之恶和类-魔鬼之恶的整体观点的合法性，通过探索"为了彰显自身自由而作恶"与"仅仅为了作恶而作恶"这两种情况在主体内心中的不可区分性，本节将为康德的道德心理学提供一种批判性的辩护。

第一节　实践自由、任意、道德主体性

康德在他的批判哲学时期关于人类自由的第一处重要讨论，出现在《纯粹理性批判》一书对于第三个二律背反的解决之中（A532/B560－A558/B586）[①]。在那里，康德引入了先验自由和实践自由的概念。就如

[①]《康德著作全集》第3卷，中国人民大学出版社2004年版，第353—368页。

康德明确地告诉读者的那样，先验自由是这样的一个理念，亦即"自行开始一个状态的能力"，它的"因果性并不按照自然法则而又站在另一个依照时间来规定它的原因之下"（A533/B561）①。在消极的意义上，先验自由可以被描述为相对于感性强制的独立性，而在积极的意义上，先验自由又可以被描述为自行开启现象序列的绝对自发性。紧接着，在引入先验自由概念之后，康德又立即指明了先验自由在自然世界中的某类特殊承载者，亦即人的"任意"（Willkür），从而转向了关于某种具体地展现在人身上的，亦即某种特殊形态的先验自由（也就是实践自由）的讨论（A533/B561－A534/B562）②。根据康德的论述，一方面，先验自由的双重逻辑本质（一是对于感性强制的独立性，一是绝对的自发性）在实践自由中依旧保持着不变。另一方面，当先验自由栖居于人的任意之中，将自己具体地展现为实践自由时，先验自由也就同时获得了位于上述逻辑本质之外的其他特质。

人的任意是"独立于感性冲动的强制（Nötigung）而自行决定自己的能力"，但在人类的处境之下，任意也同时"［由于感性的动因（Antriebe der Sinnlichkeit）］而受到刺激"（A534/B562）③。根据康德的观点，任意的自由所具有的（实践意义上的）现实性，最终是通过它能够被纯粹意志所订立的道德法则来规定这一事实来证明的（参见康德对"理性的事实"的讨论，即 KpV 5:42－50④；另见 A802/B830⑤，MS 6:213－214⑥）。简言之，人的任意拥有某种特殊的结构，这种结构使得它可以同时接受两种不同的影响，一种影响来自于人的感性，另一种影响则来自于人的纯粹意志。

进一步地，人的任意可以同时接受两种不同影响的特殊结构，归根

①《康德著作全集》第3卷，中国人民大学出版社2004年版，第353页。
②《康德著作全集》第3卷，中国人民大学出版社2004年版，第353—354页。
③《康德著作全集》第3卷，中国人民大学出版社2004年版，第354页。
④《康德著作全集》第5卷，中国人民大学出版社2007年版，第45—54页。
⑤《康德著作全集》第3卷，中国人民大学出版社2004年版，第512页。
⑥《康德著作全集》第6卷，中国人民大学出版社2007年版，第219—221页。

究底又是以"意志(Wille)/任意(Willkür)"这一区分为其前提的。需要注意的是,康德对于意志与任意的区分,并不是对于两种不同"实体"的"形而上学区分",而是对于同一个高级欲求能力内部所包含的两种"功能"的"实践性区分"。作为高级欲求能力中的立法功能,意志实际上就是实践理性,而纯粹意志也就是纯粹实践理性(MS 6:226)①。此外,纯粹意志又可以被划分为"表象性的"(representational)方面和"动力性的"(conative)方面,这两个方面在相互协作之中,不仅给出了关于道德法则的表象,同时也唤起了对于道德法则的敬重,亦即必然伴随着法则之表象而出现的道德动机(KpV 5:72-89②;MS 6:399-403③)。最后,由于原初人格性禀赋的存在,纯粹意志中表象性的一面和动力性的一面,都必然地属于每一个人的原初本性(RGV 6:27-28)④。

与纯粹意志所代表的立法功能相对,任意作为高级欲求能力中选择对象和开启行为的功能,其首要的工作就是去选择准则,然后将动机采纳进准则,最后通过这些被采纳的动机来推动行为的发生。然而,任意对自身的这一主动规定,又必须通过它被动地接受的影响来实现,而上文提到过的任意所能接受的两种影响,实际上是分别源于人的感性和理性的两种情感。一方面,敬重感是被道德法则(亦即由纯粹意志订立的原则)的表象直接地唤起的情感。另一方面,感性的快乐或不快则是由于主体的感性特质而被唤起的情感,从这种感性的情感中可以产生出所有非-道德的动机,这些非-道德的动机都是通过自爱原则来规定任意的。

在关于道德之恶的讨论中如何理解人的道德主体性,对于在人类处境下分析魔鬼之恶的可能性具有极为关键的意义。根据迄今为止的分析,本文已经能够为这里所说的人的道德主体性确定两个建构性的环

① 《康德著作全集》第6卷,中国人民大学出版社2007年版,第233—234页。
② 《康德著作全集》第5卷,中国人民大学出版社2007年版,第76—95页。
③ 《康德著作全集》第6卷,中国人民大学出版社2007年版,第411—415页。
④ 《康德著作全集》第6卷,中国人民大学出版社2007年版,第26—27页。

节。首先,位于高级欲求能力内部的意志与任意之间的"功能性区分",为任意的主观原则(即准则)对于意志的客观原则(即法则)的偏离建立起了一种"逻辑的"可能性,也就是确保了"准则偏离法则这件事起码从逻辑上看并不是自相矛盾的"。其次,任意可以接受两种不同影响的特殊结构(特别是它对于感性影响的接受性),又为道德动机提供了现实的竞争对手,而这一竞争对手就是非-道德的动机。当任意为了非-道德的动机而置道德动机于不顾时,它的主观准则也就"现实地"偏离了客观法则。然而,除了上述这两个建构性的环节之外,对于本文围绕道德之恶的讨论来说,人的道德主体性还有第三个建构性的环节待被确定,这就是即将在下文中被提到的善相对于恶的原初优先性。这种原初优先性,最终又植根于人格性禀赋和趋恶倾向之间的某种不对称性当中。

在属于人的自由任意的三种原初向善禀赋(也就是动物性禀赋、人性禀赋和人格性禀赋)里面,人格性禀赋必须被视为是最特殊的一种禀赋。作为"一种对道德法则的敬重(作为任意的一个自身充分的动机)的感受性"(ibid.,6:27)①,人格性禀赋其实是一种朝向道德之善的潜能。由于人自然而然地就会把道德动机和非-道德的动机都纳入他的准则(ibid.,6:36)②,所以唯有当他把道德动机置于非-道德的动机之上时,他才能实现上述这种朝向道德之善的潜能,也就是实现人格性的禀赋(ibid.,6:27-28)③。但是,在对两类动机进行排序之前(这里的"之前"是逻辑上的,而不是时间上的),基于人格性禀赋的道德动机和基于动物性禀赋以及人性禀赋的非-道德动机之间,仅仅存在着一种自然的张力,却并不存在道德上的对立。作为朝向道德之善的潜能,原初的人格性禀赋总是平等而永恒地存在于每一个人之中,无论他是否将这一向善潜能现实化。

① 《康德著作全集》第6卷,中国人民大学出版社2007年版,第26页。
② 《康德著作全集》第6卷,中国人民大学出版社2007年版,第36页。
③ 《康德著作全集》第6卷,中国人民大学出版社2007年版,第26—27页。

康德将恶定义为当人将两类动机纳入准则时,将非-道德的动机置于道德动机之上的行动。正如朝向道德之善的潜能是人格性的禀赋,康德笔下朝向道德之恶的潜能,则是一种与之相反的趋恶倾向(ibid.,6:29-32)①。然而,与建构着人之原初本性,因而对这种本性是必然的人格性禀赋不同,趋恶倾向虽然也是人生而具有的,却可以同时被看作是人自由地为自己招致的。这意味着,趋恶倾向对于人性而言,仅仅是被偶然地附加上去的(ibid.,6:29)②。

从向善潜能与向恶潜能之间的这一不平衡性之中(前者对于人性是必然的,而后者对于人性仅仅是偶然的),可以推导出善相对于恶的一种"原初优先性"(original priority),而这种原初优先性正是在涉及道德之恶的问题时,人的道德主体性所必须具备的第三个建构性环节。唯有最终借助于这一建构性环节,道德法则才得以在人类处境下,将自身确立为规范着每个人一切自由行动的最高权威,才有权将一种无条件的"应当"加诸每个人类主体之上。相反,假设善相对于恶并不拥有这种原初优先性,那么道德法则也必将丧失对于人的自由任意的绝对约束力,而继续谈论人的道德主体性,也将成为一件毫无意义的事。

简单地总结一下上面的讨论,本节分析了实践自由的诸特质,人的自由任意能够同时接受感性和理性两种影响的特殊结构,以及当涉及道德之恶的问题时,人的道德主体性所必须具有的三个建构性环节。本节的分析为后文考察康德关于全部六种魔鬼之恶和类-魔鬼之恶的整体观点提供了某种一般性的背景,而在即将开始的第二节中,全文的讨论焦点就将转向对于第一大类的魔鬼之恶,也就是对于魔鬼式的意志的考察。

---

① 《康德著作全集》第6卷,中国人民大学出版社2007年版,第27—31页。
② 《康德著作全集》第6卷,中国人民大学出版社2007年版,第29页。

第二节　魔鬼式的意志

正如伍德、安德森-葛尔特和艾利森等学者所言①，康德之所以否认在人类处境之下可能出现魔鬼之恶的情形，是因为道德法则（以及对道德法则的敬重）对于人的道德主体性是原初建构性的。可惜的是，由康德的这几位辩护者所提供的这条论证线路虽然是有效的，却尚未达到足够的细致性和系统性。因为毕竟，纯粹意志作为高级欲求能力中的立法功能，可以被划分为"表象性的"和"动力性的"这两个方面，所以与之相应地，纯粹意志的败坏也就存在着两种可能性。一方面，纯粹意志可能在它表象性的方面遭到败坏。也就是说，当涉及对于道德法则的意识时，纯粹意志或是可能（a）未能给出道德法则，或是可能（b）给出了某种恶的法则，而不是善的法则。在这里，可能性（a）能够被立即排除掉，因为这种可能性直接取消了纯粹意志这种立法能力本身。进一步地，可能性（b）其实也是无法成立的，因为所谓"恶的法则"只是一个自相矛盾的概念，这个概念无法满足任何真正意义上的法则所必须具有的，那种可以用定言命令的形式表达出来的普遍性和必然性。

另一方面，纯粹意志也可能在它动力性的方面遭到败坏。这就是说，当涉及对于法则的意识之于行动的推动作用时，遭到败坏的纯粹意志或是可能（c）未能唤起任何动机，或是可能（d）唤起了一种想要去反抗由它自己订立的道德法则的原初动机。其中，（c）相当于"善恶不分"（a-morality）的可能性，而这种可能性又可以被进一步地细分为（c-1）"先天的（*a priori*）善恶不分"和（c-2）"后天的（*a posteriori*）善恶不

---

① 类似的论证参见 Dicenso, J. J., *Kant's Religion within the Boundaries of Mere Reason: A Commentary*, Cambridge: Cambridge University Press, 2012, pp. 59 - 60; Miller, E. N., *Kant's Religion within the Boundaries of Mere Reason: A Reader's Guide*, London: Bloomsbury, 2015, pp. 31 - 33; Palmquist, S. R., *Comprehensive Commentary on Kant's Religion within the Boundaries of Bare Reason*, Chichester: Wiley Blackwell, 2016, pp. 91 - 92。

分"。在这里的讨论中，由于意志和任意的区分并不是两种不同"实体"之间的"形而上学区分"，而是高级欲求能力内部两种"功能"之间的"实践性区分"，所以"意志未能原初地唤醒对法则的敬重"这件事，也就完全地等同于"任意未能产生原初的道德动机"这件事。换言之，上述这两件事，其实只是同一枚硬币的两个不同的面而已。尽管现实经验中所包含的敬重感是一种后天才出现的情感，这种敬重感必须每次都在具体的处境下，通过道德法则的表象而被现实地唤起，但这种后天出现的敬重，却又必须首先在人的内感官中拥有一种先天的基础。这种先天的基础被康德称为"道德情感"，也就是"自由任意对自己被纯粹实践理性（及其法则）所推动的感受性"：

> 不可能存在任何拥有一种道德情感或者获得这样一种道德情感的义务，因为一切责任意识都把道德情感当作基础，以便意识到蕴涵在义务概念中的强制；而是每个人（作为一个道德存在者）原初地在自身之中就拥有这种道德情感……如果对这种感受完全没有感受性，人在道德上就会是死的（*sittlich tot*），而如果（为了用医生的话语来谈论）道德的生命力不再能对这种情感造成任何刺激，那么，人性（仿佛是按照化学法则）就会分解为纯然的动物性，而且会不可逆转地与大量其他自然存在者混合在一起（*MS* 6：399 - 400）[①]。

所以，康德必须排除掉（c-1）"先天的善恶不分"这种可能性，因为假使人因为意志的先天缺陷，而注定无法产生出对于道德法则的敬重的话，那么他的道德主体性亦将土崩瓦解、不复存在。然而，在一种极度扭曲的文化、宗教、政治和法律环境下，一个人的道德情感很可能得不到充分的培养，甚至可能因为遭到严酷的压制而进入或长或短的休眠状态。这意味着，至少对于康德来说，（c-2）"后天的善恶不分"在人类处境下是完全有可能出现的。然而，即使在这种情况下，假若考虑到道德情感只

---

① 《康德著作全集》第6卷，中国人民大学出版社2007年版，第411—412页。

能被压制,却并没有被摧毁,那么人的道德主体性,以及与之相伴的道德责任,则依旧可以被保存下来。

在本节的最后,让我们再来考察一下情况(d),也就是纯粹意志唤起动机的机制遭到了彻底的败坏,或者说,纯粹意志能够唤起一种反叛道德法则的原初动机的可能性。在情况(d)中,人格性禀赋实际上从原先朝向道德之善的潜能,被彻底地颠倒成了朝向道德之恶的潜能,由此给出了一种对于法则的原初仇恨。这一对于人格性禀赋的彻底颠倒,也把善之于恶的原初优先性整个地翻转了过来,从而摧毁了上一节中所讨论的人的道德主体性的第三个建构性环节。很明显,情况(d)指的正是《宗教》一书中提及的魔鬼式的意志,康德本人和他的辩护者们也以一种令人信服的方式向读者阐明了:为什么这种魔鬼式的意志,在人类的道德处境下是根本不可能存在的(RGV 6:35)①。

第三节 神圣的任意与魔鬼式的任意

现在,在上一节已经考察了康德笔下第一大类的魔鬼之恶,亦即彻底被败坏了的魔鬼式的"意志"(Wille)在人类处境之下的可能性之后,本节将接着考察康德的概念框架内是否能够容纳一种魔鬼式的"任意"(Willkür)。与魔鬼式的意志不同,推动后面这种魔鬼式的任意去行动的,是一种被它"后天地获得的"(而不是它"先天地就拥有的")为恶而恶的动机。虽然康德本人对于这第二大类的魔鬼之恶并没有给出一个特别明确的定义,但读者从他讨论魔鬼式的任意的文本,以及作为其概念对立物的神圣的任意的文本中,却能收集到一些关于魔鬼式的任意的有用的线索。于是,通过考察这些相关的文本,本节的讨论便可以确定魔鬼式的任意所必须满足的一些关键标准。

首先,正如弗姆萨指出的那样,康德至少提供了两处直接涉及魔鬼

---

① 《康德著作全集》第6卷,中国人民大学出版社2007年版,第35页。

式的任意的重要文本:

> 因此,人的本性的恶劣(Bösartigkeit)并不确切地就是恶意
> (Bosheit),如果人们在严格意义上考虑这个词的话,亦即一种把恶
> 之为恶(das Böse als Böses)作为动机而纳入自己准则的意念
> (Gesinnung)(即诸准则的主观原则)〔因而这意念是魔鬼式的
> (teuflisch)〕(ibid.,6:37)①。

意念是自由任意所拥有的最基本的主观原则,也是它进一步采取所有具体准则的主观根据。在规定自身的意念时,自由任意或是将自爱原则置于道德法则之上,或是将道德法则置于自爱原则之上。在上面这段引文中,康德通过排除魔鬼式的意念的可能性,实际上是在告诉他的读者,魔鬼式的任意在人类处境下是不可能的。值得注意的是,魔鬼式的任意在这里被规定为不仅必须(1)拥有一个为恶而恶的动机,而且必须(2)将该动机纳入它的准则。虽然此处对于(1)和(2)这两个标准的区分初看起来似乎微不足道,但之后的分析将很快证明这一区分的重要性。

除了上述引文之外,康德论及魔鬼式的任意的另一处重要文本则是:

> 也就是这一点将人和魔鬼区分开:魔鬼让自己仅仅在恶本身之
> 下(nur unter dem Bösen selbst)且作为恶的始创者(Urheber)而被
> 思想,因而他不经过斗争(Kampf)或者诱发(Veranlassung)就只从
> 事坏的行为(VM-*Vigilantius* 27:572)。

就如弗姆萨注意到的那样,这里的魔鬼实际上指的是拥有魔鬼式的任意,而不是魔鬼式的意志的行动者②。康德之所以要排除魔鬼式的任意对于人类处境的可能性,则是因为这种任意超越了"斗争和诱发"而直接地就驱使着主体去从事坏的行为,但就如下文即将论述的那样,"斗争

---

① 《康德著作全集》第6卷,中国人民大学出版社2007年版,第37页。
② 参见 Formosa, P., "Kant on the Limits of Human Evil," *Journal of Philosophical Research* 34:193,2009。

和诱发"恰恰是在人类处境下所无法避免的。

现在,从上面两段直接关涉魔鬼式的任意的引文中,一共能够总结出这种任意所必须满足的三条标准:(1)魔鬼式的任意必须拥有"为恶而恶"的动机;(2)魔鬼式的任意必须将这一动机自由地纳入它的准则,从而让这一动机现实地推动它去行动;(3)魔鬼式的任意不必经历任何"斗争和诱发",而直接地就从事于恶的行为。对于此刻的讨论目标来说,条件(1)和条件(2)的含义已经足够清楚了。与此同时,虽然条件(3)究竟意味什么尚不是自明的,但它亦清楚地肯定了康德对于魔鬼式的任意的论述,针对的完全是人类的道德处境。现在,为了能够更深入地分析条件(3)的含义,本节的讨论还需要再增加一些新的线索。为此,下文将暂时转向康德关于魔鬼式的任意之概念对立物,也就是他关于神圣的任意的讨论:

> 因此,那条一切法则的法则与福音书的一切道德规范一样,是把道德意向在其全部完善性中展示出来,就像它作为一个神圣性理想(Ideal der Heiligkeit)是任何受造者都达不到的,但仍然是我们应当努力去接近,并在一个不间断的但却无限的进程中与之相同的原型(Urbild)一样。也就是说,假如一个有理性的受造者在某个时候达到了这种(状态),亦即完全乐意(völlig gerne)去执行一切道德法则,那么这就意味着:在他之中就连诱惑他背离这些道德法则的一种欲望的可能性也找不到(KpV 5:83)[①]。

作为每个人都应当去努力追求的原型,神圣的任意也拥有可以同时接受感性和理性两种影响的结构。因此,仅仅从"原则"上(in principle)说,神圣的任意也必然会面临两种异质性动机之间的潜在冲突。然而,与一般意义上的人的任意不同(对于这种任意来说,非-道德的动机总是构成了一种指向道德之恶的现实诱惑),神圣的任意在"现实"中(in reality)则彻底地排除了这种诱惑。因此,神圣的任意对于道德法则所怀

---

① 《康德著作全集》第5卷,中国人民大学出版社2007年版,第89—90页。

有的情感并不是敬重(因为敬重依然暗示了心灵对于道德法则的一种内在抵抗),而是对法则的真诚喜爱。同时,这种超越了普通人状况的神圣的任意,也以上帝之子(亦即福音书中的基督)作为它的典型代表(*RGV* 6:60—62)。

至于基督之外的普通人为什么只能努力趋近,却永远无法真正地拥有神圣的任意——康德在前后期著作中对于这件事的解释也并不相同。在第二批判中,康德似乎将神圣的任意之于普通人的这种"不可获得性",仅仅归咎于感性欲望的干扰:

> 因为既然它是一个受造者,因而就它达到对自己的状况完全心满意足所要求的东西而言总是有依赖的,所以,它永远不能完全摆脱欲望和偏好,欲望和偏好由于以物理原因为依据,不会自发地与来源完全不同的道德法则相一致,因而它们在任何时候都使得有必要考虑到它们而把受造者的准则的意念建立在道德强制上,即不是建立在心甘情愿的服从(bereitwillige Ergebenheit)上,而是建立在对法则的遵循[哪怕这遵循是不乐意地(urgerne)发生的]所要求的敬重上(*KpV* 5:84)①。

然而,在《道德形而上学》中,康德对于神圣的任意之于普通人的这种"不可获得性",似乎又提出了某种不同于第二批判的新解释。康德声称,"反抗一个强大但却不义的敌人的能力和深思熟虑的决心是勇气(Tapferkeit,fortitudo),就我们心中的道德意念的敌人而言是德性[virtus,道德上的勇气(fortitude moralis)](*MS* 6:380)②。在这段对于德性的定义中,康德似乎在感性欲望之外,为道德确定了一个更为可怕的敌人。关于这个更可怕的敌人,康德又告诉读者说:"作为逻辑上的反面[Gegenteil,矛盾地相对的(contradictorie oppositum)]与德性=+a相对立的,是消极的无德性[negative Untugend,道德上的软弱

---

① 《康德著作全集》第 6 卷,中国人民大学出版社 2007 年版,第 90 页。
② 《康德著作全集》第 6 卷,中国人民大学出版社 2007 年版,第 393 页。

(moralische Schwäche)]＝0,而作为对立物[Widerspiel,相反地或者实际地相对的(contrarie s. realiter oppositum)]与之相对立的,则是恶习 ＝－a"(ibid.,6:384)①。在这里,读者完全可以将道德意念的"强大但却不义的敌人",理解为德性的"现实的"对立物,而不仅仅是德性的"逻辑的"对立物。

事实上,为了避免将恶归咎于人的肉体性存在(或者说为了避免摩尼教式的善恶二元论),康德绝不应当将道德的现实对立物仅仅追溯回感性偏好之中。康德在《宗教》中对于道德之恶的最详细的分析,也的确一方面将感性偏好从"恶的肇始者"这一严厉的指控之下解放了出来,另一方面又将恶的最终根据置于了任意所拥有的趋恶倾向(也就是"准则背离道德法则的可能性的主观根据")之中(RGV 6:29)②。正如康德明确地告诉读者的那样,这一趋恶倾向总是在诱惑着一般人的自由任意,在其准则内部将非-道德的动机置于道德动机之上。更糟糕的是,这一趋恶倾向只能被人不断地抵抗,却永远无法被他一劳永逸地根除(ibid.,6:51)③。甚至在弃恶从善的道德皈依事件已经发生之后,趋恶倾向也依旧对那些经历了这场皈依的人构成了一种永恒的诱惑,时时刻刻引诱着他们重新落入恶的陷阱之中。然而,与普通人的情况相反,作为神圣的任意的代表者,基督是"一个来自这样一个起源的使者,他在原初的天真无邪之中并未被牵连进(in... mit begriffen)人类种族的其他(部分)通过其代表(始祖)而与恶的原则所缔结的契约之中",而基督所拥有的这种纯洁人性的最重要的象征,就是他是"由一个童贞女母亲所生"的(ibid.,6:80n)④。总而言之,无法被根除的趋恶倾向给普通人的任意之所以无法成为神圣的任意这件事,提供了一种"现实的根据",感性偏好则仅仅为神圣的任意之于普通人的不可获得性,提供了一种"必要的条

① 《康德著作全集》第 6 卷,中国人民大学出版社 2007 年版,第 397 页。
② 《康德著作全集》第 6 卷,中国人民大学出版社 2007 年版,第 28 页。
③ 《康德著作全集》第 6 卷,中国人民大学出版社 2007 年版,第 51 页。
④ 《康德著作全集》第 6 卷,中国人民大学出版社 2007 年版,第 80—81 页。

件"而已。

　　然而,尽管由于趋恶倾向在人类族类之中的普遍存在,基督所代表的神圣的任意,对于普通人来说是永远无法获得的,但作为"善的原则的人格化了的理念"(ibid., 6:60)①,基督也代表了原初人格性禀赋的完满实现。同时,由于道德法则已经命令了每个人都要去实现这种禀赋,所以,若基于"应当暗示了能够"这条统摄着康德实践哲学的基本原则,那么每个普通人也必然有能力像基督那样去实现原初的人格性禀赋。于是一方面"从原则上看"(in principle),人格性禀赋的完满实现在每个人身上都是可能的,另一方面"在现实之中"(in reality),这种禀赋的完满实现却被一种既普遍地存在着,但又仅仅是偶然地嫁接到人性之中的趋恶倾向所阻挠。总之,就如基督的榜样所展示的那样,虽然从原则上看,神圣的任意对于每个人来说都是可以获得的,但是在现实之中,由于趋恶倾向的阻挠,神圣的任意对于每个人而言实际上又是永远不可能获得的。

　　现在再回到全文的论述主线。借助于本节对于神圣的任意的分析,此处可以进一步提出如下问题——根据康德的概念框架,(e)魔鬼式的任意(一方面从原则上看,另一方面在现实之中)对于人类处境来说是否是可能存在的? 为了回答这个问题,在此必须先行确定魔鬼式的任意在康德笔下究竟意味着什么。本节先前已经确定了魔鬼式的任意所必须满足的三条标准,这三条标准分别是:(1) 魔鬼式的任意必须拥有"为恶而恶"的动机;(2) 魔鬼式的任意必须将这一动机纳入行动准则;(3) 魔鬼式的任意必须超越"斗争和诱发"而直接地从事恶的行为。现在,借助于对神圣的任意的分析,读者便终于可以理解标准(3)其实意味着"完全排除'为恶而恶'的动机以外的其他动机对任意的诱惑"。为了进一步阐明"'为恶而恶'的动机以外的其他动机"究竟包括哪些,在这里还可以给魔鬼式的任意补充上一条新的标准,这条新的标准就是:(4)魔鬼式的任

---

① 《康德著作全集》第 6 卷,中国人民大学出版社 2007 年版,第 59 页。

意必须同时被赋予道德动机和非-道德的动机。标准(4)清楚地表明了，康德对魔鬼式的任意的讨论的一般背景是人类的道德处境，这意味着在每个人的任意内部，道德动机和非-道德动机必然都会存在。所以，"为恶而恶"的动机为了能够规定自由任意去展开行动，就首先必然会面临着与其他两种动机之间的竞争。因此，下一节就将借助魔鬼式的任意所必须满足的这全部四条标准，来进一步考察一下，为什么康德会认为(e)这种情况在人类处境下是绝对不可能存在的。

第四节　魔鬼式的任意与类-魔鬼式的任意

在魔鬼式的任意应当满足的四个标准中，标准(3)可以为本节的分析提供一个关键的突破口，就如弗姆萨所言："一个恶魔式的或者魔鬼式的意念超越了我们(所能达到的限度)，因为作为理性的自然存在者，我们的邪恶计划起码潜在地要求着，当面对与其竞争的理性关切(rational interest)和自然关切(natural interest)时(采取某种)'自我约束'"①。在对这一问题的讨论中，虽然本文完全同意弗姆萨的基本观点，但提出的推理过程却与他不尽相同。的确，魔鬼式的任意依然属于有限存在者，所以这一任意依然无法摆脱非-道德动机的诱惑，而且在某些时候出于自我保存的目的，魔鬼式的任意也必须对自身的邪恶计划进行约束。然而，若就长期的行为模式以及最终的目标而言，魔鬼式的任意依旧能够以一种彻底的和系统化的方式，将非-道德的动机置于为恶而恶的动机之下。因此，从长期的行为模式和最终的目标来看，魔鬼式的任意并不会由于非-道德动机的诱惑而偏离为恶而恶的动机。如若按照这种方式来理解，那么魔鬼式的任意实际上构成了基督所拥有的神圣任意的"颠倒的镜像"。因为，基督的神圣任意也并没有摆脱非-道德的动机，而只是把非-道德的动机以一种彻底的和系统化的方式置于了道德动机之下

---

① Formosa, P., "Kant on the Limits of Human Evil," *Journal of Philosophical Research* 34: 194, 2009.

而已。简单地说,与弗姆萨所说的不同,魔鬼式的任意在排除各种异质动机之间的内部冲突时,它所面临的真正障碍并不来自非-道德动机的诱惑。相反,它所面临的障碍另有来源。

就如本文第二节已经论证过的那样,善之于恶的原初优先性,对于人的道德主体性来说是建构性的。所以,虽然神圣的任意可以并不拥有趋恶倾向,但作为它的"颠倒的镜像"的魔鬼式的任意,却无法摆脱原初人格性禀赋的影响,因为一旦摆脱了这种禀赋,人的道德主体性亦将不复存在。然而,由于这种无法被毁灭的向善潜能的永恒在场,在人类的道德处境之下,善对于恶的潜在抵抗在每个人的任意内部也将永远不可能终止。但这恰恰意味着,魔鬼式的任意所需要满足的标准(3)(亦即"超越斗争和诱发")和标准(4)之中的其中一部分(亦即"拥有道德动机")却是无法兼容,或者说是无法被同时满足的。这两个标准之间的非兼容性,也最终使得魔鬼式的任意本身成为一个自相矛盾的概念。简言之,和"从原则上看"的确是可能存在,但"在现实中"却由于趋恶倾向的阻挠而永远无法被获得的"神圣的任意"不同,魔鬼式的任意即使仅仅"从原则上来看",也绝对不可能在人类的道德处境之下存在。

然而,即便上文谈及的(e)"完全意义上的魔鬼式的任意"[这一任意必须同时满足从(1)到(4)所有四项标准]是一个自相矛盾的概念,但本文的读者似乎依然可以继续追问说:根据康德的概念框架来判断,人是否能够(1)拥有为恶而恶的动机,并且(2)"偶尔地"将这一动机纳入准则,从而让该动机现实地推动他自身的行为呢? 换言之,如果根据康德的概念框架来判断,尽管人的任意无法同时达到魔鬼式的任意的全部四项标准,但人的任意是不是起码能够"偶尔地"满足魔鬼式的任意的前两项标准,从而"偶尔地"以魔鬼的方式去行动呢? 康德研究者萨默特-波瑞特对这个问题的回答是肯定的。首先,通过证明康德在动机理论上是一个"内在论者"(internalist),而不是一个"外在论者"(externalist),萨默特-波瑞特明确地声称,如果对道德法则的敬重确实在推动一个人去行动,那么这种敬重也将会以一种必然的力量来推动他的行动,这就是说,"行动的动力"(敬重)将已经包含在"行动的理由"(法则)之中,并且必然地被这一理由所唤起。然而,萨默特-波瑞特同时又指出,敬重是否确实作为自身充分的动机而被准则采纳——这件事仅仅取决于属于人的任意的自由决定,因此仅仅是全然偶然的。这恰恰意味着,对于康德来说,一个人完全可能感受到善的召唤(亦即他不仅完全知道善的行动背后的理由,而且也完全感受到了包含在这一理由之中的善的动机),但却依然选择了为恶而恶,也就是拒绝去切实地把这一善的动机采纳进自己的准则①。

进一步地,在约瑟夫·拉兹(Joseph Raz)关于"失范的理由(a-nomic reasons)"的讨论的启发之下②,萨默特-波瑞特还试图论证说:"撒旦式的行动者……确实是非理性的主体,但(这种非理性)尚未达到使得他们的行动(变得)完全不可被理解的程度。他们的行动是有意的。这些行动基于某些诚然是异常的和堕落的理由,但这些理由依然是理由"。就如读者能够很容易地看出来的那样,如果"一个人在感受到善的召唤的同时,却依然能够抵抗这一召唤"的事实,为容纳"为恶而恶的动机"的可能性建立起了足够的逻辑空间,那么"失范的理由"则进一步地为填充上述逻辑空间,提供了一个现实的候选对象③。

可惜的是,萨默特-波瑞特并未给自己对于康德的解释提供足够的文本证据,而这后一项工作是由弗姆萨继续完成的。弗姆萨在康德关于敬重、自爱以及自负的道德心理描述中找到了一些非常重要的线索:

> 自负……是一种目中无人的傲慢,通过这种傲慢,自爱自身被塑造成了"立法的和无条件地实践的原则"。道德法则……彻底地"击倒"这种傲慢的自负……这种"击倒"是一种贬损性的体验,产生

---

① 参见 Samet-Porat, I., "Satanic Motivations," *The Journal of Value Inquiry* 41: 84, 2007。

② 参见 Raz, J., "Agency, Reason and the Good," in *Engaging Reason*, New York: Oxford University Press, 1999, pp. 22 – 45。

③ 参见 Samet-Porat, I., "Satanic Motivations," *The Journal of Value Inquiry* 41: 89 – 90, 2007。

出"屈辱(亦即理知的轻视)"……不仅是敬重,而且痛苦和屈辱都拥
有一个道德的,而不是感性的原因……我想提议,在一个特别的意
义上,康德(或者说康德主义者)能够解释一个人把恶作为恶而选择
(choose evil *qua* evil)的可能性。正如我们能够为了积极的敬重情
感而行动,所以我们也能够为了消极的痛苦和屈辱的情感而行动①。

然而,虽然萨默特-波瑞特和弗姆萨的论证初看起来是完全成立的,
但他们的思考实际上还不够深入和彻底,以至于他们未能注意到这些论
证中一个隐秘的逻辑漏洞。就如其字面意思所显示的那样,一个为恶而
恶的动机意味着对于善本身的仇恨,这种仇恨的产生,仅仅因为善本身
是善的。或者可以反过来说,一个为恶而恶的动机意味着对于恶本身的
热爱,这种热爱的产生,仅仅因为恶本身是恶的。这里有两层意思需要
被展开来分析。第一,当自由任意给出了一个为恶而恶的动机时,这一
任意的动机生成机制无疑已经遭到了败坏,以至于道德法则的表象在它
之中唤起了对法则的仇恨。然而,这种对法则的仇恨依旧能够,或者说
依旧必须与它的反面(亦即对法则的敬重)同时存在。事实上,由于原初
人格性禀赋对于人的道德主体性来说是建构性的,所以观察者也就必须
在每一个能够承担道德责任的人类主体心中(即使是在萨默特-波瑞特
和弗姆萨笔下那些怀有为恶而恶的动机的行动者心中)预设这种敬重感
的存在。第二,同时也是更重要的,在道德法则和由它唤起的对法则的
仇恨之间,必须存在着一种直接的关系。道德法则必须直接唤起对于法
则的仇恨,而绝不能把除了道德法则以外的其他根据当作中介。这是因
为,唯有法则与对法则的仇恨之间的这种直接关系,才能确保恶仅仅因
为它是恶的而得到热爱,或者反过来说,才能确保善仅仅因为它是善的
而遭到仇恨。

根据以上分析,弗姆萨在引文中提到的情感,其实并不是一个在真

① Formosa,P.,"Kant on the Limits of Human Evil,"*Journal of Philosophical Research* 34:
196-197,2009.

正意义上的为恶而恶的动机。的确，当人的自负受到道德法则的攻击时，人心中完全可能会产生出一种对于法则的"叛逆式的仇恨"，这种"叛逆式的仇恨"对抗着法则对于人心的贬损作用，因而可以被视为是一种具有自卫性质的反击。然而，由于这种具有自卫反击性质的仇恨实际上来源于自负，所以它最多可以被算作是一种对于道德法则的"间接回应"，却并不是任何对于道德法则的"直接回应"。换句话说，如果没有自负在人的自由任意和道德法则之间起到一种中介的作用，那么任意在面对法则时也就并不会产生这种仇恨。由此可见，弗姆萨在前段引文中所描述的动机，其实并不能在严格的意义上被称作是一个"魔鬼式的"（diabolical）动机（亦即对于善本身的仇恨，仅仅因为它是善的；或者说对于恶本身的热爱，仅仅因为它是恶的），而至多可以被称为一种"类-魔鬼式的"（quasi-diabolical）动机。

进一步地，读者还可以发现，弗姆萨之所以在论证中犯下这一逻辑错误，完全是因为他未能注意到"具有道德性的原因的情感"并不必然地就是一种"直接的情感"。诚然，在弗姆萨的描述中，对法则的敬重和对法则的仇恨这两种情感，确实分享着同一个道德性的原因，亦即它们都以道德法则作为自身的原因。这里的一个关键区分却在于，唯有对法则的敬重才是对法则的"直接回应"，因而可以被称作是一种仅仅为了善本身而选择善的动机。相反，在弗姆萨的分析中，对法则的仇恨却是一种以自负作为中介的，具有自卫反击性质的回应，因而并不能在严格的意义上，被称作是一种仅仅为了恶本身而选择恶的动机。基于上述分析，读者还可以继续推论说，由于自负仅仅是属于一般性的自爱原则的某种傲慢的表达方式，所以那种以自负为中介而产生的类-魔鬼式的动机，也就依旧能够符合康德对于人类之恶的基本描述，亦即符合自爱原则和道德法则之间次序的颠倒这一基本定义。此外，由于康德对人类之恶的这一基本定义，其实把所有种类的恶最终都关联到了同一条一般性的自爱原则之下，所以康德的概念体系，最终也就并没有给真正意义上的魔鬼式的动机留下任何可能的空间。

现在,当本节的讨论一方面确认了类-魔鬼式的动机在康德的概念框架之下的可能性,另一方面又确认了魔鬼式的动机在这同一个概念框架之下的不可能性之后,本节亦将面临对于康德有关魔鬼之恶和类-魔鬼之恶的整体观点的系统性考察中的最后一个难题,这个难题就是:这里所谈到的类-魔鬼式的动机,是否真的能作为足以推进行动的充分动机,而被现实地采纳进人的自由任意所选取的准则?明显地,本节对这个难题的回答,将最终确定康德哲学所能承认的人类之恶的极限究竟在哪里,同时,这一问题又与(e)魔鬼式的任意所需要满足的头两条标准紧密地联系在一起,而这两条标准则是(1)拥有一个为恶而恶的动机,并且(2)将它作为足以推进行动的充分动机而采纳进自身的准则。简单地说,为了能够确定(f)类-魔鬼式的任意(而不仅仅是类-魔鬼式的动机)在康德的概念框架下是否确实是可能的,此处的讨论就必须转向两个类似的标准,亦即类-魔鬼式的任意必须(1′)拥有一个类-魔鬼式的动机(也就是上文证明过的,出于傲慢的自爱而仇恨和反抗道德法则的动机),并且同时(2′)将这个类-魔鬼式的动机作为足以推进行动的充分动机而采纳进自身的准则。于是,本节讨论最终需要处理的问题就变成了:在已知标准(1′)已经得到满足的前提下,标准(2′)是否也可能得到满足?

在现有的康德研究里,目前只存在关于将魔鬼式的动机纳入准则的讨论,却尚未出现关于将类-魔鬼式的动机纳入准则的讨论。所以,本节的讨论目前也只能通过分析前一个问题,来为后一个问题确定一些线索。关于将魔鬼式的动机纳入准则的最重要的讨论,则来自马修·卡斯威尔(Matthew Caswell)于2007年发表在 *Kantian Review* 上的一篇文章。在这篇文章中,卡斯威尔将一个把为恶而恶的动机纳入准则的人,称为一个"叛逆者"(contrarian)。根据卡斯威尔的分析,叛逆者"将承受着道德的负担,将与道德的命令进行斗争,因此他可以被当作既是自由的又是可以承担责任的,但同时,叛逆者也将出于对恶本身的热爱而侵犯道德原则"。随后,卡斯威尔又指出:

叛逆者的意念将涉及"一种对于三个部分的排序"(a tripartite ordering)：对恶的热爱是它最高的优先事项,在这一条件之下,所有其他的追求才能够被推进；自爱或者道德占据了第二的位置,而余下的那一(追求)则占据了第三的位置。

紧接着,卡斯威尔又清楚地揭示了,在叛逆者的意念中,道德的关切和为恶而恶的关切之间存在着一种不可调和的矛盾：

不可能使道德从属于它的对立物,因为不可能使一种关切(interest)从属于关于其相反之物的关切……所谓处于从属地位的关切,在这样一个准则中是不可能去引导行为的,因为(与它)相矛盾的关切,将在每一种可能的情形中都凌驾于它之上。

根据卡斯威尔的分析,叛逆者所拥有的最高准则实际上采取了下述表达形式："我将去做任何道德要求我去做的事,除了在这样的(例外)条件之下,亦即这样做将会妨碍到我对道德命令的违抗"。这条初看上去有些复杂的准则,最终又可以被还原到一种极其简单粗暴的形式当中,亦即"我将(在任何条件下都无一例外地)违抗道德命令"。很明显,受到后面这一条最高准则驱使的自由任意,已经完完全全地摆脱了道德法则的影响,于是卡斯威尔便可以顺理成章地最终断言说："就这一意念缺少了道德动机而言,它其实刻画了一个免除了道德法则(之约束)的恶魔式的意志的特征"①。

诚然,卡斯威尔的论证初看起来似乎是完全能够成立的,但是可惜的是,这一论证的有效性其实仅限于魔鬼式的动机。与魔鬼式的动机不同的是,由于类-魔鬼式的动机归根究底是基于自爱原则的,所以它实际上并未与道德动机处于一种逻辑上的反对关系之中。因此,人的任意给予类-魔鬼式的动机以最高优先地位的自由行动,也就并不会导致卡斯威尔笔下那种涉及三类动机(也就是道德动机、非-道德动机以及为恶而

① 参见 Caswell, M., "Kant on the Diabolical Will: A Neglected Alternative?" *Kantian Review* 12(2): 151-153, 2007。

恶的动机)的"对三个部分的排序"(tripartite ordering)。正如前文已经反复提及的那样,类-魔鬼式的动机归根究底植根于一般性的自爱原则,它仅仅源于这种一般性的自爱的某种傲慢表象,亦即仅仅源于一种极端自负的态度。由此可以推断,人的任意把类-魔鬼式的动机置于道德动机之上的自由行动,依旧属于康德关于恶的定义中那种仅仅涉及两类动机(也就是道德动机和非-道德动机)的"对两个部分的排序"(bipartite ordering)。在这种排序中,采纳了类-魔鬼式的动机的那种类-魔鬼式的任意,仅仅代表着趋恶倾向的第三个层次,或者说心灵之颠倒这个层次中的一个极端特例而已。更具体地说,心灵之颠倒意味着属于自爱原则的非-道德动机被系统性地排在了属于道德法则的道德动机之前,而作为心灵之颠倒的一个极端特例,类-魔鬼式的任意则将一种源于傲慢的自爱的对于道德法则的叛逆式的仇恨,排在了对于道德法则的敬重情感之前。

然而在这里也必须看到的是,尽管有了上述所有这些分析作基础,类-魔鬼式的任意这个概念,对于普通人的道德直觉而言仍然非常之奇怪。因为首先,类-魔鬼式的任意似乎包含着两重"实践性的矛盾"(practical contradictions)。这两重实践性的矛盾分别是:(i-a)把对道德法则的敬重和对该法则的仇恨采纳进同一条准则的做法,似乎会使人的自由任意陷入瘫痪状态,或者说,使自由任意在现实中无法展开任何行动;(i-b)即便对道德法则的仇恨确实能够作为充分的动机而推动人的自由任意去行动,这一任意似乎又会在追求"对抗道德法则"这一终极目标的过程中陷入一种自我挫败,甚至是自我毁灭的境地。

在这里所提到的两重实践性矛盾中,矛盾(i-b)是比较容易解决的,而本文对它的解决方案则是:类-魔鬼式的行为完全可以在"程度"和"范围"这两个方面受到限制,从而使得发起这些行为的类-魔鬼式的任意,成功地避免在追求"对抗道德法则"这一终极目标时陷入自我挫败、自我毁灭的危险。首先,类-魔鬼式的行为可以在"程度"方面受到限制。道德法则诚然是完全意义上的理性所必须服从的法则,但即便人的任意远没有达到那种只能经由服从道德法则来实现的"完全意义上的理性",一种通过对目的-手段关系的算计来实现的"受到经验条件限制的理性",却依然可以在人的任意之中得到保存。所以,只要类-魔鬼式的任意依然在对目的-手段进行着算计,同时又把对道德法则的反叛设定为一个仅仅在较长的时间段内所应当实现的终极目标,那么这种类-魔鬼式的任意就并不需要牺牲自己的任何短期目标,也并不必然会面临自我挫败和自我毁灭的危险。其次,类-魔鬼式的行为也可以在"范围"方面受到限制。在社会中各个地方都广泛地出现的类-魔鬼式的行为,毫无疑问会导致整个社会走向毁灭。然而,拥有类-魔鬼式的任意的行动者,却完全可以作为极少数分子而仅仅盘踞在社会边缘。这一小撮人就像寄生虫侵蚀它们的宿主那样,一方面危害着整个社会的健康发展,另一方面又依赖于社会的基本运作才能确保自身的生存。总而言之,类-魔鬼式的任意并不必然会陷入自我挫败和自我毁灭的危险,因为,通过在"程度"和"范围"这两方面对类-魔鬼式的行为进行限制,前面提到的实践性矛盾(i-b)完全可以得到避免。

相较于实践性矛盾(i-b),另一个实践性矛盾(i-a)似乎比较难以解决,而本文对(i-a)的解决方式则是:当不同种类的动机被采纳进同一条准则时,唯有在被赋予了优先地位的动机(对类-魔鬼式的任意来说,这种动机就是对道德法则的仇恨)得到了满足,或者说起码未受到侵犯的大前提之下,被赋予了从属地位的动机(在这里就是对道德法则的敬重)才可能推动任意去展开行动。这一点又恰恰意味着,那种把对法则的仇恨排在敬重之上的类-魔鬼式的自由任意,并不会因为同时采纳了这两种指向相反行动的动机而陷入瘫痪状态。相反,这种类-魔鬼式的任意倒总是会处于一种积极地去作恶的状态当中。然而,尽管对道德法则的敬重在类-魔鬼式的任意之中总是被对道德法则的仇恨所压制,因而永远也无法引发行动,但是类-魔鬼式的任意却绝不应当被等同于真正意义上的魔鬼式的任意,这又是因为:魔鬼式的任意所遵循的最高原则,是纯粹地"仅仅为了作恶而作恶",而这一最高原则与类-魔鬼式的任意所遵循的"因为自爱遭到了贬损而去作恶"是截然不同的。

然而,即便上述两重实践性矛盾(i-a)和(i-b)能够得到避免,在类-魔鬼式的任意当中似乎还蕴含着一种(ii)"心理学意义的荒谬性"(psychological absurdity)。毕竟旁观者很难想象:在人类的现实生活之中,对道德法则的极端仇恨究竟是如何出现的,同时这种仇恨最终又是如何压制住对于法则的敬重的。现在,为了回答这一难题,本文将首先(但仅仅是以一种间接的方式)求助于萨默特-波瑞特关于能够产生出魔鬼式的动机的社会条件的描述:

> 一方面,个人没有能力摆脱那些由他们成长于其中的社会所支持的诸种价值;另一方面,个人又被排除在对社会生活的充分参与之外——这两个因素相叠加,便产生出了苦涩和仇恨的对立情绪,从而为撒旦式的动机提供了必要的条件①。

首先,在这段分析中,萨默特-波瑞特其实犯了和弗姆萨一模一样的错误:这两位学者都把仅仅是类-魔鬼式的动机,当成了真正意义上的魔鬼式的动机。因此,和萨默特-波瑞特本人的意图不同,他的上述分析所适用的真正对象,其实是类-魔鬼式的任意,而不是魔鬼式的任意。其次,萨默特-波瑞特的分析又揭示了一种可能发生的心理过程,通过这种心理过程,对道德法则叛逆式的仇恨得以在类-魔鬼式的任意之中被产生出来。与此同时,这种叛逆式的仇恨还可能随着环境的影响而变得极其强烈和坚定,以至于最后完全压倒了对于道德法则的敬重。简言之,借助于萨默特-波瑞特的分析,本文在这里最终可以得出结论说:类-魔鬼式的任意在心理学意义上并不是荒谬的,因为它完全可以在极端的社会环境下出现于人类的心灵之中。

现在,当排除了类-魔鬼式的任意表面上所具有的两重实践性矛盾[亦即(i-a)和(i-b)]以及它在心理学意义上的荒谬性[亦即(ii)]之后,本节的讨论也最终可以确定:康德的概念体系拥有足够的逻辑空间,完全

---

① Samet-Porat, I., "Satanic Motivations," *The Journal of Value Inquiry* 41: 91, 2007.

可以承认这种类-魔鬼式的任意在人类处境下的可能性。于是本节接下来的任务,便是在康德的文本中为类-魔鬼式的任意寻找更多的证据。实际上,除了弗姆萨已经提及的第二批判中对自负、自爱和敬重感的道德心理学描述之外,康德本人还给类-魔鬼式的任意提供了一些更为直接的证据,而那就是他对于文化的恶习的论述。根据康德的观点,这些文化的恶习"在它们的恶劣性的最高程度中"被称为"魔鬼般的恶习",包括嫉妒成性、忘恩负义和幸灾乐祸(RGV 6:27①; MS 6:458②):

> 妒忌(liver),作为一种带着痛苦去感知他人福乐的倾向,尽管他自身的(福乐)并没有因为他人福乐而减损。如果(这种倾向)导致了行动(去减损他人福乐),就叫作恰当意义上的妒忌(qualifizierter Neid)③,否则就只叫嫉妒(Mißgunst/invidentia)……对其行善者的忘恩负义,如果甚至走得如此之远,(到了)恨自己的行善者(的地步),就叫做恰当意义上的忘恩负义(qualifizierte Undankbarkeit),否则就只叫作无谢意(Unerkenntlichkeit)……幸灾乐祸,恰恰是同情的反面,对人的本性来说也不陌生;尽管如此,当它走得如此之远,(到了)帮忙造成灾祸或者恶(的地步),它就作为恰当意义上的幸灾乐祸(qualifizierte Schadenfreude)显示出对人类的仇恨 (MS 6:458 - 460)④。

在康德的这段描述中,魔鬼式的恶习这个名称非常容易引起读者的疑惑。一方面,魔鬼式的恶习似乎仅仅属于魔鬼本身,而并不属于任何

---

① 《康德著作全集》第 6 卷,中国人民大学出版社 2007 年版,第 26 页。

② 《康德著作全集》第 6 卷,中国人民大学出版社 2007 年版,第 470 页。

③ 这段关于魔鬼式的恶习的讨论,是在莫尔斯教授的建议下补充的。根据莫尔斯教授的解读,康德在这里三次使用了 qualifizierte 一词,就是为了向读者强调严格意义上的"恶习"(Laster)与朝向恶习的纯然"倾向"(Hang)之间的关键差异。严格意义上的恶习涉及人的任意去选择准则和开启行为的自由行动,它属于道德形而上学讨论的主题,应当被判定为现实地就是恶的。与此相对,朝向恶习的纯然倾向则仅仅给人的任意提供了作恶的动机,它属于道德人类学讨论的主题,并不应当被判定为现实地就是恶的,而仅仅只能被看作是一种朝向恶的潜能。

④ 《康德著作全集》第 6 卷,中国人民大学出版社 2007 年版,第 470—472 页。

人类。毕竟就如康德所言,魔鬼式的恶习仅仅代表了某种理念,也就是某种"超越了人性的恶的一种极限的理念(die Idee eines Maximum des Bösen sind)"(*RGV* 6:27)①。此外,"全部三种(恶习)……都表明了一种指向恶的直接偏好(eine unmittelbare Neigung zum Bösen)"(*VM-Collins* 27:440),可是根据康德在《宗教》一书中对道德之恶的定义(亦即颠倒自爱原则与道德法则之间的次序),人类似乎并不能对"恶之为恶"本身产生出任何直接的偏好。另一方面,或许有些令人吃惊的是,康德又指出魔鬼式的恶习依旧基于人之为人的本性:"妒忌的骚动就在人的本性之中……人们会由于已经显示出来的善行甚至给自己树立一个敌人,(这种事)被认为不是不可能的……幸灾乐祸……对人的本性来说也不陌生"(*MS* 6:459-460)②。于是在这里,一个困难的问题也就浮现了出来,那就是,读者应该如何去理解在康德关于魔鬼式的恶习的描述中的上述这两种看似矛盾的观点(亦即魔鬼式的恶习既超出了人性的界限,但又植根于人性之中)? 本文作者认为,解决这个难题的关键,就在于康德对于"魔鬼式的"(teuflisch)这个修饰词的微妙运用之中:

> 当人之中的恶被推进得如此之远,以至于超越了人类本性的程度,我们就把它称为魔鬼式的,正如我们把被推进到超越了人的本性的善,称为天使式的(englisch)那样(*VM-Collins* 27:440)。

> 两个概念却毕竟只是关于一个最大值的理念,被设想为用于比较道德性程度(Grades der Moralität)的标准(*MS* 6:461)③。

实际上,就如这两段引文所暗示的那样,"魔鬼式的恶"与"天使式的善"能够从两个不同的角度来得到理解。一方面,当魔鬼式的恶与天使式的善被"客观地表象"(objectively represented,亦即就真正地契合于这两个概念的客体而言)出来时,它们仅仅代表了人类只能无限地趋近,却永远无

---

① 《康德著作全集》第 6 卷,中国人民大学出版社 2007 年版,第 26 页。
② 《康德著作全集》第 6 卷,中国人民大学出版社 2007 年版,第 470—471 页。
③ 《康德著作全集》第 6 卷,中国人民大学出版社 2007 年版,第 472—473 页。

法真正到达的两种极限状态。另一方面,当魔鬼式的恶与天使式的善被"主观地表象"(subjectively represented,亦即就这两个概念在判断人类经验时的范导作用和辅助功能而言)出来时,它们则为人类的道德处境设立了两条边界线,使得人性之善恶的光谱,得以在由这两条边界线所限定好的广阔区间内展开。进一步地,以这两条边界线为判断标准,不同人类个体在其经验品格中(而不是在其理知品格中)所呈现出来的"道德性"和"不道德性"之高低程度,也可以得到一种清楚的衡量和比较了。

基于上述分析,康德的读者似乎能够以如下方式来化解康德对魔鬼式的恶习的讨论中看似矛盾的地方——虽然"恶魔式的"这个修饰词确实指的是人类无法达到的极限状态,但由这个词所修饰的诸种恶习却依然属于人性自身。换言之,所谓"魔鬼式的恶习"指的其实是那些仅仅趋向于,但并未真正达到"魔鬼式的"这一极限状态的恶习。现在,上述对魔鬼式的恶习的这一解释,还可以从康德关于所有恶习(也包括魔鬼式的恶习)的论述里面的一处细微变化得到强有力的文本支持,而这处细微的变化就是:康德首先将一切恶习都称为"非人的"(inhuman),但立即又将它们称为是"属人的"(menschlich),而为了解释自己在术语上的这一变化,康德转而引入了对"客观上看"(objektiv betrachtet)和"主观上考虑"(subjektiv erwogen)的重要区分。在《道德形而上学》一书关于魔鬼式的恶习的一处重要附释中,康德是这样说:

> 一切甚至将使人的本性变得可恨的恶习,如果要把它们(作为恰当意义上的)在原理(Grundsätzen)的意义上对待,客观地看都是非人的,但主观地考虑却毕竟是属人的,也就是说,就像经验教导我们认识到我们的族类那样(ibid. 6:461)①。

康德在这段引文中所讨论的,固然是从客观和主观两个角度来看待恶习的问题,但在康德的启发之下,他的读者也完全有权从客观和主观两个角度来看待人性。客观地看,人性意味着必然地属于人之为人的

---

① 《康德著作全集》第6卷,中国人民大学出版社2007年版,第472页。

"规范性概念"（normative concept，亦即人之为人所必然应当具有）的原初构成成分。从康德笔下的三种原初向善禀赋来看，人性的原初构成成分里完全不包含一丝一毫的恶。所以，在客观的意义上，一切恶习都只能被称为是"非人的"。但是根据《道德形而上学》里面的这段引文，若主观地来看，人性则意味着由经验所揭示的人类族类的道德特质。所以，在主观的意义上，一切恶习（甚至包括那些魔鬼式的恶习）则依旧应当被称为是"属人的"。

即使解释了这么多，读者对于截至目前的分析依旧可能存有一种疑惑，而那就是，既然魔鬼式的恶习和其他一切恶习一样，统统都应当被称为是属人的，那么康德为什么还需要特别注明它们是"魔鬼式的"呢？换句话说，魔鬼式的恶习究竟拥有何种特性，使得它们能够明确地区别于其他一般的恶习，从而获得"魔鬼式的"这一醒目的称号呢？现在，为了回答这一疑惑，本节的讨论就需要转向康德对"直接的向恶偏好"和"间接的向恶偏好"的区分，在做出这一区分的同时，康德将魔鬼式的恶习归在了间接的向恶偏好之下：

> 但应当相信……人的灵魂的本性中并不存在一种朝向恶的直接（unmittelbare）偏好，相反，这（种偏好）仅仅是间接地是恶的（nur indirecte böse）……所以，人没有朝向作为恶的恶（Bösen als Bösen）的直接的偏好，而只有间接的偏好（*VM-Collins* 27:440 – 441）。

在此处的讨论中，朝向恶的直接偏好和间接偏好就其指向的目标而言实际上是没有任何分别的，因为这两种偏好都以"恶"作为自身的目标。所以此处的讨论在这里便只能推断说，这两类偏好之间的本质差异，必须存在于目标之外的其他地方。根据康德对欲望结构的分析，上述两类偏好之间的差异，实际上只能存在于它们所基于的不同规定根据之中。这意味着，尽管两种偏好都以"恶"作为自身的目标，但朝向恶的直接偏好所基于的规定根据，仅仅是纯粹的"为恶而恶"这一原则本身，相反，根据康德的论述，读者会发现朝向恶的间接偏好所基于的规定根

据,实际上是先前已经讨论过的那种比较性的自爱原则:

> （妒忌）只是一种间接地邪恶的意念（indirect-bösartige Gesinnung），亦即不情愿看到我们自己的福乐由于他人的福乐而黯然失色，因为我们所懂得的并不是在我们福乐的内在价值中，而是仅仅在与他人福乐的比较中评价我们福乐的标准，并且把这种评价感性化(*MS* 6:458-459)①。

> 如果享受恩惠的人是骄傲的和自私的，由于出于骄傲，他对自己受缚(verbunden)于他人感到羞耻，而出于自私，他不想把这归给他人，因此变得固执和不知感恩(*VM-Collins* 27:439)。

> 当他人骇人听闻的不幸或者堕落宛如金箔背景(Folie)一般被配给我们自己的安康，以便把这种安康放在更明亮的光辉之中时，更强烈地感到自己的福乐(Wohlsein)甚至自己的得体行为(Wohlverhalten)——这按照想象力的法则，亦即对比的法则，无疑基于(人的)本性(*MS* 6:460)②。

这三处引文非常清楚地显明了，为什么虽然嫉妒成性、忘恩负义、幸灾乐祸这三种魔鬼式的恶习的确是指向恶(也就是以恶为目标)的偏好，它们却仅仅以一种间接的方式是如此这样的。这是因为，这三种魔鬼式的恶习所基于的规定根据，并不是纯粹的"为恶而恶"原则本身，而依旧是那种被置于道德法则之上的"悖逆的自爱"(在此处，悖逆的自爱是以比较性的自爱的形态出现的)。

现在，当详细地分析完了魔鬼式的恶习之后，本节的讨论亦将继续追问:康德对于这些恶习的描述，如何能够为本书先前关于类-魔鬼式的任意的讨论，提供某种有力的文本支持? 一方面，就其自身概念而言，那种驱使着类-魔鬼式的任意去行动的类-魔鬼式的动机，仅仅能够被看作是抽象的、形式性的和全然不定的。给这种类-魔鬼式的动机奠基的自

---

① 《康德著作全集》第6卷，中国人民大学出版社2007年版，第470页。
② 《康德著作全集》第6卷，中国人民大学出版社2007年版，第471页。

爱原则，不仅在先前的分析中尚未与任何具体质料结合在一起，而且这一自爱所指向的邪恶目标，也尚未在任何具体目的里得到确定化。另一方面，就其在现实经验中的表达方式而言，这种类-魔鬼式的动机却常常可以通过与各式各样的质料相结合而得到具体化与确定化。比如说在主体间的关系中，类-魔鬼式的动机可以通过嫉妒成性、忘恩负义和幸灾乐祸来具体地表达出自己对于道德法则的反叛。在上述这三种魔鬼式的恶习中，类-魔鬼式的动机在本节先前的分析中所指向的原本是完全抽象的邪恶目标，被生动地落实到了他人的苦难、失败与不幸这些具体的目标之中，而为类-魔鬼式的动机进行奠基的在先前的分析中那种仅仅是形式化的自爱原则，也与某个人的比较性的幸福，或者他的比较性的自我价值这些具体质料结合在了一起，从而得以通过减损他人幸福或他人价值的方式，来增进这个人对于自身幸福和自身价值的良好体验。于是，通过与各种具体质料的结合而得到"赋身化"（embodied），在先前的分析中那种尚不确定的类-魔鬼式的动机，也就通过各样魔鬼式的恶习而获得了多种确定的表达。因此，这里若是反过来看，那么可以说在人类学观察中那些经常出现的魔鬼式的恶习，也就完全能够证明受到类-魔鬼式的动机驱使的类-魔鬼式的任意，在人类经验中确实是现实地存在着的。

第五节　对康德关于魔鬼之恶与类-魔鬼之恶的观点的温和辩护

截至目前，本文已经系统地考察了或是能够从康德的文本中直接地找到的，或是可以从他的文本中间接地引出的全部六种魔鬼之恶和类-魔鬼之恶，同时，本文也深入地分析了为什么某种魔鬼之恶或者类-魔鬼之恶在康德的概念框架下应当被否定或者承认。现在，全文的最后一节将转向另一项重要的工作，那就是考察康德对于魔鬼之恶与类魔鬼之恶的整体立场的合法性。需要注意地是，由于基于康德概念体系的魔鬼之恶和类-魔鬼之恶可以被分成两大类,所以当涉及他对于每一类魔鬼之恶和类-魔鬼之恶的判断是否具有合法性这一问题时,下文也就必须针对具体情况来展开具体的讨论。

首先,康德否定全部四种魔鬼式的意志在人类处境下的可能性的做法,从哲学层面来看是完全合法的。正如前文所述,这四种魔鬼式的意志分别代表了下述四种可能性:(a) 纯粹意志无法订立道德法则;(b) 纯粹意志订立了恶的法则;(c-1) 纯粹意志无法唤起道德动机;(d) 纯粹意志唤起了一种原初的魔鬼式的动机。根据第一节和第二节的分析,纯粹意志是高级欲求能力中的立法功能,无论是它在表象性方面遭到彻底的败坏(亦即可能性 a 与可能性 b),还是在动力性方面遭到彻底的败坏(亦即可能性 c-1 与可能性 d),人的道德主体性都将随之土崩瓦解。然而,即使对于康德的批评者来说,为了肯定魔鬼式的意志在现实中的存在而不惜动摇人的道德主体性——这种做法也绝对不是一个可以接受的选项(何况,康德的批评者们并不真的把以纯粹意志为基石的康德的实践自由理论,当作了自己意欲攻击的目标)。

出于同样的理由,康德排除(e)"完全意义上的魔鬼式的任意"在人类处境下的可能性的做法,从哲学层面来看也是完全合法的。就如三、四两节已经证明过的那样,魔鬼式的任意必须满足康德的文本所包含的全部四个标准。特别地,鉴于原初人格性禀赋的永恒存在,观察者也就必须假设每个人心中都永远可能产生出对于道德法则的敬重。这意味着,即使对于那些最邪恶的人来说,善与恶在他心中的潜在斗争也永远不会终止。由此便可以顺畅地推断说,一个完全意义上的魔鬼式的任意(这种任意必须超越善与恶在人类心灵中的潜在斗争),对于人类的道德处境是绝对不可能存在的。于是,与康德对魔鬼式的意志的排除非常相似的是,他排除魔鬼式的任意的做法也是先天有效的。换句话说,上述这种排除,仅仅通过分析康德的实践自由理论就能够先天地成立。此外,考虑到康德将人类之恶统统归于了"颠倒自爱原则和道德法则的次序"这个狭窄的范畴之下,所以对于康德而言,人类之恶的最终极限,仍乎只能存在于一种(f)类-魔鬼式的任意当中。这种类-魔鬼式的任意并不能够基于"恶之为恶"的原则本身而去作恶(简称"为恶而恶"),而仅仅能够出于一种"彰显自我"的动机而去作恶。更确切地说,推动这种类-魔鬼式的任意去作恶的动机,实际上是一种对于道德法则的带有叛逆性质的仇恨。这一带有叛逆性质的仇恨归根究底依然植根于悖逆的自爱原则当中,而这一动机在现实之中的存在,又可以通过诸种魔鬼式的恶习来得到坚实的证明。

现在,经过上述所有这些讨论之后,在研究者们对康德关于魔鬼之恶与类-魔鬼之恶的整体观点的各种批评里面,似乎只剩下了以下这个问题尚未得到回答。这个问题就是,对于人的任意而言,似乎依然存在着"至少偶尔地为恶而恶,但并不排除各类异质性的动机之间的竞争"这一可能性。然而,在康德将人类处境下的道德之恶定义为"颠倒自爱原则与道德法则之间的次序"时,他似乎完全忽视了上述这种可能性。实际上,依照一种"同情的理解",上述这个问题构成了康德的批评者们对他本人最为强有力的质疑。这一质疑所针对的对象,并不是康德的实践自由理论,而是康德的道德心理学。在很多批评者们看来,康德的道德心理学对于人类动机的描述太过狭窄,以至于无法容纳一种仅仅是偶尔地驱使着人去作恶的魔鬼式的动机。

首先,康德的批评者们对他的质疑,其实包含着一个未曾言明的基本预设,而那就是,康德的道德心理学在哲学层面的最终合法性,只能通过对于人类经验展开彻底的考察来确定。毫无疑问的是,这一基本预设从哲学层面看也是完全正确的。因此,当被问及"偶尔地为恶而恶是否可能"这个问题时,康德的研究者们确实一方面无法仅仅通过分析他的概念体系,也就是以一种先天的方式来为康德提供辩护;但是另一方面,这些研究者们同样无法真正地通过对人类经验展开一种穷尽式的考察(因为这是一项根本不可能完成的任务),也就是以一种后天的方式来康德提供辩护。然而,与康德的批评者们略有不同的是,虽然本文完全承认无论以先天或后天的方式,康德的研究者们都不可能为他的道德心理学提供一种彻底的辩护,但本文又同时认为,研究者们依旧可以通过"批判性地区分开"(critically distinguish)"某种动机在现实经验中的存在"(亦即关于这一动机的形而上学陈述)和"某种动机在主体意识中的可辨别性"(亦即关于这一动机的认识论陈述),来为康德的道德心理学提供一种温和的,或者说是位于批判哲学限度内的辩护。

这里提到的对于康德道德心理学的温和辩护,首先基于一个哪怕是康德的批评者们也无法否认的事实,而那就是,每个人心中的最高行动准则,即便不像康德本人声称的那样是完全"不可探究的"(unerforschlich)(*RGV* 6:21)①,在现实中也是极其难以被确定的。由于自欺的阻挠和干扰,每个人在探寻自身动机时经常犯下严重的错误,而更不用提当他企图猜测他人的动机时,有多么可能错漏百出了。因此,无论像希特勒这样的罪大恶极之人曾经犯下多么可怕的罪行,只要不同的解释可能性依旧存在,旁观者就永远不能百分之百地断定说,某个罪大恶极之人的动机仅仅是为了作恶而作恶。进一步地,这种在现实中确定自身动机和他人动机时所面临的巨大困难,不仅会出现在一个人对于真实的历史人物的评判中,同样也会出现在他对于虚构的文学人物的理解中。比如说,在丰富的文本语境下,小说《白鲸》(*The White Whale*)中的邪恶角色亚哈所怀有的真实动机,对于各种可能的诠释都是开放的。这意味着,"亚哈怀有为恶而恶的动机",仅仅是众多可能的诠释之中的一种而已。虽然小说家的确能够随心所欲地创造出无数恶魔式的角色,但在读者能够确认这些角色确实具备人类的道德主体性之前,他们并不能声称这些角色对康德的道德心理学理论构成了任何真正意义上的挑战。更为重要的是,只要康德的批评者们依旧未能在现实经验中,找到足以动摇他的道德心理学之合法性的决定性反例,那么这些批评者就将依然纠缠在与康德的辩护者们的诠释学竞争当中。在这种"诠释学竞争"当中,论战双方只能针对每个单独的例子,努力提出比对方更为合

---

① 《康德著作全集》第 6 卷,中国人民大学出版社 2007 年版,第 19 页。

适，却并非唯一正确的诠释方案。

另一方面，康德的辩护者们却完全可以借助康德留下的概念资源，来发展出各种各样他本人也极有可能会赞同的"康德式的诠释"。此处的讨论不会再复述这些辩护者已经做出的工作，而将仅仅致力于利用类-魔鬼式的任意这一概念，来为康德的道德心理学建立一种更为强有力的辩护。就如伍德曾经论证过的那样，借助于嫉妒成性、忘恩负义、幸灾乐祸这三种魔鬼式的恶习，康德的辩护者能够充分地解释由他的批评者提出的许多所谓的魔鬼式的罪行①。然而，根据本文先前的分析，伍德着重讨论过的这三种魔鬼式的恶习，其实只是类-魔鬼式的任意在现实经验中三种具体的和确定的表达形态而已。然而，除了这些具体化和确定化的表达形态之外，类-魔鬼式的任意在某种更为极端的处境下，还可以通过一种极其抽象和不定的方式来表达自身。或者说，在这种极端处境下，类-魔鬼式的任意背后那种形式性的和抽象的自爱原则，将不再与比较性的幸福或者比较性的自我价值结合在一起（因为在当前的语境下，这两者看起来只是一些微不足道的对象而已）。相反，支撑着类-魔鬼式的任意的那种自爱原则，将自己转向了一个无限崇高的对象，把自身所拥有的那种完全不受约束的自由，当作了一个全新的目标来追求。在人类理性看来，这种完全不受约束的自由只能属于一位绝对的独裁者，而这一绝对的独裁者又可以被比作全能全善的上帝在镜中的反像。为了能充分地实现这种完全不受约束的自由，类-魔鬼式的任意可能犯下从微不足道的小偷小摸到惨绝人寰的种族屠杀等一切种类和程度的恶行。与此同时，类-魔鬼式的任意在肆意作恶的时候，却并不一定固守于某种特定的恶行。因为对于这种任意而言，所有具体恶行都只是被它随意地选择出来的用以彰显自身自由的工具而已。这种类-魔鬼式的任意就像一位站在舞台中心的演员，随心所欲地挑选着任何一种道具来展示角色

---

① 参见 Wood, A. W., "The Evil in Human Nature," in G. E. Michalson (ed.), *Kant's Religion within the Boundaries of Mere Reason: A Critical Guide*, Cambridge：Cambridge University Press, 2014, p. 35。

的品格。但在某一时刻究竟应当使用哪种道具,对这位演员来说却是全然无所谓的,因为他唯一的目的,只是通过无穷变化的外在道具,来展现角色恒定不变的邪恶内心。

在上述这一极端情况中,类-魔鬼式的任意并未沉溺在它所犯下的任何具体恶行之中,而是沉溺在自身自由内部的黑暗深渊之中。这种情况非常地接近于"为恶而恶",而旁观者甚至可以用它来解释宗教和文学作品中的魔鬼为何要去反抗上帝:具体地说,魔鬼或许意欲将自己确立为与唯一的上帝相对立的虚假的上帝,于是魔鬼反抗上帝的最终动机,其实就并不是"为恶而恶",而只是"为了彰显自身自由而作恶",因此这种动机最终也就可以被归结为康德所定义的"出于自爱原则而作恶"这一范畴之下了。总之,借助于类-魔鬼式的任意这一概念(这种类-魔鬼式的任意既可以通过一种确定的和具体的方式,也可以通过一种不定的和抽象的方式来表达自身),康德的辩护者完全能够令人信服地解释在他的批评者笔下那些所谓的魔鬼式的罪犯所拥有的动机,甚至能够解释宗教和文学作品中真正的魔鬼为什么要去反抗上帝。因此,若从理论之于现实的解释力上来进行评判,康德的批评者们针对他关于恶的定义的解释力不足而提出的指控,起码根据本文截至目前的分析是完全无法成立的。

然而在此也必须承认的是,"为了彰显自身自由而作恶"和"为恶而恶"这两种动机之间的结构性差异是永远无法被消除的。因为毕竟,"为了彰显自身自由而作恶"这种动机最终植根于一种悖逆的自爱原则,而"为恶而恶"这种动机则最终植根于纯然的"恶之为恶"本身。然而可惜的是,与康德的批评者们可能提出的意见相反,上述这两种动机各自拥有的原则之间的微妙差异,并不能为观察者提供任何可靠的标志,从而帮助观察者在对现实经验的考察与反思当中,绝对地区分开这两种动机。在《忏悔录》的第二卷中,奥古斯丁已经向他的读者见证了区分上述两种动机是极其困难的(如果不是彻底地不可能性的话):当奥古斯丁反思自己少年时代的偷梨事件时,他最初给这一青春期的恶作剧打上了

"任意地作恶"或者说"为恶而恶"(gratis malus)的标签①。然而,在这段反思的末尾,奥古斯丁又忍不住去怀疑,或许在"为恶而恶"这一可怖的面具背后,少年时代的自己依然在隐秘地模仿上帝,亦即企图以打破上帝制订的神圣律法的方式来让自己与全能的上帝平起平坐,以此彰显自己不受任何约束的自由:

> 在那次"邪恶而悖逆地模仿我的主"(dominum meum vel vitiose atque perverse imitatus sum)的偷窃事件中,我所喜爱的究竟是什么呢? 是否因为我无法以强力反抗,在欺骗中违背律法便是件乐事,以便身为囚徒的我,通过做出被禁之事却不受惩罚,得以模仿那残缺的自由(mancam libertatem)——而做出被禁之事却不受惩罚,正是"全能"的昏暗相似物(tenebrosa omnipotentiae similitudine)?②

如果奥古斯丁的上述怀疑确实是有道理的,那么他少年时代的偷窃行为背后的真正动机,就很可能仅仅是一种类-魔鬼式的动机,而不是一种真正意义上的魔鬼式的动机。奥古斯丁提供的这一重要见证,也由此就对康德的批评者们提出了一个严峻的挑战:因为,如果人性的观察者就连在第一人称视角的自我反省中,都无法绝对地区分开"为恶而恶"的魔鬼式的动机和"为了彰显自身自由而作恶"的类-魔鬼式的动机,那么这位观察者又凭什么有信心宣称——当他从第三人称的视角揣测他人的内心时,必然能够绝对地区分开上述两种动机呢?

在这里必须承认的是,假若观察者不对人类经验展开彻底的考察,那么为恶而恶的魔鬼式动机的存在可能性,将注定无法被绝对地排除掉。同时,由于人类现实经验的无限性,能够威胁到康德道德心理学之有效性的致命反例,起码从原则上看也将是永远都有可能存在的。然

---

① Augustine, *Confessions*, vol. 1, W. Watts (trans.), Cambridge: Cambridge University Press, 1997, pp. 76 - 79.
② Augustine, *Confessions*, vol. 1, W. Watts (trans.), Cambridge: Cambridge University Press, 1997, pp. 86 - 87.

而,对于关于人类行为的实际观察来说,即便这种魔鬼式的动机是真实存在的,将这种动机与类-魔鬼式的动机绝对地区分开,也是一件极其困难(如果不是彻底不可能)的任务。所以在这里,本文并不想提出任何试图否认某种动机之"现实存在"的"形而上学主张",而仅仅想提出质疑该动机与其他动机之间的"可区分性"的"认识论主张"。换句话说,本文并不想为康德的道德心理学提供一种"独断式的辩护"(dogmatic defense),这种独断式的辩护试图绝对地否认为恶而恶的动机的存在可能性。相反,本文只想为康德的道德心理学提供一种"批判式的辩护"(critical defense),这种批判式的辩护仅仅试图质疑为恶而恶的动机对于人类而言的绝对可知性。根据本文的辩护策略,只要(1)类-魔鬼式的动机可以成功地解释由康德的批评者们提出的所谓魔鬼式的罪行,并且(2)康德的批评者们尚未发现任何可靠的方法,并根据这种方法,在现实经验中将类-魔鬼式的动机和魔鬼式的动机绝对地区分开,那么,康德的道德心理学所拥有的合法性,就可以在由条件(1)和条件(2)所划定的限度之内得到一种充分的辩护。同时,根据这里所采取的批判式的辩护策略,举证的负担也将从康德的辩护者身上,被转移到康德的批评者身上。属于后一个阵营的学者必须从现实经验中,至少找出一个能够确实地威胁到康德的道德心理学的决定性反例,这一决定性的反例必须只能通过为恶而恶的动机来解释,而完全不能通过为了彰显自身自由而作恶的动机来解释。可惜的是,考虑到为了彰显自身自由而作恶的类-魔鬼式的动机,甚至能够解释宗教与文学作品中的真正的魔鬼为何会反叛上帝,于是本文在这里便完全可以合理地怀疑:康德的批评者们,能否成功地回应上述这一举证挑战。

主要参考文献

一、外文论著

1. 康德原著及英译本

Kant，I. *Gesammelte Schriften*，Berlin：de Gruyter，1900ff

Kant，I. *Religion within the Boundary of Pure Reason*，in *Kant's Theory of Religion*，J. W. Semple（trans.），Edinburgh：Thomas Clark，1838

Kant，I. *First Part of the Philosophical Theory of Religion*，in *Immanuel Kant's Critique of Pure Reason and Other Works on the Theory of Ethics*，T. K. Abbott（trans.），London：Longmans，Greee & Co.，1873，pp. 323－360

Kant，I. *Religion within the Limits of Reason Alone*，T. M. Greene and H. H. Hudson（trans.），New York：Harper and Row，1934

Kant，I. *Critique of Judgment*，W. S. Pluhar（trans.），Indianapolis，IN：Hackett Publishing Company，1987

Kant，I. *Practical Philosophy*，M. J. Gregor（trans.），New York：Cambridge University Press，1996

Kant，I. *Religion and Rational Theology*，A. W. Wood and G. Giovanni（trans.），New York：Cambridge University Press，1996

Kant，I. *Critique of Pure Reason*，W. S. Pluhar（trans.），Indianapolis，IN：

Hackett，1996

Kant，I. *Lectures on Ethics*，P. Heath（trans.），New York：Cambridge University Press，1997

Kant，I. *Critique of Pure Reason*，P. Guyer and A. W. Wood（trans.），New York：Cambridge University Press，1998

Kant，I. *Critique of the Power of Judgment*，P. Guyer and E. Matthews（trans.），New York：Cambridge University Press，2000

Kant，I. *Theoretical Philosophy after 1781*，G. Hatfield，M. Friedman，H. E. Allison，and P. Health（trans.），New York：Cambridge University Press，2002

Kant，I. *Critique of Practical Reason*，W. S. Pluhar（trans.），Indianapolis，IN：Hackett Publishing Company，2002

Kant，I. *Theoretical Philosophy（1755－1770）*，D. Walford and R. Meerbote（trans.），New York：Cambridge University Press，2003

Kant，I. *Anthropology，History，and Education*，M. Gregor and etc.（trans.），Cambridge：Cambridge University Press，2007

Kant，I. *Religion within the Bounds of Bare Reason*，W. S. Pluhar（trans.），Indianapolis，IN：Hackett Publishing Company，2009

Kant，I. *Lectures on Anthropology*，R. R. Clewis，R. B. Louden，G. F. Munzel，and A. W. Wood（trans.），Cambridge：Cambridge University Press，2012

2. 外文文献

Allison，H. E. "The 'Hidden Circle' in *Groundwork* III," in G. Funke and T. Seebohm（eds.）*Proceedings of the Sixth International Kant Congress*，Washington D. C.：Center for Advanced Research in Phenomenology，1989，pp. 149－160

Allison，H. E. *Kant's Theory of Freedom*，New York：Cambridge University Press，1990

Allison，H. E. "Morality and Freedom：Kant's Reciprocity Thesis," in R. F. Chadwick and C. Cazeaux（eds.）*Immanuel Kant：Critical Assessments*，London：Routledge，1992，pp. 284－310

Allison，H. E. "Kant on Freedom：A Reply to My Critics," in *Idealism and Freedom：Essays on Kant's Theoretical and Practical Philosophy*，New York：

Cambridge University Press, 1996, pp. 109 - 128

Allison, H. E. "Reflections on the Banality of Radical Evil: A Kantian Analysis," in *Idealism and Freedom: Essays on Kant's Theoretical and Practical Philosophy*, New York: Cambridge University Press, 1996, pp. 169 - 182

Allison, H. E. "On the Very Idea of a Propensity to Evil," *The Journal of Value Inquiry* 36 (2): 337 - 348, 2002

Allison, H. E. *Kant's Groundwork for the Metaphysics of Morals: A Commentary*, New York: Oxford University Press, 2011

Ameriks, K. *Interpreting Kant's Critiques*, New York: Oxford University Press, 2003

Ameriks, K. and Höffe, O. (eds.) *Kant's Moral and Legal Philosophy*, New York: Cambridge University Press, 2009

Anderson, E. "Emotions in Kant's Later Moral Philosophy: Honor and the Phenomenology of Moral Value," in M. Betzler (ed.) *Kant's Ethics of Virtue*, Berlin: de Gruyter, 2008, pp. 123 - 145

Anderson-Gold, S. "Kant's Rejection of Devilishness: The Limits of Human Volition," *Idealistic Studies* 14(1): 35 - 48, 1984

Anderson-Gold, S. "Ethical Community and the Highest Good," in G. Funke and T. M. Seebohm (eds.) *Proceedings of the Sixth International Kant Congress*, Washington D. C.: Center for Advanced Research in Phenomenology, 1989, pp. 231 - 242

Anderson-Gold, S. "God and Community: An Inquiry into the Religious Implications of the Highest Good," in P. Rossi and M. Wreen (eds.) *Kant's Philosophy of Religion Reconsidered*, Bloomington, IN: Indiana University Press, 1991, pp. 113 - 131

Anderson-Gold, S. *Unnecessary Evil: History and Moral Progress in the Philosophy of Immanuel Kant*, Albany, NY: State University of New York Press, 2001

Anderson-Gold, S. "Kant, Radical Evil, and Crimes against Humanity," in S. Anderson-Gold and P. Muchnik (eds.) *Kant's Anatomy of Evil*, New York:

Cambridge University Press, 2010, pp. 195 – 214

Aquinas, *Commentary on the Metaphysics of Aristotle*, J. P. Rowan (trans.), Chicago: Regnery, 1961

Arendt, H. *The Origins of Totalitarianism*, London: Allen and Unwin, 1962

Arendt, H. *Eichmann in Jerusalem: A Report on the Banality of Evil*, Harmondsworth: Penguin Books, 1984

Arendt, H. *Lectures on Kant's Political Philosophy*, Chicago: University of Chicago Press, 1989

Aristotle. *The Nicomachean Ethics*, H. Rackham (trans.), London: Heinemann, 1982

Aristotle. *Metaphysics*, C. Reeve (trans.), Indianapolis, IN: Hackett, 2016

Augustine. *On Christian Doctrine*, D. W. Robertson (trans.), Indianapolis, IN: Bobbs-Merrill, 1958

Augustine. *Confessions*, vol. 1, W. Watts (trans.), Cambridge: Cambridge University Press, 1997

Augustine. *The City of God against the Pagans*, R. W. Dyson (trans.), Cambridge: Cambridge University Press, 1998

Axinn, S. "Ambivalence: Kant's View of Human Nature," *Kant-Studien* 72 (2): 169 – 174, 1981

Banham, G. *Kant's Practical Philosophy: From Critique to Doctrine*, New York: Palgrave Macmillan, 2003

Baron, M. "Freedom, Frailty, and Impurity," *Inquiry* 36(4): 431 – 441, 1993

Baron, M. *Kantian Ethics Almost Without Apology*, New York: Cornell University, 1995

Baron, M. "Love and Respect in the *Doctrine of Virtue*," in M. Timmons (ed.) *Kant's Metaphysics of Morals: Interpretative Essays*, New York: Oxford University Press, 2002, pp. 391 – 407

Barth, K. *Protestant Theology in the Nineteenth Century: Its Background and History*, B. Cozens (trans.), London: SCM Press, 1959

Barth, K. *Church Dogmatics*, G. Bromiley (trans.), Edinburgh: Clark, 1961

Baumgarten, H. U. "Das Böse bei Schelling: Schellings moralphilosophische Überlegungen im Ausgang von Kant," *Kant-Studien* 91 (4): 447 - 459, 2000

Baumgarten, H. U. "Acting Against Better Knowledge: On the Problem of the Weakness of the Will in Plato, Davidson, and Kant," *The Journal of Value Inquiry* 36: 235 - 252, 2002

Baxley, A. M. "Does Kantian Virtue Amount to More than Continence?" *The Review of Metaphysics* 56(3): 559 - 586, 2003

Baxley, A. M. *Kant's Theory of Virtue: The Value of Autocracy*, New York: Cambridge University Press, 2010

Beck, L. W. *A Commentary on Kant's Critique of Practical Reason*, Chicago: University of Chicago Press, 1963

Bencivenga, E. *Ethics Vindicated: Kant's Transcendental Legitimation of Moral Discourse*, New York: Cambridge University Press, 2007

Bernstein, R. J. *Radical Evil: A Philosophical Interrogation*, Cornwall: Polity Press, 2002

Blanke, T. "Wider die Rotte des bösen Prinzips: Was vom Menschen vorauszusetzen ist," in M. Städtler (ed.) *Kants "Ethisches Gemeinwesen": Die Religionsschrift zwischen Vernunftkritik und praktischer Philosophie*, Berlin: Akademie, 2005, s. 123 - 141

Blöser, C. "Zurechnung bei Kant: zum Zusammenhang von Person und Handlung,"in *Kants praktischer Philosophie*, Berlin: de Gruyter, 2014

Bohatec, J. *Die Religionsphilosophie Kants in der "Religion innerhalb der Grenzen der bloßen Vernunft"*, Hildesheim: Georg Olms, 1938

Bojanowski, J. *Kants Theorie der Freiheit: Rekonstruktion und Rehabilitierung*, Berlin: de Gruyter, 2006

Borges, M. "Passions and Evil in Kant's Philosophy,"*Manuscrito* 37(2): 333 - 355, 2015

Borges, M. *Emotion, Reason and Action in Kant*, London: Bloomsbury Academic, 2019

Brandt, R. *Kritischer Kommentar zu Kants Anthropologie in pragmatischer*

Hinsicht，Hamburg：Meiner，1999

Broadie，A. and Pybus，E. M. "Kant and Weakness of Will," *Kant-Studien* 73(4)：406 – 412，1982

Burdman，J. "Between Banality and Radicality：Arendt and Kant on Evil and Responsibility," *European Journal of Political Theory* 0(0)：1 – 21，2016

Buss，S. "Weakness of Will," *Pacific Philosophical Quarterly* 18：13 – 44，1997

Card，C. *The Atrocity Paradigm：A Theory of Evil*，New York：Cambridge University Press，2002

Card，C. "Kant's Moral Excluded Middle：A Theory of Evil," in S. Anderson-Gold and P. Muchnik（eds.）*Kant's Anatomy of Evil*，New York：Cambridge University Press，2010，pp. 74 – 92

Caswell，M. "The Value of Humanity and Kant's Conception of Evil," *Journal of the History of Philosophy* 44(4)：635 – 663，2006

Caswell，M. "Kant's Conception of the Highest Good，the *Gesinnung*，the Theory of Radical Evil," *Kant-Studien* 97(2)：184 – 209，2006

Caswell，M. "Kant on the Diabolical Will：A Neglected Alternative?" *Kantian Review* 12(2)：147 – 157，2007

Cherkasova，E. "On the Boundary of Intelligibility：Kant's Conception of Radical Evil and the Limits of Ethical Discourse," *The Review of Metaphysics* 58 (3)：571 – 584，2005

Chignell，A. "The Devil，the Virgin，and the Envoy," in O. Höffe（ed.）*Immanuel Kant：Die Religion innerhalb der Grenzen der bloßen Vernunft*，Berlin：Akademie，2011，s. 111 – 129

Coble，K. "Kant's Dynamic Theory of Character"，*Kantian Review* 7：38 – 71，2003

Connor，D. "Kant's Conception of Happiness," *The Journal of Value Inquiry* 16：189 – 205，1982

Copjec，J.（ed.）*Radical Evil*，London & New York：Verso，1996

Cramer，K. "Kants Bestimmung des Verhaltnisses von Transzendentalphilosophie und Moralphilosophie in den Einleitungen in die 'Kritik der reinen Vernunft'," in H. Fulda and J. Stolzenberg (eds.) *Architektonik und System in der Philosophie Kants*, Hamburg: Felix Meiner, 2001, s. 273 – 286

Dalferth, I. "Radical Evil and Human Freedom," in G. Michalson (ed.) *Kant's Religion within the Boundaries of Mere Reason: A Critical Guide*, Cambridge: Cambridge University Press, 2014, pp. 58 – 78

Darwall, S. *The Second-Person Standpoint: Morality, Respect, and Accountability*, Cambridge, MA: Harvard University Press, 2006

Darwall, S. "Kant on Respect, Dignity, and the Duty of Respect," in M. Betzler (ed.) *Kant's Ethics of Virtue*, Berlin: de Gruyter, 2008, pp. 175 – 199

Davidson, D. "How Is Weakness of the Will Possible?"in *Essays on Actions and Events*, Oxford: Oxford University Press, 1980, pp. 21 – 42

Davidson, D. "Paradoxes of Irrationality," in *Problems of Rationality*, Oxford: Oxford University Press, 2004, pp. 169 – 187

Desmond, W. "Evil and Dialectic," in D. Kolb. (ed.) *New Perspectives on Hegel's Philosophy of Religion*, Albany, NY: State University of New York Press, 1992, pp. 159 – 182

Desmond, W. *Perplexity and Ultimacy: Metaphysical Thoughts from the Middle*, Albany, NY: State University of New York Press,1995

Desmond, W. *Being and the Between*, Albany, NY: State University of New York Press, 1995

Desmond, W. *Ethics and the Between*, Albany, NY: State University of New York Press, 2001

Desmond, W. "Sticky Evil: On Macbeth and the Karma of the Equivocal," in D. Middleton (ed.) *God, Literature, and Process Thought*, Aldershot: Ashgate, 2002, pp. 133 – 155

Desmond, W. *Hegel's God: A Counterfeit Double?* Aldershot: Ashgate, 2003

Desmond, W. "Religion and the Poverty of Philosophy," in W. Desmond, E. Onnasch, and P. Cruysberghs (eds.) *Philosophy and Religion in German Idealism*, Dordrecht: Kluwer, 2004, pp. 139 – 170

Desmond, W. *Is There a Sabbath for Thought? Between Religion and Philosophy*, New York: Fordham University Press, 2005

Desmond, W. "On Evil and Political Theology,"*Political Theology* 16(2): 93 – 100, 2005

Desmond, W. *God and the Between*, Oxford: Blackwell, 2008

Desmond, W. "Creation and the Evil of Being," in J. Haers and F. Depoortere (eds.) *To Discern Creation in a Scattering World*, Leuven: Peeters, 2013, pp. 171 – 206.

Desmond, W. "Ethics and the Evil of Being," in F. O'Rourke (ed.) *What Happened in and to Moral Philosophy in the Twentieth Century? Philosophical Essays in Honor of Alasdair MacIntyre*, Notre Dame: University of Notre Dame Press, 2013, pp. 423 – 459

Despland, M. *Kant on History and Religion*, Montreal and London: McGill-Queen's University Press, 1973

Dews, P. *The Idea of Evil*, Chichester: Wiley-Blackwell, 2013

Dicenso, J. J. *Kant's Religion within the Boundaries of Mere Reason: A Commentary*, Cambridge: Cambridge University Press, 2012

Dillon, R. S. "Kant on Arrogance and Self-Respect," in C. Calhoun (ed.) *Setting the Moral Compass: Essays by Women Philosophers*, New York: Oxford University Press, 2004, pp. 191 – 216

Duncan, S. "'There Is None Righteous': Kant on the *Hang zum Bösen* and the Universal Evil of Humanity," *Southern Journal of Philosophy* 49 (2): 137 – 163, 2011

Duncan, S. "Moral Evil, Freedom, and the Goodness of God: Why Kant Abandoned Theodicy," *British Journal for the History of Philosophy* 20(5): 973 – 991, 2012

Engstrom, S. "The Inner Freedom of Virtue," in M. Timmons (ed.) *Kant's Metaphysics of Morals: Interpretative Essays*, New York: Oxford University Press, 2002, pp. 289 – 315

Engstrom, S. "The *Triebfeder* of Pure Practical Reason," in A. Reath and J.

Timmermann (eds.) *Kant's Critique of Practical Reason: A Critical Guide*, New York: Cambridge University Press, 2010, pp. 90 – 118

Engstrom, S. "Reason, Desire, and the Will," in L. Denis (ed.) *Kant's Metaphysics of Morals: A Critical Guide*, New York: Cambridge University Press, 2010, pp. 28 – 50

Fackenheim, E. L. "Kant and Radical Evil," in R. F. Chadwick and C. Cazeaux (eds.) *Immanuel Kant: Critical Assessments*, London: Routledge, 1992, pp. 259 – 273

Fichte, J. G. *Science of Knowledge*, P. Health and J. Lachs (trans.), Cambridge: Cambridge University Press, 1982

Firestone, C. L. and Palmquist, S. R. (eds.) *Kant and the New Philosophy of Religion*, Bloomington & Indianapolis, IN: Indiana University Press, 2006

Firestone, C. L. and Jacobs, N. (eds.) *In Defense of Kant's Religion*, Bloomington & Indianapolis, IN: Indiana University Press, 2008

Fischer, N. "Der formale Grund der bösen Tat: Das Problem der moralischen Zurechnung in der praktischen Philosophie Kants," *Zeitschrift für philosophische Forschung* 42(1): 18 – 44, 1988

Fischer, N. and Forschner, M. (eds.) *Die Gottesfrage in der Philosophie Immanuel Kants*, Freiburg im Breisgau: Herder, 2010

Formosa, P. "Kant on the Radical Evil of Human Nature," *The Philosophical Forum* 38(3): 221 – 245, 2007

Formosa, P. "Kant on the Limits of Human Evil," *Journal of Philosophical Research* 34: 189 – 214, 2009

Forschner, M. "Immanuel Kants 'Hang zum Bösen' und Thomas von Aquins 'Gesetz des Zunders': Über säkulare Aufklärungsanthropologie und christliche Erbsündelehre,"*Zeitschrift für philosopische Forschung* 63 (4): 519 – 542, 2009

Forschner, M. "Über die verschiedenen Bedeutungen des 'Hangs zum Bösen'," in O. Höffe (ed.) *Die Religion innerhalb der Grenzen der bloßen Vernunft*, Berlin: Akademie, 2012, pp. 71 – 90

Forti, S. *New Demons: Rethinking Power and Evil Today*, Z. Hanafi (trans.), Stanford, CA: Stanford University Press, 2015

Fremstedal, R. *Kierkekaard and Kant on Radical Evil and the Highest Good*: *Virtue, Happiness, and the Kingdom of God*, Hampshire: Palgrave Macmillan, 2014

Frierson, P. R. *Freedom and Anthropology in Kant's Moral Philosophy*, New York: Cambridge University Press, 2003

Frierson, P. R. "Character and Evil in Kant's Moral Anthropology," *Journal of the History of Philosophy* 44(4): 623 – 634, 2006

Frierson, P. R. *What Is the Human Being*? London: Routledge, 2013

Frierson, P. R. *Kant's Empirical Psychology*, Cambridge: Cambridge University Press, 2014

Frierson, P. R. "Affects and Passions," in A. Cohen (ed.) *Kant's Lectures on Anthropology*: *A Critical Guide*, Cambridge: Cambridge University Press, 2014, pp. 94 – 113

Frierson, P. R. "Character in Kant's Moral Psychology: Responding to the Situationist Challenge", *Archiv für Geschichte der Philosophie* 101 (4): 508 – 534, 2019

Garcia, E. V. "Kant's Theory of Evil," *The Monist* 85(2): 194 – 209, 2002

Gardner, S. "Die Metaphysik der menschlichen Freiheit: Von Kants transzendentalem Idealismus zu Schellings Freiheitsschrift," *Deutsche Zeitschrift für Philosophie* 65(2): 211 – 238, 2017

Giovanni, G. "Free Choice and Radical Evil: The Irrationalism of Kant's Moral Theory," in G. Funke and T. M. Seebohm (eds.) *Proceedings of the Sixth International Kant Congress*, Washington, D. C. : Center for Advanced Research in Phenomenology, 1989, pp. 311 – 325

Goldberg, Z. "Can Kant's Theory of Radical Evil be Saved," *Kantian Review* 22(3): 395 – 419, 2017

Green, M. K. "Kant and Moral Self-Deception," *Kant-Studien* 83(2): 149 – 169, 1992

Greenberg, R. *The Bounds of Freedom*: *Kant's Causal Theory of Action*,

Berlin: de Gruyter, 2016

Grenberg, J. *Kant and the Ethics of Humility*, Cambridge: Cambridge University Press, 2005

Grenberg, J. "What Is the Enemy of Virtue?" in L. Denis (ed.) *Kant's Metaphysics of Morals: A Critical Guide*, New York: Cambridge University Press, 2010, pp. 153 – 169

Grenberg, J. "Social Dimension of Kant's Conception of Radical Evil," in S. Anderson-Gold and P. Muchnik (eds.) *Kant's Anatomy of Evil*, New York: Cambridge University Press, 2010, pp. 173 – 194

Gressis, R. A. *Kant's Theory of Evil: An Interpretation and Defense*, The University of Michigan (Unpublished Dissertation), 2007

Gressis, R. A. "Kant's Theodicy and its Role in the Development of Radical Evil," *Archiv für Geschichte der Philosophie* 100(1): 46 – 75, 2018

Grimm, S. "Kant's Argument for Radical Evil," *European Journal of Philosophy* 10(2): 160 – 177, 2002

Guyer, P. *Kant on Freedom, Law, and Happiness*, Cambridge: Cambridge University Press, 2000

Guyer, P. "Moral Feelings in the Metaphysics of Morals," in L. Denis (ed.) *Kant's Metaphysics of Morals: A Critical Guide*, New York: Cambridge University Press, 2010, pp. 130 – 151

Guyer, P. "The Inclination Toward Freedom," in A. Cohen (ed.) *Kant's Lectures on Anthropology: A Critical Guide*, Cambridge: Cambridge University Press, 2014, pp. 114 – 132

Guyer, P. *The Virtues of Freedom: Selected Essays on Kant*, New York: Oxford University Press, 2016

Hare, J. E. *The Moral Gap: Kantian Ethics, Human Limits, and God's Assistance*, Oxford: Clarendon, 1996

Hegel, G. W. E. *Phenomenology of Spirit*, A. V. Miller (trans.), Oxford: Clarendon, 1977

Hegel, G. W. E. *Lectures on the Philosophy of Religion*, R. F. Brown (trans.), Berkeley, CA: University of California Press, 1988

Hegel, G. W. E. *Elements of the Philosophy of Right*, H. B. Nisbet (trans.), Cambridge: Cambridge University Press, 1991

Hegel, G. W. E. *Lectures on the History of Philosophy 1825 - 1826*, R. F. Brown (trans.), Oxford: Clarendon, 2009

Heidegger, M. *Being and Time*, J. Stambaugh (trans.), Albany, NY: State University of New York Press, 1996

Heit, A. "Das Böse als Sünde", in *Versöhnte Vernunft: Eine Studie zur systematischen Bedeutung des Rechtfertigungsgedankens für Kants Religionsphilosophie*, Göttingen: Vandenhöck & Ruprecht, 2006, s. 76 - 99

Herman, B. *The Practice of Moral Judgement*, Cambridge, MA: Harvard University Press, 1996

Herman, B. *Moral Literacy*, Cambridge, MA: Harvard University Press, 2008

Hill, T. E. "Weakness of Will and Character," *Philosophical Topics* 14 (2): 93 - 115, 1986

Hill, T. E. "Punishment, Conscience, and Moral Worth," in M. Timmons (ed.) *Kant's Metaphysics of Morals: Interpretative Essays*, New York: Oxford University Press, 2002, pp. 233 - 253

Hill, T. E. "Kant on Weakness of Will," in T. Hoffmann (ed.) *Weakness of Will from Plato to the Present*, Washington, D. C. : Catholic University of America Press, 2008, pp. 210 - 230

Hill, T. E. "Kantian Virtue and 'Virtue Ethics' ," in M. Betzler (ed.) *Kant's Ethics of Virtue*, Berlin: de Gruyter, 2008, pp. 29 - 60

Hill, T. E. (ed.) *The Blackwell Guide to Kant's Ethics*, Malden: Wiley-Blackwell, 2009

Hills, A. "Kant on Happiness and Reason," *History of Philosophy Quarterly* 23(3): 24 - 61, 2006

Hills, A. "Happiness in the Groundwork," in J. Timmermann (ed.) *Kant's Groundwork of the Metaphysics of Morals: A Critical Guide*, New York: Cambridge University Press, 2009, pp. 29 - 44

Hills, A. "*Gesinnung*: Responsibility, Moral Worth, and Character," in G. E. Michalson (ed.) *Kant's Religion within the Boundaries of Mere Reason*: *A Critical Guide*, Cambridge: Cambridge University Press, 2014, pp. 79 – 97

Hiltscher, R. and Klingner, S. (eds.)*Kant und die Religion—Die Religionen und Kant*, Hildesheim: Georg Olms, 2012

Hoffman, W. M. *Kant's Theory of Freedom*: *A Metaphysical Inquiry*, Washington, D. C. : University Press of America, 1979

Horn, C. "The Concept of Love in Kant's Virtue Ethics," in M. Betzler (ed.) *Kant's Ethics of Virtue*, Berlin: de Gruyter, 2008, pp. 147 – 173

Horn, C. "Die menschliche Gattungsnatur: Anlagen zum Guten und Hang zum Bösen", in O. Höffe (ed.) *Die Religion innerhalb der Grenzen der bloßen Vernunft*, Berlin: Akademie, 2011, s. 43 – 70

Horn, C. and Schönecker, D. (eds.) *Groundwork of the Metaphysics of Morals*, Berlin: de Gruyter, 2006

Höffe, O. "Ein Thema wiedergewinnen: Kant über das Böse," in O. Höffe and A. Pieper (eds.) *Über das Wesen der menschlichen Freiheit*, Berlin: Akademie, 1995, s. 11 – 34

Höffe, O. (ed.) *Kritik der praktischen Vernunft*: *Eine Philosophie der Freiheit*, Berlin: Akademie, 2002

Husserl, E. *Logical Investigations*, J. Findley (trans.), London: Routledge, 2001

Huxford, G. "Evil, the Laws of Nature, and Miracles," in *Kant Yearbook* 10 (1), Berlin: de Gruyter, 2018

Jaspers, K. *Kant*: *Leben*, *Werk*, *Wirkung*, München: Piper, 1975

Johnson, A. "Kant's Empirical Hedonism," *Pacific Philosophical Quarterly* 86: 50 – 63, 2005

Johnson, R. N. "Weakness Incorporated," *History of Philosophy Quarterly* 15(3): 349 – 367, 1998

Johnson, R. N. "Happiness as a Natural End," in M. Timmons (ed.) *Kant's Metaphysics of Morals*: *Interpretative Essays*, New York: Oxford University

Press, 2002, pp. 317 - 330

Kazim, E. *Kant on Conscience: A Unified Approach to Moral Self-consciousness*, Leiden & Boston: Brill, 2017

Kemp, R. "The Contingency of Evil: Rethinking the Problem of Universal Evil in Kant's *Religion*," in O. Thorndike (ed.) *Rethinking Kant*, Vol. 3, Newcastle upon Tyne: Cambridge Scholars Publishing, 2011, pp. 100 - 123

Kerstein, S. J. *Kant's Search for the Supreme Principle of Morality*, Cambridge: Cambridge University Press, 2002

Kierkegaard, S. J. *The Concept of Anxiety: A Simple Psychologically Orienting Deliberation on the Dogmatic Issue of Hereditary Sin*, R. Thomte and A. B. Anderson (trans.), Princeton N. J.: Princeton University Press, 1980

Kierkegaard, S. J. *The Sickness unto Death: A Christian Psychological Exposition for Upbuilding and Awakening*, H. Hong and E. Hong (trans.), Princeton N. J.: Princeton University Press, 1980

Klemmer, H. F. "Praktische Gründe und moralische Motivation: Eine deontologische Perspektive," in H. F. Klemme, M. Kühn, and D. Schönecker (eds.) *Moralische Motivation*, Hamburg: Felix Meiner, 2006, pp. 113 - 154

Kohl, M. "Radical Evil as a Regulative Idea," *Journal of the History of Philosophy* 55(4): 641 - 673, 2017

Kosch, M. *Freedom and Reason in Kant, Schelling, and Kierkegaard*, Oxford: Clarendon, 2006

Konhardt, K. "Die Unbegreiflichkeit der Freiheit: Überlegungen zu Kantz Lehre vom Bösen," *Zeitschrift für philosophische Forschung* 42 (3): 397 - 416, 1988

Korsgaard, C. M. *Creating the Kingdom of Ends*, New York: Cambridge University Press, 1996

Lara, M. P. (ed.) *Rethinking Evil: Contemporary Perspectives*, Berkeley, CA: University of California Press, 2001

Leibniz, G. W. *Theodicy: Essays on the Goodness of God, the Freedom of Man and the Origin of Evil*, E. Huggard (trans.), London: Routledge and Kegan

Paul, 1951

Lipscomb, B. B. and Krueger, J. (eds.) *Kant's Moral Metaphysics: God, Freedom, and Immortality*, Berlin: de Gruyter, 2010

Lawrence, J. P. "Radical Evil and Kant's Turn to Religion," *The Journal of Value Inquiry* 36: 319 – 335, 2002

Levinas, E. *Collected Philosophical Papers*, A. Lingis (trans.), Dordrecht: Nijhoff, 1987

Loncar, S. "Converting the Kantian Self: Radical Evil, Agency, and Conversion in Kant's *Religion within the Boundaries of Mere Reason*," *Kant-Studien* 104(3): 346 – 366, 2013

Louden, R. B. *Kant's Impure Ethics*, New York: Oxford University Press, 2002

Louden, R. B. *Kant's Human Being: Essays on his Theory of Human Nature*, New York: Oxford University Press, 2011

Lu, Chao. "Like Devils, but Still Humans: A Systematic Examination and Moderate Defense of Kant's View of (Quasi-)Diabolical evil," *International Journal of Philosophy and Theology* 78(3): DOI: 10. 1080/21692327. 2017. 1285717, 2017

Lu, Chao. "A New Quasi-Transcendental Approach to Kant's Theory of Radical Evil," *The Philosophical Forum* 50(3): 309 – 332, 2019

Lu, Chao. "A Kantian Interpretation of the Infinite Manifoldness of Evil Incentives in Real Human Life," *International Philosophical Quarterly* 61(2): 207 – 225, 2021

Madore, J. *Difficult Freedom and Radical Evil in Kant: Deceiving Reason*, New York: Bloomsbury, 2011

Manrique, C. "Radical Evil and the Invisibility of Moral Worth in Kant's *Die Religion*," *Ideas y valores: Revista Colombiana de Filosofia* 135: 3 – 27, 2007

Mathewes, C. T. *Evil and Augustinian Tradition*, Cambridge: Cambridge University Press, 2001

Moors, M. "Kant on Religion in the Role of Moral Schematism," in W. Desmond, E. Onnasch, and P. Cruysberghs (eds.) *Philosophy and Religion in*

German Idealism, Dordrecht: Kluwer, 2005, pp. 21 - 33

Moors, M. "Kant on 'Love God above all, and your Neighbour'," in G. Boros, H. De Dijn, and M. Moors (eds.) *The Concept of Love in 17th and 18th Century Philosophy*, Leuven: Leuven University Press, 2007, pp. 245 - 269

Moors, M. "Religious Fictionalism in Kant's Ethics of Autonomy," in S. Palmquist (ed.) *Cultivating Personhood: Kant and Asian Philosophy*, Berlin: de Gruyter, 2010, pp. 457 - 484

Moors, M. "The Fate of Religion within the Boundaries of Mere Reason," in M. C. Altman (ed.) *The Palgrave Kant Handbook*, London: Macmillan Publishers, 2016, pp. 539 - 565

McCarty, R. "Moral Weakness as Self-Deception," in H. Robinson (ed.) *Proceedings of the Eighth International Kant Congress*, Vol. 2, Milwaukee, WI: Marquette University Press, 1995, pp. 575 - 594

McCarty, R. *Kant's Theory of Action*, New York: Oxford University Press, 2009

McMullin, I. "Kant on Radical Evil and the Origin of Moral Responsibility," *Kantian Review* 18 (1): 49 - 72, 2013

Meyer, H. *Kants transzendentale Freiheitslehre*, Freiburg/München: Karl Alber, 1996

Michalson, Jr., G. E. *The Historical Dimensions of a Rational Faith: The Role of History in Kant's Religious Thought*, Washington, D. C.: University Press of America, 1979

Michalson, Jr., G. E. *Fallen Freedom: Kant on Radical Evil and Moral Regeneration*, Cambridge: Cambridge University Press, 1990

Miller, E. N. *Kant's Religion within the Boundaries of Mere Reason: A Reader's Guide*. London: Bloomsbury, 2015

Moran, K. "Delusions of Virtue: Kant on Self-Conceit," *Kantian Review* 19 (3): 419 - 447, 2014

Morgan, S. "The Missing Formal Proof of Humanity's Radical Evil in Kant's 'Religion'," *The Philosophical Review* 114(1): 62 - 114, 2005

Morrisson, I. "On Kantian Maxims: A Reconciliation of the Incorporation Thesis and Weakness of Will," *History of Philosophy Quarterly* 22(1): 73 – 89, 2005

Muchnik, P. "On the Alleged Vacuity of Kant's Concept of Evil," *Kant-Studien* 97(4): 430 – 451, 2006

Muchnik, P. *Kant's Theory of Evil: An Essay on the Dangers of Self-Love and the Aprioricity of History*, Totowa: Rowman & Littlefield, 2009

Muchnik, P. "An Alternative Proof of the Universal Propensity to Evil," in S. Anderson-Gold and P. Muchnik (eds.) *Kant's Anatomy of Evil*, New York: Cambridge University Press, 2010, pp. 116 – 143

Muchnik, P. "The Heart as Locus of Moral Struggle in Religion," in A. Cohen (ed.) *Kant on Emotion and Value*, Basingstoke: Palgrave Macmillan, 2014, pp. 224 – 244

Munzel, G. F. *Kant's Conception of Moral Character: The "Critical" Link of Morality, Anthropology, and Reflective Judgment*, Chicago and London: The University of Chicago Press, 1999

Neiman, S. *Evil in Modern Thought: An Alternative History of Philosophy*. Princeton, NJ: Princeton University Press, 2002

Nietzsche, F. *On the Genealogy of Morality*, C. Diethe (trans.), New York: Cambridge University Press, 1997

Nietzsche, F. *The Birth of Tragedy and Other Writings*, R. Speirs (trans.), Cambridge: Cambridge University Press, 1999

Nietzsche, F. *Beyond Good and Evil: Prelude to a Philosophy of the Future*, M. Faber (trans.), Oxford: Oxford University Press, 2008

O'Connor, D. "Kant's Conception of Happiness", *The Journal of Value Inquiry* 16:189 – 205, 1982

O'Connor, D. "Good and Evil Disposition," *Kant-Studien* 3: 288 – 302, 1985

O'Neill, O. *Construction of Reason: Explorations of Kant's Practical Philosophy*, Cambridge: Cambridge University Press, 1989

Palmquist, S. R. *Kant's Critical Relgion: Volume Two of Kant's System of*

Perspectives, Aldershot: Ashgate Publishing, 2000

Palmquist, S. R. "Kant's Quasi-Transcendental Argument for a Necessary and Universal Evil Propensity in Human Nature," *The Southern Journal of Philosophy* 46: 261 - 297, 2008

Palmquist, S. R. "What is Kantian *Gesinnung*? On the Priority of Volition over Metaphysics and Psychology in *Religion within the Bounds of Bare Reason*," *Kantian Review* 20(2): 235 - 264, 2015

Palmquist, S. R. *Comprehensive Commentary on Kant's Religion within the Boundaries of Bare Reason*, Chichester: Wiley Blackwell, 2016

Papish, L. *Kant on Evil, Self-Deception, and Moral Reform*, New York: Oxford University Press, 2018

Pasternack, L. R. *Kant on Religion within the Boundaries of Mere Reason*, London and New York: Routledge, 2014

Paton, H. J. *The Categorical Imperative: A Study in Kant's Moral Philosophy*, London: Hutchinson's University Press, 1967

Pereboom, D. "Kant on God, Evil, and Teleology," *Faith and Philosophy* 13(4): 508 - 533, 1996

Peters, J. "Kant's *Gesinnung*," *Journal of the History of Philosophy* 56(3): 497 - 518, 2018

Plato, *The Republic*, P. Shorey (trans.), Cambridge, MA: Harvard University Press, 1978

Potter, N. "Duties to Oneself, Motivational Internalism, and Self-Deception in Kant's Ethics," in M. Timmons (ed.) *Kant's Metaphysics of Morals: Interpretative Essays*, New York: Oxford University Press, 2002, pp. 371 - 389

Quinn, P. L. "Original Sin, Radical Evil and Moral Identity," *Faith and Philosophy* 1(2): 188 - 202, 1984

Prauss, G. *Kant über Freiheit als Autonomie*, Frankfurt am Main: Klostermann, 1983

Rauscher, F. "Kant's Conflation of Pure Practical Reason and Will," in H. Robinson (ed.) *Proceedings of the Eighth International Kant Congress*, Memphis,

TN: Marquette University Press, 1995, pp. 579 - 585

Rawls, J. *A Theory of Justice*. Cambridge, MA: Harvard University Press, 1971

Rawls, J. *Lectures on the History of Moral Philosophy*, Cambridge, MA: Harvard University Press, 2000

Raz, J. "Agency, Reason and the Good," in *Engaging Reason*, New York: Oxford University Press, 1999, pp. 22 - 45

Reath, A. "Hedonism, Heteronomy, and Kant's Principle of Happiness," *Pacific Philosophical Quarterly* 70(1): 42 - 72, 1989

Reath, A. *Agency and Autonomy in Kant's Moral Theory*, Oxford: Clarendon Press, 2006

Reath, A. and Timmermann, J. (eds.) *Kant's Critique of Practical Reason: A Critical Guide*, New York: Cambridge University Press, 2010

Ricken, F. and Marty, F. (eds.) *Kant über Religion*, Stuttgart: Kohlhammer, 1992

Ricoeur, P. *Fallible Man: Philosophy of the Will*, C. Kelbley (trans.), Chicago: Henry Regnery Company, 1967

Ricoeur, P. *The Symbolism of Evil*, Emerson Bachanan (trans.), Boston: Bacon Press, 1969

Ricoeur, P. *Evil: A Challenge to Philosophy and Theology*, G. Ward (trans.), London: Continuum, 2007

Rohlf, M. "Emotion and Evil in Kant," *The Review of Metaphysics* 66: 749 - 773, 2013

Rommel, H. *Zum Begriff des Bösen bei Augustinus und Kant: Der Wandel von der ontologischen zur autonomen Perspektive*, Frankfurt am Main: Peter Lang, 1997

Rossi, P. J. "Evil and the Moral Power of God," in G. Funke and T. Seebohm (eds.) *Proceedings of the Sixth International Kant Congress*, Washington, D.C.: Center for Advanced Research in Phenomenology, 1989, pp. 369 - 381

Rossi, P. J. *The Social Authority of Reason: Kant's Critique, Radical Evil, and the Destiny of Humankind*, New York: State University of New York, 2005

Rousseau, J. J. *Emile, or On Education*, A. Bloom (trans.), New York: Basic Books, 1979

Rousseau, J. J. *A Discourse on Inequality*, Maurice Cranston (trans.), Harmondsworth: Penguin Books, 1984

Rousseau, J. J. *The Social Contract and Discourses*, G. D. H. Cole (trans.), London: Dent, 1988

Rukgaber, M. "Irrationality and Self-Deception within Kant's Grades of Evil," *Kant-Studien* 106(2): 234 - 258, 2015

Rumsey, J. P. "Agency, Human Nature and Character in Kantian Theory," *The Journal of Value Inquiry* 24(2): 109 - 121, 2004

Safranski, R. *Das Böse oder Das Drama der Freiheit*, Darmstadt: Wissenschaftliche Buchgesellschaft, 1997

Samet-Porat, I. "Satanic Motivations," *The Journal of Value Inquiry* 41: 77 - 94, 2007

Sargentis, K. "Crisis, Evil, and Progress in Kant's Philosophy of History," *Journal of the History of Philosophy* 9 (1): 71 - 96, 2015

Savage, D. "Kant's Rejection of Divine Revelation and His Theory of Radical Evil," in P. Rossi and M. Wreen (eds.) *Kant's Philosophy of Religion Reconsidered*, Bloomington & Indianapolis, IN: Indiana University Press, 1991, pp. 54 - 76

Schelling, F. W. J. *Philosophical Investigations into the Essence of Human Freedom*, J. Love and J. Schmidt (trans.), Albany, NY: State University of New York Press, 2006

Schelling, F. W. J. *The Grounding of Positive Philosophy: The Berlin Lectures*, B. Matthews (trans.), Albany, NY: State University of New York Press, 2007

Schopenhauer, A. *The World as Will and Representation*, E. F. J. Payne (trans.), New York: Dover, 1969

Schulter, C. *Radikal Böse*, München: Fink, 1989

Schweitzer, A. *Die Religionsphilosophie Kants*, Hildesheim: Olms, 1974

Sedgwick, S. *Kant's Groundwork of the Metaphysics of Morals: An Introduction*, New York: Cambridge University Press, 2008

Seigfried, C. "The Radical Evil in Human Nature," in *Akten des* 4. *Internationalen Kant-Kongresses*, Berlin: de Gruyter, Teil II (2), 1974, pp. 605 – 613

Silber, J. "The Ethical Significance of Kant's *Religion*," in *Religion within the Limits of Reason Alone*, T. M. Greene and H. H. Hudson (trans.), New York: Harper & Row, 1960, pp. lxxix-cxxxiv

Silber, J. "Kant at Auschwitz," in G. Funke and T. M. Seebohm (eds.) *Proceedings of the Sixth International Kant Congress*, Washington, D. C. : Center for Advanced Research in Phenomenology, 1985, pp. 177 – 211

Silber, J. *Kant's Ethics: The Good, Freedom, and the Will*, Boston/Berlin: de Gruyter, 2012

Sirovátka, J. *Das Sollen und das Böse in der Philosophie Immanuel Kants: Zum Zusammenhang zwischen kategorischem Imperativ und dem Hang zum Bösen*, Hamburg: Felix Meiner, 2015

Stangneth, B. *Kultur der Aufrichtigkeit. Zum systematischen Ort von Kants Religion innerhalb der Grenzen der bloßen Vernunft*, Würzberg: Königshausen & Neumann, 2000

Stratton-Lake, P. *Kant, Duty, and Moral Worth*, London and New York: Routledge, 2002

Stratton-Lake, P. "Being Virtuous and the Virtues: Two Aspects of Kant's Doctrine of Virtue," in M. Betzler (ed.) *Kant's Ethics of Virtue*, Berlin: de Gruyter, 2008, pp. 101 – 121

Sullivan, R. J. *An Introduction to Kant's Ethics*, New York: Cambridge University Press, 1994

Sussman, D. G. *The Idea of Humanity: Anthropology and Anthroponomy in Kant's Ethics*, London: Routledge, 2001

Sussman, D. G. "Perversity of the Heart," *Philosophical Review* 114(2):

153 - 177，2005.

Sussman，D. G. "For Badness' Sake," *Journal of Philosophy* 106 (11)：613 - 628，2009

Timmermann，J. *Sittengesetz und Freiheit：Untersuchungen zu Immanuel Kants Theorie des freien Willens*，Berlin：de Gruyter，2003

Timmermann，J. *Kant's Groundwork of the Metaphysics of Morals：A Commentary*，New York：Cambridge University Press，2007

Timmermann，J. (ed.) *Kant's Groundwork of the Metaphysics of Morals：A Critical Guide*，New York：Cambridge University Press，2009

Timmons，M. "Evil and Imputation in Kant's Ethics," *Jahrbuch für Recht und Ethik* 2：114 - 144，1994

Timmons，M. (ed.) *Kant's Metaphysics of Morals：Interpretative Essays*，New York：Oxford University Press，2002

Timmons，M. *Significance and System：Essays on Kant's Ethics*，Oxford：Oxford University Press，2017

Vanden Auweele，D. "Atheism, Radical Evil, and Kant," *Philosophy and Theology* 22：155 - 176，2010

Vanden Auweele，D. "The Enduring Relevance of Kant's Analysis of Radical Evil"，*Bijdragen：International Journal for Philosophy and Theology* 73 (2)：121 - 142，2012

Vanden Auweele，D. "The Lutheran Influence on Kant's Depraved Will," *International Journal for Philosophy of Religion* 73(2)：117 - 134，2013

Vanden Auweele，D. *Pessimism in Kant and Schopenhauer：On the Horror of Existence*，Leuven KU：Institute of Philosophy (Unpublished Dissertation)，2014

Vanden Auweele，D. "Kant and Schelling on the Ground of Evil," *International Journal for Philosophy of Religion* 85：235 - 253，2019

Vujošević，M. "Kant's Account of Moral Weakness," *European Journal of Philosophy* 27(1)：1 - 15，2018

Wolterstorff，N. P. "Conundrums in Kant's Rational Religion," in P. Rossi and M. Wreen (eds.) *Kant's Philosophy of Religion Reconsidered*，Bloomington and Indianapolis, IN: Indiana University Press, 1991, pp. 40 - 53

Walker, R. *Kant*, London: Routledge, 1978

Wenzel, K. "Die Ersündenlehre nach Kant," in *Kant und die Theologie*, G. Essen and M. Striet (eds.), Darmstadt: Wissenschaftliche Buchgesellschaft, 2005

Wimmer, R. *Kants kritische Religions Philosophie*, Berlin: de Gruyter, 1990

Wolf, J. C. (2002) *Das Böse als ethische Kategorie*, Wien: Passagen.

Wood, A. W. *Kant's Moral Religion*, Ithaca, NY and London: Cornell University Press, 1970

Wood, A. W. "Self-Love, Self-Benevolence, and Self-Conceit," in S. Engstrom and J. Whiting (eds.) *Aristotle, Kant, and the Stoics*, Cambridge: Cambridge University Press, 1996, pp. 141 - 161

Wood, A. W. *Kant's Ethical Thought*, New York: Cambridge University Press, 1999

Wood, A. W. "Religion, Ethical Community and the Struggle Against Evil," *Faith and Philosophy* 17(4): 498 - 511, 2000

Wood, A. W. *Kantian Ethics*, New York: Cambridge University Press, 2008

Wood, A. W. "Kant and the Intelligibility of Evil," in S. Anderson-Gold and P. Muchnik (eds.) *Kant's Anatomy of Evil*, New York: Cambridge University Press, 2010, pp. 144 - 172

Wood, A. W. "The Evil in Human Nature," in G. E. Michalson (ed.), *Kant's Religion within the Boundaries of Mere Reason: A Critical Guide*, Cambridge: Cambridge University Press, 2014, pp. 31 - 57

Wood, A. W. "Empirical Desire," in A. Cohen (ed.) *Kant's Lectures on Anthropology: A Critical Guide*, Cambridge: Cambridge University Press, 2014, pp. 133 - 149

Zinkin, M. "Kant on Negative Magnitudes," *Kant-Studien* 103: 397 - 414, 2012

二、中文论著

1. 康德著作中译本

康德. 实践理性批判. 韩水法译. 商务印书馆,1999

康德. 判断力批判. 邓晓芒译. 杨祖陶校. 人民出版社,2002

康德. 实践理性批判. 邓晓芒译. 杨祖陶校. 人民出版社,2003

康德. 纯粹理性批判. 邓晓芒译. 杨祖陶校. 人民出版社,2004

康德. 康德著作全集第 2 卷. 李秋零主编. 李秋零译. 中国人民大学出版社,2004

康德. 康德著作全集第 3 卷. 李秋零主编. 李秋零译. 中国人民大学出版社,2004

康德. 康德著作全集第 4 卷. 李秋零主编. 李秋零译. 中国人民大学出版社,2005

康德. 康德著作全集第 5 卷. 李秋零主编. 李秋零译. 中国人民大学出版社,2007

康德. 康德著作全集第 6 卷. 李秋零主编. 李秋零,张荣译. 中国人民大学出版社,2007

康德. 康德著作全集第 7 卷. 李秋零主编. 李秋零译. 中国人民大学出版社,2008

康德. 康德著作全集第 8 卷. 李秋零主编. 李秋零译. 中国人民大学出版社,2010

康德. 康德著作全集第 9 卷. 李秋零主编. 李秋零译. 中国人民大学出版社,2010

康德. 道德形而上学奠基. 杨云飞译. 邓晓芒校. 人民出版社,2013

2. 中文文献

白海霞. 康德论人性的善恶.《道德与文明》2014 年第 1 期

白文君. 康德论述根本恶的三重维度及其矛盾.《伦理学研究》2007 年第 5 期

蔡蓁. 康德论根本恶与心灵的转变.《社会科学》2012 年第 11 期

陈剑. "根本恶"或"恶魔之恶"——"偷吃禁果"神话寓意的双向解读.《道德与文明》2018 年第 6 期

陈杰. 如何理解康德对根本恶的论证.《哲学评论》2019 年第 2 期

邓晓芒. 论康德哲学对儒家伦理的救赎.《学术争鸣》2018 年第 2 期

邓晓芒. 也谈康德宗教哲学的问题意识和基本概念——回应谢文郁先生.《中国社会科学评价》2019 年第 3 期

傅永军. 康德道德归责论探赜.《道德与文明》2018 年第 5 期

洪晓楠,蔡后奇. "根本恶"到"平庸的恶"的逻辑演进.《哲学研究》2014 年第 11 期

胡学源. 康德伦理学中作为自制的德性概念.《道德与文明》2017 年第 1 期

胡学源. 康德论人性中普遍的趋恶倾向.《道德与文明》2018 年第 5 期

乐小军. 康德与根本恶.《道德与文明》2020 年第 2 期

李秋零. 康德论人性根本恶及人的改恶向善.《哲学研究》1997 年第 1 期

李秋零. 奥古斯丁视域中的人性根本恶理论.《宗教与哲学》2017 年第 6 辑

李政. 道德秩序与人类本性——对康德"根本恶"观念的批判解读.《道德与文明》2019 年第 3 期

刘悦笛. 儒家何以无"绝对恶"与"根本恶"——中西比较伦理的"消极情性"视角.《探索与争鸣》2018 年第 9 期

吕超. 人类自由作为自我建构、自我实现的存在论结构——对康德自由概念的存在论解读.《哲学研究》2019 年第 4 期

舒远招. 直指人心的人性善恶论——康德人性善恶论的层次分析.《哲学研究》2008 年第 4 期。

舒远招. 康德的人性善恶论是"性善质恶"说吗——对谢文郁教授《性善质恶——康德论原罪》一文的商榷.《中国社会科学评价》2018 年第 4 期

王建军. 康德的实践判断力"失足"的三个根源.《山西师大学报》2020 年第 3 期

王建军. 论康德对人类"希望"的理性奠基.《安徽大学学报》2020 年第 4 期

王强. 从"根本恶"到"恶习"——康德伪善批判的历史主义路径.《安徽师范大学学报》2016 年第 1 期

王天娇. 康德根本恶理论——兼论科斯嘉德对其发展.《河南理工大学学报》2020 年第 6 期

韦政希. 康德宗教哲学中道德自律与恩典的一致性.《中南大学学报》2019 年第 4 期

吴功青. 道德、政治与历史——康德的永久和平论及其内在困难.《云南大学学报》2019 年第 3 期

谢文郁. 康德宗教哲学的问题意识和基本概念.《中国社会科学评价》2018 年第 4 期

谢永康. 自由与罪恶——康德、萨德与启蒙辩证法.《现代哲学》2019 年第 4 期

徐瑾. 康德"人性中的根本恶"与荀子"人性恶"之比较.《伦理学研究》2013 年第 期

袁辉. 善恶是分明的吗？——康德道德哲学中的"严格主义"和"折中主义".《山东大学学报》2018 年第 6 期

袁辉. "他们全都是罪人"——康德对"趋恶的倾向"的普遍性的证明.《湖北社会科学》2020 年第 7 期

后　记

　　这本《根本恶与自由意志的限度——一种基于文本的康德式诠释》以我在比利时鲁汶大学时撰写的博士论文为基础，在我来到中国社会科学院哲学研究所工作之后，又经历了两年多的大幅修改才得以最终完成。

　　首先，由于使用母语思考让我得以更清楚地发现问题和探讨问题，所以全书各个部分的细节和层次也大大地丰富化和复杂化了，尤其是第二卷"恶的多重表现——悖逆的自爱对任何对象的自由附着"（第四至七章）和第三卷"恶的最终根据——普遍的趋恶倾向"（第八到十二章）的字数比原来多出了三分之一，涉及自爱、激情、向善禀赋、趋恶倾向和准-先验论证的段落，都经历了细致的改进甚至重写。其次，在大幅扩充主体论证的同时，我还删减了博士论文中所有仅仅是尝试性的冗长讨论，并将其中关于道德法则的诸公式、自由意志的两重限度以及先验的主体间性这三个主题的讨论，分别放入了《人类自由作为自我建构、自我实现的存在论结构——对康德自由概念的存在论解读》《康德的根本恶理论与作为潜能的自由》和《自爱的空洞性与恶的无穷表现》这三篇论文里，针对这些主题提出了一套更为完整和深入的论述。所以从这个意义上说，我来到中国社会科学院工作之后写成的这三篇论文，实际上构成了对本

514

书主体内容的重要补充和拓宽,因此读者完全可以和本书结合起来
阅读。

其次,本书还讨论了很多在我的博士论文中没有使用到的原始文
献。这些原始文献包括《道德形而上学》《实用人类学》《论神义论中一切
哲学尝试的失败》《判断力批判》《学科之争》等著作中许多和根本恶问题
存在着某种隐秘的关联,但我在鲁汶大学的研究中却未能充分关注到的
文本。此外,除了补充和讨论这些在康德正式著作中已经出现的文本之
外,我还针对全书第一卷和第二卷的论证,翻译和讨论了康德的道德哲
学讲义、人类学讲义以及形而上学笔记中的许多段落(这些讲义和笔记
目前还没有中译版),并以"中文-德文尽量逐词对应"为标准,在援引李
秋零老师的《康德著作全集》中译本时,对译文进行了一系列细节上的调
整。在这里需要再次强调的是,虽然本书对于康德关键术语的译法和目
前各大中译本均存在一定差异,但之所以选择现在这套译法,是我在反
复考量了各大中-英权威译本,并结合自己对于康德的整体诠释方向的
基础上选择的,因此可以说是具有较为充分的理由的(具体情况还请参
见全书开篇的说明)。

最后,由于根本恶概念在康德自由理论中所占据的地位越来越得到
国内外康德学界的重视,我博士毕业后的两年多里出现了一系列新的研
究文献,因此我自己的研究也就必须被重新置于与这些文献的对话当
中。特别值得一提的是,在书后补充的所有新近康德研究中,弗瑞森关
于激情的分析和帕比什关于根本恶的先验证明,与我自己的论证存在着
非常紧密的关联,而我也在相应的章节里,对他们各自的观点进行了仔
细的评述和回应。

摆在读者面前的这本《根本恶与自由意志的限度——一种基于文本
的康德式诠释》,一方面可以说是我本人对于自由与恶的关系问题长期
思考后的某种阶段性成果,但另一方面其最终完成也离不开诸多前辈同
行的热情支持。在此,我要特别感谢鲁汶大学的两位导师威廉·戴斯蒙
德教授和马丁·莫尔斯教授,还有丹尼斯·范登-奥维拉(Dennis

Vanden-Auweele)博士、凯伦·德波尔(Karin de Bocr)教授、尼古拉斯·德瓦伦(Nicholas de Warren)教授。在国内的学者当中,我必须特别感谢清华大学的黄裕生老师,北京大学的韩水法老师、赵敦华老师、刘哲老师、彭小瑜老师、徐凤林老师、张志刚老师,中国社会科学院的周伟驰老师、王齐老师、马寅卯老师、陈德中老师,中国人民大学的李秋零老师、张志伟老师、聂敏里老师,南京大学的王恒老师、张荣老师、洪霞老师,浙江大学的倪梁康老师,中山大学的方向红老师和张伟老师,上海社科院的何锡蓉老师。

上面提到的老师有些以著作、讲课或会议交流的方式,给予我的研究工作以宝贵的灵感与建议,有些老师曾经在我求学、求职和工作遇到困难时慷慨地施以援手,有些老师是我学术道路上至关重要的启蒙者和教导者,还有些老师以各种方式一路支持和鼓励着我走到了现在。如果把对每位老师的感激之处一一列举出来,那么这篇后记必定会不断延长甚至达到一篇论文的长度。然而即使在那种情况下,依旧会存在着某种超越了单纯的师生-同事关系而近乎亲友之情的深厚情谊,以及一个人对于另一个人内在品格的敬重与赞叹,是我目前贫乏的语言能力所无法准确地表达出来的。

因此,还请本书的读者能够体谅这篇简短到有些不合体例的后记,并允许我对每一位曾经在我的学术道路上热情地予以帮助的师友(既包括这里提到的诸位老师,也包括此处无法一一列举的其他同事和学友),以上述这种最简单的方式来表达真挚的感激之情。至于那些更为私人化的致谢和祝福,也请读者允许我单独地献给他们当中的每一个人。

最后,我还希望能把这本拙作献给我的父亲吕微和母亲钟晶晶——

感谢亲爱的爸爸妈妈三十多年来对女儿无条件的守护与付出,也感谢你们温暖而无私的爱,在漫长的岁月中把我塑造成了一个更好的人。

"纯粹哲学丛书"书目

《哲学作为创造性的智慧:叶秀山西方哲学论集(1998—2002)》 叶秀山 著

《真理与自由:康德哲学的存在论阐释》 黄裕生 著

《走向精神科学之路:狄尔泰哲学思想研究》 谢地坤 著

《从胡塞尔到德里达》 尚杰 著

《海德格尔与存在论历史的解构:〈现象学的基本问题〉引论》 宋继杰 著

《康德的信仰:康德的自由、自然和上帝理念批判》 赵广明 著

《宗教与哲学的相遇:奥古斯丁与托马斯·阿奎那的基督教哲学研究》 黄裕生 著

《理念与神:柏拉图的理念思想及其神学意义》 赵广明 著

《时间性:自身与他者——从胡塞尔、海德格尔到列维纳斯》 王恒 著

《意志及其解脱之路:叔本华哲学思想研究》 黄文前 著

《真理之光:费希特与海德格尔论 SEIN》 李文堂 著

《归隐之路:20 世纪法国哲学的踪迹》 尚杰 著

《胡塞尔直观概念的起源:以意向性为线索的早期文本研究》 陈志远 著

《幽灵之舞:德里达与现象学》 方向红 著

《形而上学与社会希望:罗蒂哲学研究》 陈亚军 著

《福柯的主体解构之旅:从知识考古学到"人之死"》 刘永谋 著

《中西智慧的贯通:叶秀山中国哲学文化论集》 叶秀山 著

《学与思的轮回:叶秀山 2003—2007 年最新论文集》 叶秀山 著

《返回爱与自由的生活世界:纯粹民间文学关键词的哲学阐释》 户晓辉 著

《心的秩序:一种现象学心学研究的可能性》 倪梁康 著

《生命与信仰:克尔凯郭尔假名写作时期基督教哲学思想研究》 王齐 著

《时间与永恒:论海德格尔哲学中的时间问题》 黄裕生 著

《道路之思:海德格尔的"存在论差异"思想》 张柯 著

《启蒙与自由:叶秀山论康德》 叶秀山 著

《自由、心灵与时间:奥古斯丁心灵转向问题的文本学研究》 张荣 著

《回归原创之思:"象思维"视野下的中国智慧》 王树人 著

《从语言到心灵:一种生活整体主义的研究》 黄益民 著

《身体、空间与科学:梅洛 - 庞蒂的空间现象学研究》 刘胜利 著

《超越经验主义与理性主义:实用主义叙事的当代转换及效应》 陈亚军 著

《希望与绝对:康德宗教哲学研究的思想史意义》 尚文华 著

《多元与无端:列维纳斯对西方哲学中一元开端论的解构》 朱刚 著

《哲学的希望:欧洲哲学的发展与中国哲学的机遇》 叶秀山 著

《同感与人格:埃迪·施泰因的交互主体性现象学研究》 郁欣 著

《从逻辑到形而上学:康德判断表研究》 刘萌 著

《重审"直观无概念则盲":当前分析哲学语境下的康德直观理论研究》 段丽真 著

《道德情感现象学:透过儒家哲学的阐明》 卢盈华 著

《自由体系的展开:康德后期伦理学研究》 刘作 著

《根本恶与自由意志的限度:一种基于文本的康德式诠释》 吕超 著